Linux Netzwerkadministration

Linux Specials

Jens Banning

Linux Netzwerkadministration

Installation und Konfiguration von Netzwerkdiensten

An imprint of Pearson Education

München • Boston • San Francisco • Harlow, England
Don Mills, Ontario • Sydney • Mexico City
Madrid • Amsterdam

Die Deutsche Bibliothek – CIP-Einheitsaufnahme

Ein Titeldatensatz für diese Publikation ist bei
Der Deutschen Bibliothek erhältlich.

10 9 8 7 6 5 4 3 2

05 04 03 02

ISBN 3-8273-1855-6

Lektorat: Susanne Spitzer, München; Irmgard Wagner, Planegg, Irmgard.Wagner@munich.netsurf.de
Korrektorat: Friederike Daenecke, Zülpich
Satz: Hilmar Schlegel, Berlin – gesetzt in Linotype Aldus/Palatino, ITC Stone Sans
Einbandgestaltung: Hommer DesignProduction, Haar bei München
Druck und Verarbeitung: Bercker, Kevelaer

Printed in Germany

Inhaltsverzeichnis

1 Einleitung **1**

2 Die TCP/IP-Protokollfamilie **3**
2.1 Allgemeines 3
2.2 Das Internet Protocol 5
2.2.1 Aufgaben 6
2.2.2 Adressierung 7
2.3 Das Transmission Control Protocol 18
2.3.1 Aufgaben 18
2.3.2 TCP-Ports 19
2.4 Das User Datagram Protocol 24
2.4.1 Aufgaben 24
2.4.2 UDP-Ports 24
2.5 Das Internet Control Message Protocol 25
2.5.1 Aufgaben 25
2.5.2 ICMP-Meldungen 26
2.6 Das Address Resolution Protocol 28
2.6.1 Aufgaben 28

3 Anbindung an ein Netzwerk **31**
3.1 Einrichten der Netzwerkkarte 31
3.1.1 Allgemeines 31
3.1.2 Das Kommando `ifconfig` 34
3.2 Einrichten der Modem-Verbindung 37
3.2.1 Allgemeines 38
3.2.2 Die Konfigurationsdatei `wvdial.conf` 42
3.2.3 Das Kommando `wvdial` 44
3.3 Einrichten der ISDN-Verbindung 48
3.3.1 Allgemeines 48
3.3.2 Das Kommando `isdnctrl` 53
3.4 Einrichten der ADSL-Verbindung 54
3.4.1 Allgemeines 54
3.4.2 Die `adsl`-Skripten 57

4 Routing in Netzwerken **61**
4.1 Allgemeines 61
4.2 Statisches Routing mit `route` 63
4.3 Dynamisches Routing mit `routed` 68

5 Drucken im Netzwerk **73**
5.1 Allgemeines 73
5.2 Drucker an entfernter Arbeitsstation 74
5.3 Drucker im Netzwerk 79

6 Grafische Kommunikation über das Netz **83**
6.1 Die Architektur von X-Windows 83
6.2 Die Variable `DISPLAY` 84
6.3 Das Kommando `xhost` 85

7 Dynamisches Starten mit dem INET-Dämon **89**
7.1 Funktion 89
7.2 Die Konfigurationsdatei `inetd.conf` 89
7.3 Der Dämon `inetd` 92
7.4 Der Dämon `tcpd` 93
7.4.1 Die Konfigurationsdatei `hosts.allow` 95
7.4.2 Die Konfigurationsdatei `hosts.deny` 96
7.5 Der Dämon `in.telnetd` 96
7.6 Das Kommando `telnet` 97
7.7 Der Dämon `wu.ftpd` 98
7.7.1 Die Konfigurationsdatei `ftpusers` 99
7.7.2 Die Konfigurationsdatei `ftpaccess` 100
7.8 Das Kommando `ftp` 103
7.9 Anonymous FTP 108

8 Sichere Verbindungen mit der Secure Shell **113**
8.1 Funktion 113
8.2 Der Dämon `sshd` 115
8.3 Das Kommando `ssh` 116
8.4 Die Konfigurationsdatei `known_hosts` 119
8.5 Die Konfigurationsdatei `authorized_keys` 120
8.6 Das Kommando `scp` 121

9 Namensauflösung mit DNS **125**
9.1 Funktion 125
9.2 Der DNS-Server 129
9.2.1 Die Konfigurationsdatei `named.conf` 129
9.2.2 Beispiel 132
9.2.3 Die Zonendateien 134
9.2.4 Beispiele für Zonen 137
9.2.5 Der Dämon `named` 141

9.2.6 Zusammenfassung 141
9.3 Der DNS-Client 142
9.3.1 Die Konfigurationsdatei `host.conf` 142
9.3.2 Die Konfigurationsdatei `resolv.conf` 143
9.3.3 Das Kommando `nslookup` 145
9.3.4 Zusammenfassung 148
9.4 Der Slave-Server 149
9.4.1 Einstellungen in der Datei `named.conf` 149
9.4.2 Beispiel 150
9.4.3 Zusammenfassung 152

10 Verteilte Dateisysteme mit NFS 155
10.1 Funktion 155
10.2 Der NFS-Server 157
10.2.1 Die Konfigurationsdatei `exports` 157
10.2.2 Die Dämonen `rpc.nfsd` und `rpc.mountd` 160
10.2.3 Zusammenfassung 162
10.3 Der NFS-Client 162
10.3.1 Das Kommando `showmount` 162
10.3.2 Das Kommando `mount` 163
10.3.3 Das Kommando `umount` 165
10.3.4 Die Konfigurationsdatei `fstab` 165
10.3.5 Zusammenfassung 169

11 Zeitsynchronisierung mit NTP 171
11.1 Funktion 171
11.2 Der NTP-Server 173
11.2.1 Die Konfigurationsdatei `ntp.conf` 173
11.2.2 Der Dämon `ntpd` 177
11.2.3 Zusammenfassung 178
11.3 Der NTP-Client 178
11.3.1 Das Kommando `ntptrace` 178
11.3.2 Das Kommando `ntpdate` 179
11.3.3 Die Konfigurationsdatei `ntp.conf` 182
11.3.4 Der Dämon `ntpd` 184
11.3.5 Das Kommando `ntpq` 188
11.3.6 Zusammenfassung 190

12 Zentrale Benutzerverwaltung mit NIS 193
12.1 Funktion 193

12.2 Der NIS-Server 195
12.2.1 Die Konfigurationsdatei `Makefile` 195
12.2.2 Einstellen der NIS-Domäne 198
12.2.3 Die Konfigurationsdatei `ypserv.conf` 198
12.2.4 Der Dämon `ypserv` 201
12.2.5 Erstellen der Datenbank mit `ypinit` 202
12.2.6 Einrichten des NFS-Servers 205
12.2.7 Der Dämon `rpc.yppasswdd` 205
12.2.8 Zusammenfassung 206
12.3 Der NIS-Client 207
12.3.1 Einstellen der NIS-Domäne 207
12.3.2 Die Konfigurationsdatei `yp.conf` 207
12.3.3 Die Konfigurationsdatei `nsswitch.conf` 211
12.3.4 Die Konfigurationsdatei `passwd` 213
12.3.5 Die Konfigurationsdatei `group` 214
12.3.6 Der Dämon `ypbind` 217
12.3.7 Das Kommando `ypwhich` 218
12.3.8 Das Kommando `ypcat` 218
12.3.9 Konfiguration des NFS-Clients 220
12.3.10 Anmeldung per NIS 221
12.3.11 Das Kommando `yppasswd` 222
12.3.12 Zusammenfassung 223
12.4 Der Slave-Server 224
12.4.1 Einrichtung als NIS-Client 225
12.4.2 Erstellen der Datenbank mit `ypinit` 225
12.4.3 Der Dämon `rpc.ypxfrd` 228
12.4.4 Start des Slave-Servers 230
12.4.5 Testen der NIS-Server am Client 231
12.4.6 Zusammenfassung 232

13 Der Webserver Apache 235
13.1 Funktion 235
13.2 Die Konfigurationsdatei `httpd.conf` 238
13.3 Beispiel 247
13.4 Erstellen der Dokumente 253
13.5 Der Dämon `httpd` 258
13.6 Ergänzungen im DNS-Dienst 259
13.7 Der Zugriff vom Client 261
13.8 Zusammenfassung 263

14 Der Proxy-Server Squid **265**
14.1 Funktion 265
14.2 Die Konfigurationsdatei `squid.conf` 267
14.3 Beispiel 276
14.4 Der Dämon `squid` 279
14.5 Einstellungen am Client 280
14.6 Betrachten der Datei `access.log` 282
14.7 Zusammenfassung 284

15 Senden und Empfangen von E-Mail **285**
15.1 Funktion 285
15.2 Der Mail-Server 287
15.2.1 Modifizierung des DNS-Servers 287
15.2.2 Die Konfigurationsdatei `sendmail.cf` 289
15.2.3 Die Konfigurationsdatei `aliases` 293
15.2.4 Das Kommando `newaliases` 294
15.2.5 Die Konfigurationsdatei `genericstable` 294
15.2.6 Das Kommando `makemap` 295
15.2.7 Der Dämon `sendmail` 296
15.2.8 Zusammenfassung 296
15.3 Der Mail-Client 297
15.3.1 Das Kommando `procmail` 298
15.3.2 Die Konfigurationsdatei `.procmailrc` 299
15.3.3 Die Konfigurationsdatei `.forward` 300
15.4 Der POP-Server 300
15.4.1 Allgemeines 300
15.4.2 Einstellungen in der Datei `inetd.conf` 301
15.4.3 Der Dämon `popper` 303
15.5 Der POP-Client 304
15.5.1 Allgemeines 304
15.5.2 Das Kommando `fetchmail` 304
15.5.3 Die Konfigurationsdatei `.fetchmailrc` 306
15.6 Mailinglisten verwalten mit Majordomo 309
15.6.1 Funktion 309
15.6.2 Einstellungen in der Datei `aliases` 310
15.6.3 Weitere Konfigurationsschritte 312
15.6.4 Pflege der Mailinglisten mit dem Mail-Client 315

16 Dynamische Hostkonfiguration mit DHCP **321**
16.1 Funktion 321

16.2 Der DHCP-Server 323
16.2.1 Die Konfigurationsdatei dhcpd.conf 323
16.2.2 Beispiel 328
16.2.3 Der Dämon dhcpd 329
16.2.4 Zusammenfassung 330
16.3 Der DHCP-Client 331
16.3.1 Die Konfigurationsdatei dhclient.conf 331
16.3.2 Beispiel 334
16.3.3 Aktivierung des Clients 336
16.3.4 Zusammenfassung 338
16.4 Der DHCP-Relay Agent 338
16.4.1 Der Dämon dhcrelay 339

17 Aufbau eines Verzeichnisdienstes mit LDAP 341
17.1 Funktion 341
17.2 Der LDAP-Server 344
17.2.1 Die Konfigurationsdatei slapd.conf 344
17.2.2 Beispiel 348
17.2.3 Der Dämon slapd 349
17.2.4 Das Format LDIF 350
17.2.5 Beispiel 352
17.2.6 Das Kommando ldapadd 353
17.2.7 Zusammenfassung 356
17.3 Der LDAP-Client 356
17.3.1 Die Konfigurationsdatei ldap.conf 357
17.3.2 Übersicht über die Zugriffskommandos 358
17.3.3 Das Programm kldap 365
17.3.4 Der Browser netscape 367
17.3.5 Zusammenfassung 368
17.4 Die LDAP-Replizierung 369
17.4.1 Der Master-Server 370
17.4.2 Der Replica-Server 373
17.4.3 Der Dämon slurpd 376
17.4.4 Zusammenfassung 377

18 News-Server einrichten mit NNTP 379
18.1 Funktion 379
18.2 Der NNTP-Server 381
18.2.1 Die Konfigurationsdatei config 382
18.2.2 Die Konfigurationsdatei nntpserver 383

18.2.3 Einstellungen in der Datei `inetd.conf` 383
18.2.4 Das Kommando `fetchnews` 384
18.2.5 Das Kommando `texpire` 388
18.2.6 Zusammenfassung 389
18.3 Der NNTP-Client 389
18.3.1 Einrichten des Internet-Browsers `netscape` 390

19 Dateisysteme für Windows mit Samba **393**
19.1 Funktion 393
19.2 Der Samba-Server 394
19.2.1 Die Konfigurationsdatei `smb.conf` 394
19.2.2 Beispiel 399
19.2.3 Das Kommando `smbpasswd` 400
19.2.4 Die Dämonen `nmbd` und `smbd` 401
19.2.5 Einstellungen in der Datei `inetd.conf` 402
19.2.6 Administration per Browser mit SWAT 403
19.2.7 Zusammenfassung 404
19.3 Der Samba-Client 405
19.3.1 Einrichten des MS Windows-Rechners 405

20 Einrichten einer Firewall **409**
20.1 Funktion 409
20.2 Architekturen 413
20.3 Einstellungen am Kernel 415
20.4 Das Kommando `ipchains` 417
20.5 Beispiel 419
20.6 Das Kommando `iptables` 422
20.7 Beispiel 424
20.8 Testen der Firewall 426
20.9 Zusammenfassung 427

21 Virtuelle private Netzwerke (VPN) **429**
21.1 Funktion 429
21.2 Realisierung mit einem IP/IP-Tunnel 430
21.2.1 Die Konfigurationsdatei `options` 432
21.2.2 Beispiel 434
21.2.3 Die Datei `modules.conf` 436
21.2.4 Das Skript `ip-up` 436
21.2.5 Das Skript `ip-down` 437
21.2.6 Der Dämon `ciped-cb` 437

21.2.7 Zusammenfassung 439
21.3 Vergrößerung der Sicherheit mit IPsec 439
21.3.1 Die Konfigurationsdatei `ipsec.conf` 441
21.3.2 Beispiel 446
21.3.3 Die Konfigurationsdatei `ipsec.secrets` 447
21.3.4 Das Kommando `ipsec` 448
21.3.5 Zusammenfassung 449

22 Ausblick **451**

Glossar **453**

Literaturverzeichnis **461**

Abbildungsverzeichnis **463**

Tabellenverzeichnis **471**

Stichwortverzeichnis **473**

1 Einleitung

Computernetzwerke sind seit langer Zeit das zentrale Element der heutigen Kommunikation. Diese basiert auf unterschiedlichen im Netzwerk vorhandenen Diensten, die von den teilnehmenden Rechnern genutzt werden können. Die Kommunikationsteilnehmer lassen sich in zwei Rubriken aufteilen:

- Clients
- Server

Als Client bezeichnen wir einen Rechner, der einen im Netzwerk präsenten Dienst benutzt. Server hingegen stellen die Dienste zur Verfügung. Wir können diesen Sachverhalt sehr leicht am Beispiel eines Webservers im Internet veranschaulichen. Wenn Sie von einem Client aus mit einem Internet-Browser auf die Informationen des Servers zugreifen möchten, muss der Server die angeforderten Daten zur Verfügung stellen.

Welche Position hat das Betriebssystem Linux nun in der Client/Server-Landschaft? Linux hat sich in den letzten Jahren zu einem festen Bestandteil von Computernetzwerken entwickelt. Es kann für eine Vielzahl von Diensten sowohl die Client- als auch die Serverfunktionalität übernehmen. Für Sie als Administrator ist es daher sehr wichtig, sich mit den Eigenschaften dieses Systems auszukennen.

Die Aufgaben, die Linux in dem genannten Bereich wahrnehmen kann, werden in diesem Buch detailliert und praxisnah beschrieben. Dabei widmen wir uns dem Client genauso wie den Möglichkeiten des Servers. Neben den Grundlagen der Netzwerkkommunikation beschreibt das Buch somit die Dienste, die mit Linux umgesetzt werden können:

- Namensauflösung mit dem Domain Name System (DNS)
- Verteilte Dateisysteme mit dem Network File System (NFS)
- Zeitsynchronisierung mit dem Network Time Protocol (NTP)
- Zentrale Benutzerverwaltung mit dem Network Information Service (NIS)
- Realisierung eines Webservers mit Apache
- Realisierung eines Proxy-Servers mit Squid
- Konfiguration des E-Mail-Dienstes
- Dynamische Host-Konfiguration mit dem Dynamic Host Configuration Protocol (DHCP)
- Aufbau eines Verzeichnisdienstes mit dem Lightweight Directory Access Protocol (LDAP)
- Einrichten eines News-Servers mit dem Network News Transfer Protocol (NNTP)
- Freigabe von Dateisystemen für Windows mit Samba

- Einrichten einer Firewall
- Konfiguration von virtuellen privaten Netzwerken (VPN)

Sicher wird Ihnen dieses Buch durch die strukturierte Darstellung der aufgeführten Themen, das Glossar und den Index eine große Hilfe bei Ihrer täglichen Arbeit sein. Falls Sie schon immer ein umfassendes Nachschlagewerk für den Netzwerkbereich unter Linux gesucht haben, so haben Sie Ihr Ziel mit dem vorliegenden Werk erreicht.

Als Leser von „Linux Netzwerkadministration" sollten Sie bereits Kenntnisse im Bereich der Systemadministration unter Linux haben, die zum Beispiel in den Büchern [Hein1999] und [Kofler1999] erläutert werden.

Um der strukturierten Darstellung auch optisch zu genügen, unterliegt die Benutzung der Schriftarten bestimmten Regeln.

- In der Schriftart `Typewriter` werden Ein- und Ausgaben der Linux-Shell angegeben.
- Mit der *kursiven* Schrift werden Verfahren und Algorithmen wiedergegeben.
- Zu drückende Tasten werden generell **fett** aufgeführt.
- Falls grafische Anwendungen beschrieben werden, so sind Menüpunkte generell als MENÜPUNKT dargestellt.

Viele Eingaben, die in diesem Buch beschrieben werden, müssen Sie in der Linux-Shell vornehmen. Sie wird für den Benutzer `root` in der Form

```
root@host1:~ #
```

dargestellt. Sofern die durchzuführenden Eingaben auch ohne Administratorrechte erfolgen können, wird statt `root` der Benutzer `user1` verwendet:

```
user1@host1:~ #
```

Was wäre ein Netzwerk ohne die Rechner, die sich darin befinden? Daher verwenden wir zur Veranschaulichung der Themen in der Regel vier Hosts. Sie haben die IP-Nummern `192.168.17.1` bis `192.168.17.4` und die Namen `host1.intern` bis `host4.intern`.

SuSE **Red Hat**

In diesem Buch werden die beiden Distributionen SuSE und Red Hat jeweils in der Version 7.0 berücksichtigt. Falls die Ausführungen lediglich eine Distribution betreffen, wird dies durch eine entsprechende Notiz am Seitenrand angezeigt.

2 Die TCP/IP-Protokollfamilie

Nachdem Sie nun erfahren haben, welche Themen Sie insgesamt in diesem Buch erwarten, beschäftigen wir uns in diesem Kapitel mit der TCP/IP-Protokollfamilie. In ihr befinden sich die zentralen Protokolle, die bei der Kommunikation in Netzwerken eingesetzt werden.

2.1 Allgemeines

Die Teilnehmer eines Netzwerkes sind über beliebige Übertragungsmedien (Kabel, Glasfaser usw.) verbunden. Damit die Rechner auch miteinander kommunizieren können, müssen bezüglich ihrer Sprache Vereinbarungen getroffen werden, die es ihnen ermöglichen, sich gegenseitig zu verstehen. Die so festgelegten Sprachen heißen Protokolle. Abbildung 2.1 zeigt die physische Verbindung der Rechner, die hier durch den englischen Begriff Host bezeichnet werden.

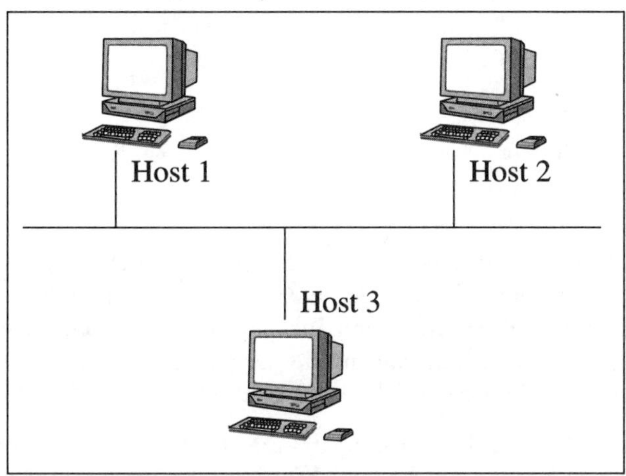

Abbildung 2.1: Netzwerk mit drei Teilnehmern

Nun können Sie sich sicher vorstellen, dass es, wie bei uns Menschen auch, mehrere Sprachen gibt, die zur Kommunikation zur Verfügung stehen. Die verschiedenen Protokolle (Sprachen) können dabei unterschiedliche Aufgaben in der Netzwerkkommunikation erfüllen. So existiert ein Protokoll, das lediglich für die Adressierung der Hosts verantwortlich ist. Ein anderes wiederum sorgt für die ordnungsgemäße Zustellung der Daten im Netzwerk. Weitere Protokolle regeln zum Beispiel den Dateitransfer, den Austausch von Internet-Seiten oder die Möglichkeit der Fernwartung.

In Abbildung 2.2 sehen Sie den Zusammenhang zwischen einigen ausgewählten Protokollen und deren Aufgaben.

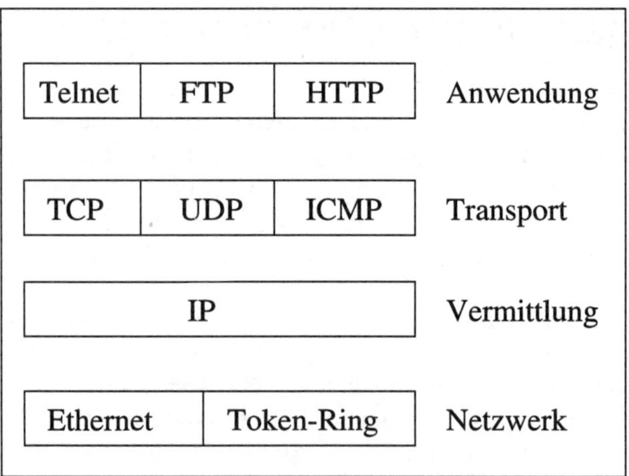

Abbildung 2.2: Zusammenhang der Protokolle

Die in vier Schichten eingeteilten Protokolle bauen demnach aufeinander auf:

- Anwendungsschicht
- Transportschicht
- Vermittlungsschicht
- Netzwerkschicht

Netzwerkschicht Auf der untersten Ebene existiert die Netzwerkschicht. Sie enthält alle Protokolle, mit denen der physische Zugang zum Netzwerk verwirklicht wird. Die Spezifikationen zur Ethernet- und Token-Ring-Technologie schreiben die Topologie des Netzwerkes fest. Der Zugang der Daten zum Medium (also zum Beispiel dem Kabel) wird dabei über das Address Resolution Protocol (ARP) realisiert.

Vermittlungsschicht Wenn für den Zugriff eines Rechners auf die verbindenen Übertragungsmedien auf der untersten Schicht gesorgt ist, kann mit den Protokollen aus der Vermittlungsschicht der Informationsaustausch durchgeführt werden. Dazu verwenden Sie das Ihnen sicher bekannte Internet Protocol (IP). Es ist auch für die Adressierung im Netzwerk verantwortlich.

Transportschicht IP kann lediglich den Weg berechnen, über den die Daten vom Sender zum Empfänger gehen müssen. Die eigentliche Übertragung der Daten müssen wiederum andere Protokolle erledigen. Auf der Transportschicht sind in Abbildung 2.2 drei Protokolle vorhanden. Das Transmission Control Protocol (TCP) sorgt dabei für eine gesicherte Übertragung, während das User Datagram Protocol (UDP) eine unsichere Art der Datenübertragung ist, die nicht garantieren kann, dass die gesendeten Daten auch tatsächlich beim Empfänger ankommen. Das Internet Control Message Protocol (ICMP) dient lediglich zum Austausch von Kontrollmeldungen zwischen Rechnern.

Anwendungsschicht Durch die bisher betrachteten Sprachelemente können wir den Datenaustausch organisatorisch und technisch beschreiben. Welche Art von Daten jedoch übertragen wird, ist bisher nicht definiert. Auch hier haben Sie wieder eine Vielzahl von Protokollen zur Verfügung, die in der Anwendungsschicht angesiedelt sind. Betrachten wir beispielsweise das File Transfer Protocol (FTP), das Terminal Emulation Protocol (Telnet) und das HyperText Transfer Protocol (HTTP). Während FTP zum Dateitransfer eingesetzt wird, realisiert Telnet die Funktion der Fernwartung. Der Austausch von Internet-Seiten erfolgt über HTTP.

Dazu ein Beispiel: Wenn Sie als Anwender Dateien mit dem File Transfer Protocol im Netzwerk austauschen wollen, so wird Ihr Wunsch per FTP geäußert. Damit die Daten jedoch zum Zielrechner übertragen werden können, ist es notwendig, ein Protokoll der Transportschicht einzusetzen (zum Beispiel TCP). Des Weiteren berechnet das Internet Protocol (IP) die Vermittlung der Daten vom Sender zum Empfänger. Abschließend werden die Daten in der Netzwerkschicht physisch auf das entsprechende Medium (zum Beispiel Kabel) übertragen.

Die Daten, die letztendlich übertragen werden, nutzen demnach vier Protokolle, je eines aus jeder Schicht. Dieser Vier-Schichten-Aufbau der Kommunikation wird auch als TCP/IP-Modell bezeichnet (siehe Abbildung 2.3).

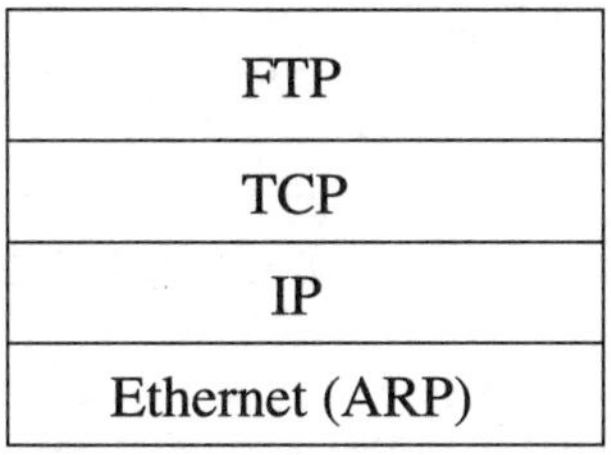

FTP
TCP
IP
Ethernet (ARP)

Abbildung 2.3: FTP-Daten im Netzwerk

Wenn wir keinen Dateitransfer durchführen wollen, sondern Internet-Dokumente anfordern, erfolgt die Kommunikation in der Anwendungsschicht mit dem Protokoll HTTP. Der gesamte Datenaustausch wird entsprechend mit HTTP, TCP, IP und Ethernet (ARP) umgesetzt. Die so vom Sender abgeschickten Daten werden beim Empfänger entsprechend analysiert. Sie werden dort zunächst physisch angenommen, um anschließend die IP-, TCP- und HTTP-Informationen zu extrahieren.

2.2 Das Internet Protocol

Betrachten wir nun den Kern der TCP/IP-Protokollfamilie: das Internet Protocol (IP). Im Folgenden beschäftigen wir uns mit den Aufgaben dieses Protokolls und mit der Adressierung im Netzwerk, für die IP benutzt wird.

2.2.1 Aufgaben

Durch die Position von IP in der TCP/IP-Architektur (siehe Abbildung 2.4) ergeben sich die folgenden Vermittlungsaufgaben:

- Adressierung
- Routing
- Fragmentierung

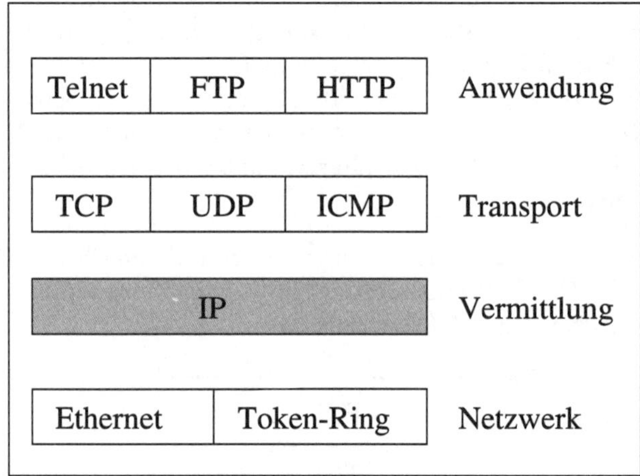

Abbildung 2.4: Das Protokoll IP

Adressierung Damit die Teilnehmer in einem Netzwerk fehlerfrei miteinander kommunizieren können, müssen Sie sie mit einer eindeutigen Adresse versehen. Das Internet Protocol ermöglicht Ihnen diese Adressvergabe und setzt die festgelegten Werte entsprechend um. Näheres zu dieser Thematik finden Sie in Abschnitt 2.2.2.

Routing Nachdem Sie nun jedem Teilnehmer eine eindeutige IP-Adresse gegeben haben, muss der Weg berechnet werden, den die Daten vom Sender zum Empfänger nehmen sollen. Auch hierbei handelt es sich um eine Aufgabe des Internet Protocols. Das so genannte *Routing* beschreibt genau, wie die Informationen zum Ziel gelangen und welche Zwischenrechner (Router) sie dazu passieren müssen (siehe Kapitel 4, Seite 61). In Abbildung 2.5 sehen Sie zwei Netzwerke, die über einen Router verbunden sind.

Fragmentierung Bei der dritten wesentlichen Aufgabe, die IP zu erledigen hat, handelt es sich um die *Fragmentierung*. Sie hat den folgenden Hintergrund:

Je nachdem, an welche Netzwerktopologie Sie Ihre Rechner angeschlossen haben, variiert auch die maximale Größe von Dateneinheiten, die im Netzwerk ausgetauscht werden können (siehe Tabelle 2.1).

Ethernet zum Beispiel umfasst Datenpakete von 1514 Bytes. Token-Ring hingegen kann mit 4202 Bytes umgehen. Es ist für die Geschwindigkeit der Datenübertragung von Vorteil, diese maximalen Größen auszunutzen. Daraus folgt, dass die Daten beim Senden fragmentiert, also aufgeteilt, werden müssen. Da ein Router mehrere Netzwerktopologien verbinden kann, muss es ihm ferner möglich sein, eine Umfragmentierung vorzunehmen. In Abbildung 2.6 sehen Sie zwei verschiedenartige Netze, die über einen Router miteinander verbunden sind. Werden Daten zwischen Host1 und Host3 ausgetauscht, so kann das Internet Protocol auf dem Router die Daten von zuvor 1514 in nun 4202 Bytes große Fragmente aufteilen.

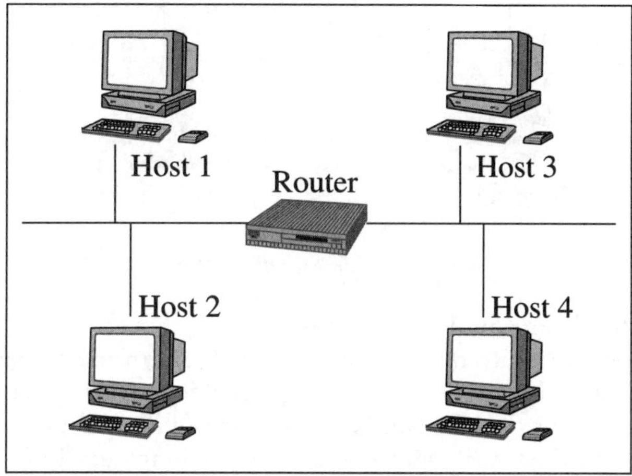

Abbildung 2.5: Routing

Netzwerktyp	**Paketgröße**
Ethernet	1514 Bytes
Token-Ring	4202 Bytes

Tabelle 2.1: Maximale Paketgrößen

Wenn wir uns das Mittel der Fragmentierung genauer betrachten, so fällt auf, dass die vom Sender abgeschickten Daten in mehrere Teile zerlegt werden. Es ist jedoch in keiner Weise sichergestellt, dass diese Fragmente beim Empfänger auch in der richtigen Reihenfolge ankommen. Somit ist es notwendig, die Reihenfolge der vom Internet Protocol erzeugten Fragmente durch das Hinzufügen eines Zählers in jedem Teilpaket festzuhalten.

Der Empfänger ist nun aufgefordert, die bei ihm angekommenen Daten wieder in der richtigen Reihenfolge zusammenzusetzen. Das IP-Protokoll übernimmt auch diese als *Reassemblierung* bekannte Funktion.

2.2.2 Adressierung

Nachdem wir uns bisher mit den Aufgaben von IP eher technisch auseinander gesetzt haben, werden wir in diesem Abschnitt die Adressierung genauer betrachten.

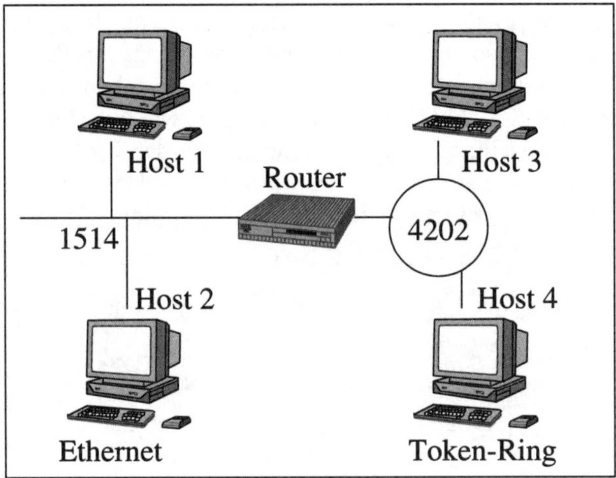

Abbildung 2.6: Fragmentierung

Das Internet Protocol sorgt in der Vermittlungsschicht für die Adressierung im Netzwerk. Jedem Teilnehmer im Rechnerverbund müssen Sie dazu eine eindeutige IP-Adresse zuteilen. Das oberste Ziel bei der IP-Adressvergabe ist die Eindeutigkeit. Es genügt nicht, dass alle Rechner in einem lokalen Netzwerk unterschiedliche Adressen haben. Falls dieser lokale Bereich zum Beispiel zeitweise eine Verbindung zum Internet hat, so muss auch dann weiterhin die Eindeutigkeit gelten. Wenn wir diese Überlegungen betrachten, lässt sich leicht erkennen, dass es sich bei der Vergabe von IP-Nummern um keine triviale Thematik handelt.

IP-Adressen bestehen zurzeit aus 32 Bit, also aus 32 Werten, die zwischen 0 und 1 variieren. Die 32 Bit enthalten dabei Informationen sowohl zur Adresse des Netzwerkes als auch zur Adresse eines Rechners in dem Netzwerk. Betrachten wir zunächst eine Adresse, bei der die ersten 24 Bit den Netzwerkanteil beschreiben und die verbleibenden 8 Bit den Hostanteil (siehe Tabelle 2.2).

Netzwerk	Netzwerk	Netzwerk	Host
11000000	10101000	00010001	00000001
8 Bit	8 Bit	8 Bit	8 Bit

Tabelle 2.2: Beispiel einer binären IP-Adresse

In der Praxis müssen Sie die IP-Adressen jedoch zum Glück nicht binär angeben, sondern können eine dezimale Darstellung wählen. Dazu werden die 4 Octets (8-Bit-Blöcke) jeweils in eine dezimale Zahl umgewandelt. Die so entstehenden Werte schreibt man, jeweils durch einen Punkt getrennt, hintereinander. Die Konvertierung von binären Werten in dezimale Werte erfolgt, wie in Tabelle 2.3 gezeigt und im Folgenden erläutert wird.

Netzwerk	Netzwerk	Netzwerk	Host
11000000	10101000	00010001	00000001
128+64	128+32+8	16+1	1
192	168	17	1
8 Bit	8 Bit	8 Bit	8 Bit

Tabelle 2.3: Konvertierung einer IP-Adresse

Betrachten wir die Umrechung der Binärzahl 10101000 etwas genauer. Der zugehörige Wert ergibt sich aus: $1 \cdot 128 + 0 \cdot 64 + 1 \cdot 32 + 0 \cdot 16 + 1 \cdot 8 + 0 \cdot 4 + 0 \cdot 2 + 0 \cdot 1 = 168$.

Die resultierenden dezimalen 8-Bit-Blöcke können wir nun, wie bereits erwähnt, durch einen Punkt getrennt darstellen:

192.168.17.1

Die Bestimmung des Netz- und des Hostanteils dieser Adresse lässt sich bisher nicht durchführen. Was uns fehlt, ist daher ein zusätzliches Kriterium, das diese Aufteilung definiert: die Netzmaske. Sie besteht ebenfalls aus einer 32 Bit langen Binärzahl, die grundsätzlich mit einer Reihe von Einsen beginnt und mit Nullen endet. Netzmaske und IP-Adresse treten immer zusammen auf und sind niemals einzeln anzutreffen. So lautet die Netzmaske zu der zuvor genannten Adresse üblicherweise:

255.255.255.0

oder binär:

11111111 11111111 11111111 00000000

Die Anzahl der Einsen definiert dabei den Netzanteil der zugehörigen IP-Adresse (192.168.17.1) mit einer Größe von 24 Bit. Die Anzahl der verbleibenden Nullen legt den Hostanteil mit 8 Bit fest. Mit anderen Worten: Wir haben ein Netz mit der Adresse 192.168.17 und darin einen Rechner 1.

IP-Adresse und Netzmaske müssen Sie wie erwähnt grundsätzlich gemeinsam angeben, was Sie durch zwei unterschiedliche Schreibweisen erledigen können.

1. Zum einen wird die Netzmaske direkt hinter der IP-Adresse durch einen Slash (/) getrennt angegeben.

   192.168.17.1/255.255.255.0

2. Diese Darstellung können Sie zum anderen jedoch weiter verkürzen. Da Netzmasken immer mit Einsen beginnen und mit Nullen enden, also niemals Wechsel vorhanden sind, definiert die Anzahl der mit 1 belegten Bits exakt die zu verwendene Maske.

   192.168.17.1/24

   Diese Schreibweise nennt man CIDR (Classless InterDomain Routing).

Mit dem zuvor beschriebenen Verfahren haben wir den Netz- und Hostanteil bestimmt. Es wurde bereits erwähnt, dass das Netzwerk ebenfalls eine Adresse besitzt. Ferner können auch alle Rechner gleichzeitig mit einer Adresse angesprochen werden, was sich in den beiden folgenden Begriffen widerspiegelt:

- Netzadresse
- Broadcastadresse

Netzadresse Jeder Rechner in einem Netzwerk hat eine IP-Adresse in der Form 192.168.17.1/255.255.255.0. Das Netzwerk besitzt jedoch ebenfalls einen solchen IP-Wert. Sie können ihn bestimmen, indem Sie die Bits der IP-Adresse eines Hosts im Hostanteil auf Null setzen. Im Beispiel sind somit die letzten 8 Bit von 192.168.17.1 betroffen, woraus sich die folgende Netzadresse ergibt:

192.168.17.0

Der Rechner 192.168.17.1/255.255.255.0 ist damit Mitglied im Netzwerk

192.168.17.0

Broadcastadresse Wenn der Rechner mit der IP-Adresse 192.168.17.1 Daten an den Host 192.168.17.2 sendet, wird dieser Vorgang als Unicast bezeichnet, also als das Senden von Daten an exakt einen Empfänger. Um Datenübertragungen direkt an alle Teilnehmer im Netzwerk zu richten, existiert die so genannte Broadcastadresse. Sie wird ebenfalls aus IP-Adresse und Netzmaske berechnet. Haben Sie bei der Adresse des Netzwerkes alle Bits des Hostanteils auf den Wert 0 gesetzt, so müssen Sie sie diesmal jeweils mit einer 1 belegen. Alle Rechner in dem Netzwerk 192.168.17.0 sind demnach gleichzeitig über

192.168.17.255

zu erreichen.

Da jedes Octet nur Werte zwischen 0 und 255 annehmen kann, folgt daraus, dass wir für die Rechner im Netz 192.168.17.0 mit der Broadcastadresse 192.168.17.255 lediglich die Adressen 192.168.17.1/24 bis 192.168.17.254/24 zur Verfügung haben.

Nun besitzen also alle Rechner im Netzwerk ihre eindeutige Kennung, sodass einer Kommunikation über das Medium nichts mehr im Wege steht. Was ist jedoch mit der Kommunikation innerhalb eines Rechners? Wie verständigen sich Prozesse und wie funktioniert der Austausch der Informationen untereinander?

Das IP-Protokoll kommt auch hier zum Einsatz, da Linux es ebenfalls für die interne Verständigung nutzt. Zwei klassische Anwendungen, die ohne das Internet Protocol in einem Linux-Rechner nicht funktionieren würden, sind das (lokale) Drucken und das Nutzen einer grafischen Oberfläche. Hätten wir hier keine IP-Unterstützung, so wäre die Nutzung dieser und anderer Dienste nicht möglich. Die nahe liegende Vermutung, dass diese Anforderung über die vorhandene IP-Adresse des Rechners (zum Beispiel 192.168.17.1) abgedeckt ist, trifft nicht zu.

Da es eine große Anzahl von Linux-Computern gibt, die komplett lokal arbeiten, die also auch keine Netzwerkkarte besitzen, muss ein anderes Verfahren gefunden werden, das es diesen lokal arbeitenden Rechnern zum Beispiel erlaubt zu drucken.

Tatsächlich ist es so, dass das Betriebssystem Linux grundsätzlich intern ein IP-Netz aufbaut, über das die einzelnen Prozesse kommunizieren. Die IP-Adresse, über die die interne Kommunikation stattfindet, lautet 127.0.0.1 (siehe auch Abbildung 2.7):

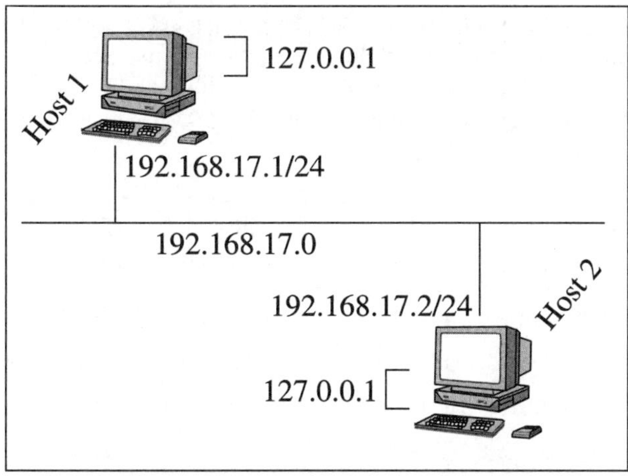

Abbildung 2.7: Netzwerk mit IP-Adressen

Die Adresse wird in echten Netzen nicht benutzt und ist auch nicht weltweit eindeutig. Vielmehr hat jeder Linux-Rechner intern diese lokale Adresse. Die Eindeutigkeit ist dennoch gewährleistet, da das interne Netz eines Rechners nie eine Verbindung zu dem internen Netz eines anderen Rechners hat.

Man kann also davon sprechen, dass alle Daten, die an 127.0.0.1 gerichtet sind, über eine Schleife gleich wieder zurück an 127.0.0.1 gesendet werden. Wir können dieses mit einem Förderband in einer Fabrik vergleichen, das ebenfalls nur dazu da ist, lokal Material auszutauschen. Der so definierte interne Linux-Wert wird als Loopback-Adresse bezeichnet.

Subnetting

Mit den Adressen, die bisher dargestellt wurden, können wir lediglich Netzwerke beschreiben, die maximal 254 Teilnehmer enthalten. Diese Limitierung ist natürlich in der Praxis in keiner Weise zufrieden stellend, da es in den meisten Netzwerken schon rein physisch nicht möglich (und auch nicht sinnvoll) ist, 254 Stationen aufzunehmen.

Der Netzwerkadministrator müsste daher die Möglichkeit haben, den Adressraum zum Beispiel in zwei Netzwerke aufzuteilen (Subnetting), die jeweils nur die Hälfte der Arbeitsstationen enthalten. Wenn wir bedenken, dass Daten, die im Netzwerk ausgetauscht werden, immer über das gleiche Medium gehen und es damit auch belasten, ist das Aufteilen in mehrere durch Router getrennte Subnetze ein unvermeidbares und durchaus anzustrebenes Ziel.

Dieses Problem kann mit Hilfe der Netzmaske gelöst werden. Mit ihr können wir die Größe des Hostanteils bestimmen und damit auch festlegen, wie viele Rechner maximal in einem Netzwerk adressiert werden können. Zur weiteren Veranschaulichung ist es hilfreich, wenn wir den Zusammenhang der bisher verwendeten IP-Adresse zur Netzmaske und zur Netz- und Broadcastadresse binär betrachten. Um die Adresse des Netzwerkes zu bestimmen, zu der ein Rechner gehört, muss dessen IP-Adresse mit der Netzmaske binär UND-verknüpft werden (siehe Tabelle 2.4). Das heißt, ein Bit der Netzadresse hat nur dann den Wert 1, wenn sowohl die IP-Adresse als auch die Netzmaske an der gleichen Position eine 1 aufweisen.

IP-Adresse dezimal	192	168	17	1
Netzmaske dezimal	255	255	255	0
IP-Adresse binär	11000000	10101000	00010001	00000001
Netzmaske binär	11111111	11111111	11111111	00000000
Netzadresse binär	11000000	10101000	00010001	00000000
Netzadresse dezimal	192	168	17	0

Tabelle 2.4: UND-Verknüpfung von IP-Adresse und Netzmaske

Bei der Netzmaske handelt es sich nicht um ein starres Gebilde, sondern Sie können sie beliebig verändern. Um nun die Anzahl der Netze zu erhöhen und gleichzeitig die Anzahl der Rechner darin zu verkleinern, kann der Netzanteil zum Beispiel um 1 Bit erweitert werden (siehe Tabelle 2.5). Sie müssen dazu also lediglich die Anzahl der Einsen in der Netzmaske erhöhen.

IP-Adresse dezimal	192	168	17	1
Netzmaske dezimal	255	255	255	128
IP-Adresse binär	11000000	10101000	00010001	00000001
Netzmaske binär	11111111	11111111	11111111	10000000
Netzadresse binär	11000000	10101000	00010001	00000000
Netzadresse dezimal	192	168	17	0

Tabelle 2.5: Erweitern des Netzanteils durch die Netzmaske

Wie Sie sehen, befindet sich der Rechner 192.168.17.1 auch bei einer Maske von 255.255.255.128 im Netz 192.168.17.0. Tabelle 2.6 zeigt die Berechnung für die Adresse 192.168.17.129.

Bei einer Maske von 255.255.255.0 würde sie ebenfalls zum Netz 192.168.17.0 gehören.

IP-Adresse dez.	192	168	17	129
Netzmaske dez.	255	255	255	128
IP-Adresse bin.	11000000	10101000	00010001	10000001
Netzmaske bin.	11111111	11111111	11111111	10000000
Netzadresse bin.	11000000	10101000	00010001	10000000
Netzadresse dez.	192	168	17	128

Tabelle 2.6: Erweitern des Netzanteils

Nun haben wir also die Netze 192.168.17.0 und 192.168.17.128 mit der Maske 255.255.255.128 definiert.

In diesen Netzen können Sie nun jeweils 7 Bit zur Adressierung der Teilnehmer verwenden. Der Hostanteil kann somit maximal $2^7 = 128$ Werte annehmen. Da jedes Netz eine eigene Adresse und auch eine eigene Broadcastadresse hat (im Beispiel 192.168.17.127 und 192.168.17.255), können Sie diese beiden Werte nicht verwenden und somit in dem Netz maximal 126 Teilnehmer ansiedeln.

In Abbildung 2.8 sehen Sie zwei Netze, in denen das Subnetting wie beschrieben eingesetzt wird.

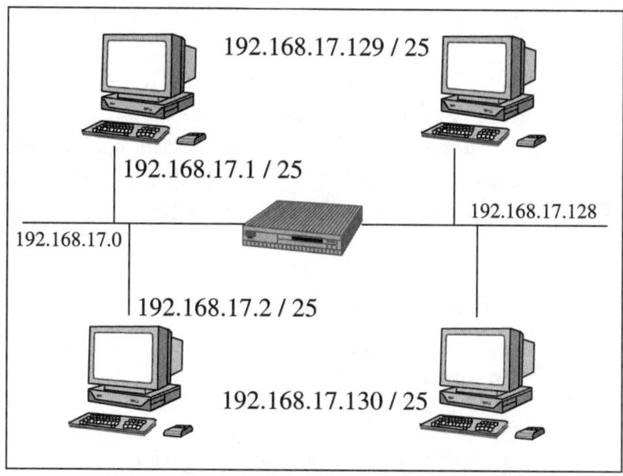

Abbildung 2.8: Zwei Netze mit Subnetting

Adressbereiche

Da IP-Adressen lediglich 32 Bit groß sind, ist die maximale Anzahl der möglichen Rechner, die eindeutig angesprochen werden können, begrenzt. Das Network Information Center (NIC) ist die zentrale Einrichtung, die eindeutige Adressen an Firmen, Organisationen usw. vergibt. Die IP-Nummern teilen sich dabei in mehrere Bereiche auf, die man beim NIC mieten kann:

- Class-C
- Class-B
- Class-A

Class-C Beim ersten Bereich handelt es sich um die so genannten Class-C-Adressen. Sie haben per Default eine Netzmaske von 255.255.255.0. Die ersten drei Bits einer Class-C-Adresse haben die Werte 110. Damit kann das erste Octet Werte zwischen 192 (110 00000) und 223 (110 11111) annehmen. Die IP-Nummern befinden sich daher im Bereich:

192.x.x.x bis 223.x.x.x

Die Eigenschaften der Klasse C finden Sie in Tabelle 2.7.

Eigenschaft	Wert
Netzmaske	255.255.255.0
Adressbereich	192.x.x.x bis 223.x.x.x
Anzahl der Netze	2 097 152
Hosts pro Netz	254

Tabelle 2.7: Eigenschaften von Class-C-Netzen

Class-B Netzwerke der Klasse B besitzen eine Netzmaske der Größe 16 Bit (255.255.0.0). Da der Netzanteil kleiner und der Hostanteil größer ist, können Sie somit mehr Rechner in den Netzen adressieren. Die ersten beiden Bits einer Class-B-Adresse haben die Werte 10. Somit ergibt sich ein Bereich von 128 (10 000000) bis 191 (10 111111). Die IP-Nummern der Klasse B umfassen den Bereich:

128.x.x.x bis 191.x.x.x

Tabelle 2.8 listet die Eigenschaften der Class-B auf.

Eigenschaft	Wert
Netzmaske	255.255.0.0
Adressbereich	128.x.x.x bis 191.x.x.x
Anzahl der Netze	16 384
Hosts pro Netz	65 534

Tabelle 2.8: Eigenschaften von Class-B-Netzen

Class-A Falls das erste Octet einer Adresse mit einem Null-Bit beginnt, so spricht man von einer Class-A-Adresse. Ihre Netzmaske ist 255.0.0.0 und sie befindet sich im Bereich:

1.x.x.x bis 127.x.x.x

Eine 0 im ersten Octet ist nicht zulässig. Weitere Eigenschaften können Sie Tabelle 2.9 entnehmen.

Eigenschaft	Wert
Netzmaske	255.0.0.0
Adressbereich	1.x.x.x bis 127.x.x.x
Anzahl der Netze	126
Hosts pro Netz	16 777 214

Tabelle 2.9: Eigenschaften von Class-A-Netzen

Damit ist der gesamte Adressraum in drei Klassen aufgeteilt, die sich im Prinzip nur in der Netzmaske unterscheiden. Wenn Sie nun einen solchen Adressbereich zur Verfügung haben, er jedoch nicht ihren technischen und organisatorischen Gegebenheiten entspricht, können Sie den Bereich mit Hilfe des Subnettings weiter unterteilen.

Innerhalb der Klassen A bis C existiert nun eine weitere Unterteilung der vorhandenen IP-Nummernkreise in

- lokale Adressen und
- nichtlokale Adressen.

Lokale Adressen Falls ein Host eine direkte Verbindung zum Internet hat, so muss seine Adresse weltweit eindeutig sein. Nehmen wir daher an, eine Firma mit zum Beispiel 50 Rechnern verwirklicht den Internetzugang über nur eine Linux-Maschine. Dieser auserwählte Rechner dient als Router zwischen dem internen Netz und dem Internet. Da er direkt mit dem Internet verbunden ist, benötigt er auch eine dort eindeutige Adresse (siehe Abbildung 2.9).

Die Arbeitsstationen in der Firma kommunizieren grundsätzlich über den Router mit dem Internet. Daher ist es nicht erforderlich, dass auch sie Adressen haben, die weltweit eindeutig sind. Es genügt, wenn die Eindeutigkeit innerhalb der Firma gewährleistet ist. Da diese lokalen Adressen gar nicht mit dem Internet in Verbindung stehen, kann jede andere Firma ohne Probleme die gleichen Adressbereiche benutzen.

Tabelle 2.10 zeigt die lokalen Adressbereiche der Netzwerkklassen. Diese Adressen können Sie als Netzwerkadministrator für vom Internet abgekoppelte Umgebungen beliebig einsetzen.

Klasse	Bereich
C	192.168.x.x
B	172.16.x.x bis 172.31.x.x
A	10.x.x.x

Tabelle 2.10: Lokale Adressen

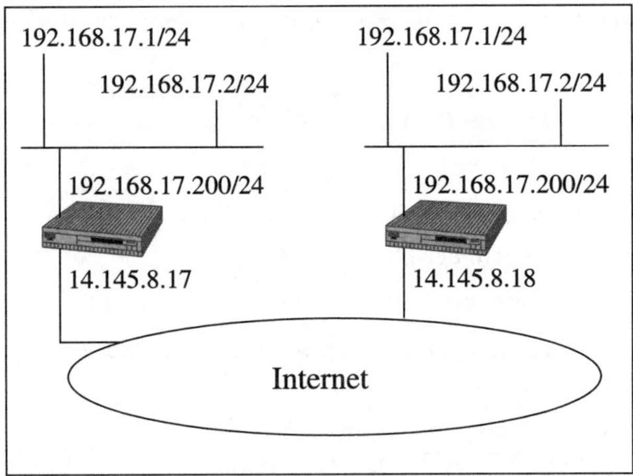

Abbildung 2.9: Lokale Netze mit Internetanbindung

Nichtlokale Adressen Tabelle 2.11 listet die Adressbereiche auf, deren Eindeutigkeit im Internet garantiert wird. Der Netzwerkadministrator muss Nummern aus diesen Bereichen beim Network Information Center beantragen. Der in der Tabelle nicht erwähnte 127.x.x.x-Bereich ist für das Loopback-Netzwerk reserviert. Sie dürfen ihn keinesfalls anderweitig verwenden.

Klasse	Bereich
C	192.x.x.x bis 192.167.x.x
	192.169.x.x bis 223.x.x.x
B	128.x.x.x bis 172.15.x.x
	172.32.x.x bis 191.x.x.x
A	1.x.x.x bis 9.x.x.x
	11.x.x.x bis 126.x.x.x

Tabelle 2.11: Nicht-lokale Adressen

Ausblick auf IPv6

Zurzeit wird das Internet Protocol (IP) in der Version 4 verwendet. Es wird deshalb auch als IPv4 bezeichnet. Es wesentlicher Schwachpunkt dieser Version ist die Beschränkung auf 32 Bit große Adressen. Heutzutage sind die Adressen bereits knapp geworden. Bei der ständigen Ausdehnung des Internets ist es absehbar, dass die IPv4-Adressen in den nächsten Jahren komplett vergeben sein werden.

In der Version 6 des Internet Protocols (auch Internet Protocol Next Generation, IPng, genannt) bestehen die Adressen aus 128 Bit. Durch die Vervierfachung der Adressgröße wird das Problem auch langfristig gelöst sein. Da Linux bereits IPv6-tauglich ist, kann es vorkommen, dass diese neuen Adressen an einigen Stellen im System auftauchen. Sie sollten sie dann zumindest erkennen und nicht unbedarft löschen. Wurden bei IPv4 die Octets dezimal geschrieben und durch einen Punkt getrennt (192.168.17.1), so werden bei IPv6 jeweils 16-Bit-Blöcke zusammengefasst, die hexadezimal dargestellt werden. Sie müssen sie mit einem Doppelpunkt voneinander trennen. Eine gültige IPv6-Adresse ist zum Beispiel:

C7A6:A5B1:087F:0:0:0:C51A:0017

Diese etwas schwierige Schreibweise können Sie vereinfachen, indem Sie eine der folgenden Regeln anwenden.

1. Im ersten Schritt streichen wir die führenden Nullen in den Blöcken:

   C7A6:A5B1:87F:0:0:0:C51A:17

2. Der zweite Schritt vereinfacht die Schreibweise weiter. Falls in der IPv6-Adresse mehrere 16-Bit-Blöcke mit dem Wert 0 vorhanden sind, so können diese durch zwei aufeinander folgende Doppelpunkte ersetzt werden.

   C7A6:A5B1:87F::C51A:17

   Die obige Adresse können wir nun wie folgt deuten: Der gesamte IPv6-Wert umfasst 128 Bit. Die hexadezimalen Zeichen links der beiden Doppelpunkte (C7A6:A5B1:87F) sind die Werte der höchstwertigen Bits. Die Zeichen rechts der Doppelpunkte (C51A:17) entsprechen den niederwertigen Bits. Aus dieser Deutung folgt direkt, dass eine Ersetzung mit zwei Doppelpunkten (::) nur einmal in einer Adresse vorkommen kann.

Ein wesentliches Ziel von IPv6 ist die Kompatibilität zur Vorgängerversion IPv4. Die Umstellung des gesamten Internets auf das neue Adressspektrum ist natürlich nicht vom einen zum anderen Augenblick möglich. Daher ist es notwendig, dass beide Versionen parallel existieren können. Die IPv6-Adressen spiegeln auch diesen Sachverhalt wider, da wir IPv4-Nummern in der IPv6-Notation darstellen können. Die höchstwertigen der 128 Bits werden dazu mit einer Null belegt, sodass sich die IPv4-Adresse in den niederwertigen Bits wiederfindet.

0000:0000:0000:0000:0000:0000:C0A8:1101

Der obige Wert entspricht 192.168.17.1. Mit den Regeln der Vereinfachung kann er als

::C0A8:1101

dargestellt werden. Durch eine weitere Regel können wir nun aus Gründen der Kompatibilität die letzten 32 Bit dezimal mit einem Punkt getrennt schreiben.

::192.168.17.1

Loopback-Adresse

Im IPv6-Adressraum hat die Loopback-Adresse den folgenden Wert:

::1

Sie besteht also aus 127 Bits mit dem Wert 0. Lediglich das letzte Bit hat den Wert 1.

Weitere detaillierte Informationen zum Internet Protocol in der Version 6 finden Sie in [Huitema2000].

2.3 Das Transmission Control Protocol

Im folgenden Abschnitt befassen wir uns mit dem Transmission Control Protocol (TCP).

2.3.1 Aufgaben

Das Protokoll TCP ist in der Transportschicht angesiedelt (siehe Abbildung 2.10), und Sie können es für die gesicherte Übertragung der Daten vom Sender zum Empfänger benutzen.

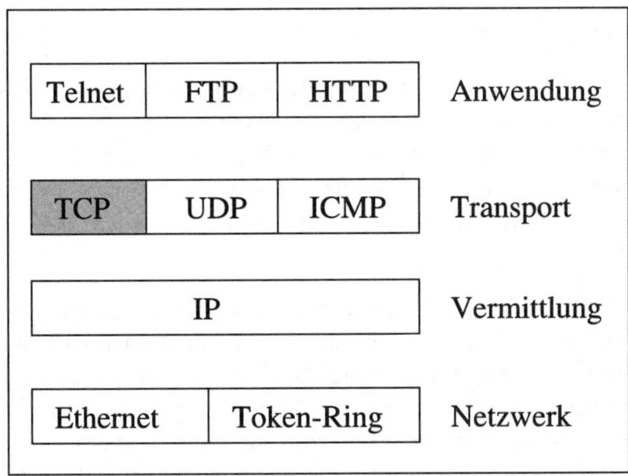

Abbildung 2.10: Das Protokoll TCP

TCP sorgt für:

- den kontrollierten Aufbau der Verbindung
- den kontrollierten Abbau der Verbindung
- die bidirektionale Verbindung
- die Verwendung von Sequenznummern und Quittungen

Kontrollierter Aufbau der Verbindung Der erste Schritt zur Datenübertragung besteht im Aufbau der Verbindung. Dazu schickt der Sender mit dem Transmission Control Protocol einen Verbindungsaufbauwunsch an den Empfänger. Diesen Wunsch muss der Empfänger dem Sender quittieren. Erst dann kommt die Verbindung zustande.

Kontrollierter Abbau der Verbindung Auch das Ende der Kommunikation kann nicht von einem Partner bestimmt werden, sondern muss im gegenseitigen Einvernehmen stattfinden. Dazu signalisiert ein Partner, dass er die Verbindung beenden möchte. Nur wenn der andere Teilnehmer der Kommunikation diesem Wunsch zustimmt, gilt der Datenaustausch als beendet.

Bidirektionale Verbindung Nachdem die Verbindung nun aktiv ist, werden die Daten zwischen den Teilnehmern ausgetauscht. Dieser Austausch wird bidirektional durchgeführt. Das heißt, per TCP können Sie Daten parallel in beide Übertragungsrichtungen senden, also vom Teilnehmer A zum Teilnehmer B und umgekehrt.

Verwendung von Sequenznummern und Quittungen Die Datenmenge wird nicht an einem Stück übertragen, sondern es erfolgt eine Splittung in mehrere Teile. Diese Teile werden als Sequenz übertragen. Damit der Empfänger sie wieder in der ursprünglichen Reihenfolge zusammensetzen kann, wird jeder Teil mit einer Sequenznummer versehen. Durch die Analyse dieser Nummer beim Empfänger wird sichergestellt, dass die einzelnen Abschnitte der Übertragung richtig zusammengeführt werden.

Damit wir die Garantie haben, dass die Datenpakete überhaupt beim Empfänger ankommen, sendet dieser für jedes eingetroffene Paket eine Empfangsquittung zurück. Nur wenn sie beim Sender eintrifft, wird die Übertragung fortgesetzt. Anderenfalls wird der nicht quittierte Teil erneut übertragen. Falls nach einer gewissen Zeit keine Reaktion vom Empfänger wahrzunehmen ist, gilt die Verbindung als unterbrochen.

Wenn Sie IP-Daten per TCP übertragen, addieren sich die Aufgaben der beiden Protokolle. Die Vermittlungsinformationen, die IP zur Verfügung stellt, werden vom Transmission Control Protocol zur tatsächlichen Übertragung verwendet.

2.3.2 TCP-Ports

Das Ziel einer Datenübertragung mit dem Transmission Control Protocol (TCP) ist nicht nur eine bestimmte IP-Adresse. TCP verwendet zur weiteren Unterteilung die so genannten Ports. Sie sind im Prinzip direkt mit einem Dienst verbunden, der die eingetroffenen Daten weiterverarbeitet. Wenn Sie mit dem Internet-Browser Netscape zum Beispiel eine Verbindung zu einem Webserver aufbauen, um von dort Internetseiten anzufordern, so spricht Ihr Browser den Webserver an dessen IP-Adresse und am TCP-Port 80 an. Eine Adressierung direkt an diesen Port bedeutet, dass es sich um Daten des Protokolls HTTP handelt. Bei einer Datenübertragung an den TCP-Port 23 handelt es sich um Telnet-Informationen (siehe Abbildung 2.11).

Die TCP-Ports sind dabei unabhängig voneinander, sodass Daten, die Sie an den Port 23 schicken, nicht die Daten stören, die an den Port 80 gerichtet sind.

Es gibt insgesamt 65 535 mögliche TCP-Ports. Programmierer, die eigene Netzwerkdienste erstellen möchten, müssen dazu einen Port nehmen, der größer als 1024 ist, da bis zu dieser Nummer feste Vorgaben existieren. In dem Bereich zwischen 1 und 1024 befinden sich die so genannten „well known ports". Ihre Verwendung ist fest vorgegeben und sollte daher nicht verändert werden.

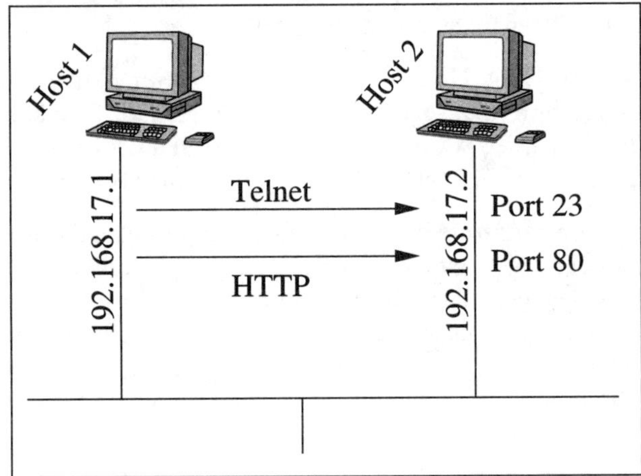

Abbildung 2.11: TCP-Ports

Sicher fällt es Ihnen als Administrator oder Anwender mitunter leichter, sich einen Namen zu merken als eine Zahl. Daher existiert auf jedem Linux-System eine Zuordnung der Portnummer zu einem Portnamen. Ferner ist die Verwendung der Portnummer natürlich auch wesentlich unpraktischer. Bedenken Sie nur den Aufwand, den Sie hätten, wenn ein selbst geschriebener Dienst mit Namen `meindienst` vom Port 1200 auf den Port 1300 wechselt. Sie müssten in der Anwendung die Portnummer entsprechend ändern. Wenn im Programm jedoch lediglich `meindienst` benutzt wird, lässt sich die Änderung wesentlich einfacher durch Anpassung der im Folgenden erwähnten Datei vollziehen.

Die beschriebene Zuweisung befindet sich in der Datei `/etc/services`, aus der im Folgenden lediglich ein Auszug dargestellt ist. Die drei Punkte (`...`) an Ende der Ausgabe sollen dies andeuten. Sie haben die Möglichkeit, in `/etc/services` selbst Einträge vorzunehmen.

```
root@host1:~ # cat /etc/services
#
# Network services, Internet style
#
# Note that it is presently the policy of IANA to assign
# a single well-known port number for both TCP and UDP;
# hence, most entries here have two entries even if the
# protocol doesn't support UDP operations.
#
# This list could be found on:
# http://www.isi.edu/in-notes/iana/assignments/port-numbers
#
```

```
#               0/tcp    Reserved
#               0/udp    Reserved
tcpmux          1/tcp    # TCP Port Service Multiplexer
tcpmux          1/udp    # TCP Port Service Multiplexer
compressnet     2/tcp    # Management Utility
compressnet     2/udp    # Management Utility
compressnet     3/tcp    # Compression Process
compressnet     3/udp    # Compression Process
rje             5/tcp    # Remote Job Entry
rje             5/udp    # Remote Job Entry
echo            7/tcp    Echo         #
echo            7/udp    Echo         #
discard         9/tcp    Discard sink null    #
discard         9/udp    Discard sink null    #
systat         11/tcp    users        # Active Users
systat         11/udp    users        # Active Users
daytime        13/tcp    Daytime      # (RFC 867)
daytime        13/udp    Daytime      # (RFC 867)
netstat        15/tcp    # Unassigned [was netstat]
qotd           17/tcp    quote        # Quote of the Day
qotd           17/udp    quote        # Quote of the Day
msp            18/tcp    # Message Send Protocol
msp            18/udp    # Message Send Protocol
chargen        19/tcp    ttytst source
chargen        19/udp    ttytst source

ftp-data       20/tcp    # File Transfer [Default Data]
ftp-data       20/udp    # File Transfer [Default Data]
ftp            21/tcp    # File Transfer [Control]
fsp            21/udp    # UDP File Transfer
ssh            22/tcp    # SSH Remote Login Protocol
ssh            22/udp    # SSH Remote Login Protocol
telnet         23/tcp    # Telnet
telnet         23/udp    # Telnet
#              24/tcp    any private mail system
#              24/udp    any private mail system
smtp           25/tcp    mail         # Simple Mail Transfer
smtp           25/udp    mail         # Simple Mail Transfer
nsw-fe         27/tcp    # NSW User System FE
nsw-fe         27/udp    # NSW User System FE
msg-icp        29/tcp    # MSG ICP
msg-icp        29/udp    # MSG ICP
msg-auth       31/tcp    # MSG Authentication
msg-auth       31/udp    # MSG Authentication
dsp            33/tcp    # Display Support Protocol
dsp            33/udp    # Display Support Protocol
#              35/tcp    any private printer server
#              35/udp    any private printer server
time           37/tcp    # Time timeserver
time           37/udp    # Time timeserver
rap            38/tcp    # Route Access Protocol
```

```
rap             38/udp   # Route Access Protocol
rlp             39/tcp   resource
rlp             39/udp   resource

graphics        41/tcp   # Graphics
graphics        41/udp   # Graphics
name            42/tcp   # Host Name Server
name            42/udp   # Host Name Server
nameserver      42/tcp   # Host Name Server
nameserver      42/udp   # Host Name Server
nicname         43/tcp   # Who Is
nicname         43/udp   # Who Is
whois           43/tcp   # Who Is
whois           43/udp   # Who Is
mpm-flags       44/tcp   # MPM FLAGS Protocol
mpm-flags       44/udp   # MPM FLAGS Protocol
mpm             45/tcp   # Message Processing Module [recv]
mpm             45/udp   # Message Processing Module [recv]
mpm-snd         46/tcp   # MPM [default send]
mpm-snd         46/udp   # MPM [default send]
ni-ftp          47/tcp   # NI FTP
ni-ftp          47/udp   # NI FTP
auditd          48/tcp   # Digital Audit Daemon
auditd          48/udp   # Digital Audit Daemon
tacacs          49/tcp   # Login Host Protocol (TACACS)
tacacs          49/udp   # Login Host Protocol (TACACS)
re-mail-ck      50/tcp   # Remote Mail Checking Protocol
re-mail-ck      50/udp   # Remote Mail Checking Protocol
la-maint        51/tcp   # IMP Logical Address Maintenance
la-maint        51/udp   # IMP Logical Address Maintenance
xns-time        52/tcp   # XNS Time Protocol
xns-time        52/udp   # XNS Time Protocol
domain          53/tcp   # Domain Name Server
domain          53/udp   # Domain Name Server
xns-ch          54/tcp   # XNS Clearinghouse
xns-ch          54/udp   # XNS Clearinghouse
isi-gl          55/tcp   # ISI Graphics Language
isi-gl          55/udp   # ISI Graphics Language
xns-auth        56/tcp   # XNS Authentication
xns-auth        56/udp   # XNS Authentication
#               57/tcp   any private terminal access
#               57/udp   any private terminal access
xns-mail        58/tcp   # XNS Mail
xns-mail        58/udp   # XNS Mail
#               59/tcp   any private file service
#               59/udp   any private file service

ni-mail         61/tcp   # NI MAIL
ni-mail         61/udp   # NI MAIL
acas            62/tcp   # ACA Services
acas            62/udp   # ACA Services
```

```
whois++         63/tcp    # whois++
whois++         63/udp    # whois++
covia           64/tcp    # Communications Integrator (CI)
covia           64/udp    # Communications Integrator (CI)
tacacs-ds       65/tcp    # TACACS-Database Service
tacacs-ds       65/udp    # TACACS-Database Service
sql*net         66/tcp    # Oracle SQL*NET
sql*net         66/udp    # Oracle SQL*NET
bootps          67/tcp    # Bootstrap Protocol Server
bootps          67/udp    # Bootstrap Protocol Server
bootpc          68/tcp    # Bootstrap Protocol Client
bootpc          68/udp    # Bootstrap Protocol Client
tftp            69/tcp    # Trivial File Transfer
tftp            69/udp    # Trivial File Transfer
gopher          70/tcp    # Gopher
gopher          70/udp    # Gopher
netrjs-1        71/tcp    # Remote Job Service
netrjs-1        71/udp    # Remote Job Service
netrjs-2        72/tcp    # Remote Job Service
netrjs-2        72/udp    # Remote Job Service
netrjs-3        73/tcp    # Remote Job Service
netrjs-3        73/udp    # Remote Job Service
netrjs-4        74/tcp    # Remote Job Service
netrjs-4        74/udp    # Remote Job Service
#               75/tcp    any private dial out service
#               75/udp    any private dial out service
deos            76/tcp    # Distributed External Object Store
deos            76/udp    # Distributed External Object Store
#               77/tcp    any private RJE service
#               77/udp    any private RJE service
vettcp          78/tcp    # vettcp
vettcp          78/udp    # vettcp
finger          79/tcp    # Finger
finger          79/udp    # Finger

http            80/tcp    # World Wide Web HTTP
http            80/udp    # World Wide Web HTTP
www             80/tcp    # World Wide Web HTTP
www             80/udp    # World Wide Web HTTP
www-http        80/tcp    # World Wide Web HTTP
www-http        80/udp    # World Wide Web HTTP
...
root@host1:~ #
```

Die erste Spalte gibt den Namen an. In der zweiten folgt der Port, gefolgt von dem Protokoll (UDP: siehe Abschnitt 2.4, „Das User Datagram Protokoll"). Die dritte Spalte enthält gegebenenfalls weitere Namen für den Port. Am Ende einer Zeile können Sie einen Kommentar angeben, der mit dem Zeichen # beginnt.

Wenn Sie die Zuweisung einer neuen Portnummer zu einem Namen ergänzen möchten, so müssen Sie zum Beispiel die folgende Zeile in die Datei einfügen:

```
meindienst      1200/tcp    # Mein Dienst
```

2.4 Das User Datagram Protocol

Das User Datagram Protocol (UDP) ist ebenfalls für die Datenübertragung auf der Transportschicht zuständig.

2.4.1 Aufgaben

Falls der Datentransport im Netzwerk nicht per TCP, sondern per UDP (siehe Abbildung 2.12) stattfindet, so wird im Wesentlichen nur eine Funktion umgesetzt:

- Schnelle Verbindung

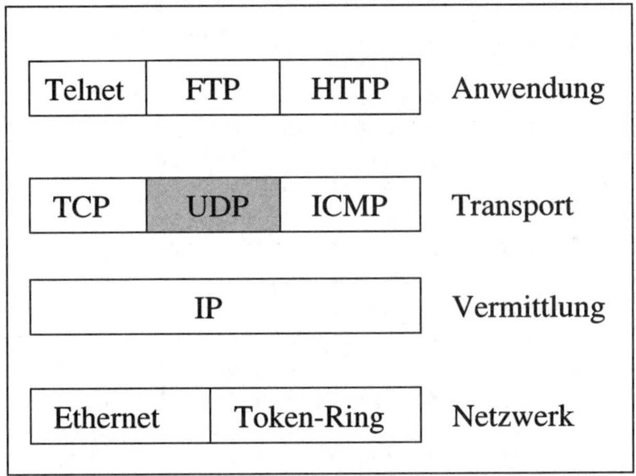

Abbildung 2.12: Das Protokoll UDP

Schnelle Verbindung Im Gegensatz zum Protokoll TCP erfolgt die Datenübertragung zwischen Sender und Empfänger nicht bidirektional. Der Auf- und Abbau der Verbindung findet nicht im gegenseitigen Einvernehmen statt. UDP sendet die Daten lediglich zum Empfänger. Es werden auch keine Sequenznummern verwendet. Das User Datagram Protocol stellt daher eine sehr unsichere Kommunikation dar. Es wird nicht gewährleistet, dass die Daten auch tatsächlich beim Empfänger ankommen, und auch nicht, dass sie dort in der richtigen Reihenfolge eintreffen.

Die fehlenden Sicherheitsmechanismen in der Datenübertragung mit dem User Datagram Protocol erlauben es uns, eine wesentlich schnellere Verbindung zwischen den Netzwerkteilnehmern durchzuführen. Sie wird in der Praxis zum Beispiel für verteilte Dateisysteme angewendet (siehe Kapitel 10, „Verteilte Dateisysteme mit NFS").

2.4.2 UDP-Ports

Auch das User Datagram Protocol (UDP) verwendet zur Adressierung Ports. Sie haben die gleiche Funktion wie beim Transmission Control Protocol, sind jedoch von den TCP-Ports unabhängig. Somit können Sie zum Beispiel an einem Rechner über den UDP-Port

1200 einen anderen Dienst ansprechen als über den TCP-Port 1200 (siehe Abbildung 2.13).

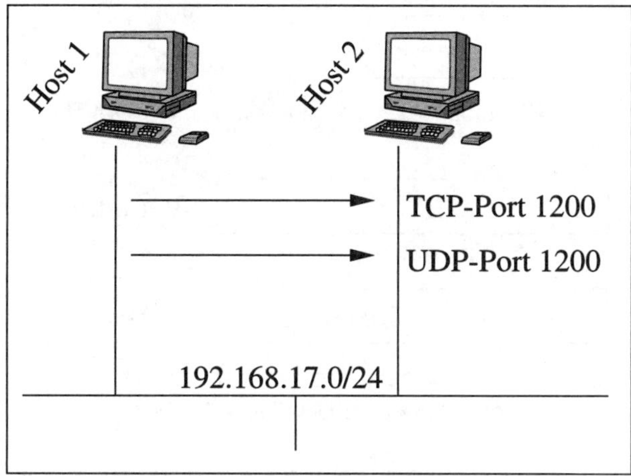

Abbildung 2.13: Unabhängigkeit der Ports

Es existieren 65 535 Ports für TCP und 65 535 Ports für UDP. Auch für die UDP-Ports gibt es eine Zuweisung der Nummer zu einem Namen. Die Zuordnung befindet sich in der bereits genannten Datei `/etc/services`. Die Portnummern sind für TCP und UDP in der Regel gleich belegt.

```
telnet           23/tcp     # Telnet
telnet           23/udp     # Telnet
```

Diese Gleichheit ist jedoch nicht zwingend. Sie soll lediglich zeigen, dass die Anwendungen sowohl mit einer TCP- als auch mit einer UDP-Übertragung arbeiten können. Die meisten Anwendungen (auch Telnet) verwenden jedoch das Protokoll TCP. Dennoch dürfen Sie den folgenden Eintrag verwenden:

```
ersterdienst       1200/tcp    # Mein TCP-Dienst
zweiterdienst      1200/udp    # Mein UDP-Dienst
```

2.5 Das Internet Control Message Protocol

Ebenfalls in der Transportschicht ist das Internet Control Message Protocol (ICMP) angesiedelt.

2.5.1 Aufgaben

Wie Sie in Abbildung 2.14 sehen, ist ICMP ebenfalls für den Datentransport zwischen zwei Rechnern im Netzwerk zuständig. Es unterscheidet sich dennoch sehr stark in den Aufgaben, die es zu erfüllen hat.

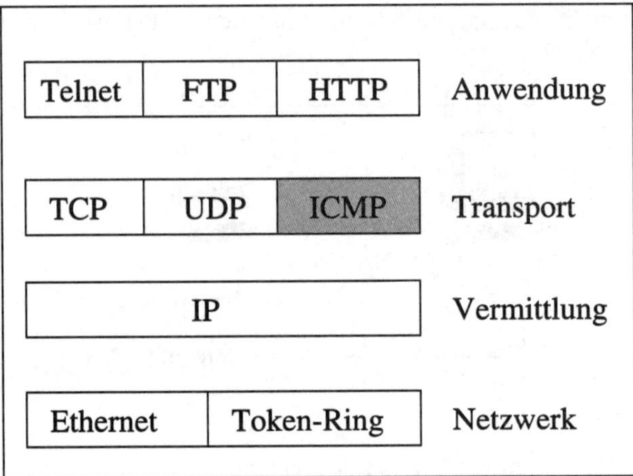

Abbildung 2.14: Das Protokoll ICMP

Das Internet Control Message Protocol dient nicht zum Transport von Daten, die in der Anwendungsschicht generiert werden, wie dies zum Beispiel bei Telnet der Fall ist. Mit ICMP werden lediglich Kontrollmeldungen im Netzwerk verschickt. Sie können zum Beispiel darüber Auskunft geben, ob ein entfernter Rechner überhaupt erreicht werden kann. ICMP testet im Prinzip lediglich die Verfügbarbeit von Rechnern im Netzwerk.

2.5.2 ICMP-Meldungen

Eine Vielzahl von ICMP-Meldungen erfüllen die Kontrollfunktion. Einige dieser Meldungen wollen wir im Folgenden kurz betrachten.

- Echo Request
- Echo Reply
- Information Request
- Information Reply
- Redirect
- Time Exceeded
- Timestamp Request
- Timestamp Reply
- Destination Unreachable

Echo Request Mit der Echo Request-Meldung wird ein entfernter Host dazu aufgefordert, eine Art Lebenszeichen von sich zu geben.

Echo Reply Dieses Lebenszeichen gibt der Host mit einem Echo Reply.

Information Request Mit der Meldung Information Request bestimmt ein Rechner, welchem Netzwerk er angehört.

Information Reply Information Reply ist die Anwort auf den zuvor genannten Request.

Redirect Daten werden im Netzwerk über Router ausgetauscht. Falls ein Router jedoch einen besseren Weg zum Ziel kennt, als den vom Sender ausgewählten, so wird dem Sender der Vorschlag mit dieser ICMP-Meldung unterbreitet.

Time Exceeded Im Internet Protocol (IP) ist festgelegt, wie viele Router die Datenübertragung maximal passieren darf. Wird dieser Wert erreicht, bevor die Daten am Ziel angekommen sind, so sendet das Internet Control Message Protocol eine Time-Exceeded-Meldung.

Timestamp Request Über einen Timestamp Request fordert der Sender die Uhrzeit des Empfängers an.

Timestamp Reply Der Empfänger antwortet mit einem Timestamp Reply.

Destination Unreachable Mit der vielleicht wichtigsten Meldung teilt das ICMP-Protokoll dem Sender mit, dass das von ihm angesprochene Ziel nicht erreichbar ist. Zur besseren Unterscheidung wird diese Meldung mit einem Zusatz versehen:

- Fragmentation Problem
- Host Unreachable
- Net Unreachable
- Port Unreachable
- Protocol Unreachable
- Route Failed

Dieser Zusatz besagt, ob das Ziel aufgrund von Problemen bei der Fragmentierung nicht erreichbar ist. Ferner wird angegeben, ob sich die Unerreichbarkeit auf den Zielrechner, das Netz, den angesprochenen Port oder auf das ganze Protokoll bezieht. Außerdem werden generelle Routing-Probleme erkannt.

Wenn Sie als Netzwerkadministrator die Funktionalität von ICMP nutzen möchten, können Sie dies tun, indem Sie das Kommando `ping` anwenden. Mit ihm wird ein Echo Request an den Zielrechner gesendet. Der Aufruf von `ping` erfolgt in der Form:

```
ping [Optionen] <Zielrechner>
```

Das Kommando wird mit einer Reihe von möglichen Optionen aufgerufen, die es in seinem Ablauf beeinflussen. Es sei in diesem Zusammenhang lediglich die Option `-c <Anzahl>` erwähnt. Mit ihr kann der Netzwerkadministrator angeben, wie oft der Zielrechner angesprochen werden soll.

Beispiel 2.1: ping auf einen erreichbaren Rechner

```
root@host1:~ # ping -c 5 host2
PING host2.intern (192.168.17.2): 56 data bytes
64 bytes from 192.168.17.2: icmp_seq=0 ttl=255 time=2.587 ms
64 bytes from 192.168.17.2: icmp_seq=1 ttl=255 time=2.422 ms
64 bytes from 192.168.17.2: icmp_seq=2 ttl=255 time=2.457 ms
64 bytes from 192.168.17.2: icmp_seq=3 ttl=255 time=2.429 ms
64 bytes from 192.168.17.2: icmp_seq=4 ttl=255 time=2.428 ms
--- host2.intern ping statistics ---
5 packets transmitted, 5 packets received, 0% packet loss
round-trip min/avg/max = 2.422/2.464/2.587 ms

root@host1:~ #
```

Beispiel 2.2: ping in ein nicht vorhandenes Netz

```
root@host1:~ # ping -c 5 192.168.18.1
PING 192.168.18.1 (192.168.18.1): 56 data bytes
ping: sendto: Network is unreachable
ping: wrote 192.168.18.1 64 chars, ret=-1
ping: sendto: Network is unreachable
ping: wrote 192.168.18.1 64 chars, ret=-1
ping: sendto: Network is unreachable
ping: wrote 192.168.18.1 64 chars, ret=-1
ping: sendto: Network is unreachable
ping: wrote 192.168.18.1 64 chars, ret=-1
ping: sendto: Network is unreachable
ping: wrote 192.168.18.1 64 chars, ret=-1
--- 192.168.18.1 ping statistics ---
5 packets transmitted, 0 packets received, 100% packet loss

root@host1:~ #
```

2.6 Das Address Resolution Protocol

Nach der Beschreibung von Protokollen aus der Vermittlungsschicht und aus der Transportschicht, wollen wir nun zum Abschluss der theroretischen Grundlagen in diesem Kapitel ein Protokoll der Netzwerkschicht näher betrachten.

2.6.1 Aufgaben

Es gibt eine Reihe von Netzwerktopologien, die sich in der untersten Schicht der TCP/IP-Architektur widerspiegeln können. In Abbildung 2.15 sind lediglich Ethernet und Token-Ring aufgeführt. Beide arbeiten mit dem Address Resolution Protocol (ARP) zusammen.

Was leistet dieses Protokoll und warum ist es überhaupt notwendig?

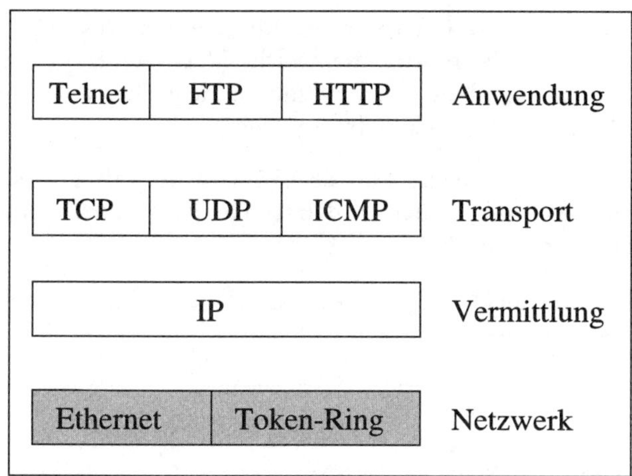

Abbildung 2.15: Ethernet und Token-Ring: Das Protokoll ARP

Jede Netzwerkkarte, die man auf dem Markt erstehen kann, hat eine vom Hersteller fest eingebrannte Adresse. Diese Adresse ist weltweit eindeutig und wird als MAC-Adresse bezeichnet. MAC steht hierbei für Media Access Control. Das bedeutet: Über die MAC-Adresse wird der Zugriff auf das Übertragungsmedium kontrolliert.

Ethernet-MAC-Adressen sind 48 Bit groß. Jedes Octet (8 Bit) lässt sich hexadezimal darstellen, wobei die Octets durch einen Doppelpunkt getrennt werden. Der folgende Wert ist weltweit eindeutig:

00:00:B4:3B:F7:B5

Die ersten drei Octets bezeichnen den Hersteller der Karte. Sie wurden ihm zugeteilt, und nur Karten aus seiner Produktion beginnen mit diesem Wert. Die letzten drei Octets kann der Fabrikant nun beliebig belegen, zum Beispiel mit einer fortlaufenden Nummer.

Wenn Daten in einem Netzwerk ausgetauscht werden, so werden die Teilnehmer grundsätzlich mit ihrer MAC-Adresse angesprochen. Eine auf IP basierende Kommunikation wäre falsch, da es ja durchaus Netze gibt, die nicht auf dem Internet Protocol aufbauen. Nehmen wir daher an, dass Sie eine Verbindung zu Host2 mit der IP-Adresse 192.168.17.2 aufbauen möchten. In der Netzwerkschicht wird dieser Verbindungswunsch nun angenommen und muss an die MAC-Adresse von Host2 gesendet werden. Anhand der IP-Adresse 192.168.17.2 versuchen wir nun, die zugehörige MAC-Adresse ausfindig zu machen.

An dieser Stelle kommt das Address Resolution Protocol (ARP) zum Einsatz, da es sich der MAC-IP-Auflösung annimmt. Das Problem wird in mehreren Schritten gelöst:

1. Host1 kennt die MAC-Adresse von Host2 nicht. Er sendet im ersten Schritt eine Broadcast in das Netzwerk, also eine Nachricht, die alle Rechner erreicht. In dieser Broadcast teilt er zunächst mit, wer er selbst ist. Dazu werden seine IP- und seine MAC-Adresse in der Nachricht erwähnt (192.168.17.1,00:00:B4:3B:F7:B5). Die Broadcast enthält außerdem die zu suchende IP-Adresse (192.168.17.2).

2. Alle Rechner im Netzwerk lesen nun die Anfrage von Host1. Sie entnehmen der Anfrage grundsätzlich die Information, welche MAC-Adresse der anfragende Host hat. Falls sie später einmal eine Verbindung zu Host1 herstellen möchten, braucht dessen MAC-Adresse nicht mehr erfragt werden.
3. Der Rechner mit der IP-Adresse 192.168.17.2 liest die Anfrage von Host1 ebenfalls und erkennt, dass er angesprochen wird. Er sendet die gesuchte Information dann an die MAC-Adresse von Host1.

Somit hat Host1 die gewünschte MAC-Adresse erhalten. Der Datenübertragung steht also nichts mehr im Wege (siehe Abbildung 2.16).

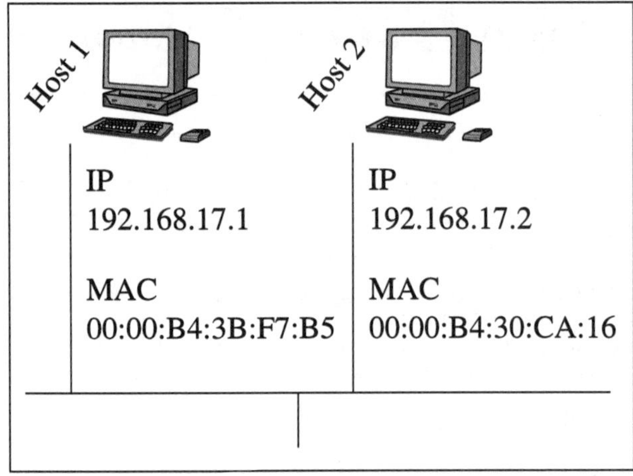

Abbildung 2.16: IP- und MAC-Adressen

Erfolgt die Verbindung über einen Router, so erfragt ARP zunächst die MAC-Adresse des Routers und übergibt ihm anschließend die Daten. Der Router kümmert sich dann um die weitere Zustellung.

Die Zuweisungen zwischen MAC- und IP-Adressen speichert jeder Rechner im Netzwerk lokal in einer Tabelle ab. Die Informationen der ARP-Tabelle können Sie mit dem Kommando `arp` einsehen.

Beispiel 2.3: Einsehen der ARP-Tabelle

```
root@host1:~ # arp
Address       HWtype  HWaddress          Flags  Mask  Iface
host2.intern  ether   00:00:B4:30:CA:16  C            eth0
root@host1:~ #
```

Damit möchten wir uns nun von der grundlegenden und sehr wichtigen Theorie verabschieden und uns den praktischen Dingen in der Linux-Netzwerkadministration widmen.

3 Anbindung an ein Netzwerk

In diesem Kapitel erfahren Sie, wie Sie Ihren Linux-Rechner mit einem Netzwerk verbinden können. Deshalb geht es im ersten Abschnitt um die Konfiguration der eingebauten Netzwerkkarte. Mit ihr wird eine dauerhafte Verbindung zum lokalen Netzwerk hergestellt. In den weiteren drei Abschnitten geht es dann um die Anbindung an das Internet. Sie wird über ein analoges Modem, per ISDN oder mit der ADSL-Technik hergestellt.

3.1 Einrichten der Netzwerkkarte

Betrachten wir zunächst die Konfiguration einer im Rechner eingebauten Netzwerkkarte.

3.1.1 Allgemeines

Unter Linux wird jede Netzwerkschnittstelle in Form eines Namens repräsentiert. Netzwerkkarten, die die Ethernet-Technologie unterstützen, beginnen grundsätzlich mit der Zeichenkette `eth`. Karten der Token-Ring-Technologie erkennen Sie daran, dass sie mit `tr` beginnen. Diesen Zeichenketten folgt nun eine Nummer, mit der Sie die im Rechner eingebauten Karten eindeutig ansprechen können.

eth0 Die erste Ethernetkarte heißt `eth0`.

eth1 Die zweite Ethernetkarte wird durch den Namen `eth1` repräsentiert.

tr0 Bei Token-Ring-Karten erfolgt die Nummerierung entsprechend. `tr0` entspricht der ersten Token-Ring-Netzwerkkarte.

tr1 `tr1` entspricht der zweiten Karte.

Wie viele Netzwerkkarten Sie in Ihren Rechner einbauen können, hängt von der benutzten Hardware ab. Achten Sie jedoch darauf, dass die Nummerierung stets bei null beginnt. Wie können Sie die Netzwerkkarte nun aktivieren? Zunächst wird Ihr Rechner die Karte beim Booten erkennen. Falls dies nicht der Fall ist, können Sie in [Hein1999] oder auf der Homepage Ihres Distributors weitere Informationen bekommen. In der Regel gibt es hier jedoch keine Probleme, sodass Sie sich mit der eigentlichen Konfiguration auseinander setzen können.

Jede Linux-Distribution hat in ihrem Lieferumfang ein Administrationstool, mit dem Sie die gewünschte Aufgabe durchführen können. Wir wollen uns an dieser Stelle auf die Hersteller SuSE und Red Hat beschränken. SuSE liefert seit einiger Zeit das grafische Tool YaST in der Version 2 mit. YaST steht dabei für „Yet another Setup Tool". Als Systemadministrator `root` können Sie es in der grafischen Oberfläche durch den folgenden Aufruf starten: **SuSE**

```
root@host1:~ # yast2
```

Es erscheint zunächst das YaST-Hauptmenü (siehe Abbildung 3.1).

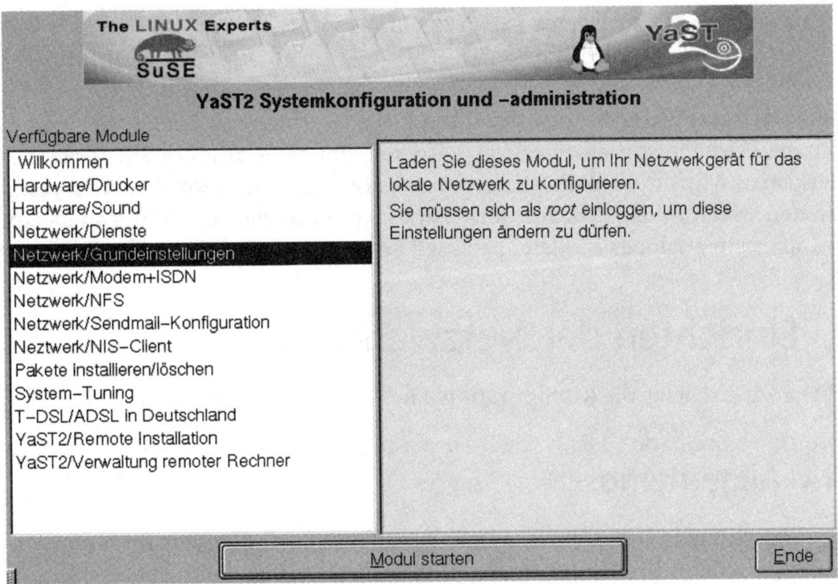

Abbildung 3.1: YaST-Hauptmenü (Netzwerk)

Hier müssen Sie in das Modul NETZWERK/GRUNDEINSTELLUNGEN verzweigen (siehe Abbildung 3.2), um der Netzwerkkarte die notwendigen IP-Parameter zuzuweisen.

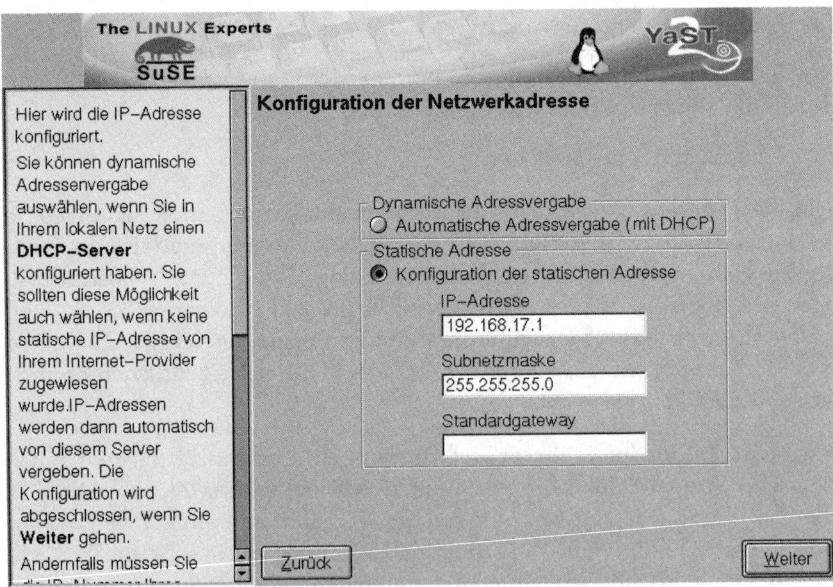

Abbildung 3.2: YaST-Netzwerk/Grundeinstellungen

Falls Sie von einem DHCP-Server automatisch eine Adresse zugeteilt bekommen, müssen Sie lediglich den entsprechenden Punkt anwählen. Eine weitere Konfiguration ist dann nicht notwendig. Nähere Informationen zum DHCP-Dienst finden Sie in Kapitel 16, „Dynamische Hostkonfiguration mit DHCP". Wenn Sie die IP-Adresse statisch festlegen wollen, müssen Sie drei Felder angeben. Neben dem statischen Wert der Adresse (im Beispiel 192.168.17.1) ist außerdem die SUBNETZMASKE zu definieren (im Beispiel 255.255.255.0). Als STANDARDGATEWAY wird ein Rechner bezeichnet, zu dem alle Daten gesendet werden, die das lokale Netzwerk verlassen. Hierbei handelt es sich in der Regel um die IP-Adresse des Routers (zum Beispiel 192.168.17.250), der eine Verbindung in ein weiteres Netz hat. An dieser Stelle wollen wir diesen Wert jedoch nicht belegen. In Kapitel 4, „Routing in Netzwerken", erfahren Sie die Aspekte, die beim Routing zu beachten sind. Die Funktion des Standardgateways wird dort genau beschrieben.

Mit WEITER gelangen Sie in eine Maske, in der Sie Ihrem Rechner einen Namen und eine Domäne zuweisen können.

Red Hat

Falls Sie mit einer Linux-Distribution aus dem Hause Red Hat arbeiten, so wird das grafische Konfigurationstool mit dem Namen LinuxConf durch den Aufruf von

```
root@host1:~ # linuxconf
```

gestartet. Es erscheint dann die in Abbildung 3.3 dargestellte Bildschirmmaske.

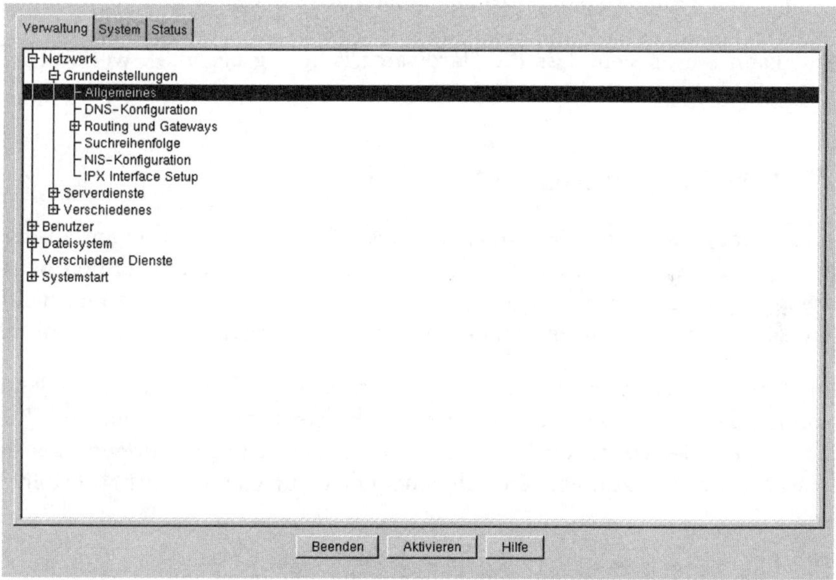

Abbildung 3.3: LinuxConf-Hauptmenü (Netzwerk)

Hier müssen Sie den Punkt NETZWERK/GRUNDEINSTELLUNGEN/ALLGEMEINES auswählen. Sie haben dann die Möglichkeit, bis zu vier Netzwerkkarten zu konfigurieren (siehe Abbildung 3.4).

Neben der IP-Adresse, der Netzmaske und dem Namen können ferner Hardware-Einstellungen wie der I/O-Port oder der IRQ festgelegt werden. Hier müssen Sie jedoch nur dann Eingaben tätigen, wenn die Netzwerkkarte nicht automatisch erkannt wurde.

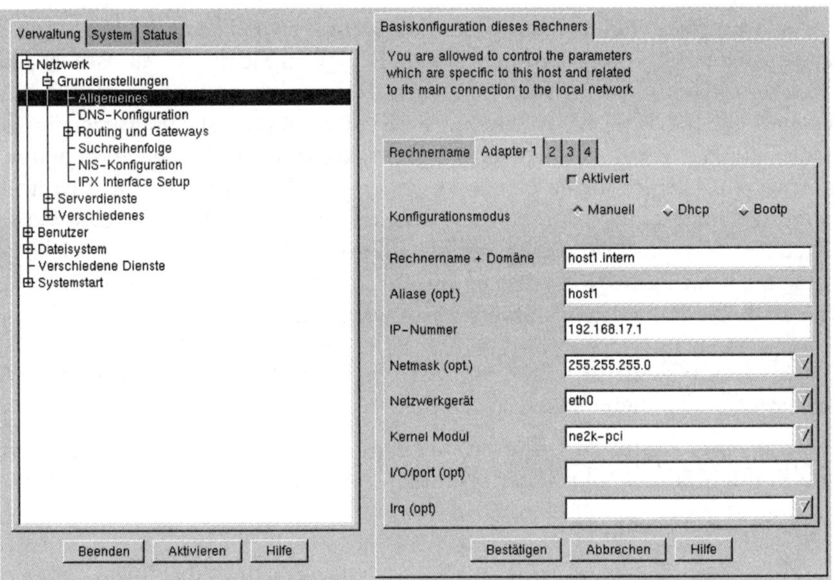

Abbildung 3.4: LinuxConf-Netzwerk/Grundeinstellungen

Insgesamt kann man sagen, dass die Hardwareerkennung bei SuSE wesentlich besser funktioniert als bei einer Red Hat-Distribution.

3.1.2 Das Kommando `ifconfig`

Unter Linux haben Sie die Möglichkeit, grundsätzlich alle Einstellungen an der Textkonsole vorzunehmen. Die grafischen Anwendungen wie YaST und LinuxConf stellen Ihnen zwar eine einfache Art der Konfiguration zur Verfügung, jedoch rufen sie im Hintergrund lediglich spezielle Kommandos auf, die die gewünschte Aktion ausführen.

Zur Einrichtung der Netzwerkkarte wird das Kommando `ifconfig` verwendet. Sie als Administrator können diesen Befehl jedoch auch direkt verwenden, um die Konfiguration der Netzwerkkarte zu verändern oder um lediglich Informationen über die eingestellten Parameter einzuholen. Der allgemeine Aufruf von `ifconfig` erfolgt in der Form:

```
ifconfig [Netzwerkkarte] [IP-Adresse] [Optionen]
```

Mit diesem Kommando können Sie der Netzwerkkarte eine IP-Adresse zuweisen sowie weitere Optionen (siehe Tabelle 3.1) festlegen.

Sie können neben der IP-Adresse auch die Subnetzmaske mit dem Kommando `ifconfig` einstellen. Benutzen Sie dafür die Option `netmask`. Auch kann die Broadcastadresse mit `broadcast` definiert werden. Über die Optionen `up` und `down` ist es möglich, die Netzwerkkarte zu aktivieren bzw. zu deaktivieren.

Option	Beschreibung
`netmask <Netzmaske>`	Einstellen der Netzmaske
`broadcast <Adresse>`	Einstellen der Broadcastadresse
`up`	Netzwerkkarte aktivieren
`down`	Netzwerkkarte deaktivieren

Tabelle 3.1: Optionen des Kommandos `ifconfig`

Um nur die aktuellen Einstellungen der Netzwerkkarten einzusehen, kann das Kommando `ifconfig` ohne weitere Optionen aufgerufen werden. Die Loopback-Schnittstelle `lo` wird dann ebenfalls angezeigt. Die Ausgaben des Kommandos sind im Folgenden aus layouttechnischen Gründen zum Teil abgekürzt.

Beispiel 3.1: Netzwerkparameter anzeigen

```
root@host1:~ # ifconfig
eth0     Link encap:Ethernet  HWaddr 00:00:B4:3B:F7:B5
         inet addr:192.168.17.1  Bcast:255.255.255.255  Mask:...
         UP BROADCAST RUNNING MULTICAST  MTU:1500  Metric:1
         RX packets:10918 errors:0 dropped:0 overruns:0 frame:0
         TX packets:9080 errors:0 dropped:0 overruns:0 carrier:0
         collisions:5 txqueuelen:100
         Interrupt:12 Base address:0x280

lo       Link encap:Local Loopback
         inet addr:127.0.0.1  Mask:255.0.0.0
         UP LOOPBACK RUNNING  MTU:3924  Metric:1
         RX packets:0 errors:0 dropped:0 overruns:0 frame:0
         TX packets:0 errors:0 dropped:0 overruns:0 carrier:0
         collisions:0 txqueuelen:0

root@host1:~ #
```

Beispiel 3.2: Netzwerkkarte deaktivieren

```
root@host1:~ # ifconfig eth0 down
root@host1:~ # ifconfig
lo       Link encap:Local Loopback
         inet addr:127.0.0.1  Mask:255.0.0.0
         UP LOOPBACK RUNNING  MTU:3924  Metric:1
         RX packets:0 errors:0 dropped:0 overruns:0 frame:0
         TX packets:0 errors:0 dropped:0 overruns:0 carrier:0
         collisions:0 txqueuelen:0

root@host1:~ #
```

Beispiel 3.3: Netzwerkkarte konfigurieren

```
root@host1:~ # ifconfig eth0 192.168.17.1 \
```

```
# netmask 255.255.255.0 broadcast 192.168.17.255 up
root@host1:~ # ifconfig
eth0    Link encap:Ethernet  HWaddr 00:00:B4:3B:F7:B5
        inet addr:192.168.17.1  Bcast:192.168.17.255  Mask:...
        UP BROADCAST RUNNING MULTICAST  MTU:1500  Metric:1
        RX packets:10918 errors:0 dropped:0 overruns:0 frame:0
        TX packets:9080 errors:0 dropped:0 overruns:0 carrier:0
        collisions:5 txqueuelen:100
        Interrupt:12 Base address:0x280

lo      Link encap:Local Loopback
        inet addr:127.0.0.1  Mask:255.0.0.0
        UP LOOPBACK RUNNING  MTU:3924  Metric:1
        RX packets:0 errors:0 dropped:0 overruns:0 frame:0
        TX packets:0 errors:0 dropped:0 overruns:0 carrier:0
        collisions:0 txqueuelen:0

root@host1:~ #
```

Bisher haben wir nur den Fall betrachtet, dass einer Netzwerkkarte nur eine IP-Adresse zugeordnet werden kann. Was ist jedoch, wenn die Netzwerkkarte mit mehreren IP-Nummern angesprochen werden soll? Bevor wir uns mit der Lösung dieser Problematik befassen, wollen wir zunächst einen Anwendungsfall betrachten. Stellen Sie sich vor, Sie haben zwei Rechner in Ihrem Netzwerk mit den IP-Nummern 192.168.17.1 und 192.168.17.8. Aufgrund technischer Neuerungen oder neuer Hardware möchten Sie alle Dienste, die der Rechner 192.168.17.8 zur Verfügung gestellt hat, nun ebenfalls über die IP-Adresse 192.168.17.1 anbieten. Der Host 192.168.17.8 soll anschließend abgeschafft werden. Dadurch ergibt sich das folgende Problem: Alle Client-Rechner, die zuvor 192.168.17.8 angesprochen haben, müssten nun umkonfiguriert werden, damit sie die gewünschten Informationen von 192.168.17.1 erfragen. Um diesen Konfigurationsaufwand zu umgehen oder zumindest zeitlich zu verschieben, ist es sehr sinnvoll, der Netzwerkkarte mit der Adresse 192.168.17.1 auch die Adresse 192.168.17.8 zuzuweisen.

Deshalb wird der Netzwerkschnittstelle ein weiterer Zähler hinzugefügt. Hatten Sie bisher lediglich das Interface `eth0`, so können Sie zur Definition weiterer IP-Nummern die Schnittstellen `eth0:0`, `eth0:1` usw. verwenden. Diese virtuellen Schnittstellen lassen sich mit `ifconfig` in gewohnter Weise konfigurieren. Die grafischen Administrationstools YaST (SuSE) und LinuxConf (Red Hat) bieten diese Möglichkeit mitunter nicht an, was durchaus als Nachteil anzusehen ist.

Beispiel 3.4: Virtuelle Schnittstelle einrichten

```
root@host1:~ # ifconfig eth0:0 192.168.17.8 \
# netmask 255.255.255.0 broadcast 192.168.17.255 up
root@host1:~ # ifconfig
eth0    Link encap:Ethernet  HWaddr 00:00:B4:3B:F7:B5
        inet addr:192.168.17.1  Bcast:192.168.17.255  Mask:...
        UP BROADCAST RUNNING MULTICAST  MTU:1500  Metric:1
        RX packets:10918 errors:0 dropped:0 overruns:0 frame:0
```

```
        TX packets:9080 errors:0 dropped:0 overruns:0 carrier:0
        collisions:5 txqueuelen:100
        Interrupt:12 Base address:0x280

eth0:0  Link encap:Ethernet  HWaddr 00:00:B4:3B:F7:B5
        inet addr:192.168.17.8  Bcast:192.168.17.255  Mask:...
        UP BROADCAST RUNNING MULTICAST  MTU:1500  Metric:1
        Interrupt:12 Base address:0x280

lo      Link encap:Local Loopback
        inet addr:127.0.0.1  Mask:255.0.0.0
        UP LOOPBACK RUNNING  MTU:3924  Metric:1
        RX packets:0 errors:0 dropped:0 overruns:0 frame:0
        TX packets:0 errors:0 dropped:0 overruns:0 carrier:0
        collisions:0 txqueuelen:0

root@host1:~ #
```

Damit die virtuellen Schnittstellen permanent beim Systemstart aktiviert werden, müssen Sie den Aufruf von `ifconfig` in das Startskript des Netzwerks einfügen. Es befindet sich im Verzeichnis `/etc/rc.d/init.d/` und trägt den Namen `network`. Im Folgenden ist nur ein Ausschnitt dieses Skripts dargestellt, in dem eine virtuelle Schnittstelle aktiviert wird. Die nicht dargestellten Abschnitte sind mit drei Punkten `...` markiert.

```
root@host1:/etc/rc.d/init.d # cat network
#! /bin/sh
#
# /sbin/init.d/network
#

...

case "$1" in
    start)
        ...
        ifconfig eth0:0 192.168.17.8 netmask 255.255.255.0 \
                 broadcast 192.168.17.8 up
        ;;
    stop)
        ...
esac

root@host1:/etc/rc.d/init.d #
```

3.2 Einrichten der Modem-Verbindung

In diesem Abschnitt werden wir die analoge Einwahl in das Internet mit einem Modem betrachten.

3.2.1 Allgemeines

Wenn Sie die Verbindung zum Internet über einen analogen Anschluss herstellen wollen, benötigen Sie dafür ein Modem, das Sie an die serielle Schnittstelle Ihres Rechners anschließen. Für die weitere Konfiguration ist es sehr wichtig, dass Sie den Namen dieser Schnittstelle kennen. Die seriellen Ausgänge des Linux-Rechners werden in Form einer Gerätedatei repräsentiert. Die erste serielle Schnittstelle wird mit `ttyS0` bezeichnet, die zweite entsprechend mit `ttyS1`.

SuSE Falls Sie mit einer SuSE-Distribution arbeiten, starten Sie zum Einrichten des Modems und zum Konfigurieren der Provider-Daten erneut das Programm YaST (siehe Abbildung 3.5).

```
root@host1:~ # yast2
```

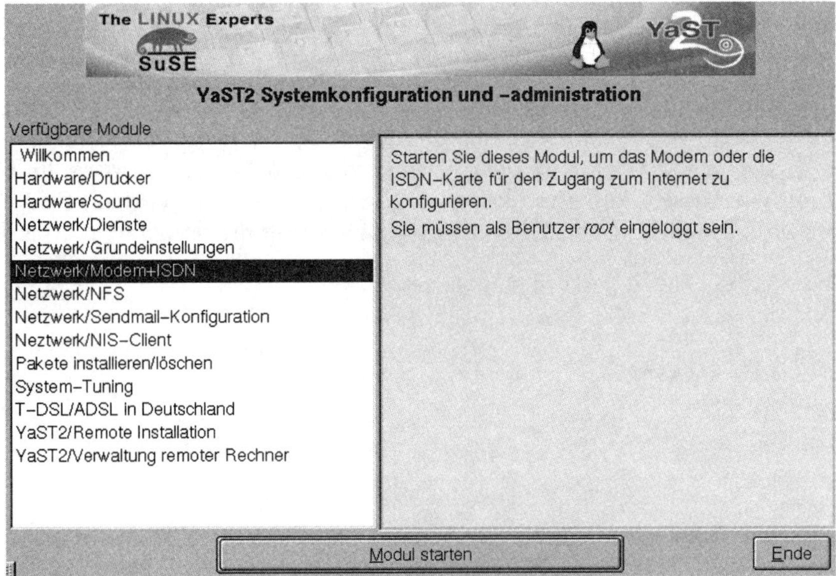

Abbildung 3.5: YaST-Hauptmenü (Modem)

Verzweigen Sie anschließend in den Punkt NETZWERK/MODEM+ISDN. YaST führt zunächst eine Hardwareerkennung durch. Anschließend können Sie die Modem-Einstellungen eingeben (siehe Abbildung 3.6).

Sie können entweder einen Internet-Provider aus der Liste auswählen, oder Sie geben die Telefonnummer, die Sie anwählen möchten, direkt ein. Ferner müssen der Benutzername und das Passwort eingetragen werden. Bei Aktivierung von PASSWORT SPEICHERN wird Ihr Kennwort permanent festgehalten und bei der Einwahl in das Internet nicht erfragt. Mit WEITER werden spezielle Modem-Einstellungen von Ihnen angefordert (siehe Abbildung 3.7).

Neben den Initialisierungsstrings des Modems und der maximalen Geschwindigkeit, ist es an dieser Stelle sinnvoll,

- die AMTSHOLUNG und
- die WARTEZEIT

zu betrachten.

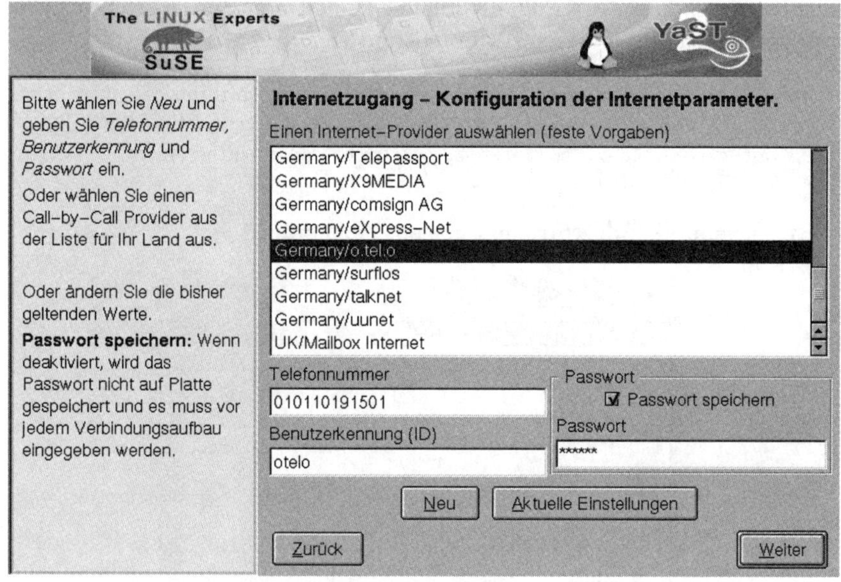

Abbildung 3.6: YaST-Modem/Provider

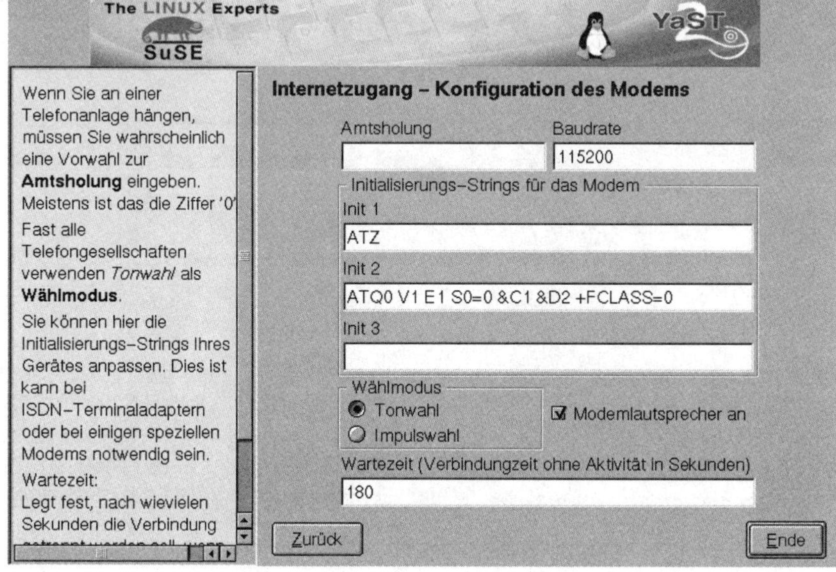

Abbildung 3.7: YaST-Modem/Parameter

Falls Sie Ihren Rechner an einer Telefonanlage angeschlossen haben, so können Sie hinter AMTSHOLUNG die Ziffer eintragen, mit der Sie eine Amtsleitung bekommen (zum Beispiel 0).

Die WARTEZEIT in Sekunden (im Beispiel 180) bedeutet, dass die Leitung nach 180 Sekunden automatisch beendet wird, falls solange keine Daten ausgetauscht wurden. Eine Wartezeit von 0 deaktiviert diesen Automatismus.

Red Hat Um in einer Red Hat-Distribution das Modem für die Einwahl in das Internet zu konfigurieren, müssen Sie das Kommando `rp3-config` in der grafischen Oberfläche mit

```
root@host1:~ # rp3-config
```

starten. Es erscheint die Bildschirmausgabe aus Abbildung 3.8.

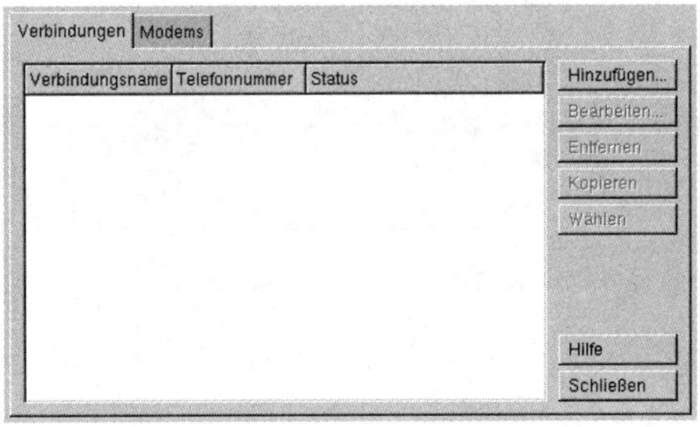

Abbildung 3.8: `rp3-config`-Hauptmenü

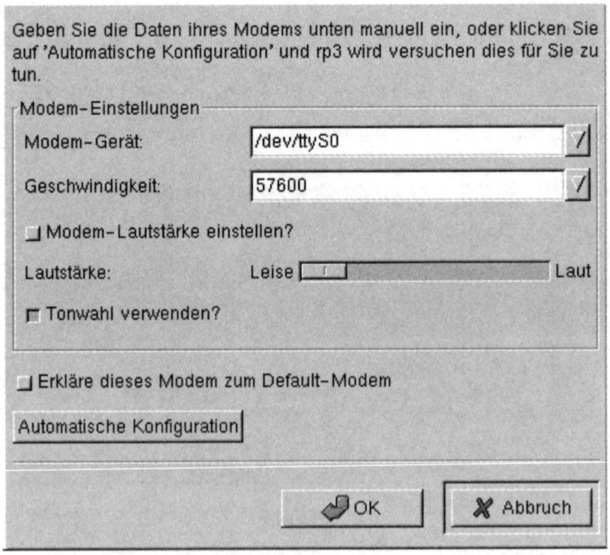

Abbildung 3.9: `rp3-config`-Modem einrichten

Als Erstes müssen Sie an dieser Stelle nun Ihr Modem einrichten. Klicken Sie dazu Modems und anschließend Hinzufügen... an. In der in Abbildung 3.9 abgebildeten Eingabe werden Sie aufgefordert, die serielle Schnittstelle, an der das Modem angeschlossen ist, sowie die Geschwindigkeit des Modems anzugeben. Wenn Sie Automatische Konfiguration anklicken, versucht das Programm, das Modem selbst zu erkennen und einzurichten. Unter Red Hat haben Sie mit dem beschriebenen Tool `rp3-config` die Möglichkeit, auch mehrere Modems zu konfigurieren. Dann müssen Sie eines als Standard definieren.

Es ist ebenfalls möglich, mehrere Provider einzustellen. Wählen Sie dazu Hinzufügen unterhalb von Verbindungen an. In der anschließenden Eingabe (siehe Abbildung 3.10) müssen Sie zunächst einen beliebigen Verbindungsnamen eingeben. Er dient lediglich zur Identifikation. Über Vorwahl, Ländercode und Telefonnummer kann nun die entsprechende Einwahlnummer definiert werden. Vorwahl und Ländercode sind optionale Eingaben.

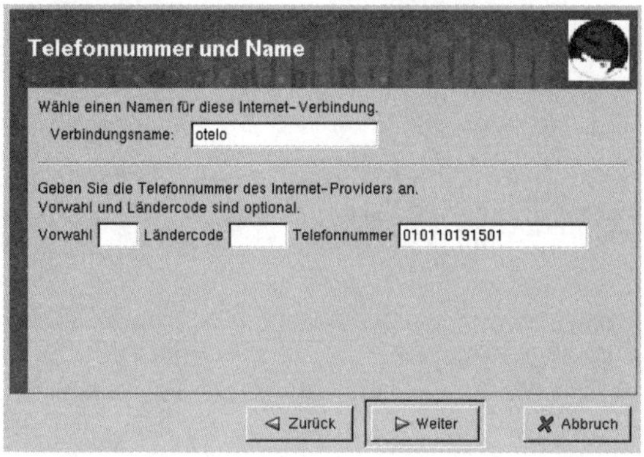

Abbildung 3.10: `rp3-config`*-Providerdaten*

Anschließend wird nach Ihrer Benutzerkennung beim Provider und nach dem Passwort gefragt. Der zugehörige Bildschirmdialog ist in Abbildung 3.11 dargestellt.

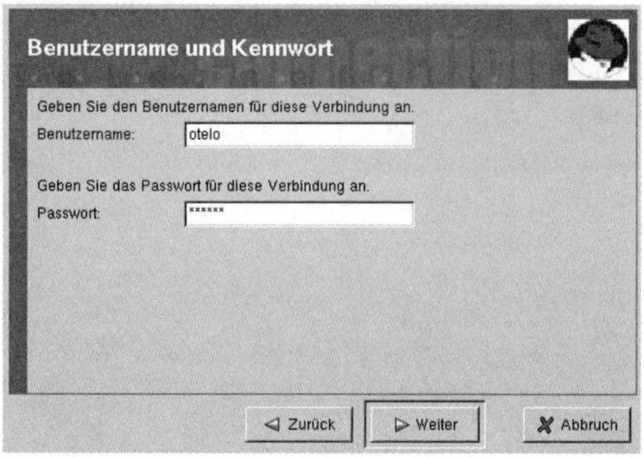

Abbildung 3.11: `rp3-config`*-Benutzerdaten*

Sie kennen nun die Schritte, die bei einer SuSE- bzw. Red Hat-Distribution zum Einrichten einer analogen Internetverbindung notwendig sind. Wie mit diesen Daten die Verbindung aufgebaut werden kann, wird Ihnen in Abschnitt 3.2.3 verraten, in dem es um das Kommando `wvdial` geht.

3.2.2 Die Konfigurationsdatei `wvdial.conf`

Egal, ob Sie mit einer SuSE- oder mit einer Red Hat-Distribution arbeiten, die Einstellungen für die analoge Modem-Einwahl in das Internet werden generell in der Datei `wvdial.conf` im Verzeichnis `/etc/` abgespeichert. Da Sie diese Datei natürlich auch selbst mit einem Editor bearbeiten können, wollen wir uns an dieser Stelle die Syntax und Semantik der dortigen Einstellungen ansehen. Nach den soeben mit YaST eingestellten Daten hat der Beginn der resultierenden Datei `/etc/wvdial.conf` das folgende Aussehen:

```
root@host1:/etc # cat wvdial.conf

[Dialer Defaults]
Username = otelo
Init1 = ATZ
Init2 = ATQ0 V1 E1 S0=0 &C1 &D2 +FCLASS=0
Init3 =
Compuserve = 0
Init9 =
Idle Seconds = 180
ISDN = 0
DialMessage1 =
DialMessage2 =
Ask Password = 0
Modem = /dev/modem
Password = online
Modem Type = Analog Modem
Area Code =
Force Address =
WVDialMon Exec =
Dial Command = ATDT
Phone = 010110191501
Baud = 115200
Auto DNS = 1
Stupid Mode = 1

[Dialer arcor]
Compuserve = 0
Stupid Mode = 1
ISDN supported = 1
Country = Germany
Provider = Arcor
Product = Internet-by-Call
Homepage = www.arcor.de
```

```
Phone = 010700192070
Username = arcor
Password = internet
Ask Password = 0
DialMessage1 =
DialMessage2 =
WVDialMon Exec =

[Dialer otelo]
Compuserve = 0
Stupid Mode = 1
ISDN supported = 1
Country = Germany
Provider = o.tel.o
Product = online
Homepage = www.o-tel-o.de
Phone = 010110191501
Username = otelo
Password = online
Ask Password = 0
DialMessage1 =
DialMessage2 =
WVDialMon Exec =
...
root@host1:/etc #
```

Wie ist diese Datei aufgebaut und welche Bedeutung haben die Einstellungen? Die Syntax ist sehr leicht zu erkennen. Die Datei besteht aus mehreren Sektionen, die jeweils durch eine Leerzeile voneinander getrennt sind. Jede Sektion hat einen Namen. Er wird zu Beginn eines Abschnittes in eckigen Klammern aufgeführt und folgt grundsätzlich der Syntax:

```
[Dialer <Name>]
```

z.B.:

```
[Dialer otelo]
```

In jedem Abschnitt werden Parameter gesetzt. Die Syntax folgt dabei generell dem Schema:

```
<Parameter> = <Wert>
```

also zum Beispiel:

```
Username = otelo
```

Auf diese Weise kann für jeden gewünschten Provider ein eigener Abschnitt definiert werden. Sie als Anwender haben somit später die Möglichkeit, sich direkt beim Provider Ihrer Wahl einzuwählen (siehe Abschnitt 3.2.3, „Das Kommando `wvdial`"). Falls bei der späteren Interneteinwahl kein Provider ausgewählt wird, so werden die unter

[Dialer Defaults] definierten Werte verwendet. In diesem Abschnitt sind außerdem die Konfigurationen für das Modem enthalten. Alle in [Dialer Defaults] gesetzten Parameter werden mit ihren Werten automatisch an die Sektionen der Provider vererbt. Somit ist es nicht notwendig, die Initialisierungsstrings des Modems zum Beispiel in [Dialer otelo] zu definieren.

Betrachten wir zunächst die Bedeutung einiger Default-Parameter. Weitere Informationen finden Sie in der Manual-Page `man wvdial`.

- Über den Parameter `Modem = /dev/modem` wird die Gerätedatei angegeben, an der das Modem angeschlossen ist. SuSE legt generell einen Link namens `modem` auf das tatsächliche Gerät (zum Beispiel `ttyS0`) an.
- `Init1` und `Init2` definieren die Zeichenketten, mit denen das Modem initialisiert wird.
- Das Modem beginnt den Wahlvorgang mit `Dial Command = ATDT`.
- Über `Phone = 010110191501` wird die Telefonnummer des Providers angegeben.
- Mit welcher Geschwindigkeit das Modem die Verbindung herstellen soll, können Sie mit dem Parameter `Baud` festlegen.
- `Username = otelo` legt Ihre Benutzerkennung beim Provider fest.
- Das zugehörige Passwort wird zum Beispiel mit `Password = online` definiert.
- Der Parameter `Idle Seconds` ist lediglich bei SuSE vorhanden. Er gibt an, nach wie vielen Sekunden Inaktivität die Verbindung beendet werden soll.
- Mit `Ask Password = 0` wird bei SuSE das Erfragen des Passwortes generell ausgeschaltet.
- Wenn die Verbindung zum Internet Service Provider (ISP) hergestellt wird, liefert Ihnen dieser in der Regel die IP-Adresse des Rechners, den Sie zur Namensauflösung verwenden sollen. Damit diese Information auch umgesetzt wird, müssen Sie den Parameter `Auto DNS` mit dem Wert 1 belegen.

In den Abschnitten der Provider sind im Prinzip nur drei Einstellungen wichtig:

- **Phone**: Festlegen der Einwahlnummer
- **Username**: Benutzerkennung beim Provider
- **Password**: Kennwort des Benutzers

3.2.3 Das Kommando `wvdial`

In diesem Abschnitt erfahren Sie, wie Sie die Verbindung zum Internet über Ihr analoges Modem herstellen können. Da es eine große Stärke von Linux ist, dass alle Aktionen von der Kommandozeile aus getätigt werden können, widmen wir uns dem Kommando wvdial. Es steht für „Wordvisions PPP Dialer" und dient dazu, eine Verbindung mit dem Point to Point Protocol (PPP) herzustellen. wvdial verwendet die Konfigurationsdatei wvdial.conf. Rufen Sie das Kommando in der Form

```
wvdial [Name]
```

auf. Mit Name sprechen Sie eine Sektion der Konfigurationsdatei an. Um die Einstellungen aus [Dialer otelo] zu verwenden, geben Sie demnach

```
wvdial otelo
```

ein; wenn Sie sich bei arcor einwählen möchten, entsprechend:

```
wvdial arcor
```

Wenn Sie keinen Namen angeben, werden die Parameter aus der Sektion [Dialer Defaults] verwendet.

Beispiel 3.5: Modem-Einwahl bei o-tel-o

```
root@host1:~ # wvdial otelo
--> WvDial: Internet dialer version 1.41
--> Initializing modem.
--> Sending: ATZ
ATZ
OK
--> Sending: ATQ0 V1 E1 S0=0 &C1 &D2 +FCLASS=0
ATQ0 V1 E1 S0=0 &C1 &D2 +FCLASS=0
OK
--> Modem initialized.
--> Dialing o.tel.o online.
--> Homepage of o.tel.o: www.o-tel-o.de
--> Idle Seconds = 180, disabling automatic reconnect.
--> Sending: ATDT010110191501
--> Waiting for carrier.
ATDT010110191501
CONNECT 46667/LAPM/V42BIS
--> Carrier detected.  Starting PPP immediately.
--> Starting pppd at Tue Feb 27 10:56:23 2001
--> pid of pppd: 1408
--> pppd: Authentication (CHAP) started
--> pppd: Authentication (CHAP) successful
--> pppd: local  IP address 212.144.32.77
--> pppd: remote IP address 212.144.100.86
--> pppd: primary   DNS address 195.50.149.33
--> pppd: secondary DNS address 195.50.140.6
--> pppd: Script /etc/ppp/ip-up run successful
--> Default route Ok.
--> Nameserver (DNS) Ok.
--> Connected... Press Ctrl-C to disconnect
--> pppd: Terminating on signal 15.
--> pppd: Script /etc/ppp/ip-down started
```

```
--> pppd: Terminate Request (Message: "User request")
--> pppd: Connect time 0.3 minutes.
--> Disconnecting at Tue Feb 27 10:56:39 2001
Caught signal #2! Attempting to exit gracefully...
root@host1:~ #
```

Beispiel 3.6: Modem-Einwahl bei Arcor

```
root@host1:~ # wvdial arcor
--> WvDial: Internet dialer version 1.41
--> Initializing modem.
--> Sending: ATZ
ATZ
OK
--> Sending: ATQ0 V1 E1 S0=0 &C1 &D2 +FCLASS=0
ATQ0 V1 E1 S0=0 &C1 &D2 +FCLASS=0
OK
--> Modem initialized.
--> Dialing Arcor Internet-by-Call.
--> Homepage of Arcor: www.arcor.de
--> Idle Seconds = 180, disabling automatic reconnect.
--> Sending: ATDT010700192070
--> Waiting for carrier.
ATDT010700192070
CONNECT 45333/LAPM
--> Carrier detected. Starting PPP immediately.
--> Starting pppd at Tue Feb 27 10:55:19 2001
--> pid of pppd: 1370
--> pppd: Authentication (PAP) started
--> pppd: Authentication (PAP) successful
--> pppd: local  IP address 145.253.112.151
--> pppd: remote IP address 145.253.1.171
--> pppd: primary   DNS address 145.253.2.11
--> pppd: secondary DNS address 145.253.2.75
--> pppd: Script /etc/ppp/ip-up run successful
--> Default route Ok.
--> Nameserver (DNS) Ok.
--> Connected... Press Ctrl-C to disconnect
--> pppd: Terminating on signal 15.
--> pppd: Script /etc/ppp/ip-down started
--> pppd: Terminate Request (Message: "User request")
--> pppd: Connect time 0.2 minutes.
--> Disconnecting at Tue Feb 27 10:55:30 2001
Caught signal #2! Attempting to exit gracefully...
Caught signal #2! Attempting to exit gracefully...
root@host1:~ #
```

Die Interneteinwahl per Modem ist in der Regel dem Systemadministrator `root` vorbehalten, da nur er die notwendigen Rechte zum Zugriff auf die seriellen Schnittstellen hat. Gelegentlich gibt es auch eine Gruppe, die die Einwahl durchführen kann. Fügen Sie ihr den Benutzer, der die Einwahl durchführen soll, als Gruppenmitglied hinzu. So gibt es bei SuSE für diesen Zweck die Gruppen `uucp` und `dialout`.

Falls Sie die Einwahl aus der grafischen Oberfläche heraus starten möchten, stehen Ihnen dazu zwei Anwendungen zur Verfügung. Diese bedürfen wegen ihrer einfachen Bedienung hier keiner weiteren Beschreibung, sondern werden im Folgenden lediglich kurz vorgestellt:

SuSE

In einer KDE-Oberfläche unter einer SuSE-Distribution können Sie das Programm `kinternet` starten. Sie können anschließend die Verbindung über das Steckersymbol in der Taskleiste öffnen und schließen (siehe Abbildung 3.12).

Abbildung 3.12: Das Programm `kinternet`

Red Hat

Unter Red Hat stellen Sie die Verbindung mit dem Programm `rp3` her (siehe Abbildung 3.13).

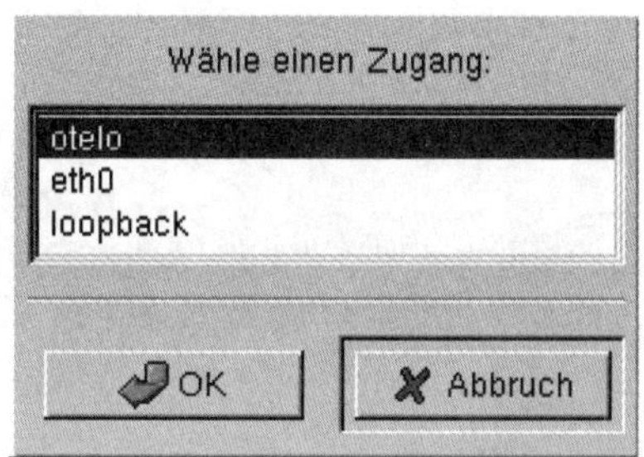

Abbildung 3.13: Das Programm `rp3`

Während die Modem-Verbindung aktiv ist, werden die Daten über die lokale Schnittstelle `ppp0` ausgetauscht. Sie können die dazu verwendeten Parameter mit `ifconfig` einsehen.

Beispiel 3.7: Parameter der PPP-Schnittstelle einsehen

```
root@host1:~ # ifconfig ppp0
ppp0  Link encap:Point-to-Point Protocol
      inet addr:212.144.32.92  P-t-P:212.144.100.86  Mask:...
      UP POINTOPOINT RUNNING NOARP MULTICAST  MTU:1524  Metric:1
      RX packets:12 errors:0 dropped:0 overruns:0 frame:0
      TX packets:11 errors:0 dropped:0 overruns:0 carrier:0
       collisions:0 txqueuelen:10

root@host1:~ #
```

3.3 Einrichten der ISDN-Verbindung

In diesem Abschnitt befassen wir uns mit der Internetanbindung via ISDN. Sie erfahren, welche Konfigurationsschritte Sie in den Distributionen SuSE und Red Hat durchführen müssen, um den Verbindungsaufbau erfolgreich umzusetzen.

3.3.1 Allgemeines

SuSE

In Abbildung 3.14 sehen Sie den Bildschirmdialog, der es Ihnen ermöglicht, die ISDN-Karte unter einer SuSE-Distribution einzurichten. Nach dem Start von YaST mit

```
root@host1:~ # yast2
```

müssen Sie das Modul NETZWERK/MODEM+ISDN anwählen. Hier wird nun zuerst versucht, die ISDN-Karte automatisch zu erkennen. Falls Sie sich für die manuelle Einstellung entscheiden, so sind die Werte analog zu Abbildung 3.14 anzugeben. Mit WEITER gelangen Sie zur Auswahl des Internet-Providers. Selektieren Sie einen Eintrag aus der Liste oder geben Sie gegebenenfalls die von Ihrem Internetanbieter gelieferten Daten ein (siehe Abbildung 3.15).

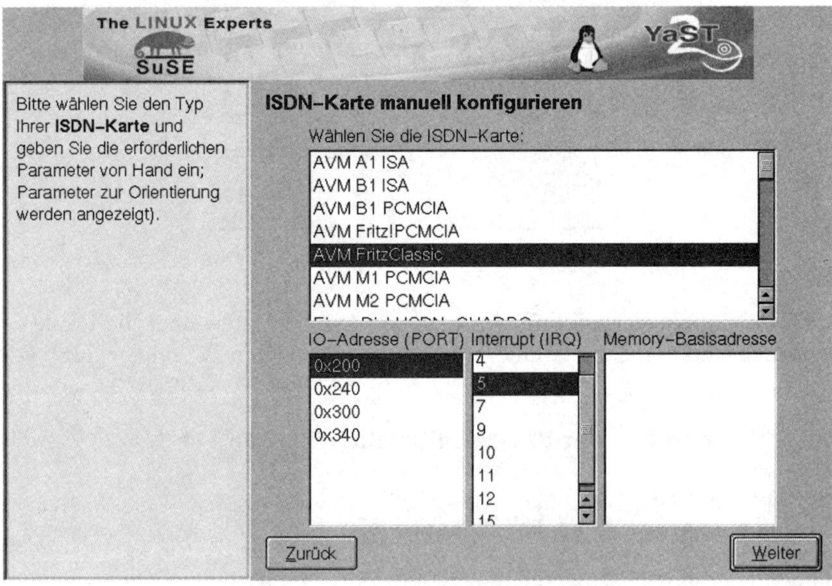

Abbildung 3.14: YaST-ISDN/Hardware

Einen sehr wichtigen Part nimmt die eigentliche ISDN-Konfiguration (siehe Abbildung 3.16) ein. In Ihr stellen Sie als Erstes Ihre eigene Telefonnummer ein. Bei einem Euro-ISDN-Anschluss (siehe unten) handelt es sich hierbei um die Multiple Subscribe Number (MSN). Sie müssen Ihre Telefonnummer ohne Vorwahl eingeben. Falls Sie einen 1TR6-Anschluss (siehe ebenfalls unten) haben, so ist an dieser Stelle die Endgeräte-Auswahlziffer (EAZ) einzutragen. Bei ihr handelt es sich in der Regel um eine einstellige

Zahl größer Null. Der Rückruf wird bei der Internetanbindung nicht konfiguriert, und die Einwahl per ISDN wird nur dem Benutzer `root` erlaubt. Der Typ des Netzwerks ist in der Regel ISDNSyncPPP. Fragen Sie anderenfalls bei Ihrem Provider nach. Die beiden wichtigsten Einstellungen sind das ISDN-PROTOKOLL und der WÄHLMODUS.

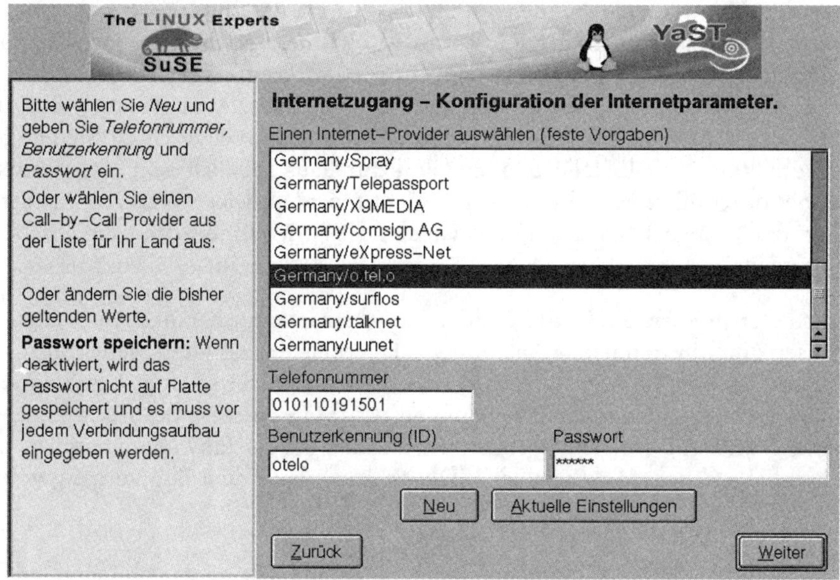

Abbildung 3.15: YaST-ISDN/Provider

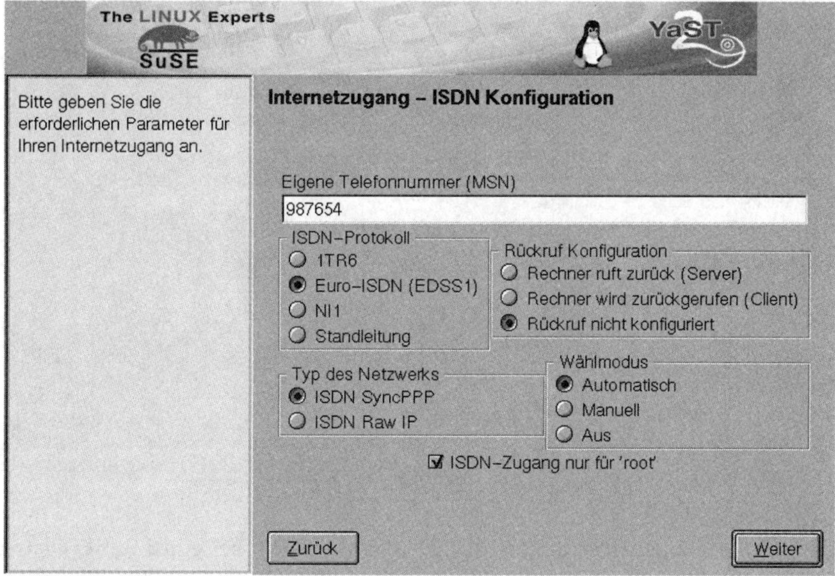

Abbildung 3.16: YaST-ISDN/Konfiguration

- Unter ISDN-PROTOKOLL geben Sie an, von welcher Art Ihr Anschluss ist. Die deutsche, heute nicht mehr verwendete Technik ist 1TR6. Standardmäßig wird es sich bei Ihnen um das so genannte Euro-ISDN handeln, das heutzutage in der Regel eingesetzt wird.
- Über den WAHLMODUS können Sie festlegen, ob die Interneteinwahl per ISDN automatisch oder manuell erfolgt. Ferner ist es Ihnen möglich, die Einwahl ganz zu unterbinden. Bei einer automatischen Einwahl wird eine Verbindung immer dann hergestellt, wenn Ihr Linux-System es für nötig hält (zum Beispiel: Zugriff auf `www.suse.de`). Falls Sie diese Einstellung bevorzugen, beobachten Sie einige Zeit das Verhalten Ihrer ISDN-Karte. Es kann durchaus möglich sein, dass Linux eine Einwahl durchführt, obwohl Sie es gar nicht möchten. Dieses Verhalten rührt dann daher, dass einige Dienste (zum Beispiel DNS) im Hintergrund die ISDN-Karte ansprechen.

Zu guter Letzt müssen Sie in der letzten Eingabemaske noch Eingaben bezüglich der IP-Adressen durchführen (siehe Abbildung 3.17). Meistens erhalten Sie von Ihrem Provider dynamisch eine IP-Adresse übermittelt. Falls dem nicht so ist, geben Sie hier Ihre eigene sowie die IP-Adresse des Providers an. Auch die Adresse des Rechners, den Sie zur Namensauflösung verwenden sollen, wird Ihnen bei der Einwahl dynamisch mitgeteilt. Abschließend kann der Start des ISDN-Systems bei jedem Bootvorgang vollzogen werden.

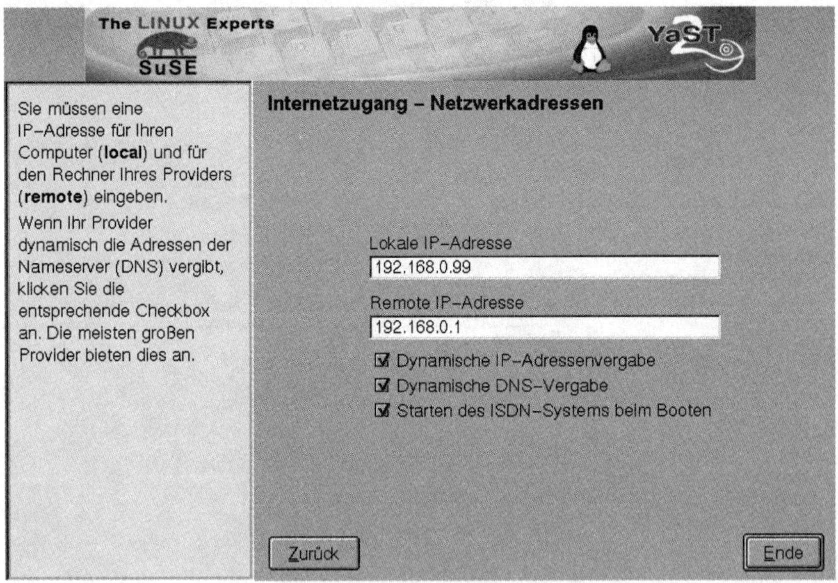

Abbildung 3.17: YaST-ISDN/Netzwerkadressen

Red Hat Nun kennen Sie die Schritte, die zur ISDN-Konfiguration bei einer SuSE-Distribution notwendig sind, und wir können uns dem äquivalenten Part unter Red Hat widmen. In

Abbildung 3.18 sehen Sie das Programm `isdn-config`. Sie müssen es in der grafischen Oberfläche mit

```
root@host1:~ # isdn-config
```

starten.

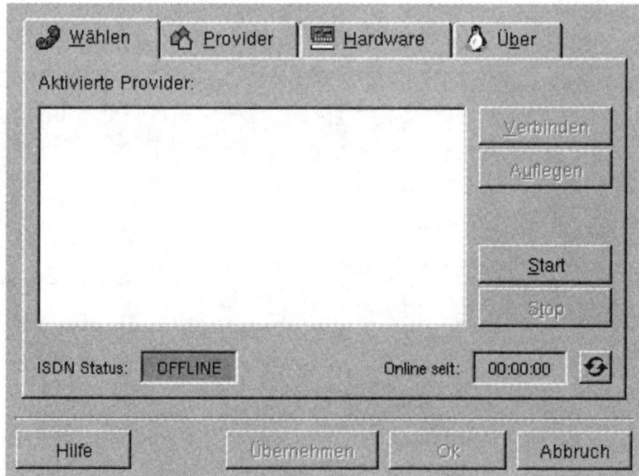

Abbildung 3.18: `isdn-config`-Hauptmenü

Über den Punkt HARDWARE geben Sie die Daten Ihrer ISDN-Karte ein. Eine automatische Erkennung ist an dieser Stelle nicht vorhanden. Auch definieren Sie, ob es sich um einen

- 1TR6- oder um einen
- Euro-ISDN-Anschluss

handelt (siehe Abbildung 3.19).

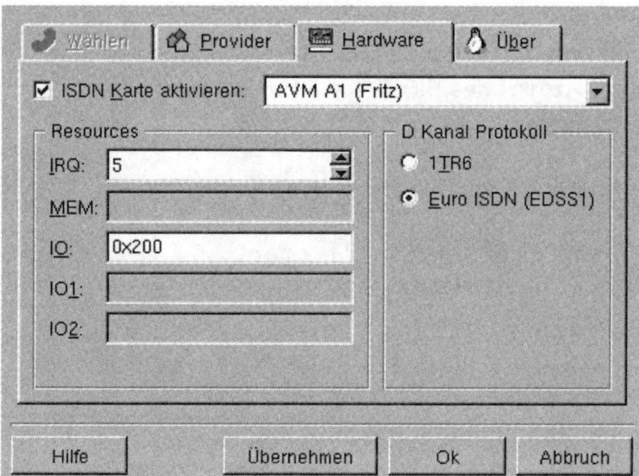

Abbildung 3.19: `isdn-config`-Hardware

Was an dieser Stelle noch fehlt, ist die Eingabe der Providerdaten (siehe Abbildung 3.20). Sie können über PROVIDER-NEU ANLEGEN definiert werden. Die Bedeutung der Eingaben ist selbsterklärend und entspricht im Prinzip denen aus der ISDN-Konfiguration unter SuSE.

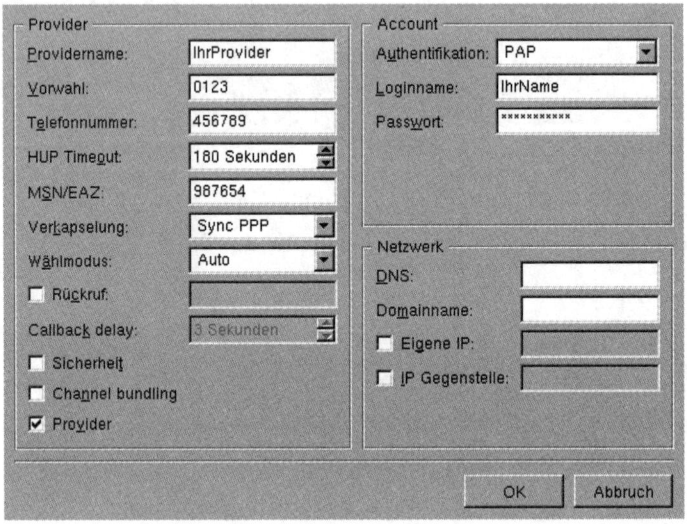

Abbildung 3.20: `isdn-config`-Provider

Zusätzlich ist es möglich, die ISDN-Kanalbündelung zu aktivieren.

Wie können Sie nun die soeben definierte ISDN-Verbindung aufbauen? Auch hier gibt es wieder eine Unterscheidung zwischen den Distributionen von SuSE und Red Hat.

SuSE Unter SuSE werden zwei Startskripten erstellt. Sie befinden sich im Verzeichnis `/etc/rc.d/init.d/` und tragen die Namen `i4l` (ISDN for Linux) und `i4l_hardware`. Während das Letztere zum Einrichten der Hardware dient, können Sie mit `i4l` die Kommunikation aufbauen. Falls Sie eine automatische Verbindung gewählt haben, wird nach dem Aufruf des Skripts die Einwahl erst dann durchgeführt, wenn der erste Zugriff auf das Internet erfolgt.

Beispiel 3.8: SuSE: ISDN-Verbindung aktivieren

```
root@host1:~ # /etc/rc.d/init.d/i4l start
Starting isdn4linux on device ippp0                          done
root@host1:~ #
```

Beispiel 3.9: SuSE: ISDN-Verbindung deaktivieren

```
root@host1:~ # /etc/rc.d/init.d/i4l stop
Shutting down network device and ipppd for ippp0.           done
root@host1:~ #
```

Red Hat Unter Red Hat existiert nur ein Startskript mit dem Namen `isdn`.

Beispiel 3.10: Red Hat: ISDN-Verbindung aktivieren

```
root@host1:~ # /etc/rc.d/init.d/isdn start
Loading ISDN modules                                    [  OK  ]
Starting isdnlog                                        [  OK  ]
Adding provider 'IhrProvider' on devive 'ippp0'         [  OK  ]
root@host1:~ #
```

Beispiel 3.11: Red Hat: ISDN-Verbindung daktivieren

```
root@host1:~ # /etc/rc.d/init.d/isdn stop
Shutting down isdnlog                                   [  OK  ]
Shutting down ipppd                                     [  OK  ]
Removing provider 'IhrProvider' on device 'ippp0'       [  OK  ]
root@host1:~ #
```

Alternativ können Sie auch das grafische Programm `isdn-config` verwenden.

Bei beiden Distributionen erfolgt die Kommunikation mit der Netzwerkschnittstelle `ippp0`.

3.3.2 Das Kommando `isdnctrl`

Im letzten Abschnitt haben Sie Ihre gewünschte ISDN-Verbindung eingerichtet. Auch an dieser Stelle soll das grundlegende Kommando, mit dem diese Konfiguration umgesetzt wird, nicht verschwiegen werden, da Sie es auch ohne eine grafische Oberfläche zur Verfügung haben. So werden wir uns im Folgenden mit den syntakischen und semantischen Gegebenheiten des Kommandos `isdnctrl` auseinander setzen.

Sie müssen es stets nach dem folgenden Schema in der Linux-Shell starten:

`isdnctrl [Option]`

Um das Kommando mit seinen Optionen (siehe Tabelle 3.2) zu nutzen, benötigen Sie keine grafische Oberfläche.

Um eine ISDN-Schnittstelle (zum Beispiel `ippp0`) anzulegen, verwenden Sie den Parameter `addif`. Die Einwahlnummer des Providers legen Sie beispielsweise mit `isdnctrl ippp0 out 0123456789` fest. Ihre eigene Nummer wird über `isdnctrl eaz ippp0 987654` angegeben. Diese Option gilt für die Endgeräte-Auswahlziffer (EAZ) genauso wie für die Multiple Subscribe Number (MSN).

Bei dem `dialmode` handelt es sich um den Wahlmodus. Möglich sind die Werte `off`, `manual` und `auto`. Bei einer automatischen Einwahl können Sie über `huptimeout` die Sekunden angeben, nach wie viel Inaktivität die Verbindung beendet werden soll. Falls Sie einen manuellen Verbindungsaufbau wünschen, so können Sie die Verbindung mit `isdnctrl dial ippp0` aktivieren und mit `isdnctrl hangup ippp0` abbauen. Über `status` fragen Sie den aktuellen Zustand einer ISDN-Schnittstelle ab; `delif` löscht eine Schnittstelle.

Option	Beschreibung
`addif <Interface>`	Schnittstelle anlegen
`addphone <Interface> out <Nummer>`	Provider-Nummer setzen
`eaz <Interface> <Nummer>`	EAZ/MSN festlegen
`dialmode <Interface> <Modus>`	Wahlmodus definieren
`dial <Interface>`	Wählen
`hangup <Interface>`	Auflegen
`huptimeout <Interface> <Sekunden>`	Beenden nach `<Sekunden>`
`status <Interface>`	Status abfragen
`delif <Interface>`	Schnittstelle entfernen

Tabelle 3.2: Optionen des Kommandos `isdnctrl`

Beispiel 3.12: Status einer ISDN-Schnittstelle abfragen

```
root@host1:~ # isdnctrl status ippp0
ippp0 connected to 010110191501
root@host1:~ #
```

Beispiel 3.13: Wahlmodus auf manual setzen

```
root@host1:~ # isdnctrl dialmode ippp0 manual
root@host1:~ #
```

3.4 Einrichten der ADSL-Verbindung

Falls Sie Ihren Internetanschluss mit der neuen ADSL-Technik (Asymmetric Digital Subscriber Loop) einrichten möchten, werden Sie in den verbleibenden beiden Abschnitten auf Ihre Kosten kommen.

3.4.1 Allgemeines

ADSL unterscheidet sich gravierend von den bisher genannten Zugangsmöglichkeiten zum Internet. Zum einen ist die Zugriffsgeschwindigkeit (Senden: 128 KBit/s, Empfangen: 768 KBit/s) wesentlich höher als bei ISDN (64 KBit/s) oder einem analogen Modem (max. 56 KBit/s). Zum anderen gibt es Unterschiede bei der Installation der ADSL-Komponenten. Wurde bisher ein externes Modem an die serielle Schnittstelle angeschlossen oder eine ISDN-Karte in den Computer eingebaut, so benötigen Sie als Voraussetzung für ADSL zunächst eine funktionierende Ethernetkarte in Ihrem Rechner (siehe Abbildung 3.21).

Diese Karte verbinden Sie mit Ihrem ADSL-Modem über ein ganz normales Ethernetkabel. Das Modem wiederum schließen Sie an den ADSL-Splitter an, der seinerseits eine Verbindung zur TAE-Dose hat.

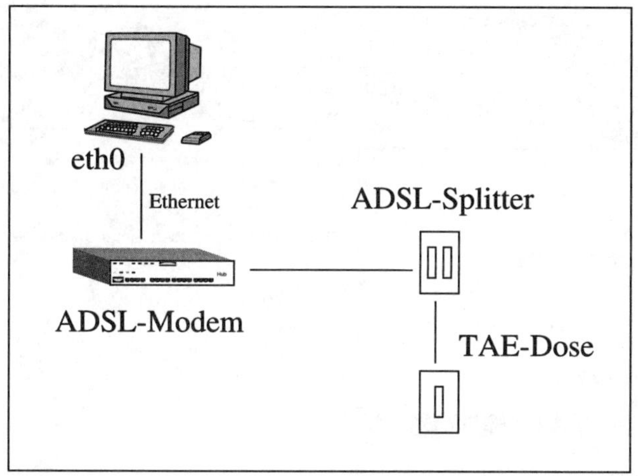

Abbildung 3.21: ADSL-Anbindung

In der obigen Abbildung erkennen Sie, dass Sie als Erstes eine Ethernetkarte in Ihren Rechner einbauen und konfigurieren müssen. Sie können dieses anhand der Ausführungen in Abschnitt 3.1 auf Seite 31 erledigen. Welche IP-Adresse Sie eintragen, ist völlig unerheblich (zum Beispiel 0.0.0.0), da sie später vom Provider erneut gesetzt wird.

Technisch gesehen benötigen wir für die Kommunikation per ADSL ins Internet keine Einwahl, da ADSL im Prinzip eine Standleitung darstellt. Warum müssen Sie dann eine Einwahl durchführen? Die Gründe liegen ausschließlich im finanziellen Bereich. Heutzutage rechnen die meisten Provider die Internetgebühren über den Faktor Zeit ab. Das heißt, je länger jemand die Verbindung benutzt, desto teurer wird es. Dabei spielt es keine Rolle, ob Sie einen umfangreichen Downlaod durchführen oder lediglich eine Internetseite anschauen. Da es bei einer Standleitung keine Zeitberechnung geben kann, wurde, um diese Berechnug dennoch durchführen zu können, das Point to Point Protocol over Ethernet (PPPoE) definiert. Dadurch erfolgt die Anmeldung mit einem Benutzernamen und einem Kennwort beim Provider. Anschließend können Sie die Verbindung (nun zeitlich abhängig) nutzen. PPPoE aktiviert somit die permanent vorhandene Verbindung.

Lassen Sie uns nun die Konfigurationsschritte betrachten, die Sie bei den Distributionen SuSE und Red Hat durchführen müssen.

Unter SuSE starten Sie das bekannte YaST-Programm (siehe Abbildung 3.22) durch den Aufruf von: **SuSE**

```
root@host1:~ # yast2
```

Nachdem Sie das Modul T-DSL/ADSL in Deutschland aufgerufen haben, können Sie Ihren Zugang zu T-DSL (ADSL der Telekom) einrichten. Andere ADSL-Provider können Sie auf diese Weise nicht verwenden.

In Abbildung 3.23 sehen Sie die SuSE-Eingabemaske zur T-DSL-Konfiguration.

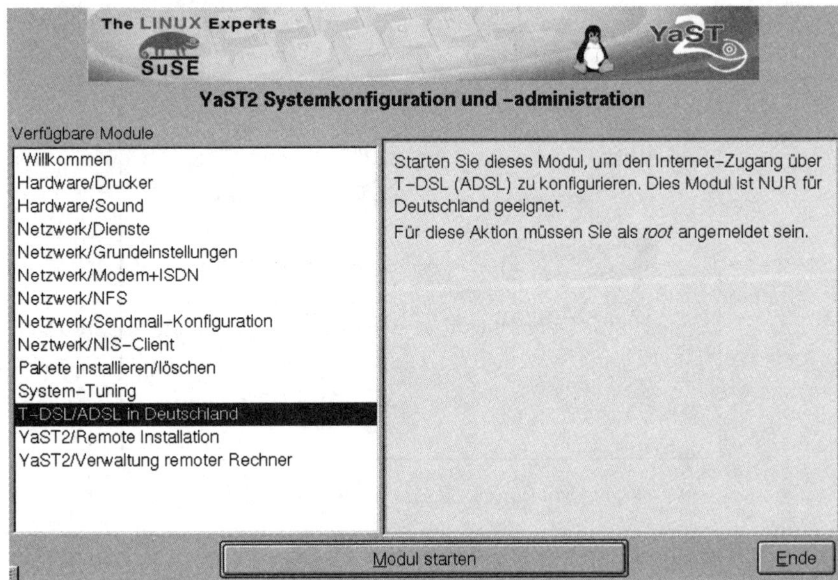

Abbildung 3.22: YaST-Hauptmenü (ADSL)

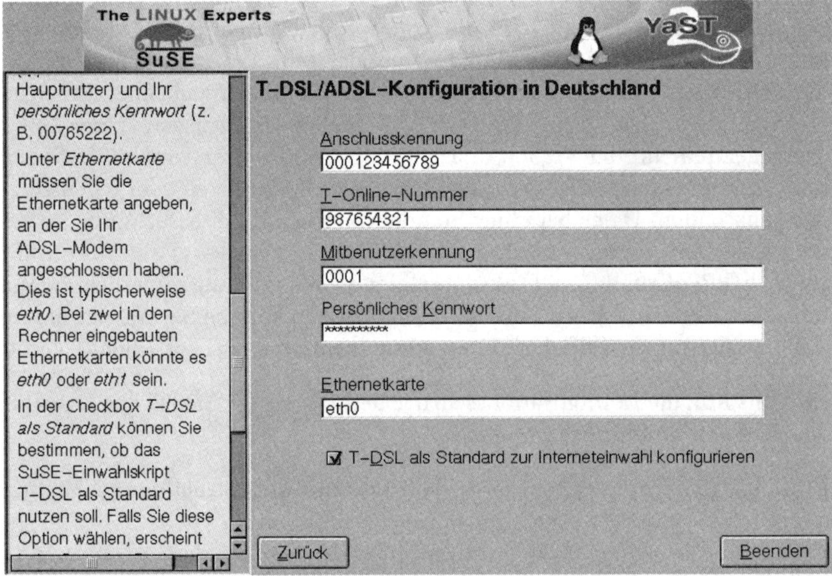

Abbildung 3.23: YaST-ADSL/Konfiguration

Tragen Sie nun die gewünschten Informationen ein, womit die Konfiguration von T-DSL auch schon beendet ist. Sie haben gesehen, dass keine Einwahlnummer definiert werden musste, was bei einer Standleitung ja auch keinen Sinn machen würde.

Unter Red Hat kann die ADSL-Konfiguration mit dem Programm adsl-config durchgeführt werden. Die Eingaben, die Sie dort tätigen müssen, haben die gleiche Bedeutung wie bei einer SuSE-Distribution, sodass wir an dieser Stelle auf die Abbildung verzichten können. **Red Hat**

3.4.2 Die adsl-Skripten

Wie bei allen bisher genannten Netzwerkanbindungen erfolgt die eigentliche Konfiguration mit diversen Kommandos in der Linux-Shell. Während die grafischen Konfigurationstools von Distribution zu Distribution verschieden sind, sind die zugehörigen Kommandos prinzipiell unabhängig von der Distribution. Die ADSL-Kommandos werden hier etwas genauer dargestellt.

Beginnen wir mit dem Einrichten der ADSL-Verbindung. Sie können dazu das Kommando adsl-setup verwenden und nacheinander die gewünschten Informationen eintragen.

Beispiel 3.14: ADSL-Konfiguration in der Linux-Shell

```
root@host1:~ # adsl-setup
Welcome to the Roaring Penguin ADSL client setup. First, I will
run some checks on your system to make sure the PPPoE client is
installed properly...

Looks good!  Now, please enter some information:

USER NAME

Enter your PPPoE user name (default bxxxnxnx@sympatico.ca):
000123456789987654321#0001@t-online.de

INTERFACE

Enter the Ethernet interface connected to the ADSL modem
(default eth1): eth0

Do you want the link to come up on demand, or stay up
continuously? If you want it to come up on demand, enter the
idle time in seconds after which the link should be dropped.
If you want the link to stay up permanently, enter 'no'.
NOTE: Demand-activated links do not interact well with dynamic
IP addresses. You may have some problems with demand-activated
links.
Demand value (default no):

DNS

Please enter the IP address of your ISP's primary DNS server. If
you just press enter, I will assume you know what you are doing
```

```
and not modify your DNS setup.
Enter the address here: 194.25.2.129

Please enter the IP address of your ISP's secondary DNS server.
If you just press enter, I will assume there is only one DNS
server.
Enter the address here:

PASSWORD

Please enter your PPPoE password:
Please re-enter your PPPoE password:

FIREWALLING

Please choose the firewall rules to use. Note that these rules
are very basic. You are strongly encouraged to use a more
sophisticated firewall setup; however, these will provide basic
security. If you are running any servers on your machine, you
must choose 'NONE' and set up firewalling yourself. Otherwise,
the firewall rules will deny access to all standard servers
like Web, e-mail, ftp, etc.

The firewall choices are:
0 - NONE: This script will not set any firewall rules. You
          are responsible for ensuring the security of your
          machine. You are STRONGLY
          recommended to use some kind of firewall rules.
1 - STANDALONE: Appropriate for a basic stand-alone web-surfing
                workstation
2 - MASQUERADE: Appropriate for a machine acting as an Internet
                gateway for a LAN
Your choice? 0

** Summary of what you entered **

Ethernet Interface: eth0
User name:          000123456789987654321#0001@t-online.de
Activate-on-demand: No
Primary DNS:        194.25.2.129
Firewalling:        NONE

Accept these settings and adjust configuration files (y/n)?
Adjusting /etc/ppp/pppoe.conf
Adjusting /etc/resolv.conf
  (But first backing it up to /etc/resolv.conf-bak)
Adjusting /etc/ppp/pap-secrets and /etc/ppp/chap-secrets
  (But first backing it up to /etc/ppp/pap-secrets-bak)
  (But first backing it up to /etc/ppp/chap-secrets-bak)

Congratulations, it should be all set up!
```

```
Type 'adsl-start' to bring up your ADSL link and 'adsl-stop'
to bring it down.
root@host1:~ #
```

Neben dem Ethernetdevice, der Benutzerkennung, dem Passwort und der Frage, ob ADSL bei Bedarf automatisch aktiviert werden soll, wurden Sie aufgefordert, einen DNS-Server einzugeben. Hierbei handelt es sich um den Rechner, den Sie für die Namensauflösung im Internet benutzen. Die zugehörige IP-Adresse teilt Ihnen Ihr Provider mit. Der Thematik der Namensauflösung mit DNS widmen wir uns ausführlich in Kapitel 9 auf Seite 125. Informationen zu den Möglichkeiten der Firewall und des Masqueradings finden Sie in Kapitel 20 auf Seite 409.

Um die ADSL-Verbindung zu starten, rufen Sie das Kommando `adsl-start` auf. Sie beenden die Verbindung mit `adsl-stop`. Ferner existiert ein Kommando `adsl-status`, das Ihnen anzeigt, ob die Leitung aktiv ist. In Tabelle 3.3 sind die Skripten in der Übersicht dargestellt.

Option	Beschreibung
`adsl-setup`	Verbindung konfigurieren
`adsl-start`	Verbindung starten
`adsl-stop`	Verbindung stoppen
`adsl-status`	Status der Verbindung

Tabelle 3.3: ADSL-Skripten

Beispiel 3.15: Status der ADSL-Verbindung abfragen

```
root@host1:~ # adsl-status
adsl-status: Link is down
root@host1:~ #
```

Beide in diesem Buch betrachteten Distributionen stellen natürlich auch Startskripten zur Verfügung, die die ADSL-Verbindung aktivieren können.

Bei SuSE handelt es sich um zwei Skripten mit den Namen `adsl` und `pppoed` aus dem Verzeichnis `/etc/rc.d/init.d/`. Das erste stellt die Verbindung mit den über `adsl-setup` eingegebenen Daten her, während Sie mit dem zweiten Skript die Einstellungen aus dem YaST verwenden. SuSE

Beispiel 3.16: SuSE: Startskript mit YaST-Einstellungen

```
root@host1:~ # /etc/rc.d/init.d/pppoed start
Starting pppoed:                                          done
root@host1:~ #
```

Beispiel 3.17: SuSE: Startskript mit Einstellungen aus `adsl-setup`

```
root@host1:~ # /etc/rc.d/init.d/adsl start
Bringing up ADSL link                                          done
root@host1:~ #
```

Red Hat

Bei Red Hat handelt es sich nur um ein Skript mit dem Namen `pppoe`. Es verwendet die Einstellungen von `adsl-setup`.

Beispiel 3.18: Red Hat: Startskript mit Einstellungen aus `adsl-setup`

```
root@host1:~ # /etc/rc.d/init.d/pppoe start
Bringing up ADSL link                                          [  OK  ]
root@host1:~ #
```

4 Routing in Netzwerken

Nachdem Sie im letzten Kapitel Informationen über die Anbindung der Rechner an das Netzwerk erhalten haben, befassen wir uns nun mit dem so genannten *Routing*. Mit diesem Verfahren wird der Weg bestimmt, den die Daten vom Sender zum Empfänger nehmen.

4.1 Allgemeines

Bevor wir uns mit der Lösung der Problematik auseinander setzen, erfahren Sie zunächst, warum das Routing in Netzwerken eine sehr große Bedeutung hat.

In Abbildung 4.1 sehen Sie drei Netzwerke. Zu dem bereits bekannten Bereich 192.168.17.0 nehmen wir in diesem Kapitel noch die Netze 192.168.18.0 und 192.168.19.0 hinzu. In jedem dieser Netzwerke befindet sich jeweils ein Rechner. Die Kommunikation erfolgt über Router.

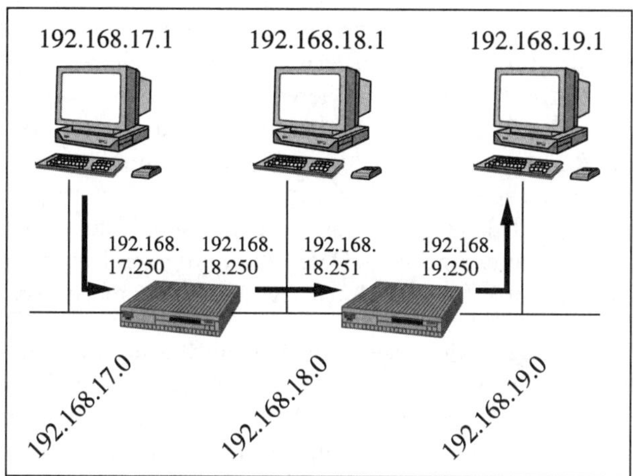

Abbildung 4.1: Statisches Routing

Damit nun zum Beispiel der Rechner im Netzwerk 192.168.17.0 eine Verbindung nach 192.168.19.0 herstellen kann, muss er wissen, über welche Zwischenrechner er seine Daten senden soll. Die notwendigen Informationen müssen in der Routing-Tabelle eingetragen werden. So sendet der Rechner die Daten zunächst an den ihm nahe gelegenen Router. Der wiederum hat in seiner Routing-Tabelle Einträge, die die Daten, die für das Netzwerk 192.168.19.0 bestimmt sind, an den zweiten Verbindungsrechner senden. Letztendlich kennt dieser dann einen direkten Weg zum Ziel.

Dieses Verfahren bezeichnen wir als statisches Routing, da es zwischen Sender und Empfänger nur einen Weg gibt. Fällt einer der Router aus, ist eine Kommunikation zwischen den beiden genannten Rechnern nicht möglich.

Den Gegensatz dazu stellt das dynamische Routing (siehe Abbildung 4.2) dar.

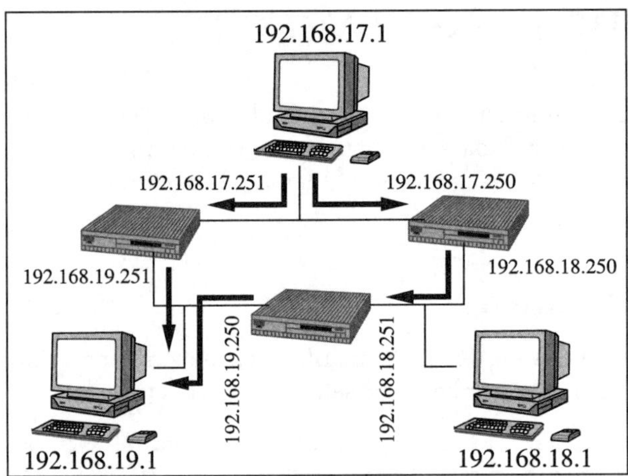

Abbildung 4.2: Dynamisches Routing

Es kommt immer dann zum Einsatz, wenn zwischen zwei Teilnehmern im Netzwerk mehr als ein Weg vorhanden ist, über den die Kommunikation stattfinden kann. Wenn Sie das dynamische Routing verwenden, erhöhen Sie die Zuverlässigkeit Ihres Netzwerks, da ein Routerausfall keine so gravierenden Folgen hat wie bei der statischen Wegwahl. In Abbildung 4.2 sehen Sie die bereits bekannten drei Netze. Sie sind nun über insgesamt drei Router verbunden, sodass für jede Kommunikation in ein entferntes Netz zwei mögliche Wege zur Verfügung stehen. Welchen Weg Ihr Rechner zum Ziel wählt, wird dynamisch berechnet. Dabei wird generell die schnellste Verbindung gewählt, also zum Beispiel die, für die die Daten die wenigsten Router passieren müssen. Fällt ein Router aus, kommt sofort die alternative Strecke zum Einsatz.

Sie werden sich sicher fragen, wie dieses dynamische Routing funktioniert. Jeder Rechner, der mindestens zwei Netzwerke verbindet (also ein Router) stellt die ihm bekannten Wege den angeschlossenen Netzwerken zur Verfügung und teilt sie anderen Routern mit. Auf diese Weise kommunizieren die Rechner miteinander und tauschen ihre Informationen aus. Betrachten wir dazu ein Beispiel: In Abbildung 4.2 sehen Sie den Router, der die Netze 192.168.17.0 und 192.168.18.0 miteinander verbindet. Die ihm bekannten Informationen teilt er nun regelmäßig den anderen Rechnern mit, die er direkt erreichen kann, also im Beispiel den beiden verbleibenden Routern. Auf diese Weise gleichen alle drei Router die Daten untereinander ab und berechnen daraus von Fall zu Fall den optimalen Weg. Unterbrochene Wege, die durch den Ausfall eines Zwischenrechners zustande gekommen sind, werden dabei sofort aus den Routing-Tabellen entfernt und erst dann wieder betrachtet, wenn das Problem behoben wurde. Ein Eingreifen des Administrators ist nicht notwendig.

Abbildung 4.3 zeigt die Kommunikation der Router untereinander.

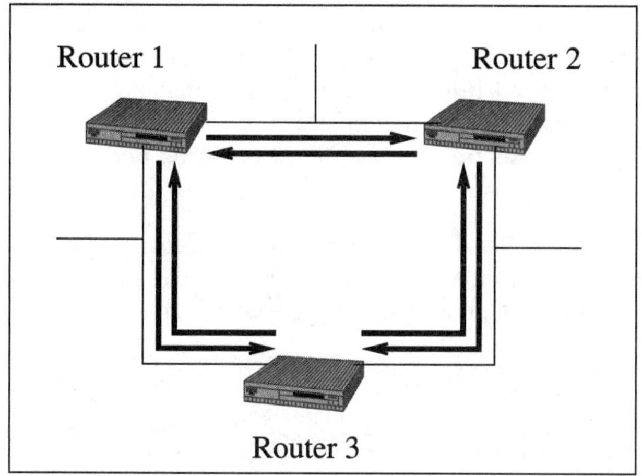

Abbildung 4.3: Kommunikation der Router

4.2 Statisches Routing mit route

In diesem Abschnitt widmen wir uns zunächst dem statischen Routing. Dabei wollen wir für die IP-Adresse 192.168.17.1 aus Abbildung 4.1 die Routing-Tabelle beschreiben. Doch zunächst betrachten wir das Linux-Kommando, mit dem Sie diese Arbeit durchführen können. Es trägt den Namen `route` und Sie starten es nach dem Schema:

```
route [Optionen]
```

Dabei stehen Ihnen die Optionen aus Tabelle 4.1 zur Verfügung.

Option	**Beschreibung**
`add <...>`	Route hinzufügen
`del <...>`	Route löschen
`-net <Adresse>`	Ziel ist ein Netzwerk
`-host <Adresse>`	Ziel ist ein Rechner
`netmask <Maske>`	Angabe der Netzmaske
`gw <Gateway>`	Angabe des Routers
`dev <Schnittstelle>`	Lokale Schnittstelle

Tabelle 4.1: Optionen des Kommandos route

Die Optionen `add` und `del` ermöglichen es Ihnen, einen Eintrag in der Routing-Tabelle zu erstellen bzw. zu löschen. Ob es sich um den Weg zu einem Netzwerk oder nur zu einem Rechner darin handelt, wird mit `-net` und `-host` festgelegt. Diesen beiden Optionen folgt jeweils die Adresse des Rechners oder des Netzes. Schließlich müssen Sie für das Ziel die Netzmaske angeben (`netmask`). Nachdem Sie nun definiert haben, zu welchen Zielrechnern Sie einen Weg konfigurieren möchten, geben Sie diesen mit den letzten beiden Parametern an. Der Option `gw` folgt die Adresse des Routers (Router bezeichnen wir zuweilen auch als Gateways), an den die Daten gesendet werden. Er ist es dann, der mit seinen eigenen Informationen den weiteren Weg kennt. Sie müssen also niemals den Weg bis zum Ziel definieren, sondern lediglich bis zum nächsten Router. Mit der letzten Option definieren Sie die Netzwerkkarte, über die die Daten gesendet werden sollen (`dev`).

Auf dem Rechner mit der IP-Adresse 192.168.17.1 ist demnach das Kommando `route` wie in den folgenden Beispielen aufzurufen. Der Weg in das eigene lokale Netzwerk wird bereits beim Einrichten der Netzwerkkarte automatisch erstellt.

Beispiel 4.1: Route in das Netzwerk 192.168.18.0

```
root@host1:~ # route add -net 192.168.18.0 netmask \
# 255.255.255.0 gw 192.168.17.250 dev eth0
root@host1:~ #
```

Beispiel 4.2: Route in das Netzwerk 192.168.19.0

```
root@host1:~ # route add -net 192.168.19.0 netmask \
# 255.255.255.0 gw 192.168.17.250 dev eth0
root@host1:~ #
```

Sie als Linux-Administrator haben ebenfalls mit dem gerade vorgestellten Kommando die Möglichkeit, die statischen Routing-Informationen Ihres Rechners zu betrachten. Benutzen Sie dazu das Kommando `route` ohne Optionen oder mit dem Parameter `-n`. Er unterdrückt die automatische Umwandlung der IP-Adressen in Namen.

Beispiel 4.3: Routing-Tabelle betrachten

```
root@host1:~ # route -n
Kernel IP routing table
Destination     Gateway         Genmask         Flags ... Iface
192.168.19.0    192.168.17.250  255.255.255.0   UG    ...  eth0
192.168.18.0    192.168.17.250  255.255.255.0   UG    ...  eth0
192.168.17.0    0.0.0.0         255.255.255.0   U     ...  eth0
127.0.0.0       0.0.0.0         255.0.0.0       U     ...  lo
root@host1:~ #
```

Die obige Ausgabe ist leicht gekürzt.

Wie Sie sehen, sind alle Ihre Routen vorhanden. Ferner ist der Weg ist das lokale Netz ebenso definiert wie das Loopback-Netzwerk. Die Werte `U` und `G` in der Spalte `Flags` stehen für eine aktive Route (Up) und die Verwendung eines Gateways (Routers).

Was wäre, wenn Sie Wege für weitere Netze angeben müssten? Nach dem, was Sie bisher wissen, wäre für jedes Netz ein neuer Eintrag notwendig. Sie haben jedoch auch die Möglichkeit, einen Default-Router anzugeben. Zu ihm werden alle Daten gesendet, für die kein spezieller Weg definiert wurde. Im Beispiel können die Routen in die Netze 192.168.18.0 und 192.168.19.0 durch einen Aufruf ersetzt werden.

Beispiel 4.4: Default-Router bestimmen

```
root@host1:~ # route add default gw 192.168.17.250
root@host1:~ # route -n
Kernel IP routing table
Destination     Gateway         Genmask         Flags ... Iface
192.168.17.0    0.0.0.0         255.255.255.0   U     ... eth0
127.0.0.0       0.0.0.0         255.0.0.0       U     ... lo
0.0.0.0         192.168.17.250  0.0.0.0         UG    ... eth0
root@host1:~ #
```

Die Routen, die Sie auf diese Weise eingeben, bleiben nur bis zum Neustart des Rechners gültig.

Die Eingabe der Routen direkt an der Eingabeaufforderung ist also nur dafür gedacht, temporär Veränderungen an der Routing-Tabelle vorzunehmen. Beide Distributionen bieten natürlich auch einen Weg an, diese Eingaben bei jedem Rechnerstart zu aktivieren.

Falls Sie mit SuSE-Linux arbeiten, können Sie die notwendigen Routen in die Datei `route.conf` im Verzeichnis `/etc/` eintragen. Es handelt sich dabei um eine Textdatei, die Sie mit jedem beliebigen Editor bearbeiten können. Zeilen, die mit dem Zeichen # beginnen, sowie Leerzeilen werden ignoriert. Alle anderen Zeilen bestehen aus vier Spalten (siehe Tabelle 4.2). **SuSE**

Spalte	Beschreibung
Ziel	Ziel der Route
Gateway	Anzusprechendes Gateway
Netzmaske	Definition der Subnetzmaske
Schnittstelle	Netzwerkkarte, über die das Gateway erreicht wird

Tabelle 4.2: Spalten der Datei `route.conf`

Um die Routen in die Netze 192.168.18.0 und 192.168.19.0 zu beschreiben, müssen Sie somit die folgenden zwei Zeilen eintragen:

Beispiel 4.5: Routing unter SuSE

```
root@host1:~ # cat /etc/route.conf
#
# /etc/route.conf
#
# In this file you can configure your static routing...
#
# This file is read by /sbin/init.d/route.
#
#
# Destination     Dummy/Gateway      Netmask             Device
#
```

```
192.168.18.0        192.168.17.250       255.255.255.0        eth0
192.168.19.0        192.168.17.250       255.255.255.0        eth0

root@host1:~ #
```

Falls Sie einmal einen Weg definieren möchten, für den Sie kein Gateway (also keinen Router) angeben wollen, müssen Sie in der zweiten Spalte `0.0.0.0` eintragen.

Wie beim normalen Umgang mit dem Kommando `route` gibt es auch bei dieser Konfigurationsdatei die Möglichkeit, ein Default-Gateway anzugeben. Als Ziel geben Sie dazu das Wort `default` und als Gateway die entsprechende IP-Adresse oder den zugehörigen Rechnernamen an. Dadurch kann die obige Datei wie im folgenden Beispiel vereinfacht werden.

Beispiel 4.6: Default-Route einrichten

```
root@host1:~ # cat /etc/route.conf
#
# /etc/route.conf
#
# In this file you can configure your static routing...
#
# This file is read by /sbin/init.d/route.
#
#
# Destination       Dummy/Gateway        Netmask              Device
#
default             192.168.17.250

root@host1:~ #
```

Beachten Sie, dass Sie die letzte Zeile der Konfigurationsdatei mit einem Zeilenumbruch abschließen. Sonst kann es (auch bei anderen Diensten) passieren, dass diese Zeile ignoriert wird.

Was uns noch fehlt, ist ein Startskript, das die Konfigurationsdatei liest und die Einstellungen entsprechend umsetzt. Das Skript trägt den Namen `route` und Sie finden es im Verzeichnis `/etc/rc.d/init.d/`. Wenn Sie es mit der Option `start` aufrufen, werden die Routen in die Routing-Tabelle eingetragen; bei einem Aufruf mit `stop` entfernt das Skript die Einträge aus der Routing-Tabelle. Das Skript verwendet intern das Ihnen bereits bekannte Kommando `route`.

Beispiel 4.7: Routen aus der Datei route.conf aktivieren

```
root@host1:~ # /etc/rc.d/init.d/route start
Setting up routing (using /etc/route.conf)                   done
root@host1:~ # route -n
Kernel IP routing table
Destination     Gateway         Genmask         Flags ...  Iface
192.168.17.0    0.0.0.0         255.255.255.0   U     ...  eth0
```

```
127.0.0.0       0.0.0.0         255.0.0.0       U     ...  lo
0.0.0.0         192.168.17.250  0.0.0.0         UG    ...  eth0
root@host1:~ #
```

Beispiel 4.8: Routen aus der Datei route.conf deaktivieren

```
root@host1:~ # /etc/rc.d/init.d/route stop
Shutting down routing                                  done
root@host1:~ #
```

Red Hat

Wenn Sie mit einem Linux-System aus dem Hause Red Hat arbeiten, können Sie zum Festlegen von Routen ein Anwendungsprogramm in der grafischen Oberfläche verwenden. Es trägt den Namen

```
root@host1:~ # netcfg
```

und zeigt sich nach dem Start, wie in Abbildung 4.4 dargestellt.

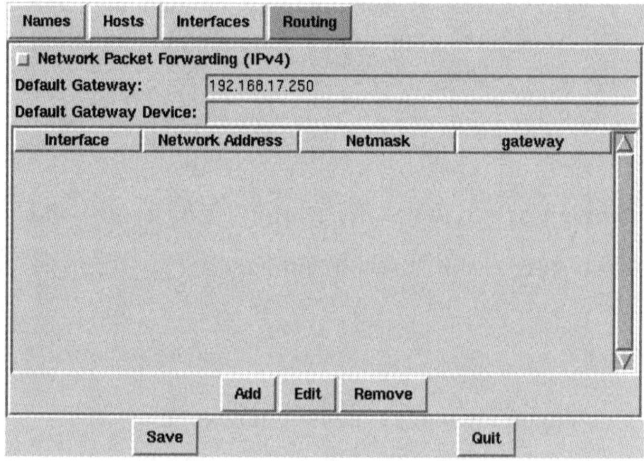

Abbildung 4.4: netcfg-Hauptmenü (Routing)

In der Abbildung wurde nur das Default-Gateway eingetragen. Spezielle Routen können Sie über ADD anlegen. Die so festgelegten Einstellungen werden in der Datei `network` abgespeichert. Sie befindet sich im Verzeichnis `/etc/sysconfig/`.

Beispiel 4.9: Routing unter Red Hat

```
root@host1:~ # cat /etc/sysconfig/network
NETWORKING=yes
HOSTNAME=localhost.localdomain
GATEWAYDEV=
GATEWAY=192.168.17.250
root@host1:~ #
```

Wenn beim Rechnerstart die Netzwerkkarten initialisiert werden, werden die von Ihnen zuvor eingetragenen Routen ebenfalls aktiviert.

Beispiel 4.10: Routen aus der Datei network aktivieren

```
root@host1:~ # /etc/rc.d/init.d/network start
Setting network parameters:                              [  OK  ]
Bringing up interface lo:                                [  OK  ]
Bringing up interface eth0:                              [  OK  ]
root@host1:~ # route -n
Kernel IP Routentabelle
Ziel            Router          Genmask         Flags ...  Iface
192.168.17.0    0.0.0.0         255.255.255.0   U     ...  eth0
127.0.0.0       0.0.0.0         255.0.0.0       U     ...  lo
0.0.0.0         192.168.17.250  0.0.0.0         UG    ...  eth0
root@host1:~ #
```

Auf diese Weise müssen Sie das Routing auf jedem Rechner im Netzwerk konfigurieren. Achten Sie bei Routern darauf, dass das so genannte Forwarding eingeschaltet ist. Es besagt, dass Netzwerkdaten durch den Rechner hindurch geroutet werden können, also zum Beispiel an der ersten Netzwerkkarte `eth0` eingehen und über die zweite Karte `eth1` weitergeleitet werden. Sie können das Forwarding im Kernel dynamisch zulassen mit:

```
root@host1:~ # echo "1" >/proc/sys/net/ipv4/ip_forward
root@host1:~ #
```

Fügen Sie den Aufruf am besten in das Startskript des Netzwerks ein:

```
root@host1:~ # cat /etc/rc.d/init.d/network
...
case "$1" in
    start)
        ...
        echo "1" >/proc/sys/net/ipv4/ip_forward
        ;;
     stop)
        ...
esac

...
root@host1:~ #
```

Lesen Sie zum Thema Routing ins Internet unbedingt das Kapitel 20 (Firewall) auf Seite 409.

4.3 Dynamisches Routing mit `routed`

Nach dem Lesen dieses Abschnitts kennen Sie die Schritte, die erforderlich sind, um das dynamische Routing einzurichten. Erfreulicherweise unterscheidet sich die Konfiguration zwischen SuSE und Red Hat kaum, sodass die Einrichtung deshalb relativ einfach ist. Betrachten wir zunächst nochmals die Abbildung 4.2 auf Seite 62. Dort konnte der

Rechner mit der Adresse 192.168.17.1 auf zwei verschiedenen Wegen eine Verbindung zum Host 192.168.19.1 aufbauen. Hier kommt nun das dynamische Routing zum Einsatz. Wie Sie bereits zu Beginn dieses Kapitels erfahren haben, tauschen alle Rechner, die an diesem Prozess teilnehmen, ihre Routing-Informationen untereinander aus. Dazu wird in lokalen Netzen das Router Information Protocol (RIP) verwendet.

Was müssen Sie als Netzwerkadministrator tun, um in den Genuss dieser Dynamik zu kommen?

1. Als Erstes müssen Sie alle bekannten Routen in eine Konfigurationsdatei eintragen. Sie trägt den Namen `gateways` und Sie finden sie im Verzeichnis `/etc/`.
2. Als Zweites muss ein Dämon gestartet werden, der die zuvor eingegebenen Informationen zum einen verwendet und sie zum anderen im Netzwerk verteilt. Diesen Dämon starten Sie wie immer über ein Startskript (`routed`).

Widmen wir uns also zunächst dem Aufbau der Konfigurationsdatei. Bei ihr handelt es sich um eine Textdatei, in der Kommentarzeilen mit dem Zeichen # eingeleitet werden. Die Einträge selbst bestehen aus vier Werten (siehe Tabelle 4.3).

Spalte	**Beschreibung**
`net|host <Adresse>`	Zieladresse
`gateway <Adresse>`	Adresse des Routers
`metric <Wert>`	Anzahl der Router bis zum Ziel
`active|passive|external`	Art der Route

Tabelle 4.3: Spalten der Datei `gateways`

Über `net` bzw. `host` geben Sie die IP-Adresse des Ziels an. Die Adresse des für die Route anzusprechenden Gateways folgt in der zweiten Spalte. Damit beim dynamischen Routing auch der schnellste Weg berechnet werden kann, ist es notwendig, dass Sie angeben, wie viele Router die Daten bis zum Ziel auf diesem Weg passieren müssen (`metric`). Abschließend erwähnen Sie, von welchem Typ das zuvor definierte Gateway ist:

- `active` bedeutet, dass auf dem Gateway ebenfalls der dynamische Routing-Prozess aktiv ist und dass die Routing-Informationen mit diesem per RIP ausgetauscht werden.
- Routen, die mit `passive` definiert wurden, werden nicht per RIP in das Netzwerk geschickt, da das angegebene Gateway keine RIP-Informationen aufnehmen kann.
- `external` dient lediglich als Platzhalter. Die so definierten Wege nehmen nicht am Routing-Prozess teil. Sie teilen dem Router lediglich mit, dass sich ein anderer Prozess oder ein anderer Dienst um diesen Weg kümmert.

Beispiel 4.11: Konfigurationsdatei des dynamischen Routings

```
root@host1:~ # cat /etc/gateways
#
# /etc/gateways (fuer routed)
#
#
# net|host ... gateway ... metric ... active|passive|external
#
# Die metric beschreibt die Anzahl der Router zum Ziel.
# active, passive und external definieren die Art des entfernten
# Routers.
#
net 192.168.18.0 gateway 192.168.17.250 metric 1 active
net 192.168.18.0 gateway 192.168.17.251 metric 2 active
net 192.168.19.0 gateway 192.168.17.250 metric 2 active
net 192.168.19.0 gateway 192.168.17.251 metric 1 active

root@host1:~ #
```

Sie können den Routing-Prozess nun mit dem Startskript `routed` aus dem Verzeichnis `/etc/rc.d/init.d/` starten.

Beispiel 4.12: Dynamisches Routing starten

```
root@host1:~ # /etc/rc.d/init.d/routed start
Starting routed                                              done
root@host1:~ #
```

Falls Ihr Rechner mehr als eine Netzwerkkarte besitzt, erfolgt nun alle 30 Sekunden der Informationsaustausch der Routen mit dem Router Information Protocol. Vergessen Sie nicht, das IP-Forwarding im Kernel zu aktivieren, da Ihre Router anderenfalls keine Daten weiterleiten können.

```
root@host1:~ # echo "1" >/proc/sys/net/ipv4/ip_forward
root@host1:~ #
```

Wenn Ihr Rechner wie in unserem Beispiel nur eine Netzwerkkarte hat, müssen Sie, damit der Datenaustausch per RIP stattfindet, in dem Startskript eine Option ergänzen. Es handelt sich um den Parameter `-s`, der beim Aufruf des Dämons hinzugefügt werden muss.

```
root@host1:~ # cat /etc/rc.d/init.d/routed

...

case "$1" in
    start)
        ...
        startproc /usr/sbin/routed -s
        ...
```

```
        ;;
    stop)
        ...
esac

...

root@host1:~ #
```

Abschließend sei noch erwähnt, dass Sie das dynamische Routing immer dann brauchen, wenn es mehr als einen Weg zwischen Sender und Empfänger gibt, da beim statischen Routing die Verfügbarkeit und die Qualität nicht geprüft werden.

5 Drucken im Netzwerk

In diesem Kapitel finden Sie wichtige Informationen zum Drucken im Netzwerk.

5.1 Allgemeines

Für ein modernes Betriebssystem ist es heutzutage natürlich auch sehr wichtig, dass alle Drucker im Netzwerk angesprochen werden können. Dabei gibt es zwei Arten von Netzwerkdruckern, die im Weiteren differenziert betrachtet werden.

- Drucker, die an einer entfernten Arbeitsstation angeschlossen sind, bilden den einen Teil dieser Thematik (siehe Abbildung 5.1).

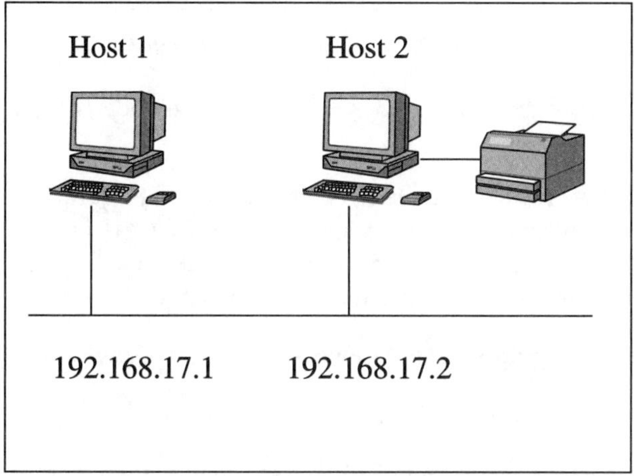

Abbildung 5.1: Drucker an entfernter Arbeitsstation

- Bei den anderen Druckern handelt es sich um Geräte, die direkt mit dem Netzwerk verbunden sind, also solche, die eine eigene Netzwerkkarte besitzen (siehe Abbildung 5.2).

Bevor Sie in den beiden folgenden Abschnitten erfahren, welche Konfigurationsschritte Sie ausführen müssen, erhalten Sie zunächst einen Einblick, wie das Drucken unter Linux generell funktioniert:

Wenn Sie Ihren Drucker unter Linux an Ihren Rechner (zum Beispiel mit der IP-Adresse 192.168.17.2) angeschlossen haben, so erfolgt der Ausdruck in drei Schritten:

1. Sie setzen den Druckauftrag per Kommando oder mit einer entsprechenden Menüauswahl in Ihrer Anwendung ab.
2. Die Daten werden nun lokal auf Ihrem Rechner in das Format konvertiert, das der Drucker unterstützt. Die Bezeichnung „Druckertreiber" ist unter Linux zwar eher ungebräuchlich, jedoch verbirgt sie sich hinter diesem Punkt.

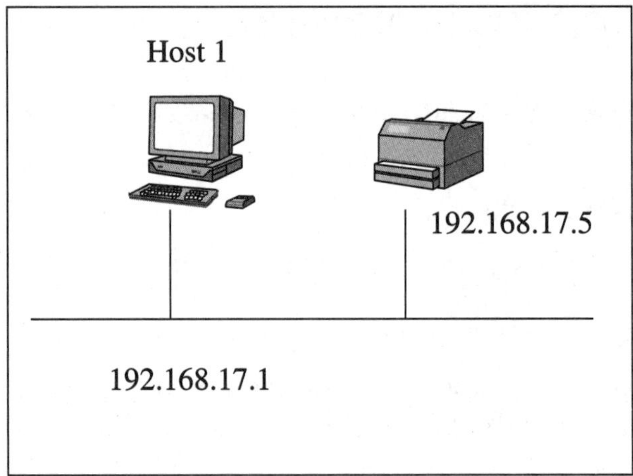

Abbildung 5.2: Drucker mit eigener Netzwerkkarte

3. Zum Schluss werden die Daten zu der Schnittstelle gesendet, an der sich der Drucker befindet.

Betrachten wir an dieser Stelle beispielhaft die zentrale Konfigurationsdatei, die für das Drucken am Host2 zuständig ist. Sie trägt den Namen `printcap` und befindet sich im Verzeichnis `/etc/`. Der Eintrag in dieser Datei, der lokal einen Drucker namens `drucker` zur Verfügung stellt, hat das folgende Aussehen:

Beispiel 5.1: Konfigurationsdatei für einen lokalen Drucker

```
root@host2:~ # cat /etc/printcap
#
drucker|lp|djet500-a4-auto-mono-300|djet500 a4 auto mono 300:\
 :lp=/dev/lp0:\
 :sd=/var/spool/lpd/djet500-a4-auto-mono-300:\
 :lf=/var/spool/lpd/djet500-a4-auto-mono-300/log:\
 :af=/var/spool/lpd/djet500-a4-auto-mono-300/acct:\
 :if=/var/lib/apsfilter/bin/djet500-a4-auto-mono-300:\
 :la@:mx#0:\
 :tr=:cl:sh:sf:
#
```

Hierbei handelt sich sich um einen HP-Deskjet 500, der an `lp0` (der ersten parallelen Schnittstelle) angeschlossen ist. Falls Sie an dem gesamten Aufbau der Datei interessiert sind, sollten Sie sich die zugehörige Manual Page (`man 5 printcap`) ansehen.

5.2 Drucker an entfernter Arbeitsstation

Um die Daten an einen Drucker zu senden, der an einer entfernten Arbeitsstation angeschlossen ist, muss keine lokale Schnittstelle angesprochen werden, sondern eine IP-Nummer. Die allgemeine Funktionsweise, um zum Beispiel vom Rechner 192.168.17.1

auf den Drucker am Host 192.168.17.2 (siehe Abbildung 5.1) zuzugreifen, sieht vier Schritte vor:

1. Der Anwender am Rechner 192.168.17.1 gibt seinen Druck in Auftrag.
2. Die Daten werden lokal *nicht aufbereitet* und gelangen anschließend ohne Benutzung eines Druckertreibers direkt zum Rechner mit der IP-Adresse 192.168.17.2.
3. Dort angekommen werden sie für den Drucker aufbereitet und in das Format konvertiert, das von der Hardware verstanden wird.
4. Am Ende werden die Daten auf dem Gerät ausgedruckt.

Der große Vorteil dieses Verfahrens liegt darin, dass sich keine Arbeitsstation, die den entfernten Drucker nutzen möchte, darum kümmern muss, um welches Modell es sich handelt. Daraus folgt auch, dass der Austausch des Druckgerätes lediglich eine Neukonfiguration an dem Rechner erfordert, mit dem der Drucker physisch verbunden ist.

Im weiteren Verlauf dieses Kapitels lesen Sie, wie Sie den obigen Vorgang in den Distributionen SuSE und Red Hat umsetzen können und welche Eintragungen in der Konfigurationsdatei `/etc/printcap` vorgenommen werden.

Unter SuSE nutzen Sie dazu durch den Aufruf von **SuSE**

```
root@host1:~ # yast2
```

das Ihnen bereits bekannte Programm YaST. Nachdem Sie den Menüpunkt HARDWARE/DRUCKER angewählt haben, erscheint ein Auswahlbildschirm, in dem Sie einen NETZDRUCKER hinzufügen können (siehe Abbildung 5.3).

Anschließend (siehe Abbildung 5.4) werden Sie zur Eingabe der IP-Nummer des Rechners aufgefordert, an dem sich das Gerät befindet. Ferner müssen Sie angeben, unter welchem Namen der Drucker dort anzusprechen ist. Im Beispiel existiert, wie im letzten Abschnitt erwähnt, auf dem Rechner Host2 (192.168.17.2) die Möglichkeit, das Gerät über `drucker` anzusprechen.

Die Eingaben, die Sie auf diese Weise getätigt haben, befinden sich anschließend in der Datei `/etc/printcap`.

Beispiel 5.2: Konfigurationsdatei für einen entfernten Drucker

```
root@host1:~ # cat /etc/printcap
#
remote|lp4|192.168.17.2-drucker-remote|192.168.17.2 drucker:\
        :lp=:\
        :rm=192.168.17.2:\
        :rp=drucker:\
        :sd=/var/spool/lpd/192.168.17.2-drucker-remote:\
        :lf=/var/spool/lpd/192.168.17.2-drucker-remote/log:\
        :af=/var/spool/lpd/192.168.17.2-drucker-remote/acct:\
        :ar:bk:mx#0:\
```

```
        :tr=:cl:sh:
#
root@host1:~ #
```

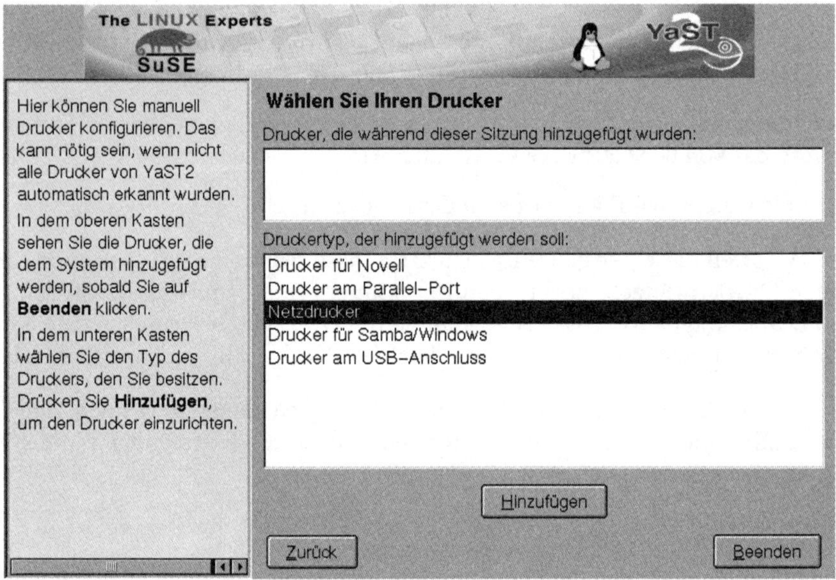

Abbildung 5.3: YaST-Hardware/Drucker

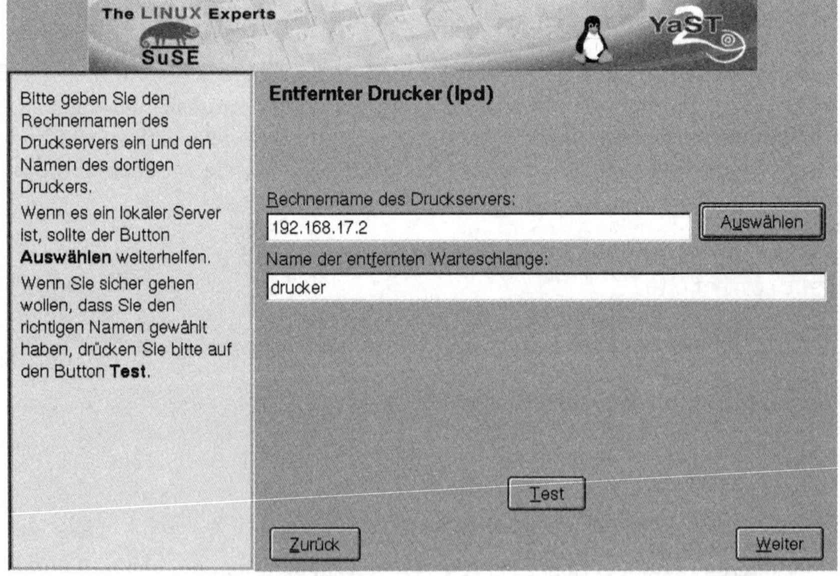

Abbildung 5.4: YaST-Netzdrucker

Es ist zu sehen, dass der Drucker am Rechner Host2 mit dem Namen `remote` angesprochen wird. Statt einer parallelen Schnittstelle (`lp=line printer`) wird nun die IP-Adresse eines Rechners aufgeführt (`rm=remote machine`). Auf ihm erfolgt der Ausdruck, indem die dortige Warteschlange `drucker` angesprochen wird. Abbildung 5.5 zeigt Ihnen die Funktionsweise des Druckens auf ein Gerät, das an einer entfernten Station angeschlossen ist.

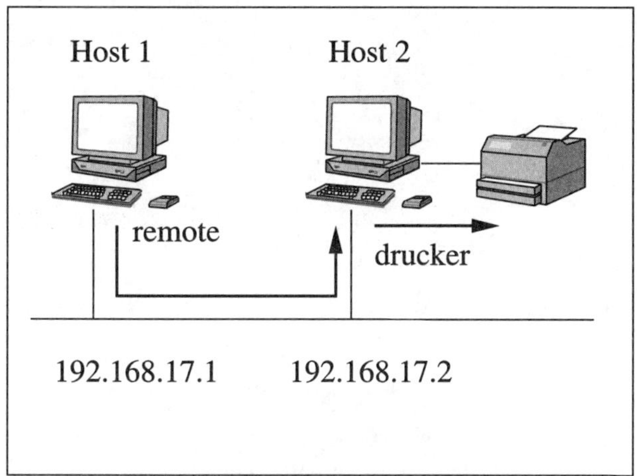

Abbildung 5.5: Funktionsweise des Druckens auf ein entferntes Gerät

Damit der Rechner Host2 die Aufträge von Host1 auch entgegennimmt, müssen Sie die IP-Adresse von Host1 auf Host2 in die Datei `/etc/hosts.lpd` eintragen:

```
root@host2:~ # cat /etc/hosts.lpd
#
# hosts.lpd       This file describes the names of the hosts
#                 which are to be considered "equivalent", i.e.
#                 which are to be trusted enough for allowing
#                 remote lpr(1) commands.
#
# hostname
192.168.17.1

root@host2:~ #
```

Nun können Sie auf dem Rechner Host1 einen Druckauftrag zum entfernten Gerät an Host2 mit

```
user1@host1:~ # lpr -Premote /etc/printcap
user1@host1:~ #
```

senden. Um unter Red Hat einen Drucker an einer entfernten Station anzusprechen, müssen Sie das Programm `printtool` starten: **Red Hat**

```
root@host1:~ # printtool
```

Danach haben Sie die Möglichkeit (siehe Abbildung 5.6), einen Drucker über die Schaltfläche ADD hinzuzufügen.

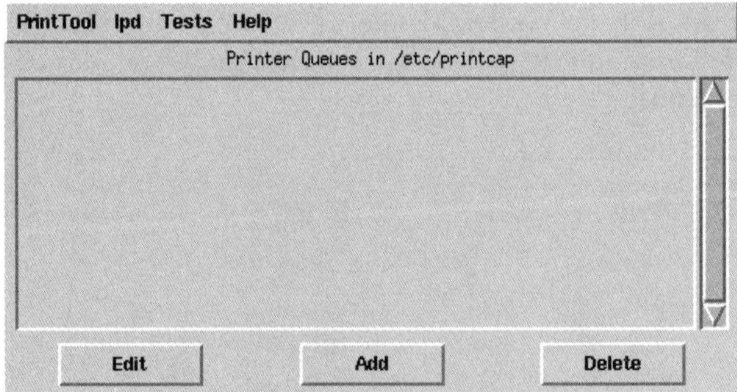

Abbildung 5.6: PrintTool-Hauptmenü

Wählen Sie anschließend wie in Abbildung 5.7 den Punkt REMOTE UNIX (LPD) QUEUE aus.

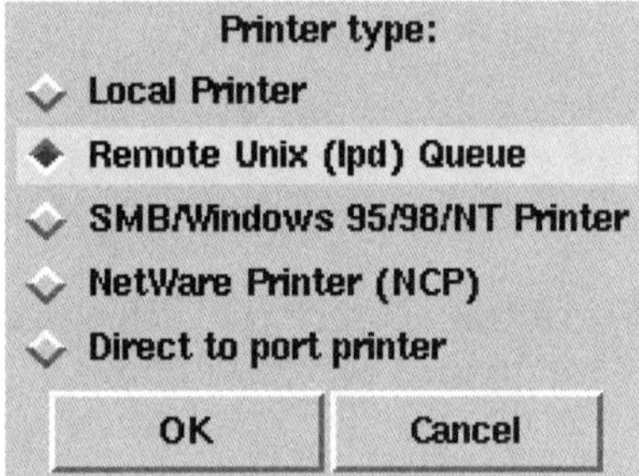

Abbildung 5.7: PrintTool-Drucker hinzufügen

In Abbildung 5.8 sehen Sie die Eingabemaske, in der Sie die Daten des entfernten Rechners eintragen müssen. In ihr sind hauptsächlich drei Werte einzugeben:

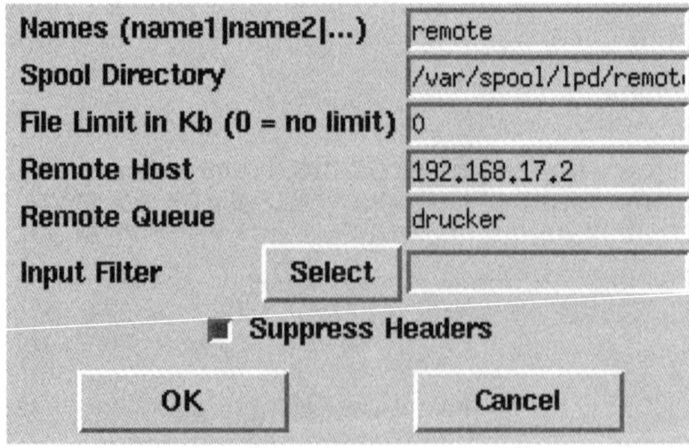

Abbildung 5.8: PrintTool-Druckerdaten

- Zunächst muss dem Netzwerkdrucker ein Name gegeben werden, unter dem Sie ihn später ansprechen können. Da die SuSE-Distribution den Namen `remote` automatisch vergeben hat, soll er auch hier unter Red Hat zur Anwendung kommen.
- Außerdem müssen Sie den Namen oder die IP-Adresse des Rechners eingeben, an den der Drucker angeschlossen ist (REMOTE HOST).
- Schließlich muss definiert werden, welche Warteschlange (REMOTE QUEUE) Sie am entfernten Rechner ansprechen möchten.

Der INPUT FILTER kann entfallen. Er würde bedeuten, dass die zu druckenden Daten bereits lokal aufbereitet werden.

5.3 Drucker im Netzwerk

Bei einem Netzwerkdrucker handelt es sich um ein Gerät, das eine direkte Verbindung zum Netzwerk hat. Es besitzt eine Netzwerkkarte und hat demzufolge auch eine eigene IP-Adresse. Netzwerkdrucker sind mit keinem Rechner über dessen parallele Schnittstelle verbunden.

In diesem Abschnitt erfahren Sie, wie Sie die Druckumgebung aus Abbildung 5.2 (Seite 74) unter den Distributionen SuSE und Red Hat einrichten können.

Betrachten wir also zunächst die Schritte, die bei SuSE notwendig sind. Die Einrichtung erfolgt wieder mit der grafischen Variante des Programms YaST. Sie werden sich sicher fragen, warum ein Netzwerkdrucker nicht so angesteuert werden kann, wie zuvor der Drucker am entfernten Rechner. Wenn Sie die bisherigen Ausführungen genau gelesen haben, wird Ihnen aufgefallen sein, dass bisher die Druckdaten lokal nicht aufbereitet wurden. Dies ist jedoch jetzt unumgänglich, da der Drucker selbst keine Intelligenz hat, um die Aufbereitung vorzunehmen. **SuSE**

Die Installation gliedert sich in vier Schritte:

1. Als Erstes richten Sie den Drucker so ein, als ob er lokal an Ihrem Rechner angeschlossen wäre. Starten Sie dazu das Programm YaST und führen Sie die notwendigen Schritte aus. Nennen Sie den Drucker `lp`.
2. Anschließend richten Sie ebenfalls mit YaST einen Netzwerkdrucker ein (siehe Abbildung 5.9); so wie es im letzten Abschnitt beschrieben wurde. Er bekommt standardmäßig den Namen `remote`.
3. Nun existieren zwei Druckerkonfigurationen, von denen die eine die Daten aufbereiten kann (`lp`) und von denen die andere Daten an die IP-Adresse 192.168.17.5 senden kann (`remote`). Diese beiden Konfigurationen müssen nun zusammengeführt werden. Editieren Sie dazu in der Datei `/etc/printcap` den Eintrag für `lp`. Er soll seine Daten nicht mehr nach `/dev/lp0` senden, sondern nach `/dev/null`. Dass bedeutet, dass die Daten verworfen werden.

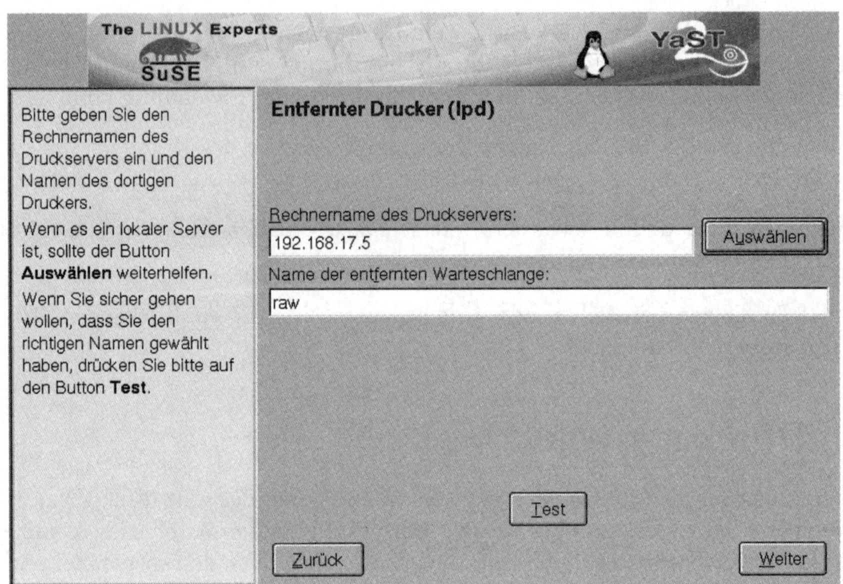

Abbildung 5.9: Yast-Netzwerkdrucker

```
#
lp|lp2|y2prn_lp.upp--auto-lp|y2prn_lp.upp auto:\
        :lp=/dev/null:\
        :sd=/var/spool/lpd/y2prn_lp.upp--auto-lp:\
        :lf=/var/spool/lpd/y2prn_lp.upp--auto-lp/log:\
        :af=/var/spool/lpd/y2prn_lp.upp--auto-lp/acct:\
        :if=/var/lib/apsfilter/bin/y2prn_lp.upp--auto-lp:\
        :la@:mx#0:\
        :tr=:cl:sh:
#
```

4. Im letzten Schritt geht es darum, die Daten, die über `lp` aufbereitet werden, auf den Drucker `remote` umzuleiten. Editieren Sie dazu die Datei `/etc/apsfilterrc.y2prn_lp.upp`. Sie wurde beim Einrichten des obigen Druckers angelegt und besteht nur aus Kommentarzeilen. Fügen Sie den Eintrag:

   ```
   REMOTE_PRINTER="remote"
   ```

   hinzu. Damit werden die Daten, die `lp` lokal aufbereitet, an den Drucker `remote` gesendet.

Wenn Sie nun also zum Beispiel die Textdatei `/etc/printcap` an den Netzwerkdrucker schicken möchten, können Sie dieses mit dem Kommando

```
user1@host1:~ # lpr -Plp /etc/printcap
user1@host1:~ #
```

erledigen. Wie Sie in Abbildung 5.10 sehen, werden die Daten in der Warteschlange `lp` aufbereitet und anschließend über den `REMOTE_PRINTER`-Eintrag an den Netzwerkdrucker gesendet.

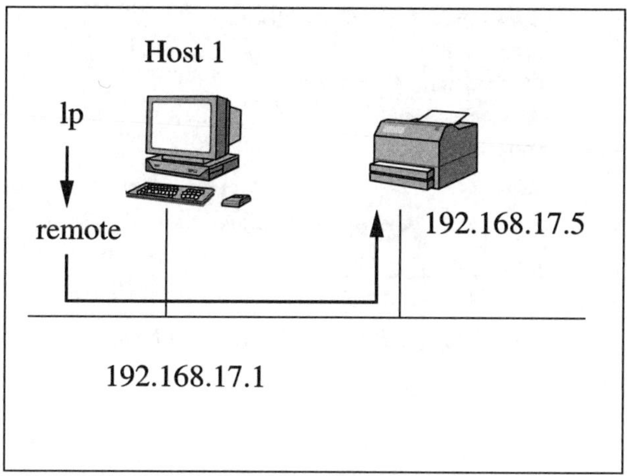

Abbildung 5.10: Drucken auf einen Netzwerkdrucker

Red Hat

Unter Red Hat können Sie den Zugriff auf einen Netzwerkdrucker etwas einfacher gestalten. Starten Sie dazu das Ihnen schon bekannte Programm PrintTool.

```
root@host1:~ # printtool
```

Fügen Sie nun einen DIRECT TO PORT PRINTER hinzu (siehe Abbildung 5.11).

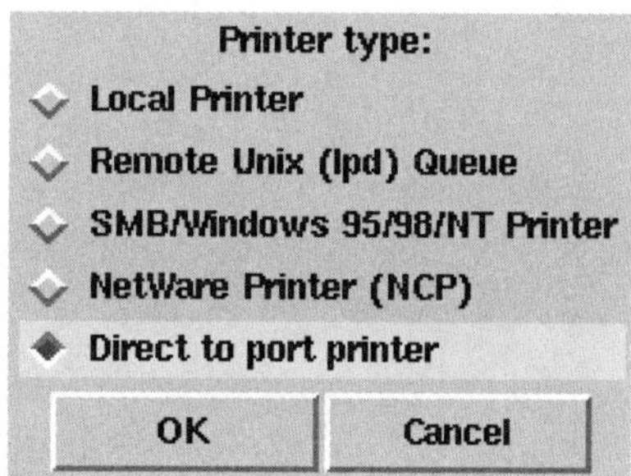

Abbildung 5.11: PrintTool-Netzwerkdrucker

Geben Sie anschließend einen Namen für den Drucker sowie die anzusprechende IP-Nummer und den anzusprechenden Port ein. Ferner kann direkt der Druckertyp ausgewählt werden. Abbildung 5.12 stellt die Eingabemaske dar.

Damit ist die Konfiguration abgeschlossen und Sie können mit

```
root@host1:~ # lpr -Premote /etc/printcap
```

Daten an den Drucker senden. Die Funktionsweise entspricht dabei der aus der SuSE-Distribution.

Zusammenfassend kann man sagen, dass die Einrichtung eines Netzwerkdruckers unter Red Hat zurzeit etwas einfacher durchzuführen ist.

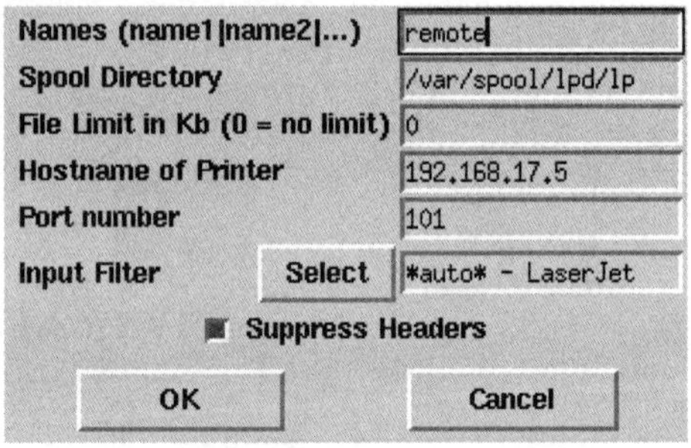

Names (name1|name2|...) remote
Spool Directory /var/spool/lpd/lp
File Limit in Kb (0 = no limit) 0
Hostname of Printer 192.168.17.5
Port number 101
Input Filter Select *auto* - LaserJet
Suppress Headers
OK Cancel

Abbildung 5.12: PrintTool-Druckerdaten

6 Grafische Kommunikation über das Netz

Um den allgemeinen Aufbau und die Netzwerkfähigkeit der grafischen Oberfläche X-Windows geht es in diesem Kapitel. Dabei erfahren Sie, wie Sie die Ausgabedaten einer grafischen Anwendung auf einen anderen Rechner im Netzwerk schicken können.

6.1 Die Architektur von X-Windows

Bei X-Windows handelt es sich um kein starres Gebilde. Vielmehr besteht es aus drei Modulen, die von Ihnen beliebig ausgetauscht werden können.

- Wenn Sie ein Anwendungsprogramm haben, das Sie mit einer grafischen Oberfläche bedienen können, so wird dieses Programm als X-Client bezeichnet. Der Internetbrowser `netscape` ist also genauso ein X-Client wie der KDE-Editor `kedit`.
- Beim Start jedes X-Clients wird definiert, auf welchem X-Server die Daten ausgegeben werden sollen. Als X-Server bezeichnet man das Modul in der X-Architektur, das in der Lage ist, mit der zugrunde liegenden Hardware (Grafikkarte, Maus, Tastatur) umzugehen. Falls keine Definition des X-Servers erfolgt, wird grundsätzlich angenommen, dass Server und Client auf demselben Rechner installiert sind.
- Der X-Server ist zwar in der Lage, die grafische Anwendung darzustellen, jedoch wird dieses vom X-Windowmanager erledigt. Er bildet zusammen mit dem X-Server eine Einheit, die für die Ausgabe der grafischen Informationen zuständig ist. Dabei ist der Windowmanager für das so genannte Look and Feel verantwortlich. Das heißt, er bestimmt, wie Fenster, Buttons usw. aussehen. Näheres zu den Windowmanagern finden Sie in [Kofler1999].

Richten wir unser Augenmerk nun hauptsächlich auf die Kommunikation zwischen X-Client und X-Server. Sie ist in Abbildung 6.1 dargestellt. Sie können erkennen, dass der Datenaustausch über das Internet Protocol (IP) erfolgt. Falls Server und Client wie in der Abbildung auf einem Rechner installiert sind, erfolgt die Unterhaltung über die Loopback-Adresse 127.0.0.1.

Sicher werden Sie bereits vermuten, dass die Komponenten X-Client und X-Server auf unterschiedlichen Rechnern abgelegt sein können. Richtig: In diesem Fall erfolgt die Kommunikation der beiden Komponenten über das vorhandene Netzwerk. Dazu werden die Ausgaben des X-Clients an den X-Server geschickt. Dieser hat dann die komplette Kontrolle über die Anwendung.

Nehmen wir an, auf Host1 sind die Komponenten X-Server und X-Windowmanager (in Form von KDE) installiert. Host2 hat jedoch keine Möglichkeit, grafische Anwendungen darzustellen. Auf ihm sind lediglich einige X-Clients vorhanden. So ist es möglich, diese Umgebung so zu konfigurieren, dass die Ausgaben, die der Client auf Host2 liefern möchte, auf dem Rechner Host1 ausgegeben werden. Er hat letztendlich auch die Kontrolle über die Anwendung, während der eigentliche Prozess auf Host2 läuft. Bevor die Konfiguration der gerade beschriebenen Thematik in den nächsten beiden Abschnitten erwähnt wird, zeigt Abbildung 6.2 schematisch den Zusammenhang zwischen X-Client und X-Server im Netz.

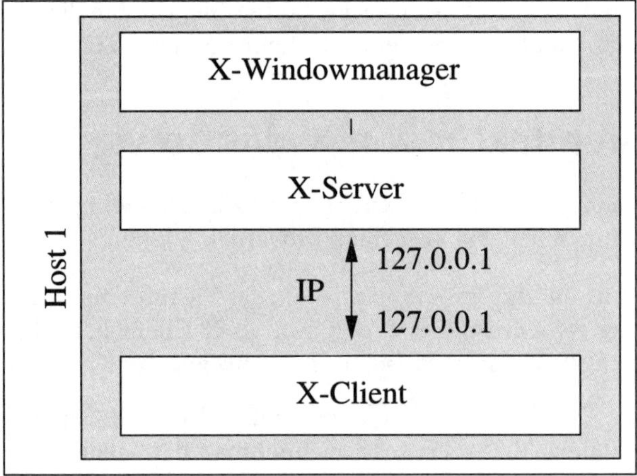

Abbildung 6.1: Architektur von X-Windows: lokal

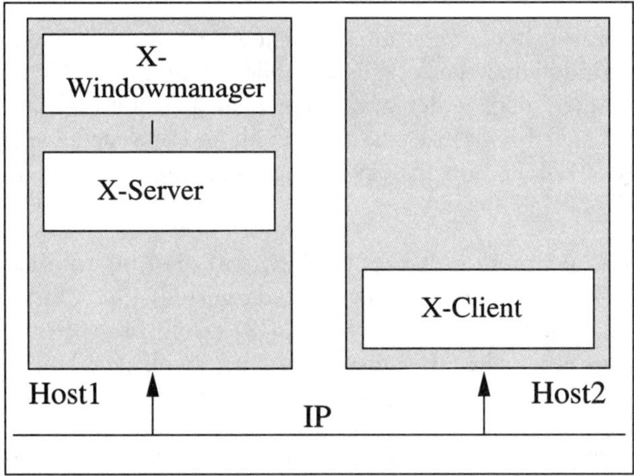

Abbildung 6.2: Architektur von X-Windows im Netzwerk

6.2 Die Variable DISPLAY

Bevor auf der Clientseite (im Beispiel Host2) eine grafische Anwendung gestartet werden kann, muss in der Textkonsole (es gibt ja keinen X-Server) eingestellt werden, wohin die Ausgaben gesendet werden sollen. Anderenfalls erscheint die folgende Meldung:

```
user1@host2:~ # kedit
kedit: cannot connect to X-Server
user1@host2:~ #
```

Der X-Server wird unter Linux anhand einer Umgebungsvariablen eingestellt. Sie trägt den Namen DISPLAY und zeigt standardmäßig auf den X-Server am lokalen Rechner. Da Host2 keinen X-Server hat, liefert der Aufruf des Editors `kedit` einen Fehler.

Bevor Sie die Variable DISPLAY so belegen können, dass die grafischen Ausgaben auf Host1 erscheinen, müssen Sie die genaue Bedeutung der Variablen kennen. Sie hat allgemein die Form:

```
DISPLAY=<Rechner>:<Display>.<Monitor>
```

Rechner Für Rechner ist die IP-Adresse oder der Name des Hosts anzugeben, der die grafische Ausgabe darstellen soll (z.B. 192.168.17.1).

Display Falls Sie unter der IP-Adresse mehrere komplette Terminals erreichen können, auf denen jeweils ein X-Server zu finden ist, können Sie in der Variablen angeben, welches der Displays Sie meinen. Da bei Linux-Rechnern in der Regel nur ein Display am Host angeschlossen ist, tragen Sie hier den Wert 0 ein. Weitere Displays hätten die Werte 1, 2, 3 usw.

Monitor An dem durch die IP-Adresse und das Display bezeichneten Rechner ist es durchaus möglich, dass mit einer Tastatur und einer Maus mehrere angeschlossene Monitore angesteuert werden. Sie können sie ebenfalls in der DISPLAY-Variablen spezifizieren, wobei die Nummerierung auch hier bei 0 beginnt.

Sicher werden Sie in der Regel nur ein Display und nur einen Monitor an Ihr System angeschlossen haben. Sie müssen die Variable dann mit dem Wert

```
192.168.17.1:0.0
```

belegen. Sie können dieses in der Textkonsole auf Host2 mit dem folgenden Aufruf erledigen.

Beispiel 6.1: DISPLAY-Variable setzen

```
user1@host2:~ # export DISPLAY=192.168.17.1:0.0
user1@host2:~ #
```

6.3 Das Kommando xhost

Nachdem Sie nun am Client die DISPLAY-Variable entsprechend gesetzt haben, erhalten Sie nach dem Aufruf Ihres Anwendungsprogramms erneut eine Fehlermeldung:

```
user1@host2:~ # export DISPLAY=192.168.17.1:0.0
user1@host2:~ # kedit
Xlib: connection to "192.168.17.1:0.0" refused by server
```

```
Xlib: Client is not authorized to connect to Server
kedit: cannot connect to X server 192.168.17.1:0.0
user1@host2:~ #
```

Sicher erkennen Sie anhand der Fehlermeldung das Problem. Der Client mit der Adresse 192.168.17.2 ist nicht autorisiert, grafische Ausgaben auf dem Rechner Host1 mit der IP-Adresse 192.168.17.1 zu tätigen. Es wäre natürlich auch fatal, wenn jedermann grafische Ausgaben auf fremde Rechner schicken könnte.

So ist es also notwendig, dem X-Server auf Host1 mitzuteilen, dass er Ausgaben von Host2 entgegennimmt. Dieses kann in der grafischen Oberfläche von Host1 mit dem Kommando `xhost` durchgeführt werden. Sie rufen es allgemein mit der Syntax

```
xhost [Optionen]
```

auf. Dabei stehen Ihnen die Optionen der Tabelle 6.1 zur Verfügung.

Option	Beschreibung
`+<Host>`	Ausgaben vom Host annehmen
`-<Host>`	Ausgaben vom Host ablehnen
+	Ausgaben von allen annehmen
–	Ausgaben von allen ablehnen
`-help`	Hilfe zum Kommando

Tabelle 6.1: Optionen des Kommandos `xhost`

Sie müssen das Kommando `xhost` in der grafischen Oberfläche ausführen, da es direkt Einstellungen am X-Server vornimmt. Welche Optionen Sie verwenden können, zeigt Ihnen die Kurzhilfe, die Sie mit `-help` erreichen. Nun haben Sie zum einen die Möglichkeit, allen Rechnern den Zugriff auf Ihren Rechner zu genehmigen (Option +). Zum anderen können Sie allen den Zugriff mit der Option – verweigern. Nun wird Sie das Bisherige nicht wirklich befriedigen, wenn Sie lediglich den Zugriff von einem entfernten Rechner erlauben möchten. Daher dienen die Parameter `+<Host>` und `-<Host>` dazu, lediglich einen Rechner in die Zugriffsliste aufzunehmen oder ihn von dort zu entfernen.

Wenn Sie `xhost` ohne die Angabe weiterer Parameter starten, erhalten Sie eine Liste, die die definierten Zugriffsdefinitionen enthält.

Beispiel 6.2: Hilfe zum Kommando xhost

```
user1@host1:~ # xhost -help
usage: xhost [[+-]hostname ...]
user1@host1:~ #
```

Beispiel 6.3: Zugriff von Host2 erlauben

```
user1@host1:~ # xhost +192.168.17.2
192.168.17.2 being added to access control list
user1@host1:~ #
```

Beispiel 6.4: Zugriffsliste einsehen

```
user1@host1:~ # xhost
access control enabled, only authorized clients can connect
INET:host2.intern
INET:localhost
INET:host1.intern
LOCAL:
user1@host1:~ #
```

Nun steht der grafischen Kommunikation über das Netzwerk nichts mehr im Wege und Sie können auf dem Rechner Host2 in der Textkonsole die Anwendung starten, deren Ausgabe und Steuerung auf Host1 erledigt wird.

Beispiel 6.5: Grafische Ausgabe umleiten

```
user1@host2:~ # export DISPLAY=192.168.17.1:0.0
user1@host2:~ # kedit
```

7 Dynamisches Starten mit dem INET-Dämon

In diesem Kapitel erfahren Sie Einzelheiten über die Funktionalität des INET-Dämons, der das dynamische Starten von Serverdiensten realisiert. In diesem Zusammenhang werden auch die Dienste FTP und Telnet besprochen.

7.1 Funktion

Bevor Sie davon in Kenntnis gesetzt werden, wie Sie den INET-Dämon konfigurieren können, befassen wir uns zunächst mit seiner Funktion.

Linux-Rechner sind heutzutage in der Lage, eine Vielzahl von Serverdiensten anzubieten. Diese Dienste könnten theoretisch permanent aktiv sein, um auf Clientanfragen zu reagieren. Als Beispiel sei an dieser Stelle ein FTP-Server genannt, der auf Anfragen von FTP-Clients wartet. Technisch handelt es sich hierbei zwar um einen durchaus korrekten Weg, jedoch ist diese Variante oft als unpraktisch anzusehen. Wenn Sie davon ausgehen, dass FTP-Verbindungen nur sehr selten vom Client zum Server aufgebaut werden, so erkennen Sie sicher, dass der FTP-Server die meiste Zeit seines Daseins den Rechner unnötig belastet.

Die permanente Aktivität von Serverdiensten mindert die Rechnerleistung unnötig. An dieser Stelle setzt der INET-Dämon an. Er ist in der Lage, die Dienste erst dann zu starten, wenn Anfragen für sie eintreffen. Dazu werden die TCP- und UDP-Ports des Rechners überwacht. Trifft eine Clientanforderung ein, so wird erst dann der zugehörige Dienst aktiviert. Nach dem Ende der Kommunikation werden Sie den Serverdienst dann nicht mehr in der Prozesstabelle finden, da er auch automatisch beendet wurde.

In Abbildung 7.1 sehen Sie, wie der INET-Dämon die Dienste FTP und Telnet erst dann aktiviert, wenn von außen Anfragen an den TCP-Ports 21 (FTP) und 23 (Telnet) eintreffen.

Auf diese Weise haben Sie die Möglichkeit, beliebig viele Dienste dynamisch über den INET-Dämon starten und stoppen zu lassen.

7.2 Die Konfigurationsdatei `inetd.conf`

Das zentrale Element des INET-Dämons ist die Konfigurationsdatei `inetd.conf` aus dem Verzeichnis `/etc/`. In ihr tragen Sie ein, welche Dienste in welcher Form dynamisch gestartet werden sollen.

Bei der Datei `inetd.conf` handelt es sich um eine Textdatei. Kommentare beginnen mit dem Zeichen #.

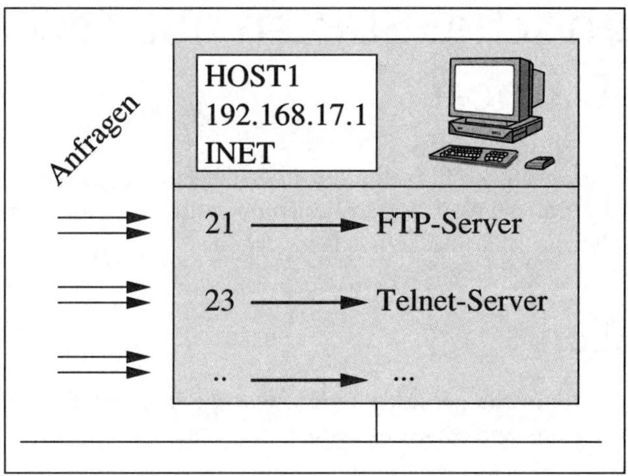

Abbildung 7.1: Funktion des INET-Dämons

```
root@host1:~ # head -12 /etc/inetd.conf
# See "man 8 inetd" for more information.
#
# If you make changes to this file, either reboot your
# machine or send the inetd a HUP signal with
# "/sbin/init.d/inetd reload" or by hand: Do a "ps x"
# as root and look up the pid of inetd. Then do a
# "kill -HUP <pid of inetd>". The inetd will re-read
# this file whenever it gets that signal.
#
# <service_name> <sock_type> <proto> <flags> <user>
#                                  <server_path> <args>
#
root@host1:~ #
```

In der per Default vorhandenen Datei wird in der Regel auch der Aufbau einer Konfigurationszeile beschrieben. Sie besteht aus sieben Spalten, deren Bedeutung Sie in Tabelle 7.1 einsehen können.

1. In der ersten Spalte der Zeile tragen Sie den Namen des Dienstes ein, der dynamisch gestartet werden soll. Hierbei muss es sich um einen Eintrag aus der Datei `/etc/services` (siehe Seite 20) handeln. In der ersten Spalte kann somit der Eintrag `ftp` stehen, aufgrund der folgenden Zeile in `/etc/services`:

   ```
   ftp             21/tcp          # File Transfer [Control]
   ```

   Somit haben Sie definiert, dass sich der INET-Dämon für den Port 21 zuständig fühlen soll.

2. In der zweiten Spalten tragen Sie die Art des zugrunde liegenden Protokolls ein. Da der INET-Dämon sowohl TCP- als auch UDP-Ports überwachen kann, ist eine Unterscheidung zwingend notwendig. So enthält die zweite Spalte den Wert `stream`

für ein Protokoll, das mit einem Datenstrom arbeitet (z.B. TCP), oder den Wert `dgram` für ein Protokoll, das auf Datagrammen basiert (z.B. UDP).

Spalte	Beschreibung
1	Name des Dienstes
2	Protokollart
3	Protokollname
4	Startverhalten
5	Benutzer
6	Pfad zum Serverdämon
7	Zusätzliche Argumente

Tabelle 7.1: Aufbau der Datei `inetd.conf`

3. Den Namen des Protokolls führen Sie dann in der dritten Spalte auf (`tcp` oder `udp`).
4. Es gibt zwei verschiedene Startverhalten, die Sie in Spalte 4 festlegen müssen. Hierbei handelt es sich um die Werte `nowait` und `wait`. `nowait` bedeutet, dass der INET-Dämon, nachdem eine Verbindung zustande gekommen ist, den definierten Port weiter überwacht. Bei TCP-Diensten können Sie `nowait` als Standard eintragen. Bei UDP-Diensten ist jedoch auch `wait` möglich. Es bedeutet, dass der Dienst nach dem Start nun selbst den definierten Port bedient. In der Regel sind UDP-Dienste mit `wait` anzugeben.

   Optional können den Werten `wait` und `nowait` noch ein Punkt und eine Zahl folgen. Damit definieren Sie, wie viele Serverinstanzen in einem Zeitraum von 60 Sekunden maximal gestartet werden können. Standardmäßig wird hier ein Wert von 40 angenommen (`nowait.40`).
5. Kommen wir nun zum Starten des gewünschten Dienstes. Er wird in den letzten drei Spalten beschrieben. So geben Sie in Spalte 6 ein, welcher Benutzer den Serverdämon starten soll. Bei FTP und Telnet handelt es sich zum Beispiel um den Benutzer `root`.
6. Den Pfad zum Serverdämon geben Sie in der vorletzten Spalte an.
7. Am Ende einer Zeile werden schließlich die genauen Parameter für den Aufruf festgehalten.

Die Spalten in der Datei `inetd.conf` sind jeweils durch einen Tabulator getrennt. Leerzeichen sind jedoch auch möglich.

```
root@host1:~ # cat /etc/inetd.conf
# See "man 8 inetd" for more information.
#
# If you make changes to this file, either reboot your
# machine or send the inetd a HUP signal with
# "/sbin/init.d/inetd reload" or by hand: Do a "ps x"
```

```
# as root and look up the pid of inetd. Then do a
# "kill -HUP <pid of inetd>". The inetd will re-read
# this file whenever it gets that signal.
#
# <service_name> <sock_type> <proto> <flags> <user>
#                                      <server_path> <args>
#
ftp     stream  tcp  nowait  root  /usr/sbin/tcpd  wu.ftpd -a
telnet  stream  tcp  nowait  root  /usr/sbin/tcpd  in.telnetd

root@host1:~ #
```

In der obigen Beispieldatei werden demnach die TCP-Dienste FTP und Telnet vom INET-Dämon bei eintreffenden Anfragen an den TCP-Ports 21 und 23 dynamisch gestartet. In der letzten Spalte ist der genaue Aufruf des Serverprogramms angegeben. Der zuvor definierte Pfad weist auf einen `tcpd` hin. Seine Funktion wird im Abschnitt 7.4 genauer betrachtet.

7.3 Der Dämon `inetd`

Damit die Konfigurationsdatei `/etc/inetd.conf` umgesetzt wird, müssen Sie den entsprechenden Dämon namens `inetd` starten. Er liest die in der Datei vorhandenen Einstellungen und startet bei Bedarf den FTP- bzw. den Telnet-Server.

In jeder Distribution existiert ein Startskript, mit dem Sie den INET-Dämon aktivieren können. Es hat in der Regel den gleichen Namen wie der Dämon selbst und Sie können es in gewohnter Weise starten.

Geben Sie zum Start bei einer SuSE-Distribution den folgenden Aufruf ein:

Beispiel 7.1: Starten des INET-Dämons

```
root@host1:~ # /etc/rc.d/init.d/inetd start
Starting INET services (inetd)                       done
root@host1:~ #
```

Damit der INET-Dienst dauerhaft beim Rechnerstart aktiviert wird, müssen Sie mit dem Programm `yast` die SuSE-Variable START_INETD auf den Wert `yes` setzen. Die Aktionen, die Sie dazu durchführen müssen, sind im Handbuch der Distribution oder in den Büchern [Hein1999] und [Kofler1999] beschrieben.

Der Aufruf unter Red Hat erfolgt analog.

Falls Sie Änderungen an der Konfigurationsdatei `/etc/inetd.conf` vornehmen, so werden diese nicht sofort aktiv, sondern erst dann, wenn Sie den INET-Dämon dazu aufgefordert haben, seine Konfigurationsdatei neu einzulesen. Dies können Sie ebenfalls durch das Startskript erreichen. Rufen Sie es mit dem Parameter `reload` auf.

Beispiel 7.2: Konfigurationsdatei des INET-Dämons neu einlesen

```
root@host1:~ # /etc/rc.d/init.d/inetd reload
Reload INET services (inetd)                           done
root@host1:~ #
```

7.4 Der Dämon tcpd

In der bisher verwendeten Beispielkonfigurationsdatei /etc/inetd.conf wurden die Dienste FTP und Telnet eingetragen. Sie wurden beide über ein Programm namens tcpd gestartet. Im Folgenden werden wir uns mit der Funktionalität des TCP-Dämons und seinen Aufgaben beschäftigen.

Welche Funktionen hat der TCP-Dämon und warum wird er zum Beispiel vor die Dienste FTP und Telnet geschaltet? Betrachten wir nochmals die Zeilen aus der Datei inetd.conf:

```
ftp     stream  tcp  nowait  root  /usr/sbin/tcpd  wu.ftpd -a
telnet  stream  tcp  nowait  root  /usr/sbin/tcpd  in.telnetd
```

Die eigentlichen Dämonen mit den Namen wu.ftpd und in.telnetd werden nicht direkt gestartet, sondern sie werden aus dem TCP-Dämon heraus aktiviert. Der TCP-Dämon nimmt also zunächst die eintreffenden Client-Anfragen entgegen und leitet sie dann bei Bedarf an den FTP-Server oder den Telnet-Server weiter. „Bei Bedarf" bedeutet in diesem Fall „Sofern die Anfrage autorisiert ist, den entsprechenden Dienst zu nutzen".

tcpd stellt also eine Art Zugriffskontrolle dar, über die Sie definieren können, welche Clients welche Serverdienste ansprechen können. Diese Zugriffskontrolle ist zwischen den INET-Dämon und den eigentlichen Serverdienst wie ein Filter geschaltet, der nur berechtigte Clientanfragen durchlässt (siehe Abbildung 7.2).

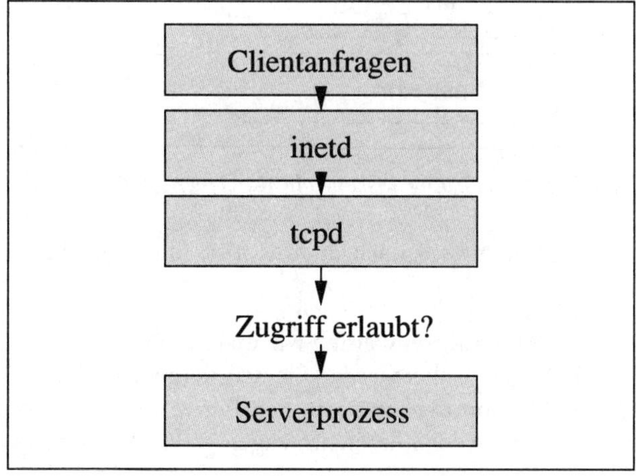

Abbildung 7.2: Funktionsweise des TCP-Dämons

Welche Dienste von Clients genutzt werden können, definieren Sie in zwei Konfigurationsdateien, die sich beide im Verzeichnis `/etc/` befinden:

1. Als Erstes können Sie in der Datei `hosts.allow` angeben, wer welche Dienste verwenden kann. Die Eintragungen in der Datei beschreiben also die erlaubten Zugriffe (siehe Abschnitt 7.4.1).
2. Der TCP-Dämon prüft anhand der Datei `hosts.allow`, ob der Clientzugriff auf einen Serverdienst erlaubt ist. Anschließend wird die Datei `hosts.deny` betrachtet. In ihr tragen Sie ein, welche Zugriffe abgewiesen werden sollen (siehe Abschnitt 7.4.2).
3. Wurde ein für die Clientanfrage zutreffender Eintrag in den Dateien `hosts.allow` und `hosts.deny` gefunden, so wird der Zugriff entsprechend erlaubt oder verboten. Falls jedoch keine Zugriffsregel zutrifft, wird die Clientanfrage an Ihren Serverdienst weitergeleitet. Die Defaultberechtigung ist somit „allow". Gerade deshalb sollten Sie Ihre Berechtigungen immer exakt definieren, damit die Defaultregel nicht zur Anwendung kommt, da sie ein Sicherheitsrisiko darstellt.

In Abbildung 7.3 sehen Sie nochmals, in welcher Reihenfolge die Dateien betrachtet werden.

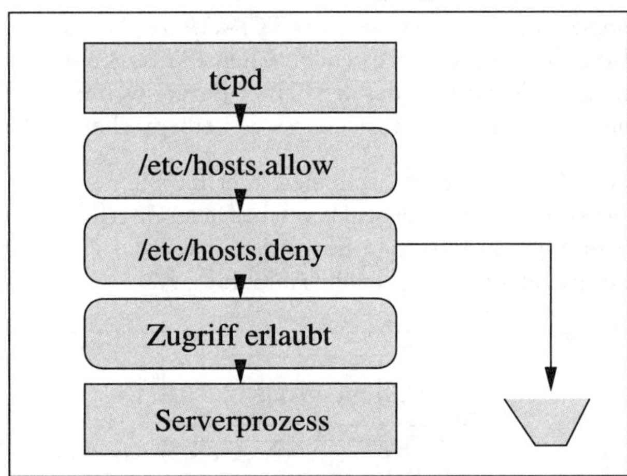

Abbildung 7.3: Zugriffskontrolle durch den TCP-Dämon

Der TCP-Dämon arbeitet demnach nach dem Motto: Alles, was nicht verboten ist, ist erlaubt.

In den beiden folgenden Abschnitten werden wir uns mit dem Aufbau der beiden Konfigurationsdateien beschäftigen. Dabei werden Sie definieren, dass FTP-Anfragen lediglich aus dem lokalen Netz angenommen werden. Per Telnet soll der Zugriff lediglich vom Rechner Host2 möglich sein. Alle anderen Anfragen sollen abgelehnt werden.

7.4.1 Die Konfigurationsdatei hosts.allow

In diesem Abschnitt erfahren Sie, wie die Datei hosts.allow aufgebaut ist und welche Eintragungen Sie in ihr vornehmen können.

Der TCP-Dämon prüft zuerst die Regeln in dieser Datei, wenn er eine Clientanfrage auf deren Berechtigung testet. Ist eine entsprechende Regel vorhanden, wird der Zugriff erlaubt (allow = erlauben).

Wie unter Linux üblich, haben Sie es auch hier mit einer Textdatei zu tun. Falls Sie Kommentare einfügen möchten, müssen diese mit dem Zeichen # beginnen. Der diesem Zeichen folgende Text wird dann ignoriert. Anschließend folgt in jeder Zeile eine Definition gemäß der folgenden Syntax:

```
<Dienst>: <Hosts>
```

- Zunächst müssen Sie den Dienst angeben, für den Sie den Zugriff erlauben möchten. Hier muss exakt der Name des Server-Dämons eingetragen werden, für den Sie eine Zugriffsregel definieren möchten. Einträge wie ftp und telnet sind an dieser Stelle nicht erlaubt. Korrekt sind wu.ftpd und in.telnetd. Falls Sie eine Regel für alle Dienste festlegen möchten, können Sie auch das Schlüsselwort ALL angeben.
- Nach dem Doppelpunkt folgen durch Leerzeichen getrennt die Rechner oder Netze, denen der Zugriff auf den zuvor genannten Dienst ermöglicht werden soll. Hier können Sie Namen von Rechnern genauso eintragen wie auch ganze Netzwerke. Falls Sie alle Rechner meinen, benutzen Sie das Ihnen schon bekannte Schlüsselwort ALL. Ein ganzes Netz geben Sie zum Beispiel als 192.168.17.0/255.255.255.0 an. Um alle Rechner zu beschreiben, deren Name mit intern endet, geben Sie .intern an.

Die folgende Konfigurationsdatei hosts.allow erlaubt den FTP-Zugriff aus dem ganzen lokalen Netz, während per Telnet lediglich von Host2 aus zugegriffen werden kann.

```
root@host1:~ # cat /etc/hosts.allow
#
# /etc/hosts.allow
#
# Erstellt von Jens Banning
#
# siehe auch: man 5 hosts_access
#

#
# Erlaube den Zugriff per FTP fuer das Class-C
# Netz 192.168.17.0
#

wu.ftpd: 192.168.17.0/255.255.255.0

#
# Erlaube den Zugriff per Telnet nur fuer die
```

```
# IP-Adresse 192.168.17.2
#

in.telnetd: 192.168.17.2

root@host1:~ #
```

7.4.2 Die Konfigurationsdatei hosts.deny

Falls in der Datei `hosts.allow` eine zutreffende Regel gefunden wurde, so wird sie angewendet. Weitere Regeln, die ebenfalls auf die Clientanfrage zutreffen, werden nicht betrachtet. Wenn jedoch in `hosts.allow` kein entsprechender Eintrag gefunden wird, können Sie in der Datei `hosts.deny` weitere Definitionen vornehmen. Dabei handelt es sich um Regeln, die ein Verbot definieren (deny = verbieten).

Wäre diese Datei leer, so hätten alle Clients Zugriff auf Ihre Serverdienste, da das Defaultrecht „allow" ist. Deshalb sollten Sie in dieser Datei eintragen, dass allen Clients der Zugriff auf alle Dienste untersagt ist. Dadurch sind lediglich die Zugriffe aus der Datei `hosts.allow` möglich.

Der Aufbau der Konfigurationsdatei `hosts.deny` entspricht dem der Datei `hosts.allow`. Kommentare beginnen ebenfalls mit einem # und die Regeln folgen der Ihnen bereits bekannten Syntax:

```
<Dienst>: <Hosts>
```

Um alle Dienste oder alle anfragenden Hosts zu beschreiben, können Sie wieder das Schlüsselwort `ALL` verwenden.

```
root@host1:~ #
#
# /etc/hosts.deny
#
# Erstellt von Jens Banning
#
# siehe auch: man 5 hosts_access
#

#
# Verbiete allen Clients den Zugriff auf alle Dienste.
#

ALL: ALL

root@host1:~ #
```

7.5 Der Dämon in.telnetd

In diesem und dem nächsten Abschnitt werden wir uns mit dem Telnet-Dienst beschäftigen.

Telnet bietet Ihnen die Möglichkeit, sich von einem entfernten Rechner aus auf einer Maschine anzumelden, um dort administrative Aufgaben zu erledigen. Wie Sie bereits gesehen haben, wird der Server durch den Dämon `in.telnetd` gestartet. Er befindet sich im Verzeichnis `/usr/sbin/` und wird über den INET-Dämon gestartet.

Der Aufruf des Telnet-Dämons bedarf keiner genauen Betrachtung, da er ohne weitere Optionen gestartet wird. Dennoch soll in diesem kurzen Abschnitt dargestellt werden, wie Sie alle Clientzugriffe überwachen können. Dazu protokolliert `in.telnetd` alle Clientzugriffe in der zentralen Log-Datei `/var/log/messages`. Auf diese Weise haben Sie die Möglichkeit, mit den Mitteln der Shell-Programmierung Statistiken zu erstellen, welcher Client wann welchen Dienst verwendet hat. Aus Platzgründen werden die Zeilen an dieser Stelle nicht komplett abgedruckt. Die drei Punkte `...` deuten dies an.

```
root@host1:~ # cat /var/log/messages|grep -w in.telnetd
Mar 22 08:31:57 host1 in.telnetd[649]: refused connect from ...
Mar 22 08:32:11 host1 in.telnetd[654]: refused connect from ...
Mar 22 08:32:26 host1 in.telnetd[658]: refused connect from ...
Mar 22 08:32:45 host1 in.telnetd[662]: refused connect from ...
Mar 22 08:32:58 host1 in.telnetd[666]: connect from ...
Mar 22 08:33:19 host1 in.telnetd[686]: connect from ...
Mar 22 08:33:31 host1 in.telnetd[705]: connect from ...
Mar 22 08:34:05 host1 in.telnetd[724]: refused connect from ...
Mar 22 08:34:19 host1 in.telnetd[728]: refused connect from ...
root@host1:~ #
```

7.6 Das Kommando telnet

Der Zugriff auf den obigen Telnet-Server erfolgt mit dem Kommando `telnet`. Somit können Sie sich dort anmelden und Kommandos ausführen.

`telnet` rufen Sie allgemein in der Form

```
telnet <Host>
```

auf. Als Host tragen Sie die IP-Adresse oder den Namen des Rechners ein, den Sie ansprechen möchten. Anschließend werden Sie aufgefordert, Ihren Benutzernamen an der entfernten Maschine und das Passwort einzugeben. Beachten Sie, dass der Systemadministrator `root` keine Telnet-Verbindung herstellen kann. Dieses liegt an der nicht verschlüsselten Datenübertragung zwischen Client und Server.

Beispiel 7.3: Telnet von Host2 auf Host1

```
user1@host2:~ # telnet host1
Trying 192.168.17.1...
Connected to host1.
Escape character is '^]'.
Welcome to SuSE Linux 7.0 (i386) - Kernel 2.2.16 (0).

host1 login: user1
```

```
Password:
Last login: Thu Mar 22 09:38:15 from host2.intern
Have a lot of fun...

user1@host1:~ # ls
dokument.txt
user1@host1:~ # rm dokument.txt
user1@host1:~ # ls
user1@host1:~ # exit
logout
Connection closed by foreign host.

user1@host2:~ #
```

7.7 Der Dämon `wu.ftpd`

Der FTP-Server wird ebenfalls über den INET-Dämon gestartet. Er befindet sich im Verzeichnis `/usr/sbin/` und heißt `wu.ftpd`. Sein Start erfolgt allgemein in der Form:

```
wu.ftpd [Optionen]
```

An dieser Stelle wollen wir lediglich zwei Optionen betrachten, die Sie in Tabelle 7.2 sehen können.

Option	Beschreibung
`-a`	`/etc/ftpaccess` verwenden
`-A`	`/etc/ftpaccess` nicht verwenden

Tabelle 7.2: Optionen des Dämons `wu.ftpd`

Mit diesen beiden wichtigen Parametern definieren Sie, ob die Konfigurationsdatei `/etc/ftpaccess` verwendet werden soll (`-a`) oder nicht (`-A`). In `ftpaccess` stehen Zugriffsrichtlinien speziell für den FTP-Dienst. In der bisher betrachteten Datei `inetd.conf` sehen Sie, dass der Parameter `-a` benutzt wird. Die Konfigurationsdatei `ftpaccess`, die in Abschnitt 7.7.2 beschrieben wird, kommt hier zur Anwendung.

Insgesamt wird der FTP-Dämon von zwei Dateien beeinflusst, deren Aufbau und genaue Funktion Sie in den beiden nächsten Abschnitten kennen lernen.

- In der Datei `ftpusers` stehen alle Benutzer, die sich am FTP-Server *nicht* anmelden dürfen.
- In der Datei `ftpaccess` finden Sie detaillierte Zugriffsbeschränkungen. In ihr können Sie zum Beispiel definieren, dass bestimmte Daten nicht vom Client heruntergeladen werden können.

Ferner unterstützt der FTP-Server das Logging. Treffen FTP-Anfragen am Server ein, so werden sie wie auch beim Telnet-Dämon in der Datei `messages` im Verzeichnis `/var/log/` protokolliert.

```
root@host1:~ # cat /var/log/messages|grep -w wu.ftpd
Mar 21 15:06:12 host1 wu.ftpd[3456]: connect from ...
Mar 21 15:10:55 host1 wu.ftpd[3461]: connect from ...
Mar 22 08:37:55 host1 wu.ftpd[791]: connect from ...
Mar 22 08:38:10 host1 wu.ftpd[792]: refused connect from ...
Mar 22 08:38:25 host1 wu.ftpd[793]: refused connect from ...
Mar 22 08:38:42 host1 wu.ftpd[794]: connect from ...
Mar 22 08:43:10 host1 wu.ftpd[795]: connect from ...
Mar 22 09:06:08 host1 wu.ftpd[975]: connect from ...
Mar 22 09:06:22 host1 wu.ftpd[978]: connect from ...
root@host1:~ #
```

7.7.1 Die Konfigurationsdatei ftpusers

Im Verzeichnis /etc/ finden Sie die Datei ftpusers. Bei ihr handelt es sich um ein Textdokument, das Sie mit jedem beliebigen Editor bearbeiten können. Kommentare werden wie in den meisten Konfigurationsdateien unter Linux mit dem Zeichen # eingeleitet. Falls Sie Einträge in der Datei vornehmen, müssen diese der Syntax

```
<Benutzer>
```

folgen. Die Datei enthält also nur eine Liste von Benutzern des lokalen Linux-Systems. Falls Sie sich nun von einem entfernten Rechner aus auf dieser Maschine anmelden möchten, können Sie dies nur mit Benutzerkonten tun, die *nicht* in der Datei ftpusers aufgeführt sind. Der Name der Datei ist somit etwas verwirrend, da nicht die FTP-Benutzer festgehalten werden, sondern die Benutzer, die den FTP-Dienst nicht verwenden können.

```
root@host1:~ # cat /etc/ftpusers
#
# ftpusers  This file describes the names of the users that may
#           _*NOT*_ log into the system via the FTP server.
#           This usually includes "root", "uucp", "news" and the
#           like, because those users have too much power to be
#           allowed to do "just" FTP...
#
root
amanda
at
bin
daemon
fax
games
gdm
gnats
irc
lp
man
mdom
named
```

```
news
nobody
postfix
uucp
# End.

root@host1:~ #
```

Da auch bei FTP die Kommunikation zwischen Client und Server unverschlüsselt stattfindet, finden Sie in der obigen Liste standardmäßig den Benutzer `root`, da er sich auf diesem Wege nicht anmelden darf.

7.7.2 Die Konfigurationsdatei `ftpaccess`

Komplizierter ist der Aufbau der Textdatei `ftpaccess`, in der Kommentare wieder mit dem Zeichen # beginnen. Für alle weiteren Einträge können Sie eine Reihe von Parametern verwenden, die im Folgenden beschrieben werden. Anschließend wird eine Beispieldatei angegeben.

Der Parameter banner

Über den Parameter `banner` definieren Sie die Meldung, die der entfernte Rechner beim Zugriff auf Ihren FTP-Server erhält.

```
banner <Datei>
```

Übergeben Sie dem Parameter den Namen der Datei, deren Inhalt angezeigt werden soll:

```
banner /etc/motd
```

Der Parameter `class`

Falls Sie mehrere Clients in Gruppen zusammenfassen möchten, so müssen Sie sich des Parameters `class` bedienen. Er wird allgemein in der Syntax

```
class <Name> <Typ> <Hosts>
```

verwendet. Das Ziel dieser Deklaration ist es, Hosts eines bestimmten Typs in Form eines Namens zu bezeichnen, der bei späteren Anweisungen verwendet werden kann. Folglich ist `<Name>` ein frei wählbarer Begriff. Als Typ existieren die Werte:

- `real`
- `anonymous`

Sie bezeichnen Rechner, die sich mit einer gültigen Benutzerkennung am FTP-Server anmelden (`real`) oder die nur anonym zugreifen (`anonymous`). Sie können einen dieser Werte verwenden oder auch beide gleichzeitig. Verwenden Sie zur Trennung das Komma. Zum Schluss folgt die Gruppe der Hosts.

```
class intern real *.intern
class extern anonymous *
```

Die erste Anweisung definiert eine Klasse namens `intern`. Sie beschreibt alle Clients aus der gleichnamigen Domäne, die sich mit einer gültigen Benutzerkennung am Server anmelden. Die zweite Anweisung beschreibt alle anonymen Zugriffe. Sie hat den Namen `extern`.

Der Parameter deny

Was können Sie nun mit den zuvor definierten Klassen durchführen? Nun, zum einen haben Sie die Möglichkeit, den FTP-Zugriff für diese Klassen zu unterbinden. Geben Sie dazu eine Zeile ein, die syntaktisch der folgenden entspricht:

```
deny <Klasse> <Fehlerdatei>
```

Als Fehlerdatei ist der Pfad zu einer Datei anzugeben. Dem Client, der unberechtigterweise einen Zugriff wagt, wird dann der Inhalt dieser Datei mitgeteilt. Statt einer Klasse können Sie jedoch auch das Schlüsselwort `nameserved` verwenden. Wenn Sie diesem Wort ein Ausrufungszeichen (`!`) voranstellen, werden damit alle Rechner angesprochen, deren Namen nicht über die Datei `/etc/hosts` oder einen DNS-Dienst aufgelöst werden können.

```
deny !nameserved /etc/ftpmsg.dead
```

Die obige Zeile unterbindet somit den FTP-Zugriff von Rechnern, denen kein Name zugewiesen ist.

Der Parameter `limit`

Der Parameter `limit` dient zur Beschränkung des mehrfachen FTP-Zugriffs. So kann für einzelne Klassen definiert werden, dass zu bestimmten Zeiten maximal x Zugriffe zeitgleich stattfinden dürfen. Dazu müssen dem Parameter vier Werte folgen. Sie definieren die Klasse, die maximale Anzahl paralleler Zugriffe, den gewünschten Zeitraum und eine Fehlerdatei, deren Inhalt den Clients im Fehlerfall übermittelt wird:

```
limit <Klasse> <Anzahl> <Zeit> <Datei>
```

Im Weiteren dürfen aus der Klasse `intern` am Wochenende und werktags zwischen 18:00 Uhr und 06:00 Uhr maximal zehn Verbindungen zeitgleich aktiv sein. Die Klasse `extern` bekommt ein generelles (`Any`) Limit von 100 Verbindungen:

```
limit intern 10 SaSu|Any1800-0600 /etc/ftpmsg.dead
limit extern 100 Any /etc/ftpmsg.dead
```

Der Parameter noretrieve

Falls Sie generell das Downloaden von bestimmten Dateien unterbinden möchten, dann ist `noretrieve` der richtige Parameter für Ihr Vorhaben:

```
noretrieve <Dateien>
```

Geben Sie die Pfade zu den gewünschten Dateien durch ein Leerzeichen getrennt an:

```
noretrieve /etc/passwd /etc/shadow
```

Der Parameter log commands

Falls Sie möchten, dass alle Kommandos, die von Clients angegeben werden, protokolliert werden, müssen Sie dazu den Parameter `log commands` verwenden:

```
log commands <Typ>
```

Ihm folgt als Typ einer der bereits bekannten Werte `real` und `anonymous`:

```
log commands real
```

Damit hat die komplette Konfigurationsdatei das im Weiteren dargestellte Aussehen:

```
root@host1:~ # cat /etc/motd
Have a lot of fun...
root@host1:~ # cat /etc/ftpmsg.dead
Access to FTP-Server denied.
root@host1:~ # cat /etc/ftpaccess
#
# Konfigurationsdatei /etc/ftpaccess
# fuer den wu.ftp-Server
#
# Erstellt von Jens Banning
#
# siehe auch: man 5 ftpaccess
#

#
# Start-Meldung festlegen
#

banner /etc/motd

#
# Es wird fuer die moeglichen Clients festgelegt, ob sich
# die Benutzer real oder nur anonymous anmelden koennen.
# Dazu werden Klassen mit frei vergebbaren Namen definiert.
#

class intern real *.intern
class extern anonymous *

#
# Clients, die nicht ueber DNS oder /etc/hosts aufgeloest
# werden koennen, werden abgewiesen. Alternativ koennen statt
# !nameserved auch Klassennamen angegeben werden.
#

deny !nameserved /etc/ftpmsg.dead
```

```
#
# Die oben definierten Klassen werden nun bzgl. der zeit-
# gleichen Client-Zugriffe beschraenkt. So duerfen aus der
# Klasse intern maximal zehn Verbindungen zum FTP-Server zeit-
# gleich aktiv sein. Dieses gilt am Wochenende sowie werktags
# zwischen 18 und 6 Uhr.
#

limit intern 10 SaSu|Any1800-0600 /etc/ftpmsg.dead
limit extern 100 Any /etc/ftpmsg.dead

#
# Die Dateien /etc/passwd und /etc/shadow duerfen generell
# nicht vom FTP-Server zum FTP-Client uebertragen werden.
#

noretrieve /etc/passwd /etc/shadow

#
# Die Kommandos der realen Benutzer werden in der Datei
# /var/log/messages protokolliert.
#

log commands real

root@host1:~ #
```

7.8 Das Kommando ftp

Nachdem Sie erfahren haben, wie Sie Ihren FTP-Server einrichten können, werden wir uns in diesem Abschnitt mit der Clientseite einer FTP-Kommunikation beschäftigen. Dazu werden Sie das Kommando `ftp` kennen lernen.

Während das Terminal Emulation Protocol (Telnet) zur Fernwartung von Rechnern benutzt werden kann, können Sie mit dem File Transfer Protocol (FTP) ausschließlich Daten zwischen den an der Kommunikation teilnehmenden Stationen austauschen. Das Kommando `ftp` rufen Sie am Client mit der folgenden Syntax auf:

```
ftp <Host>
```

Sie müssen also nur den Namen oder die IP-Adresse des FTP-Servers angeben, den Sie auf diese Weise ansprechen möchten. Nun werden Sie interaktiv zur Eingabe Ihrer Benutzerkennung und zur Eingabe des Passwortes aufgefordert. Anschließend befinden Sie sich am `ftp`-Prompt:

```
user1@host2:~ # ftp host1
Trying 192.168.17.1...
Connected to host1.intern.
220-Have a lot of fun...
220-
```

```
220-
220 host1.intern FTP server (Version wu-2.4.2-academ[BETA-18](1)
Sat Jul 29 21:02:32 GMT 2000) ready.
Name (host1:user1): user1
331 Password required for user1.
Password:
230 User user1 logged in.
Remote system type is UNIX.
Using binary mode to transfer files.
ftp>

user1@host2:~ #
```

Sie befinden sich nun per FTP auf der entfernten Maschine. Hier haben Sie die Möglichkeit, eine Vielzahl von Kommandos einzugeben, mit denen Sie den Dateitransfer vorbereiten und durchführen können. Tabelle 7.3 zeigt eine Liste der wichtigsten Befehle:

Option	Beschreibung
cd	Verzeichnis auf dem Server wechseln
ls	Verzeichnisinhalt auf dem Server anzeigen
!cd	Verzeichnis auf dem Client wechseln
!ls	Verzeichnisinhalt auf dem Client anzeigen
pwd	Aktuelles Verzeichnis auf dem Server bestimmen
!pwd	Aktuelles Verzeichnis auf dem Client bestimmen
binary	Übertragungsmodus auf „binär" setzen
ascii	Übertragungsmodus auf „ascii" setzen
get	Eine Datei vom Server zum Client übertragen
mget	Mehrere Dateien vom Server zum Client übertragen
put	Eine Datei vom Client zum Server übertragen
mput	Mehrere Dateien vom Client zum Server übertragen
help	Hilfe einsehen
quit	FTP beenden

Tabelle 7.3: FTP-Befehle

Nun haben Sie die Möglichkeit, mit den Ihnen bekannten Befehlen cd, ls und pwd im Dateisystem des FTP-Servers zu navigieren. Falls sich die Kommandos auf Ihre lokale Verzeichnisstruktur beziehen sollen, stellen Sie dem Aufruf das Zeichen ! voran. FTP ist in der Lage, auf zwei Arten Daten zwischen Client und Server zu übertragen: Mit binary werden die Daten binär übertragen; ascii-Übertragungen dagegen sind für Textdokumente gedacht.

Mit den FTP-Kommandos `get` und `put` können Sie eine Datei vom FTP-Server downloaden oder eine Datei an ihn senden. Falls Sie direkt mehrere Dateien übertragen möchten, so verwenden Sie vor `get` und `put` den Buchstaben `m`.

Welche Befehle am FTP-Prompt generell möglich sind, zeigt Ihnen die Ausgabe von `help`. Die FTP-Verbindung lässt sich mit `quit` beenden.

Beispiel 7.4: Daten per FTP übertragen

```
user1@host2:~ # ftp host1
Trying 192.168.17.1...
Connected to host1.intern.
220-Have a lot of fun...
220-
220-
220 host1.intern FTP server (Version wu-2.4.2-academ[BETA-18](1)
Sat Jul 29 21:02:32 GMT 2000) ready.
Name (host1:user1): user1
331 Password required for user1.
Password:
230 User user1 logged in.
Remote system type is UNIX.
Using binary mode to transfer files.
ftp> cd daten
250 CWD command successful.
ftp> pwd
257 "/home/user1/daten" is current directory.
ftp> !pwd
/home/user1
ftp> ls
227 Entering Passive Mode (192,168,17,1,4,28)
150 Opening ASCII mode data connection for file list.
hardware
software
komponenten
226 Transfer complete.
ftp> mget *
mget hardware [anpqy?]? a
Prompting off for duration of mget.
227 Entering Passive Mode (192,168,17,1,4,32)
150 Opening BINARY mode ... for hardware (47343 bytes).
100% |*********************| 47343       9.74 MB/s    00:00
ETA
226 Transfer complete.
47343 bytes received in 00:00 (3.67 MB/s)
227 Entering Passive Mode (192,168,17,1,4,34)
150 Opening BINARY mode ... for komponenten (43350 bytes).
100% |*********************| 43350      12.02 MB/s    00:00
ETA
226 Transfer complete.
43350 bytes received in 00:00 (3.78 MB/s)
```

```
227 Entering Passive Mode (192,168,17,1,4,36)
150 Opening BINARY mode ... for software (3002 bytes).
100% |*********************|  3002      4.37 MB/s    00:00
ETA
226 Transfer complete.
3002 bytes received in 00:00 (196.59 KB/s)
ftp> quit
221 Goodbye.
user1@host2:~ #
```

Beispiel 7.5: Anmeldeversuch mit dem Benutzer root

```
user1@host2:~ # ftp host1
Trying 192.168.17.1...
Connected to host1.intern.
220-Have a lot of fun...
220-
220-
220 host1.intern FTP server (Version wu-2.4.2-academ[BETA-18](1)
Sat Jul 29 21:02:32 GMT 2000) ready.
Name (host1:user1): root
530 User root access denied.
ftp: Login failed.
Remote system type is UNIX.
Using binary mode to transfer files.
ftp> quit
221 Goodbye.
user1@host2:~ #
```

Auf diese Weise können Sie Daten zwischen Rechnern transferieren. Jedoch müssen Sie, nachdem was Sie bisher wissen, immer Ihren Namen und Ihr Passwort eingeben, wenn Sie eine Verbindung herstellen möchten. Dies lässt sich jedoch umgehen. Das Kommando `ftp` liest beim Starten eine Datei namens `~/.netrc`. Sie befindet sich also im Heimatverzeichnis des Benutzers auf der Clientseite. In ihr definieren Sie, dass bei einer FTP-Verbindung zu einem Rechner nicht nach dem Benutzernamen und Kennwort gefragt wird. Stattdessen werden die nötigen Werte aus der Datei `.netrc` gelesen. Die Datei hat allgemein den folgenden Aufbau:

```
machine <Host>
login <Benutzer>
password <Passwort>

...
```

Es handelt sich also um eine Textdatei, in der mehrere Abschnitte vorkommen können, die grundsätzlich die Parameter `machine`, `login` und `password` enthalten. Hinter `machine` geben Sie den Hostnamen an, den Sie auch beim Starten des Kommandos `ftp` verwenden. Falls Sie die IP-Adresse verwenden, so muss diese angegeben werden. Mit den beiden weiteren Parametern geben Sie die notwendigen Anmeldedaten ein. Immer wenn Sie nun eine Verbindung zum definierten Rechner aufbauen möchten, erfolgt die Anmeldung direkt mit den obigen Daten.

Da in der Datei `.netrc` die Passwörter im Klartext aufgeführt sind, müssen Sie diese Datei auch rechtemäßig entsprechend einschränken. Anderenfalls erhalten Sie eine Fehlermeldung.

Beispiel 7.6: Verwendung der Konfigurationsdatei .netrc

```
user1@host2:~ # chmod 600 .netrc
user1@host2:~ # ls -l .netrc
-rw-------   1 user1    users          87 Mar 23 08:16 .netrc
user1@host2:~ # cat .netrc
#
# ~/.netrc
#
# Erstellt von Jens Banning
#
# siehe auch: man ftp
#

machine host1
login user1
password user1

machine host3
login user1
password linux

user1@host2:~ # ftp host1
Trying 192.168.17.1...
Connected to host1.intern.
220-Have a lot of fun...
220-
220-
220 host1.intern FTP server (Version wu-2.4.2-academ[BETA-18](1)
Sat Jul 29 21:02:32 GMT 2000) ready.
331 Password required for user1.
230 User user1 logged in.
Remote system type is UNIX.
Using binary mode to transfer files.
ftp>
```

Zum Abschluss dieses Abschnittes werden Sie erfahren, wie man mit dem Kommando `ftp` direkt beim Aufruf einen Dateitransfer starten kann. Dabei soll per Kommandoaufruf eine Datei namens `dasi.log` vom Host1 zum Host2 heruntergeladen werden.

`ftp` erwartet die Eingabe der Kommandos normalerweise auf der Textkonsole. Sie mussten sie also bisher interaktiv eingeben. Es ist jedoch auch möglich, die FTP-Befehle in eine Textdatei zu schreiben, um diese dann beim `ftp`-Aufruf zu verwenden. Nehmen wir an, die beschriebene Datei `dasi.log` befindet sich im Heimatverzeichnis des Benutzers `user1` auf `Host1`. Die notwendigen Befehle zum Download dieser Datei schreiben Sie nun in eine Textdatei.

```
user1@host2:~ # cat .holedasilog
cd /home/user1
!cd /home/user1
binary
get dasi.log
quit

user1@host2:~ #
```

Diese Textdatei können Sie jetzt als Eingabe für das Kommando `ftp` verwenden: `dasi.log` wird nun direkt von Host1 zu Host2 übertragen.

Beispiel 7.7: Automatischer Dateitransfer per FTP

```
user1@host2:~ # ftp host1 <.holedasilog
Trying 192.168.17.1...
Connected to host1.intern.
220-Have a lot of fun...
220-
220-
220 host1.intern FTP server (Version wu-2.4.2-academ[BETA-18](1)
Sat Jul 29 21:02:32 GMT 2000) ready.
331 Password required for user1.
230 User user1 logged in.
Remote system type is UNIX.
Using binary mode to transfer files.
250 CWD command successful.
200 Type set to I.
local: dasi.log remote: dasi.log
227 Entering Passive Mode (192,168,17,1,4,56)
150 Opening BINARY mode ... for dasi.log (47343 bytes).
100% |*********************| 47343       9.36 MB/s    00:00
ETA
226 Transfer complete.
47343 bytes received in 00:00 (3.94 MB/s)
221 Goodbye.
user1@host2:~ #
```

7.9 Anonymous FTP

Sicher haben Sie schon des Öfteren eine Internetseite per FTP konnektiert und mussten dort keine Anmeldedaten eingeben. Der Grund dafür liegt im so genannten anonymous FTP. Es gibt Anwendern, die von entfernten Rechnern aus zugreifen, die Möglichkeit, sich ohne ein eigenes Benutzerkonto auf dem FTP-Server anzumelden.

Nun werden Sie sich fragen, wie die anonyme Verbindung zum FTP-Server hergestellt wird:

- Als Benutzername wird generell das Wort `anonymous` verwendet.

- Ferner werden Sie gebeten, als Passwort Ihre Mail-Adresse einzugeben. Ob es sich dabei tatsächlich um die richtige Adresse handelt, wird nicht geprüft. Die Eingabe dient dem Anbieter der FTP-Site ausschließlich zur Information, wer anonym Daten herunterladen möchte.

Im folgenden Beispiel wird eine anonyme Verbindung zum FTP-Server am Host1 hergestellt:

Beispiel 7.8: Anonyme FTP-Verbindung

```
user1@host2:~ # ftp host1
Trying 192.168.17.1...
Connected to host1.intern.
220-Have a lot of fun...
220-
220-
220 host1.intern FTP server (Version wu-2.4.2-academ[BETA-18](1)
Sat Jul 29 21:02:32 GMT 2000) ready.
Name (host1:user1): anonymous
331 Guest login ok, send your complete e-mail address as
password.
Password:
230 Guest login ok, access restrictions apply.
Remote system type is UNIX.
Using binary mode to transfer files.
ftp> pwd
257 "/" is current directory.
ftp> ls
227 Entering Passive Mode (192,168,17,1,4,8)
150 Opening ASCII mode data connection for file list.
bin
dev
etc
lib
msgs
pub
usr
226 Transfer complete.
ftp> cd bin
250 CWD command successful.
ftp> ls
227 Entering Passive Mode (192,168,17,1,4,23)
150 Opening ASCII mode data connection for file list.
compress
tar
ls
226 Transfer complete.
ftp> quit
221 Goodbye.
user1@host2:~ #
```

Der Befehl `ls` am FTP-Prompt liefert Ihnen den Inhalt des aktuellen Verzeichnisses auf dem Server. Hierbei handelt es sich scheinbar um das Verzeichnis / des FTP-Servers mit den Unterverzeichnissen `bin/`, `dev/`, `etc/` usw. Wenn Sie sich die obige `ls`-Ausgabe genauer anschauen, erkennen Sie sicher sehr schnell, dass zum Beispiel die Verzeichnisse `sbin/`, `boot/` und `var/` fehlen. Dies hat damit zu tun, dass Sie sich zwar an der Wurzel des FTP-Servers befinden, jedoch nicht an der Wurzel des dortigen Linux-Systems.

Der Grund für dieses Vorgehen ist nahe liegend: Sie möchten dem anonymen Anwender Kommandos wie zum Beispiel `ls`, `tar` und `compress` zur Verfügung stellen. Diese befinden sich im Verzeichnis `/bin/` auf einem Linux-Rechner. Da dort aber auch andere Kommandos abgelegt sind, hätte der Anwender auch auf diese Zugriff. Daher können Sie ein separates Verzeichnis `bin/` anlegen, in das Sie lediglich die drei gewünschten Kommandos kopieren. Versucht sich ein Benutzer nun anonym bei Ihrem FTP-Server anzumelden, wird ihm eine eigens für den anonymen Zugang bestimmte Verzeichnisstruktur angeboten.

Abbildung 7.4 verdeutlicht diesen Zusammenhang.

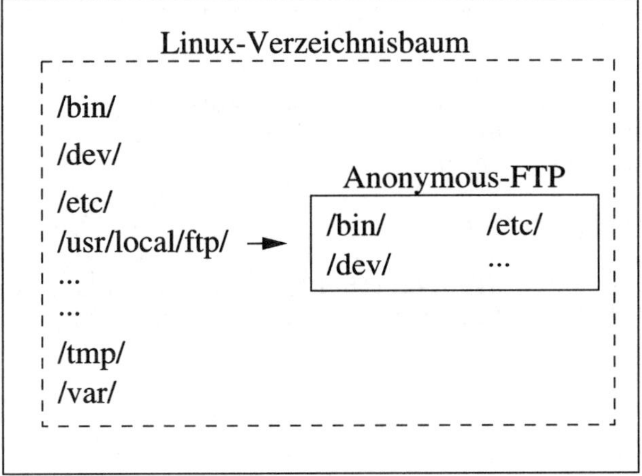

Abbildung 7.4: Verzeichnisstruktur für anonymous FTP

Bei einer SuSE-Distribution befindet sich diese separate Verzeichnisstruktur unterhalb von `/usr/local/ftp/`:

```
root@host1:/usr/local/ftp # ls -l
total 36
drwxr-xr-x   9 root     root          4096 Sep 26  2000 .
drwxr-xr-x  13 root     root          4096 Sep 15  2000 ..
drwxr-xr-x   2 root     root          4096 Sep 26  2000 bin
drwxr-xr-x   2 root     root          4096 Sep 26  2000 dev
drwxr-xr-x   2 root     root          4096 Sep 26  2000 etc
drwxr-xr-x   2 root     root          4096 Sep 26  2000 lib
drwxr-xr-x   2 root     root          4096 Sep 26  2000 msgs
drwxr-xr-x   2 root     root          4096 Sep 26  2000 pub
```

```
drwxr-xr-x   3 root     root         4096 Sep 26  2000 usr
root@host1:/usr/local/ftp # cd bin
root@host1:/usr/local/ftp/bin # ls -l
total 208
drwxr-xr-x   2 root     root         4096 Sep 26  2000 .
drwxr-xr-x   9 root     root         4096 Sep 26  2000 ..
-rwxr-xr-x   1 root     root        16588 Jul 29  2000 compress
-rwxr-xr-x   2 root     root        41552 Jul 29  2000 ls
-rwxr-xr-x   1 root     root       134936 Jul 29  2000 tar
root@host1:/usr/local/ftp/bin #
```

Bei Red Hat liegt sie in `/var/ftp/`. Der FTP-Server schafft diesen Sachverhalt, indem er nach der anonymen Beglaubigung mit dem Befehl `chroot` die Wurzel des Verzeichnisbaumes für den FTP-Anwender neu setzt. Einzelheiten zum Befehl `chroot` können Sie in der Manual Page `man chroot` finden.

8 Sichere Verbindungen mit der Secure Shell

Nachdem Sie die über den INET-Dämon gestarteten Dienste Telnet und FTP kennen gelernt haben, werden wir uns in diesem Kapitel mit der Secure Shell auseinander setzen. Sie dient ebenfalls zur Fernwartung von Rechnern.

8.1 Funktion

Telnet und FTP sind Anwendungen, die sicherheitstechnisch einen großen Nachteil haben. Die Kommunikation zwischen Server und Client erfolgt grundsätzlich unverschlüsselt, das heißt sämtliche Daten, die übertragen werden, sind für jeden, der die Verbindung abhört, lesbar. Diese Lesbarkeit schließt das zur FTP- oder Telnet-Anmeldung verwendete Passwort mit ein. Sicher erscheint es Ihnen unter diesem Gesichtspunkt logisch, eine Anmeldung per FTP oder Telnet für den Systemadministrator `root` zu unterbinden. Das Ausspähen von Kennwörtern ist bei den beiden Diensten ein leichtes Unterfangen. Sie sollten sich deshalb genau überlegen, ob Sie die Dienste anbieten möchten.

In Abbildung 8.1 sehen Sie die schematische Darstellung der nicht verschlüsselten Telnet-Kommunikation.

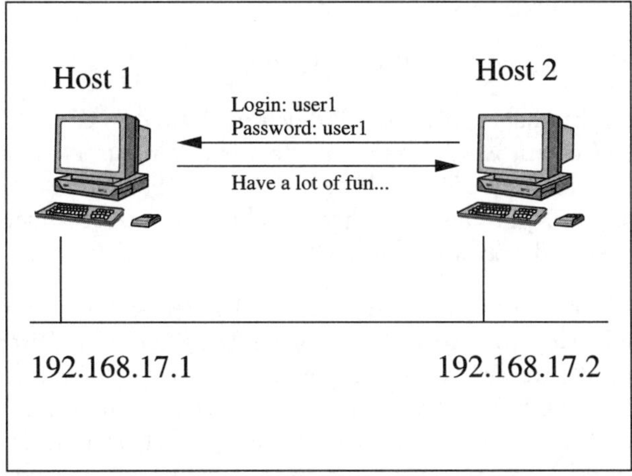

Abbildung 8.1: Unverschlüsselte Telnet-Verbindung

Als Alternative zu Telnet wird heutzutage immer öfter die Secure Shell (SSH) verwendet. Bei ihr werden die Daten verschlüsselt übertragen, wodurch das Abhören der Verbindung unmöglich wird.

Wie funktioniert die Secure Shell? Zunächst einmal werden auf jedem Rechner die zur Verschlüsselung notwendigen Keys (Schlüssel) generiert. Auf jedem Teilnehmer der SSH-Verbindung existieren genau zwei Schlüssel.

- Der erste wird als Public Key, also als öffentlicher Schlüssel, bezeichnet. Bei ihm handelt es sich per Default um eine 1024 Bit große Zahl. Der öffentliche Schlüssel wird bei einer Verbindungsaufnahme dem anfragenden Rechner mitgeteilt. Er ist somit nicht geheim.
- Als Zweites wird ein Private Key, ein privater Schlüssel, erstellt. Er ist ebenfalls eine 1024 Bit große Zahl. Der private Schlüssel wird auf jedem Rechner streng geheim abgespeichert. Eine Übertragung an andere Teilnehmer darf unter keinen Umständen erfolgen.

Wie alle gängigen Verschlüsselungsroutinen, die es heute gibt, basiert auch die Secure Shell auf der Zerlegung einer Zahl in deren Primfaktoren, also in Faktoren, die jeweils eine Primzahl darstellen, eine nur durch 1 und durch sich selbst teilbare Zahl. Dabei handelt es sich im Prinzip um einen Wert mit zwei Primfaktoren (dem öffentlichen und dem privaten Schlüssel). Mit der Zahl selbst können dann die Daten gelesen werden.

Betrachten wir als Beispiel die Zahl 221. Sie kann in die Primfaktoren 17 und 13 zerlegt werden.

Host1: 221 = 17 (Public Key) * 13 (Private Key)

Nun handelt es sich hierbei zwar nicht um 1024 Bit große Zahlen, doch sicher wird Ihnen diese Darstellung den Zusammenhang der Schlüssel auf dem Rechner Host1 verdeutlichen. Auf Host2 ist nun ebenfalls ein Schlüsselpaar vorhanden, das später zum gesicherten Datenaustausch verwendet wird.

Host2: 667 = 23 (Public Key) * 29 (Private Key)

Wie Sie bereits erfahren haben, dient der Public Key dazu, dass er anderen im Netzwerk auf Anforderung mitgeteilt werden kann. Wenn wir davon ausgehen, dass der Rechner Host2 zum Rechner Host1 eine Verbindung mit der SSH herstellen möchte, so tauschen die beiden Rechner zu Beginn die öffentlichen Schlüssel untereinander aus. Damit sind beide Rechner in Besitz der in Abbildung 8.2 aufgelisteten Keys:

Der Rechner Host2 kennt demnach seine eigenen beiden Schlüssel (im Beispiel 17 und 13) sowie den Public Key von Host1 (im Beispiel 23). Wenn nun Daten von Host2 per SSH an Host1 gesendet werden, so werden diese am Host2 mit dem öffentlichen Schlüssel von Host1 (17) codiert. Host1 wiederum decodiert die Daten durch die zusätzliche Verwendung seines Private Keys (13). Somit kann er die ursprüngliche Zahl 221 wieder bestimmen. Erfolgt der Datenaustausch von Host1 zu Host2, dann erfolgt die Verschlüsselung auf Host1 mit dem öffentlichen Schlüssel von Host2 (23). Nur der Rechner, der den zugehörigen Private Key (29) kennt (Host2), kann die Daten entschlüsseln und lesen. Da die Keys im Beispiel jeweils 1024 Bit groß sind, ist es für Eindringlinge zurzeit absolut unmöglich, die zugrunde liegende Kommunikation abzuhören.

Wie bei Telnet wird auch bei einer SSH-Verbindung nach dem Kennwort des gewünschten Accounts auf dem Zielrechner gefragt. Da zu diesem Zeitpunkt bereits die Verschlüsselung zwischen den beiden SSH-Teilnehmern aktiv ist, erfolgt die Übertragung des Passwortes bereits in einer sicheren Form.

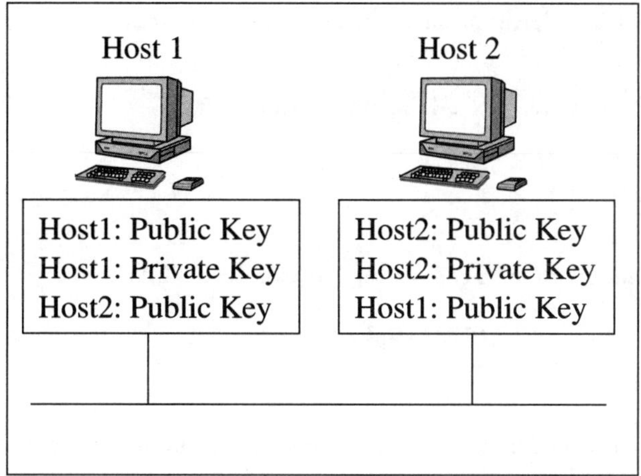

Abbildung 8.2: Bekannte Schlüssel in der SSH-Kommunikation

In Abbildung 8.3 sehen Sie die codierte Übertragung des Kennwortes.

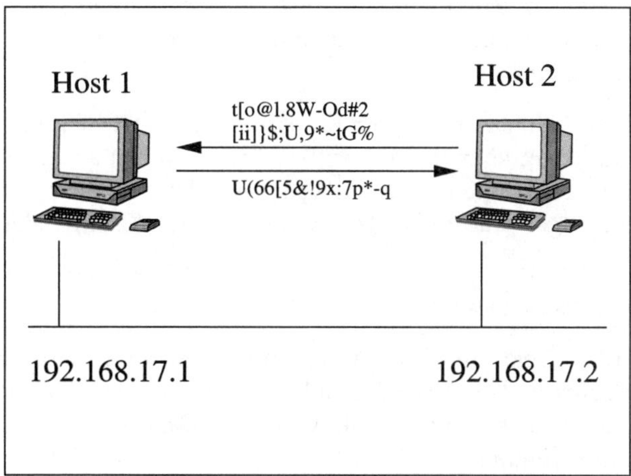

Abbildung 8.3: Verschlüsselte SSH-Verbindung

8.2 Der Dämon `sshd`

Das zentrale Element der SSH-Verbindung ist der SSH-Dämon. Er trägt den Namen `sshd` und Sie finden ihn im Verzeichnis `/usr/sbin/`. Sie können den Dämon ohne die Verwendung weiterer Optionen starten. Seine Aufgabe besteht darin, Anfragen von SSH-Clients entgegenzunehmen und diese zu bedienen.

Der SSH-Dämon wird in der Regel nicht aus dem INET-Dämon heraus gestartet. Vielmehr wird `sshd` direkt beim Rechnerstart aktiviert. Dazu existiert in den Distributionen

SuSE und Red Hat ein gleichnamiges Skript, das Sie direkt an der Linux-Shell eingeben können.

Beispiel 8.1: Starten des SSH-Dämons unter SuSE

```
root@host1:~ # /etc/rc.d/init.d/sshd start
Starting SSH daemon:                                    done
root@host1:~ #
```

Beispiel 8.2: Starten des SSH-Dämons unter Red Hat

```
root@host1:~ # /etc/rc.d/init.d/sshd start
Starting sshd:                                         [  OK  ]
root@host1:~ #
```

Damit der Start bei einer SuSE-Distribution permanent beim Booten erfolgt, müssen Sie die Variable START_SSHD mit dem Programm `yast` auf `yes` setzen.

8.3 Das Kommando `ssh`

Nachdem Sie nun die generelle Funktionsweise der Secure Shell kennen und den SSH-Server auch aktivieren können, werden Sie in diesem Abschnitt das zugehörige Client-Kommando kennen lernen.

Wie bereits erwähnt, beinhaltet die SSH die Funktionalität von Telnet. Damit Sie also eine Verbindung aufbauen können, müssen Sie, wie bei Telnet auch, das Ziel dieser Verbindung angeben. Dabei können Sie die IP-Adresse oder den entsprechenden Rechnernamen verwenden. Allgemein erfolgt der Start des Client-Kommandos `ssh` gemäß der folgenden Syntax:

```
ssh [Optionen] <Host> [Kommando]
```

Falls Sie dem Aufruf direkt ein `[Kommando]` mitgeben, wird dieses auf dem entfernten Rechner ausgeführt und die SSH-Verbindung ist anschließend beendet. Anderenfalls können Sie den Zielrechner quasi interaktiv warten. Dazu stehen Ihnen die Optionen aus Tabelle 8.1 zur Verfügung.

Option	Beschreibung
`-l <User>`	Anmeldung mit dem angegebenen Benutzer
`-X`	Aktiviert das X11-Forwarding
`-x`	Deaktiviert das X11-Forwarding

Tabelle 8.1: Optionen des Kommandos `ssh`

Standardmäßig erfolgt die Anmeldung am Zielrechner mit dem Benutzernamen, mit dem Sie auch lokal angemeldet sind. Falls Sie einen anderen Account verwenden möchten, müssen Sie diesen mit der Option `-l` angeben. Des Weiteren existieren zwei Parameter, die das so genannte X11-Forwarding beeinflussen. Bevor diese Optionen beschrieben werden können, müssen wir noch erläutern, was X11-Forwarding überhaupt bedeutet.

In Kapitel 6 auf Seite 83 haben Sie erfahren, wie Sie die grafische Ausgabe von Programmen auf andere Rechner umleiten können. Dazu mussten Sie zum einen die DISPLAY-Variable an dem Rechner verändern, der seine grafische Ausgabe auf einen anderen Host schicken soll. Ferner mussten Sie auf dem Ziel der grafischen Ausgabe zulassen, dass Ausgaben anderer Rechner entgegengenommen werden. Dieses ging mit dem Kommando `xhost`. Den Sachverhalt bezeichnet man auch als X11-Forwarding.

Die Secure Shell beinhaltet diese Funktionalität bereits. Durch die Verwendung der Option `-X` wird die Verbindung dahingehend konfiguriert, dass Sie direkt die grafischen Ausgaben vom Zielrechner erhalten. Falls Sie das unterbinden möchten, müssen Sie sich mit dem Parameter `-x` anfreunden.

Da es sich bei der Secure Shell um eine sichere Verbindung handelt, kann sie auch vom Systemadministrator `root` verwendet werden.

Beispiel 8.3: SSH-Verbindung zu Host1

```
root@host2:~ # ssh -l user1 host1
Host key not found from the list of known hosts.
Are you sure you want to continue connecting (yes/no)? yes
Host 'host1' added to the list of known hosts.
user1@host1's password:
Have a lot of fun...
user1@host1:~ # ls
dokument.txt
user1@host1:~ # rm dokument.txt
user1@host1:~ # ls
user1@host1:~ # exit
logout
Connection to host3 closed.

root@host2:~ #
```

Im obigen Beispiel hat der Benutzer `root` eine SSH-Verbindung zum Rechner Host1 aufgebaut und sich dort als `user1` angemeldet. Beim allerersten Verbindungsaufbau zu einem Host (im Beispiel Host1) wird erfragt, ob der Host Key des Zielrechners zum Client übertragen werden soll. Falls Sie diese Frage mit `yes` beantworten, werden die öffentlichen Schlüssel gegenseitig übertragen.

Im folgenden Beispiel verbindet sich der Administrator `root` mit dem Rechner `Host1`, um dort direkt den INET-Dämon zu starten.

Beispiel 8.4: Kommando auf Host1 per SSH ausführen

```
root@host2:~ # ssh host1 /etc/rc.d/init.d/inetd start
root@host1's password:
Starting INET services (inetd)                          done
root@host2:~ #
```

Auf ein Beispiel für die Option `-X` wird an dieser Stelle verzichtet.

SSH-Tunnel

Zum Abschluss des Abschnitts über das Kommando `ssh` werden Sie erfahren, wie Sie mit der Secure Shell einen Tunnel zwischen zwei Rechnern bauen können. Was bedeutet in diesem Zusammenhang der Begriff „Tunnel" ? Nehmen wir an, Sie haben ein Client-Programm, das zum Beispiel unverschlüsselt am Server den Port 110 anspricht. Die Daten, die Sie bisher mit Ihrer Anwendung zwischen Client und Server tauschen, sind für jeden lesbar, der die physische Verbindung abhört. Mit der Secure Shell haben Sie jedoch ein Mittel in der Hand, mit dem Sie eine sichere Kommunikation im Netzwerk errichten können.

Nun werden diese beiden Sachverhalte miteinander verbunden. Dazu müssen Sie die Secure Shell so konfigurieren, dass sie einen Tunnel zwischen den Kommunikationspartnern erzeugt. Sie werden sich fragen, wie Ihre Anwendung, die zuvor den entfernten Port 110 angesprochen hat, nun dieses über den Tunnel erledigen kann. Wie Sie in Abbildung 8.4 sehen, ist der Tunnel so eingestellt, dass er an einem Ende den Zielrechner am Port 110 anspricht. Das andere Ende des Tunnels befindet sich an Ihrem Clientrechner und ist dort mit einem beliebigen Port (im Beispiel 7777) verbunden. Damit Ihre Anwendung den Server nicht direkt, sondern durch den Tunnel anspricht, muss sie lediglich dahingehend eingestellt werden, dass sie den Port 7777 auf der lokalen Maschine anspricht.

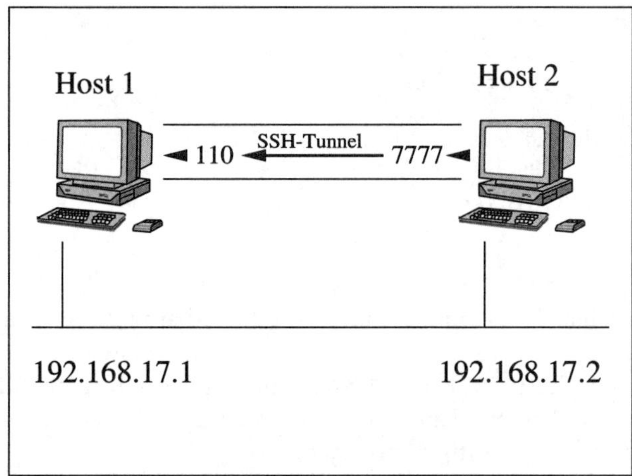

Abbildung 8.4: Funktionsweise des SSH-Tunnels

Im Folgenden lesen Sie, wie Sie einen SSH-Tunnel einrichten können. Er wird allgemein mit der Syntax

```
ssh -f -L <Clientport>:<Server>:<Serverport> <Server> <Kommando>
```

eingerichtet. Die Option `-f` bedeutet, dass die Secure Shell nach erfolgter Beglaubigung am Server im Hintergrund weiterläuft und die Konsole am Client nicht weiter belegt. Mit der Option `-L` teilen Sie mit, dass immer, wenn Sie einen bestimmten Clientport ansprechen, Sie durch den Tunnel einen Server an einem bestimmten Port ansprechen. Bis zu diesem Zeitpunkt hat unser Aufruf im Beispiel die Form:

```
ssh -f -L 7777:host1:110
```

Das Kommando ssh wurde zwar darüber informiert, dass ein Tunnel eingerichtet werden soll. Als Nächstes muss jedoch, wie bei allen ssh-Aufrufen bisher auch, der Server angegeben werden, der mit der Secure Shell angesprochen werden soll:

```
ssh -f -L 7777:host1:110 host1
```

Zum Abschluss müssen Sie diesem Aufruf noch ein Kommando mitgeben, das auf dem entfernten Rechner gestartet werden soll. Die Laufzeit des übergebenen Kommandos entspricht dabei dem Zeitraum, in dem der SSH-Tunnel aktiv ist. Sie können zum Beispiel das Kommando sleep verwenden. Ihm übergeben Sie eine Anzahl von Sekunden. sleep tut nun nichts anderes, als den übergebenen Zeitraum in Sekunden abzuwarten.

```
ssh -f -L 7777:host1:110 host1 sleep 86400
```

Somit meldet sich die Secure Shell am Rechner Host1 an und führt dort den Befehl sleep 86400 aus. Der über den Parameter -L definierte Tunnel ist demnach genau einen Tag aktiv.

Beispiel 8.5: Einrichten des SSH-Tunnels

```
user1@host2:~ # ssh -f -L 7777:host1:110 host1 sleep 86400
Host key not found from the list of known hosts.
Are you sure you want to continue connecting (yes/no)? yes
Host 'host1' added to the list of known hosts.
user1@host1's password:
user1@host2:~ # ps aux|grep ssh -f -L
703 ? S 0:00 ssh -l root -f -L 7777:host3:110 host3 sleep 86400
user1@host2:~ #
```

8.4 Die Konfigurationsdatei known_hosts

Der öffentliche und der private Schlüssel werden für jeden Benutzer eines Linux-Systems separat verwaltet. Dazu befindet sich im Heimatverzeichnis eines jeden Anwenders ein verstecktes Unterverzeichnis. Es trägt den Namen .ssh. In ihm liegen beide verwendeten Schlüssel:

- Der private Schlüssel befindet sich in der Datei identity.
- Der öffentliche Schlüssel ist in der Datei identity.pub abgespeichert.

Wie Sie bereits wissen, muss der Private Key absolut geheim gehalten werden, während der Public Key von jederman gelesen werden darf. Dieses Prinzip können Sie auch an den Dateirechten beider Dateien erkennen.

```
root@host1:~/.ssh #  ls -l identity*
-rw-------    1 root     root        525 Aug  7  2000 identity
-rw-r--r--    1 root     root        329 Aug  7  2000 identity.pub
root@host1:~/.ssh #
```

Sie wissen auch, dass beim ersten Verbindungsaufbau mit der SSH zu einem Rechner dessen Public Key zum Client übertragen wird. Dieser Schlüssel wird dann ebenfalls in einer Datei im Verzeichnis `~/.ssh` abgelegt. Sie trägt den Namen `known_hosts`. Bei ihr handelt es sich um eine Textdatei, in der die öffentlichen Schlüssel anderer Rechner abgelegt werden. Dabei ist jede Zeile wie folgt aufgebaut:

```
<Host> <Bits> <Exponent> <Modulus> [Kommentar]
```

Als Erstes wird also der Name des angesprochenen Rechners erwähnt. Anschließend werden die Größe und der Exponent des Schlüssels angegeben. Letztlich folgt der Schlüssel selbst und optional ein Kommentar. In der folgenden Ausgabe ist der Wert für Modulus durch drei Punkte `...` verkürzt dargestellt.

```
root@host2:~/.ssh # cat known_hosts
host3 1024 35 1418874652208703444196962922111162066487817...
host1 1024 35 1353182990677253547424233967533675824506578...
root@host2:~/.ssh #
```

8.5 Die Konfigurationsdatei `authorized_keys`

Eine weitere wichtige Datei im Verzeichnis `~/.ssh` ist `authorized_keys`. Bei dieser Datei haben Sie es erneut mit einem Textdokument zu tun, dass mit jedem beliebigen Editor bearbeitet werden kann. Es beinhaltet ebenfalls die öffentlichen Schlüssel von entfernten Maschinen.

Welche Funktion hat diese Datei? Wenn Sie sich zum Beispiel vom Rechner Host2 aus am Rechner Host1 anmelden möchten, wird zunächst geprüft, ob der öffentliche Schlüssel von Host1 bereits in der Datei `known_hosts` auf Host2 abgelegt ist. Falls dem nicht so ist und Sie die entsprechende SSH-Frage bejat haben, wird der Schlüssel dort automatisch eingetragen.

Daraufhin analysiert der SSH-Server seinerseits die Datei `authorized_keys`. Falls der öffentliche Schlüssel des anfragenden Clients (Host2) dort enthalten ist, erfolgt die Beglaubigung, ohne dass nach einem Kennwort gefragt wird. Anderenfalls müssen Sie wie bisher Ihr Passwort, das Sie auf der Remote-Maschine haben, eingeben.

Zusammenfassend können wir die beiden folgenden Punkte festhalten:

- Wenn der SSH-Client eine Verbindung zum SSH-Server aufbauen möchte, wird der öffentliche Schlüssel des Servers am Client in der Datei `known_hosts` dauerhaft abgelegt. Die Übertragung des Public Keys ist somit bei weiteren Sitzungen nicht mehr nötig.

- Der SSH-Server prüft seinerseits, ob der öffentliche Schlüssel des Clients in der Datei `authorized_keys` auf dem Server existiert. Falls dem so ist, erfolgt die Beglaubigung direkt ohne Passwort. Wird der öffentliche Schlüssel nicht in der Datei gefunden, muss der Benutzer am Client zunächst sein Kennwort eingeben, bevor die Verbindung zustande kommen kann.

In Abbildung 8.5 sehen Sie nochmals den Zusammenhang zwischen den beiden Dateien.

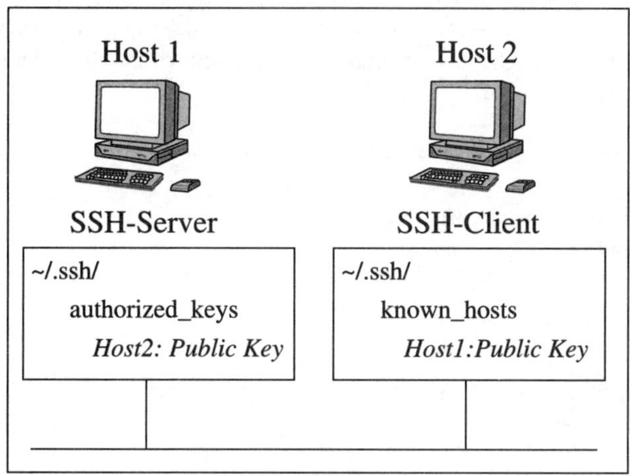

Abbildung 8.5: SSH: `known_hosts` und `authorized_keys`

Wie Sie sich sicher denken können, wird die Datei `authorized_keys` auf dem SSH-Server natürlich nicht automatisch gepflegt. Sie als Administrator des Servers müssen die Public Keys der Clients, die sich ohne Passwort anmelden sollen, in die Datei einfügen.

In der bereits beschriebenen Datei `identity.pub` befindet sich auf jedem Rechner, der an einer Verbindung über die Secure Shell teilnehmen kann, der eigene öffentliche Schlüssel. In der Datei `authorized_keys` auf dem SSH-Server müssen Sie nun die Datei `identity.pub` des Clients einfach anfügen. Lesen Sie dazu die Ausführungen des nächsten Abschnitts, in dem es um das sichere Kopieren von Daten geht.

8.6 Das Kommando `scp`

Damit Sie die im letzten Abschnitt angegebene Datei `idendity.pub` vom Client zum Server kopieren können, benötigen Sie noch ein Kommando, mit dem Sie dieses abhörsicher erledigen können. Was liegt da näher, als die Funktion der Secure Shell zu benutzen? Sie gibt Ihnen auch die Möglichkeit, einen Secure Copy durchzuführen, den wir uns in diesem Abschnitt genauer ansehen werden.

Der Secure Copy basiert auf denselben Sicherheitsverfahren wie die Secure Shell. Da Sie mit dem Kommando `ssh` einen entfernten Rechner nur administrieren konnten, benötigen Sie nun für das Kopieren ein weiteres Kommando. Es hat den Namen `scp` und wird nach dem folgenden Schema aufgerufen:

```
scp [-r] <Quellhost>:<Quellpfad> <Zielhost>:<Zielpfad>
```

Als Erstes müssen Sie die Quelle des sicheren Kopiervorgangs bestimmen. Geben Sie dazu den Rechner an, von dem Sie eine Datei kopieren möchten, und anschließend, getrennt durch einen Doppelpunkt, den Pfad zu einer Datei oder zu einem Verzeichnis. Nach dem gleichen Schema können Sie das Ziel des Kopiervorgangs definieren. Bei beiden Übergabewerten (Quelle und Ziel) können Sie den Hostnamen und den Doppelpunkt immer dann weglassen, wenn Sie Ihren eigenen Rechner meinen. Auf diese Weise können Sie einzelne Dateien sicher übertragen. Falls Sie eine ganze Verzeichnisstruktur inklusive aller Unterverzeichnisse duplizieren möchten, muss Ihre Wahl auf die Option `-r` (r = rekursiv) fallen.

Beispiel 8.6: Kopieren einer Datei mit Secure Copy

```
root@host2:~ # scp host1:/etc/motd /root
root@host1's password:
motd  |  0 KB  |  0.0 kB/s  |  ETA: 00:00:00  |  100%

root@host2:~ #
```

Beispiel 8.7: Kopieren einer Verzeichnisstruktur mit Secure Copy

```
root@host2:~ # scp -r host1:/home /root
root@host1's password:
.Xdefaults      |  5 KB |  5.6 kB/s |  ETA: 00:00:00 | 100%
.Xmodmap        |  1 KB |  1.3 kB/s |  ETA: 00:00:00 | 100%
.Xresources     |  5 KB |  5.6 kB/s |  ETA: 00:00:00 | 100%
.bash_history   |  3 KB |  3.4 kB/s |  ETA: 00:00:00 | 100%
.bashrc         |  1 KB |  1.4 kB/s |  ETA: 00:00:00 | 100%
.dvipsrc        |  0 KB |  0.2 kB/s |  ETA: 00:00:00 | 100%
.emacs          |  4 KB |  4.0 kB/s |  ETA: 00:00:00 | 100%
.exrc           |  1 KB |  1.1 kB/s |  ETA: 00:00:00 | 100%
.gimprc         |  5 KB |  5.2 kB/s |  ETA: 00:00:00 | 100%
...
Apps            |  0 KB |  0.7 kB/s |  ETA: 00:00:00 | 100%
Graphics        |  0 KB |  0.3 kB/s |  ETA: 00:00:00 | 100%
Hosts           |  0 KB |  0.2 kB/s |  ETA: 00:00:00 | 100%
Toolbox         |  0 KB |  0.6 kB/s |  ETA: 00:00:00 | 100%
magic           |  0 KB |  0.8 kB/s |  ETA: 00:00:00 | 100%
xfmdev          |  0 KB |  0.2 kB/s |  ETA: 00:00:00 | 100%
xfmrc           |  1 KB |  1.9 kB/s |  ETA: 00:00:00 | 100%
.xinitrc        |  1 KB |  2.0 kB/s |  ETA: 00:00:00 | 100%
.xsession       |  2 KB |  2.7 kB/s |  ETA: 00:00:00 | 100%
.xtalkrc        |  0 KB |  0.1 kB/s |  ETA: 00:00:00 | 100%
.zsh            |  0 KB |  0.0 kB/s |  ETA: 00:00:00 | 100%
.tfrc           |  0 KB |  0.1 kB/s |  ETA: 00:00:00 | 100%
.gnu-emacs      | 15 KB | 15.9 kB/s |  ETA: 00:00:00 | 100%

root@host2:~ #
```

Nun können wir uns mit dem Kopieren der Datei `identity.pub` beschäftigen. Das Ziel dieses Vorgangs ist es, dass sich der Benutzer `root` vom Rechner `Host2` aus als `root` an `Host1` anmelden kann, ohne ein Passwort einzugeben. Dazu müssen Sie, wie bereits erwähnt, die Datei `identity.pub` von Host2 an die Datei `authorized_keys` von Host1 anfügen.

Beispiel 8.8: SSH-Anmeldung ohne Passwort einrichten

```
root@host1:~/.ssh # scp host2:/root/.ssh/identity.pub host2.pub
root@host2's password:
host3.pub       | 0 KB  | 0.3 kB/s  | ETA: 00:00:00  | 100%
root@host1:~/.ssh # cat host2.pub >>authorized_keys
root@host1:~/.ssh # rm host2.pub
root@host1:~/.ssh #
```

In diesem Beispiel wurde also zunächst der öffentliche Schlüssel von Host2 lokal in eine Datei mit dem Namen `host2.pub` kopiert. Diese wurde anschließend an die Datei `authorized_keys` angefügt, die damit das folgende Aussehen hat:

```
1024 37 171978138409298123980949478198908234 81... root@host1
```

Nun können Sie sich direkt ohne die Eingabe eines Kennwortes vom Client Host2 am SSH-Server Host1 anmelden.

Beispiel 8.9: SSH-Verbindung ohne Passwort

```
root@host2:~ # ssh host1
Last login: Tue Mar 27 11:35:57 2001
Have a lot of fun...
root@host1:~ #
```

Auch der SSH-Tunnel (siehe letzter Abschnitt) lässt sich jetzt ohne die Eingabe eines Kennwortes einrichten. Damit der Tunnel bei jedem Rechnerstart automatisch aktiviert wird, können Sie den entsprechenden Aufruf in ein Linux-Startskript, wie zum Beispiel das des SSH-Dämons, integrieren:

```
root@host2:~ # cat /etc/rc.d/init.d/sshd
#! /bin/sh
# Copyright (c) 1999, 2000 SuSE GmbH Nuernberg, Germany.
# All rights reserved.
#
# Author: Thorsten Kukuk <kukuk@suse.de>, 1999
#
...
case "$1" in
    start)
        ...
        echo -n "Starting SSH daemon:"
        startproc /usr/sbin/sshd $SSHD_OPTS || return=$rc_failed
        echo -e "$return"
        return=$rc_done
```

```
        echo -n "Starting SSH tunnel:"
        ssh -f -L 7777:host1:110 host1 sleep 86400
        echo -e "$return"
        ;;
    ...
esac
...
root@host2:~ #
```

Beim Rechnerstart erhalten Sie demnach die folgende Ausgabe:

```
Starting INET services (inetd)                                  done
Starting lpd                                                    done
Starting SSH daemon:                                            done
Starting SSH tunnel:                                            done
Starting CRON daemon                                            done
Starting identd                                                 done
Starting Name Service Cache Daemon                              done
Master Resource Control: runlevel 2 has been
reached


Welcome to SuSE Linux 7.0 (i386) - Kernel 2.2.16 (tty1).

host2 login:
```

9 Namensauflösung mit DNS

Jeder Rechner in einem Netzwerk besitzt eine eindeutige IP-Adresse, anhand derer er angesprochen werden kann. Da sich IP-Adressen jedoch recht schwer merken lassen, haben Rechner im Netzwerk zusätzlich einen sie bezeichnenden Namen. In diesem Kapitel erfahren Sie, wie die Umwandlung von Namen zu IP-Adressen in Computernetzwerken funktioniert. In diesem Zusammenhang werden Sie in Ihrem Netzwerk einen Nameserver installieren und die Clients dahingehend einrichten, dass sie den zuvor eingerichteten Namensdienst befragen.

9.1 Funktion

In der Anfangszeit des Internets war auf jedem teilnehmenden Rechner eine Datei vorhanden, in der sämtliche Netzteilnehmer mit ihrem Namen und ihrer IP-Adresse aufgeführt wurden. Im Laufe der Zeit wurde dieses Verfahren, wie Sie sich leicht vorstellen können, äußerst unpraktisch, da immer dann, wenn ein neuer Rechner zum Internet hinzugefügt wurde, alle anderen die besagte Datei aktualisieren mussten.

So entwickelte sich im Laufe der Zeit ein System, das Sie unter dem Namen DNS kennen. DNS steht für Domain Name System. Bei der Namensauflösung per DNS finden Sie nicht mehr auf jedem Rechner Informationen über die Namen aller anderen Teilnehmer. Vielmehr handelt es sich beim Domain Name System um eine verteilte Datenbank der zugrunde liegenden Informationen. So werden ausgewählte Rechner als DNS-Server eingerichtet. Sie übernehmen die Zuweisung von IP-Adressen zu Namen für einen bestimmten Bereich.

In diesem Buch werden grundsätzlich Rechner verwendet, die der Domäne `intern` angehören. Bevor wir im weiteren Verlauf dieses Kapitels einen Nameserver einrichten, der lediglich die Namen der Rechner aus dieser Domäne kennt, müssen Sie zunächst wissen, wie Rechnernamen überhaupt aufgebaut sind.

- Jeder Rechner hat einen ihm zugeordneten Namen. In diesem Buch wird zum Beispiel der Host mit der IP-Adresse 192.168.17.1 verwendet. Er trägt den Namen `host1`.
- Jeder Rechner ist Mitglied einer so genannten Domäne. Sie können sie als eine Art Gruppe ansehen, in der mehrere Hosts zusammengefasst werden. Die Rechner `host1`, `host2` usw. sind Mitglieder der Domäne `intern`. Da es auch in anderen Domänen Rechner mit dem gleichen Namen (z.B. `host1`) geben kann, können Sie einen Teilnehmer nur dann eindeutig ansprechen, wenn Sie zusätzlich seine Domäne mit angeben. Diese komplette, eindeutige Schreibweise in der Form

  ```
  host1.intern
  ```

  wird als Fully Qualified Domain Name (FQDN) bezeichnet.
- Jede Domäne kann wiederum Mitglied in einer anderen, übergeordneten Domäne sein. Betrachten wir dazu einen Rechner mit dem Namen `host1`, der in der Domäne

suse angesiedelt ist. suse ist nun seinerseits in der Domäne de zu finden. Der FQDN des besagten Rechners lautet demnach:

```
host1.suse.de
```

Alle Domänen sind in einer strikten Baumhierarchie zusammengefasst, die als Domain Name Space bezeichnet wird. In Abbildung 9.1 sehen Sie einen Ausschnitt des Namensraums.

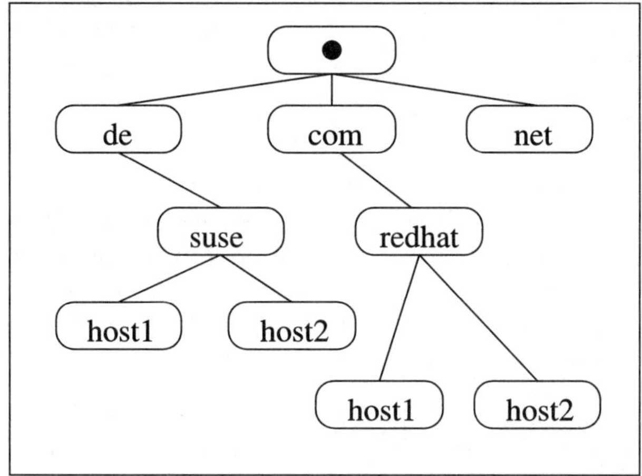

Abbildung 9.1: Domain Name Space

Die Wurzel des Domain Name Space wird mit einem Punkt "." bezeichnet. Wenn Sie den FQDN eines Rechners angeben, müssen Sie alle Domänen bis zur Wurzel durch einen Punkt getrennt aneinander reihen. Korrekterweise muss ein abschließender Punkt für die Wurzel ergänzt werden:

```
host1.suse.de.
```

Er wird jedoch in der Regel nicht aufgeführt.

Wie Sie bereits wissen, handelt es sich beim Domain Name System um eine verteilte Datenbank. DNS-Server sind also lediglich für einen Teil des Name Space verantwortlich. Diese Teile werden auch als Zonen bezeichnet. Eine Zone ist demnach der Bereich des Domain Name Space, für den ein DNS-Server die Namensauflösung realisiert. In Abbildung 9.2 sehen Sie erneut den Domain Name Space. Jedoch sind diesmal einige Zonen eingezeichnet. So wird es bei der Firma SuSE einen DNS-Server geben, der alle Rechnernamen der Domain suse auflösen kann. Die Summe aller Zonen ergibt wieder den Ihnen bekannten Domain Name Space.

Pro Zone gibt es also einen DNS-Server, der die Anfragen von Clients entgegennimmt. Falls er selbst nicht in der Lage ist, den angefragten Namen aufzulösen, so übergibt er die Anfrage an einen Nameserver der Zone ".". Der Nameserver in der Wurzelzone gibt die Anfrage dann an den Server weiter, der für die angefragte Domain zuständig ist. Sie erkennen, dass auf diese Weise alle Nameserver miteinander verbunden sind.

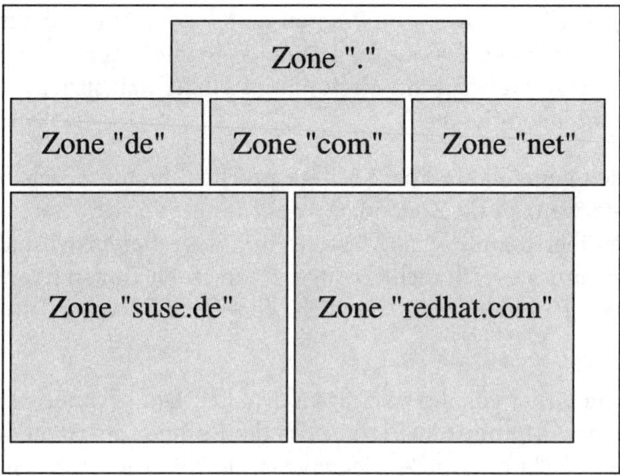

Abbildung 9.2: DNS-Zonen

Der DNS-Client befragt jedoch immer ein und denselben DNS-Server und erhält auch von ihm die Antwort. Die Befragung weiterer Nameserver führt er im Hintergrund und für den Anwender nicht sichtbar durch. Abbildung 9.3 zeigt den Weg, den eine Anfrage eines aus der Zone `"suse.de"` stammenden Rechners nimmt, der die IP-Adresse von `host1.redhat.com` wissen möchte. Da das Fragen der Clients nach einer IP-Adresse auch als „Wunsch auf Adressauflösung" betrachtet werden kann, bezeichnet man DNS-Clients grundsätzlich als „Resolver".

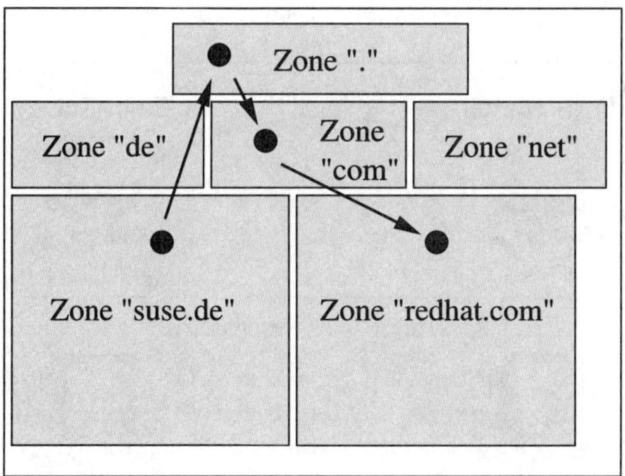

Abbildung 9.3: DNS-Resolver

Bisher war immer die Rede von einem DNS-Server pro Zone. Fällt dieser eine DNS-Server aus, so können alle Clients in der besagten Zone keine Namensauflösung mehr betreiben. Sie als Netzwerkadministrator hätten also einen „Single Point of Failure". Deshalb haben Sie die Möglichkeit, in Ihrer Zone mehrere DNS-Server zu installieren, von denen Sie lediglich einen als so genannten Master definieren. Nur an ihm müssen

Sie die notwendigen IP-Adressen und Namen einpflegen. Alle anderen Server werden ausschließlich so eingerichtet, dass sie die Daten des Masters in regelmäßigen Abständen einlesen und anfragenden Clients zur Verfügung stellen. Man spricht in diesem Zusammenhang von einem Slave-Server.

Nameserver werden generell am Port 53 angesprochen. So muss sich auch der Slave an diesen Port wenden, wenn er die Zonendaten des Masters zu sich übertragen möchte. Der Vorgang der Datenübertragung vom Master- zum Slave-Server wird als Zonentransfer bezeichnet. Hierbei muss es sich nicht zwingend um einen Transfer der Daten innerhalb einer Zone handeln. Es ist durchaus möglich, den Slave-Server in einer anderen Zone anzusiedeln.

Stellen Sie sich eine Firma vor, die zwei Standorte hat. Die Rechner am Standort A sind Mitglied in der Zone `"standorta.intern"`, die Rechner am Standort B gehören der Zone `"standortb.intern"` an. An jedem Standort existiert nun ein Master für den jeweiligen Bereich. Den Slave-Server von Standort A installieren Sie nun am Standort B und den von Standort B am Standort A. Dadurch haben Sie die Kosten für die WAN-Verbindung der beiden Standorte reduziert, da die Clients am Standort A Namen vom Standort B auflösen können, ohne eine Verbindung zu dessen Server aufzubauen.

Im weiteren Verlauf dieses Kapitels werden Sie erfahren, wie Sie den DNS-Dienst für die Rechner in der lokalen Zone `"intern"` einrichten können. Dabei werden Sie einen Master-Server auf `host1.intern` und einen Slave-Server auf `host2.intern` installieren. Ferner werden Sie die Clients dahingehend modifizieren, dass Sie ihre Nameserver befragen (siehe Abbildung 9.4). Dabei stellt Host3 seine DNS-Anfragen an den Master-Server, während Host4 den Slave-Server befragt.

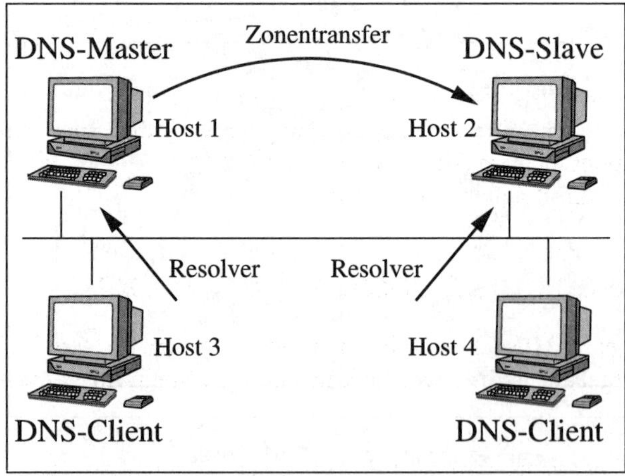

Abbildung 9.4: DNS-Architektur in der Zone `intern`

Die Vorteile, die die Master/Slave-Technik mit sich bringt, können Sie mit zwei Worten beschreiben:

Ausfallsicherheit Fällt einer der Nameserver aus, können Ihre Rechner weiterhin eine Namensauflösung an einem anderen DNS-Dienst durchführen.

Lastverteilung Sie haben außerdem die Möglichkeit, die DNS-Clients so einzurichten, dass nicht alle ihre Anfragen an denselben DNS-Rechner stellen. Vielmehr ist es sinnvoll, die Anfragen aufzuteilen, sodass sich die Last aller DNS-Anfragen gleichmäßig auf die Server verteilt.

Sie kennen nun die Funktionsweise des Domain Name Systems und wir können uns im weiteren Verlauf dieses Kapitels mit der Konfiguration der in Abbildung 9.4 gezeigten Thematik auseinander setzen.

9.2 Der DNS-Server

In diesem Abschnitt werden Sie den Master-Server für die DNS-Zone `"intern"` einrichten. Dazu müssen Sie zunächst einige Konfigurationsdateien erstellen, bevor Sie abschließend den Dämonprozess des Nameservers starten können. Im Einzelnen besteht der Namensdienst aus den in Tabelle 9.1 aufgelisteten Komponenten.

Komponente	Beschreibung
`named.conf`	Zentrale Konfigurationsdatei
`/var/named/`	Verzeichnis für die Zonendateien
`named`	Dämonprozess und Startskript

Tabelle 9.1: Komponenten des DNS-Servers

Die Konfigurationsdatei des DNS-Dienstes befindet sich im Verzeichnis `/etc/` und trägt den Namen `named.conf`. Die Zonendateien, also die Dateien, in denen Sie die Kombinationen von IP-Adresse und Namen hinterlegen müssen, finden Sie in der Regel im Verzeichnis `/var/named/`. Letztlich wird der Server selbst über den Dämon `named` gestartet. Er befindet sich im Verzeichnis `/usr/sbin/` und Sie können ihn über das gleichnamige Startskript aktivieren.

9.2.1 Die Konfigurationsdatei `named.conf`

Nachdem Sie diesen Abschnitt gelesen haben, werden Sie wissen, wie die Datei `named.conf` aufgebaut ist und welche Eintragungen Sie in ihr vornehmen können.

Bei der Datei `named.conf` handelt es sich um ein Textdokument, das Sie mit jedem beliebigen Editor bearbeiten können. Kommentare beginnen auch in dieser Datei mit dem Zeichen #.

```
#
# /etc/named.conf
#
# Master-Server fuer die Zone "intern"
```

```
#
# Erstellt von Jens Banning
#
```

Anschließend müssen Sie die von Ihnen gewünschten Gegebenheiten in Form von Deklarationen angeben. Innerhalb eines solchen Bereiches können Sie dann anhand von Parametern weitere Einstellungen vornehmen. Allgemein müssen Ihre Eintragungen der folgenden Syntax genügen:

```
<Deklaration> {
      <Parameter>;
      <...>;
};
```

Lassen Sie uns im Folgenden die Einstellungen der Datei `named.conf` betrachten, die Sie für Ihren DNS-Server benötigen.

Die Deklaration options

Die erste Deklaration gibt Ihnen die Möglichkeit, allgemeine Optionen für den Betrieb des Nameservers anzugeben. Leiten Sie sie mit dem Wort `options` ein:

```
options {
      <Parameter>;
      <...>;
};
```

Der Parameter directory

In der `options`-Umgebung müssen Sie nun das Verzeichnis bestimmen, in dem Sie später die Zonendateien ablegen:

```
directory "<Verzeichnis>";
```

Da es sich um variable Daten handelt, sollte Ihre Wahl auf das Verzeichnis `/var/named/` fallen:

```
options {
      directory "/var/named";
};
```

Die Deklaration zone

Nun können Sie schon mit der eigentlichen Konfiguration beginnen. Über die Deklaration `zone` teilen Sie dem DNS-Server mit, für welche Zone er verantwortlich ist.

```
zone "<Zonenname>" {
      <Parameter>;
      <...>;
};
```

Diese Deklaration kann durchaus mehrfach vorkommen, wodurch Sie Ihrem Server mitteilen, dass er für mehrere Zonen zuständig ist:

```
zone "intern" {
      <Parameter>;
      <...>;
};
```

Der Parameter type

Innerhalb einer Zonen-Deklaration muss der Nameserver vom Typ der Zone in Kenntnis gesetzt werden:

```
type <Zonentyp>;
```

Hier stehen Ihnen drei Werte zur Verfügung:

- Mit dem Typ `master` teilen Sie dem Nameserver mit, dass er der Master für die zuvor genannte Zone ist. Die Zonendaten werden vom Administrator, also von Ihnen, eingegeben.
- Mit `slave` wird der Nameserver darüber informiert, dass er die Zonendaten lediglich von einem Master-Server erhält. Sie als Administrator brauchen die Daten auf einem Slave-Server daher nicht zu pflegen. In Abschnitt 9.4 finden Sie Informationen zur Konfiguration eines Slave-Servers.
- Ferner existiert der Typ `hint`. Mit ihm wird eine Zone definiert, die nur Informationen über Nameserver hat, die sich an der Wurzel (`"."`) des Name Space befinden und die jede Anfrage beantworten können (siehe Abschnitt 9.2.2).

Betrachten wir daher den entsprechenden Abschnitt der Zone `"intern"` in der Konfigurationsdatei `named.conf`:

```
zone "intern" {
      type master;
      <...>;
};
```

Der Parameter `file`

Falls es sich zum Beispiel um eine Zone vom Typ `master` handelt, sind Sie aufgefordert, die Zonendaten in einer Datei einzupflegen. Um welche Datei es sich dabei handelt, geben Sie mit dem Parameter `file` ein.

```
file "<Datei>";
```

Geben Sie nur den Dateinamen an und nicht den kompletten Pfad:

```
zone "intern" {
      type master;
      file "intern.fw";
};
```

Die Zone `"intern"` ist also vom Typ `master`. Die Zonendatei befindet sich im Verzeichnis `/var/named/` (siehe `directory`) und hat den Namen `intern.fw`.

9.2.2 Beispiel

Sie kennen jetzt die Syntax, mit der Sie Ihren Nameserver anhand der Datei /etc/named.conf einstellen können. Auch kennen Sie die Bedeutung der möglichen Parameter. Betrachten wir daher jetzt die komplette Konfigurationsdatei des Master-Servers. Anschließend wird die genaue Bedeutung der Einträge erläutert:

```
#
# DNS-Master-Server
#
# /etc/named.conf
#
# Erstellt von Jens Banning
#

options {
      directory "/var/named";
};

#
# Die Zone . enthaelt Nameserver im Internet.
#

zone "." {
      type hint;
      file "root.hint";
};

#
# Das Loopback-Netz
#

zone "loopback" {
      type master;
      file "loopback.fw";
};

zone "0.0.127.IN-ADDR.ARPA" {
      type master;
      file "loopback.bw";
};

#
# Die Zone intern
#

zone "intern" {
      type master;
      file "intern.fw";
};
```

```
zone "17.168.192.IN-ADDR.ARPA" {
      type master;
      file "intern.bw";
};
```

Als Erstes legen Sie über die `options`-Deklaration das Verzeichnis fest, in dem Sie später Ihre Zonendateien ablegen möchten. Anschließend beginnen Sie mit der Deklaration der Zonen.

Die Wurzel des Domain Name Space ist durch einen einzelnen Punkt (`.`) gekennzeichnet. Diese Zone müssen Sie in die Definition Ihres Nameservers aufnehmen. Sie ist vom Typ `hint` und wird in der Datei `/var/named/root.hint` definiert. Bei der Installation des Nameservers wurde diese Datei bereits automatisch angelegt, sodass Sie in ihr keine weiteren Einstellungen vornehmen müssen. Welche Funktion nimmt der Zoneneintrag für die Wurzel nun wahr? Wenn alle Clientrechner Ihres Netzwerks den mit der obigen Datei konfigurierten Nameserver befragen, so ist dieser in der Lage, alle Namen aufzulösen, die der Zone `"intern"` angehören (siehe unten). Falls ein Client jedoch zum Beispiel die Internetseite der Firma SuSE besuchen möchte, wird Ihr Nameserver mit der Anfrage `www.suse.de` konfrontiert, die er anhand seiner Zonendaten nicht beantworten kann. In diesem Fall befragt er die Zone `"."`. In der zugehörigen Datei `root.hint` befindet sich eine Vielzahl vom Nameservern im Internet, die in der Lage sind, die Clientanfrage zu beantworten. Ihr lokaler DNS-Server schickt die Anfrage in einem solchen Fall an einen der in `root.hint` genannten Internet-Nameserver weiter und erhält auf diese Weise von ihm eine Antwort zurück.

Wie Sie bereits wissen, kommunizieren die Anwendungen eines Linux-Rechners intern über das Loopback-Netzwerk, also über die IP-Adresse 127.0.0.1. Wenn Sie einen DNS-Dienst aufsetzen, müssen Sie dieses Loopback-Netzwerk ebenfalls in Form einer Zone definieren. Die Zonendatei trägt hier den Namen `loopback.fw`. Sicher haben Sie sich schon gefragt, was die Dateiendung `fw` bedeutet. Sie ist frei gewählt und steht für `forward` (dt. vorwärts), da in der Zonendatei Namen zu IP-Adressen aufgelöst werden.

Es ist jedoch auch zwingend notwendig, neben der Vorwärtsauflösung eine Rückwärtsauflösung festzulegen. Sie ist für die Konvertierung von IP-Adressen in Namen verantwortlich. Sicher vermuten Sie, dass es sich hierbei jeweils um den gleichen Datenbestand handelt, womit Sie durchaus Recht haben. Wer sollte nun jemals nach einer IP-Adresse fragen, um den zugehörigen Namen zu finden? Viele Netzwerkdienste, wie zum Beispiel der Mail-Dienst, versuchen einen Hostnamen zunächst in eine IP-Adresse umzuwandeln (Vorwärtsauflösung). Um diese Antwort zu prüfen, befragen Sie den Nameserver erneut nach dem zugehörigen Namen (Rückwärtsauflösung). Solche Dienste akzeptieren einen Hostnamen erst dann, wenn die zweite Anfrage den ursprünglichen Rechnernamen als Ergebnis liefert. Anderenfalls besteht die Möglichkeit, dass der befragte DNS-Server von Eindringlingen manipuliert wurde. Bedenken Sie auch, dass es durchaus möglich ist, die Forwärts- und die Rückwärtsauflösung auf unterschiedlichen Rechnern abzulegen. Zusammenfassend können wir festhalten, dass die Aufsplittung in die oben genannten Bereiche die Sicherheit Ihres Systems erhöht.

Wenn Sie die Rückwärtsauflösung realisieren, können Sie die Zonendaten im Beispiel in der Datei `loopback.bw` eintragen (`backward`). Beim Namen der Zone müssen Sie in der Konfigurationsdatei `named.conf` eine spezielle Form angeben. Sie besteht aus der IP-Adresse des zugehörigen Netzes, die Sie jedoch in umgekehrter Reihenfolge aufführen müssen. Um also das Netz 127.0.0.x zu beschreiben, geben Sie `0.0.127.` an. Anschließend folgt der feste Begriff `IN-ADDR.ARPA`.

Diese Schreibweise hat mit dem Aufbau von IP-Adressen und Rechnernamen zu tun. Während bei einer IP-Adresse der Hostanteil am Ende steht (192.168.17.**1**), steht er beim zugehörigen Hostnamen am Anfang (**host1**.intern).

Nachdem Sie nun die Root- und die Loopback-Zonen definiert haben, kommen Sie zu der eigentlichen Aufgabe ihres Nameservers: dem Zuweisen von Namen zu den Rechnern Ihres lokalen Netzwerkes.

Definieren Sie die Master-Zone `"intern"`, die sich in der Datei `intern.fw` wiederfindet, und die Zone `"17.168.192.IN-ADDR.ARPA"` für die Rückwärtsauflösung mit der Datei `intern.bw`.

9.2.3 Die Zonendateien

Jetzt müssen Sie noch die vier Zonendateien `loopback.fw`, `loopback.bw`, `intern.fw` und `intern.bw` erstellen. Auch hier haben Sie es wieder mit Textdateien zu tun, die mit jedem Editor bearbeitet werden können. Kommentare beginnen mit dem Zeichen `;` (nicht #). Beginnen wir zunächst mit der Syntax einer Zonendatei. Am Anfang müssen Sie einen Bereich angeben, der das Verhalten des Nameservers für diese Zone beschreibt. Er hat allgemein die Form:

```
@                IN SOA   <Nameserver> <Administrator> (

                          <Seriennummer>;
                          <Refresh>;
                          <Retry>;
                          <Expire>;
                          <TTL> );

                 NS       <Nameserver>

                 MX  <n>  <Mailserver>
```

Als Erstes definieren Sie über `IN SOA` für den INternet Nameserver den Start Of Authority. Ihm folgt der Name des Servers selbst, wobei Sie den Namen an dieser Stelle mit einem Punkt abschließen müssen (`host1.intern.`). Anschließend geben Sie die Mail-Adresse des Administrators an. Falls der Nameserver auf irgendwelche Probleme stößt, kann er den hier angegebenen Benutzer per Mail davon unterrichten. Auch die Mail-Adresse muss mit einem Punkt enden. Ferner müssen Sie das Zeichen @ ebenfalls durch einen Punkt ersetzen. Die Adresse `root@intern` müssen Sie demnach in der Form `root.intern.` aufführen.

Anschließend folgen fünf Werte, die die im Weiteren aufgeführten Bedeutungen haben.

Seriennummer Die Seriennummer beschreibt den Versionsstand der Zonendatei. Sie kann von Ihnen beliebig gewählt werden und muss bei jeder Änderung erhöht werden. Anhand dieser Datei erkennen DNS-Slave-Server, ob sich die Daten erneuert haben. Ihre Seriennummer sollte die Form

`<Jahr><Monat><Tag><Laufende Nummer>`

haben, da Sie somit auch mehrere Änderungen an einem Tag markieren können und da sämtliche Änderungen eine Vergrößerung der Zahl mit sich bringen (Bsp: 2001032901, laufende Nummer 1 am 29. März 2001).

Refresh Wie oft Slave-Server die Seriennummer prüfen sollen, geben Sie über Refresh in Sekunden an. Falls Sie den Zeitraum in Minuten, Stunden, Tagen oder Wochen ausdrücken möchten, können Sie der Zahl einen der Buchstaben M, H, D oder W folgen lassen (8H = 8 Stunden).

Retry Falls der Slave-Server den Master nicht erreichen kann, versucht er es alle `<Retry>` Sekunden erneut. Auch hier können Sie den Zeitraum in Minuten, Stunden, Tagen oder Wochen angeben (15M = 15 Minuten).

Expire Kann der Slave den Master während des mit `<Expire>` angegebenen Zeitraums nicht erreichen, stellt der Slave-Server die Zonendaten für Clients nicht mehr zur Verfügung (1W = 1 Woche).

TTL Zum Abschluss geben Sie einen Zeitraum an, mit dem Sie die Lebenszeit der DNS-Einträge definieren. Ein Wert von 1D (1 Tag) bedeutet, dass alle anfragenden Stationen, die einen DNS-Eintrag lesen, diesen für einen Tag in ihrem Cache behalten dürfen. Anschließend müssen sie den Nameserver erneut befragen.

Nach dem einleitenden Block wird der Nameserver erneut über den Eintrag NS angegeben. Der Name endet wieder mit einem Punkt.

Wenn Sie von außenstehenden Personen Mails erhalten, sind diese natürlich nicht an `user1@host1.intern`, sondern lediglich an `user1@intern` adressiert. An welchen Rechner diese Mails nun gesendet werden sollen, definieren Sie ebenfalls in der DNS-Zone über den Parameter MX (Mail Exchanger). Ihm folgt zunächst eine Zahl, die die Wertigkeit des Mailservers definiert. Anschließend führen Sie den Namen des entsprechenden Rechners auf. Einträge, die mit MX beginnen, können mehrfach in der Zonendatei auftreten. Sie haben dadurch die Möglichkeit, mehrere Mailserver anzugeben. Eintreffende Mails werden nun zunächst an den Server geschickt, den Sie mit der kleinsten Wertigkeit angegeben haben. Ist er nicht erreichbar, wird der nächste über MX definierte Rechner angesprochen. Betrachten wir als Beispiel den Beginn der Zone `intern`:

```
;
; Zone "intern"
;
; /var/named/intern.fw
;
; Erstellt von Jens Banning
```

```
;

@                IN SOA   host1.intern. root.intern. (

                          2001032901   ;Seriennummer
                          8H           ;Refresh
                          15M          ;Retry
                          1W           ;Expire
                          1D )         ;TTL

                 NS       host1.intern.

                 MX  1    host1.intern.
```

Kommen wir nun zu den eigentlichen Zonendaten, die in Form von Resource Records (RR) angegeben werden. Dabei kann ein Resource Record mit mehreren Schlüsselwörtern eingeleitet werden.

Der A-Record

Mit dem A-Record definieren Sie die Zuweisung eines Hostnamens zu einer IP-Adresse in der Form:

```
<Hostname>       A        <IP-Adresse>
```

Sie müssen nur den Hostnamen angeben. Die Domänen werden nicht genannt.

```
host1            A        192.168.17.1
```

Der Rechner `host1` in der Zone `"intern"` hat die IP-Adresse 192.168.17.1. Mit einem A-Record beschreiben Sie die Auflösung eines Namens in eine IP-Adresse.

Der CNAME-Record

Den A-Record dürfen Sie für einen Rechner in Ihrem Netzwerk nur einmal verwenden. Wenn Sie jedoch einen Rechner mit mehreren Namen ansprechen möchten, haben Sie die Möglichkeit, Aliase für den ursprünglichen Namen zu vergeben. Diese Aliase werden auch als kanonische Namen (CNAME) bezeichnet.

```
<Alias>          CNAME    <Originalname>
```

Um den Rechner `host1` auch als `dbserver` ansprechen zu können, ist demnach der folgende Eintrag notwendig:

```
dbserver         CNAME    host1
```

Somit erreichen Sie die IP-Adresse 192.168.17.1 auch als `dbserver.intern`.

Der HINFO-Record

Mit dem HINFO-Record können Sie Informationen über Rechner in Ihrem Netzwerk hinterlegen. Der als Hardware-Info bezeichnete Eintrag hat allgemein die Form:

```
<Hostname>        HINFO    <Prozessor> <Betriebssystem>
```

Beschreiben Sie den angegebenen Rechner nun, indem Sie den Prozessor und das Betriebssystem aufführen. Falls Ihre Werte Leerzeichen enthalten, müssen Sie sie in Anführungszeichen setzen.

```
host1             HINFO    Intel-Celeron-700 SuSE-Linux-7.0
```

Der PTR-Record

Bisher haben Sie Resource Records kennen gelernt, die mit der Zuweisung vom Hostnamen zur IP-Adresse zusammenhingen. Mit welchem Eintrag können Sie die Rückwärtsauflösung realisieren? Er trägt den Namen PTR und dient als Pointer einer IP-Adresse auf einen Hostnamen. Werden die bisherigen Resource Records (RR) in der Zonendatei für die Vorwärtsauflösung eingetragen, so verwenden Sie diesen RR für die Rückwärtsauflösung gemäß der folgenden Syntax:

```
<Host-IP>        PTR        <FQDN des Hosts>
```

In der ersten Spalte steht der Hostanteil der IP-Adresse, die der zugehörige Rechner besitzt. In dem Beispielnetz dieses Buches liegen alle Rechner im Netzwerk 192.168.17.0/255.255.255.0. Somit ist das letzte Byte der Hostanteil. Nach dem Schlüsselwort PTR folgt der Fully Qualified Domain Name des Hosts. Sie müssen demnach den kompletten Namen angeben und diesen auch mit einem Punkt abschließen:

```
1                PTR        host1.intern.
```

Sie kennen jetzt die möglichen Einträge in den Zonendateien und deren Bedeutung. Im nächsten Abschnitt werden alle notwendigen Dateien für den DNS-Master-Server aufgeführt und erläutert.

9.2.4 Beispiele für Zonen

Sie können in diesem Abschnitt die Zonendateien einsehen, die Sie zum Betrieb Ihres Master-Servers benötigen. Betrachten wir die Datei `loopback.fw`:

```
;
; Zone "loopback"
;
; /var/named/loopback.fw
;
; Erstellt von Jens Banning
;

@                  IN SOA   localhost. root.intern. (

                            2001032901   ;Seriennummer
                            8H           ;Refresh
                            15M          ;Retry
                            1W           ;Expire
```

```
                        1D )        ;TTL

                NS      host1.intern.

;
; Host-Definitionen
;

localhost.      A       127.0.0.1
```

Nach den allgemeinen Angaben bezüglich des Nameservers (Mail-Adresse des Administrators, Seriennummer, Refresh-, Retry-, Expire- und TTL-Zeit) folgt die Auflistung der Hosts im Loopback-Netzwerk. Sie sehen, dass der Name `localhost` auf die IP-Adresse 127.0.0.1 verweist.

In der Datei `loopback.bw` definieren Sie nun die Rückwärtsauflösung:

```
;
; Zone "0.0.127.IN-ADDR.ARPA"
;
; /var/named/loopback.bw
;
; Erstellt von Jens Banning
;

@               IN SOA  0.0.127.in-addr.arpa root.intern. (

                        2001032901  ;Seriennummer
                        8H          ;Refresh
                        15M         ;Retry
                        1W          ;Expire
                        1D )        ;TTL

                NS      host1.intern.
;
; Host-Definitionen
;

1               PTR     localhost.
```

Die Zone hat den Namen `0.0.127.IN-ADDR.ARPA`. Sie repräsentiert den Netzanteil der Rechner im Netzwerk. Den Hostanteil 1, also die Adresse 127.0.0.1, bilden Sie auf den Namen `localhost` ab. Bei der Rückwärtsauflösung wird hinter IN SOA der Name der Zone angegeben.

Damit kennen Sie die Zonendateien, die Sie für das Loopback-Netzwerk benötigen, und wir können die entsprechenden Einträge für das `intern`-Netz betrachten. Die Datei `intern.fw` hat das folgende Aussehen:

```
;
; Zone "intern"
```

```
;
; /var/named/intern.fw
;
; Erstellt von Jens Banning
;

@               IN SOA   host1.intern. root.intern. (

                         2001032901   ;Seriennummer
                         8H           ;Refresh
                         15M          ;Retry
                         1W           ;Expire
                         1D )         ;TTL

                NS       host1.intern.

                MX  1    host1.intern.
;
; Host-Definitionen
;

host1           A        192.168.17.1
host2           A        192.168.17.2
host3           A        192.168.17.3
host4           A        192.168.17.4
host5           A        192.168.17.5
host6           A        192.168.17.6
host7           A        192.168.17.7
host8           A        192.168.17.8
host9           A        192.168.17.9

dbserver        CNAME    host1
host1           HINFO    Intel-Celeron-700 SuSE-Linux-7.0
```

Neben den allgemeinen Angaben wird über den MX-Eintrag definiert, dass Mails, die an die Domäne `intern` gerichtet sind (z.B. `user1@intern`), an den Rechner `host1.intern` gesendet werden sollen. Ferner definieren Sie im unteren Teil mit dem Resource Record A, welcher Hostname auf welche IP-Adresse zeigt. Außerdem haben Sie die Möglichkeit, Aliase (CNAME) und Hardware-Infos (HINFO) anzugeben.

In der folgenden Datei `intern.bw` realisieren Sie dann die Zuweisungen von IP-Adressen zu Namen:

```
;
; Zone "17.168.192.IN-ADDR.ARPA"
;
; /var/named/intern.bw
;
; Erstellt von Jens Banning
;
```

```
@               IN SOA   17.168.192.in-addr.arpa root.intern. (

                         2001032901   ;Seriennummer
                         8H           ;Refresh
                         15M          ;Retry
                         1W           ;Expire
                         1D )         ;TTL

                NS       host1.intern.
;
; Host-Definitionen
;

1              PTR      host1.intern.
2              PTR      host2.intern.
3              PTR      host3.intern.
4              PTR      host4.intern.
5              PTR      host5.intern.
6              PTR      host6.intern.
7              PTR      host7.intern.
8              PTR      host8.intern.
9              PTR      host9.intern.
```

Die Hostanteile 1 bis 9 des Netzwerks 192.168.17.0/255.255.255.0 werden auf die Namen `host1.intern` bis `host9.intern` abgebildet.

Da Sie an der Datei `root.hint` keine Eintragungen vorzunehmen haben, wird sie an dieser Stelle nicht dargestellt. Sollten Sie die Datei bei einigen Distributionen vermissen, so können Sie sie auch im Internet per FTP von der Adresse

`ftp.rs.internic.net`

herunterladen.

Im Verzeichnis `/var/named/` befinden sich also die folgenden Daten:

```
root@host1:/var/named # ls -l
total 32
drwxr-xr-x   3 named    root       4096 Apr  2 07:29 .
drwxr-xr-x  21 root     root       4096 Sep 15  2000 ..
-rw-r--r--   1 root     root        821 Apr  2 07:29 intern.bw
-rw-r--r--   1 root     root        920 Apr  2 07:29 intern.fw
-rw-r--r--   1 root     root        461 Apr  2 07:29 loopback.bw
-rw-r--r--   1 root     root        487 Apr  2 07:29 loopback.fw
-rw-r--r--   1 root     root       2769 Apr  2 07:29 root.hint
drwxr-xr-x   2 named    root       4096 Jul 29  2000 slave
root@host1:/var/named #
```

9.2.5 Der Dämon named

Sie haben Ihren Master-Server nun komplett konfiguriert und können den DNS-Dienst auf Ihrem Linux-System starten. Der zugehörige Dämonprozess trägt den Namen `named` und Sie finden ihn im Verzeichnis `/usr/sbin/`. Der Server wird nicht mit den Rechten des Benutzers `root` gestartet, sondern er läuft unter einem eigenen Account mit dem Namen `named`. Dies muss dem Dämon beim Start mit der Option `-u` mitgeteilt werden. Sie müssen den DNS-Dienst unter Verwendung der Option `-u` jedoch nicht aus dem Verzeichnis `/usr/sbin/` heraus starten, sondern Sie können sich eines Startskripts bedienen. Auch das Skript trägt den Namen `named` und Sie starten es in der Ihnen bekannten Weise:

Beispiel 9.1: Starten des DNS-Servers unter SuSE **SuSE**

```
root@host1:~ # /etc/rc.d/init.d/named start
Starting name server.                              done
root@host1:~ #
```

Beispiel 9.2: Starten des DNS-Servers unter Red Hat **Red Hat**

```
root@host1:~ # /etc/rc.d/init.d/named start
Starting named:                                    [  OK  ]
root@host1:~ #
```

Damit der Nameserver beim Rechnerstart generell aktiviert wird, müssen Sie bei SuSE mit dem Programm `yast` die Variable START_NAMED auf den Wert `yes` setzen.

Unter Red Hat muss gegebenenfalls der Link auf das Startskript im gewünschten Runlevel angelegt werden. Nähere Informationen zur Konfiguration der Runlevel finden Sie in den Büchern [Kofler1999] und [Hein1999].

9.2.6 Zusammenfassung

Dieser Abschnitt stellt eine kurze Zusammenfassung dar, welche Schritte Sie zum Einrichten eines DNS-Master-Servers durchführen müssen:

1. Erstellen Sie die Konfigurationsdatei `/etc/named.conf`. Tragen Sie in ihr den Pfad zu dem Verzeichnis ein, wo Ihre Zonendateien abgelegt sind (`/var/named/`). Geben Sie ferner die notwendigen Angaben ein, die die Zonen `"loopback"` und `"."` beschreiben. Fügen Sie des Weiteren die Zonen ein, die Ihr Nameserver bedienen soll (`"intern"`).
2. Erstellen Sie die beiden Zonendateien für das Loopback-Netzwerk mit den Namen `/var/named/loopback.fw` und `/var/named/loopback.bw`.
3. Für jede andere Zone, für die Ihr Nameserver zuständig ist, müssen Sie ebenfalls die Zonendateien anlegen (z.B. `/var/named/intern.fw` und `/var/named/intern .bw`).

4. In der Datei /etc/named.conf haben Sie die Zone "." angegeben, die Nameserver aus dem Internet enthält. Die zugehörige Datei mit dem Namen /var/named/root.hint ist entweder auf Ihrem System vorhanden oder Sie finden sie auf ftp.rs.internic.net.
5. Starten Sie das Skript /etc/rc.d/init.d/named mit der Option start, um den Server zu aktivieren.
6. Führen Sie die notwendigen Konfigurationsschritte durch, damit der Nameserver bei jedem Rechnerstart aktiviert wird. Setzen Sie bei einer SuSE-Distribution die Variable START_NAMED auf den Wert yes.

9.3 Der DNS-Client

Welche Einstellungen sind am DNS-Client umzusetzen, damit Rechner einen bestimmten Nameserver im Netzwerk verwenden? Die Lösung zu dieser Frage erfahren Sie in den folgenden Abschnitten.

9.3.1 Die Konfigurationsdatei host.conf

Die erste Datei, die in diesem Zusammenhang zu nennen ist, hat den Namen host.conf. Wie immer handelt es sich um ein ASCII-Dokument, das Sie mit dem Editor Ihrer Wahl bearbeiten können. Kommentare beginnen auch in dieser Datei mit dem Zeichen #.

In ihr müssen Sie lediglich zwei Einträge vornehmen, die jeweils durch einen Parameter repräsentiert werden.

Der Parameter order

Die Namensauflösung erfolgte in der Frühzeit des Internets über eine einzelne Datei, die auf jedem Rechner installiert werden musste. Sie trug den Namen hosts und sie ist auch heutzutage noch im Verzeichnis /etc/ eines Linux-Rechners zu finden. In der Regel steht in dieser Datei jedoch lediglich die Auflösung des eigenen Rechnernamens.

```
#
# /etc/hosts    This file describes a number of hostname-to-
#               address mappings for the TCP/IP subsystem. It
#               is mostly used at boot time, when no name
#               servers are running. On small systems, this
#               file can be used instead of a "named" name
#               server.
# Syntax:
#
# IP-Address  Full-Qualified-Hostname  Short-Hostname
#

127.0.0.1       localhost
192.168.17.3    host3.intern           host3
```

Sie haben jedoch durchaus die Möglichkeit, in dieser Datei weitere Eintragungen vorzunehmen. Somit kennen Ihre Rechner im Netzwerk zwei Verfahren, Namen in IP-Adressen aufzulösen. Zum einen können sie ihre lokale Datei `/etc/hosts` und zum anderen den Nameserver befragen. Daher haben Sie als Administrator die Aufgabe festzulegen, in welcher Reihenfolge diese beiden Verfahren genutzt werden sollen. Dazu verwenden Sie den Parameter `order`:

```
order <1.Wahl>, <2.Wahl>
```

Mit dem Schlüsselwort `hosts` wird die Datei `/etc/hosts` bezeichnet. Das Schlüsselwort `bind` bezeichnet den DNS-Server:

```
order hosts, bind
```

Standardmäßig wird also zunächst `/etc/hosts` analysiert und anschließend Ihr Nameserver betrachtet.

Der Parameter multi

Falls Sie in der Datei `/etc/hosts` einen Host mit mehreren Einträgen definieren, wird per Default nur der erste Wert verwendet. Damit Ihr Linux-System alle gültigen Einträge erkennt, verwenden Sie den Parameter `multi`:

```
multi <on|off>
```

Setzen Sie ihn für den beschriebenen Fall auf `on`:

```
multi on
```

Somit hat die Konfigurationsdatei `/etc/host.conf` das folgende Aussehen:

```
#
# DNS-Client
#
# /etc/host.conf
#
# Erstellt von Jens Banning
#

order hosts, bind
multi on
```

9.3.2 Die Konfigurationsdatei resolv.conf

Was auf der Clientseite jetzt noch fehlt, ist die Definition, mit welchem Nameserver sich der Client verbinden soll. Verwenden Sie dazu die Datei `/etc/resolv.conf`. In Ihr können Sie drei Einstellungen vornehmen:

Der Parameter search

Falls Hostnamen gesucht werden, die nicht in Form des Fully Qualified Domain Name

(FQDN) angegeben sind, so werden sie in der Domäne gesucht, die auf den Parameter `search` folgt.

```
search <Domain>
```

Sie sollten hier Ihre eigene, lokale Domäne eintragen:

```
search intern
```

Der Parameter domain

Falls Hostnamen ohne die Angaben der zugehörigen Domäne erfragt werden, so wird per Default die Domäne vermutet, zu der auch der lokale Rechner gehört, also im Beispiel `intern`. Über den Parameter `domain` können Sie hier eine andere Domain angeben:

```
domain <Domain>
```

Diesen Parameter werden Sie in der Regel nicht benötigen.

Der Parameter nameserver

Als letzte und wichtigste Einstellung definieren Sie den Nameserver, den Ihr Client-Rechner befragen soll. Benutzen Sie dazu folgenden Eintrag:

```
nameserver <IP-Adresse>
```

In unserem Beispiel soll der Rechner Host3 den DNS-Dienst am Host1 verwenden.

```
nameserver 192.168.17.1
```

Sie können mehrere Einträge vom Typ `nameserver` angeben. Bei einer Clientanfrage wird zunächst eine Verbindung zum ersten Server hergestellt. Ist er nicht erreichbar, sendet der Client die Anfrage zum zweiten aufgeführten Server usw. Mit diesem Verfahren wird die Sicherheit erhöht, da der Ausfall eines Servers nicht zum Ausfall des gesamten DNS-Dienstes führt.

```
nameserver 192.168.17.1
nameserver 192.168.17.2
```

Insgesamt hat die Datei `resolv.conf` das folgende Aussehen:

```
#
# DNS-Client
#
# /etc/resolv.conf
#
# Erstellt von Jens Banning
#

search intern
nameserver 192.168.17.1
```

Bei den Distributionen SuSE und Red Hat haben Sie die Möglichkeit, die notwendigen Einstellungen mit einem grafischen Administrationstool durchzuführen.

SuSE

Betrachten wir zunächst die SuSE-Distribution. Starten Sie zum Festlegen des Nameservers das Ihnen bereits bekannte Programm YaST:

```
root@host3:~ # yast2
```

Wählen Sie im YaST-Hauptmenü den Punkt NETZWERK/GRUNDEINSTELLUNGEN an. Nachdem zunächst Fragen zur Einrichtung der Netzwerkkarte erscheinen, können Sie anschließend die Daten eingeben, die YaST später in die Datei `/etc/resolv.conf` schreiben soll (siehe Abbildung 9.5).

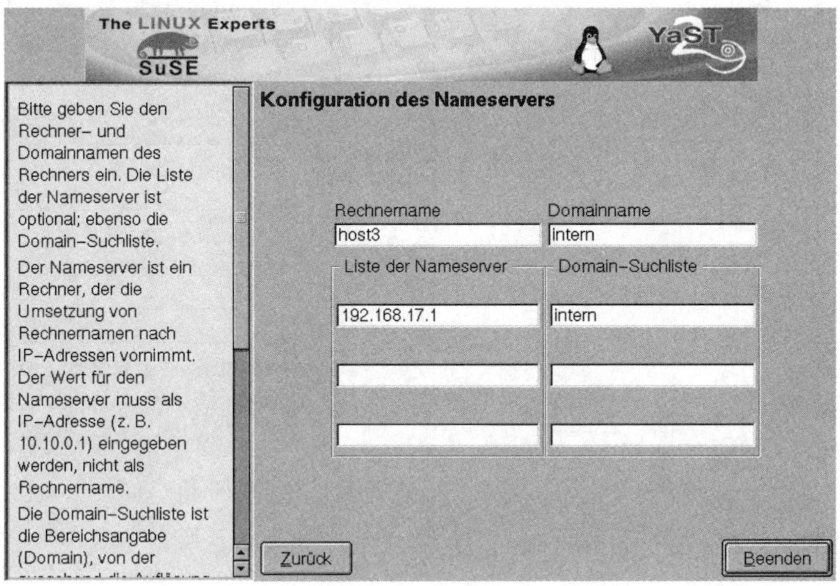

Abbildung 9.5: Konfiguration des DNS-Clients unter SuSE

Red Hat

Falls Sie mit einer Distribution des Herstellers Red Hat arbeiten, starten Sie zur Einrichtung des DNS-Clients das Programm LinuxConf:

```
root@host3:~ # linuxconf
```

Unter dem Punkt DNS-KONFIGURATION geben Sie daraufhin die gewünschten Werte wie in Abbildung 9.6 ein.

9.3.3 Das Kommando `nslookup`

Nachdem Sie nun Ihren Client-Rechner dahingehend präpariert haben, dass er den Nameserver am Host 192.168.17.1 verwendet, ist es jetzt an der Zeit, die eingerichtete Konstellation zu testen. Verwenden Sie dazu am Client das Kommando `nslookup`. Es konnektiert den in der Datei `resolv.conf` definierten Nameserver und Sie können nach dem Start interaktiv DNS-Anfragen eingeben. Rufen Sie das Kommando an der Linux-Textkonsole in der Form

```
nslookup
```

auf. Anschließend erscheinen die Meldung über den Namen des Nameservers und der `nslookup`-Prompt.

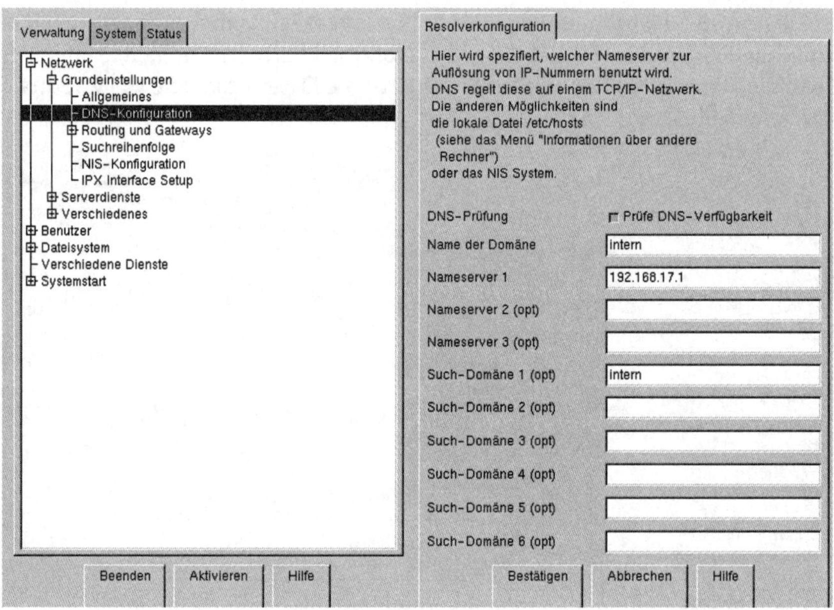

Abbildung 9.6: Konfiguration des DNS-Clients unter Red Hat

Beispiel 9.3: Starten von `nslookup`

```
root@host3:~ # nslookup
Default Server:  host1.intern
Address:  192.168.17.1

>
```

Bitte beachten Sie, dass Sie, wie in dem Beispiel dieses Buches auch, den Nameserver ebenfalls in der entsprechenden Zone in Form eines A-Records und eines PTR-Records eintragen. Anderenfalls erhalten Sie beim Starten von `nslookup` den folgenden Fehler:

```
user1@host3:~ # nslookup
*** Can't find server name for address 192.168.17.1:
*** Non-existent host/domain
*** Default servers are not available
root@host3:~ #
```

Wenn Sie sich am Prompt des Kommandos `nslookup` befinden, können Sie dort eine Reihe von Befehlen eingeben, die in Tabelle 9.2 aufgelistet sind.

Befehl	Beschreibung
`set type=A`	Anfragen beziehen sich auf A-Records
`set type=PTR`	Anfragen beziehen sich auf PTR-Records
`set type=HINFO`	Anfragen beziehen sich auf HINFO-Records
`exit`	`nslookup` beenden

Tabelle 9.2: Befehle des Kommandos `nslookup`

Sie müssen am Prompt definieren, auf welche Art von Resource Records sich Ihre Anfragen beziehen sollen. Nach dem Kommandostart ist der Typ A aktiv. Wenn Sie also zum Beispiel nach `host1` fragen, so erhalten Sie die entsprechende IP-Adresse. Auch können Sie an dieser Stelle Informationen über Aliase erhalten (`dbserver`). Um nach einer IP-Adresse fragen zu können, geben Sie zuvor `set type=PTR` ein. Um Informationen über die Hardware zu bekommen, schalten Sie auf `set type=HINFO` um.

Beispiel 9.4: DNS-Anfrage nach host3

```
user1@host3:~ # nslookup
Default Server:  host1.intern
Address:  192.168.17.1

> host3
Server:  host1.intern
Address:  192.168.17.1

Name:    host3.intern
Address:  192.168.17.3

> exit
user1@host3:~ #
```

Beispiel 9.5: DNS-Anfrage nach `192.168.17.4`

```
user1@host3:~ # nslookup
Default Server:  host1.intern
Address:  192.168.17.1

> set type=PTR
> 192.168.17.4
Server:  host1.intern
Address:  192.168.17.1

4.17.168.192.in-addr.arpa       name = host4.intern
17.168.192.in-addr.arpa nameserver = host1.intern
host1.intern    internet address = 192.168.17.1
> exit
user1@host3:~ #
```

Beispiel 9.6: DNS-Anfrage nach der Hardware von host1

```
user1@host3:~ # nslookup
Default Server:  host1.intern
Address:  192.168.17.1

> set type=HINFO
> host1
Server:  host1.intern
Address:  192.168.17.1

host1.intern    CPU = Intel-Celeron-700 OS = SuSE-Linux-7.0
intern  nameserver = host1.intern
host1.intern    internet address = 192.168.17.1
> exit
user1@host3:~ #
```

Beispiel 9.7: DNS-Anfrage nach www.suse.de

```
user1@host3:~ # nslookup
Default Server:  host1.intern
Address:  192.168.17.1

> www.suse.de
Server:  host1.intern
Address:  192.168.17.1

Non-authoritative answer:
Name:    Turing.suse.de
Address:  213.95.15.200
Aliases:  www.suse.de

> exit
user1@host3:~ #
```

Im letzten Beispiel haben Sie nach `www.suse.de` gefragt. Da der Nameserver diese Anfrage selbst nicht auflösen kann, hat er einen Nameserver aus der Zone `"."`, also aus der Datei `/var/named/root.hint` befragt und vom diesem das Ergebnis erhalten.

Wie Sie sehen, ist `www.suse.de` lediglich ein Alias für den Namen `Turing.suse.de`, der die IP-Adresse 213.95.15.200 hat. Ferner wird die Antwort mit den Worten `Non-authoritative answer:` eingeleitet. Daran erkennen Sie, dass Ihr lokaler Nameserver die Anfrage nicht beantworten konnte und die Antwort von einer anderen Stelle erhalten hat.

9.3.4 Zusammenfassung

Zum Abschluss dieses Abschnitts über die Client-Konfiguration erhalten Sie, wie beim Master-Server auch, eine Zusammenfassung, welche Konfigurationsschritte Sie durchführen müssen, damit die Rechner in Ihrem Netzwerk einen bestimmten Nameserver ansprechen:

1. Als Erstes definieren Sie in der Datei `/etc/host.conf` die Reihenfolge, in der die Datei `/etc/hosts` und der Nameserver befragt werden sollen.
2. Als Zweites muss in der Datei `/etc/resolv.conf` eingetragen werden, in welcher Domäne sich Ihre Rechner befinden. Hier tragen Sie auch die IP-Adresse des Nameservers ein, an den Ihre Clients Anfragen stellen. Dabei haben Sie durchaus die Möglichkeit, mehrere DNS-Server anzugeben. In einem solchen Fall wird eine Verbindung zum ersten verfügbaren Server aufgebaut.
3. Ob Sie Ihren Client richtig eingerichtet haben, können Sie mit dem Kommando `nslookup` testen.

9.4 Der Slave-Server

Die DNS-Architektur besteht aus den Komponenten

- DNS-Master,
- DNS-Client und
- DNS-Slave.

Die Einrichtung des Masters und des Clients haben Sie bereits kennen gelernt. In diesem Abschnitt werden wir uns nun der Slave-Konfiguration widmen.

In der Beispielumgebung dieses Buches wurde der DNS-Master auf dem Rechner Host1 eingerichtet. Den DNS-Client Host3 haben Sie so konfiguriert, dass er den Master standardmäßig befragt. Auf dem Linux-System Host2 werden Sie im Laufe dieses Abschnitts den DNS-Slave einrichten. Anschließend richten Sie den DNS-Client Host4 so ein, dass er als Nameserver den Slave-Rechner verwendet.

9.4.1 Einstellungen in der Datei `named.conf`

Die zentrale Konfigurationsdatei des Nameservers ist die Datei `named.conf`. Dies gilt sowohl für den Master- als auch für den Slave-Server. Sie sollten generell die Zone `"."` vom Typ `hint` und die Zone „`Loopback`" vom Typ `master` belassen. Somit brauchen Sie auf dem Slave die Dateien `/var/named/root.hint`, `/var/named/loopback.fw` und `/var/named/loopback.bw`. Lediglich den Bereich des Netzwerks, in dem Ihre Clients angesiedelt sind (Zone „`intern`"), setzen Sie im Typ auf `slave`. Zonendateien brauchen Sie dann nicht anzulegen, da der Slave-Server sie vom Master bezieht.

Welche Einstellungen in der Konfigurationsdatei sind gegenüber dem Master zu ändern?

- Zunächst teilen Sie dem Nameserver mit, dass er für eine bestimmte Zone (im Beispiel „`intern`") lediglich als Slave arbeiten soll. Verwenden Sie dazu den Eintrag

```
type slave;
```

in der Zonendeklaration.

- Auch für die Slave-Zone geben Sie den Pfad zu einer Datei an. Diese Datei wird später vom Nameserver erstellt. Er speichert die vom Master erhaltenen Zonendateien hier ab. Der folgende Eintrag bedeutet, dass bei einem Zonentransfer die Daten in der Datei `/var/named/slave/intern.fw` abgelegt werden.

  ```
  file "slave/intern.fw";
  ```

  Falls es das Unterverzeichnis `slave` nicht gibt, müssen Sie es zuvor anlegen.

- Der Nameserver weiß, dass er als Slave für die Zone „`intern`“ agieren soll und dass er die Zonendaten vom Master-Server erhält. Bisher haben Sie jedoch nicht definiert, auf welchem Rechner der Master aktiv ist. Dies erledigen Sie mit dem Parameter `masters`, den Sie nach dem folgenden Schema verwenden:

  ```
  masters { <IP-Adresse des Masters>; };
  ```

  Auf diese Weise werden wir in unserem Beispiel dem Slave-Server beibringen, dass er die Zonendaten vom Rechner mit der IP-Adresse 192.168.17.1 beziehen soll:

  ```
  masters { 192.168.17.1; };
  ```

Insgesamt lässt sich festhalten, dass Sie auf dem Slave im Verzeichnis `/var/named/` Informationen über das Loopback-Netzwerk und die Zone `"."` ablegen müssen.

```
root@host2:/var/named # ls -l
total 24
drwxr-xr-x   3 named    root       4096 Apr  2 07:33 .
drwxr-xr-x  34 root     root       4096 Jan 24 11:59 ..
-rw-r--r--   1 root     root        461 Mar 29 08:36 loopback.bw
-rw-r--r--   1 root     root        487 Mar 29 08:38 loopback.fw
-rw-r--r--   1 root     root       2769 Mar 28 11:40 root.hint
drwxr-xr-x   2 named    root       4096 Apr  2 07:33 slave
root@host2:/var/named #
```

9.4.2 Beispiel

Nachdem Sie nun die Funktionsweise des DNS-Slave-Servers kennen, können Sie die Konfiguration anhand der Datei `named.conf` durchführen.

```
#
# DNS-Slave-Server
#
# /etc/named.conf
#
# Erstellt von Jens Banning
#

options {
      directory "/var/named";
```

```
};

#
# Die Zone . enthaelt Nameserver im Internet
#

zone "." {
        type hint;
        file "root.hint";
};

#
# Das Loopback-Netz
#

zone "loopback" {
        type master;
        file "loopback.fw";
};

zone "0.0.127.IN-ADDR.ARPA" {
        type master;
        file "loopback.bw";
};

#
# Die Zone intern
#

zone "intern" {
        type slave;
        file "slave/intern.fw";
        masters { 192.168.17.1; };
};

zone "17.168.192.IN-ADDR.ARPA" {
        type slave;
        file "slave/intern.bw";
        masters { 192.168.17.1; };
};
```

Anschließend können Sie den DNS-Dienst mit dem Ihnen bereits bekannten Startskript aktivieren.

Beispiel 9.8: Starten des Slave-Servers unter SuSE SuSE

```
root@host2:~ # /etc/rc.d/init.d/named start
Starting name server.                                   done
root@host2:~ #
```

Red Hat

Beispiel 9.9: Starten des Slave-Servers unter Red Hat

```
root@host2:~ # /etc/rc.d/init.d/named start
Starting named:                                         [  OK  ]
root@host2:~ #
```

Mit wenigen Schritten haben Sie zusätzlich zum Master-Server auf Host1 einen Slave-Server auf Host2 eingerichtet. Im Verzeichnis `/var/named/slave/` finden Sie die per Zonentransfer übertragenen Dateien `intern.fw` und `-.bw`.

```
root@host2:/var/named/slave # ls -l
total 16
drwxr-xr-x   2 named    root      4096 Apr  2 07:33 .
drwxr-xr-x   3 named    root      4096 Apr  2 07:33 ..
-rw-r--r--   1 named    named      733 Apr  2 07:33 intern.bw
-rw-r--r--   1 named    named      777 Apr  2 07:33 intern.fw
root@host2:/var/named/slave #
```

Clientkonfiguration

Damit das Linux-System am Rechner Host4 DNS-Anfragen nicht an den Master-, sondern an den Slave-Server stellt, tragen Sie in der Clientdatei `/etc/resolv.conf` auf Host4 als Nameserver die IP-Adresse 192.168.17.2 ein.

```
#
# DNS-Client
#
# /etc/resolv.conf
#
# Erstellt von Jens Banning
#

search intern
nameserver 192.168.17.2
```

9.4.3 Zusammenfassung

Die folgende kurze Zusammenfassung zeigt Ihnen die Schritte, die zur Einrichtung eines DNS-Slave-Servers erforderlich sind.

1. Erstellen Sie zunächst die Datei `/etc/named.conf` und definieren Sie die Vorwärts- und Rückwärtsauflösung Ihrer lokalen Zonen (`intern`) vom Typ `slave`. Geben Sie ferner den Pfad zu den Dateien an, in die der Zonentransfer erfolgen soll (`slave/intern.fw` und `slave/intern.bw`). Sie müssen zusätzlich über den Eintrag `masters` definieren, welcher Server für die angegebene Zone die Master-Funktion umsetzt.

2. Da die Loopback-Zonen auch beim Slave-Server vom Typ `master` sind und die Zone `"."` weiterhin den Typ `hint` hat, müssen Sie im zweiten Schritt die notwendigen Dateien `loopback.fw`, `loopback.bw` und `root.hint` im Verzeichnis `/var/named/` anlegen.

3. Der Zonentransfer wird gemäß der Konfigurationsdatei in das Verzeichnis `/var/named/slave/` erfolgen. Falls dieses Verzeichnis nicht existiert, müssen Sie es zuvor erstellen.

4. Den Abschluss der Slave-Einrichtung bildet der Start des Server-Dämons anhand des Startskripts `/etc/rc.d/init.d/named`. Um den Start bei einer SuSE-Distribution permanent beim Booten erfolgen zu lassen, müssen Sie die Variable START_NAMED mit dem Programm `yast` auf `yes` setzen.

5. Um in Ihrem Netzwerk eine Lastverteilung der DNS-Anfragen einzurichten, konfigurieren Sie einige Ihrer Rechner dahingehend, dass sie nicht den Master, sondern den Slave-Server befragen. Tragen Sie dazu in der Datei `/etc/resolv.conf` als `nameserver` die IP-Adresse des Slaves ein.

10 Verteilte Dateisysteme mit NFS

In diesem Kapitel erhalten Sie Kenntnisse über das Network File System (NFS). Es dient dazu, anderen Rechnern im Netzwerk Teile des eigenen Dateisystems zur Verfügung zu stellen.

10.1 Funktion

Sie kennen den Linux-Verzeichnisbaum und wissen, dass es unter Linux keine Laufwerksbuchstaben gibt. Der Verzeichnisbaum beginnt an der Wurzel, die mit dem Zeichen / markiert wird, und er ist hierarchisch in Verzeichnisse und Dateien aufgeteilt. In jedem Verzeichnis können nun wiederum andere Unterstrukturen existieren, wodurch sich die zuvor genannte Baumstruktur ergibt. Damit Sie als Systemadministrator auf alle Festplattenpartitionen zugreifen können, werden diese an einer Stelle in die Verzeichnisstruktur eingebunden. Dieses Einbinden bezeichnet man als Mounten. Ein Linux-System besteht also aus einem einzigen Verzeichnisbaum, in dem alle Speichermedien gemountet werden. Der Befehl `df` (disk free) liefert Ihnen Informationen über die eingebundenen Geräte, wie es im Folgenden an der Ausgabe des Rechners Host2 dargestellt wird.

```
user1@host2:~ # df
Filesystem          1k-blocks      Used Available Use% Mounted on
/dev/hda2             9581788   6196080   2898940  68% /
/dev/hda1               15522     10674      4047  73% /boot
user1@host2:~ #
```

Sie erkennen, dass die Geräte `hda1` und `hda2`, also die ersten beiden Partitionen der ersten IDE-Festplatte, vorhanden sind. Die Spalten 3 bis 6 enthalten Angaben zur Auslastung. Uns interessiert hierbei die letzte Spalte. Sie beschreibt den so genannten Mount-Point, also den Punkt im Verzeichnisbaum, an dem das Gerät eingebunden ist.

Die erste Partition der Festplatte erreichen Sie demnach durch einen Wechsel in das Verzeichnis `/boot`, während Sie die zweite über / erreichen. Abbildung 10.1 veranschaulicht den Zusammenhang zwischen den Partitionen und dem Verzeichnisbaum.

Was leistet in diesem Zusammenhang das Network File System (NFS)? Um es kurz zu fassen: NFS eröffnet Ihnen die Möglichkeit, Teile des Verzeichnisbaumes entfernter Rechner lokal einzubinden. Dabei basiert das Network File System auf dem Client-Server-Modell. Als Server wird der Rechner im Netzwerk bezeichnet, der Verzeichnisse für andere Stationen zum Einbinden zur Verfügung stellt. Der Client ist demnach der Host, der den entfernten Dienst benutzt und im Beispiel einen Teil des Server-Verzeichnisbaumes verwendet.

In diesem Kapitel werden Sie den Rechner Host1 als NFS-Server einrichten, um für die anderen Netzwerkteilnehmer das Verzeichnis `/daten/` zugänglich zu machen. Anschließend binden Sie das Verzeichnis `/daten/` von Host1 auf Host2 ein. In Abbildung 10.2 sehen Sie das Vorhaben dieses Kapitels grafisch dargestellt.

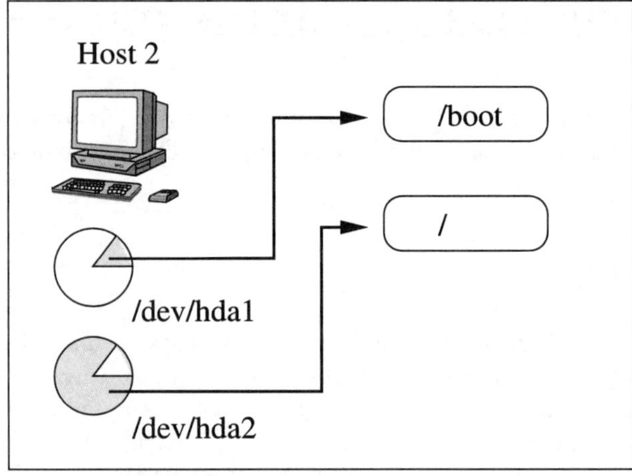

Abbildung 10.1: Einbinden von Datenträgern

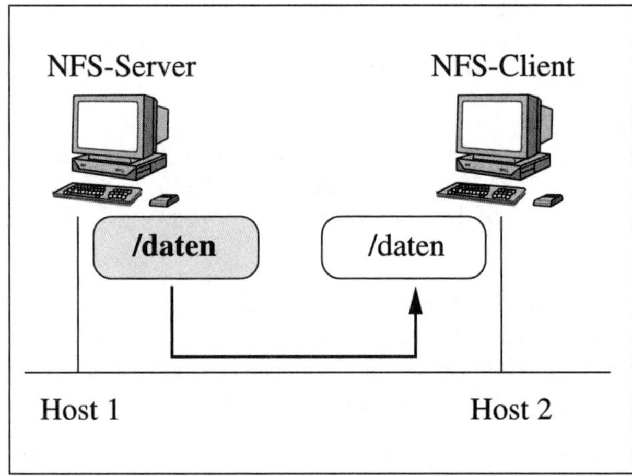

Abbildung 10.2: Einbinden von Verzeichnissen anderer Rechner

```
root@host1:/daten # ls -l
total 160
drwxr-xr-x   2 root     root     4096 Apr  2 12:33 .
drwxr-xr-x  20 root     root     4096 Apr  2 12:33 ..
-rw-r--r--   1 root     root    45979 Apr  2 12:33 dokument1.txt
-rw-r--r--   1 root     root    35271 Apr  2 12:33 dokument2.txt
-rw-r--r--   1 root     root    63019 Apr  2 12:33 dokument3.txt
root@host1:/daten #
```

Der Datenbestand aus `/daten/` von Host1 wird somit beim Host2 in das Verzeichnis `/daten/` eingebunden. Um diese allgemeine Funktionsweise zu verdeutlichen, sind Sie nun angehalten, die gegebene NFS-Struktur praktisch einzurichten.

10.2 Der NFS-Server

Beginnen wir mit der Konfiguration des NFS-Servers. Ihn richten Sie im Folgenden so ein, dass er sein Verzeichnis /daten/ allen Rechnern im Netzwerk 192.168.17.0/255.255.255.0 zur Verfügung stellt. Diesen Vorgang bezeichnet man auch als Exportieren von Verzeichnissen.

Nach der Konfiguration starten Sie den NFS-Server und unternehmen die notwendigen Schritte, damit er bei jedem Bootvorgang aktiviert wird.

10.2.1 Die Konfigurationsdatei exports

Bei der Datei im Verzeichnis /etc/ handelt es sich um das Konfigurationsdokument des NFS-Servers. Kommentare beginnen, wie im Allgemeinen üblich, mit dem Zeichen #. Sie können in dieser Datei in jeder Zeile eine Definition angeben, die beschreibt, welches Verzeichnis Sie wie exportieren möchten. Dies erledigen Sie nach dem folgenden Schema:

```
<Verzeichnis>  <Hosts>[(Optionen)] <...>
```

In der ersten Spalte geben Sie das Verzeichnis an. In der zweiten Spalte folgen die Rechner, die diesen Export nutzen können. Sie können sie über ihren Namen angeben (Host2) oder über ihre IP-Adresse (192.168.17.2):

```
/daten          host2
```

Sie können jedoch nicht nur eine Gruppe von Rechnern beschreiben. Es ist auch möglich, dass Sie, jeweils durch ein Leerzeichen getrennt, mehrere Rechner angeben:

```
/daten          host2 host3
```

Falls Sie ganze Bereiche angeben möchten, verwenden Sie die Wildcards * und ?. Während das Fragezeichen als Platzhalter für genau ein beliebiges Zeichen dient, ist der Stern ein Synonym für beliebig viele Zeichen (auch für keines). So beschreiben Sie alle Rechner der Domain intern als:

```
/daten          *.intern
```

Falls sich Ihre Bereiche nicht an Namen, sondern an IP-Adressen orientieren, beschreiben Sie mehrere Rechner durch die Angabe einer Subnetzmaske. Das Class-C-Netz 192.168.17.0 hat folglich diesen Eintrag:

```
/daten          192.168.17.0/255.255.255.0
```

Im Beispiel dieses Kapitels werden Sie das Verzeichnis /daten/ allen Rechnern des lokalen Netzes anbieten. Zusätzlich zu jedem Export definieren Sie hinter der Angabe der Rechner Optionen, die das NFS-Verhalten beeinflussen. Diese Optionen sind in Tabelle 10.1 aufgelistet und Sie müssen sie in der Form

```
<Verzeichnis>  <Hosts>(<1.Option>,<2.Option>,<3.Option>,...)
```

verwenden.

Option	Beschreibung
`ro`	Read Only
`rw`	Read Write
`noaccess`	Kein Zugriff
`root_squash`	`root`-Zugriff unterbinden
`no_root_squash`	`root`-Zugriff erlauben
`squash_uids`	Zugriff für bestimmte Benutzer unterbinden
`all_squash`	Zugriff für alle nur mit `nobody`

Tabelle 10.1: NFS-Exportoptionen

ro Der Zugriff auf den NFS-Export ist grundsätzlich nur lesend möglich.

rw Bevor wir die Option `rw` betrachten, müssen wir klären, wie überhaupt die Beglaubigung des NFS-Clients am NFS-Server erfolgt. Nehmen Sie an, der Benutzer `user1` mit der User-ID 501 ist Mitglied der Gruppe `users` mit der Group-ID 100. Beim Clientzugriff auf das per NFS eingebundene Verzeichnis des Servers hat der Anwender dort automatisch ohne gesonderte Anmeldung die Rechte der UID 501 und der GID 100 (siehe Abbildung 10.3). Dabei ist es völlig unerheblich, ob der Benutzername und der Gruppenname am Server gleich denen am Client sind. Bei diesem Verfahren ist es äußerst wichtig, dass die Benutzer- und Gruppen zwischen Client und Server abgeglichen sind, da es sonst sehr leicht zu Verwirrungen oder gar Fehlern kommt. Näheres zur zentralen Benutzerverwaltung erfahren Sie in Kapitel 12.

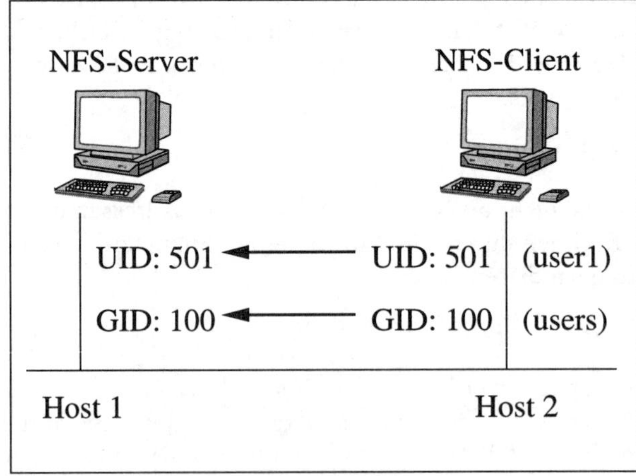

Abbildung 10.3: NFS-Beglaubigung

Während Clients bei der Option ro grundsätzlich nur lesenden Zugriff auf den NFS-Server haben, haben sie bei der Option rw den Zugriff, den ihre UID und ihre GID auf dem NFS-Server haben.

noaccess Stellen Sie sich vor, Sie exportieren Ihr Verzeichnis /daten/. Damit sind automatisch auch alle Unterverzeichnisse für Clients zugänglich. Falls Sie den Zugriff auf einige Unterverzeichnisse unterbinden möchten, ergänzen Sie einen Eintrag in der Datei /etc/exports, der dann die Option noaccess verwendet.

```
/daten          192.168.17.0/255.255.255.0(rw)
/daten/bilanz   192.168.17.0/255.255.255.0(noaccess)
```

Damit ist der Verzeichnisname zwar sichtbar, der Inhalt jedoch nicht.

root_squash Die Beglaubigung zwischen Client und Server erfolgt über die User- und die Gruppen-ID. Dies bedeutet, dass jemand, der am Client als Benutzer root mit der UID 0 angemeldet ist, am Server automatisch auch root-Rechte hat. Hierbei handelt es sich natürlich um ein Sicherheitsrisiko, das Sie unbedingt durch die Option root_squash unterbinden sollten. Sie bedeutet, dass der Clientbenutzer root am Server nur die Rechte des Gastes (nobody) hat.

no_root_squash Entsprechend erlaubt die Option no_root_squash den root-Zugriff auf den NFS-Server.

squash_uids Falls Sie bestimmte Bereiche von Clientbenutzern am Server nur mit nobody-Rechten agieren lassen möchten, so müssen Sie den Parameter squash_uids verwenden. Ihm übergeben Sie zusätzlich eine kommagetrennte Liste der UIDs, die am Server nur Gastrechte haben sollen.

```
/daten      192.168.17.0/255.255.255.0(rw,squash_uids=0-499)
```

all_squash Falls alle Clients auf dem Server als Gast arbeiten sollen, verwenden Sie all_squash.

Erstellen Sie nun für Ihren NFS-Server die Datei /etc/exports und definieren Sie in ihr die gewünschten Exports:

```
#
# NFS-Server
#
# /etc/exports
#
# Erstellt von Jens Banning
#

/daten          192.168.17.0/255.255.255.0(rw,squash_uids=0-499)
```

Bevor Sie im nächsten Abschnitt den NFS-Server starten, befassen wir uns noch damit, wie Sie die Datei /etc/exports mit einem grafischen Administrationstool bearbeiten können.

SuSE Starten Sie unter einer SuSE-Distribution das Programm YaST mit

```
root@host1:~ # yast2
```

und verzweigen Sie in den Punkt NETZWERK/NFS. Dort haben Sie unter anderem die Möglichkeit, den NFS-Server zu konfigurieren (siehe Abbildung 10.4).

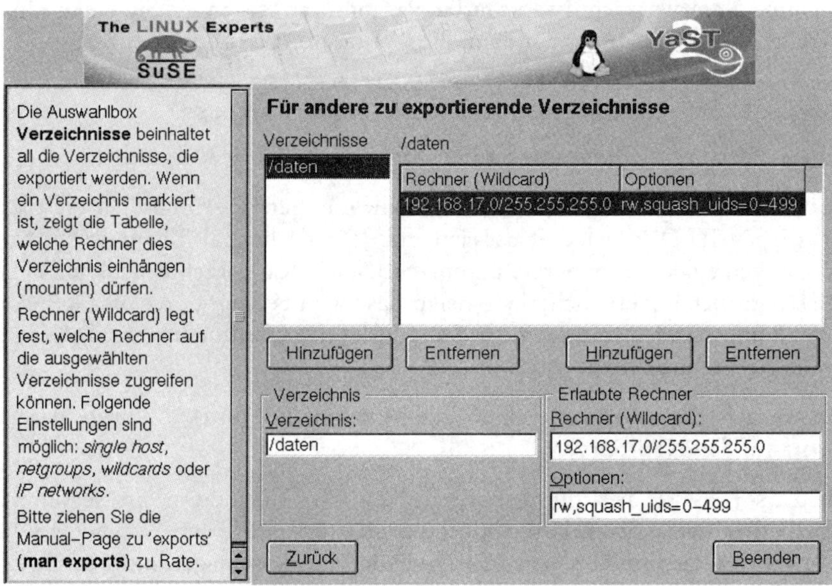

Abbildung 10.4: Einrichtung des NFS-Servers unter SuSE

Red Hat Red Hat-Anwender starten das Programm LinuxConf:

```
root@host1:~ # linuxconf
```

Unter dem Punkt SERVERDIENSTE haben Sie dann die Möglichkeit, den NFS-Server zu konfigurieren (siehe Abbildung 10.5).

10.2.2 Die Dämonen `rpc.nfsd` und `rpc.mountd`

In der Datei `/etc/exports` haben Sie die Bereiche Ihres Verzeichnisbaums angegeben, die Sie anderen Rechnern im Netzwerk zur Verfügung stellen möchten. Wie wird der NFS-Server gestartet und welches Skript können Sie als Administrator dazu verwenden?

Der NFS-Server spiegelt sich in zwei Dämonprozessen wieder:

- Im Verzeichnis `/usr/sbin/` finden Sie zum einen den `rpc.nfsd`. Er ist für die Kommunikation zwischen NFS-Client und NFS-Server zuständig und er liefert anfragenden Clients die gewünschten Informationen.
- Im gleichen Verzeichnis finden Sie zum anderen den `rpc.mountd`. Wenn NFS-Clients Teile des Server-Dateisystems einbinden möchten, analysiert der `rpc.mountd`

die Einträge in der Datei /etc/exports und lässt den Mount-Befehl des Clients entsprechend zu oder lehnt ihn ab.

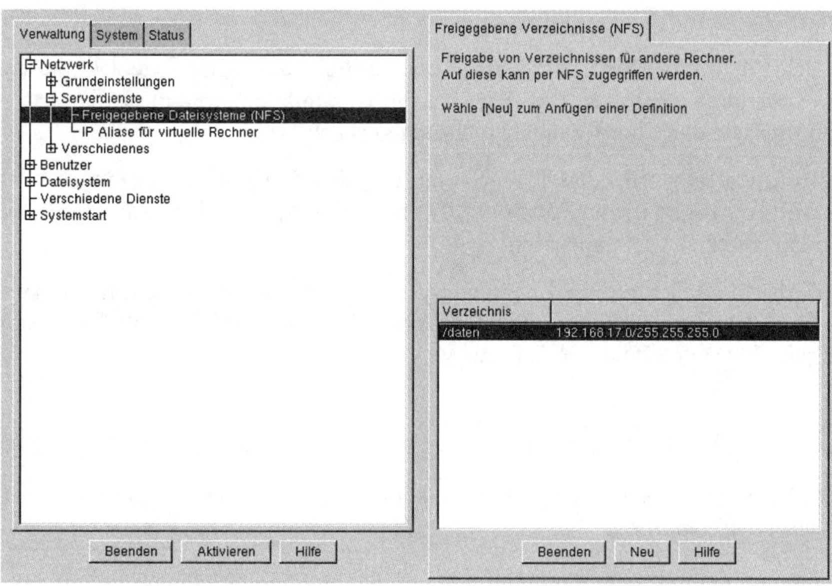

Abbildung 10.5: Einrichtung des NFS-Servers unter Red Hat

Um den NFS-Dienst zu aktivieren, müssen Sie natürlich nicht direkt die zuvor genannten Dämonen starten. Ein Startskript aus dem Verzeichnis /etc/rc.d/init.d/ übernimmt diese Aufgabe für Sie. Unter einer SuSE-Distribution trägt es den Namen nfsserver, während Red Hat-Administratoren das Skript nfs verwenden.

Beispiel 10.1: Starten des NFS-Servers unter SuSE **SuSE**

```
root@host1:~ # /etc/rc.d/init.d/nfsserver start
Starting NFS server                                        done
root@host1:~ #
```

Beispiel 10.2: Starten des NFS-Servers unter Red Hat **Red Hat**

```
root@host1:~ # /etc/rc.d/init.d/nfs start
Starting NFS services:                                     [  OK  ]
Starting NFS quotas:                                       [  OK  ]
Starting NFS mountd:                                       [  OK  ]
Starting NFS daemon:                                       [  OK  ]
root@host1:~ #
```

Ihr Linux-Rechner aktiviert beim Booten einen bestimmten Runlevel. Damit der NFS-Server ebenfalls in dem Runlevel gestartet wird, müssen Sie dort einen entsprechenden Link anlegen, sofern dieser nicht bereits vorhanden ist (siehe [Kofler1999] und [Hein1999]). Setzen Sie bei einer Distribution von SuSE zusätzlich die Variable NFS_SERVER auf yes.

10.2.3 Zusammenfassung

Um einen NFS-Server unter Linux einzurichten, sind die folgenden Schritte erforderlich:

1. Zunächst definieren Sie in der Datei `/etc/exports`, welche Teile des Dateisystems Sie exportieren möchten. Dabei geben Sie ebenfalls an, wer diese Exports nutzen kann und wie der Client-Zugriff rechtlich geregelt ist.
2. Daraufhin starten Sie den NFS-Server mit den Skripten `/etc/rc.d/init.d/nfsserver` (SuSE) bzw. `/etc/rc.d/init.d/nfs` (Red Hat), die Sie jeweils mit dem Parameter `start` aufrufen.
3. Zum Abschluss richten Sie Ihr Linux-System so ein, dass der NFS-Server grundsätzlich beim Rechnerstart aktiviert wird. Setzen Sie unter SuSE in diesem Zusammenhang die Variable NFS_SERVER auf `yes`.

10.3 Der NFS-Client

Ihr NFS-Server am Host1 ist aktiv und Sie können sich jetzt der Konfiguration des NFS-Clients am Host2 widmen.

10.3.1 Das Kommando `showmount`

Nehmen wir an, Ihre Client-Rechner wissen nicht, auf welche Exports Ihres Servers Sie zugreifen können. Ihnen fehlt somit ein Kommando, das Ihnen diese fehlende Information liefert. Das Kommando `showmount` ist in der Lage, einen Rechner anzusprechen und von diesem die Angaben über seine Exports zu erfragen. Starten Sie das Kommando in der Form:

```
showmount [Optionen] <NFS-Server>
```

In Tabelle 10.2 sehen Sie die wichtigsten Optionen dieses Kommandos.

Option	Beschreibung
`-e`	Zeigt die Exports des Servers an
`-d`	Zeigt die von Clients eingebundenen Exports an

Tabelle 10.2: Optionen des Kommandos `showmount`

Mit der Option `-e` erhalten Sie eine Liste der vom NFS-Server zur Verfügung gestellten Exports. Die Option `-d` liefert nur die Exports, auf die zurzeit NFS-Clients zugreifen.

Beispiel 10.3: Export-Liste des NFS-Servers betrachten

```
root@host2:~ # showmount -e host1
Export list for host1:
/daten 192.168.17.0/255.255.255.0
root@host2:~ #
```

10.3.2 Das Kommando mount

Nachdem Sie auf der Clientseite in Erfahrung gebracht haben, welche Server-Verzeichnisse Sie lokal einbinden können, werden Sie in diesem Abschnitt die Verbindung zwischen Server und Client herstellen. Das Mounten von Server-Verzeichnissen erfolgt mit dem gleichen Kommando, mit dem Sie auch lokale Dateisysteme in Ihren Verzeichnisbaum einbinden. Es trägt den Namen mount und Sie können es nach dem Schema

```
mount [Optionen] <Mount-Quelle> <Mount-Ziel>
```

starten. Als Mount-Quelle kann eine Partition der eigenen Festplatte genauso angegeben werden wie auch ein NFS-Export. Als Mount-Ziel geben Sie den Mount-Point an, also die Stelle im lokalen Verzeichnisbaum, an der der Export eingebunden werden soll. Ferner stehen Ihnen die in Tabelle 10.3 genannten Optionen zur Verfügung.

Option	Beschreibung
-t <Typ>	Typ des einzubindenen Dateisystems
-r	Read Only
-w	Read Write
-a	Alle Mounts aus der Datei fstab
-o <...>	Weitere Optionen

Tabelle 10.3: Optionen des Kommandos mount

Über den Parameter -t geben Sie den Typ des Dateisystems an, das Sie einbinden möchten. Beim Mounten eines lokalen Datenträgers muss der Typ genau festgelegt werden. Standardmäßig verwendet Linux heutzutage den Typ ext2. Falls Sie den genauen Typ nicht wissen, können Sie auch auto verwenden. Der mount-Befehl versucht dann, das Dateisystem automatisch zu erkennen. Beim Zugriff auf einen NFS-Export müssen Sie grundsätzlich den Typ nfs verwenden.

Mit den Parametern -r und -w geben Sie zusätzlich an, ob das Dateisystem Read Only oder Read Write (Default) gemountet werden soll. Auf die Optionen -a und -o wollen wir an dieser Stelle nur kurz eingehen. Während -a alle Dateisysteme mountet, die in der Datei /etc/fstab angegeben sind, können Sie mit -o weitere Mount-Optionen angeben. Informationen über die Mount-Optionen und den Aufbau der Datei /etc/fstab finden Sie in Abschnitt 10.3.4.

Ihr Aufruf zum Einbinden eines NFS-Exports hat bisher die Form:

```
mount -t nfs <Mount-Quelle> <Mount-Ziel>
```

Für die Definition der Mount-Quelle ist es notwendig, dass Sie den NFS-Server und das dortige Verzeichnis angeben. Dabei sind der Server und das Verzeichnis durch einen Doppelpunkt zu trennen.

```
<Server>:<Verzeichnis>
```

Somit fehlt Ihrem bisherigen Aufruf

```
mount -t nfs host1:/daten <Mount-Ziel>
```

nur noch das Mount-Ziel. Geben Sie das lokale Verzeichnis an, über das Sie auf den entfernten Export zugreifen möchten. Im Beispiel werden wir den Aufruf

```
mount -t nfs host1:/daten /daten
```

verwenden. Es ist natürlich durchaus möglich, als Ziel ein anderes Verzeichnis auszuwählen. Vor dem Mounten müssen Sie dafür sorgen, dass das Zielverzeichnis existiert. Es ist ebenfalls ratsam, dass sich dort keine Daten befinden. Beim Mounten wäre der Zugriff auf die ursprünglichen Daten in diesem Verzeichnis nicht mehr möglich. Sie sind jedoch weiter vorhanden.

Beispiel 10.4: Einbinden eines NFS-Exports am Client

```
root@host2:~ # mkdir /daten
root@host2:~ # ls -l /daten
total 8
drwxr-xr-x   2 root     root     4096 Apr  3 09:30 .
drwxr-xr-x  22 root     root     4096 Apr  3 09:30 ..
root@host2:~ # mount -t nfs host1:/daten /daten
root@host2:~ # ls -l /daten
total 160
drwxr-xr-x   2 root     root     4096 Apr  2 12:33 .
drwxr-xr-x  22 root     root     4096 Apr  3 09:30 ..
-rw-r--r--   1 root     root    45979 Apr  2 12:33 dokument1.txt
-rw-r--r--   1 root     root    35271 Apr  2 12:33 dokument2.txt
-rw-r--r--   1 root     root    63019 Apr  2 12:33 dokument3.txt
root@host2:~ #
```

Das Verzeichnis `/daten` von Host1 haben Sie jetzt eingebunden und *alle* Benutzer können darauf zugreifen. Welche Rechte haben Sie als Administrator `root` auf die Dateien? Der Benutzer `root` des NFS-Servers kann die Daten auf dem Server zwar lesend und schreibend öffnen, jedoch wurde in der Datei `/etc/exports squash_uids=0-499` definiert. Dadurch haben Benutzer, die auf der Clientseite eine ID zwischen 0 und 499 haben, also auch `root` (UID=0), lediglich Gastrechte auf dem Server, auf dem sie als Benutzer `nobody` auftreten.

Der Administrator des Clientrechners Host2 hat per NFS auf dem Rechner Host1 laut den obigen Rechten (`rw-r--r--`) lediglich die Möglichkeit, die Daten zu lesen.

Das auf diese Weise eingebundene Dateisystem erscheint auf der Clientseite ebenfalls in der Ausgabe des Kommandos `df`.

Beispiel 10.5: Ausgabe des Kommandos df am NFS-Client

```
root@host2:~ # df
Filesystem           1k-blocks      Used Available Use% Mounted on
```

```
/dev/hda2              9581788   6196260   2898760  68% /
/dev/hda1                15522     10674      4047  73% /boot
host1:/daten            991936    835372    105360  89% /daten
root@host2:~ #
```

Im Zusammenhang mit NFS gibt es ein Problem, das Ihnen an dieser Stelle nicht verschwiegen werden soll. Wenn Sie auf dem NFS-Client eine Datei anlegen, stellt sich die Frage: Welchen Zeitstempel bekommt sie? Bekommt die Datei als Erstellungsdatum/-zeit die Zeit des NFS-Clients oder des NFS-Servers? Um das Geheimnis zu lüften: Einzig die Zeit des Servers ist entscheidend.

Betrachten wir diesen Sachverhalt, so kann es beim Zugriff auf NFS-Verzeichnisse zu großen Verwirrungen kommen, da eine am Client gerade angelegte Datei einen scheinbar falschen Zeitstempel hat. Jede Anwendung, die die Zeitstempel analysiert (zum Beispiel der C-Compiler), kann ihre Arbeit nicht mehr wie gewünscht ausführen.

Lösen Sie diese Problematik, indem Sie die Uhrzeiten zwischen den Rechnern in Ihrem Netzwerk synchronisieren. In Kapitel 11 werden Sie diesen Vorgang praktisch umsetzen.

10.3.3 Das Kommando `umount`

Zum Unmounten von Dateisystemen verwenden Sie das Kommando `umount`. Starten Sie es in der folgenden Form:

```
umount <Mount-Point>
```

Da jeder Mount-Point nur einmal vorkommen kann, genügt es zum Unmounten lediglich das entsprechende Verzeichnis anzugeben.

Beispiel 10.6: Entmounten eines NFS-Exports

```
root@host2:~ # umount /daten
root@host2:~ # df
Filesystem         1k-blocks      Used Available Use% Mounted on
/dev/hda2            9581788   6196260   2898760  68% /
/dev/hda1              15522     10674      4047  73% /boot
root@host2:~ #
```

10.3.4 Die Konfigurationsdatei `fstab`

Bisher mussten Sie als Administrator auf der Clientmaschine den `mount`-Befehl ausführen, da dieser Vorgang „normalen" Benutzern nicht gestattet ist. In diesem Abschnitt werden Sie Ihre Clients dahingehend einrichten, dass bei jedem Rechnerstart automatisch das Verzeichnis des NFS-Servers eingebunden wird. Welche Schritte müssen Sie unternehmen, um diese Aufgabe zu lösen?

Wenn Sie bereits ein Linux-System administrieren, so kennen Sie sicher schon die Datei `fstab`. Sie finden sie im Verzeichnis `/etc/` und sie enthält die File System Table. Die

Datei wird bei jedem Rechnerstart analysiert, und in Ihr tragen Sie alle Dateisysteme ein, die beim Booten eingebunden werden sollen. Damit Sie am NFS-Client den `mount`-Befehl nicht selbst ausführen müssen, können Sie die notwendigen Informationen in dieser Konfigurationsdatei hinterlegen. Falls Kommentare einzufügen sind, beginnen diese mit dem Zeichen #. Anschließend definieren Sie in jeder Zeile die Werte, die später beim Mounten verwendet werden sollen. Jeder Eintrag besteht aus sechs Spalten, die durch Tabulatoren oder Leerzeichen voneinander zu trennen sind.

```
<Mount-Quelle> <Mount-Ziel> <Typ> <Optionen> <Dump> <Check>
```

Lassen Sie uns die einzelnen Spalten genauer betrachten:

1. Als Erstes müssen Sie die Quelle Ihres Mount-Vorgangs angeben. Neben einem lokalen Gerät wie zum Beispiel `/dev/hda1` können Sie auch einen NFS-Export angeben (`host1:/daten`).
2. In der zweiten Spalte tragen Sie den Mount-Point, das Zielverzeichnis, ein (`/daten`).
3. Falls es sich wie in unserem Beispiel um einen NFS-Zugriff handelt, tragen Sie als Drittes für den Dateisystemtyp `nfs` ein.
4. Neben diesen Einstellungen können Sie in der vierten Spalte eine Reihe von Optionen verwenden, die durch ein Komma getrennt aufzuführen sind. Diese in Tabelle 10.4 dargestellten Möglichkeiten können Sie auch direkt beim `mount`-Befehl durch die Verwendung des Parameters `-o` verwenden (siehe Tabelle 10.3 auf Seite 163).

Option	**Beschreibung**
`ro`	Read Only
`rw`	Read Write
`auto`	Mount-Quelle wird automatisch eingebunden
`noauto`	Mount-Quelle wird nicht automatisch eingebunden
`user`	Jeder Benutzer darf die Quelle einbinden
`nouser`	Nur `root` darf die Quelle einbinden
`exec`	Kommandos können ausgeführt werden
`noexec`	Kommandos können nicht ausgeführt werden
`rsize=<Wert>`	Buffersize beim Lesen
`wsize=<Wert>`	Buffersize beim Schreiben
`defaults`	`rw`, `exec`, `auto`, `nouser`

Tabelle 10.4: Mount-Optionen in der Datei `fstab`

Mit den Optionen `ro` und `rw` definieren Sie, ob die Quelle nur für den lesenden oder auch für den schreibenden Zugriff eingebunden werden soll. `auto` bedeutet, dass das Dateisystem automatisch beim Rechnerstart gemountet werden soll. Mit `user` erlauben Sie jedem Anwender, die Quelle zu mounten. Falls Sie auf Ihrem

NFS-Export ausführbare Programme abgelegt haben, können diese nur dann benutzt werden, wenn Sie in der Datei `fstab` die Option `exec` verwendet haben.

`noauto`, `nouser` und `noexec` haben die entsprechend gegenteiligen Funktionen, die das automatische Mounten unterbinden, das Mounten nur `root` erlauben und das Ausführen von Programmen und Kommandos verbieten.

Standardmäßig wird beim Lesen und Schreiben vom und zum NFS-Server eine Puffergröße von 1024 Byte verwendet. Diese beiden Werte können Sie jedoch mit den Optionen `rsize` und `wsize` erhöhen, wodurch sich die Geschwindigkeit im Datenaustausch etwas erhöht.

Verwenden Sie die Option `defaults`, so enthält sie die Parameter `rw`, `exec`, `auto` und `nouser`.

5. In Spalte fünf finden Sie eine Information, die vom Kommando `dump` analysiert wird. Dadurch können Sie festlegen, welche Dateisysteme „gedumpt" werden. Der Wert 0 bedeutet, dass das Dateisystem vom Kommando `dump` nicht betrachtet wird. Nähere Informationen zu `dump` finden Sie in der Manual Page `man dump`.
6. Abschließend beschreibt die letzte Spalte einer Zeile, in welcher Reihenfolge die Dateisyteme geprüft werden sollen. Der Wert 0 bedeutet, dass ein Dateisystemcheck unnötig ist. Werte größer als Null aktivieren den Check und beschreiben gleichzeitig die Reihenfolge. Ein Dateisystem mit dem Wert 1 wird vor dem System geprüft, das den Wert 2 hat usw.

Nachdem Sie den Aufbau der Datei `/etc/fstab` kennen, können wir den NFS-Client auf Host2 nun dahingehend konfigurieren, dass das Verzeichnis `/daten` permanent eingebunden wird und allen Anwendern zur Verfügung steht.

```
#
# NFS-Client
#
# /etc/fstab
#
# Erstellt von Jens Banning
#

#
# Lokales Mounten
#

/dev/hda1       /boot   ext2        defaults 1 2
/dev/hda2       /       ext2        defaults 1 1
/dev/hda3       swap    swap        defaults 0 2
proc            /proc   proc        defaults 0 0
/dev/cdrom      /cdrom  auto        ro,noauto,user,exec 0 0
/dev/fd0        /floppy auto        noauto,user 0 0

#
# Mounten per NFS
```

```
#

host1:/daten     /daten  nfs         rw,auto,noexec,nouser 0 0
```

Zuerst sind die lokalen Dateisysteme aufgeführt, dann folgt die Angabe des NFS-Eintrags, der den Export `host1:/daten` per `nfs` nach `/daten` unter Verwendung der Optionen `rw`, `auto`, `noexec` und `nouser` einbindet. Aus Gründen der Sicherheit sollten Sie möglichst den Parameter `noexec` verwenden. Er verhindert auch, dass Angreifer über NFS ein Kommando ausführen.

Sicher vermuten Sie bereits, dass die Pflege der Datei `/etc/fstab` nicht unbedingt mit einem Texteditor erfolgen muss. Die in diesem Buch betrachteten Distributionen SuSE und Red Hat liefern Ihnen ein grafisches Administrationstool, mit dem Sie die File System Table pflegen können.

SuSE

So können Sie unter SuSE das Programm YaST starten, um dort in den Menüpunkt NETZWERK/NFS zu verzweigen. Die gewünschten Daten für den NFS-Client geben Sie nun wie in Abbildung 10.6 ein.

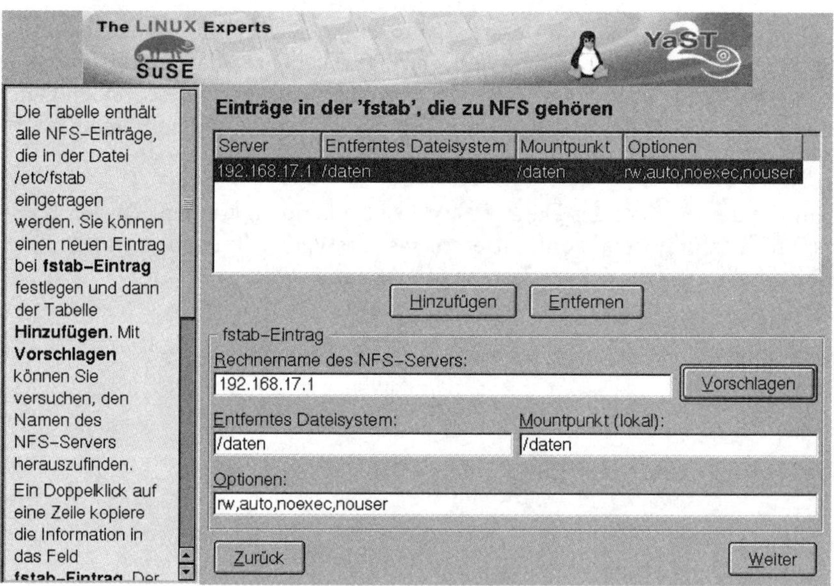

Abbildung 10.6: Einrichtung des NFS-Clients unter SuSE

- Der NFS-Server,
- der NFS-Export,
- der Mount-Point und
- die Mount-Optionen

müssen von Ihnen eingetragen werden. Anschließend ergänzt YaST eine Zeile in der Datei `/etc/fstab`.

```
root@host2:~ # yast2
```

Unter Red Hat wählen Sie im Programm LinuxConf den Punkt DATEISYSTEM an (siehe Abbildung 10.7). **Red Hat**

```
root@host2:~ # linuxconf
```

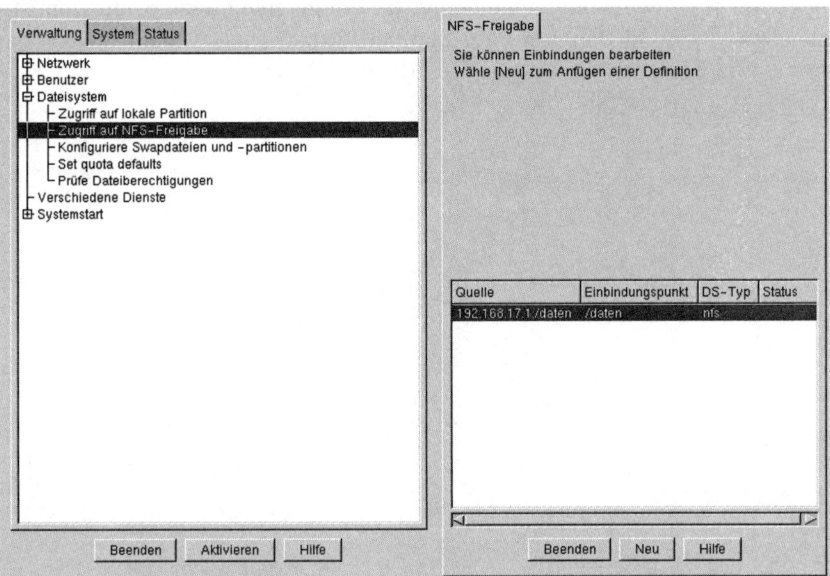

Abbildung 10.7: Einrichtung des NFS-Clients unter Red Hat

Damit ist die Konfiguration des NFS-Clients abgeschlossen und Sie erhalten im letzten Abschnitt eine kurze Zusammenfassung, welche Schritte Sie durchführen müssen, um einen Rechner als Client in der NFS-Umgebung zu definieren.

10.3.5 Zusammenfassung

Um einen Rechner in Ihrem Netzwerk als NFS-Client einzurichten, müssen Sie einige Konfigurationsschritte durchführen, die an dieser Stelle nochmals kurz zusammengefasst werden:

1. Der erste Schritt hat lediglich vorbereitenden Charakter: Zunächst müssen Sie in Erfahrung bringen, welche Exports Ihr NFS-Server zur Verfügung stellt. Dazu verwenden Sie das Kommando `showmount`, das Sie mit der Option `-e` und der zusätzlichen Angabe des NFS-Servers aufrufen.

2. Sie wissen, auf welchen Export Sie zugreifen möchten. Der Zugriff kann zum einen mit dem Kommando `mount` hergestellt werden. Übergeben Sie neben dem NFS-Export und dem lokalen Mount-Point auch den Typ des Dateisystems (`-t nfs`). Auf diese Weise haben alle Anwender die Möglichkeit, den NFS-Export zu verwenden.

Diese Art des Einbindens hat jedoch den Nachteil, dass sie nach dem Neustart des Rechners nicht mehr aktiv ist.

3. Es ist zum anderen auch möglich, die Informationen zum Einbinden des NFS-Exports in der Datei `/etc/fstab` abzulegen. Die File System Table wird bei jedem Rechnerstart betrachtet und die darin enthaltenen Dateisysteme werden automatisch eingebunden. In der `fstab` haben Sie ferner die Möglichkeit, eine Reihe von Optionen anzugeben, die es Anwendern zum Beispiel untersagen, auf dem NFS-Server Programme und Kommandos auszuführen (`noexec`).

11 Zeitsynchronisierung mit NTP

In Zusammenhang mit dem Network File System (NFS) im letzten Kapitel haben Sie bereits gesehen, dass es zu Problemen kommen kann, wenn die Rechner in Ihrem Netzwerk mit unterschiedlichen Zeiten arbeiten. In diesem Kapitel nehmen wir uns dieser Problematik an und Sie werden eine Zeitsynchronisierung einrichten.

11.1 Funktion

Wie funktioniert die Synchronisierung und aus welchen Komponenten besteht sie? Was bedeutet überhaupt „synchron"?

Beginnen wir mit der Definition von „synchron". Es ist wichtig, dass die Uhrzeiten der einzelnen Rechner identisch (synchron) sind. Anderenfalls kann es zu Unstimmigkeiten oder gar zu Problemen kommen. Ob es sich dabei um die richtige Uhrzeit handelt, ist nicht wichtig. Die Uhren müssen nur synchron laufen, wobei es natürlich sinnvoll ist, auch die tatsächliche Uhrzeit im Netzwerk zu verteilen. Wenn die Zeiten der Clients angeglichen werden, sollten Sie darauf achten, dass keine großen Zeitsprünge entstehen, da diese zeitkritische Anwendungen (zum Beispiel Cron) in ihrem reibungslosen Ablauf stören.

Die Zeitsynchronisierung besteht wie die meisten Linux-Dienste aus

- einem Server und
- einem Client.

Der Server stellt anderen Rechnern seine Uhrzeit zur Verfügung, während die Clients ausschließlich die Zeit des Servers verwenden. Die Kommunikation zwischen Server und Client erfolgt über das Network Time Protocol (NTP), das sich am Port 123 befindet.

Wie Sie soeben gelesen haben, ist der NTP-Server derjenige Rechner, der eine Uhrzeit im Netzwerk zur Verfügung stellt, während die Clients diese Uhrzeit lokal verwenden. Der Server kann die Zeit von verschiedenen Quellen, wie zum Beispiel einer angeschlossenen Funkuhr, erhalten (siehe Abbildung 11.1).

Ein NTP-Server zeichnet sich dadurch aus, dass er seine Uhrzeit im Netzwerk zur Verfügung stellt. Dabei ist es unerheblich, ob er die Zeit von einer angeschlossenen Funkuhr oder von einem anderen NTP-Server bekommt. Stellen Sie sich einen NTP-Server im Internet vor, von dem Ihr lokaler Server mit dem Namen Host1 die Uhrzeit bezieht. NTP-Clients haben nun die Möglichkeit, direkt den Server im Internet oder aber Ihren Host1 zu befragen. Dabei sehen auch Sie sicher den Bedarf, dass die Zeitquellen in Ihrer Qualität näher spezifiziert werden müssen.

Für die Qualitätsangabe wird der englische Begriff stratum (deutsch: Schicht) verwendet. Der NTP-Server, der die Uhrzeit tatsächlich von einer Funkuhr oder Ähnlichem bezieht, vergibt zu dieser Zeit einen stratum-Wert (zum Beispiel 10). Jeder Rechner, der diese

Uhrzeit verwendet, erhöht seinerseits den stratum-Wert um 1. Damit hat der Rechner im Internet den Wert 10, Ihr lokaler Server Host1 den Wert 11. Ein Client, der sich nun die Uhrzeit direkt aus dem Internet abholt, empfängt sie mit einer Qualität von 11, während ein Client, der den Host1 befragt, eine Zeit mit stratum 12 erhält. Die Erhöhung um 1 ist deshalb sinnvoll, da zum Beispiel der Rechner Host1 für das Empfangen der Zeit aus dem Internet und das erneute Zurverfügungstellen einige Zeit braucht, wodurch sich Abweichungen ergeben.

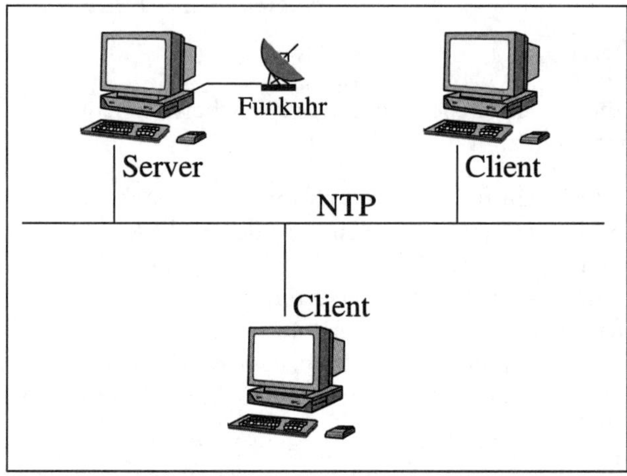

Abbildung 11.1: Zeitsynchronisierung mit einer Funkuhr

In Abbildung 11.2 sehen Sie die Darstellung des gerade beschriebenen Sachverhalts.

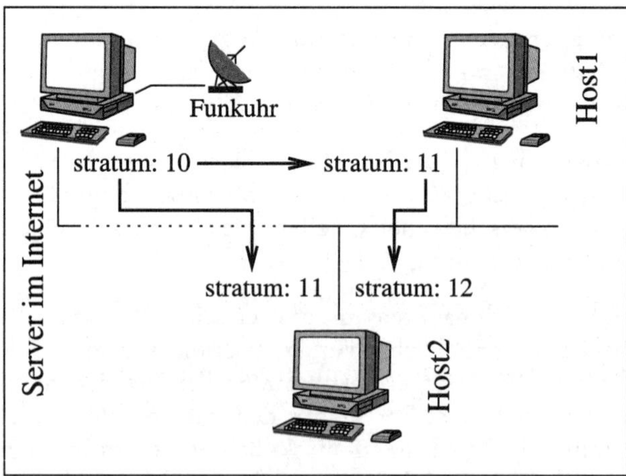

Abbildung 11.2: Definition der Zeitqualität (stratum)

Wie Sie sehen, kann der Clientrechner Host2 die Uhrzeit von zwei verschiedenen Servern empfangen. Die Definition der Qualität ist natürlich erst dann zweckmäßig, wenn sie auch auf der Clientseite berücksichtigt wird. So verwendet ein Client grundsätzlich die beste Zeitquelle für seine eigene Konfiguration, also im Beispiel die Zeit aus dem Internet. Ist der Zugang zum weltweiten Netz nicht möglich, so wird die nächstbeste Zeitquelle angesprochen (im Beispiel Host1). Clients verwenden somit immer den besten NTP-Server, der verfügbar ist.

In diesem Kapitel werden Sie auf den Rechnern Host1 und Host2 mit den IP-Adressen 192.168.17.1 und 192.168.17.2 einen NTP-Server einrichten, der die Zeit jeweils von seiner internen CMOS-Uhr verwendet. Den Rechner Host3 richten Sie anschließend so ein, dass er eine Verbindung zu einem der beiden Zeitserver herstellt. Dieses Vorhaben ist in Abbildung 11.3 grafisch dargestellt.

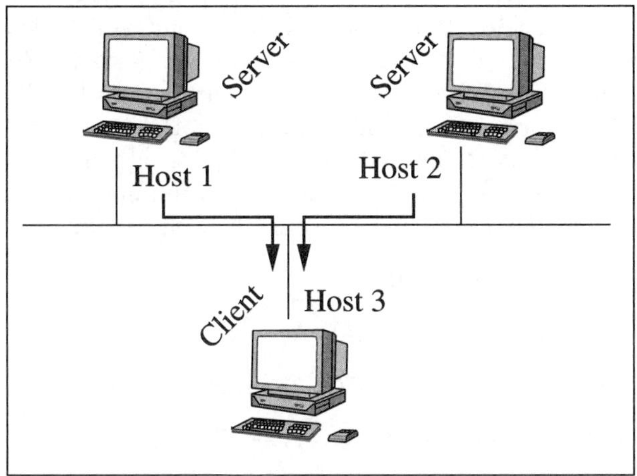

Abbildung 11.3: Lokales Netz mit zwei NTP-Servern

11.2 Der NTP-Server

Nach dem Lesen dieses Abschnitts sind Sie in der Lage, einen NTP-Server einzurichten und zu administrieren.

11.2.1 Die Konfigurationsdatei `ntp.conf`

Bei dem zentralen Element der Konfiguration handelt es sich, wie schon bei den zuvor genannten Diensten in diesem Buch, um eine Textdatei. Sie finden sie im Verzeichnis `/etc/` unter dem Namen `ntp.conf`. Wenn Sie vermuten, dass Kommentare auch hier mit dem Zeichen # beginnen, so haben Sie damit durchaus recht.

```
#
# NTP-Server
#
# /etc/ntp.conf
#
# Erstellt von Jens Banning
#
```

Im weiteren Verlauf werden Sie anhand von Parametern Einstellungen in der Konfigurationsdatei vornehmen.

Der Parameter server

Der wichtigste Parameter in der Konfigurationsdatei `/etc/ntp.conf` dient der Angabe der lokalen Zeitquelle. Er trägt den Namen `server` und Sie verwenden ihn nach dem folgenden Schema:

```
server 127.127.<Typ>.<Schnittstelle>
```

Die Quelle wird also in Form einer IP-Adresse aus dem Loopback-Netzwerk 127.x.x.x angegeben. Die ersten beiden Bytes haben dabei grundsätzlich den Wert 127. Der Wert, den Sie im dritten Byte eintragen, beschreibt den Typ der Zeitquelle. Anhand der im Weiteren abgedruckten Liste können Sie ermitteln, welchen Wert Sie eintragen müssen. Zusätzliche Informationen finden Sie in der Dokumentation im Verzeichnis `/usr/share/doc/packages/xntpdoc/` (SuSE) oder `/usr/share/doc/ntp-4.0.99j` (Red Hat). Da bei Red Hat die Versionsnummer im Verzeichnisnamen enthalten ist, kann sich dieser natürlich im Laufe der Zeit ändern.

Typ 1 Undisciplined Local Clock LOCAL

Typ 2 Trak 8820 GPS Receiver GPS_TRAK

Typ 3 PSTI/Traconex 1020 WWV/WWVH Receiver WWV_PST

Typ 4 Spectracom WWVB and GPS Receivers WWVB_SPEC

Typ 5 TrueTime GPS/GOES/OMEGA Receivers TRUETIME

Typ 6 IRIG Audio Decoder IRIG_AUDIO

Typ 7 Radio CHU Audio Demodulator/Decoder CHU

Typ 8 Generic Reference Driver PARSE

Typ 9 Magnavox MX4200 GPS Receiver GPS_MX4200

Typ 10 Austron 2200A$^{22\alpha}$A GPS Receivers GPS_AS2201

Typ 11 Arbiter 1088A/B GPS Receiver GPS_ARBITER

Typ 12 KSI/Odetics TPRO/S IRIG Interface IRIG_TPRO

Typ 13 Leitch CSD 5300 Master Clock Controller ATOM_LEITCH

Typ 14 EES M201 MSF Receiver MSF_EES

Typ 15 * TrueTime generic receivers

Typ 16 Bancomm GPS/IRIG Receiver GPS_BANCOMM

Typ 17 Datum Precision Time System GPS_DATUM

Typ 18 NIST Modem Time Service ACTS_NIST

Typ 19 Heath WWV/WWVH Receiver WWV_HEATH

Typ 20 Generic NMEA GPS Receiver NMEA

Typ 21 TrueTime GPS-VME Interface GPS_VME

Typ 22 PPS Clock Discipline PPS

Typ 23 PTB Modem Time Service ACTS_PTB

Typ 24 USNO Modem Time Service ACTS_USNO

Typ 25 * TrueTime generic receivers

Typ 26 Hewlett Packard 58503A GPS Receiver GPS_HP

Typ 27 Arcron MSF Receiver MSF_ARCRON

Typ 28 Shared Memory Driver SHM

Typ 29 Trimble Navigation Palisade GPS GPS_PALISADE

Typ 30 Motorola UT Oncore GPS GPS_ONCORE

Typ 31 Rockwell Jupiter GPS GPS_JUPITER

Typ 34 Ultralink WWVB Receivers

Typ 35 Conrad Parallel Port Radio Clock PCF

Typ 36 Radio WWV/H Audio Demodulator/DecoderWWV

Typ 37 Forum Graphic GPS Dating station FG

In unserem Beispiel soll der Server die Zeit seiner lokalen CMOS-Uhr im Netzwerk bekannt geben. In der obigen Liste entspricht das dem Typ 1.

```
server 127.127.1.<Schnittstelle>
```

Der NTP-Server kennt nun bereits den Typ der Zeitquelle, jedoch weiß er noch nicht, an welcher Schnittstelle die Quelle angeschlossen ist. Sie müssen die Schnittstelle im letzten Byte der Adresse definieren. Der Wert, den Sie hier eingeben, hat eine direkte Verbindung zu einem Eintrag im Verzeichnis `/dev/`.

Betrachten wir ein Beispiel. Sie haben eine Funkuhr vom Typ „Conrad Parallel Port Radio Clock PCF" (Typ 35) und die Angabe der Zeitquelle lautet 127.127.35.0. Dadurch teilen Sie dem NTP-Server mit, dass er die Conrad-Funkuhr am Gerät `/dev/device0` findet. Die Adresse `127.127.35.1` gibt eine Conrad-Funkuhr am Gerät `/dev/device1` an. Tatsächlich ist Ihre Zeitquelle jedoch an `/dev/lp0` angeschlossen. Daher ist es für die Adresse 127.127.35.0 notwendig, dass Sie im Verzeichnis `/dev/` einen symbolischen Link anlegen, der auf `lp0` zeigt.

```
root@host1:/dev # ln -s lp0 device0
root@host1:/dev # ls -l device0
lrwxrwxrwx   1 root     root      3 Apr  4 11:54 device0 -> lp0
root@host1:/dev #
```

Falls Sie auf die lokale CMOS-Uhr zugreifen möchten, so ist diese im Prinzip an keiner Schnittstelle angeschlossen. Verwenden Sie deshalb für `server` die Adresse:

```
server 127.127.1.0
```

Der Parameter fudge

Mit dem Parameter `fudge` (Verfälschung) geben Sie die Qualität der zuvor definierten Zeitquelle an. Verwenden Sie den Parameter in der Form:

```
fudge <Zeitquelle> stratum <Wert>
```

Nachdem Sie bereits die lokale CMOS-Uhr als Ihre Quelle definiert haben, können Sie ihr nun die Qualität 10 zuweisen.

```
fudge 127.127.1.0 stratum 10
```

Mit den Parametern `server` und `fudge` haben Sie die Möglichkeit, mehrere Zeitquellen und für jede auch einen eigenen stratum-Wert anzugeben. Der NTP-Server verwendet in diesem Fall die beste Quelle, die verfügbar ist.

Der Parameter driftfile

Der NTP-Server speichert die Unterschiede zwischen seiner Zeit und der verwendeten Zeitquelle in einer Datei ab, die Sie über den Parameter `driftfile` angeben können:

```
dritfile <Datei>
```

Legen Sie diese Datei zum Beispiel im Verzeichnis `/var/log/` ab:

```
dritfile /var/log/ntp.drift
```

Der Parameter logfile

Zum Abschluss betrachten wir den Parameter `logfile`, mit dem Sie den Pfad zu einer Datei angeben, in der der NTP-Server diverse Informationen ablegt:

```
logfile <Datei>
```

Auch diese Datei sollte sich im Verzeichnis `/var/log/` befinden:

```
logfile /var/log/ntp.log
```

Somit können Sie die Konfigurationsdatei des NTP-Servers erstellen:

```
#
# NTP-Server
#
# /etc/ntp.conf
#
# Erstellt von Jens Banning
#
```

```
#
# Die Zeit kommt vom lokalen Rechner.
#

server 127.127.1.0

#
# Die lokale Zeit hat eine Qualitaet von 10.
#

fudge 127.127.1.0 stratum 10

#
# Datei zur Protokollierung der Zeitunterschiede.
#

driftfile /var/log/ntp.drift

#
# Generelle Log-Datei.
#

logfile /var/log/ntp.log
```

11.2.2 Der Dämon `ntpd`

Sie haben Ihren NTP-Server komplett eingerichtet und möchten, dass er seine Uhrzeit den anderen Rechnern im Netzwerk zur Verfügung stellt. Was noch ausbleibt, ist der Start des zugehörigen Dämonprozesses. Das ausführbare Programm heißt `ntpd` und befindet sich im Verzeichnis `/usr/sbin/`. Gelegentlich existiert im gleichen Verzeichnis auch ein Link namens `xntpd`, der auf den eigentlichen Dämon `ntpd` zeigt.

Zum Starten des NTP-Servers existiert bei beiden hier betrachteten Distributionen ein Skript, das Sie jeweils im Verzeichnis `/etc/rc.d/init.d/` finden. Bei einer SuSE-Distribution trägt es den Namen `xntpd`, bei Red Hat heißt es `ntpd`.

Beispiel 11.1: Starten des NTP-Servers unter SuSE **SuSE**

```
root@host1:~ # /etc/rc.d/init.d/xntpd start
Starting xntpd                                             done
root@host1:~ #
```

Beispiel 11.2: Starten des NTP-Servers unter Red Hat **Red Hat**

```
root@host1:~ # /etc/rc.d/init.d/ntpd start
Starting ntpd:                                             [  OK  ]
root@host1:~ #
```

Da wir die Rechner Host1 und Host2 als NTP-Server einrichten wollen, müssen Sie zum einen die Konfigurationsdatei `/etc/ntp.conf` auf beiden Rechnern mit dem gleichen

Inhalt erstellen. Zum anderen muss sowohl auf Host1 als auch auf Host2 das Startskript aktiviert werden. Ferner sollten Sie die Uhrzeiten beider Rechner angleichen.

Damit der Start des NTP-Dämons bei jedem Rechnerstart erfolgt, müssen Sie bei einer Distribution von SuSE mit dem Programm `yast` die Variable START_XNTPD auf den Wert `yes` setzen. Red Hat-Administratoren legen im gewünschten Runlevel einen Link auf das Startskript an.

11.2.3 Zusammenfassung

Betrachten wir in einer Zusammenfassung nochmals die Schritte, die Sie als Administrator zum Einrichten eines NTP-Servers durchführen müssen:

1. Als Erstes erstellen Sie die Konfigurationsdatei `/etc/ntp.conf`. In ihr tragen Sie Ihre Zeitquelle über den Parameter `server` ein und definieren mit dem Parameter `fudge` ihre Qualität.
2. Falls die Zeitquelle direkt mit einer Schnittstelle Ihres Rechners verbunden ist, erstellen Sie im zweiten Schritt im Verzeichnis `/dev/` einen Link namens `device0`, der auf das Gerät zeigt, an das die Quelle angeschlossen ist. In diesem Fall hat Ihr `server`-Eintrag in der Konfigurationsdatei das Format:

   ```
   server 127.127.<Typ>.0
   ```
3. Zum Abschluss können Sie den NTP-Server mit dem Startskript `/etc/rc.d/init.d/xntpd start` (SuSE) bzw. unter Red Hat mit `/etc/rc.d/init.d/ntpd start` aktivieren. Damit der Start bei jedem Bootvorgang erfolgt, muss im gewünschten Runlevel ein Startlink vorhanden sein. Bei einer SuSE-Distribution muss außerdem die Variable START_XNTPD auf `yes` gesetzt werden.

11.3 Der NTP-Client

Wenn Sie den NTP-Server erfolgreich eingerichtet haben, können Sie sich in diesem Abschnitt mit der Konfiguration des NTP-Clients beschäftigen. Nachdem Sie zu Beginn die Zeit-Server in Ihrem Netzwerk ausfindig gemacht haben, richten Sie anschließend den Client ein.

11.3.1 Das Kommando `ntptrace`

Gehen wir davon aus, dass Sie auf der Clientseite die Zeit-Server in Ihrem Netzwerk kennen. Vor der Einrichtung des Clients möchten Sie jedoch gern Informationen darüber haben, mit welcher Qualität die Zeit der Server verbreitet wird und inwieweit die Uhrzeiten zwischen Client und Server abweichen.

Das Kommando `ntptrace` liefert Ihnen die gewünschten Informationen. Sie können es auf dem Client in der Form

```
ntptrace <NTP-Server>
```

starten.

Beispiel 11.3: ntptrace auf die Rechner Host1 und Host2

```
root@host3:~ # ntptrace host1
host1.intern:stratum 11,offset -17.614810,synch distance 0.01128
root@host3:~ # ntptrace host2
host2.intern:stratum 11,offset -0.534802,synch distance 0.01178
root@host3:~ #
```

Beachten Sie, dass der Server nach dem Start einige Zeit benötigt, bis er ordnungsgemäß arbeitet. Falls Sie das Kommando `ntptrace` zu früh ausführen, bekommen Sie die Meldung:

```
*Not Synchronized*
```

Sofern der NTP-Server seine Dienste fehlerfrei anbietet, liefert das Kommando `ntptrace` die in Tabelle 11.1 aufgeführten Informationen.

Wert	Beschreibung
`stratum`	Qualität der Zeit
`offset`	Zeitunterschied zwischen Client und Server
`snych distance`	Entfernung zwischen Client und Server

Tabelle 11.1: Ausgaben des Kommandos `ntptrace`

Mit `stratum` wird die Qualität der Zeit beschrieben. Da beide Server (Host1 und Host2) die Zeit mit dem stratum-Wert 10 anbieten, hat diese Zeit am Client den Wert 11. Mit dem Wert `offset` wird der Zeitunterschied zwischen Client und Server in Sekunden angegeben. Ein negativer Wert bedeutet, dass die Client-Uhr vorgeht. Im Beispiel besteht zwischen Host3 und dem Server am Host1 ein Zeitunterschied von −17,614 810 Sekunden. Außerdem gibt Ihnen das Kommando `ntptrace` Informationen über die Entfernung zwischen Client und Server. Wenn der NTP-Client die Uhrzeit beim Server erfragt, so vergehen vom Stellen der Frage bis zum Erhalten der Antwort genau `synch distance`-Sekunden.

In Abbildung 11.4 sehen Sie die Informationen des Kommandos in grafischer Form.

11.3.2 Das Kommando `ntpdate`

Sie wissen, welche Zeiten Ihre NTP-Server zur Verfügung stellen und wollen diese nun am Client verwenden. Dazu existieren zwei Möglichkeiten:

- Zum einen können Sie durch ein Kommando die Client-Zeit einmalig verändern. Durch den Aufruf von `ntpdate` kann die Uhrzeit von einem NTP-Server auf dem Client einmalig eingestellt werden. Mit `ntpdate` befassen wir uns in diesem Abschnitt.

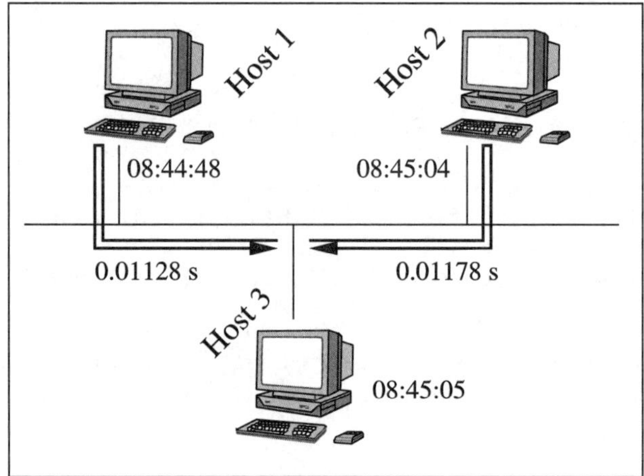

Abbildung 11.4: Informationen des Kommandos `ntptrace`

- Zum anderen ist es jedoch auch möglich, dass der Client permanent die Zeit mit dem Server abgleicht. Auf diese Weise wird dann sichergestellt, dass die Zeiten beider Rechner synchron sind. Das Verfahren der permanenten Überwachung betrachten wir im nächsten Abschnitt.

Das Kommando `ntpdate` dient dazu, die Uhrzeit des NTP-Servers zu erfragen und sie lokal umzusetzen. Starten Sie das Kommando in der folgenden Form:

```
ntpdate [Optionen] <NTP-Server>
```

Die vom Server erhaltene Zeit wird unter Verwendung der Optionen in Tabelle 11.2 lokal eingestellt.

Option	Beschreibung
`-b`	Zeit des Servers am Client einstellen
`-B`	Clientzeit der Serverzeit etwas annähern

Tabelle 11.2: Optionen des Kommandos `ntpdate`

Durch die Option `-b` wird die Zeit des Servers am Client sofort eingestellt. Dabei ist es unerheblich, ob zuvor ein Zeitunterschied von wenigen Minuten oder mehreren Stunden bestand. Dieses Verfahren ist zwar äußerst effektiv, hat jedoch den großen Nachteil, dass am Client dadurch starke Zeitsprünge auftreten können. Zeitsprünge können jedoch einige Prozesse (wie zum Beispiel Cron) oder gar das ganze System in Schwierigkeiten bringen und sollten daher vermieden werden. Aus diesem Grund sollten Sie bei Linux-Servern auch auf die Umstellung zwischen Sommer- und Winterzeit verzichten.

Wie können Sie die Zeiten angleichen, ohne einen Zeitsprung durchzuführen? Starten Sie das Kommando `ntpdate` mit dem Parameter `-B`, wird die Zeit des Clients an die Zeit des Servers nur minimal angeglichen. Bei jedem Aufruf von `ntpdate -B` verändert der

Client seine Zeit um wenige Milli- oder gar nur Mikrosekunden. Wenn Sie ntpdate -B nun periodisch ausführen lassen, so wird die Client-Uhrzeit auf diese Weise so lange ausgebremst bzw. beschleunigt, bis sie mit der des Servers übereinstimmt.

Beispiel 11.4: Zeit des NTP-Clients minimal angleichen

```
root@host3:~ # ntptrace host1;ntpdate -B host1;ntptrace host1
host1.intern:stratum 11,offset -16.677327,synch distance 0.01105
5 Apr 09:47:56 ntpdate[1357]: adjust time server 192.168.17.1
offset -16.677291 sec
host1.intern:stratum 11,offset -16.677249,synch distance 0.01105
root@host3:~ #
```

Beispiel 11.5: Zeit des NTP-Clients fest einstellen

```
root@host3:~ # date;ntptrace host1
Thu Apr  5 09:49:45 CEST 2001
host1.intern:stratum 11,offset -16.442982,synch distance 0.01154
root@host3:~ # ntpdate -b host1
5 Apr 09:38:42 ntpdate[1285]: step time server 192.168.17.1
offset -16.440860 sec
root@host3:~ # date;ntptrace host1
Thu Apr  5 09:49:29 CEST 2001
host1.intern:stratum 11,offset 0.001240,synch distance 0.01170
root@host3:~ #
```

Es ist zu empfehlen, die Uhrzeit möglichst mit dem Kommando ntpdate und der Option -B bei jedem Aufruf nur minimal anzugleichen. Auf diese Weise kann die Client- der Serverzeit ohne große Zeitsprünge angeglichen werden, wobei Sie nicht vergessen dürfen, dass bei einem minütlichen Aufruf von ntpdate -b host1 es mitunter mehrere Stunden oder Tage dauern kann, bis die Uhrzeiten identisch sind.

Wie können Sie Ihr Linux-System dahingehend konfigurieren, dass es jede Minute eine bestimmte Aufgabe ausführt? Richtig: Wie Sie vielleicht in den Büchern [Hein1999] und [Kofler1999] gelesen haben, wird für solche Aufgaben der Cron-Prozess verwendet. In seiner zentralen Konfigurationsdatei crontab im Verzeichnis /etc/ können Sie eine Zeile eintragen, die die gewünschte Aktion periodisch startet.

```
#
# NTP-Client per Cron
#
# /etc/crontab
#
# Erstellt von Jens Banning
#

SHELL=/bin/sh
PATH=/usr/bin:/usr/sbin:/sbin:/bin:/usr/lib/news/bin
MAILTO=root

* * * * *   root   ntpdate -B host1 &>/dev/null
```

Somit wird das Kommando `ntpdate -B host1` jede Minute im Auftrag des Administrators `root` ausgeführt.

Damit die Änderungen in der Datei `/etc/crontab` aktiv werden, müssen Sie den Cron-Prozess neu starten.

SuSE

Beispiel 11.6: Neustart von Cron unter SuSE

```
root@host3:~ # /etc/rc.d/init.d/cron restart
Shutting down CRON daemon                                  done
Starting CRON daemon                                       done
root@host3:~ #
```

Red Hat

Beispiel 11.7: Neustart von Cron unter Red Hat

```
root@host3:~ # /etc/rc.d/init.d/crond restart
Stopping cron daemon:                                      [  OK  ]
Starting cron daemon:                                      [  OK  ]
root@host3:~ #
```

Nähere Informationen zum Aufbau der `crontab`-Datei finden Sie in der Manual Page (`man 5 crontab`).

11.3.3 Die Konfigurationsdatei ntp.conf

Mit dem Kommando `ntpdate` wird die Uhrzeit des Clients bei jedem Aufruf verändert. Das permanente Abgleichen zwischen Client und Server erfolgt nicht. Abhilfe schafft an dieser Stelle ein Dämonprozess, der die Kommunikation zwischen Client und Server dauerhaft durchführt. Sicher ist Ihnen beim Kommando `ntpdate` aufgefallen, dass Sie nur einen NTP-Server ansprechen konnten (im Beispiel Host1). Der zweite Zeitserver am Host2 wurde bisher nicht genutzt. Auch konnte mit dem Kommando die Zeitqualität nicht berücksichtigt werden.

Welchen Dämonprozess können Sie für die obige Funktionalität nutzen? Wie wird die Zeitqualität analysiert und wie kann die Ausfallsicherheit erhöht werden? Viele Fragen, auf die es genau eine Antwort gibt. Wir verwenden auch am Client den Dämon `ntpd` und die zugehörige Konfigurationsdatei `ntp.conf`. In diesem Abschnitt erfahren Sie, welche Einstellungen Sie in der Datei `ntp.conf` vornehmen müssen.

Die Syntax kennen Sie bereits und Sie können sie zu Beginn mit einem aussagekräftigen Kommentar einleiten:

```
#
# NTP-Client
#
# /etc/ntp.conf
#
# Erstellt von Jens Banning
#
```

Anschließend müssen Sie lediglich drei Parameter in der Datei verwenden:

Der Parameter server

Den Parameter `server` kennen Sie bereits von der Konfiguration des NTP-Servers. Mit ihm wurde dort die Zeitquelle angegeben. Am NTP-Client können Sie den Parameter `server` ebenfalls verwenden:

```
server <NTP-Server>
```

Als Zeitquelle dient nun ein NTP-Server:

```
server 192.168.17.1
```

Um mehrere NTP-Server anzugeben, benutzen Sie den Parameter `server` entsprechend mehrfach:

```
server 192.168.17.1
server 192.168.17.2
```

Welcher Server wird vom Client verwendet? Unter allen angegebenen Rechnern versucht der NTP-Client die Zeitquelle mit der besten Qualität (dem kleinsten Stratum-Wert) zu erreichen. Fällt einer der angegebenen Server aus, so wird automatisch der Rechner kontaktiert, der nun die beste Zeit liefert. Die Reihenfolge, in der die `server`-Zeilen in der Datei `/etc/ntp.conf` eingetragen werden, spielt keine Rolle. Das bedeutet:

- Sie haben somit die Qualität berücksichtigt und es wird immer die beste Zeitquelle verwendet.
- Außerdem bietet Ihnen dieses Verfahren auch eine Ausfallsicherheit. Ist ein Server nicht verfügbar, wird sofort, ohne dass Sie als Administrator einschreiten müssen, ein alternativer Rechner benutzt (siehe Abbildung 11.5).

Die Parameter `driftfile` und `logfile` haben die gleichen Bedeutungen wie bei der Konfiguration des NTP-Servers. Die Option `fudge` entfällt.

```
#
# NTP-Client
#
# /etc/ntp.conf
#
# Erstellt von Jens Banning
#

#
# Die Zeit kommt von anderen Servern.
#

server 192.168.17.1
server 192.168.17.2
```

```
#
# Datei zur Protokollierung der Zeitunterschiede.
#

driftfile /var/log/ntp.drift

#
# Allgemeine Log-Datei.
#

logfile /var/log/ntp.log
```

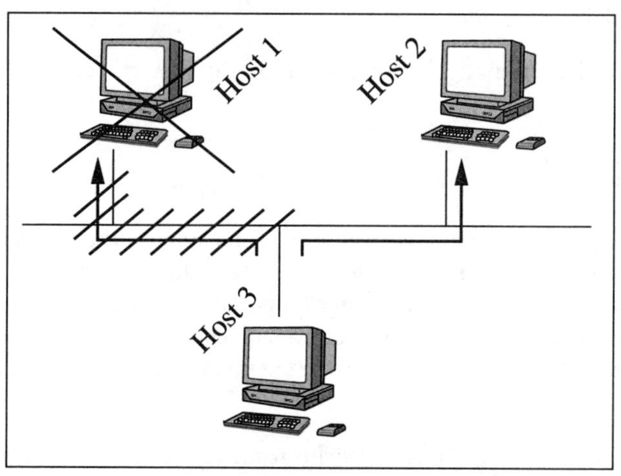

Abbildung 11.5: Ausfallsicherheit per NTP

11.3.4 Der Dämon `ntpd`

In der Konfigurationsdatei `ntp.conf` haben Sie für den Client die notwendigen Informationen abgelegt. Starten Sie nun den Dämonprozess `ntpd` anhand des zugehörigen Startskripts.

SuSE

Beispiel 11.8: Starten des NTP-Clients unter SuSE

```
root@host3:~ # /etc/rc.d/init.d/xntpd start
Starting xntpd                                         done
root@host3:~ #
```

Red Hat

Beispiel 11.9: Starten des NTP-Clients unter Red Hat

```
root@host3:~ # /etc/rc.d/init.d/ntpd start
Starting ntpd:                                         [  OK  ]
root@host3:~ #
```

Wenn Sie den Dämon gestartet haben, spricht der Client in regelmäßigen Abständen alle Server an, um Zeitinformationen zu erhalten. Zu der besten dieser Zeiten verhält er sich dann synchron. Beachten Sie jedoch, dass der NTP-Dämon auf dem Clientrechner einige Zeit benötigt, bis er eine Serverzeit auswählt. Er analysiert zunächst einige Minuten die verfügbaren Server, bevor er sich für einen entscheidet. Ist die Entscheidung gefallen, so wird am Client die Zeit fest eingestellt und anschließend fortlaufend überwacht. Wir können an dieser Stelle festhalten, dass es bei der Verwendung des `ntpd` am Client zu Zeitsprüngen kommen kann.

Der NTP-Dämon arbeitet jedoch standardmäßig mit einer Beschränkung der Zeitsprünge. Bei einem Zeitunterschied von mehr als 1000 Sekunden (16,67 Minuten) beendet sich der Dämonprozess automatisch und die Zeiten werden nicht angeglichen. Falls Sie die Beschränkung aufheben und somit auch Sprünge von mehr als 1000 Sekunden zulassen möchten, müssen Sie das dem Dämon `ntpd` über eine Option mitteilen (siehe Tabelle 11.3).

Option	Beschreibung
`-g`	Zeit auch bei mehr als 1000 Sekunden Differenz synchronisieren

Tabelle 11.3: Optionen des Dämons `ntpd`

In den Startskripten der Distributionen SuSE und Red Hat wird die Option `-g` nicht verwendet, also ist das Limit von 1000 Sekunden aktiv. Betrachten wir dazu den entsprechenden Ausschnitt des SuSE-Startskripts. **SuSE**

```
...

return="$rc_done"

case "$1" in
 start)
  echo -n "Starting xntpd "
  if [ -n "$XNTPD_INITIAL_NTPDATE" -a -x "/usr/sbin/ntpdate" ];
     then /usr/sbin/ntpdate -bs $XNTPD_INITIAL_NTPDATE
  fi
  startproc /usr/sbin/xntpd || return=$rc_failed
  echo -e "$return"
  ;;

 ...

esac
```

Ersetzen Sie den Aufruf `/usr/sbin/xntpd` durch `/usr/sbin/xntpd -g`. Bei Red Hat hat das Startskript das folgende Aussehen, wobei Sie hier den Aufruf von `ntpq` durch `ntpq -g` ersetzen müssen. **Red Hat**

```
...

RETVAL=0
```

```
start() {
 # Adjust time to make life easy for ntpd
 if [ -f /etc/ntp/step-tickers ]; then
    echo -n "Syncing time for ntpd. "
    /usr/sbin/ntpdate -s -b -p 8 -u 'cat /etc/ntp/step-tickers'
 fi
 # Start daemons.
 echo -n "Starting ntpd: "
 daemon ntpd -A
 RETVAL=$?
 echo
 [ $RETVAL -eq 0 ] && touch /var/lock/subsys/ntpd
 return $RETVAL
}

...
```

In beiden Startskripten haben Sie gesehen, dass vor dem Aufruf des NTP-Dämons das Kommando `ntpdate` mit der Option `-b` gestartet wird. Das bedeutet: Bevor der NTP-Dämon seine Arbeit aufnimmt, wird die Clientzeit auf die des Servers eingestellt. Dabei treten natürlich beliebig große Zeitsprünge auf. `ntpdate` wird nur unter bestimmten Umständen gestartet.

SuSE

Bei SuSE muss die Variable XNTPD_INITAL_UPDATE die Adresse des NTP-Servers erhalten, damit `ntpdate` gestartet wird. Verwenden Sie dazu das Programm `yast` in der Textkonsole, wie in Abbildung 11.6 gezeigt:

```
root@host3:~ # yast
```

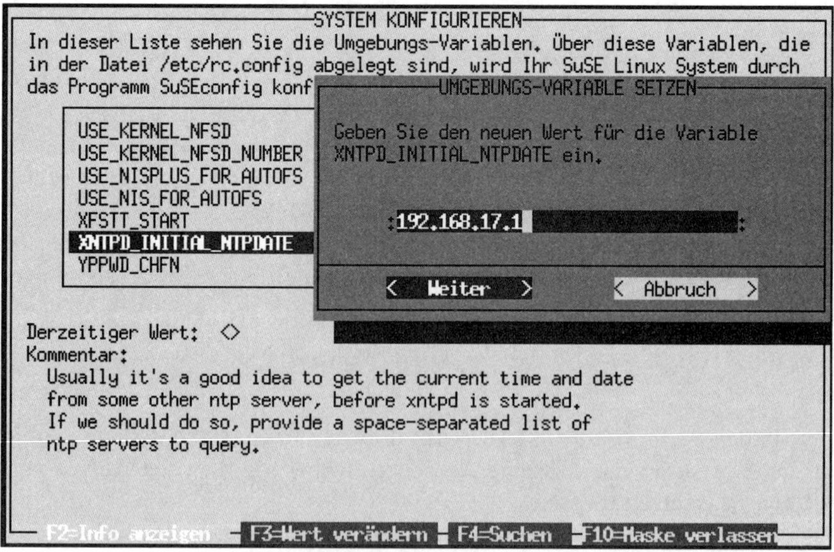

Abbildung 11.6: XNTPD_INITIAL_UPDATE unter SuSE einstellen

Wählen Sie im Hauptmenü den Punkt Administration des Systems und anschließend Konfigurationsdatei verändern an.

In der Distribution Red Hat wird der `ntpdate`-Befehl nur dann gestartet, wenn die Datei `/etc/ntp/step-tickers` existiert. In ihr tragen Sie ebenfalls die Adresse des NTP-Servers ein: **Red Hat**

```
root@host3:~ # cat /etc/ntp/step-tickers
192.168.17.1
root@host3:~ #
```

Bei beiden Distributionen besteht also die Möglichkeit, die Zeit zunächst mit dem Kommando `ntpdate -b` fest einzustellen, um anschließend per `ntpd` die korrekte Zeit dauerhaft zu halten.

In Abbildung 11.7 sehen Sie nochmals den Aufbau der Startskripten.

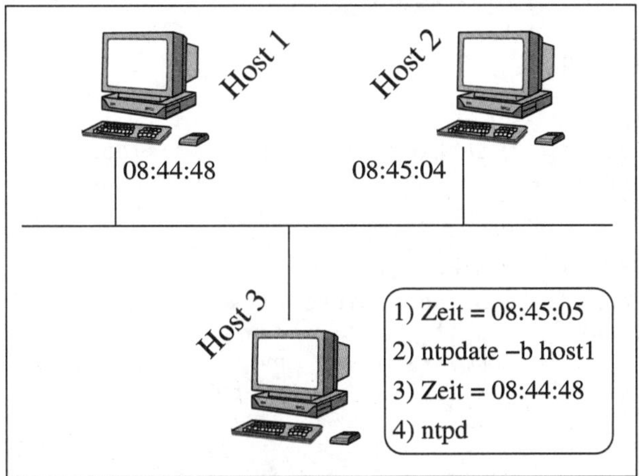

Abbildung 11.7: Aufbau der NTP-Startskripten

1. Im ersten Schritt wird also die Zeit des NTP-Servers mit dem Kommando `ntpdate` direkt am Clientrechner eingestellt. Somit sind die beiden Zeiten identisch. (Dieser Schritt erfolgt nur, wenn Sie die Voraussetzungen im Startskript erfüllt haben.)

2. Als Zweites wird der NTP-Dämon `ntpd` gestartet. Er überwacht nun permanent die Serverzeit und sorgt dafür, dass der Client sich mit dem Server dauerhaft synchronisiert.

Damit auf der Clientseite das Startskript `/etc/rc.d/init.d/xntpd` (SuSE) bzw. `/etc/rc.d/init.d/ntpd` (Red Hat) bei jedem Rechnerstart aktiviert wird, muss im gewünschten Runlevel ein Startlink existieren.

Bei SuSE müssen Sie außerdem die Variable START_XNTPD auf `yes` setzen.

11.3.5 Das Kommando ntpq

Der NTP-Server und der NTP-Client sind komplett eingerichtet und die auf beiden Kommunikationspartnern gestarteten NTP-Dämonen tauschen Zeitinformationen untereinander aus. Bisher fehlt Ihnen jedoch eine Möglichkeit, den Synchronisierungsprozess zu überwachen. Dazu wurde das Programm `ntpq` entwickelt. Sie starten es auf dem Client in der Form:

```
ntpq
```

Weitere Optionen brauchen Sie nicht angeben. Bei `ntpq` handelt es sich um ein interaktives Programm, in dem Sie eine Reihe von Befehlen ausführen können. Nach dem Aufruf meldet sich das Programm mit einem eigenen Prompt. Der Befehl `help` liefert Ihnen eine Liste aller möglichen `ntpq`-Befehle. Wir werden uns im weiteren Verlauf einen Befehl genau anschauen. Mit `exit` können Sie `ntpq` verlassen.

Beispiel 11.10: Starten des Programms ntpq

```
root@host3:~ # ntpq
ntpq> help
Commands available:
addvars    associations authenticate cl       clearvars
clocklist  clockvar     cooked       cv       debug
delay      exit         help         host     hostnames
keyid      keytype      lassociations lopeers lpassociations
lpeers     mreadlist    mreadvar     mrl      mrv
ntpversion opeers       passociations passwd  peers
poll       pstatus      quit         raw      readlist
readvar    rl           rmvars       rv       showvars
timeout    version      writelist    writevar
ntpq> exit
root@host3:~ #
```

Der Befehl, mit dem die Kommunikation zwischen Server und Client überwacht werden kann, heißt `opeers`. Sie können ihn auch in der verkürzten Schreibweise als `ope` starten.

Beispiel 11.11: NTP-Kommunikation überwachen

```
root@host3:~ # ntpq
ntpq> ope
     remote           local      st t when poll reach   delay   offset    disp
==============================================================================
*host1.intern    192.168.17.3    11 u   50   64    3    7.267   35.024  30.927
+host2.intern    192.168.17.3    11 u   43   64    7    6.064  -104755 4000.00
ntpq> exit
root@host3:~ #
```

In Tabelle 11.4 sind die in den Spalten von `ope` genannten Werte mit ihrer Bedeutung aufgelistet.

Wert	Beschreibung
`remote`	NTP-Server
`local`	NTP-Client
`st`	Stratum
`t`	Typ des Servers
`when`	Zeitpunkt der letzten Serverantwort
`poll`	Intervall, in dem der Server angesprochen wird
`reach`	Erfolgsqualität der Verbindung zum Server
`delay`	Zeitraum von der Clientanfrage bis zur Serverantwort
`offset`	Zeitdifferenz zwischen Client und Server
`disp`	Veränderungen von `offset`

Tabelle 11.4: Ausgaben des Programms `ntpq (ope)`

remote Als Erstes wird der Name des NTP-Servers angegeben. Er kann in Form seines Fully Qualified Domain Name oder seiner IP-Adresse aufgeführt sein. Bei mehreren Servern wird derjenige, von dem zurzeit die Uhrzeit verwendet wird, mit einem Stern (*) gekennzeichnet.

local Anschließend finden Sie den Namen des NTP-Clients. Da es sich um Ihren eigenen Rechner handelt, steht dort Ihre eigene IP-Adresse.

st Als dritte Angabe wird die Qualität der Zeit angegeben. Da beide Server einen stratum-Wert von 10 haben, erreichen die Zeiten die Clients mit dem Wert 11.

t Mit `t` wird der Typ des Servers angegeben. Es gibt vier mögliche Werte:

- Der Typ `l` steht für `local`. Er bedeutet, dass der NTP-Server auf der gleichen Maschine arbeitet, auf der Sie das Programm `ntpq` aufgerufen haben.
- Wenn der Server per Broadcast im Netzwerk gefunden wurde, hat der Typ den Wert `b`.
- Falls der Server per Multicast erreicht wurde, finden Sie im Typ den Wert `m`.
- In der Regel sprechen Sie den Server per Unicast, also direkt, an. Sie erkennen dieses am Typ `u`.
- Finden Sie in der Spalte für den Typ das Zeichen –, so bedeutet das, dass die Kommunikation zwischen Server und Client gestört ist.

when Unter dem Wort `when` steht die Anzahl der Sekunden, die seit der letzten Antwort des NTP-Servers vergangen sind. Der Wert löst somit die Frage: Wann bestand zuletzt Kontakt zum Server?

poll Das Schlüsselwort `poll` spezifiziert das Intervall, in dem der Client beim Server nach dessen Uhrzeit fragt. Die Maßeinheit des Wertes sind Sekunden.

reach In der Spalte `reach` finden Sie einen Wert, an dem Sie erkennen können, wie erfolgreich die Verbindung vom Client zum Server ist. Die Größe des Wertes ist ein Maß für die Qualität der Verbindung.

delay Zwischen dem Generieren einer Clientanfrage bis zum Erhalten der Serverantwort vergehen so viele Millisekunden, wie der Parameter `delay` angibt.

offset Einer der sicher wichtigsten Werte ist die Angabe des Zeitunterschieds zwischen Client und Server. Auf diese Weise können Sie die Differenz in Millisekunden ablesen. Die Uhrzeit gilt bei einem Unterschied von mehr als 128 Millisekunden als nicht synchron.

disp Die letzte Spalte enthält Informationen zur Veränderung des `offset`-Wertes. Sie definiert die Dispersion (Streuung).

Betrachten wir die erste Zeile der obigen `ntpq`-Ausgabe. Sie beschreibt den NTP-Server `host1.intern` und den lokalen Rechner `192.168.17.3`. Der Client erhält die Serverzeit mit Stratum 11, wobei der Server per Unicast angesprochen wird. Der letzte Kontakt fand vor 50 Sekunden statt, wobei der Client den Server alle 64 Sekunden befragt. Danach folgt die Erreichbarkeit des Servers (3). Zwischen dem Erstellen der Clientanfrage bis zum Erhalten der Serverantwort vergingen 7,267 Millisekunden. Die Uhrzeit auf dem Client und dem Server läuft synchron, da die Angaben nur 35,024 Millisekunden auseinander liegen. Die Dispersion beträgt 30,927 Millisekunden.

Was passiert nun, wenn einer der beiden Server ausfällt? Wir simulieren diesen Fall, indem wir den Rechner Host1 und somit auch den dortigen NTP-Server vom Netzwerk trennen. Der Ausgabe des `ntpq`-Befehls `ope` können Sie nach einiger Zeit entnehmen, dass der NTP-Client nun den Server Host2 verwendet.

Beispiel 11.12: Ausfall eines NTP-Servers

```
root@host3:~ # ntpq
ntpq> ope
     remote           local        st t when poll reach   delay   offset    disp
==============================================================================
 host1.intern    0.0.0.0          11 - 1021   64    0    0.000    0.000 4000.00
*host2.intern    192.168.17.3     11 u   45   64  377    2.975   -0.007   0.364
ntpq> exit
root@host3:~ #
```

11.3.6 Zusammenfassung

Zum Abschluss des Kapitels über die Zeitsynchronisierung fassen wir nochmals die notwendigen Schritte zusammen, die Sie für die Einrichtung eines NTP-Clients durchführen müssen:

1. Als Erstes versuchen Sie am Client Informationen über Ihre NTP-Server zu erlangen. Vor allem ist es wichtig, dass Sie die Qualität der Zeitserver kennen. Ihre Wahl fällt daher auf das Kommando `ntptrace`, dem Sie die Adresse Ihres Server übergeben.

2. Anschließend können Sie die Serverzeit am Client mit dem Kommando `ntpdate` einstellen. Der Aufruf `ntpdate -b`, gefolgt von der Adresse des Servers, holt von diesem die Uhrzeit ab und setzt sie direkt am Client um. Der Parameter `-B` führt dazu, dass die Clientuhrzeit lediglich um einige Millisekunden angeglichen wird. Sorgen Sie bei der Verwendung von `-B` dafür, dass das Kommando jede Minute aufgerufen wird (zum Beispiel durch einen Eintrag in `/etc/crontab`).

3. Unabhängig davon, ob die Zeiten bereits identisch sind, können Sie den NTP-Dämon konfigurieren. Tragen Sie in der Datei `/etc/ntp.conf` die möglichen NTP-Server ein. Verwenden Sie dazu den Eintrag `server` mehrfach.

4. Damit die Zeit auf Dauer synchron gehalten werden kann, müssen Sie den NTP-Dämon starten. Das zugehörige Skript finden Sie im Verzeichnis `/etc/rc.d/init.d/`. Es trägt bei SuSE den Namen `xntpd` und bei Red Hat die Bezeichnung `ntpd`. Damit es bei jedem Bootvorgang gestartet wird, muss ein Link im Standardrunlevel vorhanden sein. Setzen Sie bei SuSE zusätzlich die Variable XNTPD_START auf `yes`.

5. Im Startskript sind zwei Besonderheiten zu beachten: Zum einen können Sie den NTP-Dämon mit der Option `-g` aufrufen, was per Default nicht erfolgt. Ohne diese Optionen beendet sich der Dämonprozess bei Zeitunterschieden von mehr als 1000 Sekunden. Zum anderen wird in den Startskripten vor dem Dämon das Kommando `ntpdate` mit der Option `-b` aufgerufen. Dadurch kann die Clientzeit zu Beginn mit der Serverzeit synchronisiert werden. Belegen Sie bei SuSE dazu die Variable XNTPD_INITAL_UPDATE mit der Adresse des NTP-Servers. Bei Red Hat erstellen Sie die Datei `/etc/ntp/step-tickers` und tragen dort die Adresse ein.

6. Zum Abschluss können Sie die Kommunikation der NTP-Dämonen am Client und an den Servern mit dem Programm `ntpq` und dem Befehl `ope` überwachen.

12 Zentrale Benutzerverwaltung mit NIS

Mit dem Network Information Service (NIS) sind Sie in der Lage, in Ihrem Netzwerk eine zentrale Benutzerverwaltung einzurichten. Der NIS-Dienst besteht aus den Komponenten

- NIS-Server und
- NIS-Client.

In diesem Kapitel werden Sie den Network Information Service einrichten und verwalten.

12.1 Funktion

Wenn sich ein Anwender an einem Linux-Rechner anmeldet, so ist es normalerweise erforderlich, dass er dort auch ein entsprechendes Benutzerkonto und ein Passwort hat. Wenn Sie jedoch einen Linux-Host in Ihrem Netzwerk als Datenserver einrichten, so werden Sie schnell erkennen, dass das Einrichten der Benutzer mit den bisherigen Kenntnissen ein sehr komplexes Unterfangen ist. Sie müssten auf jedem Linux-Rechner alle Benutzerkonten der Anwender anlegen, die jemals auf diesem Rechner arbeiten (siehe Abbildung 12.1).

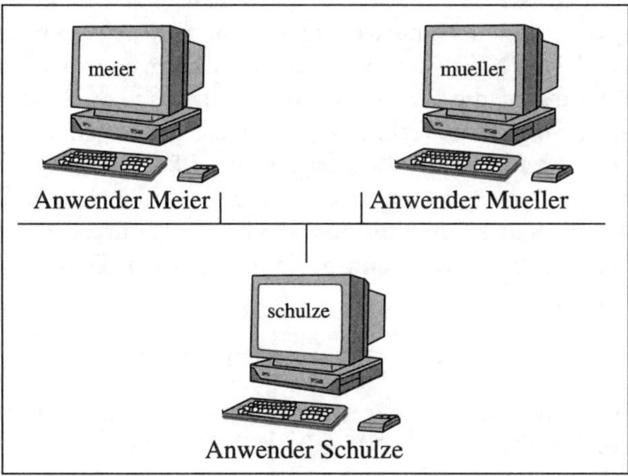

Abbildung 12.1: Erstellen von Benutzerkonten ohne NIS

Der Network Information Service ermöglicht es, die Benutzerkonten zentral auf einer Maschine, dem NIS-Server, anzulegen. Die NIS-Clients können die am Server eingetragenen Benutzerkennungen zur Anmeldung verwenden. Der NIS-Server stellt damit ihm bekannte Informationen im Netzwerk zur Verfügung. Dazu gehören im Wesentlichen

- die Benutzerkennungen und
- die Gruppenkennungen.

Der Vorteil des in Abbildung 12.2 dargestellten Verfahrens ist, dass Sie als Administrator auf dem NIS-Server alle Benutzer eintragen können, die in Ihrem Netzwerk arbeiten. Die Anwender haben dadurch die Möglichkeit, sich an jedem beliebigen Clientrechner anzumelden, da ihr Benutzerkonto auf dem NIS-Server überall verfügbar ist.

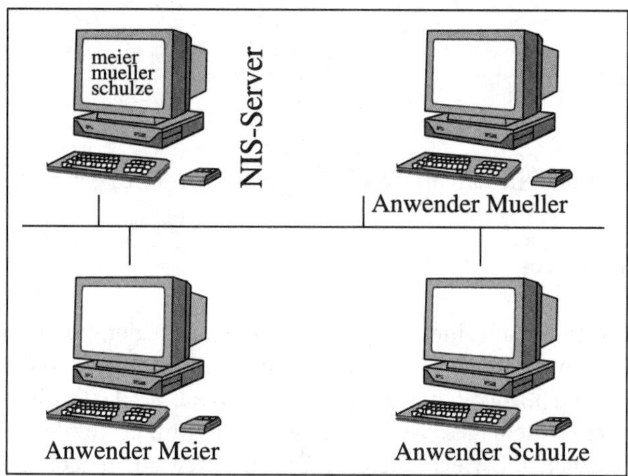

Abbildung 12.2: Erstellen von Benutzerkonten mit NIS

Die Kommunikation zwischen NIS-Server und NIS-Client erfolgt über das TCP/IP-Netzwerk. Zusätzlich ist es jedoch notwendig, dass Server und Client der gleichen NIS-Domain angehören. Bei der NIS-Domain handelt es sich um eine Struktur, die dazu dient, Rechner zusammenzufassen, die sich per NIS unterhalten sollen. Betrachten Sie die NIS-Domain stets eigenständig. Eine Verbindung zu den Domainnamen des DNS-Systems existiert nicht. Für die in Abbildung 12.2 dargestellten Rechner ist es daher notwendig, dass sie derselben NIS-Domain angehören. Sie wird beim Einrichten des Servers sowie des Clients definiert. Versucht nun ein Client die Informationen des NIS-Servers zu bekommen, so funktioniert dies nur, wenn beide den gleichen Domainnamen aufweisen (siehe Abbildung 12.3).

Der Network Information Service besteht insgesamt aus drei Komponenten:

Master Der Rechner im Netzwerk, der seine Benutzer- und Gruppenkennungen anderen zur Verfügung stellt, wird als NIS-Master bezeichnet.

Client Hosts, die die Informationen des Master-Servers zur Anmeldung verwenden, bezeichnet man als NIS-Clients.

Slave Bei der dritten Komponente handelt es sich um den NIS-Slave. Seine Aufgabe besteht darin, die Informationen des Master-Servers zu duplizieren und sie ebenfalls im Netzwerk anzubieten. Auf diese Weise ist der NIS-Dienst auch dann weiter aktiv, wenn die Kommunikation zum Master-Server unterbrochen ist. Ferner können Sie die Last zwischen Master und Slave aufteilen.

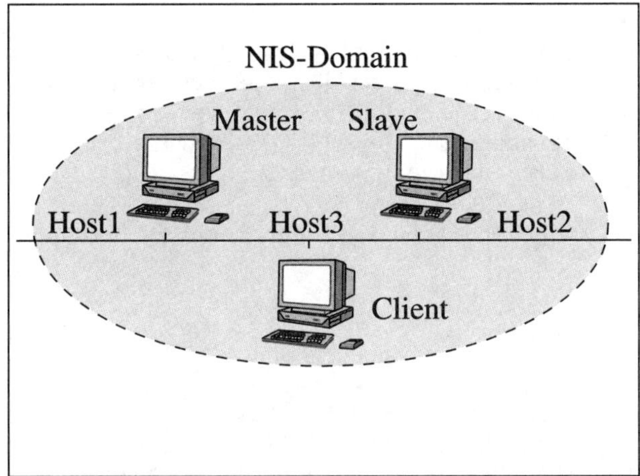

Abbildung 12.3: Bedeutung der NIS-Domain

Im weiteren Verlauf dieses Kapitels werden Sie nun jeweils einen NIS-Master, einen NIS-Client und einen NIS-Slave einrichten. Abbildung 12.3 zeigt ihnen das Vorhaben, das wir in diesem Kapitel umsetzen werden. Dabei ist der Rechner Host1 der Master-Server, während Host2 als Slave fungieren soll. Außerdem richten Sie den Rechner Host3 als Client ein.

12.2 Der NIS-Server

Beschäftigen wir uns zunächst mit der Konfiguration des NIS-Master-Servers auf dem Rechner Host1.

12.2.1 Die Konfigurationsdatei `Makefile`

Die erste Konfigurationsdatei, die Sie bearbeiten müssen, trägt den Namen `Makefile` und befindet sich im Verzeichnis `/var/yp/`. Der Verzeichnisname `yp` steht für Yellow Pages. Diesen Namen trug der NIS-Dienst ursprünglich, bevor YP aus rechtlichen Gründen nicht weiter verwendet werden konnte. In dieser Datei tragen Sie ein, welche Informationen Ihr NIS-Server im Netzwerk anbieten soll. In diesem textbasierten Dokument beginnen Kommentare mit dem Zeichen #. Die weiteren Einstellungen folgen der Syntax:

```
<Variable>=<Wert>
```

Lassen Sie uns zunächst einen Ausschnitt der per Default vorhandenen Einstellungen in der Datei `/var/yp/Makefile` betrachten. Anschließend werden Sie die dort aufgeführten Variablen an Ihre Gegebenheiten anpassen.

```
#
# Makefile for the NIS databases
```

```
#
# This Makefile should only be run on the NIS master server
# of a domain. All updated maps will be pushed to all NIS
# slave servers listed in the /var/yp/ypservers file. Please
# make sure that the hostnames of all NIS servers in your
# domain are listed in /var/yp/ypservers.
#
# This Makefile can be modified to support more NIS maps if
# desired.
#

...

# If we have only one server, we don't have to push the maps
# to the slave servers (NOPUSH=true). If you have slave servers,
# change this to "NOPUSH=false" and put all hostnames of your
# slave servers in the file /var/yp/ypservers.
NOPUSH=true

# We do not put password entries with lower UIDs (the root and
# system entries) in the NIS password database, for security.
# MINUID is the lowest uid that will be included in the password
# maps. MINGID is the lowest gid that will be included in the
# group maps.
MINUID=100
MINGID=100

# Should we merge the passwd file with the shadow file ?
# MERGE_PASSWD=true|false
MERGE_PASSWD=true

# Should we merge the group file with the gshadow file ?
# MERGE_GROUP=true|false
MERGE_GROUP=true

...
```

Mit dem Parameter `NOPUSH` legen Sie fest, ob der Master-Server seine Informationen an Slave-Server weitergeben kann. Ein Wert von `false` lässt dieses zu, während `true` die Kommunikation mit Slave-Servern unterbindet. Daraufhin folgen die Variablen `MINUID` und `MINGID`. Sie legen fest, welche Benutzer und welche Gruppen per NIS zur Verfügung gestellt werden. Stellen Sie per NIS nur die Benutzerkonten zur Verfügung, die einem realen Anwender entsprechen. Außerdem existieren die Variablen `MERGE_PASSWD` und `MERGE_GROUP`. Sie haben den folgenden Hintergrund:

Linux speichert in den Dateien `/etc/passwd` und `/etc/group` die Benutzer- bzw. Gruppenkennungen ab. Die zugehörigen Passwörter werden heutzutage in der Regel in separaten Dateien abgelegt. Sie tragen die Namen `/etc/shadow` (Benutzer) und `/etc/gshadow` (Gruppen). Falls dieses Shadow-Prinzip bei Ihrer Distribution verwendet wird, müssen Sie in der Datei /var/yp/Makefile die Parameter MERGE_PASSWD und MERGE_GROUP auf den Wert yes setzen, da NIS kein Shadowing unterstützt.

In unserem Beispiel ist ein Slave-Server vorhanden (NOPUSH=false). Ferner sollen Benutzer ab einer ID von 500 und alle Gruppen ab einer ID von 100 per NIS angeboten werden. Da SuSE und Red Hat das Shadowing verwenden, stellen Sie die Parameter MERGE_PASSWD und MERGE_GROUP auf true. Die entsprechenden Eintragungen haben auf dem Rechner Host1 demnach das folgende Aussehen:

```
#
# Makefile for the NIS databases
#
# This Makefile should only be run on the NIS master server
# of a domain. All updated maps will be pushed to all NIS
# slave servers listed in the /var/yp/ypservers file. Please
# make sure that the hostnames of all NIS servers in your
# domain are listed in /var/yp/ypservers.
#
# This Makefile can be modified to support more NIS maps if
# desired.
#

...

# If we have only one server, we don't have to push the maps
# to the slave servers (NOPUSH=true). If you have slave servers,
# change this to "NOPUSH=false" and put all hostnames of your
# slave servers in the file /var/yp/ypservers.
NOPUSH=false

# We do not put password entries with lower UIDs (the root and
# system entries) in the NIS password database, for security.
# MINUID is the lowest uid that will be included in the password
# maps. MINGID is the lowest gid that will be included in the
# group maps.
MINUID=500
MINGID=100

# Should we merge the passwd file with the shadow file ?
# MERGE_PASSWD=true|false
MERGE_PASSWD=true

# Should we merge the group file with the gshadow file ?
# MERGE_GROUP=true|false
MERGE_GROUP=true

...
```

Der Network Information Service ist in der Lage, eine Vielzahl von Informationen im Netzwerk zu verbreiten. Zu diesem Zweck existiert in der Datei Makefile eine Zeile der Form:

```
all: <...> <...> ...
```

Hinter dem Schlüsselwort `all` stehen jeweils durch ein Leerzeichen getrennt die Daten, die der NIS-Server anderen Rechnern zur Verfügung stellen soll. Da es uns in diesem Kapitel um die Benutzer- und Gruppenkennungen geht, sorgen Sie dafür, dass der folgende Eintrag vorhanden ist:

```
all: passwd group
```

12.2.2 Einstellen der NIS-Domäne

Nachdem Sie eingestellt haben, welche Daten per NIS verwaltet werden sollen, werden Sie in diesem Abschnitt den Namen der NIS-Domain festlegen. Dies können Sie zum einen mit dem Kommando `domainname` erledigen. Starten Sie es gemäß der Syntax:

```
domainname <NIS-Domain>
```

Verwenden Sie im Beispiel den Domainname `linuxnis`.

Beispiel 12.1: Setzen der NIS-Domain

```
root@host1:~ # domainname linuxnis
root@host1:~ #
```

Der Nachteil dieser Methode besteht darin, dass die Einstellung nur bis zum Neustart des Rechners gilt. Anschließend müssten Sie den Befehl erneut ausführen. Aus diesem Grund existiert in den Distributionen SuSE und Red Hat ein Eintrag in einem Startskript, der den obigen Befehl bei jedem Rechnerstart ausführt. Dazu wird in beiden Distributionen auf eine Variable zurückgegriffen, die Sie jeweils mit einem grafischen Administrationstool setzen können.

SuSE Starten Sie unter SuSE das Programm `yast`. Gehen Sie dort über ADMINISTRATION DES SYSTEMS zu dem Punkt KONFIGURATIONSDATEI VERÄNDERN. Setzen Sie anschließend die Variable YP_DOMAINNAME auf den gewünschten Wert (siehe Abbildung 12.4).

```
root@host1:~ # yast
```

Red Hat Red Hat-Anwender starten das Programm LinuxConf und setzen den Domainname über die NIS-Konfiguration (siehe Abbildung 12.5).

```
root@host1:~ # linuxconf
```

12.2.3 Die Konfigurationsdatei `ypserv.conf`

Die zentrale Konfigurationsdatei des NIS-Servers heißt `ypserv.conf`. Sie finden sie im Verzeichnis `/etc/`. In ihr können Sie Berechtigungen eintragen, die den Zugriff auf die per NIS zur Verfügung gestellten Daten regeln. Kommentare leiten Sie in der Textdatei `ypserv.conf` mit dem Zeichen # ein. Alle anderen Zeilen bestehen jeweils aus vier Spalten, die durch einen Doppelpunkt voneinander getrennt werden:

```
<Host> : <Map> : <Security> [: <Passwort-Mangle>]
```

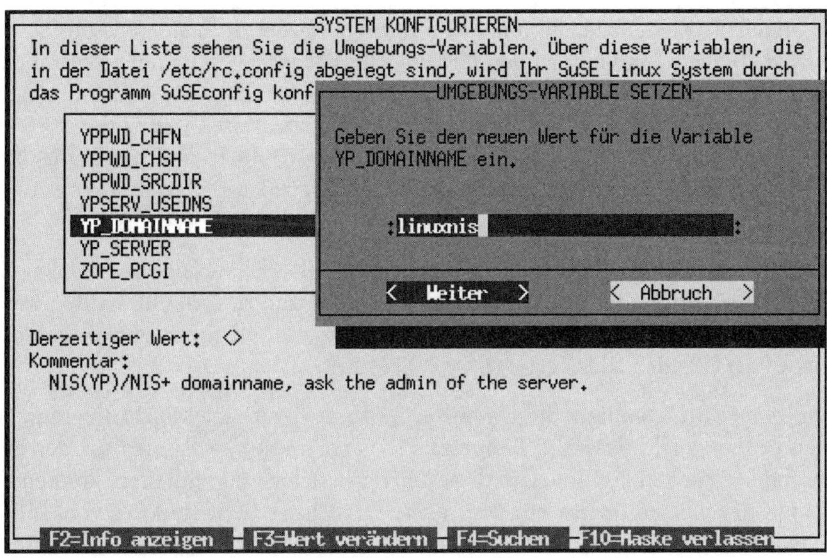

Abbildung 12.4: Einstellen der NIS-Domain unter SuSE

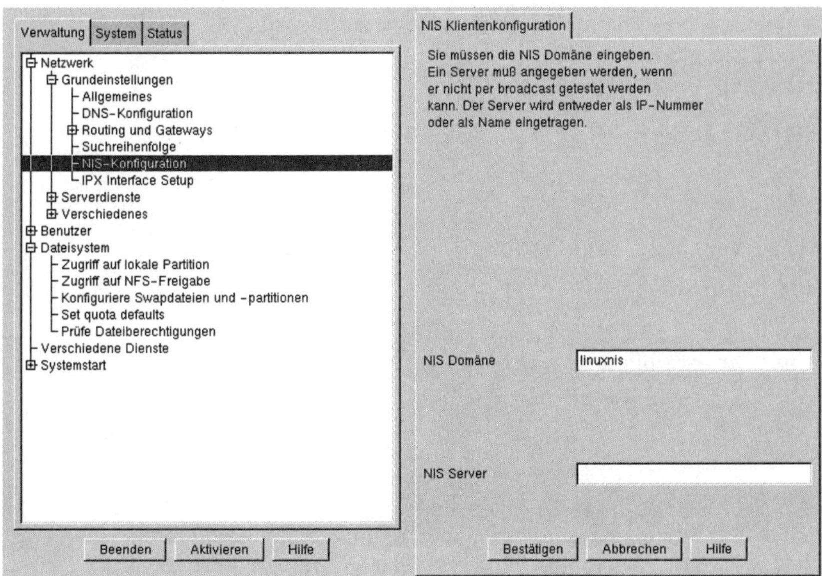

Abbildung 12.5: Einstellen der NIS-Domain unter Red Hat

1. In der ersten Spalte tragen Sie die IP-Adresse des Rechners oder des Netzwerks ein, für die eine Berechtigung festgelegt werden soll. Einen Stern (*) können Sie als Platzhalter für alle Rechner verwenden. Für ganze Netzwerke ist die Eingabe der IP-Adresse mit der Netzmaske erforderlich (192.168.17.0/255.255.255.0).

2. NIS erstellt für jede Information, die verbreitet werden soll, eine eigene Datenbank. Sie wird auch als Map bezeichnet. Um die Zugriffsgeschwindigkeit zu erhöhen, werden die Benutzer- und Gruppendatenbanken doppelt erzeugt. Sie sind zum einen nach Namen und zum anderen nach IDs sortiert. Somit existieren in unserem Beispiel die Maps `passwd.byname`, `passwd.byuid`, `group.byname` und `group.bygid`. Sie haben auch die Möglichkeit, alle Maps mit einem Stern (*) zu beschreiben. Ferner existiert eine interne NIS-Datenbank namens `ypservers`.

3. In der dritten Spalte definieren Sie die Art der Beschränkung. Verwenden Sie die Werte `none`, `deny` oder `port`. Während `none` den Zugriff erlaubt, wird er mit `deny` verboten. Mit `port` wird der Zugriff nur dann erlaubt, wenn er von einem well-known Port (kleiner 1024) erfolgt.

4. Da in der NIS-Datenbank die Datei `passwd` mit der Datei `shadow` vereint wurde, bedeutet dies auch, dass alle Benutzer die verschlüsselten Passwörter der anderen Anwender einsehen können. Um dieses Sicherheitsloch zu schließen, können Sie optional in der vierten Spalte `yes` eintragen. Der Client sieht statt des verschlüsselten Passwortes dann nur noch das Zeichen `x`.

Bevor wir die Konfigurationsdatei unseres Master-Servers betrachten, müssen Sie noch eine weitere Einstellung in der Datei `ypserv.conf` kennen lernen. NIS verwendet seinerseits keinen DNS-Server. Um dies zuzulassen, müssen Sie den Eintrag `dns: yes` gegebenenfalls ergänzen.

```
#
# NIS-Master-Server
#
# /etc/ypserv.conf
#
# Erstellt von Jens Banning
#

#
# DNS-Unterstuetzung aktivieren.
#

dns: yes

#
# Den Zugriff auf die Benutzer- und Gruppenmaps von Ports
# kleiner als 1024 fuer Rechner aus dem Class-C-Netz
# 192.168.17.0 erlauben. Die Passwoerter dabei verbergen.
#
# Host : Map : Security : Password-Mangle
#

192.168.17.0/255.255.255.0 : passwd.byname : port : yes
192.168.17.0/255.255.255.0 : passwd.byuid  : port : yes
192.168.17.0/255.255.255.0 : group.byname  : port : yes
192.168.17.0/255.255.255.0 : group.bygid   : port : yes
```

```
192.168.17.0/255.255.255.0 : ypservers      : port

#
# Allen anderen den Zugriff verweigern.
#

*                          : *              : deny
```

Der Zugriff auf den NIS-Server ist nur aus dem Netzwerk 192.168.17.0 möglich. Erfolgt er von einem Port größer als 1024 oder von einer anderen IP-Adresse, so wird dieser Zugriff aufgrund der letzten Zeile nicht erlaubt. Die obigen Regeln werden bei einer Clientanfrage der Reihe nach betrachtet, wobei die erste gültige zur Anwendung kommt. Wurde keine zutreffende Beschränkung gefunden, so wird die Anfrage erlaubt. Damit hierdurch kein Sicherheitsproblem entsteht, sollten Sie grundsätzlich am Ende der Datei einen Eintrag ergänzen, der allen Clients alles verbietet. Der Defaultwert (none) ist damit ausgeschaltet.

12.2.4 Der Dämon ypserv

Nachdem die NIS-Domäne eingestellt ist und Sie auch die Konfigurationsdateien /etc/ypserv.conf und /var/yp/Makefile bearbeitet haben, ist es nun an der Zeit, den NIS-Server zu starten. Der Dämon, der die lokal angelegten Benutzer- und Gruppenkonten zur Verfügung stellt, trägt den Namen ypserv. Sie finden ihn im Verzeichnis /usr/sbin/. Um ihn zu starten, existiert in den Distributionen SuSE und Red Hat ein Skript, das jeweils im Verzeichnis /etc/rc.d/init.d/ abgelegt ist. Es hat den Namen ypserv, und Sie können es in der gewohnten Weise benutzen.

Beispiel 12.2: Starten des NIS-Servers unter SuSE **SuSE**

```
root@host1:~ # /etc/rc.d/init.d/ypserv start
Starting service YP server                        done
root@host1:~ #
```

Beispiel 12.3: Starten des NIS-Servers unter Red Hat **Red Hat**

```
root@host1:~ # /etc/rc.d/init.d/ypserv start
Starting YP server services:                      [  OK  ]
root@host1:~ #
```

Legen Sie in dem Runlevel, in dem Ihr Linux-Rechner startet, einen symbolischen Link an, der auf das Startskript des NIS-Servers zeigt (siehe [Hein1999] und [Kofler1999]). Dadurch wird der Network Information Service beim Bootvorgang aktiviert.

Falls Sie eine Linux-Distribution aus dem Hause SuSE verwenden, so starten Sie außerdem das Programm YaST mit

```
root@host1:~ # yast
```

um die Variable START_YPSERV auf den Wert yes zu setzen.

12.2.5 Erstellen der Datenbank mit `ypinit`

Bevor wir uns mit dem vorletzten Schritt zur Einrichtung eines NIS-Servers beschäftigen, ist es notwendig, nochmals einen Blick auf die Funktionsweise dieses Dienstes zu werfen. NIS ist in der Lage, die in der Datei `Makefile` definierten Bereiche der Benutzer- und der Gruppeninformationen im Netzwerk anzubieten. Dabei haben Sie festgelegt, dass nur Benutzer ab einer ID von 500 (`MINUID`) und Gruppen ab einer ID von 100 (`MINGID`) angeboten werden sollen. Die Vermutung, dass die Informationen aus den Dateien `/etc/passwd` und `/etc/group` direkt per NIS angeboten werden, ist nahe liegend. Sie ist jedoch nicht richtig. Stellen Sie sich vor, auf Ihrem NIS-Server sind einige tausend Benutzer eingerichtet. Falls sich nun einer dieser Anwender an einem NIS-Client anmeldet, so müsste die Datei `/etc/passwd` sequenziell gelesen werden, um die Anmeldedaten zu verifizieren. Da das sequenzielle Lesen einer Textdatei nicht besonders effektiv ist, verwaltet NIS die Benutzer in eigenen Datenbanken. Sie werden aus den Dateien `/etc/passwd` und `/etc/shadow` für die Benutzer und den Dateien `/etc/group` und `/etc/gshadow` für die Gruppen gebildet. Dabei werden lediglich die Informationen verwendet, die im `Makefile` von Ihnen angegeben wurden.

Lassen Sie uns den Anfang und das Ende der `passwd`-Datei des Rechners Host1 betrachten, auf dem der NIS-Server aktiv ist:

```
root@host1:~ # cat /etc/passwd
root:x:0:0:root:/root:/bin/bash
bin:x:1:1:bin:/bin:/bin/bash
daemon:x:2:2:daemon:/sbin:/bin/bash
lp:x:4:7:lp daemon:/var/spool/lpd:/bin/bash
news:x:9:13:News system:/etc/news:/bin/bash
uucp:x:10:14:Unix-to-Unix CoPy system:/etc/uucp:/bin/bash
games:x:12:100::/var/games:/bin/bash
man:x:13:2::/var/cache/man:/bin/bash
...
mueller:x:501:100:P. Mueller:/home/mueller:/bin/bash
meier:x:502:100:S. Meier:/home/meier:/bin/bash
schulze:x:503:100:F. Schulze:/home/schulze:/bin/bash
root@host1:~ #
```

Sie sehen, dass hier unter anderem die Benutzer `mueller`, `meier` und `schulze` eingetragen sind. Damit diese Benutzer per NIS im Netzwerk zur Verfügung gestellt werden, müssen Sie als Administrator die so genannten NIS-Maps erstellen. Die Maps stellen eine im Binärformat angelegte Datenbank dar und nur die Informationen dieser Maps werden vom Network Information Service verwendet. Sicher erkennen Sie, dass Ihr NIS-Server zwar bereits läuft, dass ihm aber noch die Maps fehlen, die er anbieten soll.

Verwenden Sie das Kommando `ypinit` aus dem Verzeichnis `/usr/lib/yp/`. Es erledigt die obige Funktion und erstellt die notwendigen Datenbanken. Rufen Sie das Kommando in der Form

```
ypinit -m
```

auf. Durch die Option `-m` wird dem Kommando mitgeteilt, dass es sich um den NIS-Master handelt.

Beispiel 12.4: Erstellen der NIS-Maps

```
root@host1:~ # /usr/lib/yp/ypinit -m

At this point, we have to construct a list of the hosts which
will run NIS servers.  host1.intern is in the list of NIS
server hosts.  Please continue to add the names for the other
hosts, one per line.  When you are done with the list, type a
<control D>.
        next host to add:  host1.intern
        next host to add:
The current list of NIS servers looks like this:

host1.intern

Is this correct?  [y/n: y]
We need some  minutes to build the databases...
Building /var/yp/linuxnis/ypservers...
Running /var/yp/Makefile...
gmake[1]: Entering directory '/var/yp/linuxnis'
Updating passwd.byname...
Updating passwd.byuid...
Updating group.byname...
Updating group.bygid...
gmake[1]: Leaving directory '/var/yp/linuxnis'

root@host1:~ #
```

Damit die Datenbanken korrekt erstellt werden, müssen Sie zu Beginn interaktiv die Namen der Rechner angeben, die als NIS-Server fungieren. Da es im Beispiel lediglich einen Rechner gibt, können Sie die Eingabe direkt mit **Ctrl** + **D** beenden. Abschließend wird unter `/var/yp/` ein Verzeichnis mit dem Namen der NIS-Domain erstellt, in dem vier Datenbanken angelegt werden:

- In `passwd.byname` sind die Benutzerdaten ab einer ID von 500 nach Namen sortiert abgespeichert.
- In `passwd.byuid` sind die Benutzerdaten nach der User-ID sortiert.
- In `group.byname` werden die Gruppen nach Namen sortiert abgelegt.
- In `group.bygid` sind die Gruppendaten nach GID sortiert

Sie erkennen, dass die Anwender genauso wie die Gruppen in jeweils zwei NIS-Maps mit dem gleichen Inhalt, jedoch unterschiedlicher Sortierung festgehalten werden:

```
root@host1:/var/yp/linuxnis # ls -l
total 88
drwxr-xr-x   2 root  root     4096 May  2 08:09 .
drwxr-xr-x   3 root  root     4096 May  2 07:22 ..
-rw-------   1 root  root    12444 May  2 08:09 group.bygid
-rw-------   1 root  root    12449 May  2 08:09 group.byname
-rw-------   1 root  root    12795 May  2 08:09 passwd.byname
-rw-------   1 root  root    12780 May  2 08:09 passwd.byuid
-rw-------   1 root  root    12363 May  2 08:09 ypservers
root@host1:/var/yp/linuxnis #
```

In Abbildung 12.6 sehen Sie den Zusammenhang zwischen den Originaldateien der Benutzerverwaltung und den NIS-Maps, die letztendlich im Netzwerk angeboten werden.

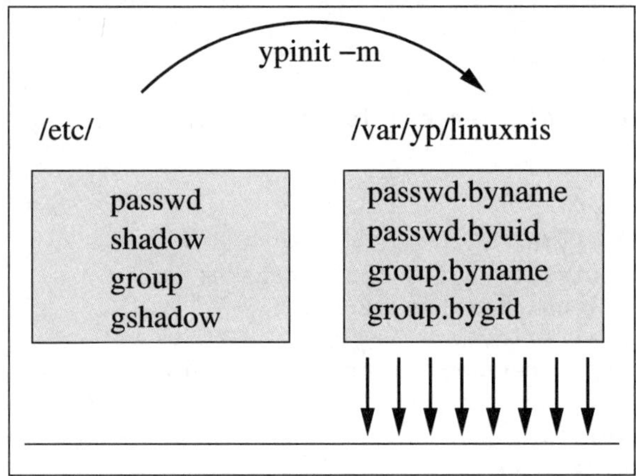

Abbildung 12.6: Benutzer- und Gruppenverwaltung per NIS

Denken Sie daran, dass die NIS-Maps nicht automatisch erstellt werden, sondern nur dann, wenn Sie den Befehl `ypinit -m` ausführen. Falls Sie neue Benutzer auf Ihrem NIS-Server (zum Beispiel mit dem Befehl `useradd`) anlegen, müssen Sie anschließend erneut `ypinit` starten, um die neuen Informationen dem NIS-Dienst bekannt zu geben. Falls Sie dieses Verfahren vermeiden möchten, ist es auch möglich, den Aufruf von `ypinit -m` per Cron jede Nacht einmal automatisch ausführen zu lassen. Nehmen Sie dazu in der Datei `/etc/crontab` die folgende Eintragung vor, die das Kommando `ypinit` jede Nacht um 03:00 Uhr startet:

```
#
# Cron
#
# /etc/crontab
#
# Erstellt von Jens Banning
#
```

```
SHELL=/bin/sh
PATH=/usr/bin:/usr/sbin:/sbin:/bin:/usr/lib/news/bin
MAILTO=root

# Minute Stunde Tag Monat Wochentag (0=Sonntag)

0 3 * * *   root  /usr/lib/yp/ypinit -m </dev/null
```

Starten Sie anschließend den Cron-Dämon neu, damit die Änderungen aktiv werden. Nähere Informationen zu Cron finden Sie in den Büchern [Hein1999] und [Kofler1999].

12.2.6 Einrichten des NFS-Servers

Ihr NIS-Server ist nun komplett eingerichtet und Clients können sich mit den zur Verfügung gestellten Benutzerdaten anmelden. Beachten Sie jedoch, dass die Heimatverzeichnisse der Anwender lediglich auf dem NIS-Server (im Beispiel Host1) vorhanden sind und nicht auf den Clients. Damit alle Anwender, die sich per NIS an ihrem Rechner anmelden, auch Zugang zu ihren persönlichen Daten haben, müssen Sie auf dem Rechner Host1 ebenfalls einen NFS-Server starten, der die Heimatverzeichnisse exportiert. Tragen Sie dazu in der Datei `/etc/exports` die folgenden Daten ein:

```
#
# NFS-Server
#
# /etc/exports
#
# Erstellt von Jens Banning
#

/home   192.168.17.0/255.255.255.0(rw,squash_uids=0-499)
```

Weitere Informationen zum Thema NFS finden Sie in Kapitel 10 auf Seite 155.

12.2.7 Der Dämon `rpc.yppasswdd`

Die Einrichtung des NIS-Servers ist zwar abgeschlossen und Sie haben den zugehörigen Dämonprozess gestartet, jedoch verbleibt noch ein letzter Konfigurationsschritt, den Sie erledigen müssen. Wenn sich Benutzer am NIS-Client anmelden, muss es ihnen auch möglich sein, ihr eigenes Passwort zu verändern.

Dazu steht am Client das im weiteren Verlauf dieses Kapitels vorgestellte Kommando `yppasswd` zur Verfügung. Damit es einwandfrei funktioniert, ist es zusätzlich notwendig, dass auf dem Master-Server ein Dämonprozess aktiv ist, der diesen Vorgang unterstützt.

Er trägt den Namen `rpc.yppasswdd` und befindet sich im Verzeichnis `/usr/sbin/`. Auch für diesen Dämon halten die Distributionen SuSE und Red Hat ein Startskript bereit, das Sie in der Ihnen bekannten Weise verwenden können. Es trägt jeweils den Namen `yppasswdd` und befindet sich im bereits bekannten Verzeichnis `/etc/rc.d/init.d/`.

SuSE

Beispiel 12.5: Starten des NIS-Passwortdämons unter SuSE

```
root@host1:~ # /etc/rc.d/init.d/yppasswdd start
Starting rpc.yppasswdd                                done
root@host1:~ #
```

Red Hat

Beispiel 12.6: Starten des NIS-Passwortdämons unter Red Hat

```
root@host1:~ # /etc/rc.d/init.d/yppasswd start
Starting YP passwd service:                          [  OK  ]
root@host1:~ #
```

Damit der Start permanent bei jedem Rechnerstart erfolgt, überprüfen Sie, ob der symbolische Link im Standardrunlevel vorhanden ist. Verifizieren Sie bei einer SuSE-Distribution ferner, ob die Variable START_YPPASSWDD den Wert `yes` aufweist.

12.2.8 Zusammenfassung

Wie an jedem Ende eines größeren Abschnitts, finden Sie im Folgenden eine Zusammenfassung der notwendigen Schritte, die Sie zur Einrichtung eines NIS-Servers durchführen müssen.

1. Im ersten Schritt tragen Sie in der Datei `/var/yp/Makefile` ein, welche Daten Ihr NIS-Server verwalten soll. Sie sind in der Zeile, die mit `all:` beginnt, festzulegen. Ferner müssen Sie definieren, ab welcher User- und Gruppen-ID die Daten per NIS angeboten werden. Verwenden Sie dazu die Variablen `MINUID` und `MINGID`. Setzen Sie ferner die Variable `NOPUSH` auf den Wert `false`, da anderenfalls die Kommunikation mit Slave-Servern nicht stattfinden kann.

2. Im zweiten Schritt stellen Sie die NIS-Domain mit dem Kommando `domainname` ein. Damit dieser Aufruf permanent erfolgt, müssen Sie die Domain ebenfalls mit den Programmen Yast (SuSE) und LinuxConf (Red Hat) definieren.

3. In der Datei `/etc/ypserv.conf` tragen Sie ein, welche Rechner in Ihrem Netzwerk auf die NIS-Maps zugreifen können. Verfahren Sie bei den Berechtigungen grundsätzlich nach dem Motto: Alles, was nicht erlaubt ist, ist verboten.

4. Nun ist es an der Zeit, den NIS-Server zu starten. Verwenden Sie dazu das Skript `/etc/rc.d/init.d/ypserv` mit der Option `start`. Damit der Start automatisch beim Booten erfolgt, muss im Standardrunlevel ein symbolischer Link vorhanden sein. Setzen Sie bei der SuSE-Distribution ferner die Variable START_YPSERV auf `yes`.

5. Der letzte notwendige Konfigurationsschritt ist das Erstellen der NIS-Datenbanken. Verwenden Sie das Kommando `/usr/lib/yp/ypinit` mit der Option `-m`

6. Falls neue Benutzer oder neue Gruppen am NIS-Server hinzugefügt werden, ist es erneut notwendig, das Kommando `ypinit` zu starten. Verwenden Sie gegebenenfalls die Datei `/etc/crontab`, um dieses Kommando regelmäßig automatisch aufzurufen.
7. Wenn sich NIS-Clients am Netzwerk anmelden, so erfolgt die Verifizierung Ihres Namens und des Passwortes am NIS-Dienst. Damit die Clients auch Zugriff auf die auf dem NIS-Server abgelegten Heimatverzeichnisse haben, empfiehlt es sich, das Verzeichnis `/home/` per NFS zur Verfügung zu stellen.
8. Außerdem ist es empfehlenswert, am Server den `YPPASSWD`-Dämon zu starten. Ist er aktiv, so können die am NIS-Client angemeldeten Benutzer ihr Passwort mit dem Kommando `yppasswd` ändern. Setzen Sie bei SuSE die Variable START_YPPASSWDD auf `yes`.

12.3 Der NIS-Client

Auf den letzten Seiten haben Sie den NIS-Server auf dem Rechner Host1 eingerichtet. In den folgenden Unterabschnitten erfahren Sie nun, welche Einstellungen Sie an den Linux-Clients durchführen müssen, damit sie den NIS-Dienst verwenden.

12.3.1 Einstellen der NIS-Domäne

In Abbildung 12.3 auf Seite 195 wurde die Bedeutung der NIS-Domäne dargestellt. Mit ihr werden NIS-Kommunikationspartner strukturell zusammengefasst. Eine Verbindung zwischen NIS-Teilnehmern kommt nur zustande, wenn Server und Client der gleichen Domain angehören. Daher müssen Sie am Client zunächst diese Einstellung vornehmen. Da sich die Vorgehensweise nicht von der Einstellung am Server unterscheidet, sei an dieser Stelle auf den Abschnitt 12.2.2 auf Seite 198 verwiesen. Dort finden Sie Informationen darüber, wie Sie die Domäne festlegen.

Im Beispiel dieses Kapitels richten Sie exemplarisch den Rechner `Host3` als NIS-Client ein. Setzen Sie somit dort die NIS-Domain auf den Wert `linuxnis`. Verwenden Sie den folgenden Aufruf, damit die Einstellung sofort aktiv ist:

Beispiel 12.7: Setzen der NIS-Domain

```
root@host3:~ # domainname linuxnis
root@host3:~ #
```

12.3.2 Die Konfigurationsdatei `yp.conf`

In diesem Abschnitt wird die Funktion der Client-Konfigurationsdatei `yp.conf` aus dem Verzeichnis `/etc/` erläutert. Neben den möglichen Einträgen, die Sie in dieser Textdatei vornehmen können, finden Sie auch Hinweise, wie Sie den NIS-Client in den Distributionen SuSE und Red Hat unter Zuhilfenahme eines grafischen Administrationstools schnell und komfortabel einrichten können.

Sie haben gewiss schon vermutet, dass eine Konfigurationsdatei `yp.conf` am NIS-Client verwendet wird, um diesen einzurichten. Richtig: In diesem Textdokument definieren Sie die Adresse des oder der NIS-Server. Falls Sie Kommentare in die Datei einfügen möchten, lassen Sie diese wie üblich mit dem Zeichen # beginnen. In welcher Form können Sie die gewünschten Informationen nun angeben?

Der Parameter ypserver

Verwenden Sie zur Angabe der IP-Adresse oder des Namens Ihres NIS-Servers den Parameter `ypserver` in der folgenden Form:

```
ypserver <IP-Adresse>
```

Falls Sie neben einem Master- auch Slave-Server in Ihrem Netzwerk haben, müssen Sie, um die Ausfallsicherheit zu gewährleisten, alle NIS-Server in dieser Datei aufführen. Definieren Sie in diesem Fall für jeden NIS-Server eine eigene Zeile, die Sie mit dem Parameter `ypserver` beginnen. Da wir zurzeit lediglich einen Master-Server haben, lautet der zugehörige Eintrag in der Datei `/etc/yp.conf`:

```
ypserver 192.168.17.1
```

Die Datei hat das folgende Aussehen:

```
#
# NIS-Client
#
# /etc/yp.conf
#
# Erstellt von Jens Banning
#

ypserver 192.168.17.1
```

In diesem Fall wird der NIS-Server per Unicast (also direkt) angesprochen. Die Konfigurationsdatei `yp.conf` sowie alle weiteren notwendigen Konfigurationsschritte brauchen Sie jedoch nicht direkt mit einem Texteditor zu bearbeiten. Im Weiteren erfahren Sie, wie Sie den NIS-Client in den Distributionen SuSE und Red Hat einrichten können.

SuSE SuSE-Administratoren starten das ihnen bereits bekannte Programm YaST in der grafischen Oberfläche durch den Aufruf von:

```
root@host3:~ # yast2
```

Anschließend wählen Sie den Punkt NETZWERK/NIS-CLIENT an. In der in Abbildung 12.7 dargestellten Eingabemaske können Sie den NIS-Client aktivieren. Tragen Sie ferner

- die NIS-Domain und
- die Adresse des NIS-Servers

ein.

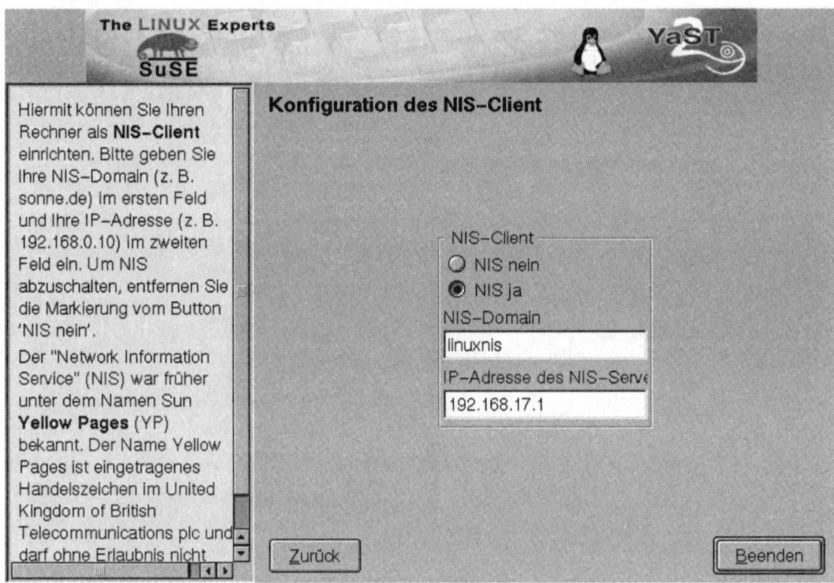

Abbildung 12.7: Einrichten des NIS-Clients unter SuSE

Red Hat

Falls Sie mit einer Distribution aus dem Hause Red Hat arbeiten, so erfolgt die NIS-Konfiguration über das Programm LinuxConf:

```
root@host3:~ # linuxconf
```

Selektieren Sie den Punkt NIS-KONFIGURATION und tragen Sie, wie in Abbildung 12.8 gezeigt, die notwendigen Informationen ein.

Wenn Sie den NIS-Client wie oben beschrieben einrichten, wird der Server generell per Unicast angesprochen. Falls Sie die Adresse des Servers entweder nicht wissen oder nicht fest einstellen möchten, haben Sie auch die Möglichkeit, den NIS-Server per Broadcast anzusprechen.

In Abbildung 12.9 sehen Sie, wie die NIS-Kommunikation per Broadcast stattfindet. Der Client sucht auf diesem Wege einen NIS-Server, der in seiner Domäne angesiedelt ist. Bedenken Sie jedoch, dass eine Datenübertragung per Broadcast auf das Netzwerksegment beschränkt ist, in dem sich auch der Clientrechner befindet. Router werden auf diese Weise nicht passiert.

Mit dem Parameter `ypserver` haben Sie bisher die IP-Adresse des oder der NIS-Server angegeben. Für die Broadcast-Kommunikation benötigen Sie diesen Parameter nicht. Außerdem ist es notwendig, dass Sie die Datei `yp.conf` tatsächlich manuell mit einem Editor bearbeiten, da es in den gängigen Distributionen nicht möglich ist, diese Methode mit einem grafischen Programm einzurichten.

Um bei einem Linux-System von SuSE zu erreichen, dass Sie die komplette Kontrolle über die Datei `yp.conf` haben, müssen Sie mit dem Programm `yast` die Variable CREATE_YP_CONF auf den Wert `no` setzen.

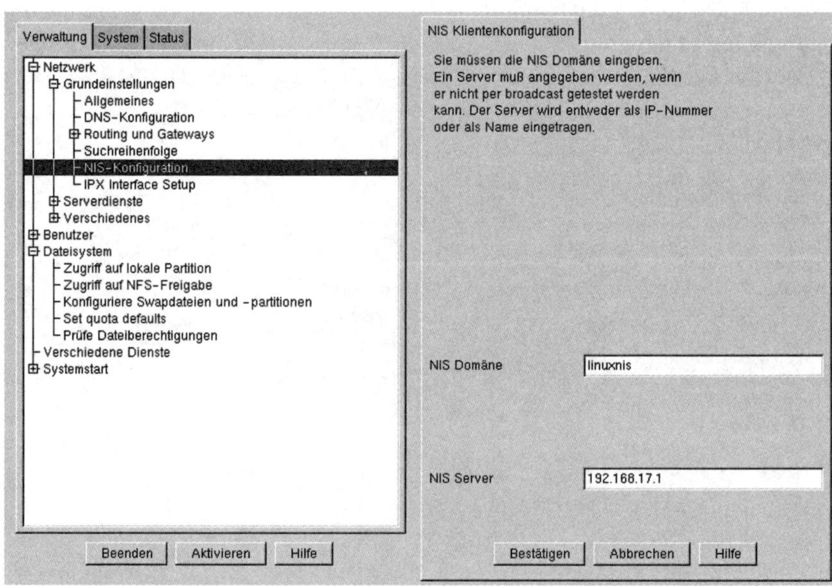

Abbildung 12.8: Einrichten des NIS-Clients unter Red Hat

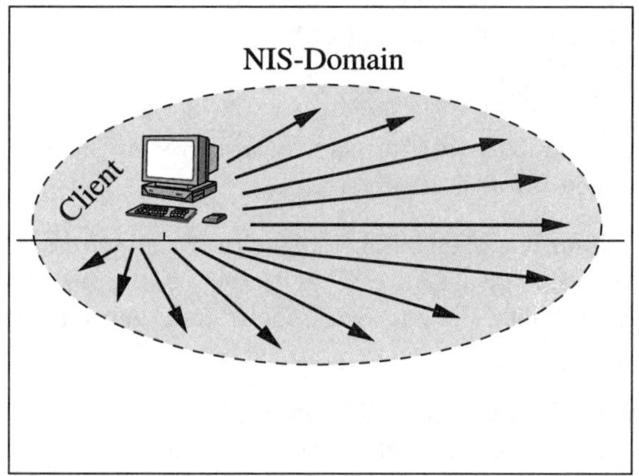

Abbildung 12.9: NIS-Kommunikation per Broadcast

Welchen Eintrag müssen Sie in der Datei `yp.conf` einfügen, um den obigen Sachverhalt zu realisieren? Beginnen Sie Ihre Konfigurationsdatei wie immer mit einigen Kommentaren, die, wie Sie bereits wissen, mit dem Zeichen # beginnen müssen. Fügen Sie anschließend lediglich eine Zeile hinzu.

Der Parameter `domain`

Die Zeile beginnt mit dem Schlüsselwort `domain`. Ihm folgt der Name der NIS-Domäne, in der der Client den Server per Broadcast suchen soll. Die Zeile endet mit dem Wort `broadcast`.

```
domain <NIS-Domain> broadcast
```

Für die Umgebung im Beispiel dieses Kapitels lautet der Eintrag demnach:

```
domain linuxnis broadcast
```

Die komplette Konfigurationsdatei hat somit das folgende Aussehen:

```
#
# NIS-Client (Broadcast)
#
# /etc/yp.conf
#
# Erstellt von Jens Banning
#

domain linuxnis broadcast
```

12.3.3 Die Konfigurationsdatei `nsswitch.conf`

Falls Sie Ihren NIS-Client mit den Programmen YaST bzw. LinuxConf eingerichtet haben, wurde in dem Zusammenhang auch die Datei `nsswitch.conf` modifiziert. Betrachten wir daher die Funktion und die Syntax dieser Datei, sodass Sie die Eintragungen gegebenenfalls auch selbst durchführen können.

Im Beispiel dieses Kapitels haben Sie den Rechner mit dem Namen Host3 als NIS-Client eingerichtet. Das bedeutet, wenn sich ein Benutzer am Host3 anmeldet, so stehen ihm auch die vom NIS-Server angebotenen Accounts zur Verfügung. Im Beispiel wären dies die Benutzerkonten `mueller`, `meier` und `schulze`. Wenn sich ein Anwender nun am Host3 anmeldet, gibt es zwei Möglichkeiten, wo die Benutzerdaten aufgelöst werden können:

- Zum einen können die Informationen mit den Dateien `/etc/passwd` und `/etc/shadow` (lokal) abgeglichen werden.
- Zum anderen besteht auch die Möglichkeit, sie per NIS zu überprüfen.

Die Aufgabe der Textdatei `nsswitch.conf` besteht darin festzulegen, wie diese beiden Möglichkeiten zusammenspielen. So müssen bei einer Anmeldung mit dem Account `root` sicher die lokalen Dateien betrachtet werden, während zum Beispiel der Benutzer `schulze` nur per NIS bekannt ist.

Wie immer beginnen auch in der Textdatei `nsswitch.conf` Kommentare mit dem allseits bekannten Symbol #. Die anschließenden Zeilen folgen generell der Syntax:

```
<Parameter>: <Wert 1> [Wert 2] [...]
```

Der Parameter passwd

Über den Parameter `passwd` definieren Sie, in welcher Reihenfolge Benutzerdaten aufgelöst werden.

```
passwd: <Wert 1> <Wert 2>
```

Um die weiteren Eintragungen vorzunehmen, müssen Sie wissen, durch welche Schlüsselwörter der NIS-Dienst bzw. die lokalen Dateien repräsentiert werden. Während das Wort `nis` den Network Information Service beschreibt, werden über `files` die lokalen Dateien angesprochen. Um, wie es üblich ist, erst die lokalen Dateien und dann den NIS-Dienst zu befragen, hat die Zeile das folgende Aussehen:

```
passwd: files nis
```

Der Parameter group

Während `passwd` die Reihenfolge angibt, in der Benutzerdaten aufgelöst werden, realisiert der Parameter `group` das gleiche für die Gruppen.

```
group: <Wert 1> <Wert 2>
```

Auch ihm stehen die Werte `nis` und `files` zur Verfügung.

```
group: files nis
```

Zum Abschluss dieses Abschnittes finden Sie die Datei `nsswitch.conf`, wie sie zum Beispiel auf Ihrem Client vorhanden sein könnte. Wenn Sie weitere Informationen benötigen, lesen Sie dazu bitte die Manual Page `man 5 nsswitch.conf`.

```
#
# NIS-Client
#
# /etc/nsswitch.conf
#
# Erstellt von Jens Banning
#

passwd:         files nis
group:          files nis

hosts:          files dns
networks:       files dns

services:       files
protocols:      files
rpc:            files
ethers:         files
netmasks:       files
netgroup:       files
publickey:      files

bootparams:     files
automount:      files
aliases:        files
```

12.3.4 Die Konfigurationsdatei passwd

In der lokalen Datei /etc/passwd werden in jedem Linux-System die Benutzerkonten eingetragen. Hier finden Sie grundsätzlich den Administrator root sowie alle Benutzer, die auf Ihrem lokalen Linux-System vorhanden sind. Bei der Datei passwd handelt es sich, wie unter Linux üblich, um eine Textdatei, die Sie mit jedem beliebigen Editor bearbeiten können. Die Zeilen der Datei bestehen aus sieben Spalten, die jeweils mit einem Doppelpunkt voneinander getrennt sind.

```
<Login>:<Passwort>:<UID>:<GID>:<Name>:<Home-Dir.>:<Shell>
```

1. In der ersten Spalte steht der Loginname, also der Name, unter dem sich der Anwender am System anmelden kann.
2. In der zweiten Spalte stand früher das verschlüsselte Passwort des Anwenders. Da die Datei /etc/passwd von jedermann lesbar war und die verschlüsselten Passwörter aller Anwender eingesehen werden konnten, wurden die Kennwörter in die Datei /etc/shadow ausgelagert. Die zweite Spalte der Datei /etc/passwd ist deshalb generell mit einem x belegt. Dieses Verfahren nennt man *Shadowing*.
3. Jeder Account im Linux-System wird durch eine eindeutige Kennung, die User-ID, definiert. Diese kurz UID genannte Zahl finden Sie in der dritten Spalte.
4. In jedem Serversystem gibt es Benutzer und Gruppen, wobei ein Benutzer Mitglied in mehreren Gruppen sein kann. Unter Linux wird eine dieser Gruppen als Standard definiert. Die zugehörige Gruppen-ID, kurz GID, wird in Spalte vier angegeben. Weitere Informationen zur Funktion der Standardgruppe finden Sie in [Hein1999].
5. In der fünften Spalte kann eine Beschreibung des Anwenders eingegeben werden, zum Beispiel sein kompletter Name.
6. Der Pfad zu seinem Heimatverzeichnis wird in der vorletzten Spalte festgelegt.
7. Zum Abschluss einer Zeile legen Sie fest, mit welcher Shell der in Spalte 1 angegebene Benutzer arbeiten soll.

Ein gültiger Eintrag für die Datei wäre zum Beispiel:

```
root:x:0:0:root:/root:/bin/bash
```

Der Benutzer root mit der UID 0 und der Standardgruppe mit GID 0 hat sein Heimatverzeichnis in /root. Nach dem Anmelden startet für diesen Anwender die Linux-Shell /bin/bash.

Ergänzung in Zusammenhang mit NIS

Um Ihrem lokalen System mitzuteilen, dass neben den Einstellungen in der Datei /etc/passwd auch die Benutzerkonten eines NIS-Servers existieren, müssen Sie am Ende der Textdatei die Zeile

```
+::::::
```

einfügen. Dieser syntaktisch korrekte Eintrag bedeutet, dass zusätzlich zu den lokalen Einstellungen ein NIS-Dienst befragt werden soll. Falls diese Zeile nicht bereits automatisch von dem Administrationstool Ihrer Distribution ergänzt wurde, müssen Sie sie selbst eintragen. Vergessen Sie nicht, die Zeile mit einem Umbruch abzuschließen. Diesen Hinweis können Sie sich für jede Konfigurationsdatei unter Linux merken, da Zeilen, die nicht mit einem Umbruch enden, gelegentlich ignoriert werden.

Im Beispiel hat die komplette Datei des NIS-Clients die im Weiteren dargestellte Form:

```
root:x:0:0:root:/root:/bin/bash
bin:x:1:1:bin:/bin:/bin/bash
daemon:x:2:2:daemon:/sbin:/bin/bash
lp:x:4:7:lp daemon:/var/spool/lpd:/bin/bash
games:x:12:100::/tmp:/bin/bash
man:x:13:2::/var/catman:/bin/bash
at:x:25:25::/var/spool/atjobs:/bin/bash
lnx:x:27:27:LNX Database Admin:/usr/lib/lnx:/bin/bash
yard:x:29:29:YARD Database Admin:/usr/lib/YARD:/bin/bash
wwwrun:x:30:65534:Daemon user for apache:/tmp:/bin/bash
squid:x:31:65534:WWW proxy squid:/var/squid:/bin/bash
fax:x:33:14:Facsimile Agent:/var/spool/fax:/bin/bash
amanda:x:37:6:Amanda Admin:/var/lib/amanda:/bin/bash
ixess:x:38:29:IXware Admin:/usr/lib/ixware:/bin/bash
irc:x:39:65534:IRC Daemon:/usr/lib/ircd:/bin/bash
ftp:x:40:2:ftp account:/usr/local/ftp:/bin/bash
firewall:x:41:31:firewall account:/tmp:/bin/false
named:x:44:44:Nameserver Daemon:/var/named:/bin/bash
fnet:x:49:14:FidoNet:/var/spool/fnet:/bin/bash
gdm:x:50:15:Gnome Display Manager:/var/lib/gdm:/bin/bash
postfix:x:51:51:Postfix:/var/spool/postfix:/bin/false
cyrus:x:52:12:User for Imapd:/usr/cyrus:/bin/bash
nps:x:53:100:NPS admin:/opt/nps:/bin/bash
skyrix:x:54:100:SKYRIX admin:/opt/skyrix/home:/bin/bash
oracle:x:59:54:Oracle User:/opt/oracle:/bin/bash
mysql:x:60:2:MySQL Database User:/var/mysql:/bin/false
dpbox:x:61:56:DpBox User:/var/spool/dpbox:/bin/false
nobody:x:65534:65534:nobody:/tmp:/bin/bash
news:x:9:13:News system:/etc/news:/bin/bash
uucp:x:10:14:Unix-to-Unix CoPy system:/etc/uucp:/bin/bash
zope:x:64:2:Zope Server:/var/lib/zope:/bin/false
+::::::
```

Abbildung 12.10 verdeutlicht den Zusammenhang zwischen den lokalen Anmeldedaten und den per NIS zur Verfügung stehenden Informationen.

12.3.5 Die Konfigurationsdatei `group`

In der Konfigurationsdatei `/etc/group` eines jeden Linux-Systems finden Sie die Gruppendefinitionen. Diese umfassen im Wesentlichen die Auflistung der Gruppennamen und der Gruppenmitglieder. Da wir die Gruppen per NIS angeboten haben, muss auch in dieser Datei eine Zeile ergänzt werden.

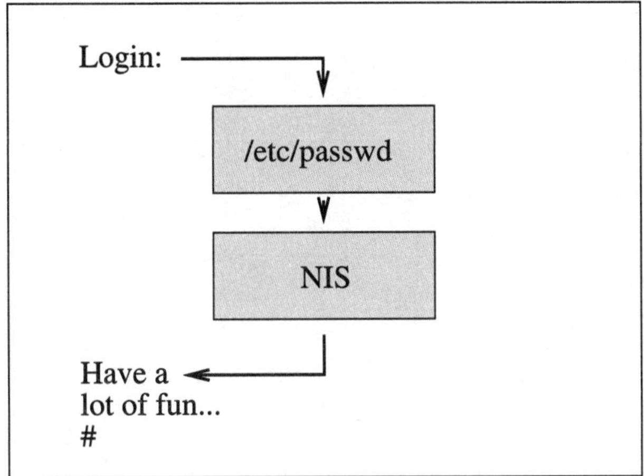

Abbildung 12.10: Benutzerdaten lokal und per NIS

Alle Zeilen in `/etc/group` folgen dem Schema:

```
<Gruppenname>:<Passwort>:<GID>:<Gruppenmitglieder>
```

Lassen Sie uns die vier, jeweils durch einen Doppelpunkt getrennten Spalten etwas genauer betrachten.

1. Der Gruppenname wird in der ersten Spalte aufgeführt.
2. Da Gruppen unter Linux Passwörter haben können, werden diese in der zweiten Spalte angegeben. Da es für Gruppen ebenfalls ein Shadowing gibt, finden Sie hier lediglich ein `x`. Die eigentlichen Kennwörter stehen in der Datei `/etc/gshadow`. Weitere Informationen zur Gruppenverwaltung unter Linux finden Sie in [Hein1999].
3. Anschließend folgt die eindeutige Kennung der zuvor genannten Gruppe, die GID.
4. In der letzten Spalte finden Sie, jeweils durch ein Komma getrennt, die Liste der Benutzer, die in dieser Gruppe Mitglied sind.

Wenn Sie bereits vermuten, dass Sie in dieser Datei einen speziellen Eintrag ergänzen müssen, so haben Sie damit durchaus recht. Um der Gruppendatei `group` mitzuteilen, dass weitere Informationen per NIS zur Verfügung stehen, fügen Sie die Zeile

```
+:::
```

am Ende der Datei hinzu. Insgesamt könnte die Datei `/etc/group` damit wie folgt aussehen:

```
root:x:0:root
bin:x:1:root,bin,daemon
```

```
daemon:x:2:
sys:x:3:
tty:x:5:
disk:x:6:
lp:x:7:
wwwadmin:x:8:
kmem:x:9:
wheel:x:10:
mail:x:12:cyrus
news:x:13:news
uucp:x:14:uucp,fax,root,fnet
shadow:x:15:root,gdm
dialout:x:16:root
audio:x:17:root
at:x:25:at
lnx:x:27:
mdom:x:28:
yard:x:29:
dosemu:x:30:
firewall:x:31:
public:x:32:
video:x:33:
game:x:40:
xok:x:41:
trusted:x:42:
modem:x:43:
named:x:44:named
postfix:x:51:postfix
dbmaker:x:52:
fix:x:53:informix
oinstall:x:54:
dba:x:55:oracle
localham:x:56:dpbox
logmastr:x:57:
codine:x:58:codadmin
users:x:100:
nogroup:x:65534:root
+:::
```

Auf diese Weise werden die lokalen Gruppendaten um die des NIS-Servers erweitert.

Der Zusammenhang zwischen der Datei `/etc/group` und dem NIS-Dienst ist in Abbildung 12.11 grafisch dargestellt. Sie erkennen, dass die lokalen und die NIS-Informationen zusammengefügt werden.

SuSE

Auch die Datei `/etc/group` wird bei der Einrichtung des NIS-Clients in der Distribution SuSE automatisch um den Eintrag `+:::` ergänzt. Überprüfen Sie jedoch grundsätzlich, ob der Eintrag vorhanden ist, da er bei Red Hat nicht automatisch hinzugefügt wird.

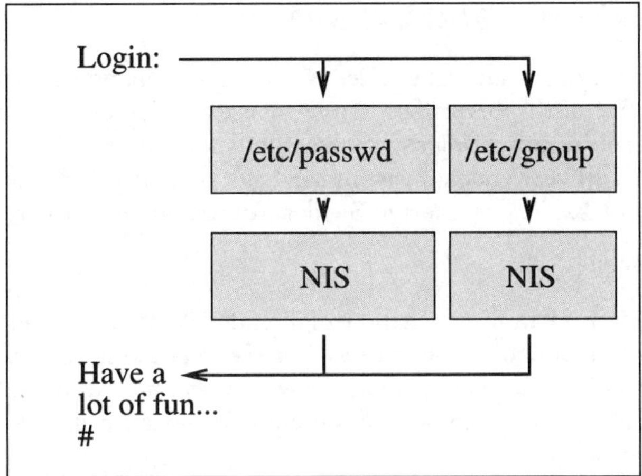

Abbildung 12.11: Gruppendaten lokal und per NIS

12.3.6 Der Dämon `ypbind`

Nachdem Sie nun alle Konfigurationsschritte am NIS-Client durchgeführt und geprüft haben, ist es an der Zeit, den NIS-Client zu aktivieren. Der Dämon trägt den Namen `ypbind` und er befindet sich im Verzeichnis `/usr/sbin/`. Er versucht beim Starten einen NIS-Server aufzuspüren, zu dem er anschließend eine Verbindung aufbaut.

In den Distributionen SuSE und Red Hat müssen Sie jedoch den Dämon nicht direkt starten. Es existiert zu dem Zweck ein geeignetes Startskript, das Sie verwenden können. Bei SuSE trägt es den Namen `ypclient` und bei Red Hat heißt es genau wie der Dämon `ypbind`. Die Skripten befinden sich jeweils im Verzeichnis `/etc/rc.d/init.d/`.

Beispiel 12.8: Starten des NIS-Clients unter SuSE **SuSE**

```
root@host3:~ # /etc/rc.d/init.d/ypclient start
Starting ypbind                                          done
root@host3:~ #
```

Beispiel 12.9: Starten des NIS-Clients unter Red Hat **Red Hat**

```
root@host3:~ # /etc/rc.d/init.d/ypbind start
Binding to the NIS domain...                             [  OK  ]
Listening for an NIS domain server: host1.intern
root@host3:~ #
```

Damit der Start des NIS-Clients bei jedem Rechnerstart durchgeführt wird, müssen Sie wie immer dafür sorgen, dass im entsprechenden Runlevel ein Startlink vorhanden ist. Setzen Sie bei einer SuSE-Distribution ferner die Variable START_YPBIND mit dem Programm `yast` auf den Wert `yes`, indem Sie den Menüpunkt KONFIGURATIONSDATEI VERÄNDERN anwählen.

```
root@host3: yast
```

12.3.7 Das Kommando `ypwhich`

Bis zu diesem Zeitpunkt ist der Client des Network Information Service komplett eingerichtet. Damit Sie auch überprüfen können, ob die Kommunikation zwischen NIS-Client und NIS-Server funktioniert, können Sie das in diesem Abschnitt vorgestellte Kommando `ypwhich` verwenden. Es ist in der Lage, den NIS-Server anzusprechen und dessen Namen zurückzuliefern. Starten Sie das Kommando in der Form:

```
ypwhich [Optionen]
```

Als mögliche Option sei an dieser Stelle lediglich der Parameter `-m` erwähnt. Während der Aufruf `ypwhich` nur den Namen des NIS-Servers ausgibt, werden beim Aufruf von `ypwhich -m` auch die Maps des NIS-Servers erwähnt. Auf diese Weise haben Sie die Möglichkeit, neben der Kommunikation zum Server auch die dort zur Verfügung gestellten Maps zu sehen.

Beispiel 12.10: Aufruf des Kommandos ypwhich

```
root@host3:~ # ypwhich
host1.intern
root@host3:~ #
```

Beispiel 12.11: Aufruf des Kommandos ypwhich -m

```
root@host3:~ # ypwhich -m
group.bygid host1.intern
group.byname host1.intern
passwd.byname host1.intern
passwd.byuid host1.intern
ypservers host1.intern
root@host3:~ #
```

Die Ausgabe des letzten Beispiels besteht somit aus zwei Spalten:

- Zum einen wird der Name der Map erwähnt.
- Zum anderen wird der NIS-Server aufgeführt, der die Map anbietet.

12.3.8 Das Kommando `ypcat`

Mit `ypwhich` konnten Sie den Namen des NIS-Servers einsehen. Durch die Verwendung der Option `-m` war es ebenfalls möglich, neben dem Namen auch die vom Server angebotenen Maps anzeigen zu lassen. Wäre es nicht gut, wenn man auch den Inhalt der Maps einsehen könnte? Die Frage suggeriert Ihnen bereits, dass es auch für dieses Problem eine Lösung gibt. Wir befassen uns in diesem Abschnitt mit dem Kommando `ypcat`, das sich des zuvor beschriebenen Problems annimmt. Mit ihm können Sie den Inhalt jeder zur Verfügung gestellten NIS-Datenbank ausgeben lassen. Verwenden Sie das Kommando dazu gemäß dem Schema:

```
ypcat <NIS-Map>
```

Übergeben Sie ihm lediglich den Grundnamen der NIS-Datenbank. Gibt es auf dem NIS-Server zum Beispiel die Maps `passwd.byname` und `passwd.byuid`, so lautet der Grundname `passwd`. In die Gruppenmaps `group.byname` und `group.bygid` können Sie durch den Aufruf `ypcat group` schauen.

Beispiel 12.12: Einsehen der NIS-Benutzerdatenbank

```
root@host3:~ # ypcat passwd
mueller:6Mh9NVXfFPYHw:501:100:P. Mueller:/home/mueller:/bin/bash
meier:FMkvmaSiigIZs:502:100:S. Meier:/home/meier:/bin/bash
schulze:OMhbEtLgriNcQ:503:100:F. Schulze:/home/schulze:/bin/bash
nobody:*:65534:65534:nobody:/var/lib/nobody:/bin/bash
root@host3:~ #
```

Sicher kommt Ihnen diese Ausgabe bekannt vor. Sie entspricht syntaktisch den Einträgen der Datei `/etc/passwd`. Dabei finden Sie in den durch einen Doppelpunkt getrennten Spalten die Ihnen bereits bekannten sieben Werte:

1. Login-Name
2. Passwort
3. User-ID
4. Gruppen-ID
5. Benutzername
6. Heimatverzeichnis
7. Shell

Vermutlich ist Ihnen aufgefallen, dass Sie in der zweiten Spalte kein `x`, sondern das verschlüsselte Passwort des Anwenders sehen. Wenn Sie nochmals einen Blick in den Abschnitt 12.2.3 auf Seite 198 werfen, sehen Sie, dass dort in der Datei `ypserv.conf` definiert wurde, dass die Passwörter am NIS-Client nicht angezeigt werden sollen, sondern dass stattdessen ein `x` eingetragen werden soll (Stichwort: Passwort-Mangle). Diese Einstellung scheint der Client nun jedoch zu ignorieren. Dass es sich hierbei um keinen Konfigurationsfehler handelt, können Sie sich denken. Des Rätsels Lösung: Da Sie am Client als Administrator `root` angemeldet sind, sehen Sie in der Ausgabe von `ypcat` tatsächlich die verschlüsselten Kennwörter der Benutzer. Die Beschränkung in der Konfigurationsdatei `ypserv.conf` gilt nicht für den Administrator, sondern nur für alle anderen Benutzer. So ist es dem Anwender `meier` nicht möglich, das Passwort von `mueller` einzusehen. Lesen Sie dazu auch die Ausführungen im Abschnitt 12.3.10 auf Seite 221, in dem es um die Anmeldung per NIS geht.

Beispiel 12.13: Einsehen der NIS-Gruppendatenbank

```
root@host3:~ # ypcat group
users:*:100:
nogroup:*:65534:root
root@host3:~ #
```

Auch die Ausgabe der Gruppendatenbank besteht aus den bekannten vier Spalten der Datei /etc/group:

1. Gruppenname
2. Passwort
3. Gruppen-ID
4. Mitglieder

Falls Sie eigene Gruppen definiert hätten, auf denen ein Passwort aktiv ist, so würde dieses Passwort in der obigen Ausgabe verschlüsselt aufgeführt.

12.3.9 Konfiguration des NFS-Clients

Mit dem Network Information Service ist es möglich, dass sich Anwender am Client mit einem Benutzernamen anmelden, der nur auf dem NIS-Server existiert. Nach der erfolgten Anmeldung befindet sich der angemeldete Anwender in seinem Heimatverzeichnis. Wenn Sie jedoch bedenken, dass die Heimatverzeichnisse nicht auf dem Client, sondern auf dem Server zur Verfügung stehen, so ist es unumgänglich, diese per NFS am NIS-Client einzubinden.

Es ist daher notwendig, dass Sie an jedem Clientrechner in der Datei /etc/fstab eine Zeile einfügen, die das Verzeichnis /home des Servers auf dem Client am Mount-Point /home anbindet.

```
#
# NFS-Client am NIS-Client
#
# /etc/fstab
#
# Erstellt von Jens Banning
#

#
# Lokales Mounten
#

/dev/hda1       /boot   ext2        defaults 1 2
/dev/hda2       /       ext2        defaults 1 1
/dev/hda3       swap    swap        defaults 0 2
proc            /proc   proc        defaults 0 0
/dev/cdrom      /cdrom  auto        ro,noauto,user,exec 0 0
/dev/fd0        /floppy auto        noauto,user 0 0

#
# Mounten per NFS
#

host1:/home     /home   nfs         rw,auto,noexec,nouser 0 0
```

Damit wird das NFS-Verzeichnis `/home` vom Server lokal in `/home` eingebunden. Das Mounten erfolgt automatisch beim Systemstart (`auto`) und „normale" Benutzer können den Mount-Befehl nicht ausführen (`nouser`). Ferner ist es nicht möglich, auf dem NFS-Server (also in den Heimatverzeichnissen) Programme auszuführen (`noexec`).

Weitere Informationen zum Thema NFS finden Sie in Kapitel 10 auf Seite 155.

Abbildung 12.12 verdeutlicht nochmals den Zusammenhang zwischen dem Network Information Service (NIS) und dem Network File System (NFS).

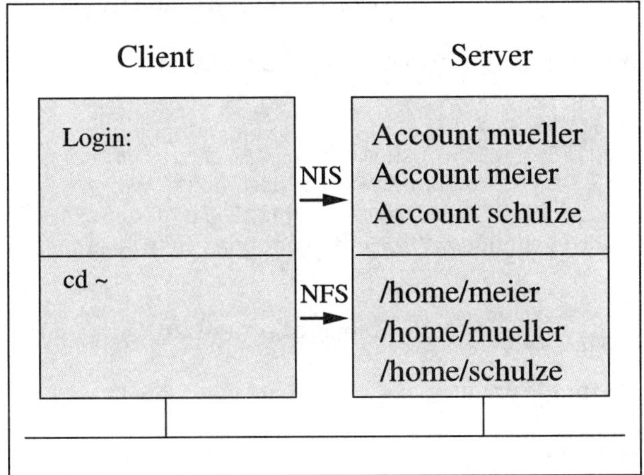

Abbildung 12.12: Kombination von NIS und NFS

Denken Sie daran, dass bei einem Einsatz von NIS und NFS die Zeit zwischen den an der Kommunikation teilnehmenden Rechnern synchron sein sollte. Lesen Sie dazu auch Kapitel 11 auf Seite 171.

12.3.10 Anmeldung per NIS

Nachdem Sie nun viele Konfigurationsschritte durchgeführt haben und die Verbindung zum Server auch als getestet angesehen werden kann, steht der Anmeldung als Anwender nichts mehr im Wege.

Beispiel 12.14: Anmelden am NIS-Client

```
Welcome to SuSE Linux 7.0 (i386) - Kernel 2.2.16 (tty1).

host3 login: meier
Password:
Last login: Fri May  4 08:22:43 from host3.intern
Have a lot of fun...
meier@host3:~ > ls -a
.             .dayplan.priv .jazz    .susephone    .vimrc
```

```
..              .dvipsrc       .kermrc  .tex            .xcoralrc
.Xdefaults      .emacs         .lyxrc   .tfrc           .xfm
.Xmodmap        .exrc          .muttrc  .uitrc.console  .xinitrc
.Xresources     .gimprc        .nc_keys .uitrc.vt100    .xsession
.bash_history   .gnu-emacs     .profile .uitrc.vt102    .xtalkrc
.bashrc         .grok          .seyon   .uitrc.xterm    .zsh
.dayplan        .hotjava       .stonxrc .urlview
meier@host3:~ >
```

Wenn Sie als Anwender die Kommandos `ypcat passwd` und `ypcat group` ausführen, wird statt des verschlüsselten Passwortes nur ein `x` angezeigt.

Beispiel 12.15: Einsehen der NIS-Benutzerdatenbank

```
meier@host3:~ # ypcat passwd
mueller:x:501:100:P. Mueller:/home/mueller:/bin/bash
meier:x:502:100:S. Meier:/home/meier:/bin/bash
schulze:x:503:100:F. Schulze:/home/schulze:/bin/bash
nobody:x:65534:65534:nobody:/var/lib/nobody:/bin/bash
meier@host3:~ #
```

Beispiel 12.16: Einsehen der NIS-Gruppendatenbank

```
meier@host3:~ # ypcat group
users:x:100:
nogroup:x:65534:root
root@host3:~ #
```

Die Einstellung Passwort-Mangle des NIS-Servers wird korrekt umgesetzt.

12.3.11 Das Kommando `yppasswd`

Die Anmeldung per NIS ist nun erfolgt und die Benutzer können in gewohnter Weise ihrer Arbeit nachgehen. Was ist jedoch, wenn ein Anwender sein Passwort ändern möchte? Dazu gibt es analog zum Kommando `passwd` einen Befehl, der die beschriebene Funktion ausführt. Er trägt den Namen `yppasswd` und er wird in der Form

```
yppasswd
```

benutzt. Die Angabe von Optionen ist nicht notwendig. Damit dieses Kommando einwandfrei funktioniert, ist es erforderlich, dass auf dem NIS-Server der Dämon `rpc.yppasswdd` aktiv ist. Näheres zu dem Serverdämon finden Sie in Abschnitt 12.2.7 auf Seite 205. Den Zusammenhang zwischen dem Dämon `rpc.yppasswdd` und dem Kommando `yppasswd` sehen Sie in Abbildung 12.13.

Der Dämon führt also letztendlich die Änderungen an den lokalen Dateien des NIS-Servers durch. Außerdem werden selbstverständlich auch die NIS-Maps aktualisiert.

Im folgenden Beispiel sehen Sie, wie der Benutzer `meier` am NIS-Client sein Passwort ändert.

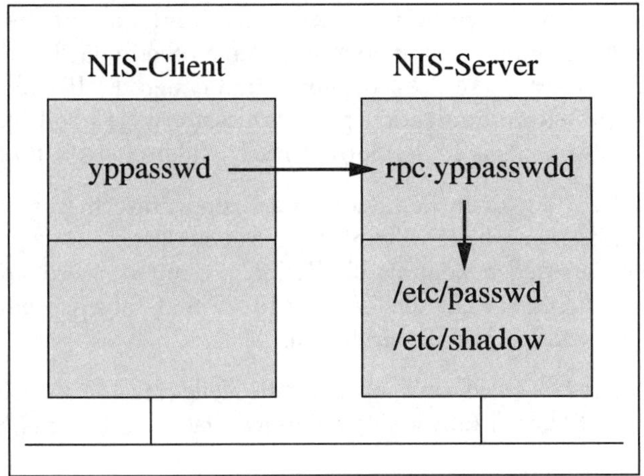

Abbildung 12.13: Zusammenhang zwischen `rpc.yppasswdd` *und* `yppasswd`

Beispiel 12.17: Passwort eines NIS-Benutzers ändern

```
meier@host3:~ > yppasswd
Changing NIS account information for meier on host1.intern.
Please enter old password:
Changing NIS password for meier on host1.intern.
Please enter new password:
Please retype new password:

The NIS password has been changed on host1.intern.

meier@host3:~ #
```

Beachten Sie, dass es einige Minuten dauern kann, bis die Passwortänderung wirksam ist.

12.3.12 Zusammenfassung

Die Einrichtung des NIS-Clients kann zum einen direkt über das grafische Administrationstool Ihrer Distribution erfolgen. Da diese Konfiguration zwar einfach durchgeführt werden kann, Sie aber dennoch einige Sachverhalte selbst umsetzen oder zumindest prüfen müssen, endet der Abschnitt des NIS-Clients mit einer Zusammenfassung der Konfigurationsschritte.

1. Im ersten Schritt müssen Sie am Client die NIS-Domäne einstellen. Verwenden Sie dazu das Kommando `domainname`, um die Einstellung direkt wirksam zu machen. Damit die Domäne bei jedem Rechnerstart aktiviert wird, stellen Sie sie mit dem grafischen Administrationstool Ihrer Distribution ein (SuSE: YaST, Red Hat: LinuxConf).

2. Die Datei `yp.conf` im Verzeichnis `/etc/` wird mitunter automatisch erstellt. In ihr tragen Sie die Adressen der NIS-Server ein. Tragen Sie in die Textdatei dazu Zeilen ein, die mit dem Wort `ypserver` beginnen und denen die IP-Adresse des Servers folgt. Falls die NIS-Kommunikation per Broadcast erfolgen soll, verwenden Sie in der Datei nur einen Eintrag in der Form `domain linuxnis broadcast`.

3. In welcher Weise die lokalen Benutzer- und Gruppeninformationen mit denen des NIS-Servers zusammenarbeiten, definieren Sie in der Datei `/etc/nsswitch.conf`. Bearbeiten Sie dort gegebenenfalls die Zeilen, die mit `passwd:` und `group:` beginnen. Ihnen müssen jeweils die Worte `files nis` folgen, wodurch die lokalen Dateien Vorrang vor den NIS-Daten haben.

4. In der Datei `/etc/passwd` wird am Ende die Zeile `+::::::` ergänzt. Das Clientsystem weiß durch diesen Eintrag, dass Benutzerdaten auch per NIS zur Verfügung stehen.

5. Fügen Sie in der Datei `/etc/group` die Zeile `+:::` ein. Auch hier wird das Clientsystem darüber informiert, dass Gruppeninformationen zusätzlich per NIS angeboten werden.

6. Um den Clientprozess zu starten, verwenden Sie bei SuSE das Skript `ypclient` und bei Red Hat `ypbind` jeweils mit dem Parameter `start`. Die Skripten finden Sie im Verzeichnis `/etc/rc.d/init.d/`. Setzen Sie bei einer SuSE-Distribution außerdem die Variable START_YPBIND auf `yes`.

7. Ob die Kommunikation zwischen Client und Server funktioniert, können Sie mit dem Kommando `ypwhich` testen. Es liefert am Client die Adresse des NIS-Servers, sofern dieser gefunden wurde. Mit der Option `-m` sehen Sie ferner die vom Server angebotenen Maps.

8. Um in die Maps auch hineinzuschauen, verwenden Sie das Kommando `ypcat`. Ihm übergeben Sie den Namen `passwd`, um die NIS-Benutzerdaten einzusehen. Mit `ypcat group` werden die Gruppeninformationen angezeigt.

9. Die NIS-Kommunikation ist damit komplett eingerichtet und Sie können sie verwenden. Damit Sie auch die Heimatverzeichnisse von Ihrem Server zur Verfügung haben, binden Sie sie per NFS ein. Tragen Sie die entsprechende Zeile in die Datei `/etc/fstab` ein.

10. Zu guter Letzt sei auf das Kommando `yppasswd` hingewiesen. Mit ihm können Clients ihr NIS-Passwort neu setzen. Das Kommando funktioniert nur, wenn am Server der Dämon `rpc.yppasswdd` gestartet ist.

12.4 Der Slave-Server

Die Funktionen des NIS-Master-Servers und des NIS-Clients sind Ihnen bekannt. Zum Abschluss des NIS-Kapitels beschäftigen wir uns nun mit dem Slave-Server. Seine Aufgabe besteht darin, die vom NIS-Master angebotenen Benutzer- und Gruppeninformationen von diesem herunterzuladen, um sie selbst im Netzwerk anbieten zu können.

Durch den Einsatz eines oder mehrerer Slave-Server erhöhen Sie die Ausfallsicherheit in Ihrem Netzwerk, da der NIS-Client beim Wegfall des Masters die NIS-Informationen von einem Slave erhält.

12.4.1 Einrichtung als NIS-Client

Im Beispiel dieses Kapitels ist auf dem Rechner Host1 der NIS-Master-Server aktiv, während Sie auf Host3 einen NIS-Client eingerichtet haben. Der Rechner Host2 soll nun als Slave-Server eingerichtet werden.

Im ersten Konfigurationsschritt muss der Slave zuächst als NIS-Client konfiguriert werden. Führen Sie dazu die in Abschnitt 12.3 auf Seite 207 beschriebenen Schritte aus.

Es ist nochmals anzumerken, dass ein Rechner im Netzwerk, der die Funktionen des Slave-Servers wahrnehmen soll, zunächst die Aufgaben des NIS-Clients erledigen muss.

12.4.2 Erstellen der Datenbank mit `ypinit`

Ist der Rechner Host2 als Client konzipiert, so erfahren Sie in diesem Abschnitt den ersten zusätzlichen Konfigurationsschritt, den Sie durchführen können, um aus einem NIS-Client auch einen NIS-Slave zu machen: das Übertragen der NIS-Datenbanken vom Master- zum Slave-Server. Um diese Funktion zu realisieren, existiert ein Ihnen bereits bekanntes Kommando mit dem Namen `ypinit`. Sie werden sich sicher erinnern, dass die NIS-Datenbanken auf dem Master-Server durch den Aufruf `ypinit -m` erstellt wurden (siehe Abschnitt 12.2.5 auf Seite 202). Da der Parameter `-m` für das Erzeugen der NIS-Datenbanken auf dem Master steht, liegt es nahe, dass ebenfalls eine Option `-s` vorhanden ist, wodurch die Datenbanken auf dem Slave erzeugt werden. Verwenden Sie das Kommando gemäß der folgenden Syntax:

```
ypinit -s <NIS-Master>
```

Dem Kommando muss grundsätzlich die Adresse des Rechners mitgeteilt werden, der die Master-Funktionalität im Netzwerk wahrnimmt. Von ihm werden dann die NIS-Informationen heruntergeladen.

In Abbildung 12.14 sehen Sie den Zusammenhang zwischen NIS-Master und -Slave und die Funktion der Kommandos `ypinit -m` und `ypinit -s`.

Wie in der Abbildung zu sehen ist, müssen Sie am Slave-Server dem Aufruf `ypinit -s` die IP-Adresse oder den Namen des Master-Servers übergeben. Daraufhin werden die NIS-Maps von diesem übertragen.

Beispiel 12.18: Übertragen der NIS-Maps zum Slave-Server

```
root@host2:~ # /usr/lib/yp/ypinit -s host1
We will need a few minutes to copy the data from host1.
Transferring group.bygid...
```

```
Trying ypxfrd ... not running
Transferring group.byname...
Trying ypxfrd ... not running
Transferring passwd.byname...
Trying ypxfrd ... not running
Transferring ypservers...
Trying ypxfrd ... not running
Transferring passwd.byuid...
Trying ypxfrd ... not running

host2.intern's NIS data base has been set up.
If there were warnings, please figure out what went wrong,
and fix it.

At this point, make sure that /etc/passwd and /etc/group have
been edited so that when the NIS is activated, the data bases
you have just created will be used, instead of the /etc ASCII
files.

root@host2:~ #
```

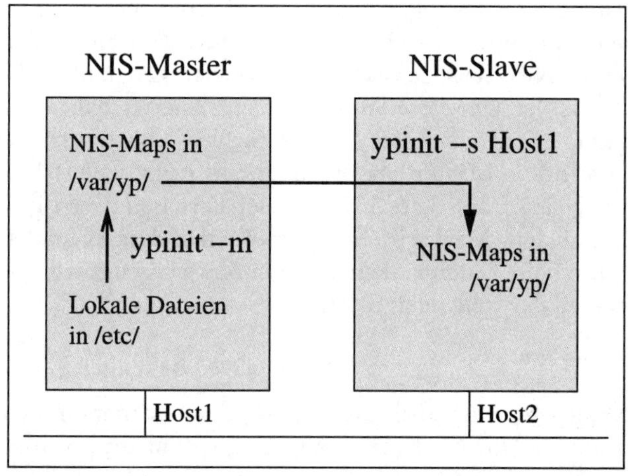

Abbildung 12.14: Zusammenhang zwischen NIS-Master und NIS-Slave

Durch einen Blick in das Verzeichnis `/var/yp/linuxnis/` sehen Sie, dass die NIS-Maps tatsächlich übertragen wurden:

```
root@host2:/var/yp/linuxnis # ls -l
total 88
drwxr-xr-x    2 root  root     4096 May  7 07:11 .
drwxr-xr-x    4 root  root     4096 May  7 06:21 ..
-rw-------    1 root  root    12404 May  7 07:11 group.bygid
-rw-------    1 root  root    12408 May  7 07:11 group.byname
-rw-------    1 root  root    12721 May  7 07:11 passwd.byname
-rw-------    1 root  root    12707 May  7 07:11 passwd.byuid
```

```
-rw-------    1 root  root    12363 May  7 07:11 ypservers
root@host2:/var/yp/linuxnis #
```

Die Datenübertragung hat zwar funktioniert, jedoch wurden beim Aufruf des Kommandos `ypinit -s host1` mehrere Warnungen ausgegeben (`Trying ypxfrd ... not running`). Hier hat der NIS-Slave versucht, eine Verbindung zu einem Dämonprozess des Masters aufzubauen. Mit diesem Dämon erfolgt die Übertragung der NIS-Maps schneller. In unserem Beispiel können wir diese Warnungen jedoch getrost ignorieren. Weitere Informationen zu `ypxfrd` finden Sie im nächsten Abschnitt.

Die Datenübertragung zwischen Master- und Slave-Server findet immer nur dann statt, wenn Sie das Kommando `ypinit -s host1` aufrufen. Sie sehen daher die Notwendigkeit, dieses Kommando des Öfteren auszuführen, damit die Informationen des Slave aktualisiert werden. Sie haben zum einen die Möglichkeit, diesen Vorgang sozusagen von Hand zu starten. Wesentlich besser und effektiver ist es jedoch, den Aufruf automatisch einmal pro Tag (z.B. morgens um 04:00 Uhr) zu tätigen. Dazu können Sie einen Eintrag in der Datei `crontab` im Verzeichnis `/etc/` ergänzen:

```
#
# Cron
#
# /etc/crontab
#
# Erstellt von Jens Banning
#

SHELL=/bin/sh
PATH=/usr/bin:/usr/sbin:/sbin:/bin:/usr/lib/news/bin
MAILTO=root

# Minute Stunde Tag Monat Wochentag (0=Sonntag)

0 4 * * *   root  /usr/lib/yp/ypinit -s host1
```

Starten Sie anschließend den Cron-Dämon neu, damit Ihre Änderungen aktiv werden.

Wenn Sie mehr zum Cron-Prozess wissen möchten, finden Sie ausführliche Informationen in den Büchern [Hein1999] und [Kofler1999].

Möglicher Fehler in `ypinit`

Bei dem Kommando `ypinit` handelt es sich um ein Shell-Skript. Zu der Zeit, als dieses Buch geschrieben wurde, gab es ein Problem mit diesem Skript, wenn es auf dem Slave-Server aufgerufen wurde. Dieser Skript-Fehler soll Ihnen natürlich nicht vorenthalten werden.

Beispiel 12.19: Fehler in `ypinit -s`

```
root@host2:~ # /usr/lib/yp/ypinit -s host1
Can't enumerate maps from host1. Please check that it is
```

```
running.
root@host2:~ #
```

Hier wird Ihnen mitgeteilt, dass das Kommando nicht feststellen kann, welche Maps Ihr Master zur Verfügung stellt. Betrachten wir daher zwei Zeilen aus dem Skript `/usr/lib/yp/ypinit`, in denen diese Aufgabe realisiert wird:

```
...
# maps=`ypwhich -m|egrep $MASTER$|awk '{ printf("%s ",$1) }' -`
maps=`$YPBINDIR/yphelper --maps $MASTER`
...
```

Die erste Zeile ist hier auskommentiert, da sie mit dem Zeichen # beginnt. Folglich wird die Berechnung in der zweiten Zeile umgesetzt. Falls Sie beim Aufruf von `ypinit` den oben dargestellten Fehler erhalten, so kommentieren Sie die zweite Zeile aus und verwenden stattdessen die erste Berechnungsmöglichkeit. Entfernen Sie außerdem das Zeichen $ hinter `MASTER`.

```
...
maps=`ypwhich -m | egrep $MASTER| awk '{ printf("%s ",$1) }' -`
# maps=`$YPBINDIR/yphelper --maps $MASTER`
...
```

12.4.3 Der Dämon `rpc.ypxfrd`

Im letzten Abschnitt hat das Kommando `ypinit` moniert, dass ein Dämon mit dem Namen `ypxfrd` nicht aktiv sei. Die Datenübertragung zwischen Master und Slave wurde aber dennoch korrekt ausgeführt. Betrachten wir in diesem Abschnitt die Funktion des Dämonprozesses, der den Namen `rpc.ypxfrd` trägt und im Verzeichnis `/usr/sbin/` abgelegt ist.

Stellen Sie sich vor, Ihr Master-Server stellt mehrere hundert oder gar tausend Benutzerdaten zur Verfügung. Stellen Sie sich weiter vor, dass der Slave-Server die Daten mit dem Kommandoaufruf `ypinit -s` vom Master überträgt. Bei derart großen Datenmengen kann die Datenübertragung einige Zeit in Anspruch nehmen. Der Dämon `rpc.ypxfrd` hat die Aufgabe, die Übertragung der Maps vom Master zum Slave zu beschleunigen. Bedenken Sie daher, dass es bei kleinen Maps wenig Sinn macht, die Beschleunigung zu aktivieren.

Das Zusammenspiel des Kommandos `ypinit -s` und des Dämons `rpc.ypxfrd` ist in Abbildung 12.15 dargestellt.

In der Grafik ist zu erkennen, dass der Dämonprozess auf dem *Master-Server* aktiviert werden muss. Starten Sie daher im Beispiel auf dem Rechner Host1 das Skript `ypxfrd` aus dem Verzeichnis `/etc/rc.d/init.d/`, das in der Distribution SuSE vorhanden ist.

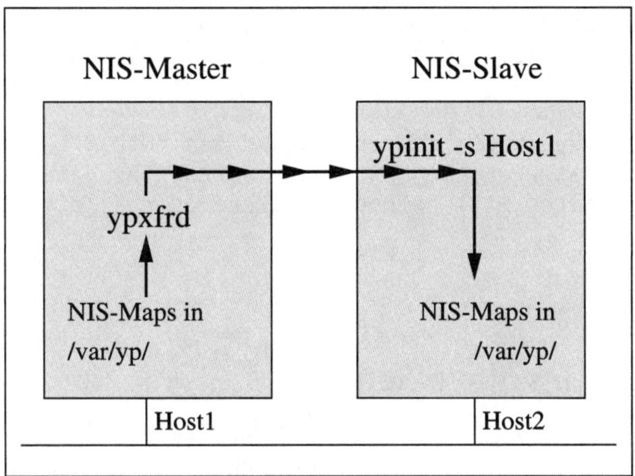

Abbildung 12.15: Zusammenhang zwischen `ypinit -s` *und* `rpc.ypxfrd`

Beispiel 12.20: Starten von ypxfrd unter SuSE SuSE

```
root@host1:~ # /etc/rc.d/init.d/ypxfrd start
Starting rpc.ypxfrd                                          done
root@host1:~ #
```

Red Hat

Unter Red Hat ist in der Regel kein Startskript vorhanden. Integrieren Sie den Aufruf von `/usr/sbin/rpc.ypxfrd` daher am besten in das Startskript des NIS-Servers `/etc/rc.d/init.d/ypserv`.

Damit der Start bei jedem Bootvorgang erfolgt, muss neben dem symbolischen Link im Standardrunlevel bei einer SuSE-Distribution außerdem die Variable START_YPXFRD auf den Wert `yes` gesetzt werden. Verwenden Sie dazu das Kommando `yast`.

Sobald der Dämon auf dem Master-Server aktiv ist, kann die Datenübertragung der NIS-Maps zum Client dort nochmals angestoßen werden.

Beispiel 12.21: Übertragen der NIS-Maps zum Slave-Server

```
root@host2:~ # /usr/lib/yp/ypinit -s host1
We will need a few minutes to copy the data from host1.
Transferring group.bygid...
Trying ypxfrd ... success
Transferring group.byname...
Trying ypxfrd ... success
Transferring passwd.byname...
Trying ypxfrd ... success
Transferring ypservers...
Trying ypxfrd ... success
Transferring passwd.byuid...
Trying ypxfrd ... success
```

```
host2.intern's NIS data base has been set up.
If there were warnings, please figure out what went wrong,
and fix it.

At this point, make sure that /etc/passwd and /etc/group have
been edited so that when the NIS is activated, the data bases
you have just created will be used, instead of the /etc ASCII
files.

root@host2:~ #
```

12.4.4 Start des Slave-Servers

Wie auch beim Master-Server bietet der NIS-Server seine in den NIS-Maps festgehaltenen Informationen erst im Netzwerk an, wenn Sie den entsprechenden Serverprozess gestartet haben.

In der Konfigurationsdatei `/etc/ypserv.conf` haben Sie beim NIS-Master festgelegt, welche Rechner im Netzwerk Zugriff auf die NIS-Datenbanken haben. Da diese Konfigurationsdatei auch auf dem NIS-Slave eine Rolle spielt, dürfen Sie nicht vergessen, sie entsprechend einzurichten. Übertragen Sie die Datei deshalb vom Master zum Slave, sodass dort die gleichen Berechtigungen aktiv sind.

```
#
# NIS-Slave-Server
#
# /etc/ypserv.conf
#
# Erstellt von Jens Banning
#

#
# DNS-Unterstuetzung aktivieren.
#

dns: yes

#
# Den Zugriff auf die Benutzer- und Gruppenmaps von Ports
# kleiner als 1024 fuer Rechner aus dem Class-C-Netz
# 192.168.17.0 erlauben. Die Passwoerter dabei verbergen.
#
# Host : Map : Security : Password-Mangle
#

192.168.17.0/255.255.255.0 : passwd.byname : port : yes
192.168.17.0/255.255.255.0 : passwd.byuid  : port : yes
192.168.17.0/255.255.255.0 : group.byname  : port : yes
192.168.17.0/255.255.255.0 : group.bygid   : port : yes
192.168.17.0/255.255.255.0 : ypservers     : port
```

```
#
# Allen anderen den Zugriff verweigern.
#

*                              : *            : deny
```

Starten Sie anschließend das Ihnen bereits bekannte Skript `ypserv`, das Sie bei beiden in diesem Buch betrachteten Distributionen (SuSE, Red Hat) im Verzeichnis `/etc/rc.d/init.d/` finden.

Beispiel 12.22: Starten des NIS-Servers unter SuSE

```
root@host1:~ # /etc/rc.d/init.d/ypserv start
Starting service YP server                                 done
root@host1:~ #
```

Beispiel 12.23: Starten des NIS-Servers unter Red Hat

```
root@host1:~ # /etc/rc.d/init.d/ypserv start
Starting YP server services:                               [  OK  ]
root@host1:~ #
```

Sorgen Sie ferner dafür, dass in Ihrem Standardrunlevel ein symbolischer Link vorhanden ist, der auf das obige Skript zeigt. Vergessen Sie bei der SuSE-Distribution außerdem nicht, die Variable START_YPSERV auf den Wert `yes` zu setzen.

12.4.5 Testen der NIS-Server am Client

Der Slave-Server ist komplett eingerichtet und Sie können am Client (im Beispiel Host3) die Funktionstüchtigkeit Ihrer gesamten NIS-Umgebung testen. Dabei werden Sie feststellen, dass die NIS-Anmeldung auch beim Ausfall des Masters weiter funktioniert, da der Slave automatisch seine Aufgabe übernimmt. Es ist daher wichtig, dass Sie Ihrem Client-Rechner mitteilen, dass mehrere NIS-Server im Netzwerk existieren. War in der Datei `/etc/yp.conf` bisher ein Eintrag mit dem Parameter `ypserver` in der Form

```
ypserver 192.168.17.1
```

vorhanden, so müssen Sie nun einen weiteren Eintrag ergänzen, der auf den Slave-Server hinweist:

```
ypserver 192.168.17.1
ypserver 192.168.17.2
```

Der NIS-Client kommuniziert nun mit dem ersten verfügbaren Rechner, also zunächst mit dem Master. Nur wenn dieser ausfällt, wird die Kommunikation zur IP-Adresse 192.168.17.2 hergestellt. Das Kommando `ypwhich` liefert den Namen des Rechners, den der Client zurzeit kontaktiert.

Beispiel 12.24: Master- und Slave-Server aktiv

```
root@host3:~ # ypwhich
host1.intern
root@host3:~ #
```

Ist die IP-Adresse 192.168.17.1 nicht mehr verfügbar, kommuniziert Ihr Client mit der Adresse 192.168.17.2, dem Host2.

Beispiel 12.25: Ausfall des Master-Servers

```
root@host3:~ # ypwhich
host2.intern
root@host3:~ #
```

Der NIS-Client bleibt weiterhin komplett funktionstüchtig.

Beispiel 12.26: Anmelden am NIS-Client über den Slave-Server

```
Welcome to SuSE Linux 7.0 (i386) - Kernel 2.2.16 (tty1).

host3 login: meier
Password:
Last login: Fri May  4 08:22:43 from host3.intern
Have a lot of fun...
No directory /home/meier!
Logging in with home = "/".
meier@host3:/ >
```

Sie sehen, dass beim Ausfall des Rechners Host1 natürlich auch nicht mehr die dortigen NFS-Verzeichnisse erreicht werden können. Die Anwender haben dadurch keinen Zugriff mehr auf Ihre Heimatverzeichnisse. Zur Verdeutlichung des Zusammenhangs zwischen NIS und NFS sei auf die Abbildung 12.12 auf Seite 221 verwiesen.

12.4.6 Zusammenfassung

Werfen wir nochmals einen zusammenfassenden Blick auf die Einrichtung eines NIS-Slave-Servers.

1. Zunächst muss der Rechner, der die Slave-Funktionalität umsetzen soll, als NIS-Client zum Master eingerichtet werden. Verwenden Sie dazu das in Ihrer Distribution vorhandene grafische Administrationstool (YaST, LinuxConf) oder editieren Sie manuell die entsprechenden Dateien.

2. Falls der Rechner Host1 als Master fungiert, können durch den Aufruf `/usr/lib/yp/ypinit -s host1` die NIS-Maps zum Slave übertragen werden.

3. Damit der Download vom Master auch bei großen Datenmengen schnell erfolgt, können Sie auf dem Master das Skript `/etc/rc.d/init.d/ypxfrd` starten. Denken Sie bei SuSE-Linux daran, die Variable START_YPXFRD auf den Wert `yes` einzustellen.

4. Die NIS-Maps, die nun auch auf Ihrem Slave-Rechner zur Verfügung stehen, können später von jedermann verwendet werden. Über die Datei `ypserv.conf` werden Rechte definiert, die den unerlaubten Zugriff unterbinden. Verwenden Sie in dieser Datei die gleichen Einstellungen wie auf dem Master-Server.

5. Was noch zu tun bleibt, ist zum einen der Start des NIS-Servers. Dieser erfolgt über das Skript `/etc/rc.d/init.d/ypserv` und den Parameter `start`.

6. Da die NIS-Datenbanken nur dann aktualisiert werden, wenn Sie sie mit dem Kommando `ypinit -s host1` downloaden, sollten Sie diesen Aufruf automatisch, einmal am Tag per Cron ausführen lassen.

7. Außerdem müssen Sie dem Clientrechner mitteilen, dass neben dem Master-Server noch ein weiterer Server vorhanden ist. Tragen Sie dazu beide Rechner in die Datei `yp.conf` ein (Parameter `ypserver`).

13 Der Webserver Apache

Heutzutage stellen Webserver einen zentralen Punkt in Computernetzwerken dar. Der unangefochtene Marktführer in diesem Bereich ist der Apache-Webserver, wobei sich dieses Marktführerdasein nicht nur auf Linux-Systeme beschränkt. Das Kapitel 13 führt Sie in die Gegebenheiten dieser Software ein und erläutert Schritt für Schritt die Möglichkeiten, die Sie beim Aufbau des Servers wahrnehmen können.

13.1 Funktion

Um Webdokumente über das Internet (oder ein Intranet) zu verbreiten, existiert ein Format, dem diese Dokumente entsprechen müssen. Es trägt den Namen HyperText Markup Language (HTML) und stellt im Prinzip eine Textdatei dar, in der so genannte HTML-Tags aufgeführt sind. Die Tags repräsentieren eine Art Befehl, mit dem die darzustellenden Informationen formatiert werden. Nun werden Sie in diesem Buch zwar keine Einführung in die Sprache HTML erhalten, jedoch ist es für den weiteren Verlauf dieses Kapitels hilfreich, wenn wir uns einige grundlegende Tags ansehen.

Die Tags folgen allgemein der gleichen Syntax, wie sie zum Beispiel beim Befehl HTML zum Einsatz kommt. Durch die Zeichen `<...>` wird eine spezielle Umgebung eingeleitet, und über `</... >` wird sie wieder beendet.

```
<HTML>
  ...
</HTML>
```

Der obige Bereich legt fest, dass die sich darin befindenen Informationen ein HTML-Dokument beschreiben. Das Dokument selbst besteht aus einem Kopf (HEAD) und einem Rumpf (BODY), was sich in dem Dokument wie folgt widerspiegelt:

```
<HTML>
  <HEAD>
    ...
  </HEAD>
  <BODY>
    ...
  </BODY>
</HTML>
```

Innerhalb von HEAD steht im Wesentlichen nur eine Umgebung. Sie definiert den Titel (TITLE) der Seite. Er erscheint später in der Kopfzeile des Browserfensters. Innerhalb von BODY stehen dann die eigentlichen Informationen, die angezeigt werden sollen.

```
<HTML>
  <HEAD>
    <TITLE>
      Testseite
```

```
    </TITLE>
  </HEAD>
  <BODY>
    <CENTER>
      <BR>
      <H1>
        Der Apache Webserver
      </H1>
      <BR>
    </CENTER>
  </BODY>
</HTML>
```

Das obige Dokument hat den Titel „Testseite". Es besteht aus dem Inhalt „Der Apache Webserver". Dieser Text wird zentriert (CENTER) und etwas größer (Header 1, H1) ausgegeben. Der Tag BR realisiert einen Zeilenumbruch. Falls Sie weitere Informationen zur Sprache HTML benötigen, sollten Sie dazu das Buch [Raggett1998] lesen. Die obigen Ausführungen reichen jedoch aus, damit Sie im weiteren Verlauf dieses Kapitels einige Testdokumente anlegen können.

Die HTML-Dokumente liegen nun auf einem Webserver im großen, weiten Internet und müssen zu dem Client übertragen werden, der sie mit seinem Browser (zum Beispiel Netscape) betrachten möchte. Da jede Art von Datenübertragung in Netzwerken in Form eines Protokolls, also einer Sprachvereinbarung, realisiert wird, werden Sie bereits ahnen, dass es auch zum HTML-Austausch eine eigene Sprache gibt. Sie wird als HyperText Transfer Protocol (HTTP) bezeichnet und kommuniziert standardmäßig über den Port 80 des Transmission Control Protocol (TCP).

Der Apache-Webserver ist ein Dienst, der HTTP-Anfragen von Clients am TCP-Port 80 entgegennimmt. Die angeforderten HTML-Dokumente, die er lokal verwaltet, überträgt er anschließend ebenfalls per HTTP an den Client (siehe Abbildung 13.1).

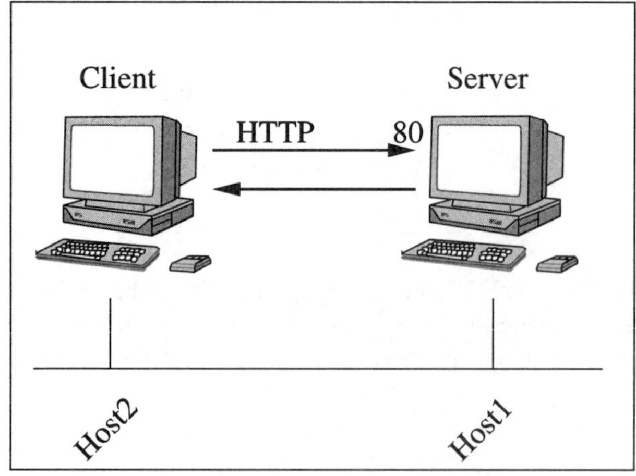

Abbildung 13.1: Funktion des Apache-Webservers

Wie zu Beginn eines jeden Kapitels erfahren Sie zunächst, welche Beispielumgebung Sie einrichten sollen. Sie werden den Webserver auf dem Rechner Host1 mit den folgenden Eigenschaften installieren:

- Der Server antwortet auf HTTP-Anfragen, die an `apache1.intern` gerichtet sind und stellt die entsprechenden HTML-Dokumente zur Verfügung. Ferner antwortet er auch auf Anfragen, die an `apache2.intern` adressiert sind, wobei sich hinter diesem Namen natürlich andere Dokumente befinden. An dieser Aufgabenstellung erkennen Sie, dass Sie den Webserver so konfigurieren können und werden, dass er sich für zwei (oder mehrere) unabhängige Bereiche zuständig fühlt.
- Außerdem werden Sie unter `apache2.intern/leitung` einen geschützten Bereich erstellen. Versucht ein Client mit seinem Browser die URL (Uniform Resource Locator) `apache2.intern/leitung` anzusprechen, so wird zunächst nach einem Benutzernamen und einem Passwort gefragt.
- Außerdem werden Sie sowohl auf `apache1.intern` als auch auf `apache2.intern` Benutzer-URLs definieren. Bei einer Anfrage auf `apache1.intern/~meier` erscheinen die HTML-Dokumente des Benutzers `meier`, bei `apache1.intern/~mueller` die des Anwenders `mueller`. Wie auf `apache1.intern` werden Sie auch für `apache2.intern` diese Benutzer-Homepages einrichten, die natürlich von denen auf `apache1` unabhängig sind.
- Ferner ist es notwendig, den DNS-Dienst abzuändern, da der Rechner `host1.intern` auch mit den Namen `apache1.intern` und `apache2.intern` angesprochen werden muss.

Abbildung 13.2 stellt das zuvor genannte Vorhaben nochmals grafisch dar.

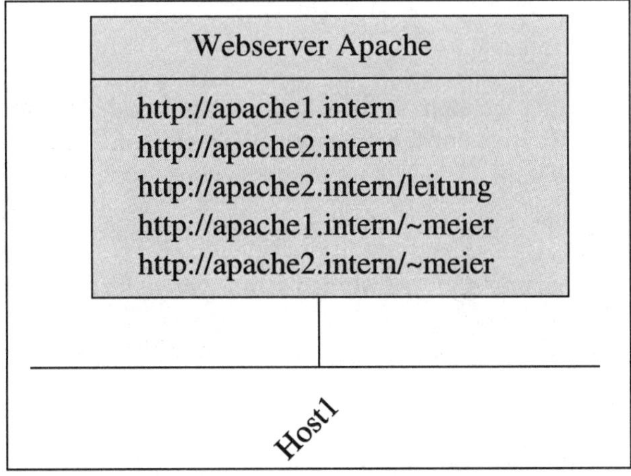

Abbildung 13.2: Der Webserver Apache im Beispiel

13.2 Die Konfigurationsdatei httpd.conf

Auch der Apache-Server wird über eine Konfigurationsdatei eingerichtet. Sie hat den Namen `httpd.conf` und sie befindet sich bei der SuSE-Distribution im Verzeichnis `/etc/httpd/`, während sie bei Red Hat in `/etc/httpd/conf/` abgelegt ist. Es handelt sich wie immer um eine Textdatei, in der Kommentare mit dem Zeichen # eingeleitet werden.

```
#
# Apache-Webserver
#
# /etc/httpd/httpd.conf (SuSE)
#
# Erstellt von Jens Banning
#
```

Einzig und allein in dieser Datei werden alle Einstellungen für den Webserver vorgenommen. Die Textdokumente `srm.conf` und `access.conf` finden Sie ebenfalls in den oben beschriebenen Verzeichnissen. In ihnen können Sie auch Einstellungen zum Webserver vornehmen. Es ist jedoch ratsam — und in beiden hier betrachteten Distributionen umgesetzt —, dass diese Dateien leer bleiben, da die Einstellungen aus `srm.conf` und `access.conf` auch direkt in `httpd.conf` eingetragen werden können.

Wenn Ihnen jemals eine Webserver-Konfiguration begegnen sollte, in der `srm.conf` und `access.conf` gefüllt sind, so beachten Sie die Reihenfolge, in der die drei Dateien analysiert werden:

1. `httpd.conf`
2. `srm.conf`
3. `access.conf`

In diesem Kapitel werden wir den Aufbau und die Syntax der Parameter und Deklarationen in der Datei `httpd.conf` betrachten. Während ein Parameter allgemein die Form

```
<Parameter> <Wert> [...]
```

hat, also zur Wertzuweisung genutzt werden kann, verwenden Sie Deklarationen der Form

```
<Deklaration>
  ...
</Deklaration>
```

immer dann, wenn Sie eine Menge von Parametern zu bestimmten Bereichen zusammenfassen möchten. Sie erkennen sicherlich die HTML-nahe Syntax der Konfigurationsdatei.

Der Parameter MaxClients

Beginnen wir mit dem Parameter `MaxClients`. Mit ihm geben Sie an, wie viele Clients maximal zeitgleich Ihren Webserver befragen können.

```
MaxClients <Anzahl>
```

Beachten Sie, dass es sich hierbei um zeitgleiche Anfragen handelt. Ein Anwender, der eine zuvor übertragene HTML-Seite in seinem Browser lediglich liest, wird nicht mitgezählt, da er nicht mit dem Server kommuniziert. Eine Beschränkung auf 150 Anfragen ist in der Regel ausreichend:

```
MaxClients 150
```

Der Parameter ServerType

Mit dem `ServerType`-Parameter teilen Sie dem Webserver mit, ob er permanent gestartet wird oder ob der Start über den INET-Dämon (siehe Kapitel 7 auf Seite 89) erfolgt.

```
ServerType <standalone|inetd>
```

Verwenden Sie die Schlüsselwörter `standalone` bzw. `inetd`:

```
ServerType standalone
```

Der Parameter ServerRoot

Mit `ServerRoot` wird das Verzeichnis bestimmt, in dem zum Beispiel Icons oder spezielle Skripten abgelegt sind. In weiteren Unterverzeichnissen werden später die HTML-Dokumente angelegt.

```
ServerRoot "<Verzeichnis>"
```

Per Default ist die Wurzel des Servers das Verzeichnis `/usr/local/httpd/`:

```
SeverRoot "/usr/local/httpd"
```

Der Parameter ServerAdmin

Um die Mail-Adresse des Server-Administrators festzulegen, verwenden Sie den Parameter `ServerAdmin`:

```
ServerAdmin <Mail-Adresse>
```

Die angegebene Adresse wird zum Beispiel bei automatisch generierten Seiten erwähnt, die auf einen Fehler hinweisen:

```
ServerAdmin root@host1.intern
```

Der Parameter DirectoryIndex

Vielleicht haben Sie sich schon gefragt, welche HTML-Seite Ihnen der Webserver anzeigt, wenn Sie ihn lediglich in der Form `apache1.intern` ansprechen. Das Startdokument, das in diesem Fall angezeigt wird, definieren Sie über den Parameter `DirectoryIndex`:

```
DirectoryIndex <HTML-Datei>
```

Wenn Sie einstellen möchten, dass standardmäßig die Datei `index.html` verwendet wird, tragen Sie in der Konfigurationsdatei `httpd.conf` die folgende Zeile ein:

```
DirectoryIndex index.html
```

Dadurch wird jede Clientanfrage, in der der genaue Name des Dokuments fehlt (zum Beispiel `apache1.intern`) um den Namen `index.html` ergänzt (`apache1.intern/index.html`).

Der Parameter Port

Ein Internet-Browser spricht einen Webserver grundsätzlich an einem TCP-Port an. Verwenden Sie zur Einstellung dieses Wertes die Option `Port` in der folgenden Form:

```
Port <Nummer>
```

Verwenden Sie grundsätzlich den Port 80:

```
Port 80
```

Der Parameter User

Wenn Sie später den Apache-Server starten, führen Sie den Start als Administrator `root` durch. Da es sicherheitstechnisch jedoch ungünstig ist, Serverprozesse mit `root`-Berechtigung laufen zu lassen, werden alle Kindprozesse mit den Rechten des Benutzers gestartet, den Sie über den Parameter `User` angeben:

```
User <Benutzer>
```

Bei der Installation des Apache-Servers wurde zu diesem Zweck ein Benutzeraccount erstellt, der bei SuSE den Namen `wwwrun` trägt. Unter Red Hat heißt dieser Anwender `apache`. Gelingt es einem Angreifer, widerrechtlich in den Webserver einzudringen, so hat er lediglich die Rechte von `wwwrun` bzw. `apache` statt die von `root`:

```
User wwwrun
```

Der Parameter Group

Da ein Prozess nicht nur einem Benutzer, sondern auch einer Gruppe gehört, können Sie über den Parameter `Group` auch eine spezielle Gruppe angeben, mit deren Rechten der Webserver aktiv ist.

```
Group <Gruppe>
```

Unter einer SuSE-Distribution dient die Gruppe `nogroup` diesem Zweck, unter Red Hat heißt die Gruppe so wie der Benutzer: `apache`.

```
Group nogroup
```

Der Parameter `NameVirtualHost`

Wenn Sie möchten, dass sich Ihr Webserver für mehrere unabhängige Adressen zuständig fühlen soll, müssen Sie ihm mitteilen, dass er als virtueller Host arbeiten soll. Durch Anwendung des Parameters `NameVirtualHost` gemäß der Syntax

```
NameVirtualHost <IP-Adresse>
```

kann die IP-Adresse der Netzwerkkarte angegeben werden, an der mehrere virtuelle Rechner aktiv sein sollen. Da im Beispiel die virtuellen Hosts `apache1.intern` und `apache2.intern` existieren und jeweils auf die IP-Adresse 192.168.17.1 zeigen, übergeben Sie dem Parameter genau die eben genannte Adresse:

```
NameVirtualHost 192.168.17.1
```

Die Deklaration `VirtualHost`

Der Webserver wurde nun darüber informiert, dass er mehrere virtuelle Hosts beherbergen soll. Für jeden dieser virtuellen Rechner müssen Sie die Deklaration `VirtualHost` verwenden. Sie wird nach dem Schema

```
<VirtualHost IP-Adresse>
  ...
</VirtualHost>
```

verwendet. Im Beispiel geht es um die Adresse 192.168.17.1, in der zwei virtuelle Bereiche abgebildet werden sollen. Benutzen Sie die Deklaration daher zweifach:

```
<VirtualHost 192.168.17.1>
  ...
</VirtualHost>
<VirtualHost 192.168.17.1>
  ...
</VirtualHost>
```

Der Parameter `Servername`

Innerhalb der beiden `VirtualHost`-Umgebungen geben Sie nun die Parameter an, in denen sich die virtuellen Rechner unterscheiden. Mit `ServerName` kann der Name des virtuellen Hosts angegeben werden.

```
ServerName <Name>
```

Dabei muss es sich exakt um den Namen handeln, den Clients in ihrer URL verwenden. Im Beispiel sind somit zwei Umgebungen vorhanden, eine für `apache1.intern` und eine für `apache2.intern`:

```
<VirtualHost 192.168.17.1>
  ServerName apache1.intern
  ...
</VirtualHost>
<VirtualHost 192.168.17.1>
```

```
  ServerName apache2.intern
  ...
</VirtualHost>
```

Der Parameter DocumentRoot

Die zweite Einstellung, in der sich die virtuellen Hosts unterscheiden, ist das Verzeichnis im Linux-Dateisystem, in dem die Webdokumente abgelegt sind. Es kann mit `DocumentRoot` festgelegt werden:

```
DocumentRoot "<Verzeichnis>"
```

Unterhalb des damit angegebenen Verzeichnisses werden Sie später die HTML-Dateien erstellen.

```
<VirtualHost 192.168.17.1>
  ServerName apache1.intern
  DocumentRoot "/usr/local/httpd/apache1"
  ...
</VirtualHost>
<VirtualHost 192.168.17.1>
  ServerName apache2.intern
  DocumentRoot "/usr/local/httpd/apache2"
  ...
</VirtualHost>
```

Eine Client-Anfrage `apache1.intern` liefert somit das Dokument `/usr/local/httpd/apache1/index.html`.

Der Parameter UserDir

Als dritte und letzte spezielle Einstellung für jede `VirtualHost`-Umgebung definieren Sie das Verzeichnis, in dem ein Anwender seine eigenen Daten ablegen kann:

```
UserDir "<Verzeichnis>"
```

Bevor wir diesen Parameter genauer beschreiben, wird er in die beiden virtuellen Umgebungen eingefügt:

```
<VirtualHost 192.168.17.1>
  ServerName apache1.intern
  DocumentRoot "/usr/local/httpd/apache1"
  UserDir "/apache1user/*/docs"
</VirtualHost>
<VirtualHost 192.168.17.1>
  ServerName apache2.intern
  DocumentRoot "/usr/local/httpd/apache2"
  UserDir "/apache2user/*/docs"
</VirtualHost>
```

Die URL `apache1.intern/~meier` verweist demnach auf das Dokument `/apache1user/meier/docs/index.html`. Entsprechend verweist die URL `apache2.intern/~meier` auf `/apache2user/meier/docs/index.html`. Die Benutzerverzeichnisse existieren also unabhängig für `apache1` und `apache2`. Das Sternchen im Parameter `UserDir` repräsentiert den Login-Namen des Benutzers.

Die Deklaration `Directory`

Für jedes Verzeichnis des Webservers können nun weitere Optionen definiert werden. Über sie geben Sie zum Beispiel an, was geschehen soll, falls keine Datei namens `index.html` vorhanden ist, oder wie sich der Webserver verhalten soll, wenn sich symbolische Links in seinen Dokumentenverzeichnissen befinden. Außerdem legen Sie fest, ob (und wenn ja wem) der Zugriff auf die Dokumente gestattet ist.

All diese Optionen und Berechtigungen fassen Sie für jedes Verzeichnis in einer `Directory`-Umgebung zusammen. In ihr werden später weitere Parameter angegeben.

```
<Directory Verzeichnis>
  ...
</Directory>
```

Um zum Beispiel Optionen und Berechtigungen für die Dokumentenverzeichnisse beider virtueller Hosts festzulegen, lautet die Umgebung:

```
<Directory /usr/local/httpd/apache?>
  ...
</Directory>
```

Damit sprechen Sie unter `/usr/local/httpd/` alle Verzeichnisse an, die mit dem Wort `apache` beginnen und denen noch ein weiteres Zeichen folgt. Dieses trifft sowohl für das Unterverzeichnis `apache1` als auch für `apache2` zu.

Der Parameter `Options`

Beschäftigen wir uns zunächst mit einigen Optionen, die Sie zu einem Verzeichnis definieren können. Dass Sie dazu einen Parameter mit dem Namen `Options` verwenden, wird Sie nicht sonderlich überraschen. Benutzen Sie ihn stets so, dass er der folgenden Syntax genügt:

```
Options <1. Option> [...]
```

Ihm werden also, jeweils getrennt durch ein Leerzeichen, mehrere Optionen übergeben. Dazu stehen Ihnen im Wesentlichen drei Schlüsselwörter zur Verfügung: Während `None` bedeutet, dass keine Optionen benutzt werden, haben die Werte `Indexes` und `FollowSymLinks` weiter reichende Funktionen. Wenn ein Anwender eine URL auf Ihrem Webserver besuchen möchte, wird auf dieser URL (zum Beispiel `apache1.intern`) die Seite `index.html` gesucht. Falls sie nicht gefunden wird, erhält der Anwender eine Fehlermeldung. Wurde dem zugehörigen Verzeichnis jedoch die Option `Indexes` gegeben, so bekommt der Anwender in seinem Browser den Inhalt des Verzeichnisses angezeigt. Die Option `FollowSymLinks` macht ihrem Namen alle Ehre. Sie bedeutet, dass der Webserver symbolische Links in seinen Dokumentenverzeichnissen verfolgt.

```
<Directory /usr/local/httpd/apache?>
  Options Indexes FollowSymLinks
  ...
</Directory>
```

Der Parameter AllowOverride

Der zweite Parameter, der in einer `Directory`-Umgebung genutzt werden kann, trägt den Namen `AllowOverride`. Welche Funktion hat dieser Parameter? Dazu müssen wir etwas ausholen und den Berechtigungsmechanismus des Apache-Servers genauer betrachten. In der Konfigurationsdatei `httpd.conf` können Sie innerhalb der `Directory`-Deklaration Optionen und Berechtigungen für ein Verzeichnis vergeben. Es ist jedoch auch möglich, dass in dem Verzeichnis selbst eine bestimmte Datei existiert, die die Berechtigungen überschreibt. Der Parameter `AllowOverride` erlaubt dieses Überschreiben oder unterbindet es:

```
AllowOverride <None|All>
```

Während es mit `None` verboten wird, ist es mit `All` möglich, alle Einstellungen zu überschreiben.

```
<Directory /usr/local/httpd/apache?>
  Options Indexes FollowSymLinks
  AllowOverride None
  ...
</Directory>
```

Lesen Sie zu dieser Thematik auch die Abschnitte 13.3 und 13.4 auf den Seiten 247 und 253.

Der Parameter Order

Einträge, die Rechte beschreiben, sind in einer `Directory`-Umgebung sicher sehr wichtig. Verwenden Sie dazu zwei Parameter, von denen der erste den Namen `Order` trägt. Bevor Sie Rechte vergeben, legen Sie über `Order` fest, in welcher Reihenfolge die Berechtigungen analysiert werden sollen.

```
Order <allow,deny|deny,allow>
```

Diesem Parameter müssen Sie etwas mehr Aufmerksamkeit schenken, als Sie vielleicht vermuten. Falls Sie sehr viele Berechtigungen definieren, die zum einen explizit Zugriffe erlauben und zum anderen explizit Zugriffe unterbinden, so spielt die Reihenfolge, in der diese Regeln betrachtet werden, eine wichtige Rolle. Betrachten wir im Beispiel zunächst die Gebote und dann die Verbote:

```
<Directory /usr/local/httpd/apache?>
  Options Indexes FollowSymLinks
  AllowOverride None
  Order allow,deny
  ...
</Directory>
```

Der Parameter `Allow`

Endlich ist es so weit: Sie können Berechtigungen vergeben. Mit dem Parameter `Allow` legen Sie fest, welche Clients die angegebenen Seiten Ihres Webservers besuchen dürfen. Verwenden Sie `Allow` stets in der Form:

```
Allow from <Hosts>
```

In der Praxis und auch im Beispiel werden Sie den Zugriff allen Clients erlauben. Tragen Sie für `<Hosts>` daher das Schlüsselwort `all` ein. Statt `all` können Sie auch eine Domain angeben, damit nur die Clients aus dieser Domain Zugriff auf den Webserver haben. So erlaubt die Zeile `Allow from .intern` den Zugriff von allen Rechnern, die zur DNS-Domain `intern` gehören:

```
<Directory /usr/local/httpd/apache?>
  Options Indexes FollowSymLinks
  AllowOverride None
  Order allow,deny
  Allow from all
</Directory>
```

Der Parameter `Deny`

Um Zugriffe bestimmter Clients explizit zu unterbinden, können Sie den Parameter `Deny` verwenden. Er folgt der gleichen Syntax wie der Parameter `Allow`:

```
Deny from <Hosts>
```

Betrachten wir als Beispiel die `Directory`-Umgebung, die die Wurzel des Dateisystems beschreibt, auf dem der Apache-Server aktiv ist. Den Zugriff auf dieses Verzeichnis müssen Sie für alle Clients unterbinden. Es werden außerdem keine Optionen definiert. Das Überschreiben von Berechtigungen ist ebenfalls nicht möglich:

```
<Directory />
  Options None
  AllowOverride None
  Order deny,allow
  Deny from all
</Directory>
```

Der Parameter `AccessFileName`

Auf den letzten Seiten haben Sie erfahren, wie Sie für jedes Verzeichnis spezielle Einstellungen und Zugriffsrechte festlegen können. Dabei gab es die Möglichkeit, über den Eintrag `AllowOverride All` festzulegen, dass die zuvor gemachten Einstellungen überschrieben werden können. Sicher fragen Sie sich, mit welchem Werkzeug dieser Vorgang realisiert werden kann. Die Antwort auf diese Frage ist eine spezielle Datei, die in dem entsprechenden Verzeichnis angelegt werden muss. Mit dem Parameter `AccessFileName` legen Sie fest, um welche Datei es sich dabei handelt:

```
AccessFilename <Dateiname>
```

Als Standard wird `.htaccess` verwendet, jedoch sind Ihrer Phantasie keine Grenzen gesetzt:

```
AccessFileName .htaccess
```

Die Deklaration Files

Da in der Datei `.htaccess` Sicherheitseinstellungen festgelegt werden können, ist es wichtig, dass kein Client diese Datei in seinem Browser zu sehen bekommt. Sie müssen sie daher analog zur Deklaration `Directory` mit der Deklaration `Files` schützen:

```
<Files>
  ...
</Files>
```

Verbieten Sie daher den Zugriff auf alle Dateien, die mit `.ht` beginnen, durch den folgenden Eintrag:

```
<Files ~ "^\.ht">
  Order allow,deny
  Deny from all
</Files>
```

Der Parameter AddIcon

Bisher haben Sie Parameter und Deklarationen der Datei `httpd.conf` kennen gelernt, die Sie für den Betrieb des Webservers Apache unbedingt kennen müssen. Des Weiteren gibt es natürlich noch eine Vielzahl weiterer Einstellungen. Hilfe zu diesen bisher nicht beschriebenen Einstellungen finden Sie in der bei der Installation des Apache-Servers angelegten Konfigurationsdatei `httpd.conf` in Form von Kommentaren. Einige dieser Parameter wollen wir dennoch betrachten.

Mit dem Parameter `AddIcon` veranlassen Sie Ihren Webserver, dass er immer dann, wenn er Dateien mit bestimmten Endungen anzeigen soll, diese mit einem Symbol ergänzt. Die Einstellung kommt zum Einsatz, wenn der Client vom Browser lediglich den Inhalt eines Verzeichnisses angezeigt bekommt.

```
AddIcon <Icon> <Endung>
```

So werden zum Beispiel Dateien mit der Endung `.tar` durch das Icon `tar.gif` repräsentiert. Es stammt aus dem Verzeichnis `/usr/local/httpd/icons/`:

```
AddIcon /icons/tar.gif .tar
```

Der Parameter AddDescription

Durch `AddDescription` können Sie bei einer Datei, deren Name mit einer bestimmten Zeichenkette endet, eine Beschreibung anzeigen lassen:

```
AddDeschription "<Beschreibung>" <Endung>
```

Dateien mit der Endung .tar werden somit als "tar archive" beschrieben:

```
AddDescription "tar archive" .tar
```

Der Parameter AddType

Neben einem Icon und einer Beschreibung können bestimmte Dateien auch direkt mit einer Anwendung verknüpft werden:

```
AddType <Anwendung> <Endung>
```

Wird am Client eine Datei mit der Endung .phtml ausgewählt, so kann diese direkt als Skript der Sprache PHP eingestuft werden:

```
AddType application/x-httpd-php3 .phtml
```

Der Parameter LoadModule

Damit der Webserver überhaupt in der Lage ist, zum Beispiel PHP-Skripten auszuführen, müssen Sie ein Modul in seine Konfiguration laden:

```
LoadModule <Name> <Datei>
```

Übergeben Sie dem Parameter LoadModule den Namen des Moduls sowie die Datei, aus der es geladen wird:

```
LoadModule php3_module /usr/lib/apache/libphp3.so
```

Der Parameter AddModule

Außerdem müssen die geladenen Module zum Webserver hinzugefügt werden. Verwenden Sie den Parameter allgemein in der Form:

```
AddModule <Name>
```

Beispiel:

```
AddModule mod_php3.c
```

13.3 Beispiel

Im letzten Abschnitt haben Sie die wichtigsten Einstellungen kennen gelernt, die Sie in der Datei httpd.conf verwenden können, und wir können uns nun eine komplette Beispieldatei ansehen. Sie beginnt mit einigen allgemeinen Angaben, die zum Teil Ihnen bisher unbekannte Parameter enthalten. Falls Sie weitere Informationen benötigen, sollten Sie die Homepage des Apache-Webservers unter www.apache.org besuchen.

```
#
# Webserver Apache
#
# /etc/httpd/httpd.conf (SuSE)
#
# Erstellt von Jens Banning
#
```

```
#
# Allgemeines
#

LockFile /var/lock/subsys/httpd/httpd.accept.lock
PidFile /var/run/httpd.pid
ScoreBoardFile /var/log/httpd.apache_runtime_status
Timeout 300
KeepAlive On
MaxKeepAliveRequests 100
KeepAliveTimeout 15
StartServers 1
MaxRequestsPerChild 0
<IfDefine PHP>
LoadModule php3_module /usr/lib/apache/libphp3.so
</IfDefine>
<IfDefine PERL>
LoadModule perl_module /usr/lib/apache/libperl.so
</IfDefine>
<IfDefine DAV>
LoadModule dav_module         /usr/lib/apache/libdav.so
</IfDefine>
LoadModule mmap_static_module /usr/lib/apache/mod_mmap_static.so
LoadModule vhost_alias_module /usr/lib/apache/mod_vhost_alias.so
LoadModule env_module         /usr/lib/apache/mod_env.so
LoadModule define_module      /usr/lib/apache/mod_define.so
LoadModule config_log_module  /usr/lib/apache/mod_log_config.so
LoadModule agent_log_module   /usr/lib/apache/mod_log_agent.so
LoadModule referer_log_module /usr/lib/apache/mod_log_referer.so
LoadModule mime_magic_module  /usr/lib/apache/mod_mime_magic.so
LoadModule mime_module        /usr/lib/apache/mod_mime.so
LoadModule negotiation_module /usr/lib/apache/mod_negotiation.so
LoadModule status_module      /usr/lib/apache/mod_status.so
LoadModule info_module        /usr/lib/apache/mod_info.so
LoadModule includes_module    /usr/lib/apache/mod_include.so
LoadModule autoindex_module   /usr/lib/apache/mod_autoindex.so
LoadModule dir_module         /usr/lib/apache/mod_dir.so
LoadModule cgi_module         /usr/lib/apache/mod_cgi.so
LoadModule asis_module        /usr/lib/apache/mod_asis.so
LoadModule imap_module        /usr/lib/apache/mod_imap.so
LoadModule action_module      /usr/lib/apache/mod_actions.so
LoadModule speling_module     /usr/lib/apache/mod_speling.so
LoadModule userdir_module     /usr/lib/apache/mod_userdir.so
LoadModule alias_module       /usr/lib/apache/mod_alias.so
LoadModule rewrite_module     /usr/lib/apache/mod_rewrite.so
LoadModule access_module      /usr/lib/apache/mod_access.so
LoadModule auth_module        /usr/lib/apache/mod_auth.so
LoadModule anon_auth_module   /usr/lib/apache/mod_auth_anon.so
LoadModule dbm_auth_module    /usr/lib/apache/mod_auth_dbm.so
LoadModule db_auth_module     /usr/lib/apache/mod_auth_db.so
LoadModule digest_module      /usr/lib/apache/mod_digest.so
LoadModule proxy_module       /usr/lib/apache/libproxy.so
LoadModule cern_meta_module   /usr/lib/apache/mod_cern_meta.so
LoadModule expires_module     /usr/lib/apache/mod_expires.so
LoadModule headers_module     /usr/lib/apache/mod_headers.so
LoadModule usertrack_module   /usr/lib/apache/mod_usertrack.so
LoadModule example_module     /usr/lib/apache/mod_example.so
```

```
LoadModule unique_id_module    /usr/lib/apache/mod_unique_id.so
LoadModule setenvif_module     /usr/lib/apache/mod_setenvif.so
<IfDefine SSL>
LoadModule ssl_module          /usr/lib/apache/libssl.so
</IfDefine>

ClearModuleList
AddModule mod_mmap_static.c
AddModule mod_vhost_alias.c
AddModule mod_env.c
AddModule mod_define.c
AddModule mod_log_config.c
AddModule mod_log_agent.c
AddModule mod_log_referer.c
AddModule mod_mime_magic.c
AddModule mod_mime.c
AddModule mod_negotiation.c
AddModule mod_status.c
AddModule mod_info.c
AddModule mod_include.c
AddModule mod_autoindex.c
AddModule mod_dir.c
AddModule mod_cgi.c
AddModule mod_asis.c
AddModule mod_imap.c
AddModule mod_actions.c
AddModule mod_speling.c
AddModule mod_userdir.c
AddModule mod_alias.c
AddModule mod_rewrite.c
AddModule mod_access.c
AddModule mod_auth.c
AddModule mod_auth_anon.c
AddModule mod_auth_dbm.c
AddModule mod_auth_db.c
AddModule mod_digest.c
AddModule mod_proxy.c
AddModule mod_cern_meta.c
AddModule mod_expires.c
AddModule mod_headers.c
AddModule mod_usertrack.c
AddModule mod_example.c
AddModule mod_unique_id.c
AddModule mod_so.c
AddModule mod_setenvif.c

<IfDefine SSL>
AddModule mod_ssl.c
</IfDefine>
<IfDefine PHP>
AddModule  mod_php3.c
</IfDefine>
<IfDefine PERL>
AddModule  mod_perl.c
</IfDefine>
<IfDefine DAV>
AddModule mod_dav.c
```

```
</IfDefine>
ExtendedStatus On
<IfDefine DAV>
DavLockDB /var/lock/DAVLock
</IfDefine>
UseCanonicalName On
TypesConfig /etc/httpd/mime.types
DefaultType text/plain
<IfModule mod_mime_magic.c>
    MIMEMagicFile /etc/httpd/magic
</IfModule>
HostnameLookups Off
ErrorLog /var/log/httpd.error_log
LogLevel warn
LogFormat "%h %l %u %t \"%r\" %>s %b \"%{Referer}i\" \"%{User-Agent}i\"" \
  combined
LogFormat "%h %l %u %t \"%r\" %>s %b" common
LogFormat "%{Referer}i -> %U" referer
LogFormat "%{User-agent}i" agent
CustomLog /var/log/httpd.access_log common
ServerSignature On
IndexOptions FancyIndexing
AddIconByEncoding (CMP,/icons/compressed.gif) x-compress x-gzip
AddIconByType (TXT,/icons/text.gif) text/*
AddIconByType (IMG,/icons/image2.gif) image/*
AddIconByType (SND,/icons/sound2.gif) audio/*
AddIconByType (VID,/icons/movie.gif) video/*
AddIcon /icons/binary.gif .bin .exe
AddIcon /icons/binhex.gif .hqx
AddIcon /icons/tar.gif .tar
AddIcon /icons/world2.gif .wrl .wrl.gz .vrml .vrm .iv
AddIcon /icons/compressed.gif .Z .z .tgz .gz .zip
AddIcon /icons/a.gif .ps .ai .eps
AddIcon /icons/layout.gif .html .shtml .htm .pdf
AddIcon /icons/text.gif .txt
AddIcon /icons/c.gif .c
AddIcon /icons/p.gif .pl .py
AddIcon /icons/f.gif .for
AddIcon /icons/dvi.gif .dvi
AddIcon /icons/uuencoded.gif .uu
AddIcon /icons/script.gif .conf .sh .shar .csh .ksh .tcl
AddIcon /icons/tex.gif .tex
AddIcon /icons/bomb.gif core
AddIcon /icons/back.gif ..
AddIcon /icons/hand.right.gif README
AddIcon /icons/folder.gif ^^DIRECTORY^^
AddIcon /icons/blank.gif ^^BLANKICON^^
DefaultIcon /icons/unknown.gif
AddDescription "GZIP compressed document" .gz
AddDescription "tar archive" .tar
AddDescription "GZIP compressed tar archive" .tgz

ReadmeName README
HeaderName HEADER
IndexIgnore .??* *~ *# HEADER* README* RCS CVS *,v *,t
AddEncoding x-compress Z
AddEncoding x-gzip gz tgz
```

```
AddLanguage en .en
AddLanguage fr .fr
AddLanguage de .de
AddLanguage da .da
AddLanguage el .el
AddLanguage it .it
LanguagePriority en fr de
<IfDefine PHP>
AddType application/x-httpd-php3 .php3
AddType application/x-httpd-php3-source .phps
AddType application/x-httpd-php3 .phtml
</IfDefine>
AddType application/x-tar .tgz
AddHandler cgi-script .cgi
AddType text/html .shtml
AddHandler server-parsed .shtml
AddHandler server-parsed .html

#
# Spezielle Einstellungen
#

MaxClients      150
ServerType      standalone
ServerAdmin     root@host1.intern
ServerRoot      "/usr/local/httpd"
DirectoryIndex  index.html
Port            80
User            wwwrun
Group           nogroup

#
# Virtuelle Hosts apache1.intern und apache2.intern mit
# Benutzerverzeichnissen.
#

NameVirtualHost 192.168.17.1

<VirtualHost 192.168.17.1>

  ServerName      apache1.intern
  DocumentRoot    "/usr/local/httpd/apache1"
  UserDir         "/apache1user/*/docs"

</VirtualHost>

<VirtualHost 192.168.17.1>

  ServerName      apache2.intern
  DocumentRoot    "/usr/local/httpd/apache2"
  UserDir         "/apache2user/*/docs"

</VirtualHost>

#
# Berechtigungen
#
```

```
<Directory />

  Options None
  AllowOverride None
  Order deny,allow
  Deny from all

</Directory>

<Directory /usr/local/httpd/apache?>

  Options Indexes FollowSymLinks
  AllowOverride None
  Order allow,deny
  Allow from all

</Directory>

<Directory /apache?user/*/docs>

  Options Indexes
  AllowOverride All
  Order allow,deny
  Allow from all

</Directory>

<Directory /usr/local/httpd/apache1/leitung>

  Options None
  AllowOverride All
  Order allow,deny
  Allow from all

</Directory>

#
# Sonderberechtigungen
#

AccessFileName .htaccess

<Files ~ "^\.ht">

  Order allow,deny
  Deny from all

</Files>
```

In diesem Beispiel finden Sie alle Einstellungen so wieder, wie Sie sie bereits im letzten Abschnitt kennen gelernt haben. Lediglich die Deklaration `Directory` ist mehrfach vorhanden, wodurch sich die Notwendigkeit ergibt, diese nochmals am obigen Beispiel zu beschreiben:

- In der Umgebung `<Directory />` wird zunächst festgelegt, dass alle Clients keinerlei Zugriff auf die Wurzel im Linux-Verzeichnisbaum haben.

- Anschließend definieren Sie für die Unterverzeichnisse `apache1` und `apache2` unter `/usr/local/httpd/`, dass die sich darin befindenen Informationen von jedermann gelesen werden können. Ferner werden symbolische Links verfolgt und es ist auch möglich (bei fehlender `index.html`-Datei) den Inhalt der Verzeichnisse einzusehen.
- Die Homepages der Benutzer befinden sich für die URL `apache1.intern` im Verzeichnis `/apache1user/`. Für `apache2.intern` finden Sie sie im Verzeichnis `/apache2user/`. Unterhalb dieser Struktur erhält jeder Benutzer ein eigenes Directory, unter dem wiederum ein weiteres Verzeichnis `docs/` vorhanden ist, in dem er seine persönlichen Webdokumente ablegen kann. Den Zugriff auf diese Verzeichnisse müssen Sie selbstverständlich gewähren. Falls die Datei `index.html` nicht vorhanden ist, ist es auch möglich, lediglich den Inhalt des Directorys im Browser zu sehen. Ferner erlauben Sie es Ihren Anwendern, die Berechtigungen durch die Verwendung der Datei `.htaccess` zu überschreiben.
- Zu guter Letzt ging es in dem Beispiel dieses Kapitels darum, dass der Zugriff auf die URL `apache1.intern/leitung` nur dann gewährt wird, wenn ein korrekter Benutzername und ein gültiges Passwort eingegeben werden. Deshalb wird in der entsprechenden `Directory`-Umgebung für das Verzeichnis `/usr/local/httpd/apache1/leitung/` festgelegt, dass die zunächst grundsätzlich erlaubten Zugriffe durch die Datei `.htaccess` überschrieben werden können (`AllowOverride All`). Im nächsten Abschnitt 13.4, in dem es um die Erstellung der grundlegenden Webdokumente geht, werden Sie auch die Datei `.htaccess` für die `leitung` erstellen.

13.4 Erstellen der Dokumente

Die Konfiguration des Webservers ist abgeschlossen. Sie können nun die Verzeichnisse erstellen, in denen Sie später Ihre Webdokumente ablegen. Beginnen Sie mit den Verzeichnissen, die den URLs `apache1.intern` und `apache2.intern` zugeordnet sind. Vergessen Sie auch den Pfad `apache1.intern/leitung` nicht.

Beispiel 13.1: Erstellen der allgemeinen Dokumentenverzeichnisse

```
root@host1:/usr/local/httpd # mkdir apache1
root@host1:/usr/local/httpd # mkdir apache2
root@host1:/usr/local/httpd # cd apache1
root@host1:/usr/local/httpd/apache1 # mkdir leitung
root@host1:/usr/local/httpd/apache1 # cd ..
root@host1:/usr/local/httpd # ls -lR apa*
apache1:
total 12
drwxr-xr-x   3 root   root     4096 May 10 07:35 .
drwxr-xr-x   5 root   root     4096 May 10 07:34 ..
drwxr-xr-x   2 root   root     4096 May  8 14:17 leitung

apache1/leitung:
total 8
```

```
drwxr-xr-x   2 root   root      4096 May  8 14:17 .
drwxr-xr-x   3 root   root      4096 May 10 07:35 ..

apache2:
total 8
drwxr-xr-x   2 root   root      4096 May 10 07:35 .
drwxr-xr-x   5 root   root      4096 May 10 07:34 ..
root@host1:/usr/local/httpd #
```

Es gibt einen wichtigen Punkt, den Sie generell bei der Erstellung von Verzeichnissen oder darin liegenden Dokumenten beachten müssen: Die Rechtestruktur der Einträge im Dateisystem muss unbedingt so ausgelegt sein, dass der Benutzer `wwwrun` (SuSE) bzw. `apache` (Red Hat) Leserechte hat, da der Webserver mit den Rechten dieses Users läuft. Im obigen Beispiel erkennen Sie, dass neben dem Benutzer `root` und der Gruppe `root` auch alle anderen Anwender (also auch `wwwrun` bzw. `apache`) Leserechte (`rwxr-xr-x`) auf die Verzeichnisse haben.

Erstellen Sie anschließend die persönlichen Verzeichnisse, in denen die Anwender ihre HTML-Dokumente ablegen können. Im folgenden Beispiel werden die Verzeichnisse exemplarisch nur für den Benutzer `meier` erstellt. Für weitere Anwender erfolgt der Vorgang analog. Denken Sie auch hier daran, dass der Benutzer `wwwrun` bzw. `apache` Leserechte haben muss. Achten Sie ferner darauf, dass lediglich der Anwender `meier` Schreibrechte auf sein persönliches Webverzeichnis hat.

Beispiel 13.2: Erstellen der persönlichen Dokumentenverzeichnisse

```
root@host1:/ # mkdir apache1user
root@host1:/ # mkdir apache2user
root@host1:/ # mkdir -p apache1user/meier/docs
root@host1:/ # mkdir -p apache2user/meier/docs
root@host1:/ # chown -R meier.users apache1user/meier
root@host1:/ # chown -R meier.users apache2user/meier
root@host1:/ # ls -lR apa*
apache1user:
total 12
drwxr-xr-x   3 root   root      4096 May  8 14:13 .
drwxr-xr-x  24 root   root      4096 May  8 14:13 ..
drwxr-xr-x   3 meier  users     4096 May  8 14:13 meier

apache1user/meier:
total 12
drwxr-xr-x   3 meier  users     4096 May  8 14:13 .
drwxr-xr-x   3 root   root      4096 May  8 14:13 ..
drwxr-xr-x   2 meier  users     4096 May 10 07:50 docs

apache1user/meier/docs:
total 8
drwxr-xr-x   2 meier  users     4096 May 10 07:50 .
drwxr-xr-x   3 meier  users     4096 May  8 14:13 ..
```

```
apache2user:
total 12
drwxr-xr-x   3 root   root       4096 May  8 14:13 .
drwxr-xr-x  24 root   root       4096 May  8 14:13 ..
drwxr-xr-x   3 meier  users      4096 May  8 14:14 meier

apache2user/meier:
total 12
drwxr-xr-x   3 meier  users      4096 May  8 14:14 .
drwxr-xr-x   3 root   root       4096 May  8 14:13 ..
drwxr-xr-x   2 meier  users      4096 May 10 07:50 docs

apache2user/meier/docs:
total 8
drwxr-xr-x   2 meier  users      4096 May 10 07:50 .
drwxr-xr-x   3 meier  users      4096 May  8 14:14 ..
root@host1:/ #
```

Damit haben Sie alle notwendigen Verzeichnisse korrekt angelegt. Sie können nun die HTML-Dokumente erstellen. Wir beschränken uns in diesem Abschnitt darauf, lediglich die grundlegenden Dateien mit dem Namen `index.html` anzulegen. Sie sollen den Clients lediglich den Namen der Homepage mitteilen und dienen hier nur zur Unterscheidung. Die folgenden Beispiele zeigen Ihnen kurz die HTML-Seiten und ihre Position auf dem Linux-System, das dem Apache-Server zugrunde liegt.

Beispiel 13.3: Homepage von `http://apache1.intern`

```
root@host1:/usr/local/httpd/apache1 #  cat index.html
<HTML>
  <HEAD>
    <TITLE>
      Homepage von http://apache1.intern
    </TITLE>
  </HEAD>
  <BODY>
    <CENTER>
      <BR>
      <H1>
        Homepage von http://apache1.intern
      </H1>
      <BR>
    </CENTER>
  </BODY>
</HTML>
root@host1:/usr/local/httpd/apache1 #
```

Beispiel 13.4: Homepage von `http://apache2.intern`

```
root@host1:/usr/local/httpd/apache2 # cat index.html
<HTML>
```

```
  <HEAD>
    <TITLE>
      Homepage von http://apache2.intern
    </TITLE>
  </HEAD>
  <BODY>
    <CENTER>
      <BR>
      <H1>
        Homepage von http://apache2.intern
      </H1>
      <BR>
    </CENTER>
  </BODY>
</HTML>
root@host1:/usr/local/httpd/apache2 #
```

Beispiel 13.5: Homepage von `http://apache1.intern/leitung`

```
root@host1:/usr/local/httpd/apache1/leitung # cat index.html
<HTML>
  <HEAD>
    <TITLE>
      Homepage von http://apache1.intern/leitung
    </TITLE>
  </HEAD>
  <BODY>
    <CENTER>
      <BR>
      <H1>
        Homepage von http://apache1.intern/leitung
      </H1>
      <BR>
    </CENTER>
  </BODY>
</HTML>
root@host1:/usr/local/httpd/apache1/leitung #
```

Die drei Homepages sind nun für jedermann verfügbar und zeigen die entsprechende Datei `index.html` an. Sie erinnern sich an das Vorhaben, `http://apache1.intern/leitung` durch die Eingabe eines Benutzernamens und eines Passworts zu schützen. Sie wissen auch, dass Sie zu diesem Zweck eine Datei `.htaccess` in `/usr/local/httpd/apache1/leitung/` anlegen müssen. Werfen wir zunächst einen Blick auf die komplette Datei, bevor Sie Näheres über die dortigen Einstellungen erfahren.

Beispiel 13.6: Passwortschutz für `http://apache1.intern/leitung`

```
root@host1:/usr/local/httpd/apache1/leitung # cat .htaccess
AuthName "Firmenleitung"
AuthType Basic
```

```
AuthUserFile /usr/local/httpd/user_apache1_leitung
require valid-user
root@host1:/usr/local/httpd/apache1/leitung #
```

Wählt ein Client mit seinem Browser die URL `http://apache1.intern/leitung` an, so wird er zunächst zur Eingabe eines Benutzers und eines Passwortes aufgefordert. Dazu erscheint ein separates Fenster, in dem der Text erwähnt wird, der dem Parameter `AuthName` folgt. Während `AuthType` den Typ der Beglaubigung beschreibt, weist `AuthUserFile` auf eine Datei hin, in der die gültigen Benutzerkonten und die Kennwörter stehen. Der Zugriff auf die URL erfolgt nur, wenn der Benutzername und das Kennwort richtig waren (`require valid-user`).

Über `AuthFileName` haben Sie eine Datei angegeben, die bisher nicht existiert. Sie müssen sie daher zunächst erstellen. Die Benutzernamen und Kennwörter, die Sie dort eintragen, sind von den Einträgen in `/etc/passwd` und `/etc/shadow` komplett unabhängig. Um die Datei `user_apache1_leitung` anzulegen, müssen Sie das Kommando `htpasswd` verwenden. Es wird allgemein in der Form

```
htpasswd [-c] <Dateiname> <Benutzername>
```

aufgerufen. Verwenden Sie beim ersten Aufruf den Parameter `-c`, um die Datei neu zu erstellen. Bei allen weiteren Aufrufen entfällt diese Option.

Beispiel 13.7: Erstellen der Passwortdatei für die Leitung

```
root@host1:/usr/local/httpd # htpasswd -c user_apache1_leitung \
# mueller
New password:
Re-type new password:
Adding password for user mueller
root@host1:/usr/local/httpd # htpasswd user_apache1_leitung \
# schulze
New password:
Re-type new password:
Adding password for user schulze
root@host1:/usr/local/httpd #
```

Bevor Sie den Webserver im nächsten Abschnitt starten, legen Sie abschließend noch zwei weitere Dateien mit dem Namen `index.html` an. Sie definieren das Hauptdokument der Benutzerseiten von `meier` auf `apache1.intern` und `apache2.intern`.

Beispiel 13.8: Homepage von `http://apache1.intern/~meier`

```
meier@host1:/apacheluser/meier/docs #  cat index.html
<HTML>
  <HEAD>
    <TITLE>
      Homepage des Benutzers Meier auf http://apache1.intern
    </TITLE>
  </HEAD>
```

```
  <BODY>
    <CENTER>
      <BR>
      <H1>
        Homepage des Benutzers Meier http://apache1.intern
      </H1>
      <BR>
    </CENTER>
  </BODY>
</HTML>
meier@host1:/apache1user/meier/docs #
```

Beispiel 13.9: Homepage von `http://apache2.intern/~meier`

```
meier@host1:/apache2user/meier/docs # cat index.html
<HTML>
  <HEAD>
    <TITLE>
      Homepage des Benutzers Meier auf http://apache2.intern
    </TITLE>
  </HEAD>
  <BODY>
    <CENTER>
      <BR>
      <H1>
        Homepage des Benutzers Meier auf http://apache2.intern
      </H1>
      <BR>
    </CENTER>
  </BODY>
</HTML>
meier@host1:/apache2user/meier/docs #
```

Es sei nochmals erwähnt, dass der Benutzer `wwwrun` unter SuSE bzw. der User `apache` unter Red Hat auf alle Verzeichnisse und Dokumente Leserechte haben muss.

13.5 Der Dämon `httpd`

Jetzt endlich ist es an der Zeit, den Webserver zu starten. Das zugehörige Executable finden Sie im Verzeichnis `/usr/sbin/` unter dem Namen `httpd`. Selbstverständlich finden Sie in jeder Distribution ein Startskript, mit dem Sie den Webserver aktivieren können. In einer SuSE-Distribution heißt es `apache`, unter Red Hat `httpd`. Es befindet sich im Verzeichnis `/etc/rc.d/init.d/`.

SuSE

Beispiel 13.10: Starten des Webservers Apache unter SuSE

```
root@host1:~ # /etc/rc.d/init.d/apache start
Starting service httpd                                   done
root@host1:~ #
```

Beispiel 13.11: Starten des Webservers Apache unter Red Hat

Red Hat

```
root@host1:~ # /etc/rc.d/init.d/httpd start
Starting httpd:                                          [  OK  ]
root@host1:~ #
```

Über den Startlink im Standardrunlevel wird der Webserver bei jedem Rechnerstart aktiviert. Die Variable START_HTTPD muss unter SuSE auf `yes` gesetzt werden. Verwenden Sie dazu das Programm `yast`.

13.6 Ergänzungen im DNS-Dienst

Ihr Webserver ist einsatzbereit und Clients können über einen Browser wie zum Beispiel Netscape Ihre Webseiten `apache1.intern` und `apache2.intern` ansprechen. Sie müssen aber noch einen weiteren Konfigurationsschritt durchführen, damit Clients Ihren Webserver überhaupt mit den angegebenen Namen erreichen. In irgendeiner Art und Weise müssen Sie den Clients mitteilen, dass `apache1` und `apache2` Aliase für den Rechner `host1` sind. Sie wissen natürlich, wie Sie diese Problematik lösen: durch eine zusätzliche Konfiguration des Nameservers.

In Kapitel 9 auf Seite 125 haben Sie auf dem Rechner Host1 einen Nameserver eingerichtet. Er verwaltet die DNS-Zone `intern`, und alle anderen Rechner in Ihrem Netzwerk greifen auf den Nameserver zu. Was liegt also näher, als in den Zonendateien lediglich die beiden gewünschten Aliase einzufügen? Betrachten wir dazu nochmals die Datei `/var/named/intern.fw`, in der bereits die zwei zusätzlichen Eintragungen vorgenommen wurden:

```
;
; Zone "intern"
;
; /var/named/intern.fw
;
; Erstellt von Jens Banning
;

@                 IN SOA   host1.intern. root.intern. (

                           2001032901   ;Seriennummer
                           8H           ;Refresh
                           15M          ;Retry
                           1W           ;Expire
                           1D )         ;TTL

                  NS       host1.intern.

                  MX  1    host1.intern.
;
; Host-Definitionen
;
```

```
host1           A       192.168.17.1
host2           A       192.168.17.2
host3           A       192.168.17.3
host4           A       192.168.17.4
host5           A       192.168.17.5
host6           A       192.168.17.6
host7           A       192.168.17.7
host8           A       192.168.17.8
host9           A       192.168.17.9

apache1         CNAME   host1
apache2         CNAME   host1
dbserver        CNAME   host1
host1           HINFO   Intel-Celeron-700 SuSE-Linux-7.0
```

Damit die Einstellungen aktiviert werden, müssen Sie den Nameserver neu starten.

SuSE

Beispiel 13.12: Neustart des Nameservers unter SuSE

```
root@host1:~ # /etc/rc.d/init.d/named restart
Shutting down name server                            done
Starting name server.                                done
root@host1:~ #
```

Red Hat

Beispiel 13.13: Neustart des Nameservers unter Red Hat

```
root@host1:~ # /etc/rc.d/init.d/named restart
Shutting down named:                                 [  OK  ]
Starting named:                                      [  OK  ]
root@host1:~ #
```

Abbildung 13.3: `http://apache1.intern`

13.7 Der Zugriff vom Client

Bevor wir dieses Kapitel mit einer Zusammenfassung abschließen, müssen wir noch die eingerichteten Homepages testen. Dazu sehen Sie im Weiteren sechs Abbildungen (13.3 bis 13.8), die die zuvor eingerichteten Adressen `http://apache1.intern`, `http://apache2.intern` sowie `http://apache1.intern/leitung`, `http://apache1.intern/~meier` und `http://apache2.intern/~meier` ansprechen.

In den Abbildungen 13.3 und 13.4 sehen Sie die Startseite von `http://apache1.intern` und `http://apache2.intern`. Die URLs (Uniform Resource Locator) werden jeweils automatisch um die Zeichenkette `/index.html` ergänzt (siehe Parameter `DirectoryIndex` aus der Datei `httpd.conf`). Somit kommen die Dateien `/usr/local/httpd/apache1/index.html` bzw. `/usr/local/httpd/apache2/index.html` zur Anzeige.

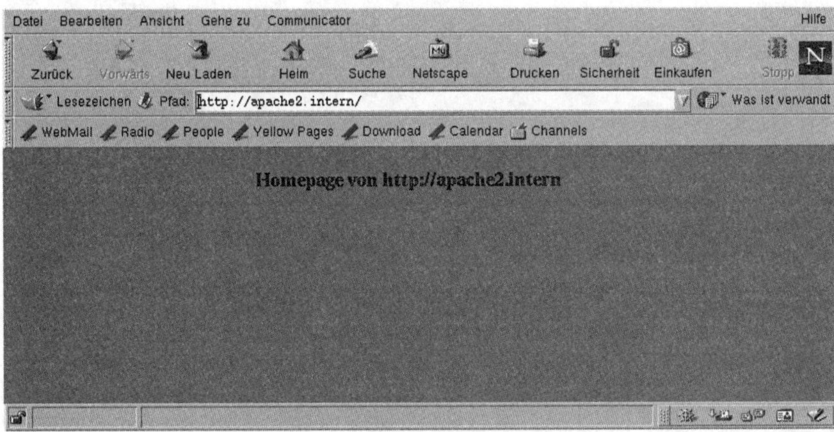

Abbildung 13.4: `http://apache2.intern`

Wenn Sie mit Ihrem Browser die Adresse `http://apache1.intern/leitung` anwählen, erhalten Sie zunächst das in Abbildung 13.5 dargestellte Fenster. Hier werden Sie zur Eingabe eines Benutzernamens und eines Passwortes aufgefordert. Anschließend erscheint das Startdokument wie in Abbildung 13.6 (`index.html`).

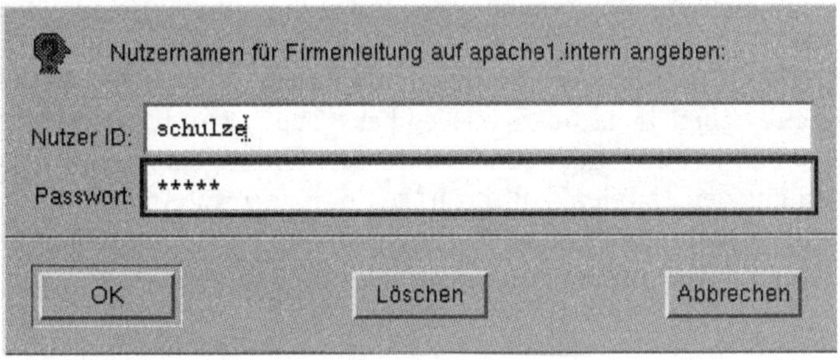

Nutzernamen für Firmenleitung auf apache1.intern angeben:

Nutzer ID: schulze

Passwort: *****

OK Löschen Abbrechen

Abbildung 13.5: `http://apache1.intern/leitung`*: Passwortabfrage*

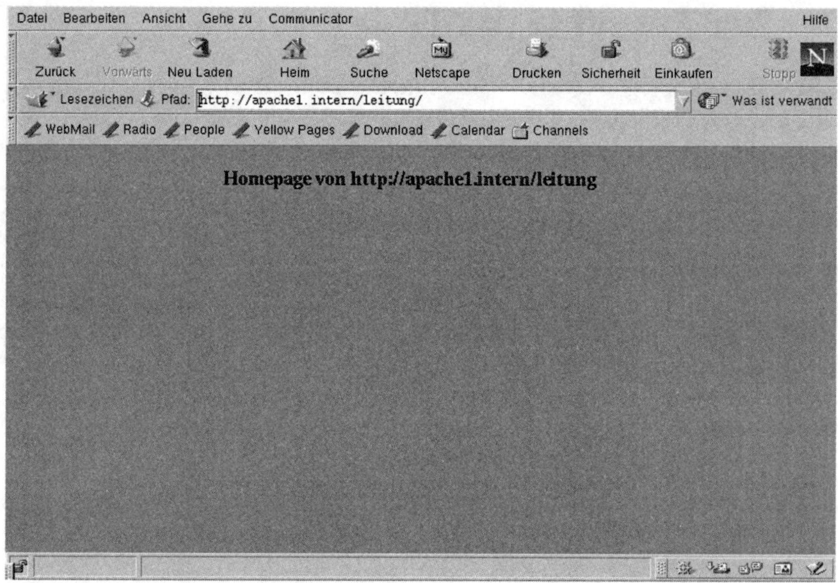

Abbildung 13.6: `http://apache1.intern/leitung`*: Inhalt*

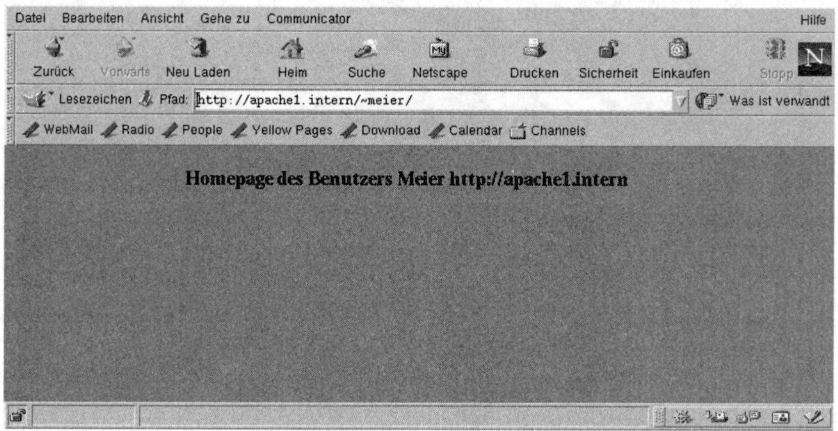

Abbildung 13.7: `http://apache1.intern/~meier`

Die Abbildungen 13.7 und 13.8 verdeutlichen, dass auch die Benutzer-Homepages unterschiedliche Inhalte haben, je nachdem ob sie über `http://apache1.intern` oder über `http://apache2.intern` angesprochen werden. Die angezeigten Informationen entsprechen denen aus den Dateien `index.html`, die Sie zum einen in `/apache1user/meier/docs/` und zum anderen im Verzeichnis `/apache2user/meier/docs/` angelegt haben. Der Zugriff auf andere Benutzerseiten erfolgt entsprechend analog.

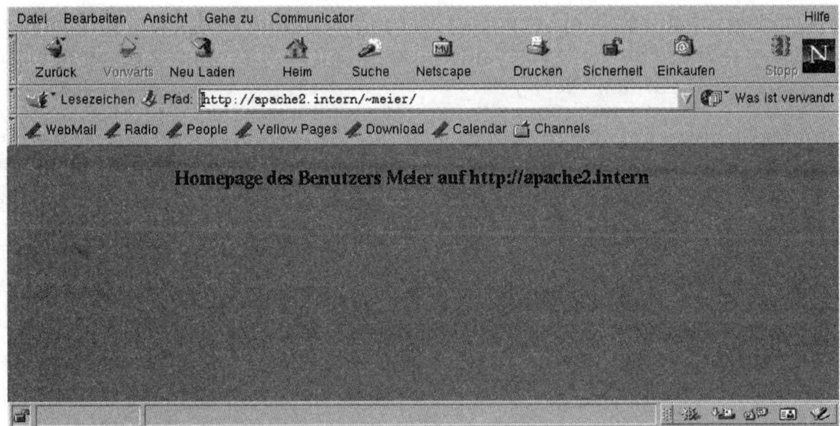

Abbildung 13.8: `http://apache2.intern/~meier`

13.8 Zusammenfassung

Auch das Kapitel 13 wollen wir mit einer Zusammenfassung der notwendigen Konfigurationsschritte beenden. Richten Sie Ihren Webserver mit Hilfe der folgenden Schritte ein:

1. Die Apache-Konfigurationsdatei trägt den Namen `httpd.conf`. Sie finden sie bei einer Distribution aus dem Hause SuSE im Verzeichnis `/etc/httpd/`. Red Hat-Administratoren finden sie im Verzeichnis `/etc/httpd/conf/`. In dieser Datei können Sie eine Reihe von Parametern angeben, die die Funktionalität des Webservers bestimmen. Falls Ihr Server mehrere Homepages verwaltet, definieren Sie ihn als `NameVirtualHost` und verwenden die `VirtualHost`-Umgebung.

   In dem Verzeichnis, in dem auch die Datei `httpd.conf` abgelegt ist, befinden sich ferner zwei Dateien, die den Webserver ebenfalls beeinflussen. Diese Dateien mit den Namen `srm.conf` und `access.conf` sind in der Regel lediglich mit Kommentaren gefüllt.

2. Nachdem Sie die Konfigurationsdatei erstellt haben, können Sie die Verzeichnisse anlegen, in denen Ihre vom Webserver anzubietenden Dokumente liegen. Der Apache-Server läuft unter einer SuSE-Distribution mit den Rechten des Benutzers `wwwrun`. Unter Red Hat wird der User `apache` verwendet. Achten Sie unbedingt darauf, dass der eben genannte Benutzer Leserechte auf die Dokumentenverzeichnisse und die darin liegenden Dokumente hat. Anderenfalls kann Ihr Webserver nicht fehlerfrei arbeiten.

3. Erstellen Sie im dritten Schritt die HTML-Dokumente, die Apache verwalten soll.

4. Mit dem Start des Apache-Prozesses endet die Server-Einrichtung nicht. Im Verzeichnis `/etc/rc.d/init.d/` finden Sie jeweils ein Startskript, das den Server aktiviert. Es hat bei SuSE den Namen `apache`, während es bei Red Hat `httpd` heißt. Damit

das Skript automatisch bei jedem Bootvorgang gestartet wird, muss im Standardrunlevel ein symbolischer Link vorhanden sein. Bei SuSE setzen Sie ferner die Variable START_HTTPD auf den Wert `yes`.

5. Damit die Clients auf die Informationen des Webservers zugreifen können, ist es notwendig, dass der Name, mit dem der Server angesprochen werden soll, auch in die IP-Adresse des Rechners umgewandelt wird, auf dem er aktiv ist. Aktualisieren Sie daher gegebenenfalls Ihren DNS-Server um einige (meist CNAME-) Einträge.

14 Der Proxy-Server Squid

In diesem Kapitel lernen Sie, was ein Proxy-Server ist und wie Sie ihn einrichten. Dazu erfahren Sie, wie der Server funktioniert und welche Möglichkeiten er Ihnen als Netzwerkadministrator bietet.

14.1 Funktion

Welche Aufgaben hat ein Proxy-Server und wie erfüllt er sie? Der englische Begriff „Proxy" bedeutet auf Deutsch „Vertreter". Das heißt, er ist das Bindeglied zwischen einem Anbieter und einem Käufer. Anbieter sind in diesem Zusammenhang Webserver, die der Käufer mit dem Protokoll HTTP besuchen möchte. Entsprechend wird als Käufer der Client bezeichnet, der mit seinem Browser eine Internetseite anwählt.

Sicher kennen Sie in ihrem Webbrowser (zum Beispiel Netscape) die Möglichkeit, einen Proxy-Server einzustellen. Alle Webanfragen werden dann nicht direkt an den gewünschten Empfänger gesendet, sondern erst dem Proxy zugeteilt. In Abbildung 14.1 sehen Sie, dass alle Rechner aus dem internen Netz 192.168.17.0/255.255.255.0 einen Proxy-Server auf Host1 ansprechen, der letztlich den HTTP-Zugriff auf das Internet regelt. Die Clients, die zum Beispiel den Rechner `www.suse.de` per HTTP, also am TCP-Port 80, besuchen möchten, senden ihre Anfrage dem Proxy-Server zu, der im Beispiel am Port 3128 auf Anfragen wartet. Er ist es dann, der `www.suse.de` kontaktiert und die Antworten an den Client weiterreicht. In der Abbildung erkennen Sie ferner, dass der Rechner Host1 auch für die Anbindung an das Internet sorgen muss. Lesen Sie dazu das Kapitel 3 auf Seite 31.

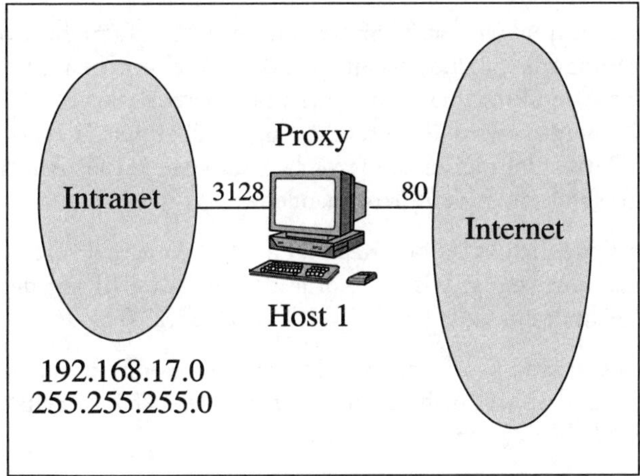

Abbildung 14.1: Funktion des Proxy-Servers

Dabei hat der Proxy genau drei Aufgaben, die er wahrnimmt:

1. Zunächst ist er in der Lage, die Seiten, die er aus dem Internet übertragen bekommt, zu cachen. Er kann die Informationen somit für spätere Zugriffe oder für den Zugriff anderer Clients festhalten. Wählt ein Client nun eine Seite an, die sich im Cache befindet, so prüft der Webserver, ob sie mit der Originalseite (zum Beispiel auf `www.suse.de`) übereinstimmt. Falls das so ist, erhält der Client die Seite aus dem Proxy-Cache, anderenfalls von `www.suse.de`. Durch dieses Verfahren erhöht sich die Geschwindigkeit Ihres Internetzugriffs erheblich, da das Caching hier an zentraler Stelle durchgeführt wird.

2. Außerdem kann der Proxy alle Webanfragen protokollieren, die Clients in das Internet richten. Auf diese Weise ist exakt nachvollziehbar, welcher Rechner wann welches Dokument im Internet angefordert hat. Gerade der Protokollmechanismus stellt für den Netzwerkadministrator ein sehr wichtiges Hilfsmittel dar, mit dem er den Internetzugriff überwachen kann. Außerdem lassen sich Statistiken erstellen, welche Seiten am häufigsten angewählt wurden bzw. welche Clients am häufigsten im Internet browsten.

3. Wenn Sie anhand der Proxy-Protokolle erkennen, dass es einige Zugriffe in das Internet gibt, die den reibungslosen Ablauf in Ihrem Betrieb stören, so nützen Ihnen diese Informationen nur dann etwas, wenn Sie die entsprechenden Zugriffe unterbinden können. Auch diese Aufgabe kann der Proxy für Sie lösen, da er den Zugriff mit dem HyperText Transfer Protokoll (HTTP) auf das Internet kontrollieren kann. Auf diese Weise können Sie zum Beispiel den Zugriff zeitlich beschränken oder ihn nur auf ausgewählte Homepages zulassen.

Wie zu Beginn jedes Kapitels erfahren Sie auch hier, welche Aufgabenstellung des Proxy-Servers wir als Beispiel einrichten wollen.

- Der Proxy-Server Squid wird auf dem Rechner `host1` eingerichtet, da dieser Rechner auch den Zugang zum Internet regelt. Auf diese Weise gehen alle HTTP-Anfragen von Clients durch den Proxy. Diesen richten Sie so ein, dass diese Anfragen protokolliert werden. Außerdem wird der Internet-Zugriff über den Proxy-Cache erhöht. Die Clients Ihres Netzes definieren Sie ferner so, dass sie HTTP-Anfragen nicht direkt in das Internet, sondern an den Proxy senden.
- Es ist durchaus möglich, dass der Rechner `host1` von mehreren internen Netzen als Proxy-Server verwendet wird. Sie erlauben den Zugriff auf das Internet jedoch lediglich für Rechner aus dem Class-C-Netz 192.168.17.0.
- Den Clients des gerade beschriebenen Netzes soll es nur möglich sein, die Seiten `www.suse.de` und `www.redhat.com` anzuwählen. Der Zugriff auf alle anderen Homepages wird abgewiesen.
- Als vorletzte Beschränkung richten Sie den Proxy so ein, dass er Anfragen nur montags bis freitags jeweils von 09:00 Uhr bis 18:00 Uhr durchlässt.
- Abschließend teilen Sie dem Proxy mit, dass er nur Anfragen annehmen soll, die vom Internet-Browser Netscape kommen.

Wenn Sie die letzten vier Punkte genauer betrachten, erkennen Sie, dass der Internet-Zugriff nur den Rechnern des Netzes 192.168.17.0/255.255.255.0 und auch nur auf die Seiten `www.suse.de` und `www.redhat.com` und außerdem nur montags bis freitags zwischen 09:00 Uhr und 18:00 Uhr erlaubt ist und das auch nur mit dem Browser Netscape. Allen anderen Zugriffswünschen erteilt der Proxy eine Absage.

14.2 Die Konfigurationsdatei `squid.conf`

Die zentrale Konfigurationsdatei des Proxy-Servers Squid trägt den Namen `squid.conf`. Sie finden diese ASCII-basierte Datei bei einer SuSE-Distribution im Verzeichnis `/etc/`. Red Hat-Administratoren werden in `/etc/squid/` fündig. Wie bei fast allen Konfigurationsdateien werden auch in `squid.conf` Kommentare mit dem Zeichen # eingeleitet:

```
#
# Proxy-Server Squid (SuSE)
#
# /etc/squid.conf
#
# Erstellt von Jens Banning
#
```

In der Datei werden ausschließlich Parameter definiert, die Sie allgemein in der Form

```
<Parameter> <1. Wert> [...]
```

verwenden. Dem Namen des Parameters folgen also, jeweils getrennt durch ein Leerzeichen, die Werte.

In diesem Abschnitt lernen Sie die wichtigsten Einstellungen kennen, die Sie in der Datei `squid.conf` vornehmen können. Dabei wird deren Syntax und Semantik beschrieben. Bevor wir jedoch damit beginnen, soll Ihnen nicht verschwiegen werden, dass es sich bei `squid.conf` um eine vorbildlich dokumentierte Datei handelt. Vor jedem Parameter steht grundsätzlich ein mehr oder weniger großer Kommentarblock. Die Werte, die ein Parameter per Default verwendet, werden dort ebenfalls erwähnt. Mit anderen Worten: Sie brauchen die Datei `squid.conf` niemals selbst zu erstellen, sondern es genügt, wenn Sie die bei der Installation angelegte Beispieldatei an Ihre Wünsche anpassen. Wenn Sie einen Parameter aufführen, müssen Sie darauf achten, dass sich vor der Einstellung keine Leerzeile befindet, da der Squid Ihre Eingaben ansonsten ignorieren könnte.

Richtig

```
#
# Kommentare
#
<Parameter> <1. Wert> [...]
```

Falsch

```
#
# Kommentare
#

<Parameter> <1. Wert> [...]
```

Der Parameter http_port

Ohne Proxy sprechen HTTP-Clients den gewünschten Rechner im Internet (zum Beispiel www.suse.de) direkt am TCP-Port 80 an, da an diesem Port die Webserver aktiv sind. Mit Proxy werden die Client-Anfragen dem Proxy-Server an einem bestimmten Port übergeben. Sie stellen ihn mit dem Parameter http_port ein:

```
http_port <Port>
```

Der Squid verwendet per Default den Port 3128, d.h. Clients sprechen ihn an diesem Port an und er sendet die Anfragen gegebenenfalls ins Internet weiter.

```
http_port 3128
```

Der Parameter cache_mgr

Beschäftigen wir uns bei diesem und den nächsten Parametern zunächst mit dem Proxy-Cache, und beginnen wir mit dem Parameter cache_mgr, den Sie in der folgenden Form verwenden:

```
cache_mgr <Benutzer>
```

Falls es irgendwelche Probleme mit dem Cache gibt, so wird der mit diesem Parameter angegebene Benutzer per Mail darüber informiert:

```
cache_mgr root
```

Der Parameter cache_effective_user

Das Caching wird, wie könnte es auch anders sein, über spezielle Dateien realisiert, die im Dateisystem angelegt werden. Der Zugriff auf den Cache erfolgt jedoch nicht mit der Benutzerkennung root, sondern mit dem User, den Sie über den Parameter cache_effective_user angeben:

```
cache_effective_user <Benutzer>
```

Bei den Distributionen SuSE und Red Hat wird grundsätzlich der Anwender squid verwendet.

```
cache_effective_user squid
```

Falls Sie den Proxy an der Kommandozeile starten, ohne dass Sie mit root angemeldet sind (zum Beispiel admin), erfolgt der Cache-Zugriff mit dem Benutzer, der den Proxy gestartet hat (nämlich `admin`). Der zuvor erwähnte Parameter würde somit ignoriert werden.

Der Parameter cache_effective_group

Für jeden Dateisystemzugriff ist nicht nur der Name des Benutzers, sondern auch der der Standardgruppe entscheidend. Verwenden Sie den Parameter `cache_effective_group` analog zu `cache_effective_user`:

```
cache_effective_group <Gruppe>
```

Während SuSE die Gruppe `nogroup` verwendet, werden Sie bei Red Hat als Gruppe den Namen `squid` finden.

```
cache_effective_group nogroup
```

Der Parameter cache_mem

Nachdem Sie nun wissen, mit welcher Benutzer- und Gruppenkennung die Cache-Verwaltung erfolgt, werden Sie im Folgenden definieren, wo der Proxy seine Informationen zwischenspeichert (cacht). Dabei handelt es sich zum einen um den Hauptspeicher des Linux-Rechners. Wie viel Speicherplatz er verwenden soll, definieren Sie gemäß der Syntax:

```
cache_mem <Anzahl MB>
```

Wenn Sie hier einen Wert von 8 MB einstellen, werden für das Caching im Hauptspeicher maximal 8 Megabyte verwendet. Der Proxy-Server selbst benötigt jedoch auch für andere interne Aktionen RAM, sodass der gesamte Prozess den oben angegebenen Speicherwert um das Zwei- bis Dreifache übersteigen kann.

```
cache_mem 8 MB
```

Der Parameter cache_dir

Das Caching im Hauptspeicher ist zwar sehr schnell, mindert die Performance des Linux-Systems jedoch erheblich. Außerdem wären bei einem Rechnerausfall alle Informationen verloren. Sie ahnen bereits, dass der Cache-Vorgang hauptsächlich über das Dateisystem erfolgt. Dafür legt Squid beim Start eine eigens dafür ausgelegte Verzeichnisstruktur an, in der er die per HTTP erlangten Informationen festhält. Um welche Struktur es sich dabei handelt und wie viel Speicherplatz auf der Festplatte zum Cachen verwendet wird, definieren Sie über den Parameter `cache_dir`:

```
cache_dir <Typ> <Verzeichnis> <Anzahl MB> <1. Ebene> <2. Ebene>
```

Als Typ geben Sie für synchrone Speichermedien (Festplatten) grundsätzlich die Zeichenkette `ufs` an. Falls Ihre Speichermedien asynchron arbeiten, verwenden Sie `asyncufs`. Die Unterstützung für die asynchrone Speicherung ist zurzeit jedoch noch fehlerhaft. Als zweiten Wert geben Sie das Verzeichnis an, in dem der Proxy seine Cache-Daten ablegen soll. An der dritten Stelle führen Sie auf, wie viel Speicherplatz das Caching auf der Festplatte maximal verwenden darf. Betrachten wir zunächst ein Beispiel, bevor wir uns den letzten beiden Werten widmen:

```
cache_dir ufs /var/squid/cache 100 16 256
```

Der Cache in `/var/squid/cache/` kann maximal 100 MB groß werden. Dazu wird unterhalb dieses Verzeichnisses eine spezielle Struktur angelegt. Im ersten Schritt werden automatisch 16 Subdirectories erstellt. In jedem dieser gerade erstellten Directories werden weitere 256 Verzeichnisse angelegt. Somit ergeben sich 4096 Einträge, in denen der Proxy die Informationen ablegen kann. Die Anzahl der Verzeichnisse ist ein Maß für die Geschwindigkeit des Cachens. Wenn Daten aus dem Cache gelesen werden sollen, so erfolgt dieser Vorgang wesentlich schneller, wenn viele Verzeichnisse vorhanden sind. Der Proxy hat dann nämlich die Möglichkeit, die Informationen strukturiert abzuspeichern. Wäre im Extremfall nur ein Directory vorhanden, so würden alle Daten in einen „Topf" geworfen werden und das Suchen im selbigen entspräche etwas überspitzt formuliert der Suche nach der Stecknadel im Heuhaufen.

In Abschnitt 14.4 auf Seite 279 werden Sie einen Blick in das Dateisystem werfen und dort die automatisch generierten Einträge erkennen.

Der Parameter `minimum_object_size`

Sie haben inzwischen festgelegt, in welchen Verzeichnissen der Proxy wie viele Informationen festhalten kann. Mit dem Parameter `minimum_object_size` legen Sie fest, dass Informationen erst dann im Cache abgespeichert werden, wenn sie eine bestimmte Größe überschreiten:

```
minimum_object_size <Anzahl KB>
```

Objekte, die unterhalb der angegebenen Größe liegen, werden daher nicht im Cache abgelegt. Falls Sie kein Minimum festlegen möchten, also jede noch so kleine Information cachen wollen, übergeben Sie dem Parameter den Wert `0 KB`:

```
minimum_object_size 0 KB
```

Der Parameter `maximum_object_size`

Neben dem Minimum haben Sie natürlich auch die Möglichkeit, die maximale Größe von Objekten festzulegen, die gecacht werden sollen. Verwenden Sie dazu den folgenden Parameter:

```
maximum_object_size <Anzahl KB>
```

Die Objekte können in der Regel auf 4 MB beschränkt werden:

```
minimum_object_size 4096 KB
```

Der Parameter `cache_swap_low`

Bisher haben Sie erfahren, dass der Proxy seine aus dem Internet erlangten Daten (HTML-Seiten, Grafiken, ...) im Cache abspeichert. Wir haben uns jedoch noch nicht darüber unterhalten, wie er sie verwaltet, d.h. auch, wann er Daten wieder entfernt. Der erste Parameter, der zu diesem Themengebiet gehört, heißt `cache_swap_low`. Ihm wird ein Prozentwert übergeben:

```
cache_swap_low <Prozent>
```

Wenn der Cache so weit gefüllt ist, dass der obige Prozentwert erreicht wird, beginnt der Proxy, Daten zu entfernen, bis der Füllstand wieder der obigen Marke entspricht:

```
cache_swap_low 90
```

Der Parameter cache_swap_high

Neben dem Parameter `cache_swap_low` existiert ferner die Möglichkeit, dass Sie einen weiteren Prozentsatz über `cache_swap_high` angeben:

```
cache_swap_high <Prozent>
```

Der Prozentsatz muss größer als beim letzten Parameter sein. Er bedeutet, dass der Proxy das Entfernen der Daten wesentlich energischer betreibt, wenn der Cache zu dem angegebenen Prozentsatz gefüllt ist, z.B. bei

```
cache_swap_high 95
```

Beide Parameter zusammen betrachtet sagen aus, dass Informationen aus dem Cache entfernt werden, wenn dieser zu mehr als 90 Prozent gefüllt ist. Bei einem Füllstand von 95 Prozent wird das Entfernen wesentlich konsequenter betrieben, damit der Stand von 90 Prozent wieder erreicht wird.

Der Parameter reference_age

Wenn der Proxy aus Platzgründen Daten aus dem Cache entfernen muss, werden natürlich zuerst die Daten aussortiert, auf die am längsten nicht mehr zugegriffen wurde. Ob dabei Daten entfernt werden, die zum Beispiel älter als ein Jahr oder nur älter als drei Wochen sind, bestimmt der Proxy selbst. Das bedeutet, dass die Definition von „alten Daten" dynamisch erfolgt. Mit dem Parameter `reference_age` können Sie jedoch festlegen, dass die zu löschenden Einträge ein bestimmtes Mindestalter haben müssen:

```
reference_age <Alter>
```

In der Regel wird ein Wert von einem Jahr verwendet. Dadurch werden nur Objekte entfernt, die älter als ein Jahr sind. Sie können diesen Wert jedoch auch etwas kleiner (z.B. auf drei Wochen) ansetzen:

```
reference_age 3 weeks
```

Verwenden Sie neben der Anzahl die Schlüsselwörter `day`, `days` sowie `week`, `weeks`, `month`, `months`, `year` und `years`.

Der Parameter quick_abort_min

Stellen Sie sich vor, ein Client in Ihrem Netzwerk sendet mit dem HyperText Transfer Protocol (HTTP) eine Anfrage in das Internet. Die Daten werden nun vom Rechner im Internet zum Client übertragen. Was bedeutet es für den Proxy, wenn der Client die Übertragung abbricht, indem er zum Beispiel seinen Browser beendet? Bricht der Proxy die Übertragung ebenfalls ab oder empfängt er im Hintergrund die Daten weiter und legt sie in seinem Cache ab? Die beiden Fragen suggieren Ihnen bereits die Antwort, nämlich, dass der Proxy in der Lage ist, den Download von der Internetseite weiter durchzuführen, auch wenn der Client dieses gar nicht mehr möchte. Diesen Vorgang können Sie jedoch mit drei Parametern beeinflussen. Der erste heißt `quick_abort_min`. Ihm übergeben Sie eine Speichergröße in der Form:

```
quick_abort_min <Anzahl KB>
```

Ist die Datenmenge, die bis zum Ende der vollständigen Datenübertragung fehlt, kleiner als der dem Parameter `quick_abort_min` mitgeteilte Wert, so setzt der Proxy den Download fort:

```
quick_abort_min 16 KB
```

Falls Sie dem Parameter den Wert −1 übergeben, setzt der Proxy vom Client abgebrochene Datenübertragungen nie fort.

Der Parameter quick_abort_max

Wenn ein Parameter namens `quick_abort_min` vorhanden ist, werden Sie sicher auch eine `quick_abort_max`-Einstellung vermuten, die der gleichen Syntax folgt:

```
quick_abort_max <Anzahl KB>
```

Ist die Datenmenge, die bis zum Ende der vollständigen Datenübertragung fehlt, größer als der dem Parameter `quick_abort_max` mitgeteilte Wert, so setzt der Proxy den Download nicht fort:

```
quick_abort_max 16 KB
```

Der Parameter quick_abort_pct

Als dritter und letzter Bestandteil der `quick_abort`-Technik existiert der Parameter `quick_abort_pct`, dem Sie eine Prozentzahl übergeben:

```
quick_abort_pct <Prozent>
```

Wurden bereits so viele Daten übertragen, wie dem Parameter `quick_abort_pct` mitgeteilt wurde, so werden auch die verbleibenden Datenmengen vom Proxy empfangen.

```
quick_abort_pct 95
```

Wenn im Beispiel 95 Prozent empfangen wurden, so werden auch die verbleibenden 5 Prozent angenommen.

Damit haben Sie die wichtigsten Einstellungen zum Caching kennen gelernt und wir können uns zwei Parametern widmen, die für die Protokollierung zuständig sind:

Der Parameter cache_access_log

Als Erstes sei der Parameter `cache_access_log` genannt. Jede HTTP-Anfrage wird durch den Proxy-Server protokolliert. Mit dem Parameter `cache_access_log` legen Sie fest, in welche Datei die Protokollinformationen geschrieben werden sollen.

```
cache_access_log <Datei>
```

Unter Red Hat wird standardmäßig die Datei `/var/log/squid/access.log` verwendet. Bei SuSE hat die Datei den gleichen Namen, liegt jedoch im Verzeichnis `/var/squid/logs/`:

```
cache_access_log /var/squid/logs/access.log
```

Der Parameter `logfile_rotate`

Die Datei `access.log` wird in der Regel nie geleert, sondern wächst durch die in sie geschriebenen Informationen stetig. Mit dem Parameter `logfile_rotate` können Sie eine Einstellung verwenden, die mehrere Dateien anlegt. Die aktuelle Datei hat weiterhin den Namen `access.log`. Die Vorversionen werden in den Dateien `access.log.0`, `access.log.1` usw. festgehalten. Durch einen speziellen Kommandoaufruf (siehe Abschnitt 14.4 auf Seite 279) werden diese Dateien nun durchrotiert. Das heißt, `access.log.1` wird in `access.log.2` umbenannt, `access.log.0` in `access.log.1` und `access.log` in `access.log.0`. Die Datei `access.log` wird mit einer Größe von 0 neu angelegt. Wie weit das Rotationsprinzip ausgeführt wird, legen Sie mit dem Parameter `logfile_rotate` fest:

```
logfile_rotate <Anzahl>
```

Eine Anzahl von zehn würde bedeuten, dass die Dateien `access.log.0` bis `access.log.9` angelegt werden, dass also die Log-Dateien der letzten zehn Rotationen festgehalten werden.

```
logfile_rotate 10
```

Um das Rotationsprinzip ganz auszuschalten, übergeben Sie dem Parameter den Wert 0:

```
logfile_rotate 0
```

Zum Abschluss dieses Kapitels lernen Sie zwei Parameter kennen, mit denen Sie Berechtigungen vergeben können:

Der Parameter `acl`

Als Erstes lernen Sie den Parameter `acl` kennen. Die Zeichenkette ACL steht für Access Control List und mit ihr können Sie bestimmte Eigenschaften zusammenfassen. Anhand einer so erstellten Kontrolliste ist es später möglich, den Zugriff zu erlauben oder ihn zu unterbinden. Betrachten wir nun zunächst die allgemeine Syntax dieses Parameters, den Sie mehrfach in der Konfigurationsdatei `squid.conf` verwenden können.

```
acl <Name> <Typ> <Wert> [...]
```

Hinter dem Schlüsselwort `acl` führen Sie einen frei wählbaren Namen auf, unter dem Sie Ihre ACL später ansprechen möchten. Anschließend folgt der Typ der Zugriffsliste sowie dahinter der oder die zugehörigen Werte. Folgende Typen stehen Ihnen zur Verfügung:

src Falls Sie eine ACL definieren möchten, die Anfragen zusammenfasst, die von bestimmten Quelladressen kommen, so verwenden Sie den Typ `src`. Ihm übergeben Sie, jeweils durch ein Leerzeichen getrennt, eine Reihe der gewünschten Rechner. Vergessen Sie nicht, die Netzmaske mit anzugeben:

```
acl beispiel1 src 192.168.17.0/255.255.255.0
```

dst Analog zum Typ `src` verwenden Sie `dst`. Mit ihm beschreiben Sie Anfragen, die ein bestimmtes Ziel ansprechen. Auch hier können Sie mehrere Adressen angeben.

srcdomain Um eine ACL anzulegen, die nicht anhand der Quelladresse, sondern anhand der Quelldomäne definiert wird, verwenden Sie den Typ `srcdomain`. Ihm übergeben Sie die gewünschte Domain. Jeweils getrennt durch ein Leerzeichen, können Sie dort auch mehrere Angaben machen:

```
acl beispiel2 srcdomain .intern
```

dstdomain In dem Vorhaben dieses Kapitels soll der Proxy so eingerichtet werden, dass er nur Anfragen an die Domänen `suse.de` und `redhat.com` zulässt. Dazu müssen Sie eine ACL definieren, die alle Anfragen zu den beiden genannten Homepages ausdrückt. Mit dem Typ `dstdomain` haben Sie die Möglichkeit, dieses Vorhaben umzusetzen. Ihm übergeben Sie die Domänen in der Form `.suse.de`, womit alle Anfragen beschrieben werden, die sich an `suse.de` richten. Werden mehrere Werte angegeben, müssen Sie diese jeweils durch ein Leerzeichen voneinander trennen:

```
acl beispiel3 dstdomain .suse.de .redhat.com
```

srcdom_regex Während Sie mit dem Typ `srcdomain` eine ganze Domain angeben können, dient `srcdom_regex` dazu, einen Ausdruck zu beschreiben, der im Namen der Domain vorkommt. Verwenden Sie den Parameter zum Beispiel in der folgenden Form:

```
acl beispiel4 srcdom_regex [-i] <Ausdruck>
```

Damit beschreiben Sie alle Anfragen, die in der Quell-Domain den angegebenen Ausdruck enthalten. Durch den optionalen Parameter `-i` wird zwischen Groß- und Kleinschreibung nicht unterschieden (ignore case).

dstdom_regex Das gleiche Verfahren der regulären Ausdrücke gibt es auch bei den durch die Clientanfrage angesprochenen Zieldomänen. Möchten Sie zum Beispiel alle Anfragen in einer ACL zusammenfassen, die in der Domain den regulären Ausdruck `games` oder `download` enthalten, so definieren Sie dazu die folgende Access Control List:

```
acl beispiel5 dstdom_regex -i games download
```

url_regex Bisher konnten Sie einen Ausdruck definieren, der im Namen der Zieldomäne vorhanden sein musste. Mit dem Parameter `url_regex`, den Sie nach der gleichen Syntax wie `dstdom_regex` anwenden, bezieht sich der Ausdruck auf die komplette URL.

urlpath_regex Als letzter ACL-Typ, der einen Ausdruck in der URL beschreibt, dient urlpath_regex. Auch dieser Parameter hat die gleiche Syntax wie die drei zuvor genannten, jedoch bezieht sich der Ausdruck nun nicht mehr nur auf die URL, sondern auch auf den Namen des angeforderten Dokuments. So können Sie zum Beispiel alle Anfragen in einer ACL zusammenfassen, die im URL-Pfad die Zeichenkette hacker enthalten:

```
acl beispiel6 urlpath_regex -i hacker
```

time Ein ebenfalls wichtiger und äußerst nützlicher ACL-Typ ist time. Mit ihm können Sie Anfragen beschreiben, die zu einer bestimmten Zeit abgegeben werden. Hintergrund dieser Thematik ist natürlich die Möglichkeit, das Browsen im Internet zeitlich zu beschränken. Dem ACL-Typ werden zwei Werte übergeben: Der erste beschreibt die Wochentage und der zweite den Zeitraum.

```
acl beispiel7 time MTWHF 09:00-18:00
```

Im Beispiel sehen Sie für Wochentage die Zeichenkette MTWHF. Sie steht für **M**onday, **T**uesday, **W**ednesday, T**H**ursday und **F**riday. Da **S**unday durch ein S repräsentiert wird, beschreibt A den Tag S**A**turday. Achten Sie bei der Zeitspanne darauf, dass die erste Zeit vor der zweiten liegt.

browser Zum Abschluss lernen Sie noch einen ACL-Typ kennen, der den vom Client verwendeten Browser beschreibt. Auch diesem Parameter übergeben Sie einen regulären Ausdruck, der im Namen des Browsers gesucht wird. Die Unterscheidung zwischen Groß- und Kleinschreibung können Sie auch hier mit der Option -i unterdrücken:

```
acl beispiel8 browser -i netscape
```

Der Parameter http_access

Sie haben bisher Clientanfragen, die bestimmten Kriterien genügen, zu mehreren ACLs zusammengefasst. Ob die damit verbundenen Zugriffe erlaubt oder verboten sind, haben Sie bisher nicht definiert. Dazu müssen Sie in der Datei squid.conf den Parameter http_access gemäß der unten aufgeführten Syntax verwenden:

```
http_access <allow|deny> <ACL> [...]
```

Sie können somit einer ACL den Zugriff erlauben (allow) oder verbieten (deny). Der Parameter http_access kann in der Konfigurationsdatei natürlich mehrfach verwendet werden, um für die Access Control Lists (ACL) Berechtigungen zu vergeben. Falls Sie mehrere ACLs kombinieren möchten, so übergeben Sie sie dem Parameter http_access. Die ACLs sind dann jeweils durch ein Leerzeichen zu trennen:

```
http_access allow beispiel1
```

Damit wäre der Internetzugriff über den Proxy für alle Anfragen erlaubt, die der ACL beispiel1 (Quellnetz 192.168.17.0/255.255.255.0) entsprechen. Um den Zugriff nur dann zu erlauben, wenn die Anfragen der ACL beispiel1 UND der ACL beispiel7 (montags-freitags, 09:00-18:00 Uhr) genügen, verwenden Sie die folgende Zeile:

```
http_access allow beispiel1 beispiel7
```

14.3 Beispiel

Sie kennen nun die Parameter, die Sie in der Konfigurationsdatei `squid.conf` verwenden können und können die Datei Ihren Wünschen entsprechend erstellen. Dabei haben Sie die Möglichkeit, die per Default vorhandene Datei lediglich anzupassen oder eine komplett neue anzulegen. Im Folgenden wird zunächst eine neu erstellte `squid.conf`-Datei aufgeführt. Anschließend werden Einzelheiten zu den darin eingetragenen Informationen erläutert.

```
#
# Proxy-Server Squid (SuSE)
#
# /etc/squid.conf
#
# Erstellt von Jens Banning
#

#
# Der Proxy arbeitet am Port 3128.
#
http_port 3128

#
# Es werden 8 MB vom Hauptspeicher zum Cachen verwendet.
#
cache_mem 8 MB

#
# Bei einer Cache-Auslastung von 90 Prozent beginnt der
# Proxy, alte Daten zu entfernen, bei 95 Prozent tut er
# es konsequenter.
#
cache_swap_low  90
cache_swap_high 95

#
# Es werden Objekte bis 4 MB Groesse im Cache festgehalten.
#
maximum_object_size 4096 KB

#
# Es werden Objekte groesser als 0 KB im Cache festgehalten.
#
minimum_object_size 0 KB

#
# Auf dem synchronen Speichermedium werden 100 MB in
# /var/squid/cache/ festgehalten. Dazu werden 16 Verzeichnisse
# mit jeweils 256 Subdirectories erstellt.
#
```

```
cache_dir ufs /var/squid/cache 100 16 256

#
# Die Log-Datei heisst /var/squid/logs/access.log
#
cache_access_log /var/squid/logs/access.log

#
# Cache-Daten, die aelter als drei Wochen sind, koennen entfernt
# werden.
#
reference_age 3 weeks



#
# Fehlen bei einem vom Client abgebrochenen Download weniger
# als 16 KB bzw. weniger als 5 Prozent bis zur Fertigstellung,
# so komplettiert der Proxy die Uebertragung. Bei mehr als 16
# KB Restgroesse tut er es nicht.
#
quick_abort_min 16 KB
quick_abort_max 16 KB
quick_abort_pct 95

#
# Definition der Zugriffslisten, die alle bzw. nur die internen
# Clients beschreiben, und der ACLs, die die Tageszeiten, die
# Zieldomains und den Browser beschreiben.
#
acl all src 0.0.0.0/0.0.0.0
acl intern src 192.168.17.0/255.255.255.0
acl tags time MTWHF 09:00-18:00
acl linux dstdomain .suse.de .redhat.com
acl nestcape browser -i mozilla

#
# Den Zugriff internen Rechnern erlauben, die tagsueber zu
# www.suse.de oder www.redhat.com mit einem Netscape-Browser
# moechten. Allen anderen den Zugriff verbieten.
#
http_access allow intern tags linux netscape
http_access deny all

#
# Name des Cache-Managers
#
cache_mgr root

#
# Der Cache wird vom Benutzer squid und der Gruppe nogroup
# verwaltet.
```

```
#
cache_effective_user squid
cache_effective_group nogroup

#
# Die Datei access.log kann nicht rotiert werden.
#
logfile_rotate 0
```

SuSE

Beachten Sie, dass die Konfiguration aufgrund der verwendeten Dateisystempfade SuSE-spezifisch ist.

Die einzigen Parameter, die erläutert werden müssen, sind `acl` und `http_access`. Betrachten Sie zunächst die Access Control Lists:

1. Mit der Definition `acl all src 0.0.0.0/0.0.0.0` wird zunächst eine Liste definiert, die alle Anfragen repräsentiert.
2. Der Eintrag `acl intern src 192.168.17.0/255.255.255.0` legt eine ACL `intern` an, die die Rechner aus dem Class-C-Netz 192.168.17.0 beschreibt.
3. Mit der ACL vom Typ `time` (`acl tags time MTWHF 09:00-18:00`) werden alle Anfragen beschrieben, die montags bis freitags zwischen 09:00 Uhr und 18:00 Uhr gestellt werden. Bedenken Sie, dass für diese Funktion die Zeit auf dem Proxy-Server herangezogen wird.
4. Anfragen, die an die Domänen `suse.de` und `redhat.com` gerichtet sind, werden mit `acl linux dstdomain .suse.de .redhat.com` zusammengefasst.
5. Schließlich drückt `acl netscape browser -i mozilla` Requests vom Netscape-Browser Mozilla aus.

Mit den Zeilen

```
http_access allow intern tags linux navigator
http_access deny all
```

wird zum einen festgelegt, dass der Internet-Zugriff lediglich für Clients aus dem internen Netz erlaubt ist, die werktags (außer samstags) in der Zeit von 09:00 Uhr bis 18:00 Uhr mit dem Netscape-Browser zu den Internetseiten von SuSE und Red Hat Verbindung aufnehmen möchten. Zum anderen wird festgelegt, dass alle anderen Anfragen abgewiesen werden. Die per `http_access` definierten Regeln werden bei einer eintreffenden Anfrage der Reihe nach geprüft. Die erste Regel, die zutrifft, wird dann angewendet. Somit kommt der Eintrag `http_access deny all` nur zur Anwendung, wenn zuvor keine andere zutreffende Regel existierte.

Verfahren Sie bei den Proxy-Berechtigungen, wie auch bei allen anderen Sicherheitsfragen, immer nach dem Motto: Alles, was nicht erlaubt ist, ist verboten.

Sicher haben Sie sich schon gefragt, welche Berechtigung verwendet wird, wenn für eine Anfrage kein Eintrag der Form `http_access` zutrifft. An dieser Stelle wird es leider etwas komplizierter:

- Falls in der Datei squid.conf gar keine http_access-Zeile existiert, wird der Zugriff grundsätzlich erlaubt.
- Falls die bestehenden http_access-Zeilen für eine Anfrage nicht zutreffen, kommt das Gegenteil der zuletzt aufgeführten Regel zur Anwendung. Bestand sie aus einem allow, wird der Zugriff verboten. Definierte die letzte Regel ein deny, wird der Zugriff erlaubt. Wenn Sie sich die letzten drei Sätze nochmals in Ruhe durchlesen, kommen Sie vermutlich zu dem Schluss, dass es besser ist, die Regeln so zu definieren, dass sie *alle* Anfragen bedienen. Aus diesem Grund sollten Sie grundsätzlich mit der letzten http_access-Zeile allen den Zugriff untersagen.

14.4 Der Dämon squid

Sie haben jetzt in der Konfigurationsdatei squid.conf alle notwendigen Einstellungen vorgenommen und es ist an der Zeit, den Proxy-Server zu starten. Sie finden den zu startenden Dämon mit Namen squid im Verzeichnis /usr/sbin/. Selbstverständlich warten die Distributionen SuSE und Red Hat mit einem Startskript auf, mit dem Sie den Server aktivieren können. Es trägt ebenfalls den Namen squid und befindet sich im Verzeichnis /etc/rc.d/init.d/.

Beispiel 14.1: Starten des Proxy-Servers unter SuSE SuSE

```
root@host1:~ # /etc/rc.d/init.d/squid start
Starting WWW-proxy squid:                              done
root@host1:~ #
```

Beispiel 14.2: Starten des Proxy-Servers unter Red Hat Red Hat

```
root@host1:~ # /etc/rc.d/init.d/squid start
Starting squid:                                        [  OK  ]
root@host1:~ #
```

Damit der Proxy bei jedem Bootvorgang aktiviert wird, müssen Sie dafür sorgen, dass im Standardrunlevel ein symbolischer Link auf das Startskript vorhanden ist. Näheres zu den Runlevels und deren Funktion erfahren Sie in den Büchern [Hein1999] und [Kofler1999]. Administratoren einer SuSE-Distribution müssen mit dem Programm yast außerdem die Variable START_SQUID auf den Wert yes setzen.

Durch den Serverstart wird auch die in der Konfigurationsdatei festgelegte Verzeichnisstruktur für den Cache angelegt.

Beispiel 14.3: Verzeichnisse des Proxy-Caches unter SuSE SuSE

```
root@host1:/var/squid/cache # ls -l
total 72
drwxr-xr-x  18 squid    root        4096 May 15 11:30 .
drwxr-xr-x   4 squid    root        4096 May 10 15:34 ..
drwxr-xr-x 258 squid    nogroup     4096 May 10 15:34 00
```

```
drwxr-xr-x 258 squid    nogroup     4096 May 10 15:34 01
drwxr-xr-x 258 squid    nogroup     4096 May 10 15:34 02
drwxr-xr-x 258 squid    nogroup     4096 May 10 15:34 03
drwxr-xr-x 258 squid    nogroup     4096 May 10 15:34 04
drwxr-xr-x 258 squid    nogroup     4096 May 10 15:34 05
drwxr-xr-x 258 squid    nogroup     4096 May 10 15:34 06
drwxr-xr-x 258 squid    nogroup     4096 May 10 15:34 07
drwxr-xr-x 258 squid    nogroup     4096 May 10 15:34 08
drwxr-xr-x 258 squid    nogroup     4096 May 10 15:34 09
drwxr-xr-x 258 squid    nogroup     4096 May 10 15:34 0A
drwxr-xr-x 258 squid    nogroup     4096 May 10 15:34 0B
drwxr-xr-x 258 squid    nogroup     4096 May 10 15:34 0C
drwxr-xr-x 258 squid    nogroup     4096 May 10 15:34 0D
drwxr-xr-x 258 squid    nogroup     4096 May 10 15:34 0E
drwxr-xr-x 258 squid    nogroup     4096 May 10 15:34 0F
root@host1:/var/squid/cache #
```

Red Hat Unter Red Hat finden Sie die Struktur standardmäßig im Verzeichnis /var/spool/squid/.

Bei der Behandlung des Parameters logfile_rotate aus der Konfigurationsdatei squid.conf haben Sie erfahren, dass die Logdateien erst dann rotiert werden, wenn Sie als Administrator ein spezielles Kommando aufrufen, während der Proxy-Server bereits aktiv ist. Bei diesem Kommando handelt es sich um squid, also um den gleichen Befehl, mit dem der Server gestartet wurde. Verwenden Sie diesmal jedoch die Option -k rotate. Die Dateien werden dann in der Ihnen bekannten Weise umbenannt, vorausgesetzt, der Parameter logfile_rotate in squid.conf hat einen Wert größer null.

Beispiel 14.4: Rotieren der Squid-Log-Dateien

```
root@host1:~ # squid -k rotate
root@host1:~ #
```

14.5 Einstellungen am Client

Nachdem der Proxy-Server ordnungsgemäß funktioniert, müssen Sie dafür Sorge tragen, dass Ihre Clients Internetanfragen grundsätzlich über ihn stellen. Dazu gewährleisten Sie zunächst, dass eine Verbindung in das Internet nur über den Proxy-Rechner möglich ist. Richten Sie daher das Routing (siehe Kapitel 4 auf Seite 61) so ein, dass es in Ihrem Netzwerk keine Hintertüren in das World Wide Web (WWW) gibt. Wenn Sie dies sichergestellt haben, muss der Browser, mit dem Ihre Arbeitsstationen in das Internet gehen, so konfiguriert werden, dass er den Proxy auch verwendet und nicht quasi „dran vorbei" in das Internet geht. In Abbildung 14.2 sehen Sie die Bildschirmmaske zur Eingabe des Proxys im Netscape-Browser. Wählen Sie im Hauptmenü den Punkt BEARBEITEN und verzweigen Sie dann in die EINSTELLUNGEN, um die manuelle Proxy-Konfiguration vorzunehmen.

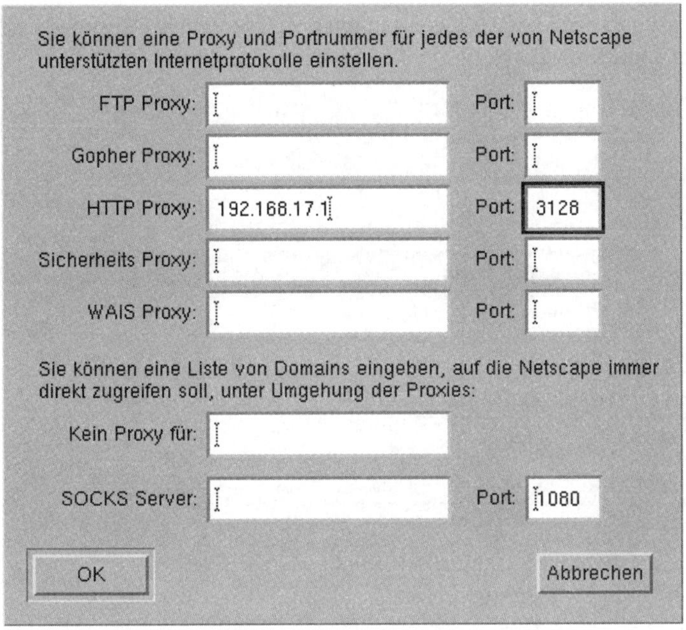

Abbildung 14.2: Manuelle Proxy-Konfiguration unter Netscape

Die am Proxy definierten Berechtigungen werden jetzt berücksichtigt. In Abbildung 14.3 sehen Sie die Fehlermeldung, die der Client erhält, wenn er eine Anfrage stellt, die der Proxy abweist.

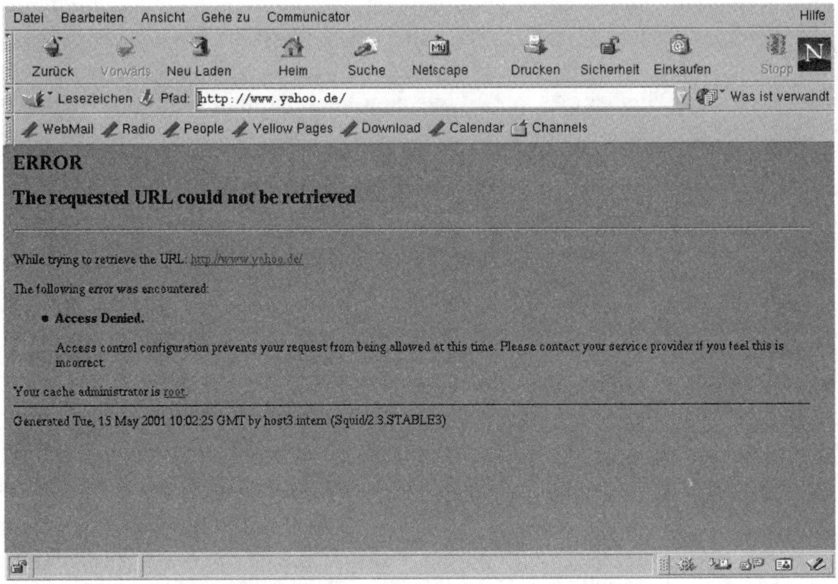

Abbildung 14.3: Unerlaubte Webanfrage

Sofern die Anfrage vom Proxy zugelassen wird, erscheint das Dokument, das zu der URL gehört (siehe Abbildung 14.4).

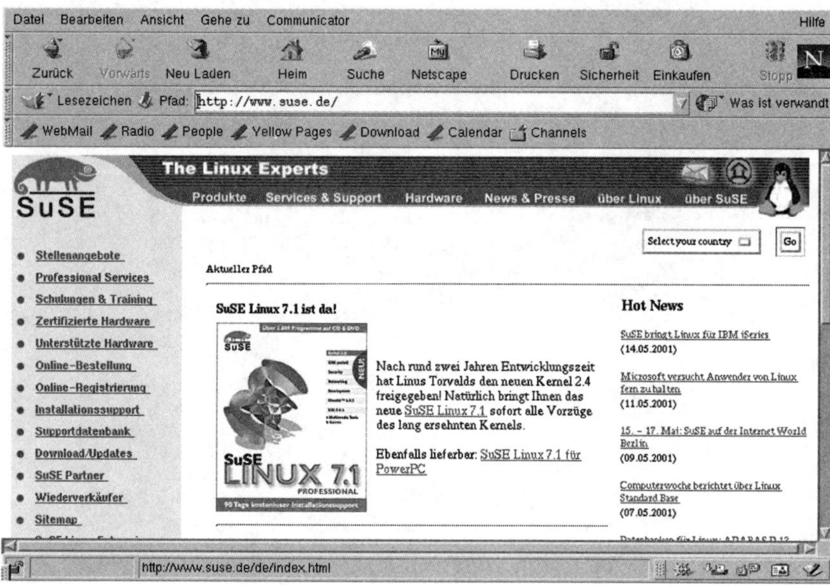

Abbildung 14.4: Erlaubte Webanfrage

14.6 Betrachten der Datei `access.log`

In der Konfigurationsdatei `squid.conf` haben Sie eingestellt, wo der Proxy die HTTP-Zugriffe, die über ihn erfolgen, protokollieren soll. Im Beispiel dieses Kapitels handelt es sich dabei um die Datei `access.log` aus dem Verzeichnis `/var/squid/logs/`. Sie werden im Folgenden den Aufbau und den Inhalt der Datei `access.log` kennen lernen.

Wie immer handelt es sich auch bei diesem Dokument um eine Textdatei, die Sie mit den Ihnen bekannten Kommandos betrachten können. Bevor wir uns einige Einträge der Datei näher ansehen, soll zunächst ein (aus Platzgründen gekürztes) Beispiel angegeben werden.

```
root@host1:/var/squid/logs # cat access.log
989923607.638 3340 192.168.17.3 TCP_MISS/200 1927 GET http://www.suse.de/...
989923607.889 3169 192.168.17.3 TCP_MISS/200 1426 GET http://www.suse.de/...
989923608.995 4012 192.168.17.3 TCP_MISS/200 1246 GET http://www.suse.de/...
989923609.686 6249 192.168.17.3 TCP_MISS/200 22638 GET http://www.suse.de/
989923609.767 4780 192.168.17.3 TCP_MISS/200 424 GET http://www.suse.de/...
989923610.167 2278 192.168.17.3 TCP_MISS/200 424 GET http://www.suse.de/...
989923610.687 5964 192.168.17.3 TCP_MISS/200 4207 GET http://www.suse.de/...
989923610.768 4636 192.168.17.3 TCP_MISS/200 424 GET http://www.suse.de/...
989923611.427 4998 192.168.17.3 TCP_MISS/200 424 GET http://www.suse.de/...
989923611.587 1900 192.168.17.3 TCP_MISS/200 424 GET http://www.suse.de/...
989923611.706 1940 192.168.17.3 TCP_MISS/200 603 GET http://www.suse.de/...
989923611.937 1860 192.168.17.3 TCP_MISS/200 1207 GET http://www.suse.de/...
```

```
989923612.246 2077 192.168.17.3 TCP_MISS/200 1578 GET http://www.suse.de/...
989923612.766 2078 192.168.17.3 TCP_MISS/200 2698 GET http://www.suse.de/...
989923616.234 7239 192.168.17.3 TCP_MISS/200 21328 GET http://www.suse.de/...
989923643.948   78 192.168.17.3 TCP_DENIED/403 990 GET http://www.yahoo.de/
989923655.455 2901 192.168.17.3 TCP_MISS/200 1156 GET http://www.redhat...
989923655.655 3384 192.168.17.3 TCP_MISS/200 1099 GET http://www.redhat...
989923655.825 3267 192.168.17.3 TCP_MISS/200 905 GET http://www.redhat...
989923656.025 3480 192.168.17.3 TCP_MISS/200 1082 GET http://www.redhat...
989923656.094 3527 192.168.17.3 TCP_MISS/200 426 GET http://www.redhat...
root@host1:/var/squid/logs #
```

Wie Sie sehen, entspricht jede Zeile einem gewünschten HTTP-Zugriff. Dabei werden sowohl die Zugriffe festgehalten, die der Proxy erlaubt hat, als auch die abgewiesenen Anfragen. Die Zeilen bestehen aus mehreren Spalten:

- In der ersten Spalte wird der Zeitpunkt festgehalten, wann der Eintrag in die Log-Datei geschrieben wurde. Er ist in Anzahl Sekunden seit dem 01.01.1970 00:00:00 Uhr angegeben. Wenn Sie die Angabe in eine für jedermann lesbare Zeit umwandeln möchten, können Sie dazu das Kommando `date` verwenden. Um den Wert `989923607.638` zu konvertieren, verwenden Sie den Aufruf aus dem folgenden Beispiel:

  Beispiel 14.5: Zeitkonvertierung

  ```
  root@host1:~ # date -d "01/01/1970 00:00:00 + 989923607
  seconds"
  Tue May 15 11:46:47 MEST 2001
  root@host1:~ #
  ```

  Um die Eindeutigkeit der Log-Datei-Einträge zu gewährleisten, werden neben den Sekunden (`989923607`) zusätzlich die Millisekunden (`638`) angegeben.

- Die nächste wichtige Spalte ist die dritte. In ihr wird der Host angegeben, von dem die Anfrage beim Proxy eingegangen ist.

- In der vierten Spalte sehen Sie, ob der Zugriff erlaubt oder verboten wurde. Enthält die in dieser Spalte eingetragene Zeichenkette das Wort `DENIED`, so wurde die Anfrage abgewiesen.

- Jetzt wissen Sie bereits, welcher Client-Rechner wann eine Anfrage an den Proxy gestellt hat, aber noch nicht, auf welches Web-Dokument der Client zugreifen wollte. Sie werden sicher bereits erkannt haben, dass natürlich auch diese Informationen in der Log-Datei festgehalten werden. So sehen Sie in einer weiteren Spalte die URL, auf die die in Spalte 3 genannte Arbeitsstation zugreifen wollte. Beachten Sie, dass für jedes angefragte Dokument eine Zeile in der `access.log`-Datei eingetragen wird. Wer zum Beispiel `www.suse.de` besuchen möchte, greift dadurch natürlich auch automatisch auf einige Grafiken zu, die SuSE mehr oder weniger zum „Aufpeppen" ihrer Internetpräsenz verwendet. Da aufgrund dieses Tatbestandes die Datei `access.log` rasch sehr groß werden kann, sollten Sie in regelmäßigen Abständen die eingetragenen Informationen sichern und die Datei leeren.

In der Beispieldatei wurde erfolgreich auf die Homepages `www.suse.de` und `www.redhat.com` zugegriffen. Die HTTP-Anfrage auf `www.yahoo.de` wurde abgewiesen.

14.7 Zusammenfassung

Zum Abschluss des Kapitels erhalten Sie wie immer eine Zusammenfassung der notwendigen Schritte, die Sie zur Einrichtung des beschriebenen Dienstes durchführen müssen. Um den Proxy-Server Squid einzurichten, müssen die folgenden Arbeiten erledigt werden:

1. Bei der zentralen Konfigurationsdatei des Proxy-Servers handelt es sich um das Textdokument `squid.conf`. In ihr tragen Sie die notwendigen Informationen ein, die der Server zum Cachen und Protokollieren der HTTP-Zugriffe benötigt. Ferner legen Sie über die Einträge `http_access` und `acl` Zugriffslisten (Access Control Lists) fest, für die Sie den Zugriff erlauben oder verbieten können.

2. Nachdem Sie die gewünschten Einträge in der Datei `squid.conf` vorgenommen haben, können Sie den Server starten. Verwenden Sie dazu das Startskript `squid`, das Sie bei den in diesem Buch betrachteten Distributionen SuSE und Red Hat im Verzeichnis `/etc/rc.d/init.d/` finden.

3. Damit der Start des Proxys bei jedem Bootvorgang erfolgt, müssen Sie dafür Sorge tragen, dass im Standardrunlevel ein Startlink auf das im letzten Punkt genannte Skript vorhanden ist (siehe auch [Hein1999] und [Kofler1999]). Bei einer Distribution aus dem Hause SuSE ist außerdem die Variable START_SQUID mit dem Programm `yast` auf `yes` zu setzen.

4. Der Server arbeitet nun ordnungsgemäß und die Arbeitsstationen können ihre HTTP-Anfragen an ihn abgeben. Tragen Sie in den Internet-Browsern Ihrer Clients deshalb den zuvor definierten Proxy inklusive des TCP-Ports (Standard: 3128) ein. Alle HTTP-Anfragen werden jetzt zum Proxy geschickt, der sie weiter bearbeiten kann.

15 Senden und Empfangen von E-Mail

Wie der Name dieses Kapitels bereits sagt, werden wir uns auf den folgenden Seiten der Thematik „Electronic Mail" widmen. Da die elektronische Post nicht zu Unrecht die wohl beliebteste Anwendung im Internet ist, werden Sie den Mail-Dienst in diesem Kapitel so einrichten, dass Sie Mail sowohl lokal als auch in die „weite Welt" senden und von dort empfangen können.

15.1 Funktion

Bevor Sie die einzelnen Komponenten des Mail-Dienstes kennen lernen, müssen einige allgemeine Informationen zur Funktion vorangeschickt werden.

Jeder von Ihnen benutzt sicher seit vielen Jahren ein Programm, mit dem er seine Mails verschickt und empfängt. Dabei haben Sie bestimmt auch den Unterschied zwischen dem Senden und Empfangen wahrgenommen. Er beruht auf zwei unterschiedlichen Protokollen, die beim Mail-Dienst eingesetzt werden.

- Das Versenden elektronischer Post erfolgt mit dem Simple Mail Transfer Protocol (SMTP). Es ist in der Anwendungsschicht angesiedelt und arbeitet über den TCP-Port 25.
- Der Mail-Empfang wird über ein anderes Protokoll realisiert. Es trägt den Namen Post Office Protocol (POP) und wird zurzeit in der Version 3 verwendet (POP3). Das Post Office Protocol ist ebenfalls in der Anwendungsschicht zu finden und verwendet den TCP-Port 110.

Die Protokolle POP3 und SMTP kommen jedoch nur dann zum Einsatz, wenn eine Mail über das Netzwerk übertragen werden muss. Bei einer ausschließlich lokalen Kommunikation, wenn zum Beispiel der Benutzer `meier@host1.intern` eine Mail an `mueller@host1.intern` schickt, werden die Protokolle nicht verwendet. In einem solchen Fall, der sich auf den lokalen Rechner beschränkt, werden die Daten von einem später beschriebenen Programm lediglich im lokalen Dateisystem verschoben.

In Abbildung 15.1 sehen Sie den Zusammenhang der Protokolle SMTP und POP3. Außerdem finden Sie dort die Begriffe LDA und MTA.

Die Abbildung lässt erkennen, welche Bedeutung die Begriffe LDA und MTA haben:

LDA Als Local Delivery Agent (LDA) wird ein Prozess bezeichnet, der für den Mail-Austausch zuständig ist, bei dem sich Sender und Empfänger auf dem gleichen Rechner befinden. In Abschnitt 15.3.1 auf Seite 298 lernen Sie den LDA `procmail` kennen.

MTA Hinter einem Mail Transport Agent (MTA) verbirgt sich dagegen ein Programm, das Mails versendet, bei denen sich Sender und Empfänger auf unterschiedlichen Rechnern befinden. Der heutzutage am meisten genutzte MTA heißt `sendmail`. Er wird in Abschnitt 15.2.2 auf Seite 289 beschrieben.

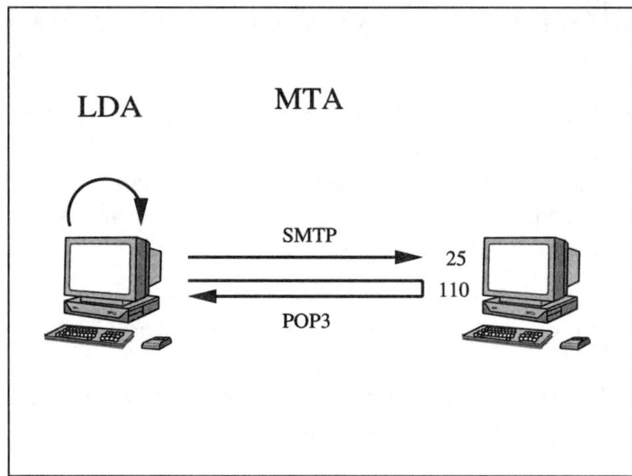

Abbildung 15.1: Funktion des Mail-Dienstes

Außerdem erfahren Sie in Abschnitt 15.4 auf Seite 300, wie die Kommunikation mit dem Protokoll POP3 realisiert wird. Dabei lernen Sie den Serverprozess namens `popper` und das Clientkommando `fetchmail` kennen.

Bevor wir klären, welche Mail-Umgebung Sie in diesem Kapitel beispielhaft umsetzen, soll Ihnen eine weitere Abkürzung nicht vorenthalten werden. Mit den Buchstaben MUA wird ein Mail User Agent bezeichnet, also ein Programm, mit dem Anwender Mails versenden und empfangen können.

Im Beispielnetzwerk dieses Buches existieren die Rechner Host1, Host2 usw. Auf dem Rechner Host1 haben Sie in Kapitel 12 auf Seite 193 den NIS-Dienst eingerichtet. Die Anwender Ihres Netzwerkes existieren daher lediglich auf dem Rechner Host1. Es ist somit durchaus sinnvoll, den Rechner Host1 als zentralen Mail-Server einzurichten, der alle Mails entgegennimmt und von dem jeder Client seine Mail abholen kann. Host1 muss also in der Lage sein, SMTP und POP3-Daten zu bearbeiten. Dazu installieren Sie sowohl den SMTP-Server `sendmail` als auch den POP3-Server `popper` auf diesem Rechner. Die Clients in Ihrem Netz senden Mails ebenfalls mit `sendmail`. Zum Abholen der Daten am Host1 wird das Programm `fetchmail` verwendet.

Wenn Sie mit Ihrem Mail-Client eine Mail in das Internet schicken, geben Sie neben dem Benutzernamen lediglich die Domäne an, in der der Benutzer zu finden ist (also zum Beispiel: `meier@suse.de` statt `meier@host1.suse.de`). Auch bei den Adressen im internen Netz soll es möglich sein, statt `meier@host1.intern` die Post an `meier@intern` zu adressieren.

Zum Abschluss wollen wir unserem schon recht umfangreichen Vorhaben mit dem Einsatz des Programmes `majordomo` (siehe Abschnitt 15.6 auf Seite 309) quasi noch die Krone aufsetzen. Majordomo ist in der Lage, Mail-Listen auf dem Server anzulegen, sodass Clients auch Mails an Adressen schicken können, die nicht direkt mit einer Person verbunden sind (zum Beispiel `edv@intern.de`). Der Clou bei Majordomo ist, dass sich

Clients selbst in eine Liste eintragen oder aus einer Liste entfernen können. Sie müssen dazu lediglich eine Mail bestimmten Inhalts an eine spezielle Adresse schicken.

Wenn Sie den Mail-Dienst in einem Netzwerk installieren, werden Sie sicher den Wunsch haben, einige, wenn nicht gar alle, der obigen Probleme zu lösen. Abbildung 15.2 zeigt die gewünschte Mail-Umgebung grafisch dargestellt, wobei der Rechner mit dem Namen Host1 zusätzlich eine Verbindung zum Internet hat.

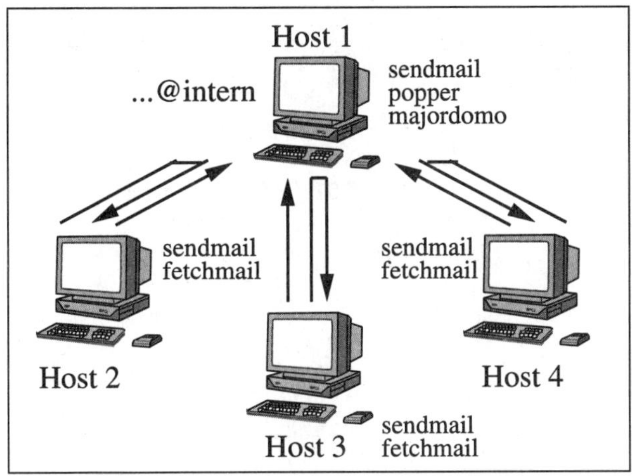

Abbildung 15.2: Konfiguration der Mail-Umgebung

15.2 Der Mail-Server

Im ersten Schritt konfigurieren Sie den SMTP-Dienst `sendmail` für den Mail-Server Host1 und die Clients Host2 bis Host4.

15.2.1 Modifizierung des DNS-Servers

Bevor Sie sich jedoch mit der Konfigurationsdatei des `sendmail`-Dienstes beschäftigen können, wollen wir zunächst dafür Sorge tragen, dass alle Mails, die an eine Adresse der Form `benutzer@intern` geschickt werden, automatisch an `benutzer@host1.intern` umgeleitet werden, denn nur dort sind die Useraccounts vorhanden. Falls Sie anders als in unserem Beispiel keinen NIS-Dienst auf Host1 eingerichtet haben, müssen Sie die Mail-Benutzer auf dem Host1 zunächst anlegen. Achten Sie dann darauf, dass die Anwender die Shell `/bin/false` statt `/bin/bash` verwenden. Dadurch können sie ihre Mails zwar abholen, sich aber nicht am Rechner Host1 anmelden.

Um nun alle Mails, die an `...@intern` gerichtet sind, an `...@host1.intern` zu leiten, müssen Sie den von den Clients verwendeten DNS-Server umkonfigurieren. In Kapitel 9 auf Seite 125 haben Sie einen Nameserver aufgesetzt, der die Zone `intern` bedient. Wenn Sie von einer Arbeitsstation in Ihrem Netzwerk eine Mail zum Beispiel an meier@intern schicken, wird der Name intern zunächst über den am Client eingetragenen Nameserver aufgelöst. Damit diese Auflösung die Adresse des Rechners Host1 liefert, tragen Sie in der Zonendatei einen so genannten Mail Exchanger (MX) ein.

```
;
; Zone "intern"
;
; /var/named/intern.fw
;
; Erstellt von Jens Banning
;

@                IN SOA   host1.intern. root.intern. (

                          2001032901   ;Seriennummer
                          8H           ;Refresh
                          15M          ;Retry
                          1W           ;Expire
                          1D )         ;TTL

                 NS       host1.intern.

                 MX  1    host1.intern.
;
; Host-Definitionen
;

host1            A        192.168.17.1
host2            A        192.168.17.2
host3            A        192.168.17.3
host4            A        192.168.17.4
host5            A        192.168.17.5
host6            A        192.168.17.6
host7            A        192.168.17.7
host8            A        192.168.17.8
host9            A        192.168.17.9

dbserver         CNAME    host1
host1            HINFO    Intel-Celeron-700 SuSE-Linux-7.0
```

Der MX-Eintrag hat allgemein die Form:

```
MX <Nummer> <Host>
```

Alle Mails, die im Beispiel an intern adressiert sind, werden an den in <Host> angegebenen Rechner weitergeleitet. Durch die <Nummer> ist es möglich, mehrere Mail Exchanger anzugeben. Wären zwei Einträge der Form

```
MX 1 host1.intern.
MX 2 host2.intern.
```

vorhanden, würde zunächst versucht werden, die Mails an Host1 zu senden. Ist er nicht verfügbar, gelangt die elektronische Post zu Host2.

15.2.2 Die Konfigurationsdatei `sendmail.cf`

Die zentrale Konfigurationsdatei des Mail Transport Agents `sendmail` trägt den Namen `sendmail.cf`. Sie finden sie im Verzeichnis `/etc/`. Nach der Installation von `sendmail` ist die Konfigurationsdatei bereits vorhanden und muss in der Regel nur an sehr wenigen Punkten verändert werden. Da es sich bei `sendmail.cf` um die mit Abstand umfangreichste und kompliziertestе Konfigurationsdatei für einen Serverdienst handelt, wollen wir uns ausschließlich mit den in der Praxis relevanten Einträgen beschäftigen.

In der Textdatei `sendmail.cf` beginnen Kommentare mit dem allseits bekannten Zeichen #. In allen anderen Zeilen werden in der Regel diverse Parameter eingetragen, die Sie in der Form

```
<Parameter> <1. Wert> [...]
```

verwenden können.

Der Parameter DS

Über den Parameter `DS` geben Sie einen Rechner an, der als so genannter Smart Relay Host agiert. Jede Mail, die per `sendmail` versandt wird, wird an den hinter DS angegebenen Rechner gesendet.

```
DS<Host>
```

An den Client-Rechnern Host2, Host3 und Host4 tragen Sie ein, dass jeder elektronische Brief an `host1.intern` geschickt wird:

```
DShost1.intern
```

Dass betrifft auch Mail, die an eine Adresse im Internet geschickt wird. So landet die Mail an `meier@suse.de` zunächst auf `host1.intern`. Der Host1 wiederum kümmert sich um die Weiterleitung. Dazu hat er ebenfalls einen Eintrag DS in seiner Datei `sendmail.cf`, die auf den Mail-Server des Providers (im Beispiel bei `freenet`) verweist:

```
DSmx.freenet.de
```

Abbildung 15.3 verdeutlicht nochmals die notwendigen DS-Einträge in der Konfigurationsdatei `sendmail.cf`.

Der Parameter DM

Wenn zum Beispiel der Benutzer `schulze` vom Rechner `host3.intern` eine Mail verschickt, dann lautet die Absenderadresse `schulze@host3.intern`. Mit dem Parameter `DM` können Sie die Zeichenkette hinter dem @ ersetzen (maskieren).

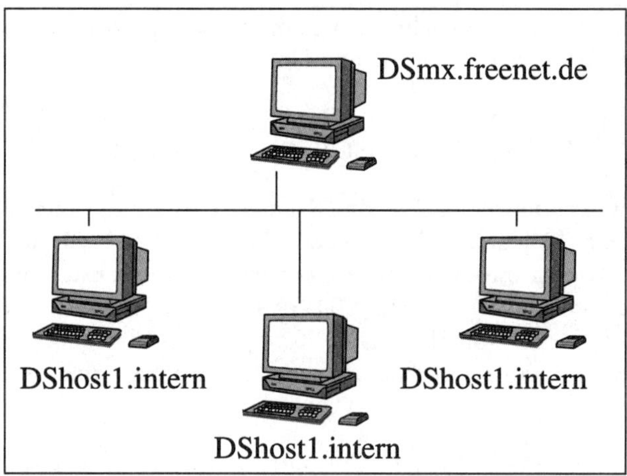

Abbildung 15.3: DS-Einträge in der Datei `sendmail.cf`

```
DM<Domain>
```

Bei einem Eintrag von

```
DMintern
```

lautet die Absenderadresse generell `...@intern`, im Beispiel `schulze@in,tern`. Diesen Eintrag müssen Sie zu allen Clientkonfigurationen hinzufügen. Falls eine Mail mit dieser Absenderadresse in das Internet gerichtet ist, müssen Sie sie auf eine Domain ändern, an die der Empfänger auch antworten kann. So verwenden Sie am Rechner Host1 den Eintrag:

```
DMihre-domain.de
```

Wenn die Mail jetzt in das Internet geht, lautet der Absender `schulze@ihre-domain.de`. Die ausgehenden Mails werden im Absender mit `ihre-domain.de` maskiert.

Auf welchen Rechnern Sie welche DM-Einträge verwenden müssen, können Sie der Abbildung 15.4 entnehmen.

Der Parameter `Cw`

Sie haben die Einträge für die Maskierung (DM) vorgenommen und mit dem Parameter DS die Smart Relay Hosts bestimmt. In unserem Beispiel bedeutet dies, dass der Mail-Server Host1 die elektronische Post entgegennehmen muss, die an `...@intern` gerichtet ist. Ferner soll er natürlich auch die Daten empfangen, die aus dem Internet an eine Adresse der Form `...@ihre-domain.de` gesandt werden. Über den Parameter `Cw` müssen Sie dem `sendmail`-Prozess diese Zuständigkeiten mitteilen:

```
Cw <1. Domain> <2. Domain> <...>
```

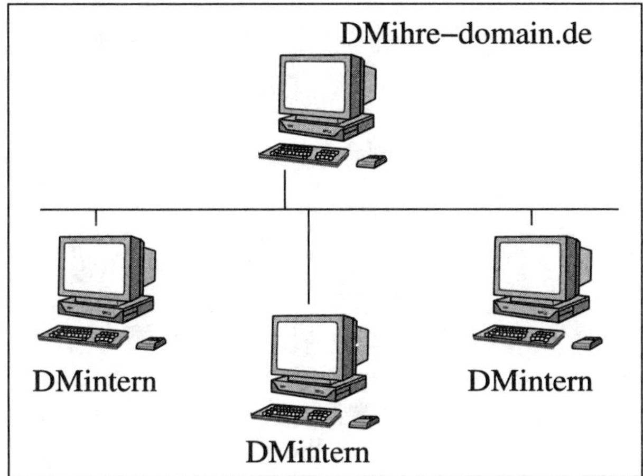

Abbildung 15.4: DM-Einträge in der Datei `sendmail.cf`

Gelangt in einem Netzwerk elektronische Post zu einem Rechner, auf dem der MTA `sendmail` aktiv ist, so nimmt der Rechner diese Mail nur an, wenn er für diese Domain zuständig ist. Per Default ist jeder Rechner natürlich für Briefe zuständig, die an einen Benutzer auf dem lokalen Rechner `localhost` gerichtet sind. Das spiegelt sich in der folgenden Zeile wider:

```
Cw localhost
```

Damit Host1 auch die Mails für die Bereiche `intern` und `ihre-domain.de` entgegennimmt, müssen Sie den Eintrag wie folgt ergänzen:

```
Cw localhost intern ihre-domain.de
```

Abbildung 15.5 gibt die notwendigen Einstellungen auf den Rechnern in unserer Beispielumgebung wieder.

Die Option O Timeout.queuewarn

Neben den bisher betrachteten Einträgen, die Sie unbedingt in der Datei `sendmail.cf` vornehmen oder zumindest prüfen müssen, wollen wir uns noch zwei weiteren Optionen widmen, die ebenfalls das Mail-Verhalten beeinflussen. Die erste Option heißt `Timeout.queuewarn` und Sie verwenden sie in der Form:

```
O Timeout.queuewarn=<Zeitraum>
```

Welche Funktion hat der hier anzugebene Wert? Betrachten wir dazu ein Beispiel: Ein Clientrechner in Ihrem Netzwerk erstellt eine Mail. Der `sendmail`-Prozess versucht diese Mail nun dem definierten Smart Relay Host (`host1.intern`) zuzustellen. Ist Host1 jedoch nicht verfügbar, so legt der Clientrechner die Post zunächst in einer Warteschlange (englisch Queue) ab und versucht in regelmäßigen Abständen, `host1.intern` zu konnektieren. Gelingt dies über den mit `O Timeout.queuewarn` angegebenen Zeitraum nicht, sendet `sendmail` an den Verfasser der Post eine Mail.

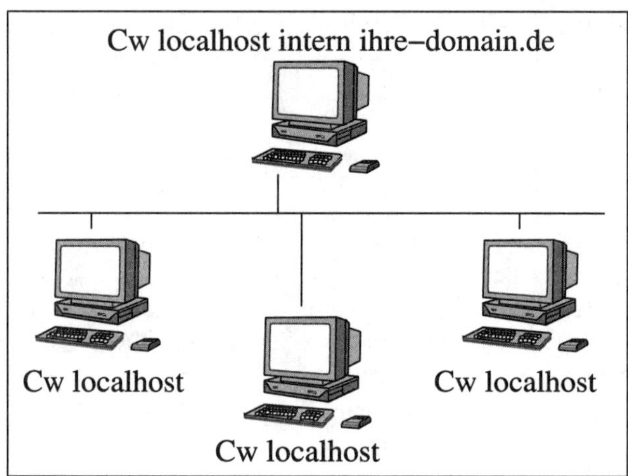

Abbildung 15.5: Cw-Einträge in der Datei `sendmail.cf`

```
O Timeout.queuewarn=3h
```

In ihr teilt er dem Verfasser mit, dass er bereits seit (im Beispiel) drei Stunden versucht, die ursprüngliche Mail weiterzuleiten und dass ihm dies bisher nicht gelungen ist. Da `sendmail` jedoch auch nach den drei Stunden weiter versucht, die Mail auszuliefern, handelt es sich bei der dem Verfasser zugesandten Information lediglich um eine Warnung, die darauf hindeutet, dass es möglicherweise ein Problem in der SMTP-Kommunikation gibt.

Der Option `Timeout.queuewarn` können Sie eine Zeitspanne in Tagen (`d`), Stunden (`h`), Minuten (`m`) oder Sekunden (`s`) übergeben.

Die Option `O Timeout.queuereturn`

`sendmail` sendet wie beschrieben dem Verfasser einer Mail nach beispielsweise drei Stunden eine Botschaft, dass die Auslieferung bisher nicht geklappt hat. Mit der Option `Timeout.queuereturn` geben Sie ebenfalls einen Zeitraum an:

```
O Timeout.queuereturn=<Zeitraum>
```

Mit dieser Option legen Sie fest, wie lange `sendmail` versuchen soll, die elektronische Post des Verfassers weiterzuleiten. Der Eintrag

```
O Timeout.queuereturn=1d
```

bedeutet, dass dem Verfasser nach einem Tag mitgeteilt wird, dass seine Mail nicht verschickt werden konnte und dass `sendmail` sich nicht länger mit dieser Aufgabe belastet.

Sie sehen, dass die per Default vorhandene Datei `sendmail.cf` an einigen Stellen an Ihre Gegebenheiten angepasst werden muss. Führen Sie die notwendigen Korrekturen durch, indem Sie die Datei `sendmail.cf` in einen Editor laden. Besitzer einer SuSE-Distribution müssen zusätzlich eine Variable mit dem Programm `yast` verändern. Da

SuSE die Datei `sendmail.cf` per Default nach jedem YaST-Aufruf neu anlegt, würden die von Ihnen mit einem Editor durchgeführten Einträge wieder überschrieben. Setzen Sie die Variable SENDMAIL_TYPE auf `no`, um dies zu verhindern.

15.2.3 Die Konfigurationsdatei `aliases`

Eine weitere sehr nützliche Datei, die von `sendmail` zur Verfügung gestellt wird, finden Sie im Verzeichnis `/etc/` unter dem Namen `aliases`. In ihr können Sie (wie der Name sagt) Aliase definieren, die die folgende Bedeutung haben: Stellen Sie sich vor, Sie möchten Ihren Mail-Dienst dahingehend konfigurieren, dass Ihre Mitarbeiter oder Ihre Kunden Nachrichten an die Adresse `info@intern` bzw. `info@ihre-domain.de` schicken können. Da es einen Benutzer `info` natürlich nicht gibt, möchten Sie, dass die Mails an `info` dem Anwender `meier` zugeteilt werden. `info` soll also lediglich ein Alias (Synonym) für `meier` sein. Genau für diesen Anwendungsfall ist die Textdatei `aliases` vorgesehen, die Sie nach der Installation von `sendmail` bereits in Ihrem System vorfinden. Neben Kommentarzeilen, die mit dem Zeichen # beginnen, haben alle weiteren Einträge die Form:

```
<Alias>:      <Benutzer>
```

Um den oben gewünschten Alias einzurichten, tragen Sie die Zeile

```
info:         meier
```

in die Datei ein. Der Account `info` ist nun für jedermann verfügbar.

Bisher haben Sie über einen Alias genau einen Benutzernamen angegeben. Es ist jedoch durchaus möglich, mehrere jeweils durch ein Komma getrennte Namen in der Form

```
<Alias>:      <1. Benutzer>,<2. Benutzer>[,...]
```

aufzuführen. Auf diese Weise können Sie Mail-Gruppen anlegen. Nachdem Sie auf Host1 den Alias `info` festgelegt haben, ergänzen Sie nun einen Alias `leitung`. Jede Mail, die an `leitung@intern` bzw. `leitung@ihre-domain.de` adressiert ist, soll an die Accounts `mueller` und `schulze` gesendet werden.

```
leitung:      mueller,schulze
```

Somit haben Sie eine Mail-Gruppe definiert, die alle Clients verwenden können, die über Ihren zentralen Rechner Host1 mailen. Den großen Nutzen der Aliase und Gruppen werden Sie schnell erkannt haben: Die Definition erfolgt einmalig an zentraler Stelle und muss nicht an allen Clients (im schlimmsten Fall im verwendeten Mail-Programm) vorgenommen werden. Die Definitionen am Host1 gelten selbstverständlich auch für Clients, die nicht mit Linux arbeiten.

Betrachten wir abschließend eine Beispieldatei `/etc/aliases`. Die drei Punkte `...` deuten an, dass hier lediglich die zusätzlichen Einträge abgedruckt sind.

```
#
# Mail-Aliase
#
# /etc/aliases
#
# Erstellt von Jens Banning
#

...

info:          meier
leitung:       mueller,schulze
```

15.2.4 Das Kommando newaliases

Das Bearbeiten der Datei /etc/aliases hat Ihnen sicher keine Mühe bereitet und Sie sind vermutlich von der von ihr zur Verfügung gestellten Funktion begeistert. Damit die definierten Synonyme tatsächlich vom sendmail-Prozess berücksichtigt werden, ist es jedoch notwendig, dass Sie die Datei /etc/aliases in eine Binärdatei umwandeln und diese unter dem Namen /etc/aliases.db abspeichern. Diese Aufgabe müssen Sie jedoch nicht von Hand erledigen, sondern Sie können dazu das Kommando newaliases verwenden, das Sie ohne die Angabe weiterer Parameter aufrufen:

```
newaliases
```

Es konvertiert die Informationen und erstellt die Binärdatei aliases.db.

Beispiel 15.1: Konvertieren der Mail-Aliase

```
root@host1:~ # newaliases
/etc/aliases: 48 aliases, longest 58 bytes, 794 bytes total
root@host1:~ # ls -l /etc/aliases*
-rw-r--r--  1  root  root   2250 May 25 08:18 /etc/aliases
-rw-r--r--  1  root  root  16384 May 25 08:18 /etc/aliases.db
root@host1:~ #
```

15.2.5 Die Konfigurationsdatei genericstable

Mit dem Parameter DM der Datei sendmail.cf konnten Sie den Domainnamen des Absenders einer Mail verändern. Auf diese Weise wurde z.B. die Absenderadresse meier@intern zu meier@ihre-domain.de. Der sendmail-Prozess bietet Ihnen aber auch die Möglichkeit, die Absenderadresse komplett zu verändern. Damit haben Sie z.B. die Möglichkeit, den Absender meier@intern in peter.meier@ihre-domain.de zu konvertieren.

Die Textdatei, in der Sie den obigen Sachverhalt eintragen müssen, befindet sich im Verzeichnis /etc/mail/ unter dem Namen genericstable. Falls die Datei nicht vorhanden ist, können Sie sie getrost anlegen und zunächst mit einigen Kommentaren füllen, die Sie wie immer mit dem Zeichen # einleiten.

Jede Zeile der Datei besteht aus zwei Spalten:

```
<Originalabsender> <Neuer Absender>
```

Als Originalabsender tragen Sie die Adresse des Anwenders ein, der die Mail erstellt hat. Als neuen Absender legen Sie eine Adresse fest, die stattdessen im Absender-Feld der Mail erscheint. Der große Vorteil dieses Verfahrens ist erneut, dass Sie an zentraler Stelle die Konvertierung der Adressen festlegen. In unserer Beispielumgebung benötigen wir zwar keine `genericstable`, wir wollen jedoch ein Beispiel betrachten, das Ihnen die Funktion und die Syntax der Datei näher bringen soll:

```
#
# Mail-Generics
#
# /etc/mail/genericstable
#
# Erstellt von Jens Banning
#

meier@intern        peter.meier@ihre-domain.de
mueller@intern      klaus.mueller@ihre-domain.de
schulze@intern      dieter.schulze@ihre-domain.de
```

Trennen Sie die Einträge mit einem Tabulator und vergessen Sie nicht, die letzte Zeile mit einem Umbruch abzuschließen.

15.2.6 Das Kommando `makemap`

Wenn Sie einen Blick in das Verzeichnis `/etc/mail/` werfen, kann es sein, dass Sie dort eine Datei namens `genericstable.db` finden. Sie ahnen, dass genau wie bei den Aliasen nicht die von Ihnen bearbeitete Textdatei, sondern eine Binärdatei von `sendmail` berücksichtigt wird. Die Erstellung der Binärdatei ist leider nicht ganz so einfach wie bei den Aliases. Das folgende Kommando hilft Ihnen bei der Lösung des Problems:

```
makemap hash <Binärdatei> < <Textdatei>
```

Es erstellt unter Verwendung eines Hash-Algorithmus aus der Textdatei die Binärdatei, wie Sie im folgenden Beispiel sehen:

Beispiel 15.2: Konvertierung der Mail-Generics

```
root@host1:/etc/mail # makemap hash genericstable.db < \
# genericstable
root@host1:/etc/mail # ls -l genericstable*
-rw-r--r--  1  root  root    847 May 25 08:37 genericstable
-rw-r--r--  1  root  root  16384 May 25 08:50 genericstable.db
root@host1:/etc/mail #
```

15.2.7 Der Dämon sendmail

Nun, da alle notwendigen Konfigurationen vorgenommen worden sind, kommt die große Stunde: das Starten des `sendmail`-Prozesses. Im Verzeichnis `/usr/sbin/` finden Sie den Serverprozess `sendmail`. Er kann mit einer Reihe von Optionen aufgerufen werden:

```
sendmail [Optionen]
```

Durch die Verwendung der Option `-bd` wird `sendmail` mitgeteilt, dass er nach dem Start im Hintergrund als Dämon arbeiten soll. Die zweite Option, die Sie in diesem Zusammenhang kennen lernen müssen, ist `-q<Zeit>`. Sie gibt an, in welchen Abständen `sendmail` versucht, Mails weiterzuleiten. Die Option `-q30m` würde bedeuten, dass Mails lediglich alle 30 Minuten ausgeliefert werden. Außer mit `m` für Minuten kann die Angabe auch in Sekunden (`s`), Stunden (`h`), Tagen (`d`) und sogar Wochen (`w`) erfolgen. Wird der Parameter `-q` nicht verwendet, werden die Mails direkt verschickt.

Sie ahnen bereits, dass Sie den Prozess nicht über den Aufruf `/usr/sbin/sendmail -bd` starten müssen, sondern dass es dazu in Ihrer Distribution ein Startskript gibt. Es trägt sowohl bei SuSE als auch bei Red Hat den Namen `sendmail` und befindet sich im Verzeichnis `/etc/rc.d/init.d/`.

SuSE

Beispiel 15.3: Starten des SMTP-Servers unter SuSE

```
root@host1:~ # /etc/rc.d/init.d/sendmail start
Initializing SMTP port. (sendmail)                    done
root@host1:~ #
```

Red Hat

Beispiel 15.4: Starten des SMTP-Servers unter Red Hat

```
root@host1:~ # /etc/rc.d/init.d/sendmail start
Starting sendmail:                                    [  OK  ]
root@host1:~ #
```

Damit der Mail-Dienst permanent aktiviert wird, muss im gewünschten Standardrunlevel ein Startlink auf das Skript vorhanden sein. Setzen Sie bei einer SuSE-Distribution ferner die Variable SMTP auf `yes`. In der SuSE-Variable SENDMAIL_ARGS werden die Argumente (Parameter) festgehalten, mit denen der Mail-Server gestartet wird. Kontrollieren Sie diese Variable auf jeden Fall und gleichen Sie gegebenenfalls den Parameter `-q` an. Schauen Sie zur Sicherheit auch in den Inhalt des Startskripts.

15.2.8 Zusammenfassung

In der folgenden Zusammenfassung sind Konfigurationsschritte aufgelistet, die Sie zur Einrichtung des SMTP-Servers `sendmail` durchführen müssen.

1. Bevor Sie zur eigentlichen Mail-Konfiguration kommen, müssen Sie den Nameserver, den Ihre Clientrechner ansprechen, so konfigurieren, dass er Mails, die im Beispiel an die Domain `intern` adressiert sind, an den Rechner `host1.intern` sendet.

Verwenden Sie dazu den Eintrag MX in der DNS-Zonendatei (siehe auch Kapitel 9 auf Seite 125).

2. Im zweiten Schritt bearbeiten Sie die bereits vorhandene Datei `sendmail.cf` im Verzeichnis `/etc/`. In ihr definieren Sie den Smart Relay Host über den Parameter DS, also den Rechner, an den alle Mails gesendet werden sollen. Der Smart Relay Host kann auch als eine Art Briefkasten angesehen werden. Ferner legen Sie die gewünschte Maskierung mit dem Parameter DM fest. Somit wird bei allen ausgehenden Mails die Domäne des Absenders ersetzt. Über den Eintrag Cw geben Sie alle Domains an, für die sich der Sendmail-Prozess zuständig fühlen soll.

   SuSE-Administratoren sollten die Variable SENDMAIL_TYPE mit dem Wert `no` belegen, da sonst alle von ihnen per Hand vorgenommenen Einstellungen vom Programm YaST überschrieben werden.

3. In der Konfigurationsdatei `/etc/aliases` können Sie Mail-Aliase eintragen. Auf diese Weise ist es zum Beispiel möglich, eine Mail-Adresse `info@...` zu schaffen, die auf einen vorhandenen Mail-Account wie `meier@...` verweist. Nach jeder Änderung der Datei `/etc/aliases` müssen Sie das Kommando `newaliases` aufrufen. Es erstellt eine Datei `aliases.db`, die `sendmail` letztendlich analysiert.

4. In der Datei `sendmail.cf` haben Sie die Möglichkeit, in den Absenderadressen den Namen der Domain zu maskieren. Wenn Sie jedoch auch den Benutzernamen verändern möchten, müssen Sie sich der Datei `genericstable` im Verzeichnis `/etc/mail/` bedienen. Auf diese Weise können Sie den realen Absender `meier@intern` zum Beispiel durch `peter.meier@ihre-domain.de` ersetzen.

   Auch aus der `genericstable` müssen Sie eine Binärdatei erstellen. Sie trägt den Namen `genericstable.db`. Verwenden Sie für deren Erstellung das Kommando `makemap`.

5. Der Start des SMTP-Servers erfolgt durch den Aufruf des Skripts `sendmail` im Verzeichnis `/etc/rc.d/init.d/` mit dem Parameter `start`.

6. Zum Abschluss müssen Sie dafür Sorge tragen, dass der Mail-Dienst bei jedem Rechnerstart hochgefahren wird. Neben dem Startlink im Standardrunlevel müssen Sie bei einer SuSE-Distribution die Variable SMTP auf `yes` setzen. Kontrollieren Sie ferner die Variable SENDMAIL_ARGS, in der die Startoptionen des Dämons eingetragen werden.

15.3 Der Mail-Client

Sendmail ist für den Versand von Mails zuständig, bei dem Sender und Empfänger auf unterschiedlichen Rechnern abgelegt sind. Als Mail-Client (also als Programm zum Versenden lokaler Mail) wollen wir in den folgenden Unterabschnitten den Local Delivery Agent (LDA) bezeichnen. Wie Sie bereits wissen, handelt es sich hierbei um das Kommando `procmail`.

15.3.1 Das Kommando procmail

Sendet ein Anwender Ihres Linux-Systems an einen anderen Benutzer des gleichen Rechners eine Mail, erfolgt der Versand mit dem Kommando procmail. Sie finden es im Verzeichnis /usr/sbin/, jedoch erfolgt der Start von procmail, ohne dass Ihr Eingreifen notwendig ist.

Sicher fragen Sie sich, wie eine Mail an einen Benutzer zugestellt wird, die von außen per SMTP dem sendmail-Prozess übergeben wird. Sendmail enthält in der Konfigurationsdatei sendmail.cf einen Hinweis auf procmail. Wenn eine Mail von sendmail lokal zugestellt werden soll oder es sich insgesamt um einen lokalen Mail-Austausch handelt, wird die Mail automatisch an das Programm procmail übergeben. Es kümmert sich dann um die lokale Zustellung der elektronischen Post.

Den Zusammenhang zwischen sendmail und procmail sehen Sie in Abbildung 15.6.

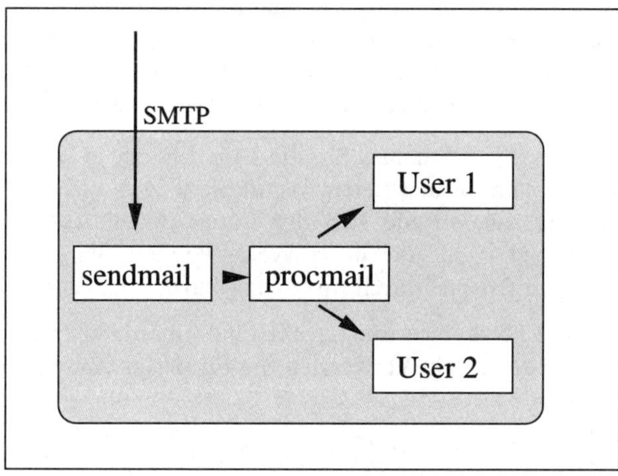

Abbildung 15.6: Zusammenhang zwischen sendmail und procmail

Betrachten wir zusätzlich den Ausschnitt der Datei sendmail.cf, in der der Verweis zu procmail eingetragen ist:

```
##################################################
###   Local and Program Mailer specification   ###
##################################################

Mlocal,              P=/usr/bin/procmail, F=lsDFMAw5:/|@qSPfhn09,
                               S=EnvFromL/HdrFromL,
                               R=EnvToL/HdrToL,
                     T=DNS/RFC822/X-Unix,
                     A=procmail -a $h -d $u
```

15.3.2 Die Konfigurationsdatei .procmailrc

Ihnen ist bekannt, dass das Kommando procmail für den lokalen Mail-Austausch zuständig ist. Demzufolge bekommt jeder Anwender seine Mail per procmail zugeschickt. Erstellt der Anwender jedoch die Datei .procmailrc in seinem Heimatverzeichnis, so kann er dort zusätzliche Definitionen vornehmen, was mit den eingetroffenen Mails geschehen soll. Sie werden sich vielleicht fragen, warum überhaupt eine solche Datei notwendig ist. Schließlich will der Anwender die Mails doch einfach nur lesen können. Wie Sie aus Ihren Erfahrungen mit Linux sicher wissen, bietet Ihnen das System ein Höchstmaß an Flexibilität. Diese Flexibilität bekommen Sie beim Kommando procmail über die Datei .procmailrc zu spüren.

Mit dieser Datei ist es möglich, eingehende Mails zu untersuchen, um anschließend anhand der Absenderadresse und der Titelzeile diverse Aktionen durchzuführen. Sehen Sie sich dazu das folgende Beispiel an, das im Anschluss näher beschrieben wird:

```
:0
* ^From.*root@intern.*
* ^Subject: delete backup files
| cd ~;rm -rf *~
:0
* ^From.*root@intern.*
* ^Subject: delete directory tmp
| cd ~;rm -rf tmp/
```

Durch die Datei .procmailrc wird die eingehende Mail analysiert. Im ersten Schritt wird der Absender der eingehenden Mail betrachtet (From). Anschließend beschreiben Sie mit Subject den Titel der Post. Eine Mail, die den bisher definierten Eigenschaften entspricht, also von root@intern mit dem Subject delete backup files gesendet wurde, wird nun mit dem Pipe-Mechanismus an ein Kommando übertragen. Im Beispiel sehen Sie, dass beim Eintreffen einer solchen Mail unterhalb des Heimatverzeichnisses alle Dateien gelöscht werden, deren Name mit dem Zeichen ~ endet. Die zweite Definition (Zeile 6 bis 8), bedeutet, dass bei einer Mail von root@intern mit dem Titel delete directory tmp das Verzeichnis ~/tmp/ gelöscht wird.

In der obigen Datei beginnen Sie jede Definition mit einer Zeile, in der lediglich :0 eingetragen wird. In den anschließenden Zeilen, die mit dem Zeichen * beginnen, werden die Kriterien angegeben. Das Symbol ^ bedeutet, dass die folgende Zeichenkette am Beginn einer Mail stehen muss. Die Zeichen .* sind Platzhalter für beliebig viele Zeichen (auch keines). Abschließend führen Sie in jeder Definition eine Zeile auf, die mit dem Pipe-Zeichen | beginnt. Ihr folgt die Aktion, die bei einer Mail ausgeführt wird, die den zuvor festgelegten Kriterien genügt.

Wird die oben dargestellte Datei .procmailrc im Heimatverzeichnis des Benutzers meier abgelegt, so hat der Administrator root die Möglichkeit, alle Dateien zu entfernen, die unterhalb von /home/meier/ auf ~ enden, indem er eine Mail an meier@intern mit dem Titel delete backup files schickt. Ferner kann er durch eine Mail mit dem Titel delete directory tmp das Verzeichnis /home/meier/tmp/ löschen.

15.3.3 Die Konfigurationsdatei .forward

Ebenfalls im Heimatverzeichnis eines Benutzers kann die Datei `.forward` angelegt werden. Welche Funktion hat diese Datei und wie kann sie eingerichtet werden?

Stellen Sie sich vor, Sie befinden sich im Urlaub und haben von dort keine Möglichkeit (oder keine Lust) die Mail zu lesen, die für Sie in der Firma angekommen ist. Damit die mitunter wichtigen Schreiben an Ihre Adresse `meier@intern` nicht verloren gehen, können diese automatisch an eine andere Adresse weitergeleitet werden. So ist es möglich, die beschriebene Post automatisch an `mueller@intern` zu schicken.

Sie realisieren diesen Wunsch, indem Sie die Datei `.forward` in Ihrem Heimatverzeichnis (`/home/meier/`) anlegen. Dort tragen Sie einfach die Mail-Adresse ein, zu der die elektronische Post „geforwardet" werden soll.

```
meier@host1:~ # cat .forward
mueller@intern
meier@host1:~ #
```

Post, die an den Benutzer `meier` gerichtet ist, geht jetzt an `mueller@intern`, ohne dass der Anwender `meier` jemals etwas von dieser Mail erfährt.

15.4 Der POP-Server

Zum Thema Mail-Versand mit dem Simple Mail Transfer Protocol (SMTP) und dem zugehörigen Programm `sendmail` haben Sie alle wichtigen Informationen erhalten. Auch die `procmail`-Konfiguration ist Ihnen geläufig. Daher können wir uns im Weiteren mit der Kommunikation über das Post Office Protocol Version 3 (POP3) beschäftigen. Dabei betrachten wir zunächst den POP-Server, also den Rechner, von dem Sie später Ihre Mail abholen können.

15.4.1 Allgemeines

Ein POP-Server muss zwei Funktionen anbieten, die später von Clients benutzt werden:

- Als Erstes kann der Zugriff auf am POP-Server abgelegte Mails nur dann erfolgen, wenn Sie der Client mit einer Benutzerkennung und einem gültigen Passwort am Server anmeldet. Die auf diese Weise mit dem Protokoll POP3 zum Server übertragenen Daten werden dort anhand der Dateien `/etc/passwd` und `/etc/shadow` verifiziert. Für die Anmeldung per POP3 ist es somit erforderlich, dass die entsprechenden Benutzer auf dem POP-Server existieren, wobei es unerheblich ist, mit welcher Shell sie standardmäßig arbeiten.

  Falls Ihre Anwender über einen Rechner nur elektronische Post senden oder empfangen, so genügt es, wenn Sie in der Datei `/etc/passwd` jeweils die Shell `/bin/false` eintragen.

- Als Zweites muss der POP-Server die eingegangenen Briefe zum Client übertragen. Dabei ist zu beachten, dass die Datenübertragung unverschlüsselt erfolgt. Es ist also durchaus möglich, die Datenübertragung im Netzwerk abzuhören.

POP3-Server warten per Default am TCP-Port 110 auf Clientanfragen. Sie nehmen dort den Anmeldewunsch entgegen und übertragen die Daten zum Client. Auf dem Server werden die zuvor abgespeicherten Mails entfernt.

Abbildung 15.7 stellt die beiden Funktionen des POP-Servers grafisch dar.

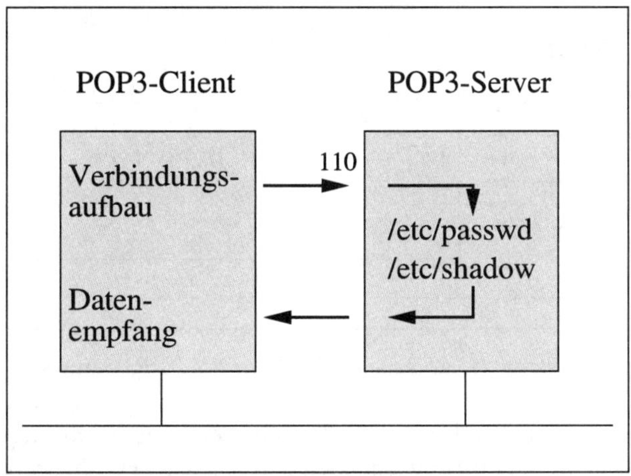

Abbildung 15.7: Funktionen des POP3-Servers

15.4.2 Einstellungen in der Datei `inetd.conf`

In Kapitel 7 auf Seite 89 haben Sie den INET-Dämon kennen gelernt. Mit ihm ist es möglich, Serverdienste erst dann zu starten, wenn auch tatsächlich Clientanfragen für sie eintreffen. So haben Sie in Kapitel 7 gesehen, wie zum Beispiel der Telnet-Server erst dann aktiviert wird, wenn Anfragen am TCP-Port 23 eintreffen. Auf diese Weise belastet der Telnet-Server die CPU und den Hauptspeicher des Rechners, auf dem er aktiv ist, nicht unnötig.

Da der INET-Dämon Serverdienste dynamisch starten und stoppen kann, wird er standardmäßig auch zur Aktivierung des POP3-Servers verwendet (siehe Abbildung 15.8).

Für jede POP3-Anfrage, die am Port 110 eintrifft, startet der INET-Dämon einen POP3-Server, der die Kommunikation mit dem Client übernimmt.

Zur Einrichtung des POP3-Servers sind drei Arbeitsschritte notwendig, mit denen Sie sich auseinander setzen müssen:

- Der INET-Dämon verwendet in seiner Konfiguration nicht den Port 110, sondern den umgangssprachlichen Namen `pop3`. Damit dieser Name in die Portnummer 110 aufgelöst werden kann, müssen Sie in der Datei /etc/services die folgenden Einträge ergänzen, sofern sie nicht bereits vorhanden sind:

```
pop3        110/tcp          # Post Office Protocol - Version 3
pop3        110/udp          # Post Office Protocol - Version 3
```

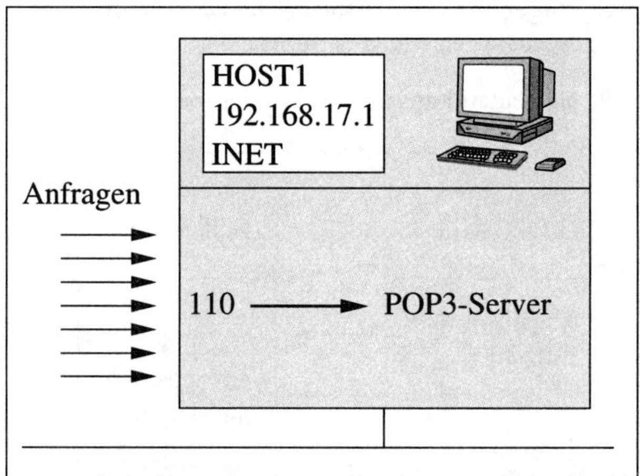

Abbildung 15.8: Dynamischer Start des POP3-Servers

- Im zweiten Schritt muss selbstverständlich eine Zeile in der Konfigurationsdatei des INET-Dämons (inetd.conf) vorhanden sein, die den POP3-Server bei eintreffenden Anfragen aktiviert:

```
root@host1:~ # cat /etc/inetd.conf
# See "man 8 inetd" for more information.
#
# If you make changes to this file, either reboot your
# machine or send the inetd a HUP signal with
# "/sbin/init.d/inetd reload" or by hand: Do a "ps x"
# as root and look up the pid of inetd. Then do a
# "kill -HUP <pid of inetd>". The inetd will re-read
# this file whenever it gets that signal.
#
# <service_name> <sock_type> <proto> <flags> <user>
#                                        <server_path> <args>
#
ftp    stream tcp nowait root /usr/sbin/tcpd wu.ftpd -a
telnet stream tcp nowait root /usr/sbin/tcpd in.telnetd
pop3   stream tcp nowait root /usr/sbin/tcpd
                                        /usr/sbin/popper -s

root@host1:~ #
```

Somit wird der POP3-Server mit dem Namen popper immer dann sofort (nowait) gestartet, wenn das Datenstrom-Protokoll (stream) TCP (tcp) am Port pop3 erkannt wird.

- Sicher haben Sie in der obigen Datei `inetd.conf` festgestellt, dass der TCP-Dämon `/usr/sbin/tcpd` verwendet wird. Mit ihm ist es möglich, den Zugriff auf den POP-Server über die Datei `/etc/hosts.allow` und `/etc/hosts.deny` einzuschränken. Ergänzen Sie die Dateien gegebenenfalls so, dass nur Rechner den POP-Server nutzen können, für die das in Ordnung ist. Verbieten Sie allen anderen Rechnern den Zugriff, um Eindringlingen das Leben etwas schwerer zu machen.

  Weitere Einzelheiten zum Thema TCP-Dämon finden Sie in Abschnitt 7.4 auf Seite 93.

Vergessen Sie zum Abschluss der Konfiguration nicht, den INET-Dämon zum erneuten Einlesen seiner Konfigurationsdatei zu bewegen. Erst dann sind Ihre Änderungen wirksam.

Beispiel 15.5: INET-Dämon neu initialisieren

```
root@host1:~ # /etc/rc.d/init.d/inetd reload
Reloading INET services (inetd)                         done
root@host1:~ #
```

15.4.3 Der Dämon popper

In der Regel kommt der POP3-Server mit dem Namen `popper` zum Einsatz, mit dem wir uns im Folgenden auseinander setzen werden. Falls auf Ihrem Linux-System per Default nicht `popper`, sondern `ipop3d` verwendet wird, erschrecken Sie nicht: Die Funktionen der beiden Server sind selbstverständlich identisch. Die meiste Verbreitung hat jedoch `popper`, den Sie im Verzeichnis `/usr/sbin/` finden. Es wird gemäß der folgenden Syntax vom INET-Dämon aufgerufen:

```
popper [-s]
```

Die nicht notwendige Option `-s` veranlasst den Dämon dazu, Informationen an den `syslogd` zu übergeben, der unter Linux für das Führen von Logdateien zuständig ist. Lesen Sie dazu auch die Bücher [Hein1999] und [Kofler1999]. Wenn das Logging aktiviert ist, werden die folgenden Informationen nach dem Abschluss einer Kommunikation festgehalten:

- Name des Benutzers
- Anzahl der auf dem Server gelöschten Mails
- Anzahl der auf dem Server gelöschten Bytes
- Anzahl der auf dem Server belassenen Mails
- Anzahl der Bytes, die die nicht gelöschten Mails einnehmen

Sie finden diese Informationen im Verzeichnis `/var/log/` und dort in der Datei `mail`. Versucht der Benutzer `meier` seine Mails per POP3 beim Server abzuholen, so wird exakt ein Eintrag in `/var/log/mail` ergänzt.

```
May 28 09:42:24 host1 popper[1148]: Stats: meier 1 420 0 0
```

Dieser Eintrag bedeutet, dass eine Kommunikation per POP3 am 28. Mai zur aufgeführten Uhrzeit abgeschlossen wurde. Die oben beschriebenen fünf Informationen werden anschließend hinter dem Wort `Stats:` aufgeführt. Demnach hat der Anwender `meier` eine Mail (1) und 420 Bytes vom Server entfernt. Es ist keine elektronische Post zurückgeblieben (0), die demzufolge natürlich auch keinen Platz (0) belegt.

15.5 Der POP-Client

Der Rechner mit dem Namen Host1 in der Beispielumgebung dieses Kapitels ist in der Lage, Anfragen zu bearbeiten, die mit dem Simple Mail Transfer Protocol (SMTP) oder dem Post Office Procotol Version 3 (POP3) eintreffen. Dazu sind die Prozesse `sendmail` und `popper` aktiv. Während Sie Ihre Clients bereits zum Senden der Mail konfiguriert haben (ebenfalls mit `sendmail`), müssen Sie den Clients noch ein Werkzeug an die Hand geben, mit dem sie Ihre Post vom Mail-Server abholen können. Die Einrichtung des POP-Clients ist daher das nächste Thema.

15.5.1 Allgemeines

Beim POP-Server haben Sie bereits gelesen, welche Aufgaben der Server wahrnehmen muss: Beglaubigung und Datenübertragung. Die Aufgaben des Clients ergeben sich logischerweise direkt aus den Funktionen, die der Server anbietet.

- Der Client nimmt Verbindung mit dem als POP-Server bekannten Rechner am Port 110 auf und sendet ihm einen Benutzernamen und ein zugehöriges Kennwort.
- War die Anmeldung erfolgreich, so werden die neuen Mails vom Server zum Client übertragen.
- Abschließend gibt der Client dem Server den Auftrag, die zuvor übertragenen Mails aus seinem Dateisystem zu entfernen. Mit anderen Worten: Sie können einen Brief nur einmal aus dem Briefkasten holen.

15.5.2 Das Kommando `fetchmail`

Das Kommando, das die Aufgabe des POP-Clients übernimmt, trägt den Namen `fetchmail`. Mit ihm wird die Verbindung zu einem POP3-Server hergestellt, um von dort die eingegangenen elektronischen Briefe herunterzuladen. Sie werden lokal dem Benutzer zugeteilt, der das Kommando `fetchmail` gestartet hat. Verwenden Sie `fetchmail` stets in der Form

```
fetchmail [Optionen] <POP3-Server>
```

wobei Ihnen die Optionen aus Tabelle 15.1 zur Verfügung stehen.

Option	Beschreibung
`-p <Protokoll>`	Legt das Protokoll fest
`-P <Port>`	Definiert den TCP-Port
`-u <User>`	Benutzername auf dem POP-Server
`-v`	Detaillierte Ausgaben

Tabelle 15.1: Optionen des Kommandos `fetchmail`

Mit der Option `-p` haben Sie die Möglichkeit, das Protokoll anzugeben, mit dem der Server angesprochen werden soll. Verwenden Sie im Beispiel `-p pop3`. Mit dem Parameter `-P` können Sie den Port festlegen, an dem der Server mit dem zuvor genannten Protokoll angesprochen werden soll (`-P 110`). Schließlich geben Sie mit `-u` den Namen des Benutzers an, dessen Mail Sie vom POP-Server laden möchten. Die Option `-v` kennen Sie sicher von vielen anderen Linux-Kommandos, da sie sehr oft existiert. Sie steht für „verbose" (deutsch: geschwätzig) und sorgt dafür, dass das Kommando während der Laufzeit eine Vielzahl von Meldungen von sich gibt.

Stellen Sie sich vor, Sie sind am Client Host3 als Benutzer `meier` angemeldet und möchten Ihre Mails, die an `meier@intern` adressiert waren und auf dem Mail-Server Host1 abgelegt sind, per POP3 abholen. Verwenden Sie dazu den folgenden Aufruf:

Beispiel 15.6: Mails mit `fetchmail` vom POP-Server abholen

```
meier@host3:~ # fetchmail -v -p pop3 -P 110 -u meier host1
Enter password for meier@host1:
fetchmail: 5.4.0 querying host1 (protocol POP3) at
Mon, 28 May 2001 11:20:36 +0200 (MEST)
fetchmail: POP3< +OK QPOP (version 2.53) at host1.intern
starting. <1409.991041779@host1.intern>
fetchmail: POP3> USER meier
fetchmail: POP3< +OK Password required for meier.
fetchmail: POP3> PASS *
fetchmail: POP3< +OK meier has 1 message (428 octets).
fetchmail: POP3> STAT
fetchmail: POP3< +OK 1 428
fetchmail: POP3> LAST
fetchmail: POP3< +OK 0 is the last read message.
1 message for meier at host1 (428 octets).
fetchmail: POP3> LIST
fetchmail: POP3< +OK 1 messages (428 octets)
fetchmail: POP3< 1 428
fetchmail: POP3< .
fetchmail: POP3> TOP 1 99999999
fetchmail: POP3< +OK 428 octets
reading message 1 of 1 (428 octets)

fetchmail: SMTP< 220 host3.intern ESMTP Sendmail 8.10.2/8.10.2/
SuSE Linux 8.10.0-0.3; Mon, 28 May 2001 11:20:39 +0200
```

```
fetchmail: SMTP> EHLO localhost
fetchmail: SMTP< 250-host3.intern Hello localhost [127.0.0.1],
pleased to meet you
fetchmail: SMTP< 250-ENHANCEDSTATUSCODES
fetchmail: SMTP< 250-8BITMIME
fetchmail: SMTP< 250-SIZE
fetchmail: SMTP< 250-DSN
fetchmail: SMTP< 250-ONEX
fetchmail: SMTP< 250-XUSR
fetchmail: SMTP< 250 HELP
fetchmail: SMTP> MAIL FROM:<mueller@intern> SIZE=428
fetchmail: SMTP< 250 2.1.0 <mueller@intern>... Sender ok
fetchmail: SMTP> RCPT TO:<meier@localhost>
fetchmail: SMTP< 250 2.1.5 <meier@localhost>... Recipient ok
fetchmail: SMTP> DATA
fetchmail: SMTP< 354 Enter mail, end with "." on a line by
itself
fetchmail: SMTP>. (EOM)
fetchmail: SMTP< 250 2.0.0 f4S9Kd402059 Message accepted for
delivery flushed
fetchmail: POP3> DELE 1
fetchmail: POP3< +OK Message 1 has been deleted.
fetchmail: POP3> QUIT
fetchmail: POP3< +OK Pop server at host1.intern signing off.
fetchmail: SMTP> QUIT
fetchmail: SMTP< 221 2.0.0 host3.intern closing connection
fetchmail: normal termination, status 0
meier@host3:~ #
```

Damit wurde die Mail vom Anwender `meier` von Host1 nach Host3 übertragen und auf Host1 gelöscht. Wie Sie sehen, wurde zum Datentransfer das Protokoll SMTP verwendet.

Bitte bedenken Sie, dass es nicht notwendig ist, dass der lokale Benutzername dem auf dem POP-Server entspricht. Auf diese Weise können Sie natürlich auch direkt Mails aus dem Internet per POP3 bei Ihrem Provider abholen, indem Sie als `<POP3-Server>` den Rechner des Providers angeben. Der Aufruf

```
fetchmail -v -p pop3 -P 110 -u benutzer pop3.freenet.de
```

würde zum Beispiel die Mail von `benutzer@freenet.de` herunterladen.

15.5.3 Die Konfigurationsdatei `.fetchmailrc`

Die Kommunikation zwischen POP-Client und POP-Server können Sie mit den Optionen des Kommandos `fetchmail` beeinflussen. Das Kommando erfüllt seine Funktion zuverlässig und fehlerfrei. Sie ahnen sicher schon, dass es neben den Optionen noch eine andere Möglichkeit gibt, `fetchmail` einzurichten. Alternativ können Sie die gewünschten Einstellungen auch in der Konfigurationsdatei `.fetchmailrc` abspeichern, die Sie auf dem POP-Client im Heimatverzeichnis des Anwenders ablegen müssen. In der Textdatei tragen Sie eine Zeile ein, die der folgenden Syntax entsprechen muss:

```
poll <POP-Server> protocol <Protokoll> port <Port>
                  username <User> password <Passwort>
```

Beachten Sie, dass sich die Werte hier nur aus layouttechnischen Gründen auf zwei Zeilen erstrecken.

Die Zeile besteht aus fünf Spalten, die jeweils durch ein Leerzeichen voneinander getrennt sind.

poll Hinter `poll` geben Sie den Rechner an, den Sie mit `fetchmail` kontaktieren möchten.

protocol Das zu benutzende Protokoll wird in Spalte zwei eingetragen.

port Über `port` geben Sie den TCP-Port an, an dem der unter `poll` definierte Rechner angesprochen werden soll.

username Den Namen des Benutzers definieren Sie mit `username`.

password In der Konfigurationsdatei `.fetchmailrc` haben Sie ferner die Möglichkeit, auch das Passwort im Klartext anzugeben. Damit dieses Passwort nicht von anderen Anwendern auf Ihrem Linux-System eingesehen werden kann, müssen Sie die Datei `.fetchmailrc` rechtemäßig entsprechend einschränken.

Tragen wir die im letzten Abschnitt über Optionen definierten Werte nun in die Datei `.fetchmailrc` ein und setzen wir ferner die Rechtestruktur auf 600 (`rw-------`):

```
meier@host3:~ # cat .fetchmailrc
poll host1 protocol pop3 port 110 username meier password linux
meier@host3:~ # chmod 600 .fetchmailrc
meier@host3:~ # ls -l .fetchmailrc
-rw-------  1  root  root  64 May 28 12:10 .fetchmailrc
meier@host3:~ #
```

Wenn Sie die Datei `.fetchmailrc` angelegt haben, können Sie das Kommando `fetchmail` ohne die Angabe weiterer Optionen starten. Falls Sie möchten, verwenden Sie dennoch den Parameter `-v`, um während der POP3-Kommunikation Ausgaben auf dem Bildschirm zu erhalten. Im folgenden Beispiel wollen wir jedoch auf diese Option verzichten.

Beispiel 15.7: Mails mit `fetchmail` vom POP-Server abholen

```
meier@host3:~ # fetchmail
1 message for meier at host1 (428 octets).
reading message 1 of 1 (428 octets) flushed
meier@host3:~ #
```

Falls Sie zusätzlich zu den Einstellungen der Datei `.fetchmailrc` Angaben auf der Kommandozeile machen (zum Beispiel `-u mueller`), so haben diese Vorrang.

In Kapitel 8 auf Seite 113 haben Sie gelesen, wie Sie mit der Secure Shell einen Tunnel anlegen können. Da die Kommunikation per POP3 unverschlüsselt erfolgt, bietet es sich an, vor dem Aufruf des Kommandos `.fetchmail` einen SSH-Tunnel zum POP3-Server zu erzeugen. Verwenden Sie dazu den Aufruf

```
ssh -f -L 7777:host1:110 host1 sleep 86400
```

den Sie bereits in Kapitel 8 kennen gelernt haben. Damit wird ein Tunnel angelegt, dessen Eingang am Clientrechner der Port 7777 ist und der am Server-Port 110 endet. Durch die Angabe von `sleep 86400` ist das sichere Verfahren einen Tag lang aktiv.

Bevor Sie den Befehl `fetchmail` verwenden, müssen Sie die Datei `.fetchmailrc` natürlich dahingehend ändern, dass nicht der Host1 am Port 110, sondern Ihr lokaler Rechner am Port 7777 angesprochen wird. Anderenfalls würden Sie zwar einen Tunnel haben, ihn jedoch nicht benutzen. Die Ausgabe ist hier lediglich aus Platzgründen auf zwei Zeilen verteilt:

```
meier@host3:~ # cat .fetchmailrc
poll localhost protocol pop3 port 7777 username meier
                                       password linux
meier@host3:~ #
```

Betrachten wir zum Abschluss ein komplettes Beispiel vom Erstellen des Tunnels bis zum sicheren Abholen der Mail.

Beispiel 15.8: Mails vom POP-Server über den SSH-Tunnel abholen

```
meier@host3:~ # ssh -f -L 7777:host1:110 host1 sleep 86400
meier@host1's password:
meier@host3:~ # fetchmail -v
Enter password for meier@host1:
fetchmail: 5.4.0 querying localhost (protocol POP3) at
Mon, 29 May 2001 13:01:34 +0200 (MEST)
fetchmail: POP3< +OK QPOP (version 2.53) at host1.intern
starting. <1113.991134337@host1.intern>
fetchmail: POP3> USER meier
fetchmail: POP3< +OK Password required for meier.
fetchmail: POP3> PASS *
fetchmail: POP3< +OK meier has 1 message (671 octets).
fetchmail: POP3> STAT
fetchmail: POP3< +OK 1 671
fetchmail: POP3> LAST
fetchmail: POP3< +OK 0 is the last read message.
1 message for meier at host1 (671 octets).
fetchmail: POP3> LIST
fetchmail: POP3< +OK 1 messages (671 octets)
fetchmail: POP3< 1 671
fetchmail: POP3< .
fetchmail: POP3> TOP 1 99999999
fetchmail: POP3< +OK 671 octets
reading message 1 of 1 (671 octets)

fetchmail: SMTP< 220 host3.intern ESMTP Sendmail 8.10.2/8.10.2/
```

```
SuSE Linux 8.10.0-0.3; Mon, 28 May 2001 11:20:39 +0200
fetchmail: SMTP> EHLO localhost
fetchmail: SMTP< 250-host3.intern Hello localhost [127.0.0.1],
pleased to meet you
fetchmail: SMTP< 250-ENHANCEDSTATUSCODES
fetchmail: SMTP< 250-8BITMIME
fetchmail: SMTP< 250-SIZE
fetchmail: SMTP< 250-DSN
fetchmail: SMTP< 250-ONEX
fetchmail: SMTP< 250-XUSR
fetchmail: SMTP< 250 HELP
fetchmail: SMTP> MAIL FROM:<mueller@intern> SIZE=671
fetchmail: SMTP< 250 2.1.0 <mueller@intern>... Sender ok
fetchmail: SMTP> RCPT TO:<meier@localhost>
fetchmail: SMTP< 250 2.1.5 <meier@localhost>... Recipient ok
fetchmail: SMTP> DATA
fetchmail: SMTP< 354 Enter mail, end with "." on a line by
itself
fetchmail: SMTP>. (EOM)
fetchmail: SMTP< 250 2.0.0 f4S9Kd402059 Message accepted for
delivery flushed
fetchmail: POP3> DELE 1
fetchmail: POP3< +OK Message 1 has been deleted.
fetchmail: POP3> QUIT
fetchmail: POP3< +OK Pop server at host1.intern signing off.
fetchmail: SMTP> QUIT
fetchmail: SMTP< 221 2.0.0 host3.intern closing connection
fetchmail: normal termination, status 0
meier@host3:~ # killall ssh
```

15.6 Mailinglisten verwalten mit Majordomo

Die Mail-Kommunikation in Ihrem Netzwerk mit dem Simple Mail Transfer Protocol (SMTP) und dem Post Office Protocol Version 3 (POP3) ist komplett eingerichtet, und die Netzwerkteilnehmer können den Mail-Dienst fehlerfrei nutzen. Wenn Sie sich an das Vorhaben erinnern, das zu Beginn dieses Kapitels vorgestellt wurde, so müssen Sie bis zur Vollendung der Arbeiten noch eine Aufgabe erledigen. Über die Datei `/etc/aliases` konnte der Administrator des Mail-Servers Mailing-Listen anlegen. Auf diese Weise war es möglich, eine Mail an die definierte Liste `leitung@intern` zu senden. Zum Abschluss des Mail-Kapitels werden Sie einen Dienst einrichten, der es Clients ermöglicht, sich mit einer Mail an eine bestimmte Adresse selbst in eine solche Liste einzutragen.

15.6.1 Funktion

Sicher haben Sie schon einmal einen News-Letter oder etwas Ähnliches im Internet „abonniert". Sie haben somit regelmäßig eine Mail erhalten, die zum Beispiel an eine Adresse der Form `news-letter@...` adressiert war. Hinter dieser Mailing-Liste verbergen sich eine Reihe von Benutzern (auch Sie), die den News-Letter erhalten.

In einer solchen Mail wird, wenn der Sender halbwegs seriös ist, erwähnt, wie Sie die regelmäßige Post wieder abbestellen können. Dazu müssen Sie in der Regel eine Mail an eine bestimmte Adresse, wie zum Beispiel `majordomo@...` senden. Im eigentlichen Mail-Text muss dann die Zeichenkette `unsubscribe news-letter` vorhanden sein.

Falls Sie den obigen Sachverhalt bisher noch nicht kannten, so werden Sie jetzt damit konfrontiert. Das Programm, das diese Aufgabe wahrnimmt, ist selbstverständlich für das Betriebssystem Linux erhältlich und trägt den Namen `majordomo`. Da sich die Konfigurationsschritte in den einzelnen Distributionen nicht unterscheiden, werden wir uns mit einem Linux-System aus dem Hause SuSE auseinander setzen.

Auf welche Art und Weise ist es Benutzern möglich, sich selbst in eine Liste einzutragen oder sich aus der Liste zu entfernen? Es ist nahe liegend, dass die Datei `/etc/aliases` des Mail-Servers in diesem Zusammenhang eine Rolle spielen muss. Tatsächlich werden hier spezielle Einträge ergänzt (siehe nächster Abschnitt), die die obige Funktion zur Verfügung stellen. So werden Sie den Majordomo auf dem Rechner Host1 einrichten. Anschließend steht Ihnen ein Mail-Account `majordomo@intern` zur Verfügung. Durch eine Mail mit einem bestimmten Inhalt an diesen Account können sich Ihre Anwender in eine Liste ein- oder aus einer Liste austragen. Im Beispiel werden Sie eine Adresse `mitarbeiter@intern` schaffen, in der jeder Mitglied werden kann.

In Abbildung 15.9 sehen Sie die Funktion, die Sie mit dem Programm `majordomo` umsetzen werden.

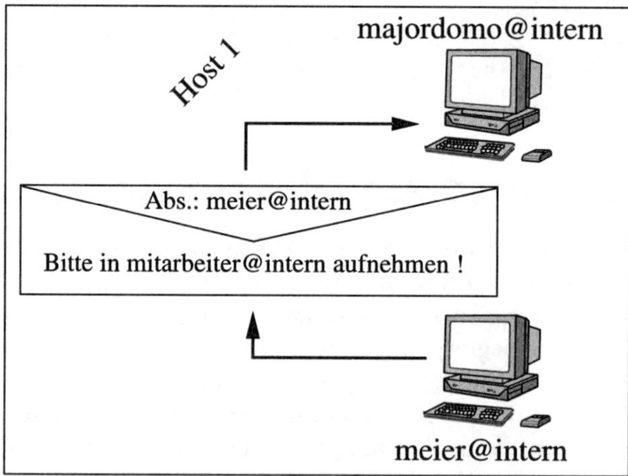

Abbildung 15.9: Einsatz des Programms `majordomo`

15.6.2 Einstellungen in der Datei `aliases`

Beginnen wir mit den zusätzliche Einstellungen, die Sie in der Datei `aliases` im Verzeichnis `/etc/` durchführen müssen. Zunächst ist der betreffende Abschnitt aus `/etc/aliases` abgedruckt, anschließend erfahren Sie, welche Bedeutung die dort vorhandenen Zeilen haben. Aus Platzgründen ist der Bereich für die Mitarbeiter-Liste etwas kleiner gedruckt und zum Teil in zwei Zeilen aufgeteilt.

```
#
# Mail-Aliase (Majordomo)
#
# /etc/aliases
#
# Erstellt von Jens Banning
#

...

#
# Generelle Eintraege zum Majordomo
#

majordomo:            "|/usr/lib/majordomo/wrapper majordomo"
owner-majordomo:       root
majordomo-owner:       root


#
# Eintraege fuer die Mailing-Liste 'mitarbeiter'
#

mitarbeiter:                  "|/usr/lib/majordomo/wrapper resend -l mitarbeiter
                               mitarbeiter-outgoing"
mitarbeiter-outgoing:         :include:/var/lib/majordomo/lists/mitarbeiter
mitarbeiter-request:          "|/usr/lib/majordomo/wrapper majordomo -l mitarbeiter"
mitarbeiter-approval:         root
owner-mitarbeiter-outgoing:   root
owner-mitarbeiter-request:    root
owner-mitarbeiter:            root
```

Zu Beginn der zusätzlichen Aliase finden Sie drei Zeilen, die zur generellen Funktionsfähigkeit des Programms Majordomo notwendig sind. Dabei handelt es sich um die Adresse `majordomo`. Sie stellt sozusagen das Eingangstor zur Verwaltung der Mailing-Listen dar. Durch eine Mail an die Adresse `majordomo@intern` werden Sie später die Listen bearbeiten. Der Majordomo schickt Fehlermeldungen etc. an die Adressen `owner-majordomo` oder `majordomo-owner`. Sie werden anhand der beiden Einträge der `aliases`-Datei dem Benutzer `root` zugeteilt. Damit sind die allgemeinen Einstellungen abgeschlossen, und wir können uns den Einträgen für die Mitarbeiterliste widmen.

Als Erstes definieren Sie den Alias. Ihm werden nun keine Benutzernamen übergeben, sondern es wird mit dem Pipe-Mechanismus ein bestimmtes Programm aus dem Majordomo-Paket gestartet. Ihm wird am Ende ein weiterer Alias übergeben. Wenn Sie eine Mail an `mitarbeiter@intern` richten, wird das aufgeführte Programm ausgeführt, das die Liste `mitarbeiter-outgoing` verwendet. Ihr Inhalt der Liste wird aus einer Datei gelesen. Dabei handelt es sich um eine Textdatei, in der später alle Mitglieder der mitarbeiter-Gruppe aufgelistet sind. Bisher müssen Sie zur Verwaltung der Majordomo-Gruppen grundsätzlich eine Mail an majordomo@intern schicken, in der Sie natürlich angeben müssen, welche Liste Sie bearbeiten möchten. Erfolgt der Mail-Versand direkt an mitarbeiter-request, so können Sie auf die Angabe der Liste verzichten. Die an diesem Mail-Konto eingehende Mail wird direkt an majordomo@intern weitergeleitet. Die Information, dass es sich dabei um die Gruppe der Mitarbeiter handelt, wird automatisch ergänzt.

Die letzten vier Aliase dienen Majordomo im Wesentlichen dazu, Fehler und Warnungen an die aufgeführten Adressen zu versenden. Im Beispiel sind alle mit dem Benutzer root verbunden.

Majordomo ist natürlich in der Lage, beliebig viele Mail-Gruppen zu verwalten. Um eine neue Gruppe hinzuzufügen, können Sie die obigen Einträge für die Mitarbeiter kopieren und den Namen mitarbeiter in den Ihrer neuen Gruppe ändern.

Vergessen Sie zum Abschluss nicht, das Kommando newaliases aufzurufen, das aus den Informationen der Datei /etc/aliases eine Binärdatei aliases.db erstellt. Nur das zuletzt genannte Dokument wird von sendmail berücksichtigt.

Beispiel 15.9: Konvertieren der Mail-Aliase

```
root@host1:~ # newaliases
/etc/aliases: 47 aliases, longest 72 bytes, 831 bytes total
root@host1:~ # ls -l /etc/aliases*
-rw-r--r--  1  root  root   2280 May 30 07:39 /etc/aliases
-rw-r--r--  1  root  root  16384 May 30 07:39 /etc/aliases.db
root@host1:~ #
```

15.6.3 Weitere Konfigurationsschritte

Mit den zusätzlich eingetragenen Werten in der Datei /etc/aliases ist die Konfiguration des Majordomo noch nicht abgeschlossen. Bis Sie die Mitarbeiterliste tatsächlich verwenden können, müssen Sie noch die folgenden Schritte ausführen:

1. Sie haben bereits erfahren, dass die Mitglieder von mitarbeiter@intern in einer Datei abgelegt sind. Sie trägt den Namen mitarbeiter und befindet sich im Verzeichnis /var/lib/majordomo/lists/. Diese Datei existiert bisher nicht und Sie müssen Sie zunächst (ohne Inhalt) anlegen:

```
root@host1:/var/lib/majordomo/lists # touch mitarbeiter
root@host1:/var/lib/majordomo/lists #
```

2. Im gleichen Verzeichnis müssen Sie eine weitere Datei erstellen. Sie trägt den Namen mitarbeiter.info. In ihr kann eine allgemeine Beschreibung der Mail-Liste eingetragen werden:

```
root@host1:/var/lib/majordomo/lists # echo "News für die \
# Mitarbeiter" >mitarbeiter.info
root@host1:/var/lib/majordomo/lists #
```

3. Für das Programm Majordomo existiert eine Benutzerkennung, der alle für das Programm notwendigen Daten gehören. Unter SuSE heißt der User `mdom`. Ferner existiert eine Gruppe unter dem gleichen Namen. Verwenden Sie eine andere Distribution, so könnte dieser Benutzer mitunter auch den Namen `majordomo` tragen. Bleiben wir jedoch bei `mdom`.

   Die Rechte der beiden Dateien, die Sie zuvor erstellt haben, müssen Sie in diesem Schritt verändern. `mitarbeiter` und `mitarbeiter.info` müssen dem Benutzer `mdom` und der gleichnamigen Gruppe gehören. Ferner muss allen anderen Benutzern das Schreibrecht entzogen werden:

```
root@host1:/var/lib/majordomo/lists # chown mdom.mdom \
# mitarbeiter*
root@host1:/var/lib/majordomo/lists # chmod 664 mitarb*
root@host1:/var/lib/majordomo/lists #
```

4. Als Nächstes müssen Sie eine Konfigurationsdatei anlegen, die Majordomo für die Mitarbeiterliste verwendet. Diese legen Sie jedoch nicht von Hand an. Sie senden vielmehr eine Mail an den Account `majordomo`. Im Rumpf der Mail (nicht in der Titelzeile) tragen Sie

```
config mitarbeiter mitarbeiter.admin
```

   ein. Durch die in Abbildung 15.10 dargestellte Mail wird die Datei `mitarbeiter.config` erstellt. Das Administrator-Passwort der Liste muss beim Einrichten `mitarbeiter.admin` lauten.

```
root@host1:~ # pine
```

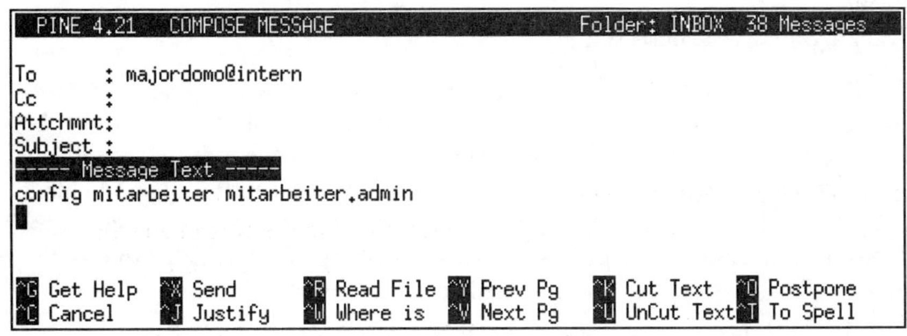

Abbildung 15.10: Erstellen der Datei `mitarbeiter.config`

```
root@host1:/var/lib/majordomo/lists # ls -l
total 36
drwxr-xr-x 2 mdom mdom 4096 May 30 08:01 .
drwxr-xr-x 6 mdom mdom 4096 May 29 09:42 ..
-rw-rw-r-- 1 mdom mdom   18 May 30 07:54 mitarbeiter
-rw-rw---- 1 mdom mdom 9983 May 30 08:01 mitarbeiter.config
-rw-rw-r-- 1 mdom mdom   25 May 30 07:55 mitarbeiter.info
root@host1:/var/lib/majordomo/lists #
```

5. Die Standardkonfiguration wurde erstellt, und der Absender der obigen Mail (`root@host1.intern`) bekommt den Inhalt der Datei `mitarbeiter.config` per

Mail zugeschickt. Zurzeit verwenden Sie noch das Standardpasswort `mitarbeiter.admin`. Wenn Sie es nicht ändern, machen Sie es Angreifern denkbar einfach, Ihre Konfigurationsdatei einzusehen und sie auch zu ändern, denn auch das kann per Mail geschehen. Es ist daher nicht nur sinnvoll, sondern zwingend notwendig, dass Sie das Passwort ändern. Es ist zwar durchaus möglich, das Kennwort mit einer bestimmten Mail an `majordomo@intern` zu ändern, jedoch ist davon abzuraten. Da die Kommunikation per SMTP unverschlüsselt erfolgt, ist es ein Leichtes, mit Programmen wie `ethereal` oder `tcpdump` die Netzkommunikation abzuhören und das Passwort auszuspähen.

Aus den genannten Gründen ziehen wir es vor, die Datei `mitarbeiter.config` direkt im Dateisystem von Host1 zu editieren, um den Eintrag `admin_passwd` zu verändern. Die folgende Ausgabe zeigt lediglich den relevanten Ausschnitt der Datei:

```
root@host1:/var/lib/majordomo/lists # cat mitarbeiter.conf*
...
# admin_passwd       [word] (mitarbeiter.admin) <majordomo>
# The password for handling administrative tasks.
admin_passwd          =    linuxmajordomo
...
root@host1:/var/lib/majordomo/lists #
```

6. Die Konfiguration der Mail-Liste `mitarbeiter@intern` ist nun im Prinzip abgeschlossen und Clients können sich mit den im nächsten Abschnitt beschriebenen Verfahren in die Liste eintragen usw. Immer wenn Majordomo einen Client-Wunsch entgegennimmt (zum Beispiel von `meier@intern`), prüft er, ob die Absenderadresse die Form

```
benutzer@domain1.domain2
```

hat. Findet er dagegen eine Adresse, bei der nur eine Domain angegeben ist, so weist er den Client-Wunsch mit einer Fehlermeldung ab. Mit anderen Worten: Ist in der Absenderadresse hinter dem Zeichen @ kein Punkt (`.`) vorhanden, wird die Mail nicht angenommen. Da Majordomo für den Einsatz im Internet konzipiert wurde, ist es natürlich durchaus richtig, Adressen, bei denen nur eine Domain angegeben ist, abzuweisen. In unserem Beispiel ist diese Adressdefinition jedoch hinderlich, da alle Mails der Form `benutzer@intern` nicht angenommen werden.

Wie bei vielen Linux-Diensten ist auch hier die Unterscheidung zwischen Feature und Bug nur schwer vorzunehmen. Auf jeden Fall sollten Sie diesen Sachverhalt unbedingt kennen und wissen, wie Sie das Problem gegebenenfalls lösen.

Im Verzeichnis `/usr/lib/majordomo/` befindet sich ein Perl-Skript mit dem Namen `majordomo`. Es wird generell bei jeder Clientanfrage gestartet und analysiert unter anderem die Absenderadresse. Um die Analyse nicht durchführen zu lassen, müssen Sie einige Zeilen aus diesem Skript entfernen. Sie erledigen das am besten, indem Sie den Zeilen das Kommentarzeichen # voranstellen. Der folgende Ausdruck zeigt nur die entscheidenen Bereiche aus dem Skript `majordomo`.

```
root@host1:/usr/lib/majordomo # cat majordomo
...
#if (! &valid_addr($reply_to)) {
```

```
#     &abort( "$whoami: $reply_to is not a valid
#               return address.\n");
#     exit 2;
#}
...
#     if (! &valid_addr($subscriber, $clean_list)) {
#        &squawk("$sm: invalid address '$subscriber'");
#        return 0;
#     }
...
#     if (! &valid_addr($subscriber)) {
#        &squawk("$sm: invalid address '$subscriber'");
#        return 0;
#     }
...
         if ( &cf_ck_bool($clean_list,"strip") ) {
#           print LIST &valid_addr($subscriber), "\n" ||
#           &abort("Error writing $listdir/$clean_list: $!");
#        } else {
            print LIST $subscriber, "\n" ||
...
root@host1:/usr/lib/majordomo #
```

Falls Ihre Rechner nicht nur einer Domain, sondern auch mindestens einer übergeordneten Domain angehören (zum Beispiel `ihre-domain.de`), brauchen Sie an dem Perl-Skript keine Änderungen vornehmen.

15.6.4 Pflege der Mailinglisten mit dem Mail-Client

Der Mail-Server ist für die Verwendung von Majordomo eingerichtet und alle Clients in Ihrem Netzwerk können sich in die Gruppe `mitarbeiter` eintragen oder sich aus ihr entfernen. Welche Möglichkeiten der Majordomo-Client dabei hat, werden Sie in diesem Abschnitt erfahren. Alle im weiteren Verlauf dargestellten Mails werden vom Anwender `meier@intern` verfasst.

In der Datei `mitarbeiter.info` haben Sie eine allgemeine Beschreibung der Mail-Gruppe hinterlegt, die jeder Client natürlich abfragen kann. Auf diese Weise können die Anwender herausfinden, ob es sich bei der angebotenen Liste um eine für sie interessante Informationsquelle handelt. Senden Sie an `majordomo@intern` eine Mail mit dem Inhalt `info mitarbeiter` (siehe Abbildung 15.11).

Anschließend erhalten Sie die Antwort vom Majordomo per Mail (siehe Abbildung 15.12).

Sicher finden Sie es auch interessant zu wissen, wer bereits Mitglied der Mitarbeiter-Gruppe ist. Es ist durchaus möglich, dass der Benutzer `meier` eine Mail an alle Mitarbeiter (also an `mitarbeiter@intern`) schicken möchte. Die Mitglieder der Liste erhalten Sie, wenn Sie an `majordomo@intern` eine Mail mit dem Inhalt `who mitarbeiter` senden (siehe Abbildung 15.13).

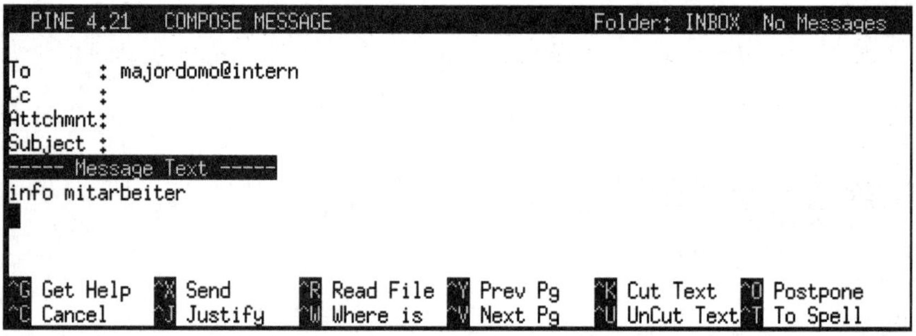

```
  PINE 4.21   COMPOSE MESSAGE                        Folder: INBOX  No Messages

To      : majordomo@intern
Cc      :
Attchmnt:
Subject :
----- Message Text -----
info mitarbeiter


^G Get Help  ^X Send     ^R Read File ^Y Prev Pg  ^K Cut Text  ^O Postpone
^C Cancel    ^J Justify  ^W Where is  ^V Next Pg  ^U UnCut Text^T To Spell
```

Abbildung 15.11: Majordomo: `info`*-Anfrage*

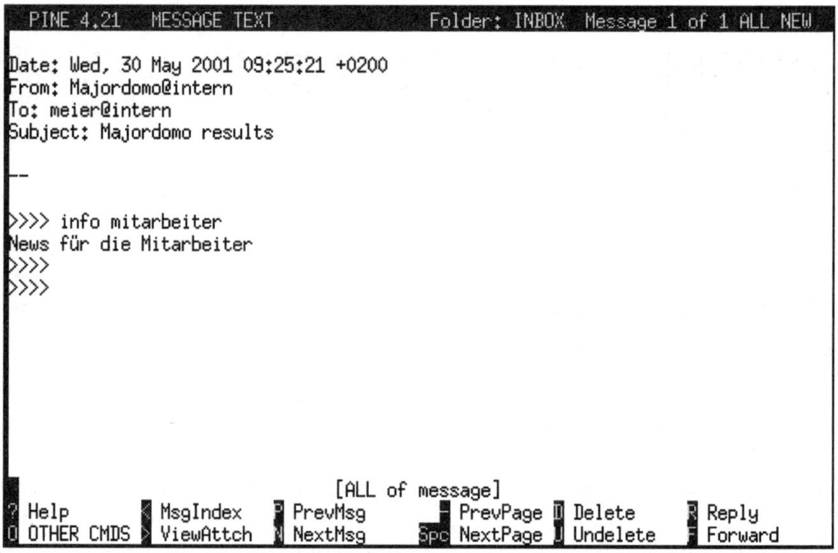

```
  PINE 4.21   MESSAGE TEXT              Folder: INBOX  Message 1 of 1 ALL NEW

Date: Wed, 30 May 2001 09:25:21 +0200
From: Majordomo@intern
To: meier@intern
Subject: Majordomo results

--

>>>> info mitarbeiter
News für die Mitarbeiter
>>>>
>>>>

                              [ALL of message]
? Help       < MsgIndex  P PrevMsg     - PrevPage D Delete     R Reply
O OTHER CMDS > ViewAttch N NextMsg   Spc NextPage U Undelete   F Forward
```

Abbildung 15.12: Majordomo: `info`*-Antwort*

Anschließend erhalten Sie die Antwort aus Abbildung 15.14.

Da Sie den Majordomo zuvor erst eingerichtet haben, hat die Mail-Liste bisher keine Mitglieder. Um sich selbst in die Liste einzutragen, senden Sie eine elektronische Post mit dem Inhalt `subscribe mitarbeiter` an `majordomo@intern` (siehe Abbildung 15.15).

Sie wurden nicht direkt in die Mail-Gruppe eingetragen, sondern erhalten zunächst die Nachricht aus Abbildung 15.16. Darin werden Sie aufgefordert, erneut eine authentifizierte Mail, wie in Abbildung 15.17 dargestellt, an den Majordomo zu senden.

Erst danach sind Sie in der Mitarbeiterliste eingetragen. Wenn Sie sich später einmal aus der Liste austragen möchten, senden Sie eine Mail mit dem Inhalt `unsubscribe mitarbeiter`.

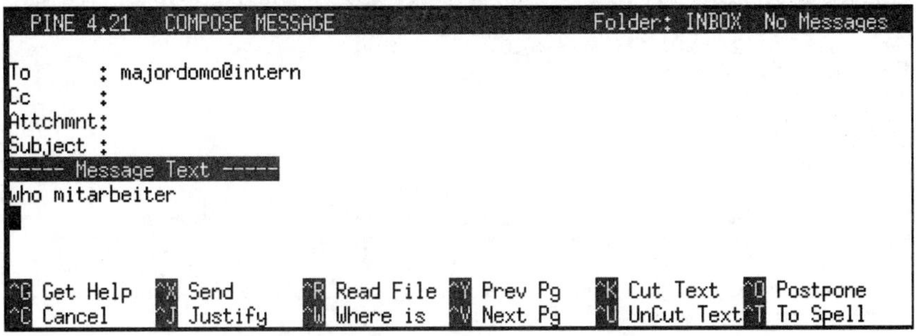

```
  PINE 4.21   COMPOSE MESSAGE                        Folder: INBOX  No Messages

To      : majordomo@intern
Cc      :
Attchmnt:
Subject :
----- Message Text -----
who mitarbeiter


^G Get Help  ^X Send     ^R Read File ^Y Prev Pg  ^K Cut Text  ^O Postpone
^C Cancel    ^J Justify  ^W Where is  ^V Next Pg  ^U UnCut Text^T To Spell
```

Abbildung 15.13: Majordomo: `who`-Anfrage

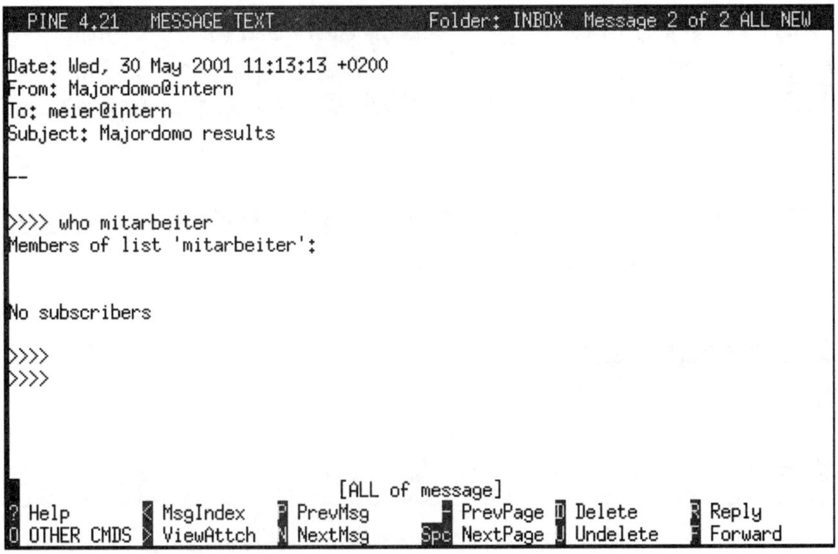

```
  PINE 4.21   MESSAGE TEXT               Folder: INBOX  Message 2 of 2 ALL NEW

Date: Wed, 30 May 2001 11:13:13 +0200
From: Majordomo@intern
To: meier@intern
Subject: Majordomo results

--

>>>> who mitarbeiter
Members of list 'mitarbeiter':


No subscribers

>>>>
>>>>




                               [ALL of message]
? Help       < MsgIndex  P PrevMsg     - PrevPage D Delete    R Reply
O OTHER CMDS > ViewAttch N NextMsg   Spc NextPage U Undelete  F Forward
```

Abbildung 15.14: Majordomo: `who`-Antwort

```
  PINE 4.21   COMPOSE MESSAGE                        Folder: INBOX  2 Messages

To      : majordomo@intern
Cc      :
Attchmnt:
Subject :
----- Message Text -----
subscribe mitarbeiter


^G Get Help  ^X Send     ^R Read File ^Y Prev Pg  ^K Cut Text  ^O Postpone
^C Cancel    ^J Justify  ^W Where is  ^V Next Pg  ^U UnCut Text^T To Spell
```

Abbildung 15.15: Majordomo: `subscribe`-Befehl

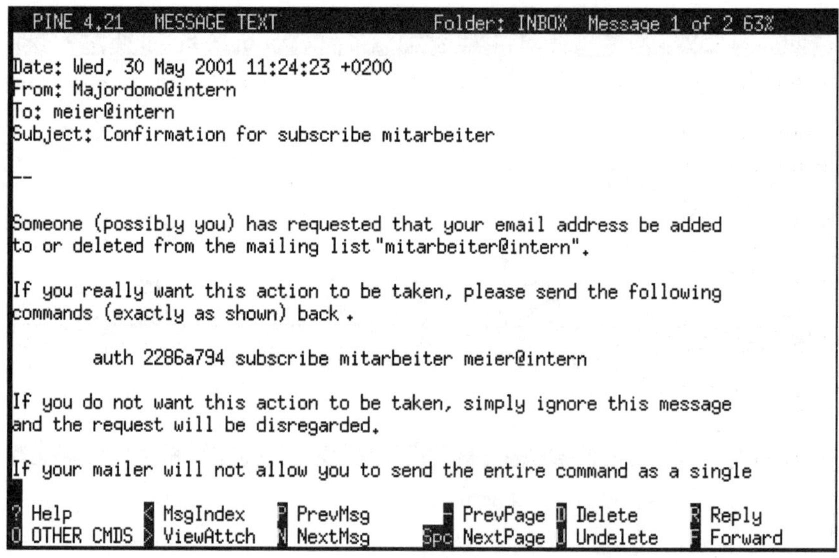

Abbildung 15.16: Majordomo: `subscribe`-Antwort

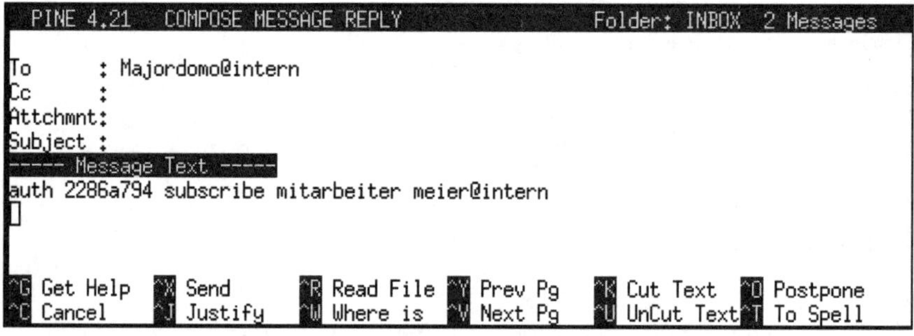

Abbildung 15.17: Majordomo: `subscribe`-Bestätigung

Der Umgang mit den von Majordomo zur Verfügung gestellten Listen ist Ihnen bekannt. Betrachten wir die erwähnten Kommandos nochmals in der Übersicht:

- Mit dem Befehl `info <Liste>` erhalten Sie eine allgemeine Beschreibung zur angegebenen Liste.
- Verwenden Sie in der Mail an `majordomo` die Zeichenkette `who <Liste>`, teilt Ihnen der Majordomo anschließend alle Mitglieder der Liste mit.
- Wenn Sie selbst Mitglied einer Mail-Gruppe werden wollen, verwenden Sie den Majordomo-Befehl `subscribe <Liste>`. Sie erhalten daraufhin die Aufforderung, Ihren Wunsch mit einer weiteren Mail zu bestätigen.
- Um sich selbst aus einer Gruppe auszutragen, können Sie den Befehl `unsubscribe <Liste>` verwenden.

- Ein für Sie sicher nützlicher Befehl wurde Ihnen bisher vorenthalten: Wenn Sie lediglich ein `help` an den Majordomo senden, erhalten Sie eine generelle Hilfe, mit der Sie sich über den Funktionsumfang des gesamten Pakets informieren können.
- Ebenfalls bisher nicht erwähnt wurde der Befehl `lists`. Mit ihm werden Sie darüber informiert, welche Listen der Majordomo anbietet.

Wir beenden das Mail-Kapitel, indem wir uns von Majordomo nochmals die Mitglieder der Mitarbeiterliste anzeigen lassen. Senden Sie die in Abbildung 15.13 auf Seite 317 dargestellte Mail. Abbildung 15.18 zeigt die zugehörige Antwort.

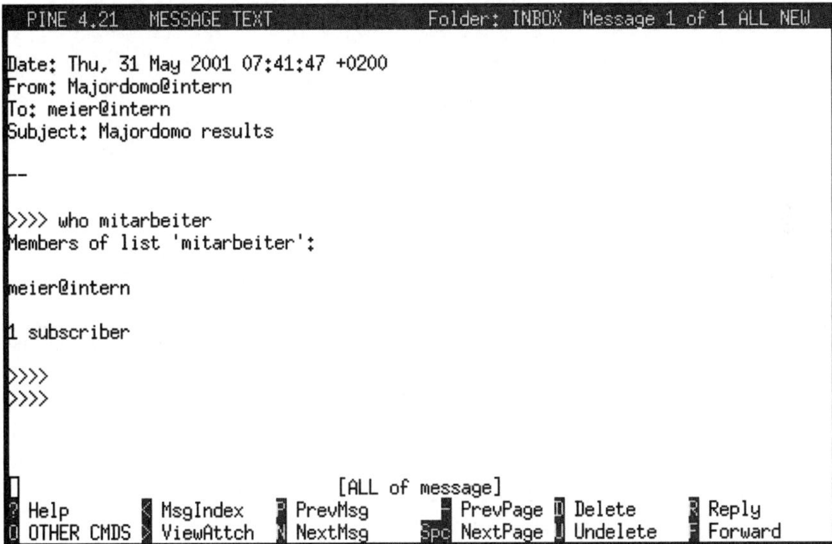

Abbildung 15.18: Majordomo: `who`*-Antwort*

16 Dynamische Hostkonfiguration mit DHCP

Das Kapitel 16 macht Sie mit den Gegebenheiten der dynamischen Hostkonfiguration bekannt, die zur zentralen Vergabe von IP-Adressen in einem Netzwerk dient.

16.1 Funktion

Die dynamische Hostkonfiguration erfolgt mit dem Dynamic Host Configuration Protocol (DHCP) über die TCP-Ports 67 und 68. Die Aufgaben im Client/Server-Dienst DHCP sind wie folgt verteilt:

- Der DHCP-Server ist in der Lage, eine Menge von IP-Adressen zu verwalten, die er Clients im Netzwerk zur Verfügung stellen kann.
- DHCP-Clients sind Rechner, die noch keine gültige IP-Adresse besitzen und diese von einem DHCP-Server erhalten möchten. Sie senden dazu eine Broadcast in das Netzwerk, um auf diesem Wege Server aufzuspüren, die sie mit einer Adresse versorgen können. Der Client erhält daraufhin eine bisher noch nicht vergebene IP-Nummer zugeteilt, da der Server selbstverständlich die Eindeutigkeit gewährleistet.

Wie kann der noch nicht mit einer IP-Adresse versehene Client überhaupt den Server im Netzwerk finden? In Kapitel 2 haben Sie erfahren, dass die Kommunikation im Netzwerk grundsätzlich auf der Basis von MAC-Adressen erfolgt. Da jede Netzwerkkarte einen solchen vom Hersteller fest eingebrannten MAC-Wert besitzt, können natürlich auch Partner im Netzwerk kommunizieren, die das IP-Protokoll nicht oder noch nicht anwenden. Da der Client jedoch die MAC-Adresse des Servers nicht kennt, sendet er eine MAC-basierte Broadcast in das Netzwerk. Der Server antwortet ihm anschließend per Unicast (siehe Abbildung 16.1).

Der Server kennt zwei Verfahren, um IP-Adressen an Clients zu vergeben:

- dynamisch
- statisch

Bei der dynamischen Adressvergabe erhält der Client eine IP-Nummer, die der Server aus einem von ihm verwalteten Pool entnimmt. Dabei ist nicht gewährleistet, dass jedem Client immer der gleiche IP-Wert zugeteilt wird (die Zuteilung ist eben dynamisch).

DHCP ist ferner in der Lage, die MAC-Adresse des anfragenden Clients zu analysieren. Sie können den Server so konfigurieren, dass einem bestimmten MAC-Wert immer der gleiche IP-Wert zugewiesen wird. Dieses statische Verfahren ist unbedingt notwendig, da es sicher einige zentrale Rechner in Ihrem Netzwerk gibt, die quasi immer unter der gleichen Hausnummer erreicht werden müssen.

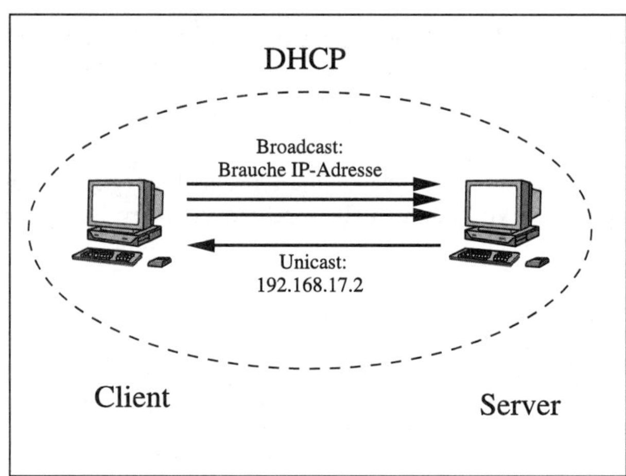

Abbildung 16.1: Dynamische Hostkonfiguration

Neben IP-Adressen teilt der Server dem Client weitere Informationen mit, die für die spätere IP-Kommunikation wichtig sind. Bei diesen so genannten Parametern handelt es sich zum Beispiel um die Subnetzmaske oder die Broadcastadresse, die der Client verwenden soll. Der Default-Router kann auch bestimmt werden.

Sie werden sich vermutlich schon gedacht haben, dass der DHCP-Server keine Adresse verschenkt. Genau: Der Client bekommt die Adresse lediglich vom Server ausgeliehen und darf sie für eine gewisse Zeit nutzen. Kurz bevor diese Zeitspanne abgelaufen ist, bittet der Client den Server, den Zeitraum zu verlängern. Auf diese Weise wird sichergestellt, dass DHCP-Clients nicht ständig neue IP-Adressen bekommen. Der vom Server erhaltene IP-Wert wird in diesem Zusammenhang auch als LEASE bezeichnet.

Was ist nun der große Vorteil von DHCP? Stellen Sie sich vor, in Ihrer Firma werden hundert neue Computer benötigt, die Sie alle mit der gleichen Konfiguration versehen sollen. Sie könnten also einen Musterrechner aufsetzen und von diesem dann ein Image erstellen. Anschließend brauchen Sie das erstellte Image nur noch auf die verbleibenden 99 Rechner übertragen. Der Arbeitsaufwand ist verhältnismäßig gering und Sie könnten die Rechner sehr schnell aufstellen. Verwenden Sie kein DHCP, so bleibt es Ihnen nicht erspart, auf jedem Rechner eine IP-Adresse festzulegen, was bei 100 PCs schon zu einem sehr umfangreichen und öden Vorhaben wird. Mit DHCP wird bei allen Rechnern jedoch nur eingetragen, dass sie einen DHCP-Server befragen sollen. Sie sehen, welche Arbeitserleichterung DHCP Ihnen bietet. Dass DHCP auch von Clients unterstützt wird, die nicht mit dem Betriebssystem Linux arbeiten, versteht sich von selbst.

In Abbildung 16.1 haben Sie gesehen, dass der Client eine Broadcast in das Netzwerk schickt, um einen DHCP-Server zu finden. Das bedeutet auch, dass sich Client und Server nicht in unterschiedlichen Netzwerksegmenten befinden dürfen, da Broadcasts ja bekanntlich von Routern nicht durchgelassen werden.

Da ein DHCP-Server aber durchaus in der Lage ist, IP-Adressen für mehrere Segmente zur Verfügung zu stellen, muss es auch einen Weg geben, damit die Clients den Server finden. Dazu gibt es als dritte Komponente im DHCP-Dienst den Relay Agent. Bei ihm handelt es sich um einen Dämonprozess, der auf einem Rechner installiert sein muss, der im Segment der Clients angesiedelt ist.

Der Relay Agent hat nur eine einzige Aufgabe: Er nimmt die Broadcastanfragen der Clients entgegen und leitet sie per Unicast an einen bestimmten DHCP-Server weiter. Dabei ist es unerheblich, wie viele Router sich zwischen Relay Agent und Server befinden (siehe Abbildung 16.2).

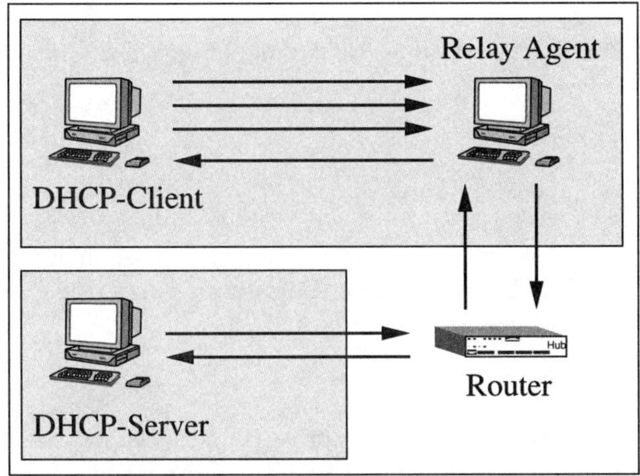

Abbildung 16.2: Funktion des DHCP-Relay Agents

In diesem Kapitel werden Sie auf dem Rechner Host1 einen DHCP-Server aufsetzen, der sowohl dynamische als auch statische Zuweisungen durchführt.

16.2 Der DHCP-Server

Setzen wir uns zunächst mit der zentralen DHCP-Komponente, dem Server, auseinander, der vom Internet Software Consortium (ISC) stammt.

16.2.1 Die Konfigurationsdatei `dhcpd.conf`

Die Konfigurationsdatei des DHCP-Servers trägt den Namen `dhcpd.conf`. Sie finden sie im Verzeichnis `/etc/`. In diesem Abschnitt werden Sie den syntaktischen Aufbau sowie die möglichen Einstellungen kennen lernen.

Sämtliche von Ihnen erstellten Konfigurationsdateien sollten Sie grundsätzlich mit Kommentaren versehen, die die Verständlichkeit erhöhen. Verwenden Sie dazu das Ihnen bereits bekannte Zeichen #.

```
#
# DHCP-Server
```

```
#
# /etc/dhcpd.conf
#
# Erstellt von Jens Banning
#
```

Anschließend haben Sie die Möglichkeit, in der Datei `dhcpd.conf` diverse Parameter und Deklarationen einzutragen. Ein Parameter hat allgemein die Form:

```
<Parameter> <Wert>;
```

Er dient lediglich zur Wertzuweisung. Deklarationen geben Sie gemäß der folgenden Syntax an:

```
<Deklaration> <Wert> {
   ...
}
```

Parameter, die Sie außerhalb einer Deklaration angeben, haben in der Konfigurationsdatei eine globale Gültigkeit. Sind sie in einer Deklaration eingetragen, so beschränkt sich die Gültigkeit auf den entsprechenden Bereich.

Der Parameter default-lease-time

Wenn ein DHCP-Client eine IP-Adresse vom Server beziehen möchte, kann er angeben, für wie lange er die Adresse ausleihen möchte. Fragt er nach keiner genauen Zeitspanne, so wird der über `default-lease-time` definierte Wert angenommen:

```
default-lease-time <Sekunden>;
```

Beachten Sie, dass der Server die IP-Adresse erst dann wieder als „frei" markiert, wenn der Lease-Zeitraum abgelaufen ist. Dabei ist es für den Server uninteressant, ob der Clientrechner überhaupt noch eingeschaltet ist. Verwenden Sie im Beispiel einen Default-Wert von einer Stunde:

```
default-lease-time 3600;
```

Der Parameter max-lease-time

DHCP-Clients können, wie Sie bereits wissen, beim DHCP-Server eine IP-Adresse für eine bestimmte Zeit ausleihen. Diese gewünschte Ausleihzeit teilen die Clients dem Server mit. Über den Parameter `max-lease-time` können Sie auf dem Server festlegen, für welche Zeitspanne er eine IP-Adresse maximal verleiht:

```
max-lease-time <Sekunden>;
```

Somit können Sie als Administrator die Zeitspanne zum Beispiel auf sechs Stunden beschränken, für die die IP-Adressen vergeben werden:

```
max-lease-time 21600;
```

Die Deklaration subnet

Kommen wir zu der Vergabe der IP-Adressen. Wie Sie bereits gelesen haben, kann ein DHCP-Server Clients aus mehreren Subnetzen bedienen. Das Client/Server-Verhältnis ist somit nicht ausschließlich auf das lokale Netzsegment beschränkt. Um dem Server mitzuteilen, für welche Subnetze er sich zuständig fühlen soll, verwenden Sie die Deklaration `subnet`:

```
subnet <Netzadresse> netmask <Netzmaske> {
   <Parameter>
}
```

Der `subnet`-Umgebung übergeben Sie die Adresse des Subnetzes inklusive der zugehörigen Netzmaske. Um das in diesem Buch benutzte Class-C-Netz 192.168.17.0 zu beschreiben, wäre also die folgende Einstellung notwendig:

```
subnet 192.168.17.0 netmask 255.255.255.0 {
   <Parameter>
}
```

Innerhalb dieser Umgebung werden dann die Parameter angegeben, die die IP-Zuweisung im angegebenen Subnetz steuern.

Die `subnet`-Umgebung darf natürlich mehrfach in der Konfigurationsdatei `dhcpd.conf` vorkommen. Somit könnte zum Beispiel auch das Class-C-Netz 192.168.18.0 beschrieben werden. Beachten Sie, dass mindestens eine `subnet`-Deklaration existieren muss. Diese muss das Netz beschreiben, in dem der DHCP-Server physisch angesiedelt ist.

Der Parameter range

Nun, da die zu bedienenden Subnetze definiert wurden, müssen Sie angeben, welche IP-Adressen der DHCP-Server den Clients zuweisen darf. Dazu verwenden Sie den Parameter `range` in der folgenden Form:

```
   range <von Adresse> <bis Adresse>;
```

Sie legen dadurch einen Bereich von IP-Adressen fest, aus dem der Server anfragenden Arbeitsstationen eine beliebige zuteilen kann:

```
subnet 192.168.17.0 netmask 255.255.255.0 {
   range 192.168.17.3 192.168.17.100;
}
```

Im Beispiel wird der Pool 192.168.17.3 bis 192.168.17.100 vom Server verwaltet. Ein Clientrechner in Ihrem Netzwerk erhält also eine Adresse aus dem angegebenen Bereich. Die zugehörige Subnetzmaske entspricht per Default der aus der `subnet`-Deklaration. Falls Sie mehrere IP-Bereiche angeben möchten, verwenden Sie den Parameter `range` entsprechend oft. Durch die Anwendung von `subnet` und `range` ist der DHCP-Server nun bereits in der Lage, die dynamische Adressvergabe durchzuführen. Mit den bisher bekannten Deklarationen und Parametern könnten Sie den DHCP-Dienst bereits einsetzen.

Die Deklaration host

Sicher haben Sie einige Rechner in Ihrem Netzwerk, bei denen Sie sicherstellen müssen, dass sich ihre IP-Adresse nicht ändert. Als Beispiel wären in diesem Zusammenhang Rechner zu nennen, die Clients des Öfteren direkt ansprechen. Ein DNS-Server muss zum Beispiel immer unter der gleichen Adresse erreicht werden können. Sicher fallen Ihnen noch mehr Beispiele ein, bei denen es nicht egal ist, unter welcher „Hausnummer" Sie den Host im Netzwerk finden. Es gibt nun zwei Möglichkeiten, diese Problematik in Zusammenhang mit DHCP zu lösen. Zum einen können Sie am gewünschten Rechner die IP-Adresse fest einstellen. Er würde dann an der DHCP-Kommunikation gar nicht teilnehmen. Beachten Sie, dass ein DHCP-Server selbst seine Adresse natürlich nicht per DHCP erhalten kann. In diesem Fall müssen Sie den IP-Wert fest einstellen. Zum anderen besteht die Möglichkeit, den Clientrechner, der eine feste IP-Adresse bekommen soll, diese vom Server beziehen zu lassen. Dann müssen Sie am Server exakt festlegen, dass der anfragende Rechner immer die gleiche Adresse bekommt. Dazu verwenden Sie eine Deklaration sowie zwei Parameter: Mit der Deklaration `host` schaffen Sie eine Umgebung, in der Sie Ihr oben gewünschtes Problem lösen können.

```
host <Name> {
   <Parameter>
}
```

Der `host`-Deklaration ist ein beliebiger Name zu übergeben, der später zum Beispiel in Log-Dateien aufgeführt wird.

Der Parameter hardware

Um die feste Zuweisung einer IP-Adresse zu einem Rechner durchführen zu können, analysiert der DHCP-Server die MAC-Adresse der anfragenden Station. In der `host`-Umgebung legen Sie über `hardware` fest, um welche MAC-Adresse es sich handelt:

```
   hardware <Typ> <MAC-Adresse>;
```

Da Sie an dieser Stelle dem DHCP-Server mitteilen müssen, ob der Client per Ethernet oder per Token-Ring zu erreichen ist, verwenden Sie für `<Typ>` die Werte `ethernet` oder `token-ring`. Geben Sie anschließend die Hardware-Adresse an:

```
host host2 {
   hardware ethernet 00:00:B4:30:CA:16;
}
```

Der Parameter fixed-address

Über die `host`-Umgebung und die darin spezifizierte MAC-Adresse kann eine Clientanfrage eindeutig identifiziert werden. Was noch fehlt, ist die Festlegung der zugehörigen IP-Adresse. Der Parameter `fixed-address` erfüllt diesen Zweck:

```
   fixed-address <IP-Adresse>;
```

Im folgenden Beispiel soll der Rechner Host2 immer die Adresse 192.168.17.2 bekommen:

```
host host2 {
   hardware ethernet 00:00:B4:30:CA:16;
   fixed-address 192.168.17.2;
}
```

Der Parameter use-host-decl-names

In der Konfigurationsdatei `dhcpd.conf` haben Sie die Möglichkeit, mehrere `host`-Umgebungen einzutragen. Die Namen, die Sie dazu verwenden, haben bisher nur Auswirkungen auf das Logging. Würde es sich nicht anbieten, dass der DHCP-Server den anfragenden Hosts diesen Namen direkt als deren Hostnamen mitteilt? Standardmäßig erfolgt diese Zuweisung nicht. Um sie zu erzwingen, ergänzen Sie am Anfang der Konfigurationsdatei den Parameter `use-host-decl-names` in der Form:

```
use-host-decl-names <true|false>;
```

Übergeben Sie ihm das Wort `true`, damit der Hostname übermittelt wird:

```
use-host-decl-names true;
```

Der Parameter option

Mit dem Parameter `option` haben Sie die Möglichkeit, Optionen zu definieren, die der DHCP-Server dem Client mitteilt, wenn dieser nach einer IP-Adresse fragt. Übergeben Sie dem Parameter den Namen der Option sowie die zugehörigen Werte:

```
option <Name> <Wert>
```

Wir wollen uns an dieser Stelle auf die vier Optionen beschränken, die Sie am häufigsten verwenden werden:

- Mit `option broadcast-address` teilen Sie dem Client die Adresse mit, mit der er alle Stationen in seinem Netzsegment gleichzeitig ansprechen kann.
- Über `option subnet-mask` wird definiert, welche Netzmaske die Clients verwenden sollen.
- `option host-name` definiert den Namen des anfragenden Rechners. Diese Option hat Vorrang vor `use-host-decl-names`.
- Außerdem können Sie über `option routers` die IP-Adresse des Rechners angeben, den Ihre Clients als Default-Router verwenden sollen.

Wenn Sie einen der eben genannten Parameter in einer `subnet`- oder `host`-Umgebung verwenden, gilt er nur in dem angegebenen Bereich. Wird er dagegen zu Beginn der Konfigurationsdatei (außerhalb einer Deklaration) verwendet, so gilt er global für den gesamten DHCP-Server. Im Beispiel stellen wir neben der Subnetzmaske und der Broadcastadresse auch den Default-Router ein:

```
option subnet-mask 255.255.255.0;
option broadcast-address 192.168.17.255;
option routers 192.168.17.254;
```

16.2.2 Beispiel

In diesem Abschnitt werden wir die genannten Einstellungsmöglichkeiten in einem Beispiel anwenden. Dazu erstellen Sie auf dem Rechner Host1, dem Sie zuvor die IP-Adresse 192.168.17.1 (ohne DHCP) zugeordnet haben, die folgende Konfigurationsdatei:

```
#
# DHCP-Server
#
# /etc/dhcpd.conf
#
# Erstellt von Jens Banning
#

#
# Globale Einstellungen
#

default-lease-time 3600;
max-lease-time 21600;
use-host-decl-names true;
option subnet-mask 255.255.255.0;
option broadcast-address 192.168.17.255;
option routers 192.168.17.254;

#
# Das Class-C-Netz 192.168.17.0
#

subnet 192.168.17.0 netmask 255.255.255.0 {
   range 192.168.17.3 192.168.17.100;
}

#
# Feste Zuweisung fuer den Rechner host2
#

host host2 {
   hardware ethernet 00:00:B4:30:CA:16;
   fixed-address 192.168.17.2;
}
```

- Im globalen Abschnitt wird definiert, dass Clients eine IP-Adresse standardmäßig für 3600 Sekunden (eine Stunde) geliehen bekommen.
- Fragt der Client nach einer exakten Zeitspanne, für die er eine LEASE ausleihen möchte, wird ihm dieser Wunsch erfüllt, solange er die Adresse für nicht mehr als 21 600 Sekunden (sechs Stunden) beziehen möchte. Fragt er nach mehr als sechs Stunden, so bekommt er die Adresse nur für den über `max-lease-time` definierten Zeitraum zugewiesen.

- Mit `use-host-decl-names true` legen Sie fest, dass der in einer `host`-Umgebung festgelegte Name dem Rechner als dessen Hostname mitgeteilt wird.
- Ferner sollen alle Clients die Netzmaske 255.255.255.0, die Broadcastadresse 192.168.17.255 und den Router 192.168.17.254 verwenden.
- Clients, die aus dem Class-C-Netz 192.168.17.0 eine Anfrage stellen, werden über die `subnet`-Deklaration bedient. Dabei erhalten sie eine beliebige IP-Adresse aus dem Bereich 192.168.17.3 bis 192.168.17.100.

  Ferner werden den Clients die im globalen Abschnitt festgelegten Eigenschaften zugeteilt. Sie verwenden also die dort definierte Netzmaske, die Broadcastadresse und den angegebenen Router.
- Schließlich tragen Sie in der Host-Umgebung ein, dass der Rechner mit der angegebenen MAC-Adresse immer die IP-Adresse 192.168.17.2 erhält. Selbstverständlich werden auch ihm die im globalen Abschnitt erwähnten Optionen übertragen.

  Da der Parameter `use-host-decl-names` auf `true` gesetzt wurde, wird `host2` dem Rechner als Hostname übermittelt.

16.2.3 Der Dämon dhcpd

Die Konfiguration des DHCP-Servers ist abgeschlossen und Sie können den Dienst nun aktivieren. Im Verzeichnis `/usr/sbin/` finden Sie das Kommando `dhcpd`. Starten Sie es, um den Server zu aktivieren. In den gängigen Linux-Distributionen existiert für diesen Fall in der Regel ein Startskript, das intern `/usr/sbin/dhcpd` startet. Sie finden es bei SuSE- und Red Hat-Linux im Verzeichnis `/etc/rc.d/init.d/`. Unter SuSE trägt es den Namen `dhcp`; unter Red Hat heißt es `dhcpd`.

Beispiel 16.1: Starten des DHCP-Servers unter SuSE **SuSE**

```
root@host1:~ # /etc/rc.d/init.d/dhcp start
Starting service dhcpd                                   done
root@host1:~ #
```

Der Start des DHCP-Servers wird unter Red Hat nur dann vollzogen, wenn neben der Konfigurationsdatei `/etc/dhcpd.conf` noch die Datei `dhcpd.leases` vorhanden ist. Sie wird für das Logging verwendet und befindet sich im Verzeichnis `/var/lib/dhcp/`. Nur wenn diese Datei existiert, kann der DHCP-Server aktiviert werden. Es empfiehlt sich daher, sie zuvor einmalig anzulegen.

Beispiel 16.2: Starten des DHCP-Servers unter Red Hat **Red Hat**

```
root@host1:~ # touch /var/lib/dhcp/dhcpd.leases
root@host1:~ # /etc/rc.d/init.d/dhcpd start
Starting dhcpd:                                        [  OK  ]
root@host1:~ #
```

Damit der Start des DHCP-Servers bei jedem Bootvorgang erfolgt, muss im Standardrunlevel ein symbolischer Link auf das Startskript vorhanden sein. Stellen Sie bei einer SuSE-Distribution mit dem Programm `yast` ferner die Variable START_DHCPD auf den Wert `yes` ein.

Es sei an dieser Stelle nochmals erwähnt, dass es sich bei dem beschriebenen DHCP-Server um den des Internet Software Consortium (ISC) handelt.

16.2.4 Zusammenfassung

Auch wenn die Konfiguration des DHCP-Servers recht einfach vorzunehmen ist, sollen Sie an dieser Stelle doch die übliche Zusammenfassung erhalten. So können Sie in wenigen Punkten nochmals die notwendigen Schritte nachlesen.

1. Erstellen Sie die Konfigurationdatei `/etc/dhcpd.conf` des DHCP-Servers vom Internet Software Consortium (ISC). Legen Sie zu Beginn Einstellungen fest, die global für alle weiteren Einträge gelten.

2. Verwenden Sie die Deklaration `subnet`, um dem DHCP-Server mitzuteilen, für welche Subnetze er sich zuständig fühlen soll. Erstellen Sie mindestens eine `subnet`-Umgebung. Sie muss dem Netz entsprechen, an das Ihr DHCP-Server angeschlossen ist. Innerhalb von `subnet` können Sie mit dem Parameter `range` Adressbereiche angeben. Ein anfragender Client bekommt dann eine beliebige und nicht vergebene Adresse aus dem Pool zugeordnet.

3. Wenn Sie sicherstellen müssen, dass bestimmte Rechner immer dieselbe IP-Adresse erhalten, so freunden Sie sich mit der `host`-Umgebung an. In ihr tragen Sie über `hardware` die MAC-Adresse der Client-Netzwerkkarte ein. Mit `fixed-address` weisen Sie dann eine bestimmte IP-Adresse zu. Auf diese Weise haben Sie eine Zuweisung der Form MAC–>IP erstellt. Achten Sie ferner darauf, fest vergebene IP-Werte nicht zusätzlich in der `subnet`-Umgebung aufzuführen.

4. Im Verzeichnis `/etc/rc.d/init.d/` finden Sie bei den Distributionen SuSE und Red Hat ein Startskript, mit dem Sie den DHCP-Server aktivieren können. Es trägt unter SuSE den Namen `dhcp` und heißt unter Red Hat `dhcpd`. Verwenden Sie zum Start den Parameter `start`. Bei einer Red Hat-Distribution ist es ferner notwendig, dass Sie die Datei `/var/lib/dhcp/dhcpd.leases` im Voraus erstellen. Dies lässt sich am besten mit dem Kommando `touch` erledigen.

5. Prüfen Sie, ob in Ihrem Standardrunlevel ein symbolischer Link auf das Startskript vorhanden ist. Nur dann erfolgt der Start des DHCP-Servers bei jedem Bootvorgang.

6. Besitzer einer SuSE-Distribution müssen die Variable START_DHCPD mit dem Wert `yes` belegen. Dieser Vorgang lässt sich mit dem Programm `yast` durchführen.

16.3 Der DHCP-Client

Die Server-Komponente des Dynamic Host Configuration Protocol (DHCP) ist nun aktiv und Sie können den DHCP-Client einrichten. Stellen Sie zunächst sicher, dass der DHCP-Client des Internet Software Consortium (ISC) auf Ihrem Rechner installiert ist. Nur er bietet Ihnen ein Höchstmaß an Flexibilität und Stabilität. Da die Distributionen SuSE und Red Hat den ISC-Client nicht automatisch installieren, müssen Sie dies nachträglich erledigen.

16.3.1 Die Konfigurationsdatei `dhclient.conf`

Die Konfigurationsdatei des hier betrachteten Clients trägt den Namen `dhclient.conf` und befindet sich im Verzeichnis `/etc/`. Bei ihr handelt es sich um ein Textdokument, das Sie mit jedem beliebigen Editor bearbeiten können. Beginnen Zeilen mit dem Zeichen #, so wird der Text dahinter als Kommentar gedeutet.

```
#
# DHCP-Client
#
# /etc/dhclient.conf
#
# Erstellt von Jens Banning
#
```

Außerdem haben Sie anschließend die Möglichkeit, durch die Verwendung von Parametern mehrere Einstellungen zum Verhalten des Clients vorzunehmen. Die Parameter folgen allgemein der Syntax:

```
<Parameter> <Wert>;
```

Der Parameter `send dhcp-lease-time`

Sie haben bereits erfahren, dass der Client beim Server eine IP-Adresse ausleihen (leasen) darf. Sie wissen auch, dass der Client direkt nach einem Zeitraum fragen kann, für den er eine IP-Adresse ausleihen möchte. Verwenden Sie dazu in der Konfigurationsdatei `/etc/dhclient.conf` den Parameter `send dhcp-lease-time`:

```
send dhcp-lease-time <Sekunden>;
```

Geben Sie die gewünschte Zeitspanne in Sekunden an:

```
send dhcp-lease-time 7200;
```

Der Parameter `request`

Der DHCP-Server stellt anfragenden Clients neben einer IP-Adresse diverse Optionen, wie zum Beispiel die Subnetzmaske oder den Default-Router, zur Verfügung. Diese Optionen werden einem Client jedoch nur dann mitgeteilt, wenn er nach ihnen fragt. Daher sendet der Client eine Anfrage mit den Werten zum Server, die er von dort beziehen möchte. Auch wenn der Server weitere Informationen für den Client parat hält, werden nur die von Client erfragten Informationen zu diesem übertragen. Mit dem Parameter `request` formulieren Sie die Anfrage:

```
request <Option>, [..., ]
```

Im Beispiel rufen wir die Subnetzmaske, die Broadcastadresse, den Default-Router und den Hostnamen ab:

```
request subnet-mask, broadcast-address, routers, host-name;
```

Der Parameter `require`

Mit `request` definieren Sie auf dem Client die Optionen, die dieser gern vom Server erhalten möchte. Über den nun vorgestellten Parameter `require` legen Sie die Optionen fest, die der Client unbedingt erhalten muss:

```
require <Option>, [..., ]
```

Kann der Server die mit `require` angegebenen Informationen nicht liefern, weist der Client das Angebot des Servers komplett zurück, da es seinen Anforderungen nicht genügt. Da der Hostname in unserem Beispiel nicht grundsätzlich definiert ist, legen wir fest, dass der Client die Information nicht unbedingt benötigt:

```
require subnet-mask, broadcast-address, routers;
```

Der Parameter `default`

Sie haben gesehen, dass der Client vom Server Informationen mit dem Parameter `request` anfordert. Außerdem haben Sie die Möglichkeit, einige Informationen via `require` festzulegen, die Sie unbedingt vom Server erhalten müssen. In den bisherigen Beispielen haben Sie festgelegt, dass der Client zwar freundlichst seinen Hostnamen beim Server erfragt; Sie nehmen das Angebot des Servers jedoch auch an, wenn er diese Information nicht liefert, da der `host-name` nicht mit `require` definiert wurde.

Welchen Hostnamen hat der Client, wenn er ihn nicht über das Dynamic Host Configuration Protocol erhalten hat? Zunächst hat er den Namen, den Sie ihm als Administrator bei der Installation gegeben haben. Über den Parameter `default` können Sie in der Datei `dhclient.conf` einstellen, mit welchem Wert eine vom Server nicht erlangte Angabe belegt werden soll:

```
default <Option> <Wert>;
```

Geben Sie neben dem Namen den Defaultwert an:

```
default host-name host2;
```

Bedenken Sie jedoch, dass Ihnen der Parameter `default` zwar durchaus sehr hilfreich sein kann, wenn Sie zum Beispiel Wartungsarbeiten am DHCP-Server vornehmen und der Client dennoch die ein oder andere Option erhalten soll. Vergessen Sie aber nicht, dass Sie sich an `default`-Einträge in den Client-Konfigurationsdateien nach einer gewissen Zeit vielleicht nicht mehr erinnern und dass Sie sich dann mitunter wundern werden, wenn auf Ihrer Arbeitsstation ein Wert verwendet wird, den der Server gar nicht anbietet.

Der Parameter reject

Sie haben bereits erfahren, dass DHCP-Clients den Server per Broadcast im Netzwerk suchen, um von diesem ein Angebot einzuholen. Existieren mehrere DHCP-Server in Ihrem Netz, so verwendet der Client den, der ihm das beste Angebot liefert. Nun kann es aber durchaus passieren, dass Sie einen zweiten Server in ihrem Netzwerk haben, den Sie nur zu Testzwecken verwenden. Es ist dann natürlich sinnvoll, dass Clients von diesem Testrechner per DHCP überhaupt kein Angebot einholen. Über den Parameter `reject` in der Konfigurationsdatei `/etc/dhclient.conf` können Sie verhindern, dass sich der Client mit Angeboten eines bestimmten Rechners auseinander setzt:

```
reject <IP-Adresse>;
```

Im folgenden Beispiel weisen wir alle DHCP-Meldungen zurück, die uns vom Rechner mit der IP-Adresse 192.168.17.150 erreichen.

```
reject 192.168.17.150;
```

Der Parameter script

Sie haben bis zu diesem Zeitpunkt festgelegt, welche Informationen Ihre Arbeitsstation vom Server bekommen soll. Wie werden diese Werte nun umgesetzt? Sie haben Linux sicher als ein ausgesprochen flexibles Betriebssystem kennen gelernt, das Sie an vielen Stellen beeinflussen können. Auch der DHCP-Client besitzt prinzipiell keine eigene Logik, wie er die erlangten Vorgaben umsetzen soll. Über den Parameter `script` definieren Sie den Pfad zu einem Shell-Skript. Es analysiert letztendlich die Informationen und führt die notwendigen Arbeiten an der Arbeitsstation durch.

```
script "<Pfad>";
```

Übergeben Sie dem Parameter den Pfad zu Ihrem Skript. Nun ist es natürlich nicht notwendig, dass Sie das Skript neu erstellen. Bei der Installation des ISC-DHCP-Clients wird im Verzeichnis `/sbin/` bereits eine Datei namens `dhclient-script` erstellt, die Sie verwenden können.

```
script "/sbin/dhclient-script";
```

Wenn Sie einen Blick in die oben genannte Datei werfen, erkennen Sie leicht, dass es sich tatsächlich um ein Skript handelt. Anhand der ersten Zeilen können Sie auch erkennen, dass es durchaus sinnvoll ist, sich mit dem Inhalt auseinander zu setzen.

```
root@host1:~ # head -5 /sbin/dhclient-script
#!/bin/sh
# dhclient-script for Linux. Dan Halbert, March, 1997.
# Updated for Linux 2.[12] by Brian J. Murrell, January 1999.
```

```
# No guarantees about this. I'm a novice at the details of Linux
# networking.
root@host1:~ #
```

Wie funktioniert nun die Umsetzung der per DHCP erlangten Informationen im Detail? Diese Frage ist einfacher zu beantworten, als Sie glauben. Wenn der DHCP-Client den Server kontaktiert und von diesem diverse Werte mitgeteilt bekommt, speichert er sie zunächst in Umgebungsvariablen ab. Anschließend startet er `/sbin/dhclient-script`, das die Variablen analysiert und die entsprechenden Kommandos wie zum Beispiel `ifconfig` aufruft. Nach dem Ablauf des Skripts sind die Variablen dann nicht mehr gültig.

Durch diesen Mechanismus ist das Client-Skript sehr leicht zu verändern oder gar neu zu erstellen. Es kann ja durchaus sein, dass Sie die erlangten Informationen nicht nur umsetzen, sondern sie zusätzlich in einer Datei (vielleicht im HTML-Format) protokollieren möchten.

Nun soll noch erklärt werden, wie die Umgebungsvariablen heißen. Sie erinnern sich daran, dass der Client vom Server eine IP-Adresse lediglich ausleiht. Wenn er diese Leihgabe wieder zurückgeben muss, bittet er den Server erneut um eine (möglichst die gleiche) IP-Adresse. Auf diese Weise befragen Clients den Server in periodischen Abständen. Bevor die neuen Informationen umgesetzt werden, ist es mitunter notwendig, die zuvor aktiven Werte auszuschalten. Aus diesem Grund gibt es eine Reihe von Variablen, die mit der Zeichenkette `old_` beginnen, und einige, die mit `neu_` anfangen. Ihr folgt direkt der Name der vom Server erlangten Option, wobei das Zeichen – durch _ ersetzt wird. Im Beispiel wären im Shell-Skript unter anderem die folgenden Variablen verfügbar:

```
new_routers=192.168.1.254
new_subnet_mask=255.255.255.0
new_broadcast_address=192.168.17.255
new_ip_address=192.168.17.2
```

Neben den Optionen `routers`, `subnet-mask` und `broadcast-address` wird die erlangte IP-Adresse in der Variablen `new_ip_address` gespeichert. Entsprechend werden die Werte, die jetzt nicht mehr gültig sind, in Variablen gespeichert, die mit `old_` beginnen.

Falls Ihre DHCP-Kommunikation nicht einwandfrei funktioniert, sollten Sie auch daran denken, das eben genannte Skript zu prüfen.

16.3.2 Beispiel

Erstellen Sie nun auf den Rechnern Host2, Host3 usw. in Ihrem Netzwerk die Datei `/etc/dhclient.conf` und tragen Sie die folgenden Informationen ein:

```
#
# DHCP-Client
#
```

```
# /etc/dhclient.conf
#
# Erstellt von Jens Banning
#

#
# Der Client moechte eine IP-Adresse fuer zwei Stunden
# ausleihen.
#

send dhcp-lease-time 7200;

#
# Der Client moechte vom Server die folgenden Informationen:
#

request subnet-mask, broadcast-address, routers, host-name;

#
# Subnetzmaske, Broadcastadresse und Default-Router muss der
# Client unbedingt erhalten.
#

require subnet-mask, broadcast-address, routers;

#
# Die erlangten Informationen werden ueber das Shell-Skript
# /sbin/dhclient-script umgesetzt.
#

script "/sbin/dhclient-script";

#
# Auf dem Rechner mit der IP-Adresse 192.168.17.150 ist ein
# DHCP-Server lediglich aus Testgruenden aktiv. Der Client
# weist seine Antworten deshalb zurueck.
#

reject 192.168.17.150;
```

Der DHCP-Client leiht sich somit für die Dauer von zwei Stunden vom Server eine IP-Adresse aus. Ferner fragt er nach

- der Subnetzmaske,
- der Broadcastadresse,
- dem Default-Router und
- dem Hostnamen,

wobei er auf letzteren durchaus verzichten kann. Die auf diesem Wege in Erfahrung gebrachten Informationen werden an das Shell-Skript `/sbin/dhclient-script` übergeben und dort umgesetzt. Falls im Netzwerk ein DHCP-Server auf dem Rechner mit der Adresse 192.168.17.150 existiert, wird er ignoriert.

16.3.3 Aktivierung des Clients

Die Konfiguration des Clients ist abgeschlossen und Sie haben alle Einstellungen vorgenommen. Damit der DHCP-Client gestartet wird, ist es notwendig, dass das Skript `/etc/rc.d/initd/dhclient` aufgerufen wird. Dies brauchen Sie jedoch nicht selbst zu tun. Damit die Konfiguration der Netzwerkkarte mit dem Dynamic Host Configuration Protocol erfolgt, ist eine bestimmte Einstellung in dem grafischen Administrationstool Ihrer Linux-Distribution erforderlich.

SuSE Starten Sie unter SuSE das Programm YaST:

```
root@host2:~ # yast2
```

Verzweigen Sie anschließend in den Punkt NETZWERK/GRUNDEINSTELLUNGEN und aktivieren Sie DHCP für die Netzwerkkarte (siehe Abbildung 16.3).

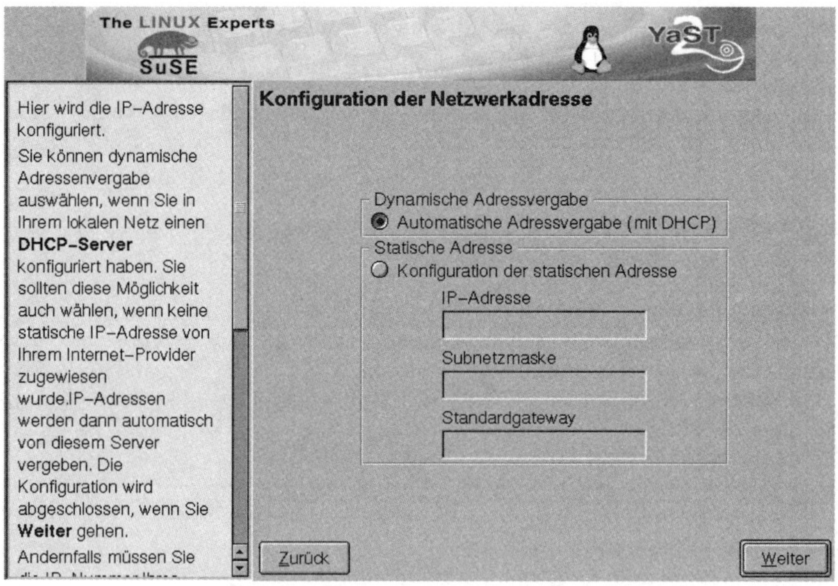

Abbildung 16.3: Aktivierung des DHCP-Clients unter SuSE

Red Hat Red Hat-Anwender starten das Programm LinuxConf. Durch die Anwahl von NETZWERK/GRUNDEINSTELLUNGEN/ALLGEMEINES können Sie dann DHCP für Ihre Netzwerkkarte aktivieren (siehe Abbildung 16.4).

```
root@host2:~ # linuxconf
```

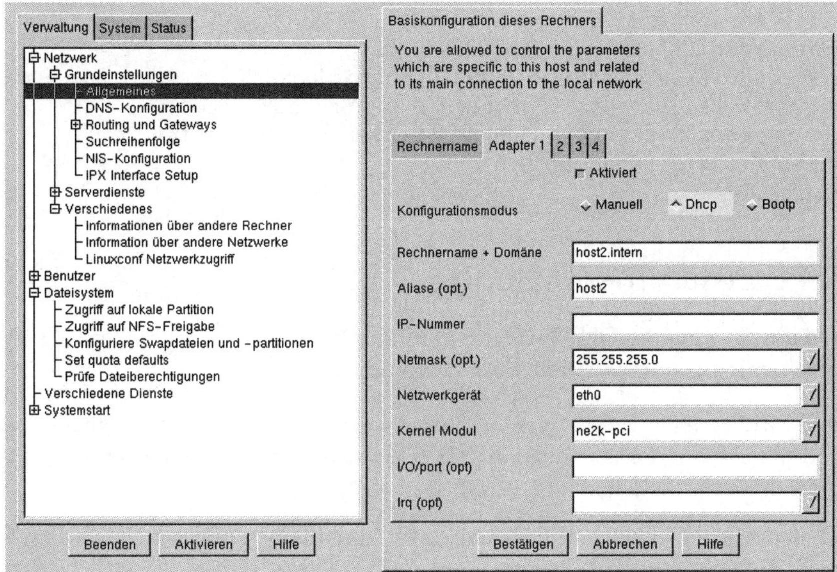

Abbildung 16.4: Aktivierung des DHCP-Clients unter Red Hat

Nach dem Neustart des Rechners erhält die Netzwerkkarte die Konfiguration per DHCP. Da es unter Linux jedoch nie notwendig ist, einen Neustart durchzuführen, können Sie das Skript `/etc/rc.d/init.d/dhclient` direkt mit dem Parameter `start` aufrufen. Die DHCP-Kommunikation wird anschließend sofort aktiv.

Beispiel 16.3: Starten des DHCP-Clients

```
root@host2:~ # /etc/rc.d/init.d/dhclient start
Starting service dhcp client on eth0                    done
root@host2:~ #
```

Dass sich die Netzwerkkarte tatsächlich per DHCP eingerichtet hat, sehen Sie, wenn Sie das Kommando `ifconfig` auf dem Clientrechner starten. Im folgenden Beispiel wurde der MAC-Adresse 00:00:B4:30:CA:16 vom DHCP-Server fest die IP-Adresse 192.168.17.2 zugewiesen.

Beispiel 16.4: Einsehen der Netzwerkkarten-Konfiguration

```
root@host2:~ # ifconfig
eth0 Link encap:Ethernet  HWaddr 00:00:B4:30:CA:16
     inet addr:192.168.17.2  Bcast:192.168.17.255
                             Mask:255.255.255.0
     UP BROADCAST RUNNING MULTICAST  MTU:1500  Metric:1
     RX packets:369 errors:0 dropped:0 overruns:0 frame:0
     TX packets:402 errors:0 dropped:0 overruns:0 carrier:0
     collisions:0 txqueuelen:100
     Interrupt:9 Base address:0x300
```

```
lo     Link encap:Local Loopback
       inet addr:127.0.0.1  Mask:255.0.0.0
       UP LOOPBACK RUNNING  MTU:3924  Metric:1
       RX packets:8 errors:0 dropped:0 overruns:0 frame:0
       TX packets:8 errors:0 dropped:0 overruns:0 carrier:0
       collisions:0 txqueuelen:0
root@host2:~ #
```

16.3.4 Zusammenfassung

Auch die Einrichtung des DHCP-Clients erfolgt in mehreren Schritten, die Sie an dieser Stelle nochmals zusammengefasst durchlesen können.

1. Achten Sie erstens darauf, dass auf Ihrem Linux-System nur der DHCP-Client des Internet Software Consortium (ISC) installiert ist. Er bietet ein Maximum an Flexibilität und an Stabilität.

2. Erstellen Sie die Konfigurationsdatei `/etc/dhclient.conf`. In ihr tragen Sie ein, welche Informationen der Client vom DHCP-Server erhalten möchte (`request`) und welche er unbedingt beziehen muss (`require`). Außerdem wird festgelegt, wie lange der Client die Werte des Servers ausleihen möchte. Ein wichtiger Parameter ist `script`. Er zeigt auf das Shell-Skript, das die vom Server erlangten Informationen umsetzt.

3. Im Skript werden die zur Verfügung gestellten Umgebungsvariablen analysiert. Anschließend werden die entsprechenden Aktionen durchgeführt. Falls Ihr DHCP-Client fehlerhaft funktioniert, müssen Sie das Shellskript (default: `/sbin/dhclient-script`) prüfen. Sie haben natürlich auch die Möglichkeit, das Skript zu verändern oder gar neu zu erstellen.

4. Um Ihrer Distribution mitzuteilen, dass die Netzwerkkarte jetzt per DHCP eingerichtet werden soll, starten Sie das grafische Administrationstool. Es trägt unter SuSE den Namen YaST und heißt unter Red Hat LinuxConf.

5. Damit der DHCP-Client sofort aktiv ist, rufen Sie das Skript `dhclient` im Verzeichnis `/etc/rc.d/init.d/` mit der Option `start` auf.

16.4 Der DHCP-Relay Agent

Sie kennen jetzt die DHCP-Komponenten Server und Client. Sie wissen auch, dass der Client, um den Server zu finden, eine Broadcast in das Netzwerk schickt. Broadcasts beschränken sich jedoch nur auf das Netzwerksegment, an das auch der Client angeschlossen ist. Mit anderen Worten: Ein Router lässt diese Art von Meldungen nicht durch. Da ein DHCP-Server natürlich für mehrere Subnetze zuständig sein kann, wird der Einsatz einer weiteren Komponente notwendig: des DHCP-Relay Agent.

16.4.1 Der Dämon dhcrelay

Der DHCP-Relay Agent stammt ebenfalls vom Internet Software Consortium. Er wird durch einen Dämon repräsentiert, der den Namen `dhcrelay` trägt. Welche Aufgabe hat der DHCP-Relay Agent und wie wird er gestartet? Beschäftigen wir uns zunächst mit der ersten Frage. Nehmen wir an, unsere Clients befinden sich im Class-C-Netz 192.168.17.0 und im Netz 192.168.18.0. Der DHCP-Server ist jedoch auf dem Rechner 192.168.17.1 aktiv. Setzen wir ferner voraus, dass der DHCP-Server so konfiguriert wurde, dass er sich auch für 192.168.18.0 zuständig fühlt. Dieses erreichen Sie, indem Sie in die Konfigurationsdatei `/etc/dhcpd.conf` zum Beispiel die folgenden Zeilen einfügen:

```
#
# Das Class-C-Netz 192.168.18.0
#

subnet 192.168.18.0 netmask 255.255.255.0 {
   range 192.168.18.1 192.168.18.50;
}
```

Versucht ein Rechner aus dem zweiten Netz den DHCP-Server zu erreichen, so gelingt ihm dies per Broadcast nicht. Installieren Sie deshalb auf einem Rechner in 192.168.18.0 (zum Beispiel 192.168.18.1) einen DHCP-Relay Agent. Er ist in der Lage, die Client-Broadcasts anzunehmen und per Unicast an den Server im entfernten Netzwerk zu schicken. Da die Unicast bekannterweise Router passieren darf, ist es unerheblich, wie viele Netze zwischen Relay Agent und Server liegen. Der Relay Agent muss nur in dem Netz aktiv sein, in dem die anfragenden Clients stationiert sind.

In Abbildung 16.5 wird das Zusammenspiel zwischen den Komponenten Client, Relay Agent und Server dargestellt.

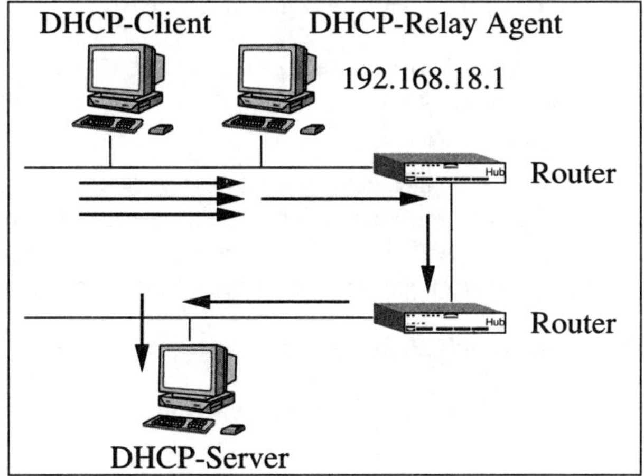

Abbildung 16.5: Funktion des DHCP-Relay Agents

Das ausführbare Programm, das den Dämonprozess startet, finden Sie im Verzeichnis `/usr/sbin/` unter dem Namen `dhcrelay`. Administratoren einer SuSE-Distribution finden zusätzlich ein gleichnamiges Startskript im Verzeichnis `/etc/rc.d/init.d/`. Damit Sie es verwenden können, ist es notwendig, dass Sie mit dem Programm `yast` die Variable DHCRELAY_SERVERS mit der IP-Adresse des DHCP-Servers belegen (siehe Abbildung 16.6). Starten Sie das Programm auf dem Rechner 192.168.18.1.

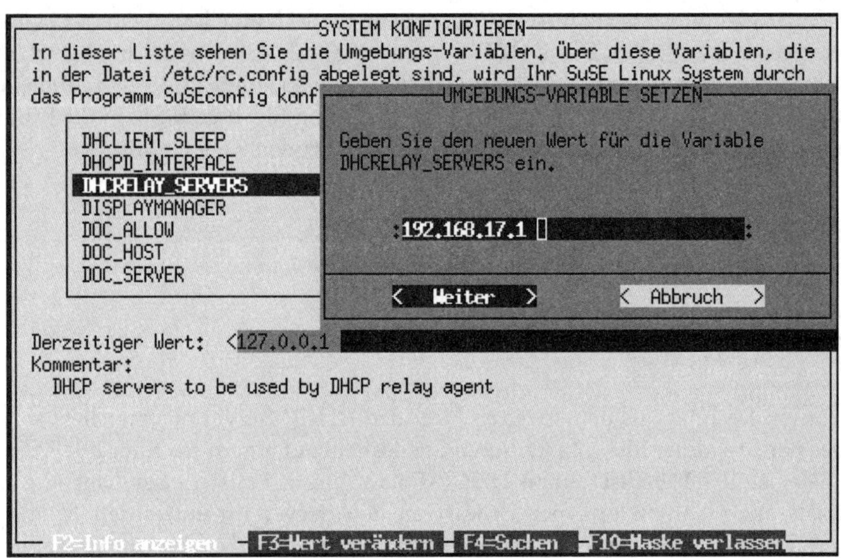

Abbildung 16.6: Einrichtung des DHCP-Relay Agents unter SuSE

Die Konfiguration ist nun abgeschlossen und der Relay Agent kann unter einer SuSE-Distribution gestartet werden.

SuSE

Beispiel 16.5: Starten des DHCP-Relay Agents unter SuSE

```
root@host18-1:~ # /etc/rc.d/init.d/dhcrelay start
Starting service dhcp relay agent                      done
root@host18-1:~ #
```

Red Hat

Unter Red Hat-Linux gibt es leider kein Startskript, sodass es Ihnen nicht erspart bleibt, den Relay Agent direkt zu starten. Damit der Start bei jedem Bootvorgang erfolgt, empfiehlt es sich, den Aufruf in das Startskript des Netzwerks einzubauen (`/etc/rc.d/init.d/network`) oder ein neues Skript zu erstellen.

Red Hat

Beispiel 16.6: Starten des DHCP-Relay Agents unter Red Hat

```
root@host18-1:~ # /usr/sbin/dhcrelay -q 192.168.17.1
root@host18-1:~ #
```

Denken Sie daran, dass ein symbolischer Link im Standardrunlevel existieren muss, damit die DHCP-Komponente grundsätzlich aktiviert wird. Setzen Sie bei einer SuSE-Distribution ferner mit dem Programm `yast` die Variable START_DHCRELAY auf den Wert `yes`.

17 Aufbau eines Verzeichnisdienstes mit LDAP

In diesem Kapitel werden Ihnen die grundlegenden Funktionen und Kommandos erklärt, die zum Aufbau eines Verzeichnisdienstes verwendet werden. Dabei erfahren Sie zuerst, was ein Verzeichnisdienst ist und welchen Nutzen er für Sie hat.

17.1 Funktion

Bei einem Verzeichnisdienst handelt es sich im Prinzip um eine Datenbank, in der Sie beliebige Informationen abspeichern können. Hierbei kann es sich neben Benutzerdaten zum Beispiel auch um Daten über Gebäude oder Rechner handeln. Letztlich bestimmen Sie den Inhalt der Datenbank. Bis zu dieser Stelle können Sie am Verzeichnisdienst vermutlich noch keine große Neuerung erkennen. Der eigentliche Vorteil ist, dass es sich bei dem Directory Service (DS, zu Deutsch: Verzeichnisdienst) um eine Datenbank handelt, die baumartig strukturiert ist. Abbildung 17.1 stellt einen DS-Baum dar, in dem Informationen zu drei Benutzern enthalten sind.

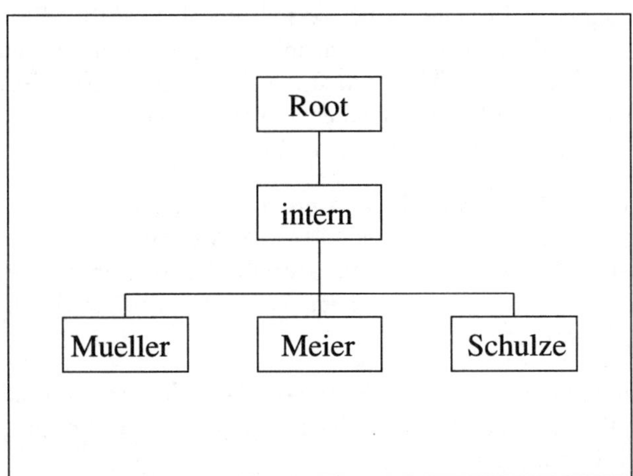

Abbildung 17.1: Struktur eines Verzeichnisdienstes

Sie erkennen in der obersten Ebene ein Element mit dem Namen Root. Es stellt die Wurzel des DS dar. Darunter existiert eine Struktur `intern`, die die in diesem Buch verwendete Organisation beschreibt. Unterhalb von `intern` finden Sie dann die drei Benutzer. Sicher ist Ihnen gleich aufgefallen, dass diese Aufteilung der Struktur in Ihrem Dateisystem ähnelt. In beiden Fällen gibt es eine Wurzel (Root) sowie Verzeichnisse und Unterverzeichnisse, in denen die Informationen abgelegt sind. Betrachten wir als Analogie die Pfade in Ihrem Dateisystem, die der obigen Abbildung entsprechen würden.

```
/intern/Mueller
/intern/Meier
/intern/Schulze
```

Das obige Beispiel sollte nur der Verständlichkeit dienen. Einen fachlichen Zusammenhang zwischen dem Dateisystem und dem Verzeichnisdienst gibt es nicht. Welchen Vorteil die Directory Services gegenüber einer üblichen Datenbank haben, haben Sie sicher schon erkannt. Durch die strukturierte Speicherung der Informationen erhöht sich die Zugriffsgeschwindigkeit erheblich. Wird eine Information aus dem Verzeichnisdienst benötigt, so wird sie ähnlich wie im Dateisystem deshalb schnell gefunden, weil sie lediglich in einem Teil des gesamten Baums (nämlich in einem Verzeichnis) gesucht werden muss.

Denken Sie in diesem Zusammenhang auch daran, wie Sie im privaten Bereich Ihre Papiere usw. sortieren. Wenn Sie sie alle „auf einen Haufen" ablegen, dauert die Suche nach einem bestimmten Dokument natürlich wesentlich länger, als wenn Sie einen Ordner erstellt haben, der in mehrere Bereiche untergliedert ist.

Der große Vorteil eines Verzeichnisdienstes liegt demnach in der strukturierten Speicherung der Daten und in dem damit verbundenen schnellen Zugriff.

Die Organisation des DS und die Bearbeitung der in ihm enthaltenen Informationen erfolgt mit dem Lightweight Directory Access Protocol (LDAP). Selbstverständlich besteht die Möglichkeit, auf eine LDAP-Datenbank zuzugreifen, die sich auf einem anderen Rechner im Netzwerk befindet. Bevor wir uns jedoch im weiteren Verlauf dieses Kapitels mit dem Zugriff auf den Verzeichnisdienst beschäftigen, werden Sie zunächst genau erfahren, wie ein Directory Service aufgebaut ist.

Alle Einträge in einem Verzeichnisdienst werden als Objekte bezeichnet. In Abbildung 17.1 sind die Objekte `Root`, `intern`, `Mueller`, `Meier` und `Schulze` vorhanden. Das Objekt `Root` existiert grundsätzlich und beschreibt den Beginn der gesamten Struktur. Alle anderen Objekte können Sie selbst erstellen. Dabei unterscheidet man zwischen Containern und Blattobjekten.

- Container sind Objekte, die lediglich eine strukturelle Funktion haben. Sie spiegeln keine Informationen wider, sondern dienen lediglich zur Gliederung (analog zu Verzeichnissen im Dateisystem).
- Die Informationen werden in Blattobjekten abgelegt (analog zu Dateien im Dateisystem). Sie repräsentieren zum Beispiel einen Benutzer, ein Gebäude, einen Rechner oder einen Raum.

Es gibt eine Reihe von Containerobjekten, die Sie für die weitere Arbeit unbedingt kennen müssen:

- Mit „Root" wird die Wurzel des gesamten Baumes beschrieben. Dieses Objekt gibt es grundsätzlich, ohne dass Sie es anlegen müssen.
- Mit „Country" haben Sie die Möglichkeit, ein Objekt zu erstellen, das ein Land beschreibt. Das Country-Objekt wird durch das Zeichen `c` repräsentiert. Es kann nur

unterhalb von Root erstellt werden. Die Benutzung des Country-Objektes ist optional und es darf maximal einmal verwendet werden.

- Zum Beschreiben einer Organisation (wie zum Beispiel `intern`) dient „Organization" (kurz: `o`). Wenn ein Country-Objekt vorhanden ist, so muss die Organisation direkt unter dem Land stehen. Fehlt „Country" muss „Organization" unter Root erstellt werden. Die Verwendung dieses Eintrages ist unbedingt erforderlich. Sie dürfen mehrere Organisationen auf der gleichen Ebene erstellen.
- Der letzte strukturelle Eintrag heißt „Organizational Unit". Der mit `ou` abgekürzte Container dient zur weiteren Unterteilung einer Organisation, wo Sie ihn beliebig oft verwenden dürfen. Ebenfalls ist es möglich, eine `ou` unter einer `ou` zu erstellen

Die eigentlichen Informationen, die in Form von Blattobjekten erstellt werden, dürfen unterhalb einer Organisation `o` oder einer organisatorischen Einheit `ou` angelegt werden. Sie repräsentieren die Blätter des gesamten Baumes und dürfen daher keine weiteren Objekte enthalten. Das Kürzel `cn` steht für „Common Name" und beschreibt ein Blattobjekt. In Abbildung 17.1 ist `intern` ein Container vom Typ `o`, während die Benutzer Blätter des Baumes sind (`cn`).

In Abbildung 17.2 sehen Sie einen etwas größeren Verzeichnisbaum. Er soll Ihnen die Verwendung der gerade beschriebenen Strukturen verdeutlichen.

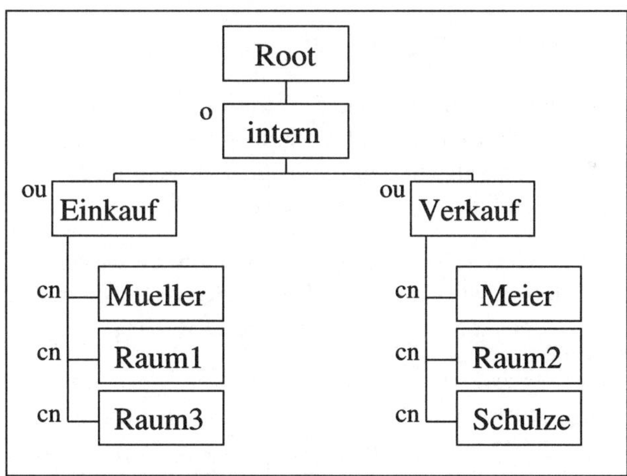

Abbildung 17.2: Beispiel eines Verzeichnisdienstes

Es ist durchaus möglich, dass zwei oder mehrere Objekte mit dem gleichen Namen (analog zu Dateien im Dateisystem) im Directory Service existieren. Um die einzelnen Objekte eindeutig zu identifizieren, werden sie über ihren Distinguished Name angesprochen. Dieser ist mit dem kompletten Pfad in einem Dateisystem vergleichbar und beschreibt die Position des Objekts im Baum. Der Benutzer Meier hat demnach in Abbildung 17.2 den Distinguished Name:

```
dn: cn=meier, ou=Verkauf, o=intern
```

Jedes Objekt im Directory Service besteht zum einen aus seinem Namen, der auch bei Containerobjekten mit `cn` bezeichnet wird. Außerdem hat ein Objekt natürlich diverse Eigenschaften. Sie werden Attribute genannt. In Tabelle 17.1 finden Sie die Attribute des Benutzers Meier.

Attribut	**Wert**
Name	Stefan Meier
Mail	meier@intern
Telefon	151

Tabelle 17.1: Attribute eines Blattobjekts

In diesem Kapitel werden Sie das folgende Vorhaben realisieren: Sie richten einen Verzeichnisdienst ein, der die Informationen aus Abbildung 17.1 enthält. Für jeden Benutzer geben Sie Attribute an, die seinen Namen, seine Mail-Adresse und seine Telefonnummer beschreiben. Auf die somit vorhandenen Informationen greifen Sie anschließend mit diversen Kommandos zu.

Abschließend sollen Sie den Verzeichnisdienst als Adressbuch im Programm `netscape` verwenden.

17.2 Der LDAP-Server

In den folgenden Unterabschnitten werden Sie einen LDAP-Server einrichten. Sie erstellen die zentrale Konfigurationsdatei und fügen die ersten Daten in den Verzeichnisdienst ein. Außerdem starten Sie natürlich den Serverprozess, damit alle Clients im Netzwerk die Möglichkeit haben, den Directory Service anzusprechen.

Bei allen in diesem Buch vorgestellten Diensten wurden die zurzeit der Erstellung aktuellen Versionen beschrieben, wie sie in den Distributionen SuSE und Red Hat verwendet werden. Der LDAP-Server stammt von der OpenLDAP-Organisation und liegt in den genannten Distributionen in der Version 1.2 vor.

Da aber bereits die nächste Version 2.0 (1.3 usw. gab es nicht) zur Verfügung steht, werden die Ausführungen in diesem Kapitel so sein, dass sie unter beiden Versionen funktionstüchtig sind. Die Unterschiede werden Ihnen selbstverständlich nicht vorenthalten.

17.2.1 Die Konfigurationsdatei `slapd.conf`

Die Konfigurationsdatei des LDAP-Servers trägt den Namen `slapd.conf`. Sie finden sie im Verzeichnis `/etc/openldap/`. In diesem Textdokument beginnen die Kommentare, wie könnte es anders sein, mit dem Zeichen #.

```
#
# LDAP-Server
```

```
#
# /etc/openldap/slapd.conf
#
# Erstellt von Jens Banning
#
```

Innerhalb der Datei können Sie dann diverse Parameter verwenden, die das Verhalten des Servers beeinflussen. Verwenden Sie sie generell in der Form:

```
<Parameter> <Wert>
```

Der Parameter `include`

Über den Parameter `include` ist es möglich, eine andere Datei in die Konfiguration des LDAP-Servers miteinzubeziehen. In der Regel finden Sie in der standardmäßig vorhandenen Konfiguration den Pfad zu einer Datei, in der definiert wird, welche Objekte und Attribute LDAP verwalten kann:

```
include <Pfad>
```

Wir können in diesem Kapitel auf den Parameter `include` verzichten, da wir LDAP so einrichten werden, dass wir all die Objekte erstellen können, die wir auch erstellen möchten.

Der Parameter `schemacheck`

Die Menge aller möglichen Objekte und Attribute wird unter LDAP als Schema bezeichnet. Da wir uns im Weiteren nicht an das Schema halten wollen, sollten Sie dieses dem LDAP-Server mitteilen:

```
schemacheck <on|off>
```

Setzen Sie den Parameter auf `off`, um die Prüfung zu unterbinden:

```
schemacheck off
```

Der Parameter `database`

Über den Parameter `database` legen Sie fest, welches Format Ihre LDAP-Datenbank hat:

```
database <Format>
```

Verwenden Sie grundsätzlich den Typ `ldbm` (LDAP Database Manager):

```
database ldbm
```

Der Parameter `directory`

Das Format der Datenbank haben Sie bereits bestimmt. Mit dem Parameter `directory` legen Sie fest, in welchem Verzeichnis der LDAP-Server seine Datenbank ablegt:

```
directory <Pfad>
```

Verwenden Sie im Beispiel das Verzeichnis `/var/lib/ldap/`:

```
directory /var/lib/ldap
```

Der Parameter lastmod

Der LDAP-Server ist in der Lage, zu jedem Objekt einige Attribute automatisch zu erstellen und zu pflegen. In ihnen trägt er ein, wer das Objekt wann erstellt hat und wer das Objekt zuletzt bearbeitet hat. Die Attribute haben die Namen:

- `creatorsName`
- `createTimestamp`
- `modifiersName`
- `modifyTimestamp`

Ob diese Objekteigenschaften erstellt werden oder nicht, bestimmen Sie mit dem Parameter `lastmod`:

```
lastmod <on|off>
```

Schalten Sie ihn für das Vorhaben dieses Kapitels aus:

```
lastmod off
```

Der Parameter suffix

Der LDAP-Server speichert später in seiner Datenbank eine Reihe von Informationen ab, die Sie ihm zuvor mitgeteilt haben. Wenn ein Client eine Anfrage an den Server stellt, so wird sie nur beantwortet, wenn sie sich auf einen Distinguished Name bezieht, der auf den Container endet, den Sie mit dem Parameter `suffix` angeben:

```
suffix "<dn>"
```

Da im Beispiel als oberster Container die Organisation `intern` stehen wird, verwenden Sie den folgenden Eintrag:

```
suffix "o=intern"
```

Der Parameter rootdn

Wenn Sie später die Informationen des Directory Service bearbeiten möchten, müssen Sie sich (wie an jeder anderen Datenbank auch) dort anmelden. Mit dem Parameter `rootdn` geben Sie den Distinguished Name des Benutzers an, der Administrator des Verzeichnisdienstes ist. Es ist nicht erforderlich, dass der hier angegebene User existiert.

```
rootdn "<dn>"
```

Verwenden Sie im Beispiel den Benutzer `admin` in der Organisation `intern`. Ob Sie ihn später anlegen, bleibt Ihnen überlassen und hat eher kosmetische Gründe.

```
rootdn "cn=admin, o=intern"
```

Der Parameter rootpw

Wenn Sie mit `rootdn` den Namen eines Administrators angeben, müssen Sie außerdem auch dessen Passwort festlegen. Benutzen Sie zu diesem Zweck `rootpw`:

```
rootpw [Art]<Passwort>
```

Sie haben an dieser Stelle die Möglichkeit, das Passwort im Klartext anzugeben:

```
rootpw linux
```

Es gibt jedoch auch die Möglichkeit, das Kennwort in der unter Linux üblichen Verschlüsselung anzugeben, wie sie auch für die Benutzerkennwörter des Betriebssystems verwendet wird. Verwenden Sie dazu zusätzlich die Zeichenkette `{CRYPT}`:

```
rootpw {CRYPT}zsOQLoUVZvS6E
```

Der Parameter defaultaccess

Wenn Sie sich ordnungsgemäß mit `rootdn` und `rootpw` anmelden, haben Sie alle Zugriffsrechte auf die Informationen des Verzeichnisdienstes. Erfolgt jedoch keine Anmeldung, so existieren genau die Rechte, die Sie mit dem Parameter `defaultaccess` festlegen:

```
defaultaccess <none|compare|search|read|write|delete>
```

Während `none` jeglichen Zugriff verbietet, haben Sie mit `compare` die Möglichkeit, vergleichende Anfragen zu stellen. Um zusätzlich die Suche zu erlauben, verwenden Sie `search`. `read` enthält die vorherigen Werte und Sie dürfen alle Informationen lesen. Mit `write` dürfen Sie sie auch ändern; mit `delete` sogar löschen. Erlauben Sie allen anfragenden Clients, die Informationen des LDAP-Servers zu lesen:

```
defaultaccess read
```

Der Parameter access

Mit dem Parameter `defaultaccess` wird die Standardberechtigung auf den Verzeichnisdienst festgelegt. Falls Sie jedoch auf bestimmte Objekte oder Attribute besondere Rechte festlegen möchten, benutzen Sie den Parameter `access`. Denken Sie daran, dass der über `rootdn` definierte Benutzer grundsätzlich alle Rechte hat und dass er die per `defaultaccess` und `access` definierten Berechtigungen ignoriert.

```
access to <Objekt|Attribut>
       by <Objekt> <Recht>
       [by <Objekt> <Recht>]
       [...]
```

Zunächst wird über `access to` festgelegt, auf welches Objekt oder welches Attribut sich die Beschränkung bezieht. Geben Sie entweder den Distinguished Name des Objekts an (`dn=`) oder aber die Zeichenkette `attr=` und den Namen des Attributs. In den folgenden Zeilen legen Sie fest, wer welche Rechte auf die zuvor definierten Informationen hat. Das Zeichen * steht hierbei für alle Objekte, während `self` bedeutet, dass man den Zugriff nur für das eigene Objekt beschreibt:

```
access to attr=userPassword
       by self write
       by * none

access to dn="cn=admin,o=intern"
       by * none

access to *
       by * read
```

Sie haben später die Möglichkeit, zu jedem Benutzerobjekt auch ein Passwort-Attribut festzulegen. Was Sie mit diesem Passwort machen können, erfahren Sie im Zusammenhang mit dem LDAP-Client. Es ist natürlich sinnvoll, dass jeder Benutzer sein eigenes Passwort ändern kann. Die erste `access`-Regel erlaubt dies und verbietet allen anderen Objekten den Zugriff. In der zweiten Regel wird jedem der Zugriff auf das `admin`-Objekt untersagt. Schließlich wird mit der letzten Regel zur Sicherheit noch einmal allen Clients das Leserecht auf alle Objekte gegeben. Die per `access` definierten Richtlinien werden der Reihe nach abgearbeitet. Daraus ergibt sich, dass die speziellen Beschränkungen vor den allgemeinen erfolgen müssen.

17.2.2 Beispiel

Installieren Sie auf dem Rechner Host1 die folgende Datei:

```
#
# LDAP-Server
#
# /etc/openldap/slapd.conf
#
# Erstellt von Jens Banning
#

#
# Schemacheck ausschalten
#

schemacheck off

#
# Die Datenbank hat das Format ldbm und befindet sich
# im Verzeichnis /var/lib/ldap.
#

database ldbm
directory /var/lib/ldap
```

```
#
# Die Zugriffsattribute sollen nicht erstellt werden.
#

lastmod off

#
# Die Datenbank fuehlt sich fuer Anfragen zustaendig,
# die unterhalb von o=intern liegen.
#

suffix "o=intern"

#
# Der Administrator ist cn=admin, o=intern mit dem
# Passwort linux.
#

rootdn "cn=admin, o=intern"
rootpw linux

#
# Das Defaultrecht ist lesen. Auf moegliche Attribute
# userPassword hat nur der Eigentuemer schreibende Rechte.
# Allen anderen ist der Zugriff untersagt. Auch das Adminis-
# tratorobjekt ist fuer jedermann unsichtbar.
#

defaultaccess read

access to attr=userPassword
       by self write
       by * none

access to dn="cn=admin,o=intern"
       by * none

access to *
       by * read
```

17.2.3 Der Dämon slapd

Die Konfigurationsdatei ist erstellt. Nichts hindert Sie mehr daran, den LDAP-Server zu starten. Er befindet sich im Verzeichnis /usr/lib/openldap/ unter SuSE bzw. im Verzeichnis /usr/sbin/ unter Red Hat und trägt den Namen slapd. Wie bei allen anderen Netzwerkdiensten haben die Distributionen SuSE und Red Hat auch hier ein Startskript in dem Verzeichnis /etc/rc.d/init.d/, das den oben beschriebenen Serverprozess startet. Es trägt jeweils den Namen ldap.

SuSE

Beispiel 17.1: Starten des LDAP-Servers unter SuSE

```
root@host1:~ # /etc/rc.d/init.d/ldap start
Starting ldap-server.                              done
root@host1:~ #
```

Red Hat

Beispiel 17.2: Starten des LDAP-Servers unter Red Hat

```
root@host1:~ # /etc/rc.d/init.d/ldap start
Starting slapd:                                  [  Ok  ]
root@host1:~ #
```

Damit der Start des LDAP-Servers bei jedem Bootvorgang erfolgt, müssen Sie sicherstellen, dass im Standardrunlevel ein symbolischer Link auf das Startskript vorhanden ist. Nähere Informationen finden Sie in [Hein1999].

Besitzer einer Linux-Distribution aus dem Hause SuSE müssen außerdem die Variable START_LDAP auf `yes` setzen. Verwenden Sie zu diesem Zweck das Programm `yast`.

17.2.4 Das Format LDIF

Die Informationen werden in der LDAP-Datenbank in dem Format LDBM abgespeichert. Hierbei handelt es sich um Binärdateien, die Sie nicht direkt mit einem Editor bearbeiten können. Damit Sie als Administrator die Möglichkeit haben, Objekte und Attribute in den LDAP-Baum einzutragen, existiert ein weiteres, textbasiertes Format. Es heißt LDAP Data Interchange Format (LDIF). Mit ihm können Sie alle zum Verzeichnisdienst hinzuzufügenden Einträge festlegen. Durch einen speziellen Kommandoaufruf, wie er in Abschnitt 17.2.6 auf Seite 353 erwähnt wird, erfolgt anschließend die Konvertierung in das LDBM-Format, und die Daten werden in den Directory Service eingetragen.

In einer LDIF-Datei können Sie beliebig viele Objekte angeben, die Sie jeweils nach dem folgenden Muster aufführen müssen:

```
dn: <Distinguished Name>
<Attribut>: <Wert>
<Attribut>: <Wert>
<...>     : <...>
```

Zunächst müssen Sie die eindeutige Position angeben, an der das Objekt im Verzeichnisdienst erstellt werden soll (den Distinguished Name). In den folgenden Zeilen legen Sie anschließend die Attribute fest. Trennen Sie den Attributnamen und den Attributwert durch einen Doppelpunkt und ein Leerzeichen. Ein Attribut, das Sie grundsätzlich angeben müssen, ist `objectclass`. Dessen Wert ist einer der Ihnen bekannten Ausdrücke `country`, `organization` und `organizational unit`. Verwenden Sie für eine Person die Zeichenkette `person`. Nachdem Sie definiert haben, wo das Objekt erstellt werden soll und von welchem Typ es ist, müssen Sie in Form eines Attributs nochmals den Typ und den Namen angeben. Bei einer Organisation `intern` ergänzen Sie die Zeile `o: intern`; bei einem Blattobjekt verwenden Sie grundsätzlich die Zeichen `cn:` und legen anschließend den Namen fest. Weitere Ihnen schon bekannte Abkürzungen sind c und ou.

```
dn: o=intern
objectclass: organization
o: intern

dn: cn=admin, o=intern
objectclass: person
cn: admin
description: LDAP-Administrator
```

Falls zu einem Attribut ein Wert eingegeben werden soll, den Sie nicht in einer Zeile in der Datei unterbringen können, so kann er sich auch auf mehrere Zeilen erstrecken, die dann jedoch mit einem Leerzeichen oder einem Tabulator beginnen müssen.

```
<Attribut>: <Wert..............................
 .............................................
 .............................................
 .....>
```

Bisher mussten Sie alle notwendigen Attributwerte direkt in der Datei angeben. Was ist jedoch, wenn Sie Werte aus einer anderen Informationsquelle heranziehen möchten? Auch dieses Vorhaben können Sie in einer LDIF-Datei leicht realisieren. Hierbei gibt es jedoch einen Unterschied zwischen den OpenLDAP-Versionen 1.2 und 2.0.

OpenLDAP Version 1.2

In der Version 1.2 der LDAP-Software haben Sie die Möglichkeit, statt eines Wertes direkt einen Pfad im Dateisystem anzugeben:

```
dn: cn=admin, o=intern
objectclass: person
cn: admin
description: /root/admindesc
```

Im obigen Beispiel soll das Attribut description mit dem Inhalt der Datei /root/admindesc belegt werden. Damit diese Ersetzung jedoch auch tatsächlich umgesetzt wird, muss beim Hinzufügen ein spezieller Parameter verwendet werden (siehe Abschnitt 17.2.6 auf Seite 353). Dadurch werden alle Werte, die mit dem Zeichen / beginnen, als Pfade gedeutet, aus denen dann die eigentliche Information gelesen werden soll.

OpenLDAP Version 2.0

In der Version 1.2 haben Sie nur die Möglichkeit, Informationen aus einer Datei des lokalen Systems auszulesen. Die LDAP-Version 2.0 ist auch in der Lage, den Attributwert per ftp oder per http zu laden. Dass diese zusätzlichen Features eine andere Syntax in der LDIF-Datei mit sich bringen, liegt nahe. Betrachten wir zunächst den Fall, dass Sie den Inhalt einer Datei aus Ihrem lokalen Linux-System verwenden möchten. Um anzuzeigen, dass der Attributwert nicht direkt angegeben wird, verwenden Sie nach dem Doppelpunkt das Zeichen <. Anschließend folgt der Text `file://`, dem dann direkt (ohne Leerzeichen getrennt) der Pfad zur Datei folgt:

```
dn: cn=admin, o=intern
objectclass: person
cn: admin
description:< file:///root/admindesc
```

Um eine FTP- oder eine HTTP-Quelle anzugeben, verwenden Sie die einleitenden Zeichen `ftp://` bzw. `http://`.

17.2.5 Beispiel

Das folgende Beispiel zeigt die LDIF-Datei, die Sie zum Erstellen des Verzeichnisdienstes aus Abbildung 17.1 auf Seite 341 benötigen.

```
root@host1:~ # cat intern.ldif
dn: o=intern
objectclass: organization
o: intern

dn: cn=admin, o=intern
objectclass: person
cn: admin
description: LDAP-Administrator

dn: cn=MeierS, o=intern
objectclass: person
cn: MeierS
telephonenumber: 151
mail: meier@intern
description: Stefan Meier

dn: cn=MuellerP, o=intern
objectclass: person
cn: MuellerP
telephonenumber: 152
mail: mueller@intern
description: Peter Mueller

dn: cn=SchulzeF, o=intern
objectclass: person
cn: SchulzeF
telephonenumber: 153
mail: schulze@intern
description: Frank Schulze

root@host1:~ #
```

Es werden insgesamt fünf Objekte definiert:

- Zunächst wurde die Organisation `intern` angegeben. Sie hat nur eine einzige Eigenschaft, nämlich die, die ihren Namen beschreibt (`o: intern`).
- Sie haben erfahren, dass es nicht notwendig ist, das Administrator-Objekt anzulegen. Damit der Directory Service jedoch ein konsistentes Bild der vorhandenen Benutzer abgibt, führen wir es an dieser Stelle ein. Ferner legen wir eine `description` fest.
- Anschließend folgen die Definitionen für die drei Anwender. In der `description` geben Sie den kompletten Namen der Person an. Außerdem werden die Telefonnummer und die Mail-Adresse definiert. Denken Sie daran, dass Sie die Attribute so benennen dürfen, wie Sie es möchten (vgl. `schemacheck off`).

  Wir wollen in diesem Kapitel die LDAP-Informationen im Adressbuch von Netscape erscheinen lassen. Da Netscape in einem Verzeichnisdienst nach den Attributen `cn`, `telephonenumber` und `mail` sucht, sind Sie angehalten, auch diese Attributnamen zu verwenden.

Auf die oben gezeigte Art und Weise sind Sie in der Lage, jedes Objekt zu erstellen, das in Ihren Verzeichnisdienst eingetragen werden soll. Auch können Sie alle gewünschten Attribute mit ihren Werten aufführen. Denken Sie an die Möglichkeit, die Werte aus einer Datei (OpenLDAP v1.2 und v2.0) oder per FTP bzw. HTTP zu beziehen (OpenLDAP v2.0).

17.2.6 Das Kommando `ldapadd`

Die LDIF-Datei ist erstellt und es ist nun an der Zeit, die Objekte und Attribute im Verzeichnisdienst anzulegen. Zu diesem Zweck existiert das Kommando `ldapadd`, das Sie in der folgenden Form aufrufen:

```
ldapadd [Optionen]
```

Hierbei stehen Ihnen die Optionen aus Tabelle 17.2 zur Verfügung.

Um dem Kommando mitzuteilen, welche LDIF-Datei es verwenden soll, ist die Angabe des Parameters `-f` notwendig. Außerdem geben Sie über die Optionen `-h` und `-p` den Namen und den Port des Rechners an, zu dessen LDAP-Server Sie eine Verbindung aufbauen möchten. Sie erkennen, dass sich das Kommando `ldapadd` nicht nur auf das lokale Linux-System bezieht, sondern dass es prinzipiell in der Lage ist, jeden LDAP-Server im Netzwerk anzusprechen. Mit welchem Benutzernamen Sie sich am Server anmelden, legen Sie mit `-D` fest. Dem Parameter wird der Distinguished Name des Benutzers (im Beispiel `-D "cn=admin, o=intern"`) übergeben. Das zugehörige Kennwort wird durch die Verwendung des Parameters `-w` spezifiziert (`-w linux`). Wenn es Ihnen zu unsicher ist, das Kennwort im Klartext beim Kommandoaufruf anzugeben, können Sie den Parameter `-W` verwenden. Sie werden dann zur unsichtbaren Eingabe des Kennwortes aufgefordert.

Option	Beschreibung
`-f <Datei>`	Verwenden einer LDIF-Datei
`-h <Host>`	Hostname des LDAP-Servers
`-p <Port>`	Portnummer des LDAP-Servers
`-D <DN>`	Anmeldename des Administrators
`-w <Passwort>`	Passwort des Administrators
`-W`	Passwort erfragen
`-v`	Detaillierte Ausgaben
`-b`	Bei Attributwerten, die mit einem / beginnen, wird die zugehörige Information aus der angegebenen Datei gelesen (OpenLDAP v1.2).
`-P <2|3>`	Vewendet das LDAP-Protokoll in der angegebenen Version (OpenLDAP v2.0)

Tabelle 17.2: Optionen des Kommandos `ldapadd`

Die Option `-v` wird unter Linux bei vielen Kommandos verwendet. Sie steht für verbose (zu Deutsch: geschwätzig) und veranlasst das Kommando, möglichst viele Ausgaben und Meldungen zu generieren.

OpenLDAP v1.2

Falls Sie die LDAP-Software in der Version 1.2 verwenden, existiert für das Kommando `ldapadd` der Parameter `-b`. Wenn in der LDIF-Datei für Attribute Pfade angegeben sind, die mit einem / beginnen, werden die Inhalte der zugehörigen Dateien nur dann verwendet, wenn Sie die Option `-b` angeben. Anderenfalls wird der Pfad als Wert der Eigenschaft interpretiert.

OpenLDAP v2.0

Die LDAP-Software in der Version 2.0 unterstützt das Lightweight Directory Access Protocol (LDAP) in den Versionen 2 und 3. Mit dem Parameter `-P` geben Sie an, welche Protokollversion Sie verwenden möchten. OpenLDAP v1.2 ist nur in der Lage, mit der Protokollversion 2 umzugehen.

Beispiel 17.3:

```
root@host1:~ # ldapadd -h host1 -p 389 -D "cn=admin, o=intern" \
-w linux -v -f intern.ldif
add objectclass:
        organization
add o:
        intern
adding new entry o=intern
modify complete
```

```
add objectclass:
        person
add cn:
        admin
add description:
        LDAP-Administrator
adding new entry cn=admin, o=intern
modify complete

add objectclass:
        person
add cn:
        MeierS
add telephonenumber:
        151
add mail:
        meier@intern
add description:
        Stefan Meier
adding new entry cn=MeierS, o=intern
modify complete

add objectclass:
        person
add cn:
        MuellerP
add telephonenumber:
        152
add mail:
        mueller@intern
add description:
        Peter Mueller
adding new entry cn=MuellerP, o=intern
modify complete

add objectclass:
        person
add cn:
        SchulzeF
add telephonenumber:
        153
add mail:
        schulze@intern
add description:
        Frank Schulze
adding new entry cn=SchulzeF, o=intern
modify complete

root@host1:~ #
```

Somit sind die gewünschten Informationen in den Verzeichnisdienst eingetragen.

17.2.7 Zusammenfassung

Führen Sie die folgenden Konfigurationsschritte durch, um auf Ihrem Rechner einen LDAP-Server zu installieren:

1. Erstellen Sie die Datei `/etc/openldap/slapd.conf` oder gleichen Sie sie an, falls sie bereits vorhanden ist. Bei ihr handelt es sich um die zentrale Konfigurationsdatei des LDAP-Servers. Definieren Sie das Format der Datenbank sowie das Verzeichnis, in dem sie abgelegt werden soll (`database` und `directory`). Mit dem Parameter `schemacheck` legen Sie fest, ob Sie beliebige Objekte und Attribute erstellen können (`off`) oder ob Sie sich an vorgegebene Richtlinien halten müssen (`on`). Definieren Sie ferner den obersten Container des Verzeichnisdienstes über den Parameter `suffix`. Name und Kennwort des LDAP-Administrators werden mit `rootdn` und `rootpw` festgelegt.
2. Starten Sie den Server mit `/etc/rc.d/init.d/ldap start`.
3. Im Standardrunlevel muss ein symbolischer Link auf das Startskript vorhanden sein, damit der LDAP-Server bei jedem Bootvorgang aktiviert wird. Prüfen Sie, ob der Link existiert.
4. Läuft der Server unter einer Distribution aus dem Hause SuSE, muss die Variable START_LDAP mit dem Programm `yast` auf den Wert `yes` gesetzt werden.
5. Nun, da der LDAP-Server aktiv ist, können Sie die von Ihnen gewünschten Objekte und Attribute erstellen. Tragen Sie sie dazu zunächst in einer Textdatei ein, die dem LDIF-Format genügt.
6. Mit dem Kommando `ldapadd` werden die Informationen der LDIF-Datei dem LDAP-Server verfügbar gemacht und in seinen Datenbestand eingetragen. Falls eines der Objekte bereits vorhanden ist, bricht das Kommando mit einer Fehlermeldung seine Arbeit ab.

17.3 Der LDAP-Client

Der LDAP-Server arbeitet ordnungsgemäß, und es ist jetzt an der Zeit, sich um die Clientkomponente der Software zu kümmern. Mit dem LDAP-Client haben Sie die Möglichkeit, von jedem beliebigen Rechner Ihres Netzwerks aus auf den Server zuzugreifen. Dort können Sie dann Ojekte und Attribute suchen, einfügen, ändern und löschen. Die zu diesem Zweck vorhandenen Kommandos müssen den Server am TCP-Port 389 ansprechen. Dabei können Sie zum einen diverse Optionen verwenden, die den Zugriff auf den Server steuern. Zum anderen ist es möglich, in einer Konfigurationsdatei Vorgaben zu hinterlegen, die Ihnen den Umgang mit den Befehlen etwas erleichtern.

Der Sinn des Lightweight Directory Access Protocol (LDAP) besteht darin, dass Sie an zentraler Stelle Informationen verwalten können, auf die Sie von vielen Anwendungen und Diensten aus zugreifen können. So ist es zum Beispiel möglich, die Anmeldung am Linux-System per LDAP verifizieren zu lassen. Dazu werden lediglich die PAM-Module ausgetauscht (siehe [Hein1999]). Es gibt auch Module für diverse Programmier-

und Skriptsprachen, wie zum Beispiel PHP, die die Verbindung zum LDAP-Server realisieren. Und nicht zuletzt sind Mail-Programme oft in der Lage, die Informationen ihres Adressbuches von einem LDAP-Server zu beziehen. Ferner können Sie mit den in den folgenden Abschnitten erklärten Kommandos jede Information aus der LDAP-Datenbank extrahieren, um sie dann mit den Mitteln der Shell-Programmierung in die Konfigurationsdatei eines anderen Dienstes oder eines anderen Programmes einfließen zu lassen (siehe [Banning2001]).

17.3.1 Die Konfigurationsdatei `ldap.conf`

In Abschnitt 17.3.2 auf Seite 358 werden Sie die Zugriffskommandos (zum Beispiel `ldapadd`) kennen lernen, mit denen Sie Veränderungen an der LDAP-Datenbank durchführen können. Den Kommandos wird dabei über Parameter mitgeteilt, welchen LDAP-Server sie ansprechen sollen. Es ist jedoch auch möglich, die Informationen in einer Konfigurationsdatei einzutragen, was letztendlich den Kommandoaufruf wesentlich einfacher gestaltet. Sie finden die erwähnte Datei im Verzeichnis `/etc/openldap/` unter dem Namen `ldap.conf`. Kommentare beginnen auch hier mit dem Zeichen #.

```
#
# LDAP-Client
#
# /etc/openldap/ldap.conf
#
# Erstellt von Jens Banning
#
```

In der Datei haben Sie die Möglichkeit, diverse Parameter einzutragen, die allgemein die Form

```
<Parameter> <Wert>
```

haben.

Der Parameter HOST

Die Bedeutung des Parameters `HOST` ist nicht besonders schwer zu erraten: Mit ihm wird der Rechner angegeben, auf dem der LDAP-Server aktiv ist.

```
HOST <LDAP-Server>
```

Geben Sie seinen Namen oder seine IP-Adresse an:

```
HOST host1
```

Der Parameter PORT

Mit dem Parameter `PORT` legen Sie fest, auf welchem Port der LDAP-Server aktiv ist:

```
PORT <Portnummer>
```

Tragen Sie den TCP-Port 389 ein:

```
PORT 389
```

Der Parameter BASE

Die dritte und letzte Option, die Sie kennen müssen, ist BASE. Mit ihr legen Sie die Basis all Ihrer Aktionen fest:

```
BASE <Distinguished Name>
```

Wenn Sie der BASE den Distinguished Name `o=intern` übergeben, bedeutet das, dass alle Ihre Aktionen standardmäßig am Container `intern` beginnen.

```
BASE o=intern
```

Legen Sie im Verzeichnis `/etc/openldap/` auf Ihrem Client die folgende Datei an:

```
#
# LDAP-Client
#
# /etc/openldap/ldap.conf
#
# Erstellt von Jens Banning
#

#
# Definition des LDAP-Servers
#

HOST host1

#
# Definition des Ports am Server.
#

PORT 389

#
# Alle Aktionen beginnen per Default am Container intern.
#

BASE o=intern
```

Alle im nächsten Abschnitt erwähnten Kommandos nehmen per Default mit dem Rechner Host1 am Port 389 Verbindung auf. Als Basis für Ihre Aktionen verwenden Sie den Container `intern`.

17.3.2 Übersicht über die Zugriffskommandos

In diesem Abschnitt werden Ihnen vier Kommandos vorgestellt, mit denen Sie vom Client aus den LDAP-Server ansprechen können. Alle Kommandos werden von Ihnen durch die Verwendung von Parametern in ihrem Verhalten beeinflusst. Dabei stehen Ihnen grundsätzlich (also bei allen Befehlen) die Optionen aus Tabelle 17.3 zur Verfügung.

Option	Beschreibung
`-f <Datei>`	Verwenden einer Datei
`-h <Host>`	Hostname des LDAP-Servers
`-p <Port>`	Portnummer des LDAP-Servers
`-D <DN>`	Anmeldename des Administrators
`-w <Passwort>`	Passwort des Administrators
`-W`	Passwort erfragen
`-v`	Detaillierte Ausgaben
`-P <2|3>`	Verwendet das LDAP-Protokoll in der angegebenen Version (OpenLDAP v2.0)

Tabelle 17.3: Optionen der LDAP-Clientkommandos

Mit dem Parameter `-f` ist es möglich, Werte, die dem Kommando übergeben werden müssen, aus einer Datei zu lesen. Die Parameter `-h` und `-p` müssen Sie nur angeben, wenn Sie einen anderen LDAP-Server und/oder einen anderen Port ansprechen wollen als den, den Sie in der Datei `ldap.conf` angegeben haben. Mit welchem Distinguished Name Sie sich am Directory Service anmelden, legen Sie mit `-D` fest. Das zugehörige Kennwort kann mit `-w` angegeben werden. Der Parameter `-W` fragt das Passwort interaktiv ab. Um das Kommando während seiner Laufzeit dazu zu bewegen, möglichst viele Ausgaben und Statusmeldungen zu generieren, verwenden Sie den Parameter `-v`. Letztlich haben Sie bei der OpenLDAP-Version 2.0 mit dem Parameter `-P` die Wahl, ob Sie die Protokollversion 2 oder 3 verwenden wollen.

Das erste hier erwähnte Kommando dient zum Suchen von Informationen im Verzeichnisdienst. Es heißt `ldapsearch` und wird in der folgenden Form verwendet:

```
ldapsearch [Optionen] "<Kriterium>" [Attribute]
```

Geben Sie so viele Optionen aus Tabelle 17.3 an, wie Sie für nötig halten. Per Default werden die Einstellungen der Datei `ldap.conf` verwendet. Mit dem Kriterium wird festgelegt, was genau im Verzeichnisdienst gesucht werden soll. Geben Sie in Anführungszeichen den Namen des Attributs an, das gesucht werden soll:

```
ldapsearch "cn=MeierS"
```

Es ist auch möglich, im Attributnamen den Stern (*) zu benutzen. Er steht bekanntermaßen als Platzhalter für beliebig viele Zeichen (oder keines):

```
ldapsearch "cn=M*"
```

Die Definition des Suchkriteriums lässt sich äußerst flexibel gestalten. Um zum Beispiel nach Benutzern zu suchen, deren Common Name (`cn`) mit dem Buchstaben M oder dem Buchstaben S beginnt, kann der folgende Aufruf verwendet werden:

```
ldapsearch "(|(cn=M*)(cn=S*))"
```

Der Operator | repräsentiert das ODER. Kriterien können auch durch das Zeichen & mit UND verknüpft werden.

```
ldapsearch "(&(cn=M*)(telephonenumber=151))"
```

Die Formulierung des Suchkriteriums ist für Sie kein Problem mehr, und wir können uns mit den letzten Werten beschäftigen, die dem Kommando `ldapsearch` übergeben werden müssen. In der Syntaxbeschreibung haben Sie erfahren, dass weitere Attribute angegeben werden können. Wenn Sie mit den bisher erwähnten Beispielen eine Suche starten, werden Ihnen alle Attribute des Objekts angezeigt, die dem Kriterium genügen. Wenn Sie lediglich einige bestimmte Attribute sehen möchten, verwenden Sie zum Beispiel den folgenden Aufruf:

```
ldapsearch "cn=MeierS" telephonenumber mail
```

Er liefert nur die Telefonnummer und die Mail-Adresse.

Die weiteren Beispiele zeigen die oben erwähnten Kommandoaufrufe inklusive der daraus resultierenden Ausgabe. Bedenken Sie, dass die Suche im Container `intern` beginnt (vgl. `BASE`). Erfolgt keine spezielle Anmeldung am Verzeichnisdienst, haben Sie die Rechte eines Gastes. Das bedeutet, dass Sie alle Objekte außer das `admin`-Objekt lesen dürfen (vgl. `access`-Regeln in der Datei `slapd.conf` des Servers).

Beispiel 17.4: Suche nach einem Objekt

```
user@host2:~ # ldapsearch "cn=MeierS"
cn=MeierS, o=intern
objectclass=person
cn=MeierS
telephonenumber=151
mail=meier@intern
description=Stefan Meier
user@host2:~ #
```

Beispiel 17.5: Suche nach mehreren Objekten

```
user@host2:~ # ldapsearch "cn=M*"
cn=MeierS, o=intern
objectclass=person
cn=MeierS
telephonenumber=151
mail=meier@intern
description=Stefan Meier

cn=MuellerP, o=intern
objectclass=person
cn=MuellerP
telephonenumber=152
mail=mueller@intern
```

```
description=Peter Mueller
user@host2:~ #
```

Beispiel 17.6: Suche mit einer ODER-Verknüpfung

```
user@host2:~ # ldapsearch "(|(cn=M*)(cn=S*))"
cn=MeierS, o=intern
objectclass=person
cn=MeierS
telephonenumber=151
mail=meier@intern
description=Stefan Meier

cn=MuellerP, o=intern
objectclass=person
cn=MuellerP
telephonenumber=152
mail=mueller@intern
description=Peter Mueller

cn=SchulzeF, o=intern
objectclass=person
cn=SchulzeF
telephonenumber=153
mail=schulze@intern
description=Frank Schulze
user@host2:~ #
```

Beispiel 17.7: Suche mit einer UND-Verknüpfung

```
user@host2:~ # ldapsearch "(&(cn=M*)(telephonenumber=151))"
cn=MeierS, o=intern
objectclass=person
cn=MeierS
telephonenumber=151
mail=meier@intern
description=Stefan Meier
user@host2:~ #
```

Beispiel 17.8: Ausgabe bestimmter Attribute

```
user@host2:~ # ldapsearch "cn=MeierS" telephonenumber mail
cn=MeierS, o=intern
mail=meier@intern
user@host2:~ #
```

Das Suchen im Verzeichnisdienst bereitet Ihnen keine Probleme und wir widmen uns deshalb dem nächsten Kommando, `ldapmodify`, das zum Ändern von Objektattributen bestimmt ist:

```
ldapmodify [Optionen]
```

Übergeben Sie dem Kommando drei Optionen: Mit den Parametern `-D` und `-w` legen Sie fest, mit welcher Kennung die Anmeldung am Verzeichnisdienst erfolgen soll. Schließlich geben Sie über den Parameter `-f` eine Datei ein. Sie muss einem bestimmten Format entsprechen und in ihr wird festgelegt, welche Änderungen an welchen Objekten durchgeführt werden sollen. Die Datei hat vom Aufbau her eine gewisse Ähnlichkeit mit dem Format LDIF, aber eben nur eine Ähnlichkeit. Für jedes Objekt, das bearbeitet werden soll, muss ein Block nach dem folgenden Muster erstellt werden:

```
dn: <Distinguished Name>
<delete|replace|add>: <Attribut>
<...>: <...>
-
```

Nachdem das Objekt, dessen Attribute bearbeitet werden sollen, genannt ist, muss definiert werden, ob ein Attribut gelöscht, ersetzt oder hinzugefügt werden soll. Um z.B. die Mail-Adresse von MeierS zu löschen, schreiben Sie:

```
dn: cn=MeierS, o=intern
delete: mail
-
```

Das Zeichen – als einzelner Eintrag in einer Zeile schließt jeden Änderungsvorgang ab. Dieses Zeichen darf nicht fehlen. Um zusätzlich die `telephonenumber` zu ändern, verwenden Sie `replace` in der folgenden Form:

```
dn: cn=MeierS, o=intern
delete: mail
-
replace: telephonenumber
telephonenumber: 200
-
```

Mit `add` lässt sich ein Attribut hinzufügen:

```
dn: cn=MeierS, o=intern
delete: mail
-
replace: telephonenumber
telephonenumber: 200
-
add: faxnumber
faxnumber: 201
-
```

Wenn Sie mehrere Objekte bearbeiten möchten, trennen Sie die einzelnen Blöcke in der Datei durch eine Leerzeile, wie im folgenden Beispiel gezeigt wird.

Beispiel 17.9: Ändern von zwei Objekten

```
user@host2:~ # cat change.txt
dn: cn=MeierS, o=intern
```

```
delete: mail
-
replace: telephonenumber
telephonenumber: 200
-
add: faxnumber
faxnumber: 201
-

dn: cn=MuellerP, o=intern
delete: mail
-
delete: telephonenumber
-
add: userpassword
userpassword: geheim
-
user@host2:~ # ldapmodify -D "cn=admin, o=intern" -w linux  \
# -f change.txt
delete mail:
replace telephonenumber:
        200
add faxnumber:
        201
modifying entry cn=MeierS, o=intern
modify complete

delete mail:
delete telephonenumber:
add userpassword:
        geheim
modifying entry cn=MuellerP, o=intern
modify complete

user@host2:~ #
```

Als Erstes wird beim Objekt MeierS das Mail-Attribut entfernt. Anschließend wird die Telefonnummer geändert und eine FAX-Nummer hinzugefügt. Beim Objekt MuellerP werden die Mail-Adresse und die Telefonnummer gelöscht. Außerdem wird ein Attribut `userpassword` mit dem Wert `geheim` erstellt. Auf diese Weise könnte sich der Benutzer MeierS am Verzeichnisdienst anmelden, um dort Aktionen durchzuführen:

```
ldapsearch -D "cn=MeierS, o=intern" -w geheim "cn=M*"
```

`ldapmodify` erlaubt es unter anderem, Attribute eines Objekts zu löschen. Um ein ganzes Objekt zu entfernen, müssen Sie das Kommando `ldapdelete` verwenden:

```
ldapdelete [Optionen] [Objekt]
```

Neben den Ihnen bekannten Optionen müssen Sie des Weiteren nur den Distinguished Name des zu löschenden Objekts angeben:

Beispiel 17.10: Löschen von Objekten

```
user@host2:~ # ldapdelete -D "cn=admin, o=intern" -w linux \
# "cn=MeierS, o=intern"
user@host2:~ # ldapdelete -D "cn=admin, o=intern" -w linux \
# "cn=MuellerP, o=intern"
user@host2:~ # ldapsearch "cn=M*"
user@host2:~ #
```

In Abschnitt 17.2.6 auf Seite 353 haben Sie bereits das Kommando `ldapadd` kennen gelernt. Es dient dazu, Informationen zum Verzeichnisdienst hinzuzufügen. Welche Objekte mit welchen Attributen erstellt werden sollen, definieren Sie in der LDIF-Datei (siehe Abschnitt 17.2.4 auf Seite 350), die dem Kommando übergeben werden muss. Im folgenden Beispiel tragen wir nun im Verzeichnisdienst die Benutzerobjekte MeierS und MuellerP ein.

Beispiel 17.11: Hinzufügen von Objekten

```
user@host2:~ # cat newobjs.ldif
dn: cn=MeierS, o=intern
objectclass: person
cn: MeierS
telephonenumber: 151
mail: meier@intern
description: Stefan Meier

dn: cn=MuellerP, o=intern
objectclass: person
cn: MuellerP
telephonenumber: 152
mail: mueller@intern
description: Peter Mueller

user@host2:~ # ldapadd -D "cn=admin, o=intern" -w linux -v \
# -f newobjs.ldif

add objectclass:
        person
add cn:
        MeierS
add telephonenumber:
        151
add mail:
        meier@intern
add description:
        Stefan Meier
adding new entry cn=MeierS, o=intern
modify complete

add objectclass:
        person
```

```
add cn:
        MuellerP
add telephonenumber:
        152
add mail:
        mueller@intern
add description:
        Peter Mueller
adding new entry cn=MuellerP, o=intern
modify complete

user@host2:~ #
```

Damit sind die beiden Benutzerobjekte erstellt worden.

17.3.3 Das Programm `kldap`

Bisher wurden Ihnen lediglich solche Kommandos vorgestellt, die Sie in der Textkonsole verwenden können, um Aktionen am Verzeichnisdienst durchzuführen. Der Vorteil der Kommandos ist natürlich, dass Sie sie selbstverständlich auch in Shell-Skripten verwenden können. Auf diese Weise lassen sich Veränderungen am Directory Service vornehmen, ohne dass Sie interaktiv eingreifen müssen.

Auch wenn die Benutzung von Kommandos viele Vorteile hat, ist es dennoch wünschenswert, dass ein Anwendungsprogramm existiert, das Sie in der grafischen Oberfläche starten können. Es heißt `kldap` und Sie starten es durch den folgenden Aufruf:

```
kldap
```

Anschließend besteht die Möglichkeit,

- Objekte zu erstellen,
- Objekte zu verändern,
- Objekte zu löschen,
- Attribute zu erstellen,
- Attribute zu verändern und
- Attribute zu löschen.

Selbstverständlich können Sie die gesamte Baumstruktur des Verzeichnisdienstes einsehen.

Nach dem Start von `kldap` müssen Sie sich zunächst an einem Directory Service anmelden. Wählen Sie dazu den Menüpunkt CONNECT an. Im rechten Bildschirmbereich werden anschließend die notwendigen Werte abgefragt (siehe Abbildung 17.3).

Neben einem beliebigen Namen müssen der LDAP-Server und dessen Port angegeben werden. Hinter ROOT DN tragen Sie den Namen des ersten Containers unterhalb der

Wurzel ein. Mit BIND AS geben Sie den Distinguished Name des Objekts an, mit dem Sie sich anmelden möchten. Außerdem muss das zugehörige PASSWORD genannt werden. Mit dem Button CONNECT wird die Verbindung zum Server hergestellt. In der linken Bildschirmhälfte erscheint daraufhin der mit ROOT DN angegebene Container. Um einen Container zu öffnen und seinen Inhalt anzusehen, klicken Sie ihn mit der Maus doppelt an.

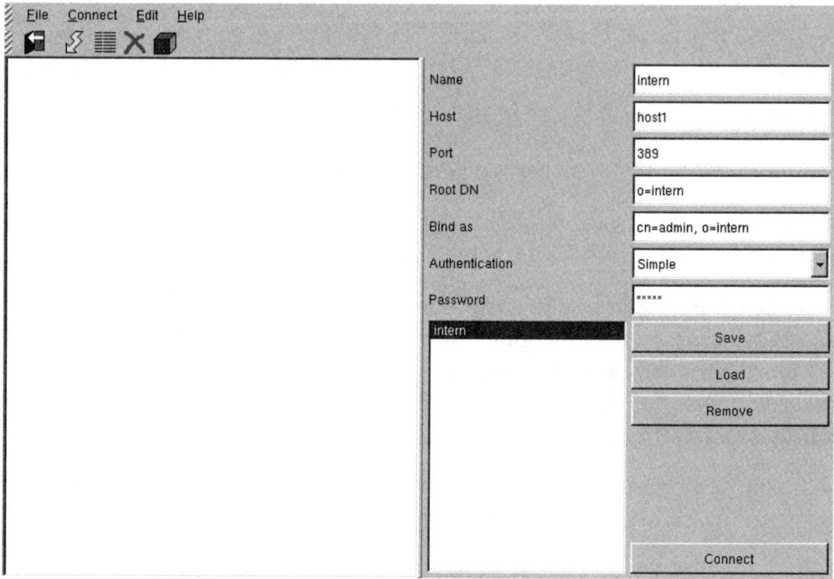

Abbildung 17.3: `kldap`: Anmelden am Verzeichnisdienst

Mit den Icons am oberen Bildschirmrand lassen sich direkt Arbeitsvorgänge einleiten.

Abbildung 17.4: `kldap`: Icons

- Wenn das erste Symbol (die rote Tür) angeklickt wird, wird `kldap` beendet.
- Durch die Anwahl des gelben Blitzes haben Sie die Möglichkeit, sich an einem Directory Service anzumelden.
- Das mittlere Symbol dient zum Anzeigen der Attributliste. Dazu ist es erforderlich, zunächst ein Objekt zu markieren.
- Mit dem roten Kreuz wird das markierte Objekt gelöscht.
- Um ein Objekt unterhalb des von Ihnen zuvor markierten Containers zu erstellen, verwenden Sie das Würfel-Symbol.

In Abbildung 17.5 sehen Sie die Attributliste des Benutzers MeierS. Hier haben Sie auch die Möglichkeit, Attribute und Attributwerte zu verändern, zu löschen oder zu ergänzen.

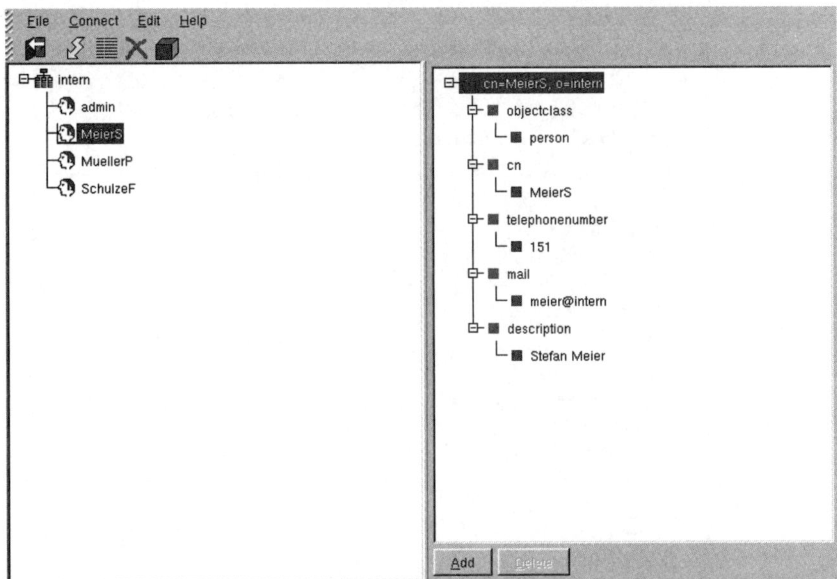

Abbildung 17.5: `kldap`: Attributliste

17.3.4 Der Browser `netscape`

Der Verzeichnisdienst ist jetzt auf dem Rechner Host1 aktiv und Sie haben dort alle Informationen eingetragen. Der Directory Service kann nun von Anwendern genutzt werden.

Sicher kennen Sie im HTML-Browser `netscape` die Möglichkeit, ein Adressbuch zu verwenden, das seine Informationen von einem LDAP-Server bezieht. Dazu sucht Netscape im Verzeichnisdienst `person`-Objekte, bei denen die Eigenschaften `cn`, `mail` und `telephonenumber` definiert sind. Die betreffenden Objekte werden anschließend im Adressbuch angezeigt.

Im Folgenden wird der Browser Netscape wie oben beschrieben konfiguriert. Nach dem Start mit

```
netscape
```

müssen Sie zunächst in das Adressbuch verzweigen. Dazu klicken Sie auf den Menüpunkt ADDRESS BOOK. Er befindet sich unter dem Hauptpunkt COMMUNICATOR.

Im Adressbuch muss nun eine neue LDAP-Quelle eingetragen werden. Dies erfolgt mit FILE — NEW DIRECTORY. Anschließend werden von Ihnen Informationen abgefragt, die die Position des LDAP-Servers beschreiben. Tragen Sie die Werte aus Abbildung 17.6 ein.

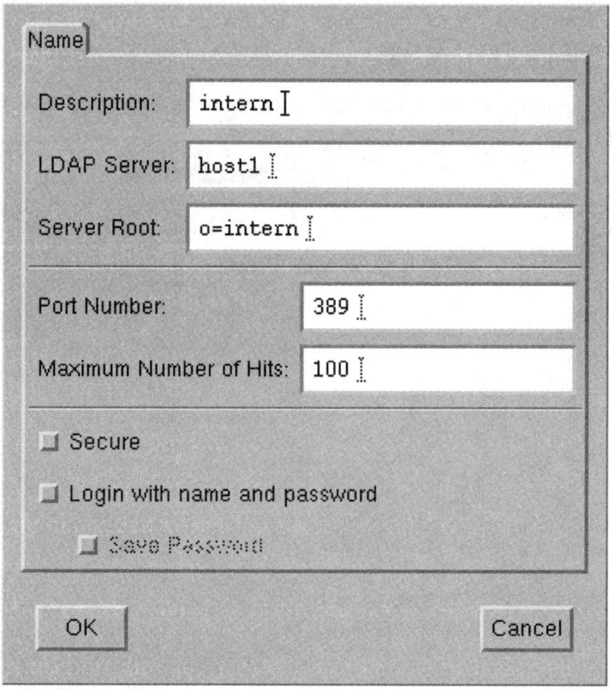

Abbildung 17.6: Netscape-Adressbuch: LDAP-Server hinzufügen

Damit kann der Internet-Browser die Daten aus dem Verzeichnisdienst anzeigen. Nachdem im Adressbuch der soeben erstellte Directory Service angewählt wurde, können Sie über SHOW NAMES CONTAINING nach Objekten suchen, deren Name eine bestimmte Zeichenkette enthält. Während die Suche nach * alle Benutzerobjekte anzeigt (siehe Abbildung 17.7), würde die Eingabe `M*` nur die Objekte erkennen, deren Name mit dem Buchstaben `M` beginnt.

17.3.5 Zusammenfassung

Um den LDAP-Client unter Linux einzurichten, müssen Sie die in dieser Zusammenfassung erwähnten Schritte durchführen:

1. Zunächst muss die Datei `/etc/openldap/ldap.conf` erstellt werden. In ihr tragen Sie den Namen des Rechners ein, auf dem der LDAP-Server aktiv ist (`HOST`), sowie den zugehörigen TCP-Port (`PORT`). Ferner wird eine Basis für alle Aktionen festgelegt (`BASE`).
2. Das Kommando `ldapsearch` dient zum Suchen im zuvor definierten Verzeichnisdienst.
3. Mit `ldapadd` können neue Objekte erstellt werden. Diese müssen Sie zuvor in Form einer LDIF-Datei definieren.
4. Das Löschen eines Objekts erfolgt mit `ldapdelete`.

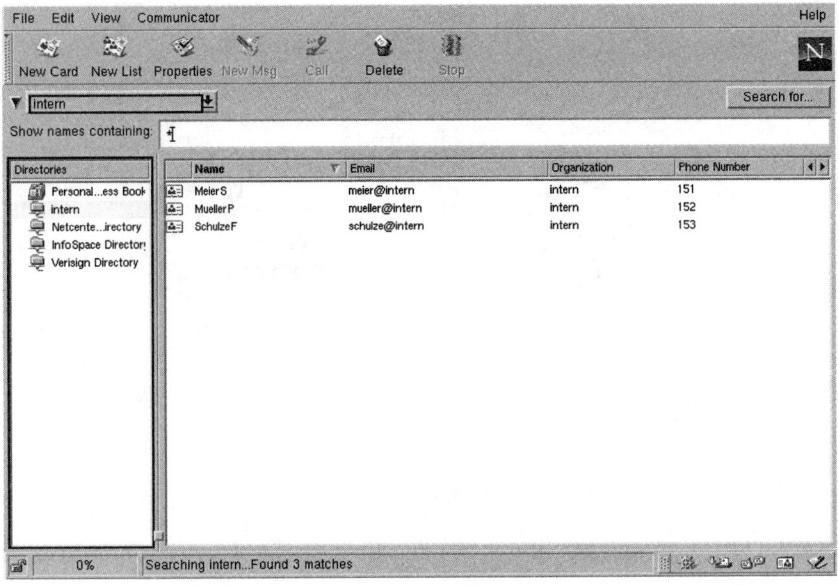

Abbildung 17.7: Netscape-Adressbuch: LDAP-Suche

5. Schließlich bearbeiten Sie die Attribute eines Objekts mit `ldapmodify`.
6. Um die LDAP-Administration intuitiv mit einem grafischen Anwendungsprogramm durchzuführen, starten Sie `kldap` unter X-Windows.
7. Falls der LDAP-Server als Informationsquelle für das Adressbuch von Netscape dienen soll, definieren Sie dort ein NEW DIRECTORY.

17.4 Die LDAP-Replizierung

Bei den bisher in diesem Buch beschriebenen Netzwerkdiensten wurde meistens die Master/Slave-Technik angewendet. Dabei wird der Rechner, auf dem der Serverdienst eingerichtet und konfiguriert wird, als Master bezeichnet. Als Slaves werden die Hosts bezeichnet, auf denen der Serverdienst ebenfalls aktiv ist — der Slave-Server bezieht seine Konfiguration jedoch vom Master, sodass er lediglich eine Backup-Funktionalität erfüllt.

Den LDAP-Server, den Sie in diesem Kapitel eingerichtet haben, bezeichnen wir als Master, da er alle Konfigurationen und Daten beinhaltet und da es möglich ist, die Daten mit den Ihnen bekannten Kommandos und Programmen zu verändern. Zu dem Master auf Host1 werden Sie im weiteren Verlauf einen LDAP-Slave auf Host2 einrichten. Im Zusammenhang mit LDAP spricht man jedoch nicht von „Slave", sondern von „Replica". Alle Daten des Master-Servers werden durch die LDAP-Replizierung ebenfalls auf dem Replica-Server abgelegt. In der Regel können sie dort nicht geändert werden. Die Replica stellt somit eine Kopie des Masters dar (siehe Abbildung 17.8).

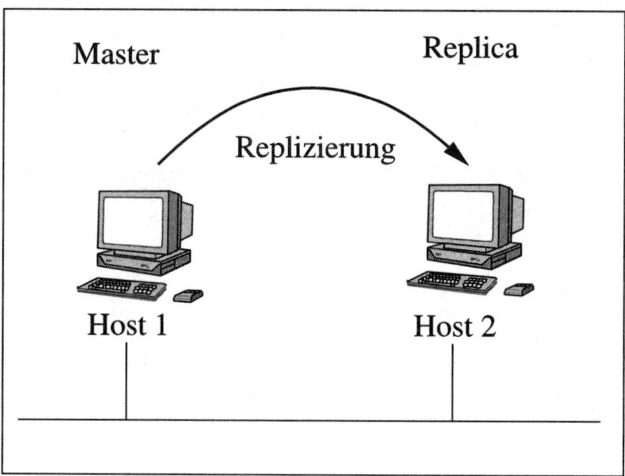

Abbildung 17.8: LDAP-Replizierung

Auf diese Weise können Sie die drei folgenden Vorteile der Replizierung nutzen:

- Da beide in Abbildung 17.8 dargestellten LDAP-Server die gleichen Informationen enthalten, bedeutet der Ausfall eines Rechners nicht automatisch den Ausfall des gesamten LDAP-Dienstes. Clients, die nur lesend auf den Verzeichnisdienst zugreifen, können sowohl Host1 als auch Host2 befragen. Je mehr LDAP-Replica-Server Sie in Ihrem Netzwerk installieren, desto größer ist natürlich auch die damit verbundene Ausfallsicherheit.
- Stellen Sie sich vor, in Ihrer Firma greifen 100 Rechner auf den LDAP-Master-Server (Host1) zu. Dann muss der Rechner Host1 natürlich auch in der Lage sein, die Last von 100 Clients zu tragen. Wenn jedoch 50 Rechner den Host1 und die anderen 50 die Replica auf Host2 ansprechen, dann haben Sie die ursprüngliche Last aufgeteilt (Stichwort: Lastverteilung).
- Der dritte Vorteil ist die Zugriffsgeschwindigkeit. Falls Ihre Firma aus zwei Standorten (zum Beispiel Hamburg und Berlin) besteht, ist es denkbar, dass der Master-Server in Hamburg und die Replica in Berlin steht. Alle Hamburger Clients befragen den Master und alle Berliner die Replica. Somit kann jeder Client auf den Verzeichnisdienst zugreifen, ohne dazu eine WAN-Verbindung zum anderen Standort öffnen zu müssen (siehe Abbildung 17.9).

17.4.1 Der Master-Server

Welche Einstellungen sind am LDAP-Master erforderlich, damit er seine Informationen in einen Replica-Server einpflegt? Dazu müssen wir zunächst klären, ob der Master der Replica Änderungen am Datenbestand von sich aus mitteilt oder ob die Replica die Informationen anfordern muss. Die Lösung: der Master-Server protokolliert alle an seinem Datenbestand durchgeführten Aktionen in einer speziellen Logdatei, die er dann selbstständig der Replica zusendet. Diese wiederum führt die Änderungen unverzüglich durch.

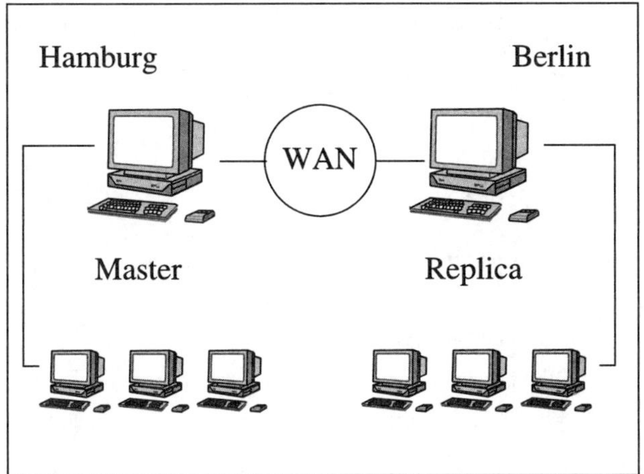

Abbildung 17.9: LDAP-Replizierung im WAN

Durch diese Art der Datenübertragung wird gewährleistet, dass es keine Unterschiede in den Datenbeständen von Master und Replica gibt.

Der Parameter `replogfile`

Um den LDAP-Server dazu zu bewegen, die oben erwähnte Protokollierung durchzuführen, ist ein spezieller Eintrag in der Datei `slapd.conf` im Verzeichnis `/etc/openldap/` erforderlich. Verwenden Sie den Parameter `replogfile` in der folgenden Form:

```
replogfile <Datei>
```

Geben Sie die Datei an, in der der Server die Änderungen festhalten soll:

```
replogfile /var/run/slapd.replog
```

Der Parameter `replica`

Mit dem Parameter `replica` teilen Sie dem Master mit, für welche Replica er die Logdatei führen soll:

```
replica host=<Host:Port>
        binddn="<Distinguished Name>"
        bindmethod=simple
        credentials=<Passwort>
```

Um die Änderungen für den Host2 zu protokollieren und sie dort an den Port 389 zu senden, schreiben Sie `host=192.168.17.2:389`. Über `binddn` geben Sie den Distinguished Name des Objekts an, mit dem sich der Master bei der Replica anmelden soll. Das zugehörige Passwort wird über `credentials` angegeben:

```
replica host=192.168.17.2:389
        binddn="cn=admin, o=intern"
        bindmethod=simple
        credentials=linux
```

Die komplette Konfigurationsdatei des Master-Servers hat demnach das folgende Aussehen:

```
#
# LDAP-Server (Master)
#
# /etc/openldap/slapd.conf
#
# Erstellt von Jens Banning
#

#
# Schemacheck ausschalten
#

schemacheck off

#
# Die Datenbank hat das Format ldbm und befindet sich
# im Verzeichnis /var/lib/ldap.
#

database ldbm
directory /var/lib/ldap

#
# Die Zugriffsattribute sollen nicht erstellt werden.
#

lastmod off

#
# Die Datenbank ist fuer Anfragen zustaendig,
# die unterhalb von o=intern liegen.
#

suffix "o=intern"

#
# Der Administrator ist cn=admin, o=intern" mit dem
# Passwort linux.
#

rootdn "cn=admin, o=intern"
rootpw linux

#
# Die Replizierung erfolgt zum Rechner Host2 ueber
# die Logdatei /var/run/slapd.replog. Die Anmeldung
# an Host2 wird mit cn=admin, o=intern und dem
# Kennwort linux durchgefuehrt.
```

```
#

replogfile /var/run/slapd.replog
replica    host=192.168.17.2:389
           binddn="cn=admin, o=intern"
           bindmethod=simple
           credentials=linux

#
# Das Default-Recht ist lesen. Auf moegliche Attribute
# userPassword hat nur der Eigentuemer schreibende Rechte.
# Allen anderen ist der Zugriff untersagt. Auch das Adminis-
# trator-Objekt ist fuer jedermann unsichtbar.
#

defaultaccess read

access to attr=userPassword
       by self write
       by * none

access to dn="cn=admin,o=intern"
       by * none

access to *
       by * read
```

17.4.2 Der Replica-Server

Der Master-Server ist eingerichtet und wurde mit den Parametern `replogfile` und `replica` darüber informiert, zu welchem Rechner er seine Informationen replizieren soll. Sie haben festgelegt, dass der Rechner Host2 am Port 389 anzusprechen ist. Es wird Sie nicht sonderlich wundern, dass auf Host2 natürlich auch ein LDAP-Server eingerichtet sein muss, der die Informationen des Masters am besagten Port entgegennimmt und in seine Datenbank einpflegt. Daher müssen Sie im allerersten Schritt auf dem Rechner, den Sie zur Replica ernennen wollen, einen LDAP-Server einrichten. Verfahren Sie dazu so, wie Sie es in diesem Kapitel gelernt haben. Die Parameter `replogfile` und `replica` werden natürlich nicht benutzt.

Der Parameter updatedn

Der LDAP-Server auf Host2 ist nun zwar aktiv, jedoch ist er noch nicht in der Lage, die Informationen vom Master auf Host1 entgegenzunehmen. Dazu ist es notwendig, dass Sie in die Konfigurationsdatei `/etc/openldap/slapd.conf` eine Zeile der folgenden Form einfügen:

```
updatedn "<Distinguished Name>"
```

Sie erinnern sich, dass Sie auf dem Master festgelegt haben, dass die Daten zu Host2 übertragen und dort eingepflegt werden, indem sich Host1 als `cn=admin, o=intern` am Verzeichnisdienst auf Host2 anmeldet. Genau dieser Distinguished Name muss jetzt auf der Replica dem Parameter `updatedn` übergeben werden. Damit ist eine Replizierung nur möglich, wenn sie über das angegebene Objekt erfolgt.

```
updatedn "cn=admin, o=intern"
```

Abbildung 17.10 verdeutlicht nochmals den Zusammenhang zwischen dem Parameter `replica` des Masters und dem Parameter `updatedn` der Replica.

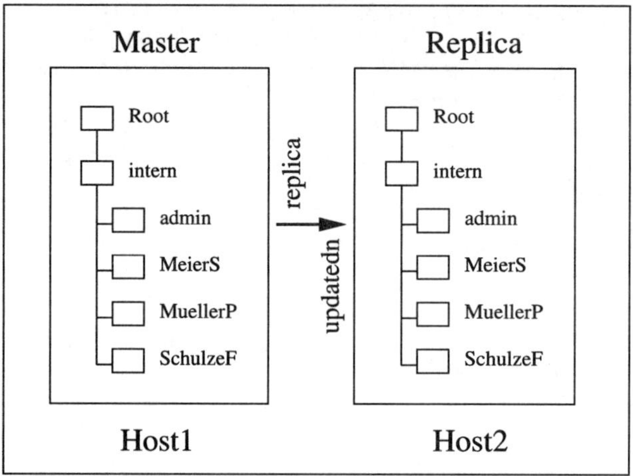

Abbildung 17.10: Funktionsweise der LDAP-Replizierung

Master und Replica sind nun so eingerichtet, dass der Replizierung im Prinzip nichts mehr im Wege steht. Und doch muss noch ein weiterer Konfigurationsschritt durchgeführt werden. Da auf Host2 ein „normaler" LDAP-Server aktiv ist, müssen Sie diesen davor schützen, dass sein Datenbestand durch Anwender verändert werden kann. Anderenfalls wäre das LDAP-Wissen der beiden Rechner nicht identisch. Setzen Sie in der Konfigurationsdatei `slapd.conf` die `access`-Regeln so ein, dass sie Anwendern maximal das Leserecht geben. Das folgende Beispiel zeigt die komplette Datei `slapd.conf`, wie Sie sie auf der Replica einsetzen können:

```
#
# LDAP-Server (Replica)
#
# /etc/openldap/slapd.conf
#
# Erstellt von Jens Banning
#

#
# Schemacheck ausschalten
#

schemacheck off
```

```
#
# Die Datenbank hat das Format ldbm und befindet sich
# im Verzeichnis /var/lib/ldap.
#

database ldbm
directory /var/lib/ldap

#
# Die Zugriffsattribute sollen nicht erstellt werden.
#

lastmod off

#
# Die Datenbank ist fuer Anfragen zustaendig,
# die unterhalb von o=intern liegen.
#

suffix "o=intern"

#
# Der Administrator ist cn=admin, o=intern" mit dem
# Passwort linux.
#

rootdn "cn=admin, o=intern"
rootpw linux

#
# Die Replizierung zu diesem Rechner wird nur erlaubt,
# wenn sich das Objekt cn=admin, o=intern zu diesem
# Zweck anmeldet.
#

updatedn "cn=admin, o=intern"

#
# Das Default-Recht ist lesen. Auf moegliche Attribute
# userPassword hat nur der Eigentuemer lesende Rechte.
# Allen anderen ist der Zugriff untersagt. Auch das Adminis-
# trator-Objekt ist fuer jedermann unsichtbar.
#

defaultaccess read

access to attr=userPassword
       by self read
       by * none

access to dn="cn=admin,o=intern"
```

```
        by * none

access to *
        by * read
```

Falls Ihr LDAP-Server bereits einige Zeit aktiv war, ohne dass Sie die Replizierung angewendet haben, müssen Sie Folgendes beachten: Wenn Sie die Replica einrichten, ist es notwendig, dass Sie den Datenbestand einmalig per Hand von Host1 zu Host2 kopieren, um die gleiche Ausgangslage zu erreichen. Eine Möglichkeit wäre, das über den Parameter `directory` in der Datei `slapd.conf` angegebene Verzeichnis, in dem alle Informationen liegen, komplett zur Replica zu übertragen.

17.4.3 Der Dämon `slurpd`

Sie haben bereits erfahren, dass bei der Replizierung die Änderungen, die am Master vorgenommen werden, in einer Logdatei festgehalten werden. Diese Logdatei wird in regelmäßigen Abständen zur Replica übertragen und dort eingepflegt. Wie die Überschrift dieses Abschnittes andeutet, nimmt sich ein spezieller Dämon dieser Aufgabe an. Er trägt den Namen `slurpd`, und Sie finden ihn im gleichen Verzeichnis wie den LDAP-Dämon `slapd` auch. Nur wenn dieser Dämon aktiv ist, wird die vom LDAP-Server gepflegte Logdatei periodisch zur Replica übertragen.

Abbildung 17.11 veranschaulicht den Zusammenhang zwischen den beiden Dämonprozessen während der Replizierung.

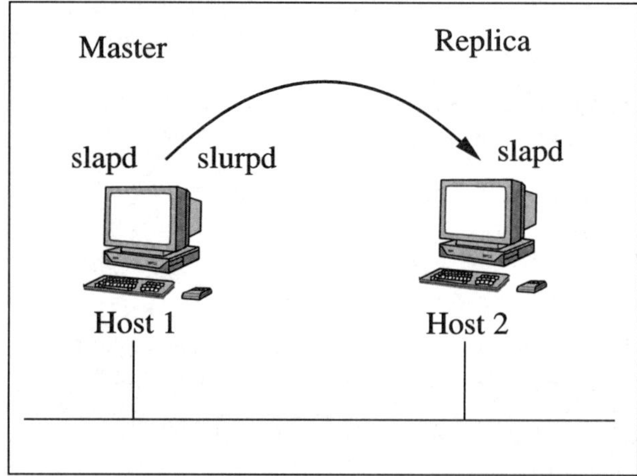

Abbildung 17.11: Dämonprozesse während der LDAP-Replizierung

Für den Start von `slurpd` gibt es weder bei SuSE noch bei Red Hat ein eigenes Startskript. Vielmehr erfolgt der Aufruf von `slurpd` direkt aus dem Ihnen bekannten Skript `/etc/rc.d/init.d/ldap` heraus. Damit der Start auf diese Weise erfolgt, müssen Besitzer einer SuSE-Distribution die Variable START_SLURPD auf `yes` setzen. Unter Red Hat wird `slurpd` automatisch gestartet, wenn sich in der

Datei `/etc/openldap/slapd.conf` eine Zeile befindet, die mit der Zeichenkette `replogfile` beginnt.

Beispiel 17.12: Starten des LDAP-Servers inklusive Replizierung unter SuSE

SuSE

```
root@host1:~ # /etc/rc.d/init.d/ldap start
Starting ldap-server.                                  done
Starting slurpd.                                       done
root@host1:~ #
```

Beispiel 17.13: Starten des LDAP-Servers inklusive Replizierung unter Red Hat

Red Hat

```
root@host1:~ # /etc/rc.d/init.d/ldap start
Starting slapd:                                        [  Ok  ]
Starting slurpd:                                       [  OK  ]
root@host1:~ #
```

17.4.4 Zusammenfassung

Lassen Sie uns zum Ende des Kapitels 17 nochmals die notwendigen Schritte in Form einer Zusammenfassung wiederholen:

1. Richten Sie im ersten Schritt auf den beiden Rechnern, die später an der Replizierung teilnehmen sollen (Master und Replica) einen LDAP-Server ein und synchronisieren Sie einmalig die Datenbestände.
2. Fügen Sie auf dem Master in der Konfigurationsdatei `slapd.conf` im Verzeichnis `/etc/openldap` die Parameter `replogfile` und `replica` ein. Sie aktivieren das Logging und definieren die Position des Rechners, den Sie als Replica auserkoren haben.
3. Auf dem Rechner, der die Informationen des Masters entgegennehmen und einpflegen soll, muss in der Konfigurationsdatei `slapd.conf` der Parameter `updatedn` eingetragen werden. Über ihn wird das Objekt definiert, das die Update-Informationen einpflegen kann.
4. Um zu verhindern, dass am Datenbestand der Replica Änderungen vorgenommen werden, müssen Sie als Administrator die `access`-Regeln in der Datei `slapd.conf` so anwenden, dass Ihre Anwender maximal das Leserecht erhalten.
5. Abschließend muss auf dem Master der `slurpd`-Dämon gestartet werden. Unter Red Hat erfolgt der Start automatisch über das allgemeine LDAP-Startskript, falls der Parameter `replogfile` verwendet wurde. SuSE-Administratoren müssen die Variable START_SLURPD mit dem Wert `yes` belegen.

18 News-Server einrichten mit NNTP

In diesem Kapitel erfahren Sie, wie Sie in Ihrem Netzwerk einen News-Server einrichten können.

18.1 Funktion

Sicher haben Sie schon einmal in einem News-Client (zum Beispiel Netscape) den Zugriff auf einen News-Server eingerichtet, um Mitglied in einer News-Gruppe (oder in mehreren) zu werden. Was ist überhaupt eine News-Gruppe und welchen Nutzen hat sie? Wir können sie als eine Art Diskussionsforum betrachten, zu dem jedes Mitglied Beiträge per Mail beisteuern kann und in dem jedes Mitglied natürlich auch alle Beiträge lesen und beantworten kann (eben eine Diskussion).

Ein News-Server ist in der Lage, eine Vielzahl von Gruppen zu beherbergen. Clients, die mit dem News-Server Verbindung aufnehmen, müssen die für sie interessanten Diskussionsforen (kostenlos) abonnieren, um die zugehörigen Beiträge zu erhalten. Heutzutage hat nahezu jede Universität und jeder Internet-Provider einen eigenen News-Server, auf dem er Gruppen anbietet, die von jedermann abonniert werden können. Um zum Beispiel an der Diskussion über das Betriebssystem Linux teilzunehmen, muss man am Gedankenaustausch in einer Gruppe teilnehmen, deren Name mit `comp.os.linux` beginnt.

Um die entsprechenden Artikel usw. im Netzwerk zu übertragen, wurde das Network News Transfer Protocol (NNTP) definiert. Allerdings wollen wir uns in diesem Kapitel nicht mit den theoretischen Grundlagen von NNTP und News auseinander setzen, sondern selbst einen News-Server aufsetzen.

Betrachten wir zunächst also einen News-Server im Internet, der allen anfragenden Clients die gewünschten Informationen zuteilt (siehe Abbildung 18.1).

Stellen Sie sich vor, die Anwender an den Rechnern Host1, Host2 und Host3 möchten auf den News-Server zugreifen und die Informationen einer Gruppe X erhalten. Falls X zum Beispiel tausend Artikel enthält, würde diese Menge an alle drei Rechner gesendet werden. Es würden also dreimal so viele Daten übertragen, wie eigentlich notwendig sind. Dies belastet zum einen natürlich das lokale Netzwerk, in dem die Clients ansässig sind. Zum anderen muss die dreifache Datenmenge aus dem Internet heruntergeladen werden. Egal, ob Sie Ihre Internetanbindung pro Zeit oder pro Datenmenge bezahlen müssen – die Tatsache bleibt bestehen, dass Sie dreimal so viel bezahlen müssen, wie eigentlich notwendig wäre. Es wäre sehr verwunderlich, wenn bei der Vielzahl der Entwickler, die an Linux und seinen Anwendungen beteiligt sind, keiner dabei wäre, der sich dieser Thematik angenommen hätte.

Damit die Daten nur einmal aus dem weltweiten in das lokale Netz übertragen werden, wird im Beispiel auf dem Rechner Host1 ebenfalls ein News-Server installiert. Die Clients bauen nur zu diesem lokalen Server eine Verbindung auf. Er nimmt dann alle Anforderungen entgegen und kommuniziert per NNTP mit dem Rechner im Internet.

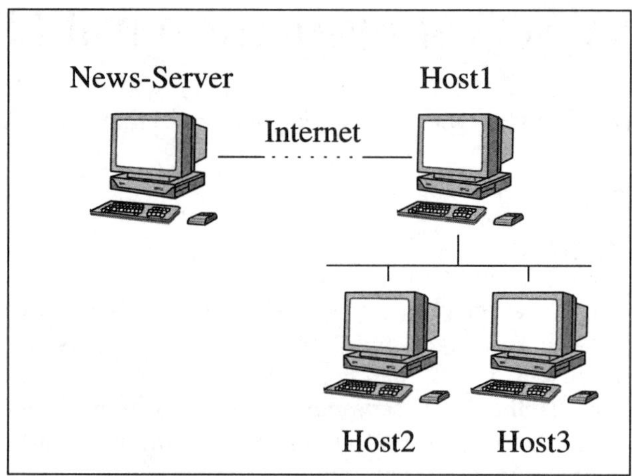

Abbildung 18.1: News-Server im Internet

Auf diese Weise würden im Beispiel die tausend Artikel nur einmal übertragen und auf dem lokalen Server festgehalten, auf den jeder Client zugreift. Mit anderen Worten: Alle für die Clients im lokalen Netz interessanten Informationen werden lokal, quasi als Kopie der Daten aus dem Internet, festgehalten, sodass jeder offline auf sie zugreifen kann (siehe Abbildung 18.2).

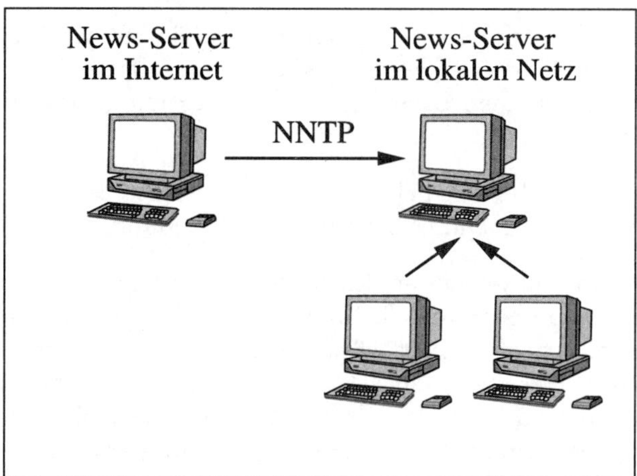

Abbildung 18.2: Funktion eines lokalen News-Servers

Damit die Client-Rechner im lokalen Netz auch ordnungsgemäß mit dem lokalen News-Server umgehen können, erfolgt die lokale Einrichtung des Servers in mehreren Schritten:

1. Damit die User überhaupt News-Gruppen vom lokalen Server abonnieren können, muss dieser natürlich die Bereiche zur Verfügung stellen, die der Server im Internet anbietet. Im ersten Schritt wird vom News-Server im Internet per NNTP eine Liste

aller von ihm angebotenen Gruppen heruntergeladen und in den lokalen Server eingepflegt. Denken Sie daran, dass nur die Namen der Diskussionsforen und nicht deren Artikel übertragen werden. Zwar kann dieser Datentransfer einige Minuten in Anspruch nehmen, jedoch findet er nur einmal im Leben eines lokalen News-Anbieters statt.

2. Alle Anwender können nun die vorhandenen Gruppennamen im lokalen Netz vom lokalen News-Server empfangen. Selbstverständlich können nun auch Gruppen abonniert werden.

3. Der lokale News-Server weiß jetzt, welche Bereiche für die Clients interessant sind. Durch einen speziellen Kommandoaufruf werden anschließend die Artikel der ausgewählten Bereiche empfangen. Damit können die Anwender die Artikel lesen und beantworten.

4. Wurden von den Benutzern neue Artikel erstellt oder bestehende beantwortet, muss der lokale Server diese natürlich wieder in das Internet übertragen, denn letztendlich findet dort die Diskussion statt. Außerdem müssen neue Artikel aus dem Internet in regelmäßigen Abständen heruntergeladen werden. Diese beiden Funktionen realisieren Sie ebenfalls durch den Aufruf eines Kommandos.

Im weiteren Verlauf dieses Kapitels werden Sie die obigen vier Punkte nacheinander abarbeiten. Dazu lernen Sie die notwendigen Konfigurationsdateien und Befehle kennen, mit denen Sie die Aufgaben lösen können. Als News-Server im Internet verwenden wir `news.freenet.de`. Host1 wird lokaler News-Server (siehe Abbildung 18.3).

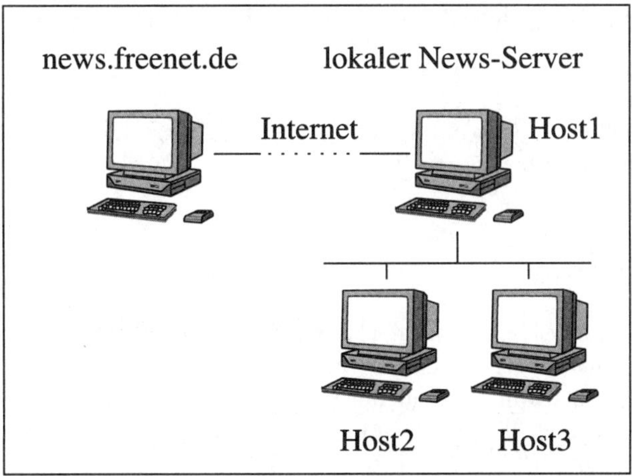

Abbildung 18.3: Einrichtung eines lokalen News-Servers

18.2 Der NNTP-Server

Der NNTP-Server stellt den zentralen Punkt in der gesamten Kommunikation dar. In den folgenden Unterabschnitten richten Sie auf dem Rechner Host1 einen News-Server ein, der seine Informationen von `news.freenet.de` beziehen soll. Dazu verwenden wir das Softwarepaket `leafnode`.

18.2.1 Die Konfigurationsdatei `config`

Im Verzeichnis `/etc/leafnode` finden Sie die Konfigurationsdatei der Software. Sie trägt den Namen `config`. Bei ihr handelt es sich wie immer um ein Textdokument, das Sie mit jedem beliebigen Editor bearbeiten können. Kommentare können Sie mit dem bekannten Zeichen # einleiten.

Der Parameter server

Als Quelle für unseren lokalen News-Server soll ein Server im Internet verwendet werden. Benutzen Sie dazu den Parameter `server` in der folgenden Form:

```
server = <News-Server im Internet>
```

Übergeben Sie dem Parameter `server` den Namen des entsprechenden Rechners. Verwenden Sie im Beispiel `news.freenet.de`:

```
server = news.freenet.de
```

Der Parameter maxage

Die Diskussionsbereiche im Internet beinhalten nicht selten mehrere tausend Artikel. Mit dem Parameter `maxage` haben Sie die Möglichkeit, nur die Beiträge zu empfangen, die nicht älter sind als der dem Parameter übergebene Wert in Tagen:

```
maxage = <Tage>
```

In unserem Beispiel reicht es, wenn `host1.intern` die Artikel von `news.freenet.de` herunterlädt, die nicht älter als 365 Tage sind:

```
maxage = 365
```

Der Parameter expire

Auch bei den Artikeln des letzten Jahres kann es sich durchaus um mehrere tausend Stück handeln. Sie sind nun auf den Rechner `host1.intern` übertragen worden. Stellen Sie sich vor, es handelt sich um tausend Beiträge, von denen lediglich fünf von Ihren Anwendern gelesen werden. Mit dem Parameter `expire` können Sie festlegen, dass nicht gelesene Artikel nach einer gewissen Zeit vom lokalen Server gelöscht werden:

```
expire = <Tage>
```

Übergeben Sie `expire` den Wert 20, so werden alle Artikel vom System entfernt, die seit 20 Tagen nicht gelesen wurden:

```
expire = 20
```

Erstellen Sie im Ganzen die Konfigurationsdatei von `leafnode` auf dem Rechner `host1` wie folgt:

```
#
# NNTP-Server
#
# /etc/leafnode/config
#
#

#
# Der NNTP-Server im Internet
#

server = news.freenet.de

#
# Artikel, die aelter als 365 Tage sind, werden nicht
# empfangen.
#

maxage = 365

#
# Ungelesene Artikel werden nach 20 Tagen geloescht.
#

expire = 20
```

18.2.2 Die Konfigurationsdatei `nntpserver`

Die nächste Datei, die Sie kennen sollten, trägt den Namen `nntpserver` und befindet sich im Verzeichnis `/etc/`. Sie braucht von Ihnen nicht geändert zu werden, da sie lediglich den Namen des lokalen NNTP-Servers enthält. Standardmäßig wird der Name `localhost` verwendet.

```
root@host1:/etc # cat nntpserver
localhost
root@host1:/etc #
```

18.2.3 Einstellungen in der Datei `inetd.conf`

Um den NNTP-Server zu starten, müssen Sie keinen permanent aktiven Dämonprozess aufrufen. Falls Anfragen am TCP-Port 119 (`nntp`) eintreffen, wird der Serverprozess über den Ihnen bekannten INET-Dämon gestartet. Auf diese Weise geht der Dienst nur dann seiner Arbeit nach, wenn auch tatsächlich Clientanforderungen eintreffen. Nähere Informationen zum INET-Dämon finden Sie in Kapitel 7 auf Seite 89. Kontrollieren Sie in diesem Zusammenhang nur, ob in der Konfigurationsdatei `inetd.conf` eine Zeile vorhanden ist, die den News-Server beschreibt:

```
root@host1:~ # cat /etc/inetd.conf
# See "man 8 inetd" for more information.
#
# If you make changes to this file, either reboot your
# machine or send the inetd a HUP signal with
# "/sbin/init.d/inetd reload" or by hand: Do a "ps x"
# as root and look up the pid of inetd. Then do a
# "kill -HUP <pid of inetd>". The inetd will re-read
# this file whenever it gets that signal.
#
# <service_name> <sock_type> <proto> <flags> <user>
#                                   <server_path> <args>
#
nntp stream tcp nowait news /usr/sbin/tcpd /usr/sbin/leafnode

root@host1:~ #
```

Wenn eine Anfrage am Port 119 (Name: `nntp`) mit dem Datenstrom-Protokoll (`stream`) TCP (`tcp`) eintrifft, wird sofort (`nowait`) im Namen des Benutzers `news` unter Berücksichtigung der Berechtigungen des TCP-Dämons (`/usr/sbin/tcpd`) der Prozess `/usr/sbin/leafnode` gestartet.

Falls Sie die obige Zeile nachträglich eingefügt haben, dürfen Sie nicht vergessen, den INET-Dämon zum erneuten Einlesen seiner Konfigurationsdatei zu bewegen (`/etc/rc.d/init.d/inetd reload`).

18.2.4 Das Kommando `fetchnews`

Sie haben bereits erfahren, dass die Datenübertragung zwischen dem lokalen News-Server und dem Server im Internet mithilfe eines Kommandos erfolgt, das Sie auf dem lokalen Rechner ausführen müssen. Hierbei handelt es sich um den Befehl `fetchnews`, den Sie in der folgenden Form verwenden können:

```
fetchnews [Optionen]
```

Das Kommando analysiert die Einträge der Datei `/etc/leafnode/config` und stellt eine Verbindung zum Server im Internet (im Beispiel `news.freenet.de`) her. Sie können `fetchnews` ohne die Angabe weiterer Optionen aufrufen. Wenn Sie jedoch während der Ausführung Statusmeldungen auf der Konsole haben möchten, können Sie den Parameter `-v` (verbose = geschwätzig) verwenden. Außerdem können die Optionen `-vv`, `-vvv` und `-vvvv` verwendet werden, die die Anzahl der Meldungen jeweils erhöhen. Finden Sie selbst heraus, ob und wenn ja welcher Parameter für Sie Sinn macht.

Wenn Sie den lokalen News-Server zum ersten Mal aufrufen, ist es erforderlich, dass von `news.freenet.de` zunächst eine Liste der dort vorhandenen Gruppen heruntergeladen wird. Sie wird anschließend lokal eingepflegt. Beim allerersten Aufruf von `fetchnews` erkennt das Kommando, dass noch keine Gruppen vorhanden sind. Es nimmt daher eine Verbindung zu dem News-Rechner im Internet auf, um von ihm die oben erwähnte Liste zu erfragen.

Beispiel 18.1: Liste der News-Gruppe herunterladen

```
root@host1:~ # fetchnews -vvvv
1.9.14: verbosity level is 4
Trying to connect to news.freenet.de ... connected.
Getting all newsgroups from news.freenet.de
Disconnected from news.freenet.de.
root@host1:~ #
```

In Abschnitt 18.3 auf Seite 389 werden Sie den Internet-Browser Netscape als News-Client kennen lernen. Mit ihm kann eine Verbindung zum lokalen News-Server hergestellt werden. Die Anwender können die oben empfangenen Diskussionsforen einsehen und die gewünschten Gruppen abonnieren. Auf diese Weise teilen Ihre Benutzer dem lokalen News-Server `host1.intern` mit, dass sie zu einigen Themengebieten alle Diskussionsbeiträge lesen möchten. Der Rechner `host1` muss diese Artikel nun von `news.freenet.de` beziehen. Wenn Sie glauben, Sie müssten sich jetzt mit einem weiteren Kommando auseinander setzen, so irren Sie sich. `fetchnews` erkennt, dass die Liste der Gruppen bereits empfangen wurde und dass einige dieser Gruppen von Clients abonniert wurden. Beim erneuten Aufruf des Kommandos werden die Artikel der gewünschten Bereiche vom Server im Internet bezogen. In unserem Beispiel hat sich ein Anwender für die Gruppe `comp.os.linux.networking` entschieden. Die Ausgabe im folgenden Beispiel wurde aus Platzgründen gekürzt. Die drei Punkte `...` sollen dies andeuten.

Beispiel 18.2: Artikel der abonnierten News-Gruppen herunterladen

```
root@host1:~ # fetchnews -vvvv
1.9.14: verbosity level is 4
Trying to connect to news.freenet.de ... connected.
Getting new newsgroups from news.freenet.de
Read server info from /var/spool/news/leaf.node/news.freenet.de
comp.os.linux.networking: considering articles 307145-315435
comp.os.linux.networking: will fetch 307145 (<3B0720A1.7...
comp.os.linux.networking: will fetch 307146 (<tge894i5r6...
comp.os.linux.networking: will fetch 307147 (<3b072612.1...
comp.os.linux.networking: will fetch 307148 (<3B07296A.6...
comp.os.linux.networking: will fetch 307149 (<1480.539T4...
comp.os.linux.networking: will fetch 307150 (<9e7b5p$pil...
comp.os.linux.networking: will fetch 307151 (<cas6e9.rf2...
comp.os.linux.networking: will fetch 307152 (<3B073986.B...
comp.os.linux.networking: will fetch 307153 (<3B073DB3.1...
comp.os.linux.networking: will fetch 307154 (<9e7fmu$b2b...
comp.os.linux.networking: will fetch 307155 (<6YHN6.7745...
comp.os.linux.networking: will fetch 307156 (<Z9IN6.1613...
comp.os.linux.networking: will fetch 307157 (<rsIN6.1780...
comp.os.linux.networking: will fetch 307158 (<86ae49twdy...
comp.os.linux.networking: will fetch 307159 (<861ypltw5f...
comp.os.linux.networking: will fetch 307160 (<ouJN6.1736...
comp.os.linux.networking: will fetch 307161 (<KwJN6.1737...
comp.os.linux.networking: will fetch 307162 (<3B075EB2.B...
```

```
comp.os.linux.networking: will fetch 307163 (<0yKN6.7974...
comp.os.linux.networking: will fetch 307164 (<qzKN6.7975...
comp.os.linux.networking: will fetch 307165 (<slrn9geuji...
comp.os.linux.networking: will fetch 307166 (<slrn9gev7d...
comp.os.linux.networking: will fetch 307167 (<slrn9gevrc...
comp.os.linux.networking: will fetch 307168 (<3B078448.3...
comp.os.linux.networking: will fetch 307169 (<9e809n$sb7...
comp.os.linux.networking: will fetch 307170 (<3B078468.2...
comp.os.linux.networking: will fetch 307171 (<td1fgt4i8f...
comp.os.linux.networking: will fetch 307172 (<qttegt0p4a...
comp.os.linux.networking: will fetch 307173 (<3B078700.6...
comp.os.linux.networking: will fetch 307174 (<3B078388.2...
comp.os.linux.networking: will fetch 307175 (<sl2fgtobbn...
comp.os.linux.networking: will fetch 307176 (<3B078DAC.B...
comp.os.linux.networking: will fetch 307177 (<9e84hb$hhe...
comp.os.linux.networking: will fetch 307178 (<3b07a2df@n...
comp.os.linux.networking: will fetch 307179 (<J_NN6.4333...
comp.os.linux.networking: will fetch 307180 (<9e8dmn$rdm...
comp.os.linux.networking: will fetch 307181 (<3B07BACF.D...
comp.os.linux.networking: will fetch 307182 (<3B07B228.9...
comp.os.linux.networking: will fetch 307183 (<9e8fqo$juc...
comp.os.linux.networking: will fetch 307184 (<9e8hfa$t9v...
comp.os.linux.networking: will fetch 307185 (<87u22gnnuw...
comp.os.linux.networking: will fetch 307186 (<9e8ic0$d5g...
comp.os.linux.networking: will fetch 307187 (<9e8jo7$d90...
comp.os.linux.networking: will fetch 307188 (<3B07D29D.7...
comp.os.linux.networking: will fetch 307189 (<GMQN6.2397...
comp.os.linux.networking: will fetch 307190 (<3b07db4d$1...
comp.os.linux.networking: will fetch 307191 (<3B07DBF5.C...
comp.os.linux.networking: will fetch 307192 (<3B07DC8C.7...
comp.os.linux.networking: will fetch 307193 (<3B07DE28.2...
comp.os.linux.networking: will fetch 307194 (<3B07DFB2.8...
comp.os.linux.networking: will fetch 307195 (<3B07E0A5.8...
comp.os.linux.networking: will fetch 307196 (<3B07E0D7.3...
comp.os.linux.networking: will fetch 307197 (<3b07e10e$1...
comp.os.linux.networking: will fetch 307198 (<9e8ndb$cad...
comp.os.linux.networking: will fetch 307200 (<800.540T20...
comp.os.linux.networking: will fetch 307201 (<746.540T15...
comp.os.linux.networking: will fetch 307202 (<jxRN6.1079...
comp.os.linux.networking: will fetch 307203 (<9e8oef$66s...
comp.os.linux.networking: will fetch 307205 (<3B07E634.1...
comp.os.linux.networking: will fetch 307206 (<3B07E68F.1...
comp.os.linux.networking: will fetch 307207 (<3B07E354.A...
comp.os.linux.networking: will fetch 307208 (<tgfqp4n9dl...
comp.os.linux.networking: will fetch 307209 (<3b07ec53$1...
comp.os.linux.networking: will fetch 307210 (<2001052101...
comp.os.linux.networking: will fetch 307211 (<HtSN6.1106...
comp.os.linux.networking: will fetch 307212 (<3B07FB0D.A...
comp.os.linux.networking: will fetch 307213 (<9e8tvk$2kp...
comp.os.linux.networking: will fetch 307214 (<96TN6.8255...
```

```
comp.os.linux.networking: will fetch 307215 (<ly7kzbkjba...
comp.os.linux.networking: will fetch 307216 (<9e8vcl$gop...
comp.os.linux.networking: will fetch 307217 (<9e8vcn$gop...
comp.os.linux.networking: will fetch 307218 (<YtTN6.1580...
comp.os.linux.networking: will fetch 307219 (<ExTN6.388$...
comp.os.linux.networking: will fetch 307221 (<3B080590.7...
comp.os.linux.networking: will fetch 307222 (<9e9116$nm2...
comp.os.linux.networking: will fetch 307223 (<9e91aa$p5m...
comp.os.linux.networking: will fetch 307224 (<lyu22fj2oe...
comp.os.linux.networking: will fetch 307225 (<8o09e9.k6d...
comp.os.linux.networking: will fetch 307226 (<ss29e9.h05...
comp.os.linux.networking: will fetch 307227 (<9e93hr$m4o...
comp.os.linux.networking: will fetch 307228 (<3B0818A7.3...
comp.os.linux.networking: will fetch 307229 (<b3e6dbd0.0...
comp.os.linux.networking: will fetch 307230 (<3B081E6F.F...
comp.os.linux.networking: will fetch 307231 (<3B08203E.F...
comp.os.linux.networking: will fetch 307232 (<slrn9gg9do...
comp.os.linux.networking: will fetch 307233 (<SDVN6.49$M...
comp.os.linux.networking: will fetch 307234 (<slrn9ggacj...
comp.os.linux.networking: will fetch 307235 (<3B082B8E.1...
comp.os.linux.networking: will fetch 307236 (<3B082CAD.D...
comp.os.linux.networking: will fetch 307237 (<3B082E67.7...
comp.os.linux.networking: will fetch 307238 (<9e9b79$65$...
comp.os.linux.networking: will fetch 307239 (<9e9b7t$h7e...
comp.os.linux.networking: will fetch 307240 (<jxRN6.1079...
...

root@host1:~ #
```

Bei jedem weiteren Aufruf von `fetchnews` werden neue Artikel vom News-Server heruntergeladen. Hat ein Client in Ihrem Netzwerk auf einen Artikel geantwortet oder selbst einen verfasst, so werden diese neuen Beiträge ebenfalls durch den Aufruf von `fetchnews` von `host1.intern` zu `news.freenet.de` übertragen.

Sie sehen, dass der Austausch zwischen dem lokalen News-Server (im Beispiel `host1.intern` und dem Server im Internet (`news.freenet.de`) nur dann erfolgt, wenn Sie das Kommando `fetchnews` starten. Es ist daher sinnvoll, diesen Befehl an jedem Wochentag einmal automatisch ausführen zu lassen. Verwenden Sie dazu den Ihnen bekannten Cron-Dienst und tragen Sie die gewünschten Werte in die Datei `/etc/crontab` ein:

```
#
# Cron
#
# /etc/crontab
#
# Erstellt von Jens Banning
#

SHELL=/bin/sh
```

```
PATH=/usr/bin:/usr/sbin:/sbin:/bin:/usr/lib/news/bin
MAILTO=root

# Minute Stunde Tag Monat Wochentag (0=Sonntag)

0 2 * * 1-5    root  fetchnews >/dev/null
```

Starten Sie anschließend den Cron-Dämon neu, damit die Änderungen aktiv werden. Einzelheiten zum Cron-Dienst und zu seiner Konfiguration finden Sie in [Hein1999].

18.2.5 Das Kommando texpire

In der Konfigurationsdatei /etc/leafnode/config haben Sie den Parameter expire verwendet und ihm den Wert 20 übergeben. Das bedeutet, dass alle News-Artikel, die seit 20 Tagen nicht gelesen wurden, vom Server zu löschen sind. Dieser Löschvorgang wird jedoch nicht automatisch durchgeführt, sondern Sie müssen das Kommando texpire verwenden:

```
texpire [Optionen]
```

Erst durch diesen Aufruf werden die Beiträge gelöscht, die das genannte Kriterium erfüllen. Mit der Option -v veranlassen Sie texpire, Statusmeldungen während seiner Arbeit zu fabrizieren.

Beispiel 18.3: Löschen nicht gelesener News-Artikel

```
root@host1:~ # texpire -v
texpire 1.9.14: check mtime and atime
comp.os.linux.networking: 46 articles deleted, 0 kept
total: 46 articles deleted, 0 kept
root@host1:~ #
```

Auch das Kommando texpire sollten Sie in regelmäßigen Abständen ausführen lassen. Tragen Sie dazu zusätzlich eine Zeile in die Datei /etc/crontab ein, die das Kommando jeden Tag um 05:00 Uhr starten lässt. Denken Sie daran, den Cron-Dämon neu zu starten:

```
#
# Cron
#
# /etc/crontab
#
# Erstellt von Jens Banning
#

SHELL=/bin/sh
PATH=/usr/bin:/usr/sbin:/sbin:/bin:/usr/lib/news/bin
MAILTO=root

# Minute Stunde Tag Monat Wochentag (0=Sonntag)
```

```
0 2 * * 1-5   root  fetchnews >/dev/null
0 5 * * *     root  texpire >/dev/null
```

18.2.6 Zusammenfassung

Die Zusammenfassung am Ende eines Themas soll Ihnen nochmals kurz die notwendigen Schritte darlegen, die Sie zum Einrichten eines Dienstes durchführen müssen. Arbeiten Sie für den News-Server `leafnode` die folgenden Punkte ab:

1. Die zentrale Konfigurationsdatei trägt den Namen `config` und befindet sich im Verzeichnis `/etc/leafnode/`. In ihr tragen Sie den Namen des Servers im Internet mit dem Parameter `server` ein. Das maximale Alter der später vom Internetserver herunterzuladenden Artikel legen Sie mit `maxage` fest. Über `expire` wird definiert, nach wie vielen Tagen nicht gelesene Artikel lokal vom Server gelöscht werden sollen.
2. In dem Dokument `/etc/nntpserver` ist der Name Ihres News-Servers eingetragen (Default: `localhost`).
3. Das Programm, das den News-Server darstellt, trägt den Namen `leafnode`. Es wird dynamisch über den INET-Dämon gestartet. Prüfen Sie, ob in der Datei `inetd.conf` eine entsprechende Zeile für `nntp` eingetragen ist.
4. Das Kommando `fetchnews` stellt eine Verbindung vom lokalen News-Server zum News-Server im Internet her. Beim allerersten Aufruf wird lediglich eine Liste der dort vorhandenen News-Gruppen heruntergeladen.
5. Bei jedem weiteren Aufruf werden zum einen die Artikel der abonnierten Gruppe empfangen. Zum anderen werden von Ihren Clients erstellte Beiträge in das Internet übertragen.
6. Lassen Sie `fetchnews` in periodischen Abständen per Cron ausführen, um Ihren lokaken News-Dienst immer aktuell zu halten.
7. Mit dem Kommando `texpire` werden die News-Artikel aus dem System entfernt, die seit so vielen Tagen nicht gelesen wurden, wie Sie über den Parameter `expire` in der Konfigurationsdatei `/etc/leafnode/config` angegeben haben.
8. Lassen Sie auch `texpire` regelmäßig per Cron ausführen, um Ihren Datenbestand möglichst klein zu halten.

18.3 Der NNTP-Client

Die Einrichtung des News-Servers ist für Sie jetzt kein Problem mehr und wir können uns nun der Clientvariante widmen. Exemplarisch werden wir uns mit der Newsgruppen-Verwaltung des Programms `netscape` auseinander setzen.

18.3.1 Einrichten des Internet-Browsers `netscape`

Nach dem Start von `netscape` mit

```
user@host2:~ # netscape
```

müssen Sie zunächst den News-Server festlegen, mit dem Sie arbeiten möchten. Wählen Sie dazu den Menüpunkt BEARBEITEN — EINSTELLUNGEN an. Wenn Sie anschließend NEWSGRUPPEN-SERVER anklicken, erhalten Sie die in Abbildung 18.4 dargestellte Bildschirmmaske.

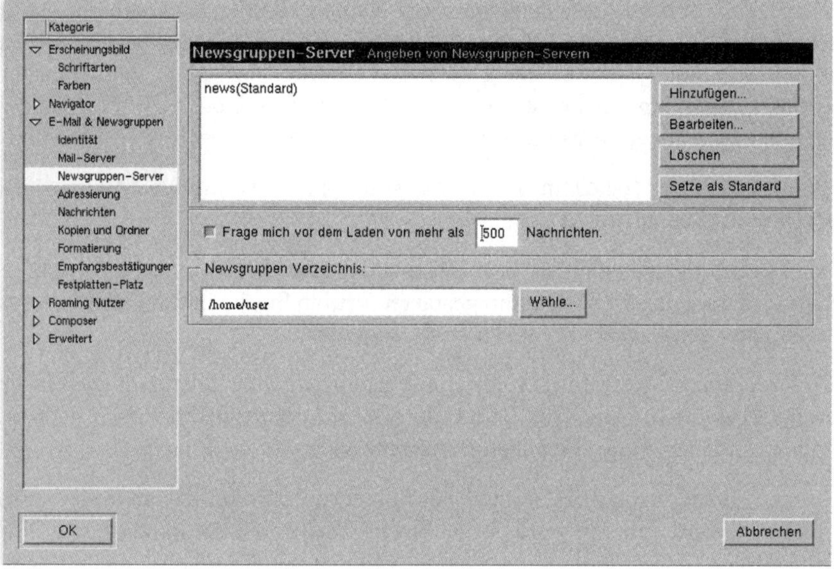

Abbildung 18.4: `netscape`: News-Server

Klicken Sie auf HINZUFÜGEN, um einen neuen Server einzutragen. Es erscheint die Eingabe aus Abbildung 18.5.

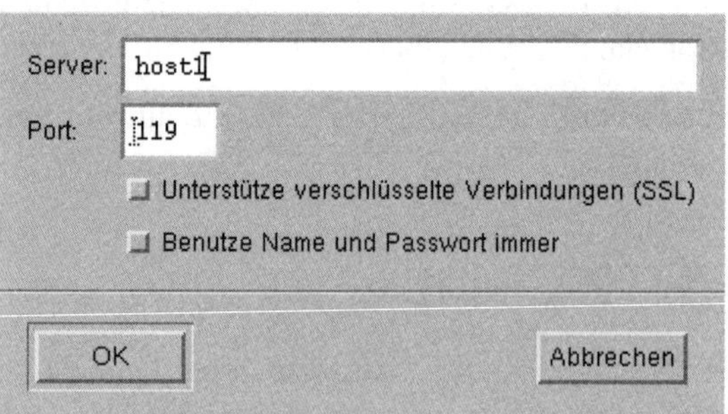

Abbildung 18.5: `netscape`: News-Server hinzufügen

Markieren Sie daraufhin den gerade ergänzten Server und klicken Sie auf SETZE ALS STANDARD. Damit benutzen Sie den Rechner `host1` defaultmäßig.

Beenden Sie die Einstellungen mit OK und verzweigen Sie im Hauptmenü von Netscape über Communicator – Newsgruppen in das Nachrichten Center. Dort sehen Sie bereits Ihren Server. Markieren Sie ihn erneut und drücken Sie die rechte Maustaste. Wählen Sie Abonniere Newsgruppen, um die Liste der vorhandenen Bereiche einzusehen (siehe Abbildung 18.6).

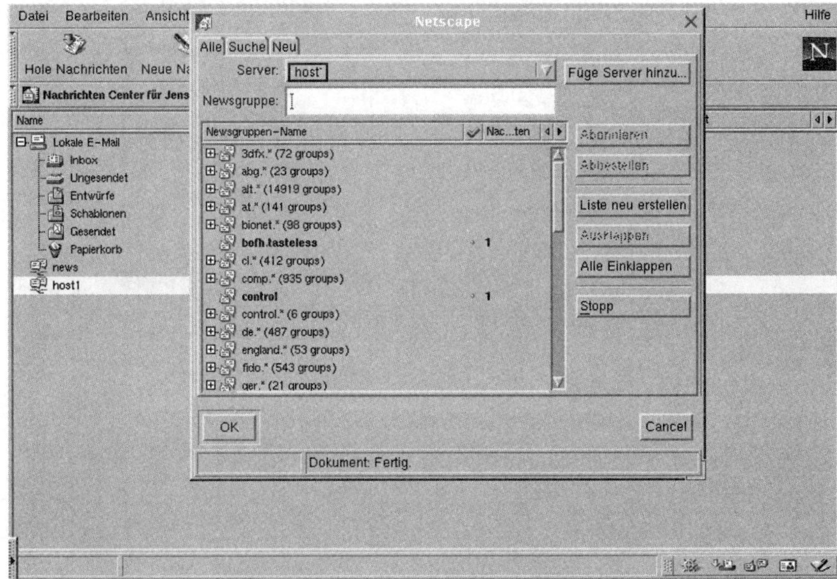

Abbildung 18.6: `netscape`: News-Gruppen einsehen

Um eine Grupppe auszuwählen, muss diese lediglich angeklickt werden. In Abbildung 18.7 wird `comp.os.linux.networking` abonniert.

Nach dem nächsten Aufruf von `fetchnews` auf `host1` können Sie die Beiträge dann lesen (siehe Abbildung 18.8).

Wenn Sie mit der rechten Maustaste in den Text eines Artikels klicken, können Sie eine Antwort auf den Beitrag verfassen.

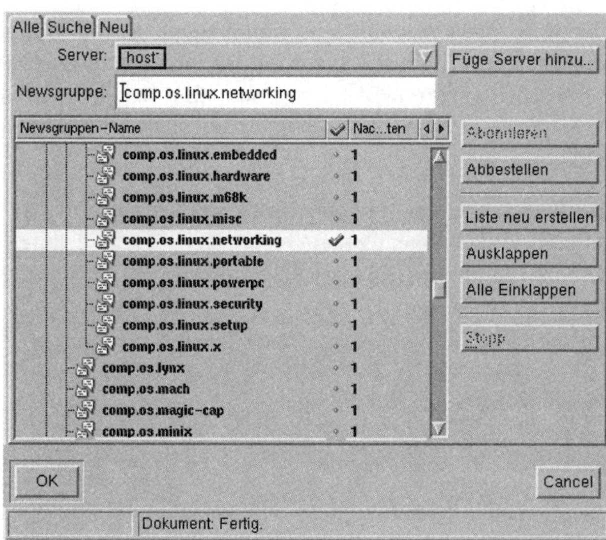

Abbildung 18.7: `netscape`: News-Gruppe abonnieren

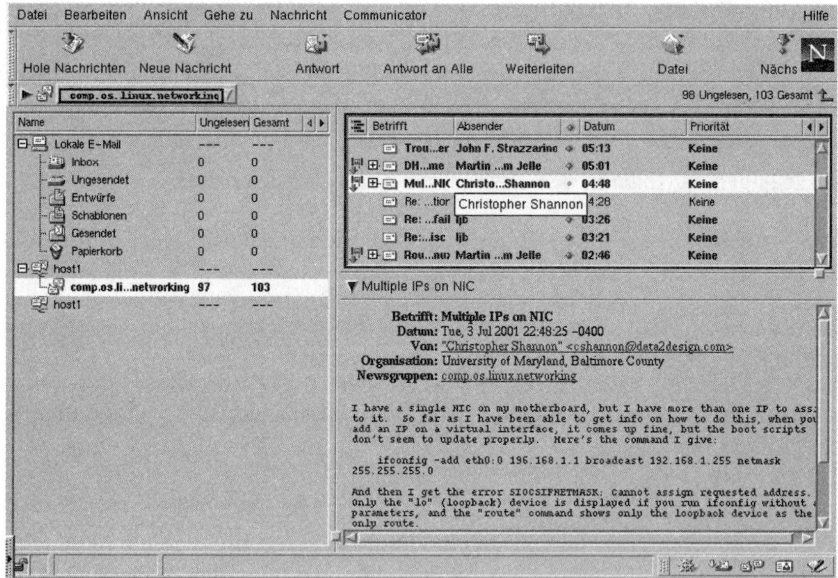

Abbildung 18.8: `netscape`: News-Artikel lesen

19 Dateisysteme für Windows mit Samba

Auch wenn Linux qualitativ wesentlich besser ist als das unvergleichbare Microsoft Windows, haben Sie dennoch sicher im Netzwerk einige PCs, auf denen das Betriebssystem Windows 98 o. Ä. installiert ist. In diesem Kapitel werden Sie erfahren, wie Sie einen Linux-Rechner dazu bewegen können, dass er bestimmte Verzeichnisse freigibt, damit Sie auch von Ihren Windows-Rechnern aus darauf zugreifen können.

19.1 Funktion

Der Dienst, der die oben genannte Funktionalität zur Verfügung stellt, heißt Samba. Mit ihm sind Sie in der Lage, Teile des Linux-Dateisystems anderen Rechnern im Netzwerk zur Verfügung zu stellen, die lediglich mit dem Betriebssystem aus dem Hause Microsoft arbeiten. Aus der Microsoft-Welt kennen Sie auch den Begriff „Share". Als Share wird ein Verzeichnis tituliert, auf das mehrere Clients im Netzwerk zugreifen können.

In Netzwerken, die auf Microsoft-Rechnern basieren, erfolgt die Kommunikation mit dem Server Message Block-Protokoll (SMB) und mit dem NetBios-Dienst. Während NetBios für die Vergabe von Rechnernamen zuständig ist (sicher kennen Sie alle den Begriff der „Workgroup"), erfolgt die Datenübertragung letztendlich per SMB.

Mit Samba werden nun Linux-Verzeichnisse mit den Mircosoft-Protokollen SMB und NetBios freigegeben. Abbildung 19.1 zeigt die generelle Funktion von Samba.

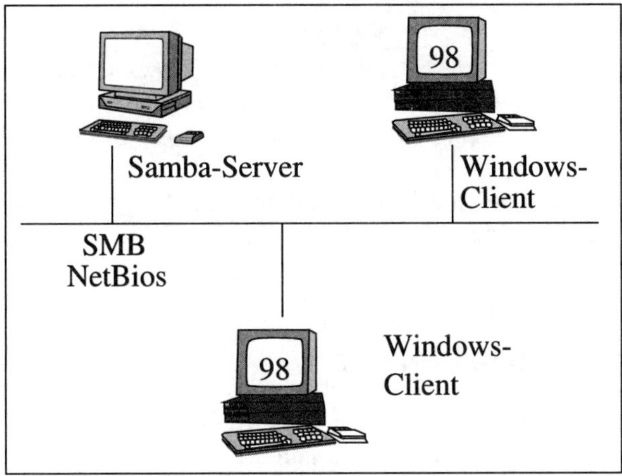

Abbildung 19.1: Funktionsweise von Samba

Wenn der Samba-Server aktiv ist, muss sich der Windows-Anwender zunächst am Linux-Rechner anmelden. Zu diesem Zweck werden die Informationen der Windows-Anmeldung (Benutzer und Passwort) an den Linux-Rechner übergeben. Leider kann dieser die Daten nicht direkt mit den Eintragungen in den Dateien `/etc/passwd` und `/etc/shadow` abgleichen. Dies rührt daher, dass die Codierungsalgorithmen für Kennwörter von Microsoft und Linux unterschiedlich sind. Sie werden im weiteren Verlauf dieses Kapitels sehen, dass dieser Sachverhalt für Sie mit etwas Arbeit verbunden ist, aber dazu später mehr.

Wie zu Beginn eines jeden Kapitels wollen wir zunächst eine Aufgabe definieren, die wir mit Samba lösen werden:

Sie richten auf dem Linux-Rechner `host1.intern` den Samba-Dienst ein. Er wird im Netzwerk die Heimatverzeichnisse aller auf dem Linux-Rechner vorhandenen Benutzer anbieten. Natürlich sieht jeder Benutzer nur sein eigenes Home-Directory. Außerdem stellen Sie das Verzeichnis `/daten` als Share zur Verfügung. Zudem soll es möglich sein, auf die auf dem Linux-Rechner installierten Drucker zuzugreifen. Abbildung 19.2 zeigt das Vorhaben grafisch.

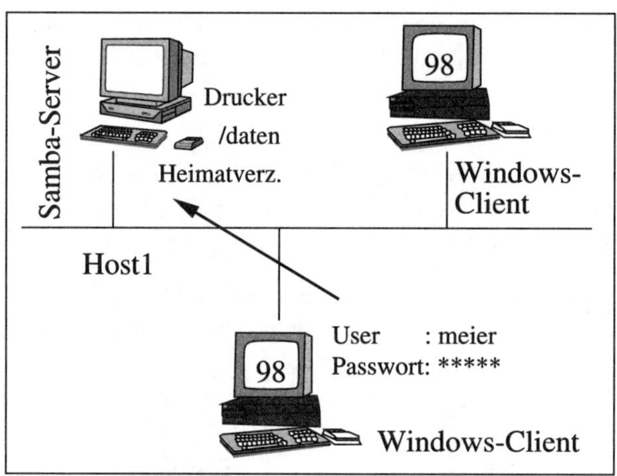

Abbildung 19.2: Samba im Beispielnetzwerk

Da es sich bei Samba um einen sehr umfangreichen Dienst mit vielen Konfigurationsmöglichkeiten handelt, werden Sie Samba anschließend per Internet-Browser administrieren.

19.2 Der Samba-Server

Wie Sie einen Samba-Server einrichten und welche Einstellungsmöglichkeiten existieren, wird in den folgenden Abschnitten mitgeteilt.

19.2.1 Die Konfigurationsdatei `smb.conf`

Wie bei jedem Linux-Dienst gibt es auch bei Samba eine zentrale Datei, in der Sie eine Vielzahl von Konfigurationen durchführen können. Die Datei trägt den Namen `smb.conf`. SuSE-Administratoren finden sie im Verzeichnis `/etc/`, bei Red Hat ist sie unter `/etc/samba/` abgelegt. Kommentare werden mit dem Zeichen ; oder dem Zeichen # eingeleitet.

Der Aufbau von `smb.conf` wird Sie an eine INI-Datei unter Windows erinnern. Tatsächlich gibt es eine Unterteilung in Sektionen. In ihr werden zum einen globale Einstellungen und zum anderen Informationen für jedes freizugebene Share hinterlegt:

```
[<Name der Sektion>]
   <Parameter>
   <...>
```

Es gibt drei Sektionen, die eine besondere Bedeutung haben:

- In `[global]` werden alle globalen Einstellungen festgehalten.
- In der Sektion `[homes]` tragen Sie Parameter ein, die die Heimatverzeichnisse zur Verfügung stellen.
- Drucker müssen in einem Abschnitt namens `[printers]` angeboten werden.

Diese drei Abschnitte in der Datei `smb.conf` müssen unbedingt auch mit den angegebenen Namen verwendet werden. Für jedes andere Share, das Sie anbieten möchten, können Sie den Namen der Sektion frei wählen (zum Beispiel `[daten]`). Um detaillierte Einstellungen in den einzelnen Bereichen vorzunehmen, verwenden Sie diverse Parameter in der folgenden Form:

```
<Parameter> = <Wert>
```

Im Weiteren lernen Sie alle notwendigen Parameter kennen, um das am Anfang des Kapitels beschriebene Vorhaben zu realisieren. Im nächsten Abschnitt wird dann ein komplettes Beispiel angegeben.

Der Parameter **`workgroup`**

Betrachten wir zunächst die notwendigen Einträge in der Sektion `[global]`. Sie haben bereits erfahren, dass der NetBios-Dienst die einzelnen Rechner im Netzwerk in Arbeitsgruppen einteilt. Unter Samba erfolgt die Definition mit dem Parameter `workgroup`:

```
workgroup = <Name>
```

Im Beispiel verwenden wir die `LINUXGRUPPE`:

```
[global]
   workgroup = LINUXGRUPPE
```

Der Parameter **`security`**

Damit Ihre Anwender später auf die freigegebenen Verzeichnisse Ihres Servers zugreifen können, müssen sie sich in irgendeiner Form authentifizieren. Wie die Beglaubigung erfolgt, legen Sie mit

```
security = <Wert>
```

fest. In unserem Beispiel (und so wird es in der Praxis wohl fast immer sein) muss sich jeder Anwender mit einer Benutzerkennung und einem gültigen Passwort am Server anmelden. Wir verwenden deshalb das Schlüsselwort `user`, um diese Anforderung auszudrücken. Andere Werte wären `share` oder `server`. Mit `share` kann die Beglaubigung auf Share- statt auf Server-Ebene erfolgen. `server` erlaubt die Verifizierung der Anmeldedaten an einem anderen (Windows)-Server im Netzwerk:

```
[global]
   workgroup = LINUXGRUPPE
   security = user
```

Der Parameter encrypt passwords

Neuere Windows-Versionen übertragen das Passwort vom Client zum Server in der Regel verschlüsselt. Bei den ersten Versionen von Windows 95 bzw. Windows NT wurden die Daten jedoch unverschlüsselt zum Server geschickt. Daher müssen Sie Ihrem Samba-Dienst mitteilen, ob er die Kennwörter codiert empfängt:

```
encrypt passwords = <yes|no>
```

Übergeben Sie dem Parameter im Beispiel den Wert `yes`, da es sich bei unseren Clients exemplarisch um Windows 98-Rechner handelt:

```
[global]
   workgroup = LINUXGRUPPE
   security = user
   encrypt passwords = yes
```

Der Parameter guest account

Unter Microsoft-Windows ist es möglich, sich an einem Server auch mit einem Gastzugang anzumelden. Damit der Samba-Server ebenfalls diesen Zugang erlaubt, müssen Sie ihm mitteilen, mit welchem Linux-Benutzer der Gast verbunden ist:

```
guest account = <Benutzer>
```

Verwenden Sie grundsätzlich `nobody`, da er die wenigsten Rechte hat:

```
[global]
   workgroup = LINUXGRUPPE
   security = user
   encrypt passwords = yes
   guest account = nobody
```

Der Parameter comment

Den globalen Abschnitt haben Sie bereits komplett erstellt. Wir beginnen nun mit dem ersten freizugebenden Verzeichnis. Als Sektion wählen wir den Namen `[daten]`. Der erste Parameter, den Sie innerhalb von `[daten]` verwenden können, ist `comment`:

```
comment = <Kommentar>
```

Mit ihm legen Sie einen beliebigen Kommentar fest, den der Anwender später beim Zugriff auf das Verzeichnis einsehen kann:

```
[daten]
   comment = Datenverzeichnis
```

Der Parameter path

Mit der Option `path` stellen Sie ein, welches Verzeichnis des Linux-Dateisystems angeboten werden soll:

```
path = <Pfad>
```

Hinter `[daten]` soll sich das Directory `/daten/` verbergen:

```
[daten]
   comment = Datenverzeichnis
   path = /daten
```

Der Parameter create mask

Auch wenn es an den Microsoft-Clients so aussieht, als würden sie mit einem Microsoft-Server arbeiten, ist es dennoch der Linux-Server. Wenn ein Client eine Datei in `[daten]` abspeichert, wird sie natürlich auf dem Linux-Rechner im Verzeichnis `/daten` erstellt. Welche Rechtemaske bekommt diese Datei und wie können Sie sie beinflussen? Mit dem Parameter `create mask` legen Sie fest, dass alle neu erstellten Dateien ein bestimmtes Rechtemuster erhalten:

```
create mask = <Rechte>
```

Überlegen Sie selbst, welcher Wert hier Sinn macht. Im Beispiel erhält der Eigentümer alle Rechte und der Gruppe wird das Schreibrecht entzogen. Andere Anwender können auf die Daten nicht zugreifen:

```
[daten]
   comment = Datenverzeichnis
   path = /daten
   create mask = 0750
```

Der Parameter read only

Falls Sie ein per SMB exportiertes Verzeichnis komplett vor schreibenden Zugriffen schützen wollen, können Sie den Parameter `read only` benutzen:

```
read only = <yes|no>
```

Unser Datenverzeichnis soll natürlich auch beschreibbar sein:

```
[daten]
   comment = Datenverzeichnis
   path = /daten
   create mask = 0750
   read only = no
```

Der Parameter public

Ob ein Verzeichnis für die Öffentlichkeit auch ohne Anmeldung zugänglich ist, legen Sie mit `public` fest:

```
public = <yes|no>
```

Beim Datenverzeichnis handelt es sich um kein öffentliches Share:

```
[daten]
   comment = Datenverzeichnis
   path = /daten
   create mask = 0750
   read only = no
   public = no
```

Der Parameter browseable

Wir werden im nächsten Abschnitt sehen, dass es bei der Freigabe der Drucker und der Heimatverzeichnisse von Vorteil ist, wenn Sie den Anwendern verbieten, sich in dem angebotenen Verzeichnisbaum zu bewegen. Auf diese Weise bleibt das Heimatverzeichnis von `mueller` für den Benutzer `meier` unsichtbar. Auch soll das Directory, in das später die Druckaufträge geschrieben werden, nicht sichtbar sein. Zu diesem Zweck werden wir später den Parameter

```
browseable = <yes|no>
```

auf `no` setzen. Das Verzeichnis `/daten/` hingegen soll für jedermann einzusehen sein:

```
[daten]
   comment = Datenverzeichnis
   path = /daten
   create mask = 0750
   read only = no
   public = no
   browseable = yes
```

Der Parameter guest ok

Mit `guest ok` legen Sie fest, ob der Gastzugang für das Share erlaubt oder verboten ist:

```
guest ok = <yes|no>
```

Im Beispiel wird die Gastanmeldung zugelassen:

```
[daten]
   comment = Datenverzeichnis
   path = /daten
   create mask = 0750
   read only = no
   public = no
   browseable = yes
   guest ok = yes
```

Der Parameter print ok

Die letzte Einstellungsmöglichkeit, die Sie kennen müssen, ist `print ok`. Sie werden Sie später für das Share `[printers]` benötigen:

```
print ok = <yes|no>
```

Damit wird erlaubt, dass in einem bestimmten Verzeichnis Druckaufträge abgelegt werden können.

19.2.2 Beispiel

Es ist an der Zeit, das Beispiel des Samba-Servers komplett zu betrachten:

```
#
# Samba-Server
#
# /etc/smb.conf (SuSE)
# /etc/samba/smb.conf (Red Hat)
#
# Erstellt von Jens Banning
#

#
# Der Samba-Server arbeitet fuer die LINUXGRUPPE. Zum
# Zugriff werden Benutzerkennung und Passwort benoetigt.
# Die Kennwoerter sind verschluesselt und der Gastzugang
# erfolgt mit dem Linux-User nobody.
#

[global]
   workgroup = LINUXGRUPPE
   security = user
   encrypt passwords = yes
   guest account = nobody

#
# Das Share 'daten' wird zur Verfuegung gestellt. Es
# befindet sich in /daten und hat die Beschreibung
# 'Datenverzeichnis'. Werden Daten erstellt, so lautet
# die Rechtemaske auf dem Linux-Rechner 0750. Das Share
# ist beschreibbar und nicht oeffentlich. Das Bewegen
# im angebotenen Verzeichnis ist moeglich. Der Gast-
# zugang wird zugelassen.
#

[daten]
   comment = Datenverzeichnis
   path = /daten
   create mask = 0750
```

```
   read only = no
   public = no
   browseable = yes
   guest ok = yes

#
# Es werden die Heimatverzeichnisse der Benutzer freige-
# geben. Sie sind beschreibbar, aber nicht oeffentlich. Der
# Gastzugang ist nicht moeglich. Auch koennen die Heimat-
# verzeichnisse anderer Anwender nicht angezeigt werden.
#

[homes]
   comment = Homedirectory
   create mask = 0750
   read only = no
   public = no
   browseable = no
   guest ok = no

#
# Alle Drucker der Datei /etc/printcap werden mit dem
# Spool-Verzeichnis /tmp angeboten. Der Gastzugang ist
# erlaubt und die Drucker sind oeffentlich zugaenglich.
# Das Drucken ist erlaubt. Wird ein Druckauftrag er-
# stellt, bekommt er die Linux-Rechte 0700. Auf das
# Spoolverzeichnis kann nur ueber das Drucken zugegrif-
# fen werden.
#

[printers]
   comment = Drucker
   path = /tmp
   create mask = 0700
   read only = no
   public = yes
   browseable = no
   guest ok = yes
   print ok = yes
```

Es sei noch erwähnt, dass bei den Heimatverzeichnissen die Option `path` entfallen kann, da standardmäßig `/home/` angenommen wird. Das mit `path` angegebene Verzeichnis in `[printers]` dient nur als Spoolverzeichnis für Druckaufträge. Alle weiteren Informationen sind als Kommentare in der obigen Datei enthalten.

19.2.3 Das Kommando smbpasswd

Zu Beginn des Samba-Kapitels wurde erwähnt, dass es zwischen der Microsoft- und der Linux-Welt Unterschiede bei der Codierung der Kennwörter gibt. Daher ist es nicht möglich, dass die Anmeldedaten des Clients direkt mit den Dateien /etc/passwd und /etc/shadow abgeglichen werden können. Mit dem Kommando smbpasswd kann eine separate Passwortdatei erstellt werden, in der die Kennwörter nach Mircosoft-Manier abgelegt werden.

Verwenden Sie smbpasswd allgemein gemäß der Syntax:

```
smbpasswd [-a] <Benutzer>
```

Beachten Sie, dass Sie ein Samba-Passwort nur dann erstellen können, wenn der zugehörige Benutzer bereits in Ihrem Linux-System existiert. Das Kommando smbpasswd erstellt eine gleichnamige Datei mit den Kennwörtern der Anwender. Sie finden sie bei SuSE im Verzeichnis /etc/ und bei Red Hat in /etc/samba/. Um einen Samba-Benutzer hinzuzufügen, verwenden Sie den Parameter -a. Ohne diese Option kann das Kennwort eines schon vorhandenen Samba-Users geändert werden.

Beispiel 19.1: Definition der Samba-Passwörter

```
root@host1:~ # smbpasswd -a mueller
New SMB password:
Retype new SMB password:
Added user mueller.
root@host1:~ # smbpasswd -a meier
New SMB password:
Retype new SMB password:
Added user meier.
root@host1:~ # smbpasswd -a schulze
New SMB password:
Retype new SMB password:
Added user schulze.
root@host1:~ #
```

Ein Blick in die Datei smbpasswd verdeutlicht nochmals die Funktion:

Beispiel 19.2: Die Samba-Passwortdatei unter SuSE

```
root@host1:/etc # cat smbpasswd
# Samba SMB password file
mueller:502:50831B500C427533AAD3B435B51404EE:F0873F32680...
meier:503:50831B500C427533AAD3B435B51404EE:F0873F3268072...
schulze:504:50831B500C427533AAD3B435B51404EE:F0873F32680...
root@host1:/etc #
```

19.2.4 Die Dämonen nmbd und smbd

Die Konfiguration des Samba-Servers ist abgeschlossen und Sie haben mit dem Kommando smbpasswd die notwendigen Passwörter der Anwender festgelegt. Es spricht nun nichts mehr dagegen, dass Sie den Server starten. Dazu müssen zwei Dämonprozesse aktiviert werden.

- Im Verzeichnis /usr/sbin/ finden Sie zum einen den smbd. Er aktiviert das SMB-Protokoll.
- Im gleichen Verzeichnis befindet sich zum anderen der Dämon nmbd, der den NetBios-Dienst realisiert.

Die Distributionen SuSE und Red Hat liefern selbstverständlich ein Startskript mit, das die angegebenen Prozesse startet. Das Skript heißt bei beiden Linux-Anbietern smb.

SuSE

Beispiel 19.3: Starten des Samba-Servers unter SuSE

```
root@host1:~ # /etc/rc.d/init.d/smb start
Starting SMB services:                                 done
root@host1:~ #
```

Red Hat

Beispiel 19.4: Starten des Samba-Servers unter Red Hat

```
root@host1:~ # /etc/rc.d/init.d/smb start
Starting SMB services:                                 [  OK  ]
Starting NMB services:                                 [  OK  ]
root@host1:~ #
```

Damit der Start bei jedem Bootvorgang erfolgt, ist es notwendig, dass im Standardrunlevel ein symbolischer Link auf das Startskript vorhanden ist. SuSE-Administratoren müssen ferner die Variable START_SMB mit dem Programm yast auf den Wert yes setzen.

19.2.5 Einstellungen in der Datei inetd.conf

Bevor wir uns in Abschnitt 19.3 auf Seite 405 mit dem Samba-Client, also dem Zugriff vom MS-Windows-Rechner, beschäftigen, sollen Sie in diesem und im nächsten Abschnitt erfahren, wie Sie den Samba-Server mit einem Internet-Browser wie zum Beispiel netscape administrieren können. In diesem Zusammenhang ist es möglich, die Konfigurationsdatei smb.conf zu erstellen sowie zu allen existierenden Parametern eine Hilfe zu erhalten.

Zur grafischen Administration muss auf dem Server ein Dienst namens swat aktiv sein. Das Samba Web Administration Tool wird durch den INET-Dämon gestartet. Prüfen Sie nach der Installation des Softwarepaketes, ob in der Datei /etc/inetd.conf eine Zeile vorhanden ist, die swat startet, wenn Anfragen am Port 901 (swat) eintreffen.

```
root@host1:~ # cat /etc/inetd.conf
# See "man 8 inetd" for more information.
#
# If you make changes to this file, either reboot your
# machine or send the inetd a HUP signal with
# "/sbin/init.d/inetd reload" or by hand: Do a "ps x"
# as root and look up the pid of inetd. Then do a
# "kill -HUP <pid of inetd>". The inetd will re-read
```

```
# this file whenever it gets that signal.
#
# <service_name> <sock_type> <proto> <flags> <user>
#                                          <server_path> <args>
#
swat stream tcp nowait.400 root /usr/sbin/swat swat

root@host1:~ #
```

Schlagen Sie in Kapitel 7 auf Seite 89 nach, um nähere Informationen zum INET-Dämon zu erhalten.

19.2.6 Administration per Browser mit SWAT

Die Administration des Samba-Servers kann jetzt von jedem Rechner im Netzwerk aus erfolgen. Starten Sie dazu einen Internet-Browser Ihrer Wahl, wie zum Beispiel

```
netscape
```

und wählen Sie die folgende URL an:

```
http://host1.intern:901/
```

Anschließend werden Sie zur Eingabe eines Benutzers und eines Passworts aufgefordert (siehe Abbildung 19.3). Geben Sie als Benutzer `root` und das entsprechende Kennwort auf `host1.intern` ein.

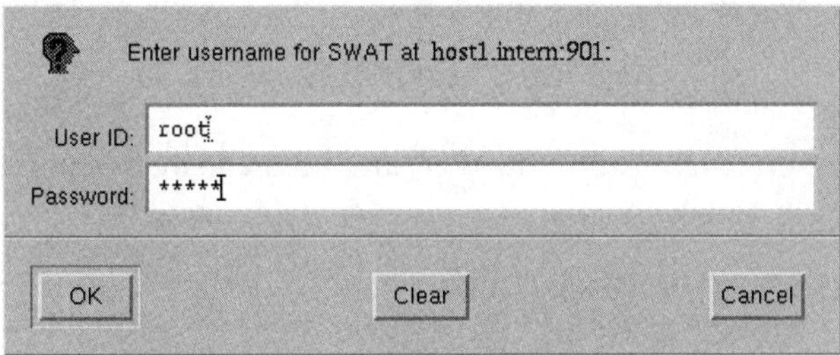

Abbildung 19.3: Webanmeldung am Samba-Server

Anschließend erscheint die Homepage wie in Abbildung 19.4, die in sieben Bereiche unterteilt ist.

- Zu Beginn befinden Sie sich unter HOME. Hier finden Sie Dokumentationen. Ferner ist in der Dokumentation das Samba-Buch aus dem O'Reilly-Verlag enthalten.
- SWAT analysiert die Datei `smb.conf`. Wenn Sie GLOBALS anwählen, können Sie alle Parameter der globalen Sektion ändern. Ferner erhalten Sie zu jedem Parameter eine Hilfe sowie den zugehörigen Defaultwert.
- Die von Ihnen freigegebenen Shares können Sie unter SHARES bearbeiten.

- Die Samba-Drucker befinden sich unter PRINTERS.
- Statusinformationen zum Samba-Server sowie zu den aktiven Verbindungen werden Ihnen unter STATUS mitgeteilt.
- Die komplette Konfigurationsdatei lässt sich unter VIEW einsehen.
- Die Samba-Kennwörter werden schließlich unter PASSWORD administriert.

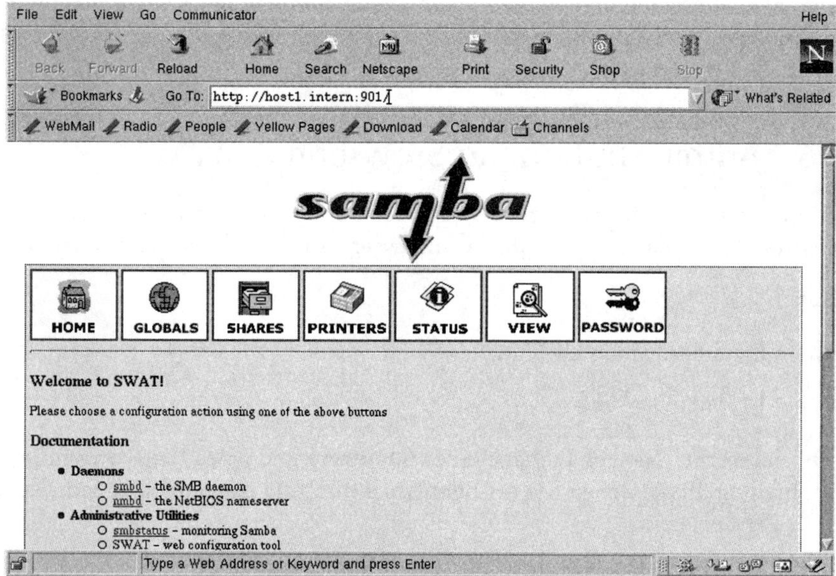

Abbildung 19.4: SWAT-Homepage

Der Umgang mit SWAT ist intuitiv möglich und bedarf keiner weiteren Beschreibung.

19.2.7 Zusammenfassung

Führen Sie die folgenden Schritte aus, um auf einem Rechner einen Samba-Server einzurichten, den Sie über das Web administrieren können.

1. Erstellen Sie die Datei `smb.conf` im Verzeichnis `/etc/` unter SuSE und in `/etc/samba/` unter Red Hat und tragen Sie die notwendigen Sektionen und Parameter ein.
2. Mit dem Kommando `smbpasswd` muss den Anwendern, die im Linux-System bereits existieren, ein Samba-Passwort zugeteilt werden.
3. Starten Sie das Skript `/etc/rc.d/init.d/smb start`. Sorgen Sie ferner dafür, dass im Standardrunlevel ein symbolischer Link vorhanden ist.
4. SuSE-Administratoren setzen ferner die Variable START_SMB auf `yes`.

5. Um den Server mit einem Internet-Browser verwalten zu können, installieren Sie das Softwarepaket SWAT. Prüfen Sie in der Konfigurationsdatei `inetd.conf` des INET-Dämons, ob eine Zeile vorhanden ist, die `swat` bei eintreffenden Anfragen startet.

6. Der Server kann mit einem Browser (Beispiel `netscape`) über die URL `http://<Servername>:901` angesprochen werden. Nach erfolgter Anmeldung kann unter anderem die Konfigurationsdatei bearbeitet werden. Ferner sind in diesem Zusammenhang eine Reihe von Dokumentationen verfügbar.

19.3 Der Samba-Client

Im Folgenden werden Sie Ihren Mircosoft Windows-Rechner so konfigurieren, dass Sie das Angebot des Samba-Servers nutzen können.

19.3.1 Einrichten des MS Windows-Rechners

Die Aufgabe, die es in diesem Kapitel zu lösen gilt, ist die Einrichtung der Windows 98-PCs für den Samba-Zugriff. Führen Sie dazu die folgenden Schritte durch:

1. Richten Sie auf Ihrem Windows-Rechner den Mircosoft-Netzwerkclient ein und konfigurieren Sie das TCP/IP-Protokoll so, dass Sie den Rechner Host1 erreichen können. Anschließend können Sie sich mit dem Microsoft-Client anmelden. Verwenden Sie als Anmeldenamen `meier` und als Passwort das entsprechende Samba-Kennwort des Benutzers (siehe Abbildung 19.5).

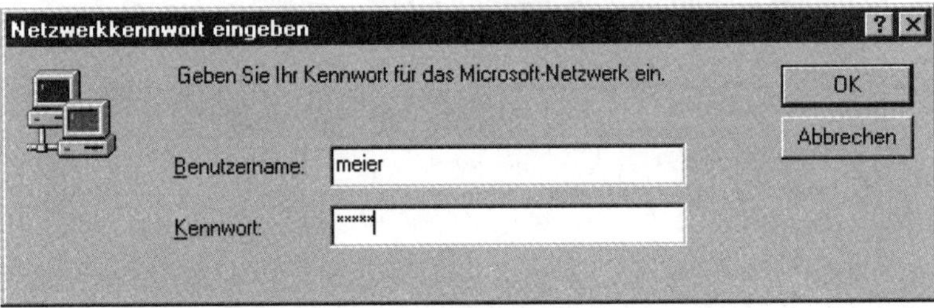

Abbildung 19.5: Windows-Anmeldung

2. Stellen Sie über die Eigenschaften der Netzwerkumgebung ferner die gleiche Arbeitsgruppe ein, die Sie auch auf dem Samba-Rechner angegeben haben (siehe Abbildung 19.6).

3. Anschließend erscheint, wie in Abbildung 19.7 zu sehen ist, in der Netzwerkumgebung der Rechner Host1.

4. Durch einen Doppelklick auf das Rechnersymbol können Sie alle zur Verfügung gestellten Shares einsehen (siehe Abbildung 19.8).

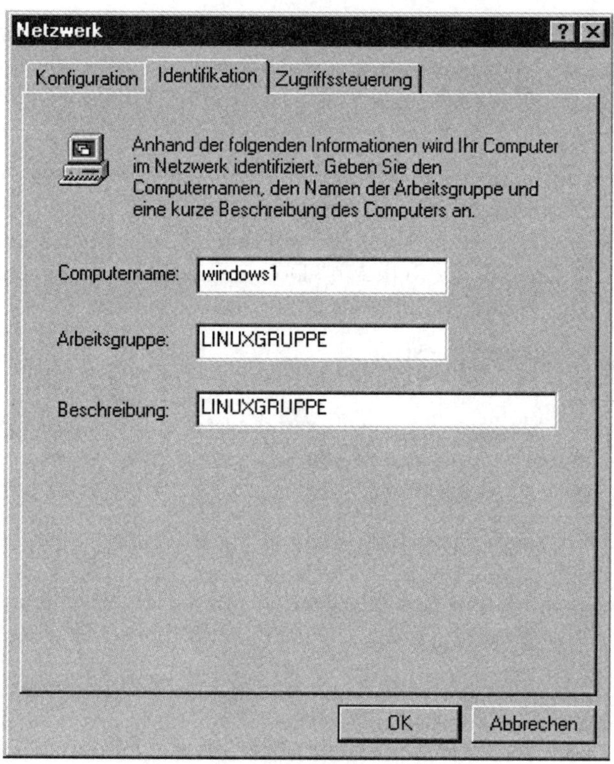

Abbildung 19.6: Einstellen der Arbeitsgruppe

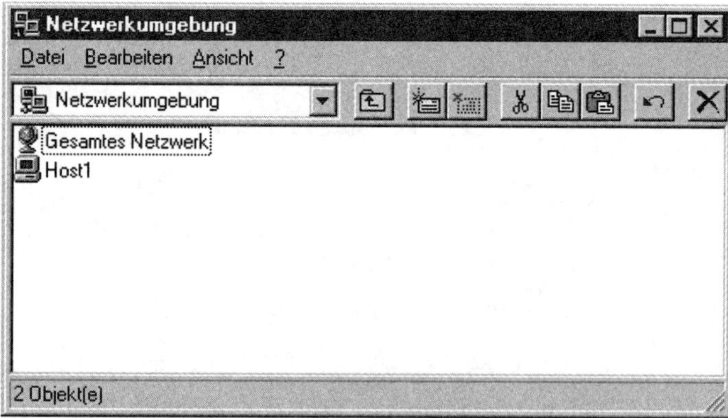

Abbildung 19.7: Netzwerkumgebung: Host1

5. Abbildung 19.9 zeigt, wie Sie einen der Drucker einrichten. Wir verwenden die Linux-Warteschlange `raw`, da alle Druckaufträge, die sie erhält, direkt ohne weitere Aufbereitung gedruckt werden.

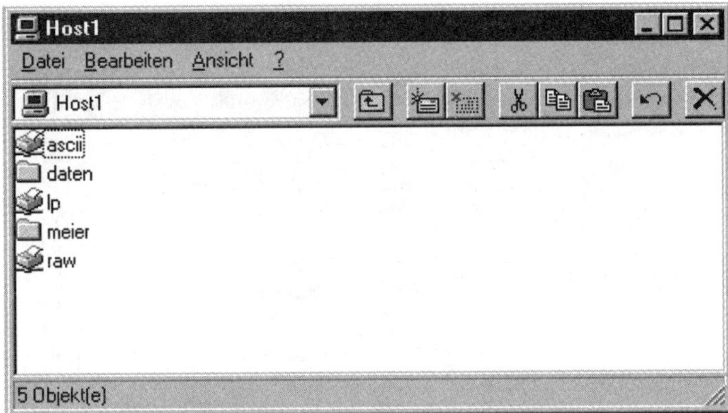

Abbildung 19.8: Netzwerkumgebung: Shares

Damit der Linux-Rechner sich um die Aufbereitung kümmert, müssten Sie sich mit `lp` anfreunden.

Abbildung 19.9: Windows-Drucker einrichten

6. Entsprechend wählen Sie in Abbildung 19.10 den Druckertreiber aus, der dem Gerät entspricht. Dadurch werden die Daten lokal auf der Windows-Maschine aufbereitet.

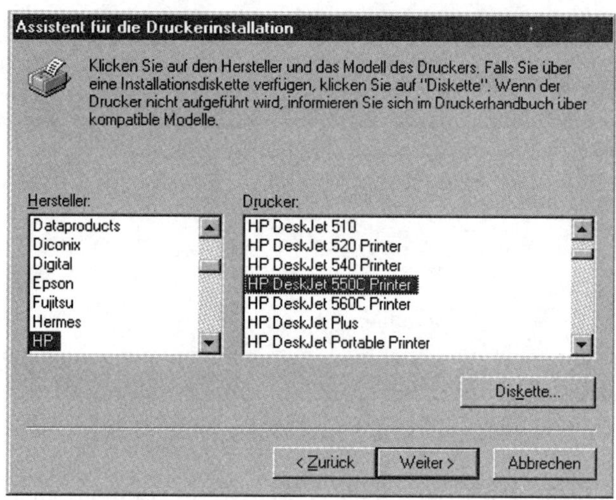

Abbildung 19.10: Druckertreiber auswählen

20 Einrichten einer Firewall

Bisher haben Sie in diesem Buch eine Vielzahl von Diensten kennen gelernt, die Sie mit Hilfe des Betriebssystems Linux anbieten können. In Kapitel 20 widmen wir uns der Sicherheit in Computernetzwerken, indem Sie eine Firewall in Ihrem Netzwerk installieren.

20.1 Funktion

Die Aufgabe einer Firewall besteht darin, den unberechtigten Zugriff auf einzelne Dienste in Ihrem Netzwerk zu unterbinden. Wenn Sie zum Beispiel in Ihrem lokalen Netz einen NFS-Server haben, sollte er so nach außen (Internet) abgeschottet sein, dass es Eindringlingen aus dem Internet nicht gelingt, auf die NFS-Verzeichnisse zuzugreifen. Bevor wir uns genauer mit der Funktion einer Firewall beschäftigen, muss geklärt werden, was überhaupt ein Angriff ist:

Gelingt es einem Client, unberechtigterweise auf Informationen zuzugreifen, so wird von einem Angriff gesprochen.

Sie wissen sicherlich, dass Softwarepakete (zumindest unter Linux) mit größter Sorgfalt entwickelt werden. Es lässt sich dennoch nicht vermeiden, dass sich hier und da einige Fehler einschleichen. Hat ein Clientrechner Zugriff auf einen Serverdienst und kennt er die Fehler dieses Dienstes, so kann er sie ausnutzen. Somit ist es mitunter möglich, den Dienst in einer Art und Weise anzuwenden und zu bearbeiten, die der Netzwerkadministrator (also Sie) nicht beabsichtigt hat. Bei dieser Art von Sicherheitsproblemen handelt es sich im Grunde um Softwarefehler. Daneben existiert ein zweites Risiko, das Sie als Administrator jedoch beeinflussen können: Konfigurationsfehler.

Konfigurationsfehler oder der Einsatz unsicherer Produkte auf Ihren Servern machen es Angreifen leicht, in Ihr Netzwerk einzudringen. Verzichten Sie möglichst auf die Dienste Telnet und FTP, da die Datenübertragung im Netzwerk bei den genannten Diensten unverschlüsselt erfolgt. Das Abhören der Kommunikation in Ihrem Netzwerk stellt für den Angreifer eine leichte Aufgabe dar. Hat er auf diese Art erst einmal ein wichtiges Benutzerkennwort herausbekommen, ist der Schaden in Ihrem Unternehmen groß. Jetzt kann der unerwünschte Besucher sich in Ihrem System bewegen und seiner „Arbeit" nachgehen. Wir wollen uns in diesem Abschnitt nicht mit allgemeinen Sicherheitsrichtlinien beschäftigen. Dass Sie Kennwörter in regelmäßigen Abständen ändern sollten und dass diese aus mehr oder weniger zufällig aneinander gereihten Buchstaben und Ziffern bestehen sollten, ist Ihnen bekannt. Auch sollten Sie nur die Software verwenden, die Sie auch brauchen. Falls Sie weitere Informationen zu möglichen Angriffsquellen benötigen, finden Sie diese in [anonymous2000].

In Abbildung 20.1 sehen Sie eine Firewall, die zwischen das lokale Netz und das Internet geschaltet ist.

Die Firewall ist in unserem Beispiel auf einem Router installiert und überwacht den Datenverkehr zwischen den beiden angeschlossenen Netzen. Werden Daten in das Internet übertragen (zum Beispiel Anfragen an einen Webserver), so werden sie von der Firewall zunächst analysiert. Abhängig vom Analyse-Ergebnis können die Daten die Firewall passieren oder sie werden abgewiesen. Auf die gleiche Art und Weise können zum Beispiel Telnet-Anfragen aus dem Internet abgewiesen werden. Eine Firewall kann jeden beliebigen Dienst abblocken. Somit gelangen nur noch die Daten in die angeschlossenen Netze, die Sie dort haben möchten.

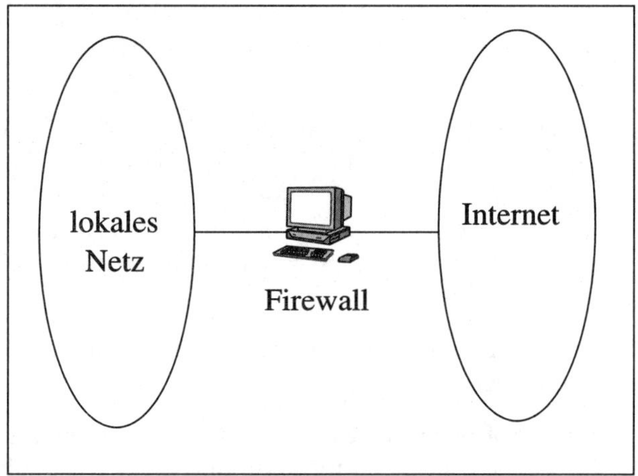

Abbildung 20.1: Position einer Firewall

Eine Firewall besteht aus zwei Komponenten:

- Paketfilter
- Proxy

Ein Paketfilter ist eine Software, die die zu übertragenden Datenpakete analysiert und aus Ihnen die Informationen

- Quelladresse,
- Zieladresse,
- Protokoll,
- Quellport,
- Zielport,
- Schnittstelle und
- Richtung

extrahiert. Anhand dieser Angaben entscheidet die Firewall, ob die Pakete durchgelassen werden oder nicht. Mit der Quell- und Zieladresse kann auch bestimmt werden, ob die Daten an die Firewall adressiert sind (INPUT), von ihr gesendet werden (OUTPUT) oder ob die Firewall die Daten lediglich weiterleiten soll (FORWARD). So könnten zum Beispiel alle Daten aus dem lokalen Class-C-Netz 192.168.17.0, die sich über die ISDN-Schnittstelle per TCP an den Port 80 (HTTP) wenden, in das Internet gelassen werden. Den Inhalt der Datenpakete kann ein Paketfilter jedoch nicht analysieren. Abhilfe schafft der Einsatz eines Proxy, wie Sie ihn in Kapitel 14 auf Seite 265 kennen gelernt haben.

Was muss eine Firewall schützen und wie wird sie eingerichtet? Die weit verbreitete Meinung, dass alle Angriffe aus dem Internet kommen und dem mit einer Firewall entgegengewirkt werden müsse, entspricht leider nicht den Tatsachen. Es stimmt zwar, dass das Internet prinzipiell ein Sicherheitsrisiko darstellt, gegen das man sich absichern muss. Was in diesem Zusammenhang aber meist vergessen wird, ist der Umstand, dass auch im internen Netz potenzielle Angreifer sitzen. Unzufriedene oder korrupte Mitarbeiter sind durchaus ein ernst zu nehmendes Problem. Dieses Buch soll das Gefahrenpotenzial aus dem Internet nicht verharmlosen, doch kommen mehr als drei Viertel aller Angriffe aus dem lokalen Netz. Gerade vor diesem Hintergrund sollten Sie sich angewöhnen, mehrere Firewalls einzurichten. Dabei ist es natürlich nicht zwingend erforderlich, dass dies auf einem Router geschieht. Selbstverständlich kann jeder Server die an ihn gerichteten Datenpakete filtern.

Die Konfiguration einer Firewall ist kein besonders schwieriges Unterfangen. Sie ahnen womöglich schon, dass Sie den Schutzwall mit Hilfe eines Kommandos errichten. Es trägt bei einem Linux-Kernel ab der Version 2.2 den Namen `ipchains` und heißt ab der Kernel-Version 2.4 `iptables`. Mit beiden Kommandos werden wir uns in diesem Kapitel auseinander setzen. Weitaus schwieriger als die Anwendung des entsprechenden Kommandos ist die Entscheidung, welche Pakete Ihre Firewall passieren lassen soll. Dafür gibt es natürlich kein Patentrezept, jedoch sollten Sie immer nach dem folgenden Grundsatz handeln:

Alles, was nicht erlaubt ist, ist verboten.

Denken Sie lediglich darüber nach, an welchen Stellen Sie Ihre Firewall öffnen, also welche Daten passieren dürfen, und blockieren Sie alles andere. Außerdem muss Ihre Firewall alle nicht erlaubten Zugriffe protokollieren.

In Abbildung 20.2 sehen Sie die Aufgabe, die Sie in diesem Kapitel lösen werden, in grafischer Darstellung.

Der Paketfilter wird auf dem Router installiert, der das lokale Netz mit dem Internet verbindet. Aus dem Netzwerk 192.168.17.0 sollen alle Clients Zugriff auf die HTTP-Server im Internet haben (HTTP = TCP-Port 80). Da eine Clientanfrage der Form `http://www.suse.de` zunächst von einem Nameserver aufgelöst werden muss, ist es notwendig, dass die Firewall auch DNS-Anfragen (DNS = UDP-Port 53) an den Nameserver im Internet (im Beispiel 62.104.214.77) durchlässt. Außerdem soll es möglich sein, aus dem Internet heraus per SSH auf das lokale Netz zuzugreifen.

Wenn Anfragen aus dem Client-Netz in das Internet übertragen werden, ist es notwendig, dass der Router diese Daten maskiert. Die im Class-C-Netz 192.168.17.0 vergebenen Adressen sind ausschließlich für lokale Zwecke zu verwenden. So könnte eine Firma X in

Hamburg lokal diese Adressen genauso verwenden wie die Firma Y in Berlin. Im Internet ist es natürlich notwendig, dass alle Rechner eindeutige Adressen haben. Der Router, mit dem beide Firmen die Daten in das Internet senden, hat zwar intern eine lokale Adresse (im Beispiel 192.168.17.250), jedoch hat er extern eine im Internet eindeutige Adresse (im Beispiel 213.6.89.122).

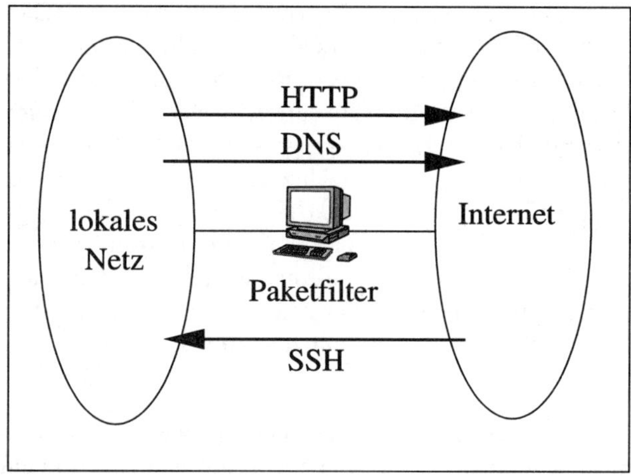

Abbildung 20.2: Beispielaufgabe einer Firewall

Bei allen Daten, die jetzt in das Internet gesendet werden, trägt der Router als Absender seine offizielle IP-Adresse (213.6.89.122) ein. Ferner verwendet er für jeden Client einen anderen Absender-Port. Die Antworten aus dem Internet treffen somit an der Adresse 213.6.89.122 und dem definierten Port ein. Der Router demaskiert sie wieder und leitet sie an den entsprechenden Client weiter (siehe Abbildung 20.3).

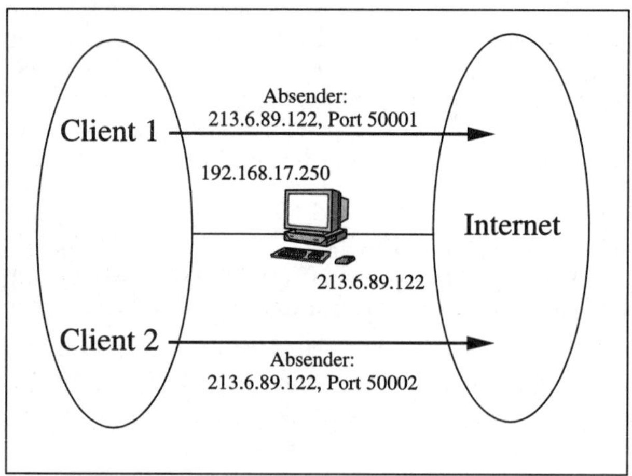

Abbildung 20.3: Prinzip der Maskierung

Die Maskierung wird auch (englisch) als Masquerading bezeichnet.

20.2 Architekturen

In diesem Abschnitt lernen Sie vier Architekturen kennen, die Ihnen beim Aufbau eines sicheren Netzes helfen werden. Sie unterscheiden sich durch die Position der Sicherheitsrechner sowie die damit verbundenen Vor- und Nachteile.

- In Abbildung 20.2 haben Sie bereits die erste Architektur kennen gelernt. Sie heißt „Screening Router" und bezeichnet einen Router im Netzwerk, auf dem ein Paketfilter aktiviert ist. Auf diese Weise werden die angeschlossenen Netze gegeneinander abgesichert. Der Nachteil dieser Methode besteht darin, dass die Daten nur auf Protokollebene (also Absender, Empfänger usw.) analysiert werden. Eine genauere Analyse erfolgt nicht.
- Wenn Sie den Screening Router mit dem Einsatz eines oder mehrerer Proxy-Server kombinieren, spricht man auch von einem „Dual Homed Gateway", wie es in Abbildung 20.4 dargestellt ist. Es hat den Vorteil, nicht nur die Protokolle, sondern zum Teil auch die Daten zu betrachten.

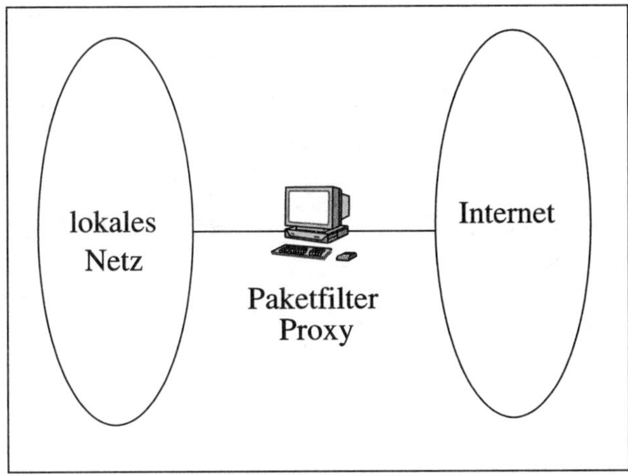

Abbildung 20.4: Dual Homed Gateway

- Beim eben genannten Dual Homed Gateway befinden sich Paketfilter und Proxy auf dem gleichen Rechner. Um den Proxy noch weiter vom Internet abzuschotten, kann er auch auf einem separaten Rechner im lokalen Netz installiert werden. Auf diese Weise muss der Paketfilter im Prinzip nur noch mit dem Proxy kommunizieren (siehe Abbildung 20.5).
- In Abbildung 20.6 sehen Sie die letzte und sicherste Firewall-Architektur. Hierbei wird zwischen dem lokalen Netz und dem Internet ein weiteres sicheres Netz angelegt.
  - Ein Router verbindet das interne mit dem sicheren Netz. Der Router arbeitet als Paketfilter.

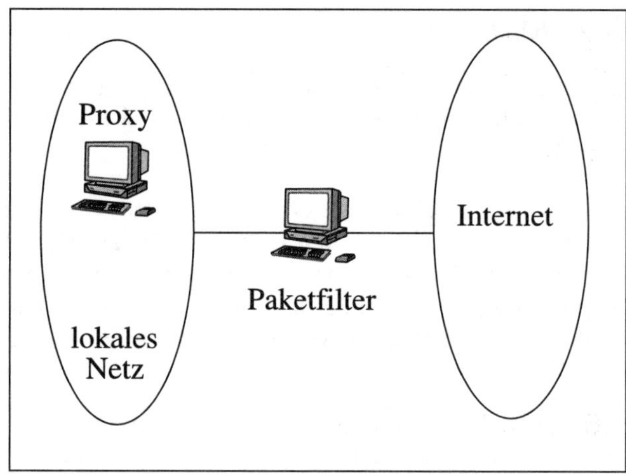

Abbildung 20.5: Paketfilter und Proxy getrennt

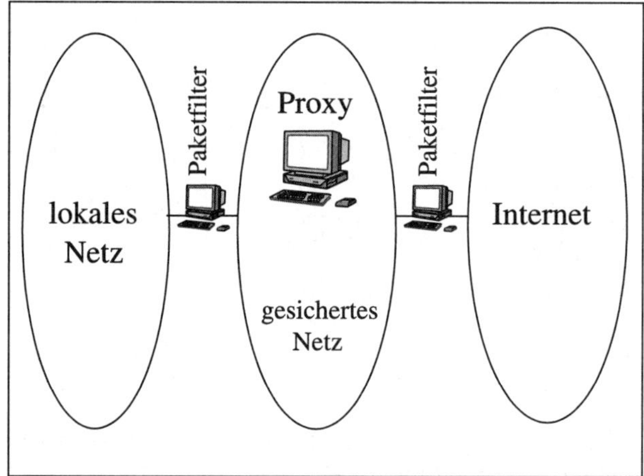

Abbildung 20.6: Demilitarisierte Zone (DMZ)

- Ein weiterer Router (inklusive Paketfilter) verbindet das sichere Netz mit dem Internet.
- Der Proxy-Server kann nun in der sicheren Zone eingerichtet werden. Der Zugriff auf ihn ist damit in beide Richtungen abgesichert.

Diese als „Demilitarisierte Zone" (DMZ) oder als „Screened Subnet" bezeichnete Struktur bietet ein Maximum an Sicherheit. Wenn Sie Ihre zentralen Server in der gesicherten Zone ansiedeln, so tragen Sie damit auch der Tatsache Rechnung, dass die meisten Angriffe ihren Ursprung im lokalen Netz haben.

Welche der genannten Architekturen für Sie die beste ist, müssen Sie selbst entscheiden. Da in allen Strukturen Paketfilter eingesetzt werden, führen Sie in diesem Kapitel die notwendigen Schritte zur Konfiguration eines Paketfilters aus.

Bevor wir uns mit den Kommandos

- `ipchains` und
- `iptables`

beschäftigen können, werfen wir im nächsten Abschnitt einen Blick auf den Linux-Kernel. Er muss so eingerichtet werden, dass er das Firewalling unterstützt.

20.3 Einstellungen am Kernel

Der Kern des Linux-Betriebssystems ist der Kernel. Er ist für die grundlegenden Funktionen zuständig und unterstützt neben der Hardwareansteuerung und der Netzwerkkommunikation unter anderem auch das Firewalling und das Masquerading. Wenn Sie eine Linux-Distribution aus dem Hause SuSE oder Red Hat installieren, wird der Quellcode Ihres Kernels im Verzeichnis `/usr/src/linux/` abgelegt.

Um zu prüfen, ob die oben genannten Funktionen unterstützt werden, rufen Sie das Programm `make menuconfig` auf.

Beispiel 20.1: Kernel-Konfiguration einsehen bzw. verändern

```
root@host1:/usr/src/linux # make menuconfig
```

Es erscheint anschließend in der Textkonsole eine Menüstruktur, in der Sie die Kernel-Optionen eintragen können (siehe Abbildung 20.7). Freunde der grafischen Oberfläche können auch `make xconfig` verwenden. Die Menüstruktur erscheint daraufhin grafisch in einem eigenen Fenster. Sie ist jedoch nicht besser, sondern nur bunter.

Verzweigen Sie anschließend in den Punkt NETWORKING OPTIONS und aktivieren Sie dort die folgenden Punkte (siehe Abbildung 20.8):

- NETWORK FIREWALL
- IP: FIREWALLING
- IP-MASQUERADING

Nachdem Sie die obigen Werte eingestellt haben, müssen Sie den Kernel mit den Befehlen

- `make dep`
- `make clean`
- `make zImage`

neu kompilieren und ihn dann installieren. Genaueres zu diesem Arbeitsvorgang erfahren Sie in [Hein1999].

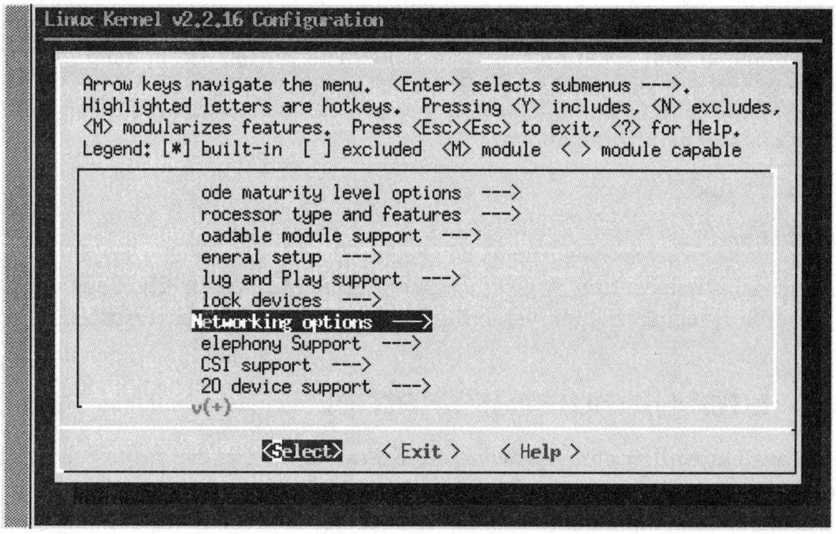

```
Linux Kernel v2.2.16 Configuration

Arrow keys navigate the menu.  <Enter> selects submenus --->.
Highlighted letters are hotkeys.  Pressing <Y> includes, <N> excludes,
<M> modularizes features.  Press <Esc><Esc> to exit, <?> for Help.
Legend: [*] built-in  [ ] excluded  <M> module  < > module capable

          ode maturity level options  --->
          rocessor type and features  --->
          oadable module support  --->
          eneral setup  --->
          lug and Play support  --->
          lock devices  --->
         Networking options  --->
          elephony Support  --->
          CSI support  --->
          20 device support  --->
         v(+)

              <Select>    < Exit >    < Help >
```

Abbildung 20.7: Kernel-Konfiguration mit `make menuconfig`

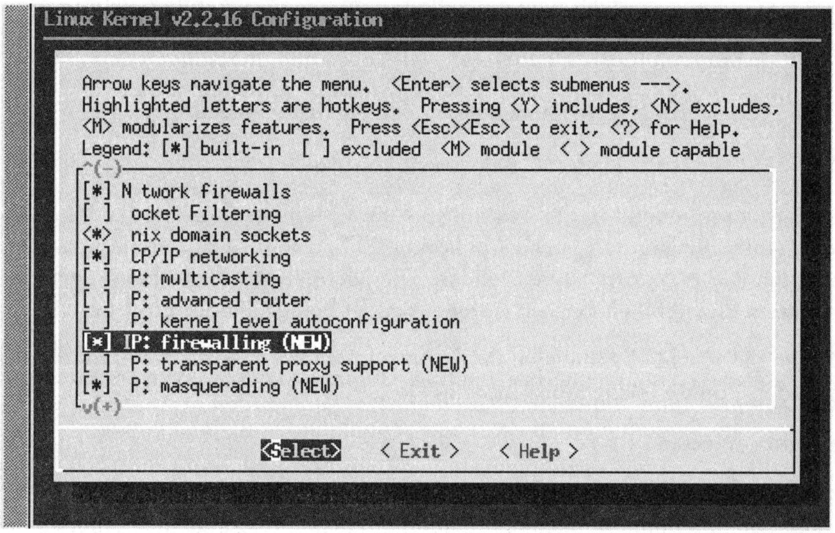

```
Linux Kernel v2.2.16 Configuration

Arrow keys navigate the menu.  <Enter> selects submenus --->.
Highlighted letters are hotkeys.  Pressing <Y> includes, <N> excludes,
<M> modularizes features.  Press <Esc><Esc> to exit, <?> for Help.
Legend: [*] built-in  [ ] excluded  <M> module  < > module capable
^(-)
[*] N twork firewalls
[ ]  ocket Filtering
<*>  nix domain sockets
[*]  CP/IP networking
[ ]  P: multicasting
[ ]  P: advanced router
[ ]  P: kernel level autoconfiguration
[*] IP: firewalling (NEW)
[ ]  P: transparent proxy support (NEW)
[*]  P: masquerading (NEW)
v(+)

              <Select>    < Exit >    < Help >
```

Abbildung 20.8: Firewalling im Kernel aktivieren

Falls Sie wie im Beispiel den Paketfilter auf einem Router, also einem Rechner mit mehreren Schnittstellen installieren, muss ferner das IP-Forwarding im Kernel aktiviert werden. Anderenfalls kann der Router Daten, die er an einer Schnittstelle empfängt, nicht über ein anderes Interface absenden. Das IP-Forwarding werden wir später dynamisch aktivieren, indem wir eine `1` in die virtuelle Datei `/proc/sys/net/ipv4/ip_forward` schreiben. (Unter `/proc` finden Sie das virtuelle Abbild des Kernels).

20.4 Das Kommando `ipchains`

Was eine Firewall leisten muss und in welcher Netzwerkarchitektur sie eingesetzt werden kann, wissen Sie bereits. Nun ist es Zeit, mit der Realisierung zu beginnen. In diesem Abschnitt lernen Sie das Kommando `ipchains` kennen, das für Linux-Kernel ab der Version 2.2 eingesetzt wird.

Mit `ipchains` können Sie Regeln definieren, die die Daten beschreiben, mit denen die Firewall konfrontiert wird. Diese Regeln werden auch als Ketten (englisch: chains) bezeichnet. Verwenden Sie das Kommando `ipchains` in einer der folgenden Formen:

```
ipchains -F <Kette>
ipchains -P <Kette> <Aktion>
ipchains -A <Kette> [Kriterien] <Aktion>
```

Die jeweilige Bedeutung der genannten Optionen `-F`, `-P` und `-A` finden Sie in Tabelle 20.1.

Option	Beschreibung
`-F`	Alle Regeln löschen
`-P`	Standardaktion festlegen
`-A`	Neue Regel hinzufügen

Tabelle 20.1: Optionen des Kommandos `ipchains`

Mit der Option `-F` (flush = leeren) löschen Sie alle bestehenden Firewall-Regeln für eine bestimmte Kette. Wenn Sie eine neue Firewall einrichten, ist es sinnvoll, zuvor die bestehenden Ketten zu leeren, damit Sie mit Ihren Sicherheitsregeln quasi bei null anfangen können. Mit der Option `-P` wird einer bestimmten Kette eine Standardaktion zugeordnet. Auf diese Weise legen Sie fest, dass alles das, was Sie nicht explizit durch Regeln erlauben, verboten sein soll. Letztlich werden die Regeln den einzelnen Chains mit dem Parameter `-A` (append) hinzugefügt. Um mehrere Regeln zu ergänzen, muss das Kommando `ipchains` mit der Option `-A` entsprechend mehrfach aufgerufen werden. Damit wird jeweils eine neue Sicherheitsrichtlinie hinten an die bestehenden Regeln angefügt.

Wenn später ein Datenpaket von der Firewall analysiert wird, wird immer die erste zutreffende Regel angewendet. Daraus ergibt sich, dass die Beschreibung spezieller Sachverhalte vor den allgemeinen Richtlinien stehen muss. Zu diesem Punkt erfahren Sie im späteren Beispiel mehr.

Der zweite dem Kommando `ipchains` zu übergebende Wert ist die Kette. Hierbei haben Sie drei Regelwerke zur Auswahl. Daten, die Ihre Firewall empfängt, werden mit `input` beschrieben. Entsprechend durchlaufen Daten, die der Firewall-Rechner sendet, die `output`-Kette. Auf diese Art und Weise kann bereits eine Firewall für einen Rechner eingerichtet werden, der nur eine Netzwerkkarte besitzt. Somit können Sie einen zentralen Server in Ihrem Netzwerk mit `ipchains` absichern. Falls der Rechner mehr als eine

Netzwerkschnittstelle besitzt, werden die Daten, die er lediglich weiterleiten (routen) soll, über die `forward`-Chain abgehandelt. Zwischen den Ketten `input`, `output` und `forward` besteht ein Zusammenhang, den Sie unbedingt zum allgemeinen Verständnis von `ipchains` kennen müssen:

Daten, die lediglich den Rechner als Router verwenden, durchlaufen zunächst die `input`-, dann die `forward`- und zum Schluss die `output`-Regeln.

Abbildung 20.9 verdeutlicht den Zusammenhang zwischen den IP-Ketten grafisch.

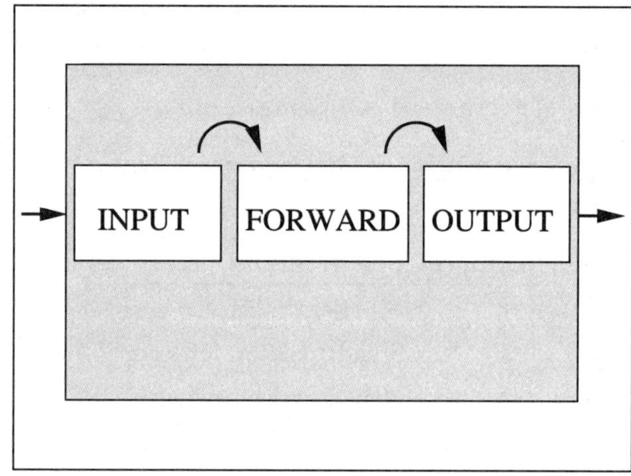

Abbildung 20.9: `ipchains` : INPUT, FORWARD, OUTPUT

Sie haben bereits gesehen, dass Sie die in der allgemeinen Syntax von `ipchains` erwähnten Kriterien aus Tabelle 20.2 nur in Zusammenhang mit der Option `-A` verwenden können.

Kriterium	Beschreibung
`-i <..>`	Angabe der Schnittstelle
`-s <..>`	Angabe der Quelladresse
`-d <..>`	Angabe der Zieladresse
`-p <..>`	Angabe des Protokolls
`--source-port <..>`	Angabe des Quellports
`--destination-port <..>`	Angabe des Zielports
`--syn`	SYN-Bit gesetzt
`--log`	Logging aktivieren
`-j <...>`	Setzen der Aktion

Tabelle 20.2: Kriterien des Kommandos `ipchains`

Um zum Beispiel Daten zu beschreiben, die über die erste Ethernetkarte eingegangen sind, schreiben Sie `-i eth0`. Bei der INPUT-Kette beschreibt `-i` natürlich die Schnittstelle, über die die Daten empfangen wurden. Bei OUTPUT und FORWARD legt `-i` das Interface fest, über das die Informationen gesendet werden. Mit `-s` kann die Quelladresse als Kriterium festgelegt werden. Verwenden Sie die CIDR-Schreibweise (`-s 192.168.17.0/24`). Auf die gleiche Weise legen Sie mit `-d` das Ziel fest. Um eine beliebige Adresse anzugeben, schreiben Sie `-d 0.0.0.0/0`. `ipchains` kann ebenfalls das Protokoll analysieren. Gültige Werte sind `tcp`, `udp`, `icmp` und `all` (Beispiel: `-p tcp`). Für TCP- und UDP-Verbindungen können außerdem der Quell- und der Zielport mit `--source-port` und `--destination-port` angegeben werden. Bei einer UDP-Verbindung kann zusätzlich getestet werden, ob das SYN-Bit gesetzt ist. Ist dies der Fall, handelt es sich bei dem beschriebenen Netzwerkpaket um einen Verbindungsaufbauwunsch (`--syn`). Bei Antwortpaketen ist das Bit nicht gesetzt. Dies lässt sich in den Kriterien darstellen, indem Sie der Option `--syn` ein Ausrufungszeichen (`!`) voranstellen. Damit negieren Sie das Kriterium und meinen entsprechend alle Daten, bei denen das Bit nicht gesetzt ist.

Trifft ein Datenpaket in Ihrer Firewall ein, das den oben definierten Merkmalen genügt, so protokollieren Sie es mit der Option `--log`. Die Informationen sehen Sie anschließend in der Datei `/var/log/messages`. Mit dem Parameter `-j` (jump) geben Sie letztlich die anzuwendende Aktion an. Daten können mit ACCEPT die Firewall passieren und werden mit DENY abgewiesen. Verwenden Sie MASQ, um sie zu maskieren. Wenn Sie `ipchains` mit den Optionen `-F` und `-P` aufrufen, muss die Aktion direkt hinter der Kette erwähnt werden (ohne `-j`).

Beispiel 20.2: Definition von Firewall-Regeln mit `ipchains`

```
root@host1:~ # ipchains -F input
root@host1:~ # ipchains -P input DENY
root@host1:~ # ipchains -A input -i eth0 -s 192.168.17.0/24 \
# -p tcp --destination-port 80 -j ACCEPT
root@host1:~ # ipchains -A input -s 0.0.0.0/0 -d 0.0.0.0/0 \
# --log -j DENY
root@host1:~ #
```

20.5 Beispiel

In diesem Abschnitt werden wir einen einsatzfähigen Paketfilter in Form eines Shell-Skripts installieren. Es wird angenommen, dass die Internetanbindung über die Schnittstelle `ippp0` erfolgt. Führen Sie das entsprechende Skript bei jedem Rechnerstart aus oder erstellen Sie ein Startskript im Verzeichnis `/etc/rc.d/init.d/`.

```
#!/bin/sh
#
# Firewall-Script
#
# firewall-ipchains
```

```
#
# Erstellt von Jens Banning
#

#
# Packet-Forwarding aktivieren.
#

echo "1" >/proc/sys/net/ipv4/ip_forward

#
# Alle bestehenden Regeln loeschen.
#

ipchains -F input
ipchains -F output
ipchains -F forward

#
# Per Default wird der Zugriff komplett verboten.
#

ipchains -P input DENY
ipchains -P output DENY
ipchains -P forward DENY

#
# Die Input-Regeln so setzen, dass an der Schnittstelle
# eth0 HTTP-Anfragen (Port 80) eintreffen duerfen. Au-
# sserdem werden an ippp0 SSH-Anfragen (Port 22) angenommen.
# Ferner werden alle TCP-Antworten angenommen. Die interne
# Kommunikation ueber lo wird grundsaetzlich erlaubt.
# Weiterhin werden DNS-Anfragen ins Internet (UDP-Port 53)
# sowie UDP-Daten vom Nameserver zugelassen.
# Alles andere wird abgewiesen und geloggt.
#

ipchains -A input -i eth0 -s 192.168.17.0/24 -p tcp \
                  --destination-port 80 -j ACCEPT
ipchains -A input -i ippp0 -s 0.0.0.0/0 -p tcp \
                  --destination-port 22 -j ACCEPT
ipchains -A input -p tcp ! --syn -j ACCEPT
ipchains -A input -i lo -j ACCEPT
ipchains -A input -i eth0 -s 192.168.17.0/24 -p udp \
                  --destination-port 53 -j ACCEPT
ipchains -A input -i ippp0 -s 62.104.214.77/32 -p udp \
                  -j ACCEPT
ipchains -A input -s 0.0.0.0/0 -d 0.0.0.0/0 --log -j DENY

#
# Die Output-Regeln so setzen, dass ueber die Schnittstelle
```

```
# eth0 SSH-Anfragen (Port 22) rausgehen duerfen. Au-
# sserdem werden ueber ippp0 HTTP-Anfragen (Port 80) gesendet.
# Ferner werden alle TCP-Antworten zugelassen. Die interne
# Kommunikation ueber lo wird grundsaetzlich erlaubt.
# Weiterhin werden DNS-Anfragen ins Internet (UDP-Port 53)
# sowie UDP-Daten vom Nameserver zugelassen.
# Alles andere wird abgewiesen und geloggt.
#

ipchains -A output -i eth0 -d 192.168.17.0/24 -p tcp \
                   --destination-port 22 -j ACCEPT
ipchains -A output -i ippp0 -d 0.0.0.0/0 -p tcp \
                   --destination-port 80 -j ACCEPT
ipchains -A output -p tcp ! --syn -j ACCEPT
ipchains -A output -i lo -j ACCEPT
ipchains -A output -i ippp0 -d 0.0.0.0/0 -p udp \
                   --destination-port 53 -j ACCEPT
ipchains -A output -i eth0 -d 192.168.17.0/24 -p udp \
                   -j ACCEPT
ipchains -A output -s 0.0.0.0/0 -d 0.0.0.0/0 --log -j DENY


#
# Neben den input- und den output-Regeln werden jetzt alle
# SSH-Anfragen nach innen und alle HTTP-Anfragen nach aussen
# sowie alle TCP-Antworten durch den Rechner durchgelassen.
# Daten in das Internet werden ferner maskiert.
# Weiterhin werden DNS-Anfragen in das Internet (UDP-Port 53)
# sowie UDP-Daten vom Nameserver zugelassen.
# Alles andere wird abgewiesen und geloggt.
#

ipchains -A forward -i ippp0 -s 192.168.17.0/24 -p tcp \
                    --destination-port 80 -j MASQ
ipchains -A forward -i eth0 -s 0.0.0.0/0 -p tcp \
                    --destination-port 22 -j ACCEPT
ipchains -A forward -p tcp ! --syn -j ACCEPT
ipchains -A forward -i ippp0 -s 192.168.17.0/24 -p udp \
                    --destination-port 53 -j MASQ
ipchains -A forward -i eth0 -s 62.104.214.77/32 -p udp \
                    -j ACCEPT
ipchains -A forward -s 0.0.0.0/0 -d 0.0.0.0/0 --log -j DENY
```

Arbeiten Sie das Skript in Ruhe durch und lesen Sie die zahlreichen Kommentare. Verfeinern Sie das Skript und gleichen Sie es an Ihre Netzwerkumgebung an.

Zu Beginn wird der Router, auf dem der Paketfilter installiert wird, so eingerichtet, dass er in der Lage ist, Netzwerkpakete weiterzuleiten. Dies geschieht, indem der Wert 1 in die virtuelle Datei `/proc/sys/net/ipv4/ip_forward` geschrieben wird. Dadurch beeinflussen Sie den Linux-Kernel dynamisch in seinem Verhalten.

Es ist durchaus sinnvoll, das IP-Forwarding prinzipiell auszuschalten (`echo 0 >/proc/sys/net/ipv4/ip_forward`) und erst im Zusammenhang mit der Firewall einzuschalten. Anderenfalls wäre Ihr Netzwerk in beide Richtungen komplett ungesichert.

20.6 Das Kommando `iptables`

In der Kernel-Version 2.4 wurde das Kommando `ipchains` durch `iptables` abgelöst. Die allgemeine Funktion ist sehr ähnlich und Sie verwenden das Kommando ebenfalls gemäß der folgenden Syntax:

```
iptables -F <Kette>
iptables -P <Kette> <Aktion>
iptables -A <Kette> [Kriterien] <Aktion>
```

Die Optionen `-F`, `-P` und `-A` haben die gleiche Bedeutung wie bei `ipchains` und können in Tabelle 20.1 auf Seite 417 nachgelesen werden. Während `-F` alle bestehenden Regeln einer Kette löscht, erstellen Sie mit `-P` eine Standardregel. Spezielle Vorschriften werden dem Regelwerk mit `-A` hinzugefügt.

Genau wie bei `ipchains` übergeben Sie `iptables` des Weiteren die Regelkette. Es existieren ebenfalls die Werte INPUT, OUTPUT und FORWARD. Es ist jedoch wichtig, dass diese Schlüsselwörter komplett großgeschrieben werden. Der Zusammenhang zwischen eingehenden, weiterzuleitenden und ausgehenden Daten unterscheidet sich gravierend zum Kommando `ipchains` und ist in Abbildung 20.10 dargestellt.

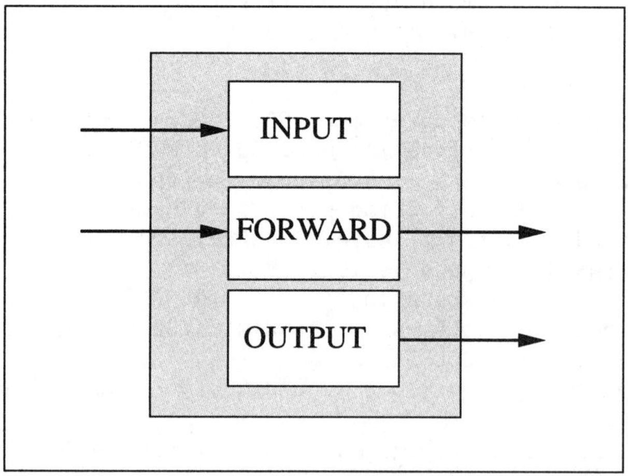

Abbildung 20.10: `iptables` : INPUT, FORWARD, OUTPUT

Daten, die lediglich den Rechner als Router verwenden, durchlaufen nicht *die `INPUT`- und `OUTPUT`-Regeln, sondern nur `FORWARD`.*

Tabelle 20.3 zeigt die Kriterien, die Sie beim Kommando `iptables` angeben können.

Kriterium	**Beschreibung**
`-i <..>`	Angabe der Input-Schnittstelle
`-o <..>`	Angabe der Output-Schnittstelle
`-s <..>`	Angabe der Quelladresse
`-d <..>`	Angabe der Zieladresse
`-p <..>`	Angabe des Protokolls
`--source-port <..>`	Angabe des Quellports
`--destination-port <..>`	Angabe des Zielports
`--syn`	SYN-Bit gesetzt
`--log-level <...>`	Loglevel einstellen
`-j <...>`	Setzen der Aktion
`-t nat`	NAT aktivieren

Tabelle 20.3: Kriterien des Kommandos `iptables`

Mit den Parametern `-i` und `-o` werden die Netzwerkschnittstellen beschrieben, über die die Daten in den Firewall-Rechner gelangen (INPUT und FORWARD) bzw. über die sie gesendet werden (OUTPUT und FORWARD). Die Quelladresse eines Datenpakets kann mit `-s`, die Zieladresse mit `-d` analysiert werden. Der zu übergebende IP-Wert muss in der CIDR-Schreibweise angegeben werden. Während die Angabe des Protokolls mit `-p` erfolgt, können bei TCP- und UDP-Paketen die verwendeten Ports mit `--source-port` und `--destination-port` betrachtet werden. Ob das SYN-Bit gesetzt ist, prüfen Sie mit `--syn`. Das Logging kann durch die Angabe eines Loglevels aktiviert werden. Die Option `--log-level 7` debuggt alle die Regel betreffenden Pakete in die Datei `/var/log/messages`. Schließlich wird die anzuwendende Aktion mit `-j` festgelegt.

Verwenden Sie ACCEPT, damit ein Paket die Firewall passieren darf. Mit DROP wird die Information abgewiesen und vom Netzwerk entfernt.

Damit das Masquerading aktiviert wird, ist eine gesonderte Kette erforderlich. `iptables` löst dieses Problem nicht direkt über die FORWARD-Regeln. Stattdessen wird das POSTROUTING verwendet. Da es sich beim Maskieren um eine Übersetzung der Netzwerkadressen (Network Address Translation = NAT) handelt, müssen Sie zusätzlich den Parameter `-t nat` verwenden.

Beispiel 20.3: Definition von Firewall-Regeln mit `iptables`

```
root@host1:~ # iptables -F input
root@host1:~ # iptables -P input DROP
root@host1:~ # ipchains -A input -i eth0 -s 192.168.17.0/24 \
# -p tcp --destination-port 80 -j ACCEPT
```

```
root@host1:~ # ipchains -A input -s 0.0.0.0/0 -d 0.0.0.0/0 \
# --log-level 7 -j DROP
root@host1:~ #
```

20.7 Beispiel

Der in Abschnitt 20.5 auf Seite 419 mit dem Kommando `ipchains` erstellte Paketfilter soll im Folgenden mit `iptables` erzeugt werden. Da wir auch den HTTP- und SSH-Zugriff auf den Rechner Host1 zulassen möchten, verwenden wir die INPUT- und OUTPUT-Regeln. Für den Netzwerkverkehr, der den Router nur passieren soll, würden FORWARD-Regeln ausreichen.

```
#!/bin/sh
#
# Firewall-Script
#
# firewall-iptables
#
# Erstellt von Jens Banning
#

#
# Packet-Forwarding aktivieren.
#

echo "1" >/proc/sys/net/ipv4/ip_forward

#
# Alle bestehenden Regeln loeschen.
#

iptables -F INPUT
iptables -F OUTPUT
iptables -F FORWARD

#
# Per Default wird der Zugriff komplett verboten.
#

iptables -P INPUT DROP
iptables -P OUTPUT DROP
iptables -P FORWARD DROP

#
# Die Input-Regeln so setzen, dass an der Schnittstelle
# eth0 HTTP-Anfragen (Port 80) eintreffen duerfen. Au-
# sserdem werden an ippp0 SSH-Anfragen (Port 22) angenommen.
# Ferner werden alle TCP-Antworten angenommen. Die interne
# Kommunikation ueber lo wird grundsaetzlich erlaubt.
```

```
# Weiterhin werden DNS-Anfragen ins Internet (UDP-Port 53)
# sowie UDP-Daten vom Nameserver zugelassen.
# Alles andere wird abgewiesen und geloggt.
#

iptables -A INPUT -i eth0 -s 192.168.17.0/24 -p tcp \
                  --destination-port 80 -j ACCEPT
iptables -A INPUT -i ippp0 -s 0.0.0.0/0 -p tcp \
                  --destination-port 22 -j ACCEPT
iptables -A INPUT -p tcp ! --syn -j ACCEPT
iptables -A INPUT -i lo -j ACCEPT
iptables -A INPUT -i eth0 -s 192.168.17.0/24 -p udp \
                  --destination-port 53 -j ACCEPT
iptables -A INPUT -i ippp0 -s 62.104.214.77/32 -p udp \
                  -j ACCEPT
iptables -A INPUT -s 0.0.0.0/0 -d 0.0.0.0/0 --log-level 7 \
                  -j DROP

#
# Die Output-Regeln so setzen, dass ueber die Schnittstelle
# eth0 SSH-Anfragen (Port 22) rausgehen duerfen. Au-
# sserdem werden ueber ippp0 HTTP-Anfragen (Port 80) gesendet.
# Ferner werden alle TCP-Antworten zugelassen. Die interne
# Kommunikation ueber lo wird grundsaetzlich erlaubt.
# Weiterhin werden DNS-Anfragen ins Internet (UDP-Port 53)
# sowie UDP-Daten vom Nameserver zugelassen.
# Alles andere wird abgewiesen und geloggt.
#

iptables -A OUTPUT -o eth0 -d 192.168.17.0/24 -p tcp \
                   --destination-port 22 -j ACCEPT
iptables -A OUTPUT -o ippp0 -d 0.0.0.0/0 -p tcp \
                   --destination-port 80 -j ACCEPT
iptables -A OUTPUT -p tcp ! --syn -j ACCEPT
iptables -A OUTPUT -o lo -j ACCEPT
iptables -A OUTPUT -o ippp0 -d 0.0.0.0/0 -p udp \
                   --destination-port 53 -j ACCEPT
ipchains -A OUTPUT -o eth0 -d 192.168.17.0/24 -p udp \
                   -j ACCEPT
iptables -A OUTPUT -s 0.0.0.0/0 -d 0.0.0.0/0 --log-level 7 \
                   -j DROP

#
# Neben den INPUT- und den OUTPUT-Regeln werden jetzt alle
# SSH-Anfragen nach innen und alle HTTP-Anfragen nach aussen
# sowie alle TCP-Antworten durch den Rechner durchgelassen.
# Daten ins Internet werden ferner maskiert.
# Weiterhin werden DNS-Anfragen ins Internet (UDP-Port 53)
# sowie UDP-Daten vom Nameserver zugelassen.
# Alles andere wird abgewiesen und geloggt.
#
```

```
iptables -A POSTROUTING -t nat -o ippp0 -p tcp -j MASQUERADE
iptables -A POSTROUTING -t nat -o ippp0 -p udp -j MASQUERADE
iptables -A FORWARD -i eth0 -o ippp0 -s 192.168.17.0/24 \
                    -p tcp --destination-port 80 -j ACCEPT
iptables -A FORWARD -i ippp0 -o eth0 -s 0.0.0.0/0 \
                    -p tcp --destination-port 22 -j ACCEPT
iptables -A FORWARD -p tcp ! --syn -j ACCEPT
iptables -A FORWARD -i eth0 -o ippp0 -s 192.168.17.0/24 \
                    -p udp --destination-port 53 -j ACCEPT
iptables -A FORWARD -i ippp0 -o eth0 -s 62.104.214.77/32 \
                    -p udp -j ACCEPT
iptables -A FORWARD -s 0.0.0.0/0 -d 0.0.0.0/0 --log-level 7 \
                    -j DROP
```

20.8 Testen der Firewall

Mit dem in diesem Kapitel bereits installierten Paketfilter haben Sie Ihr Netzwerk gegen unerlaubten Zugriff abgesichert. Ferner protokollieren Sie alle Pakete, die Ihre Firewall abblockt in der Datei `/var/log/messages`. Wir werden jetzt die Firewall (exemplarisch mit `ipchains`) aktivieren. Anschließend senden wir einige unerlaubte Pakete und betrachten die Ausgaben der Logdatei.

Beispiel 20.4: Firewall aktivieren

```
root@host1:~ # ./firewall-ipchains
root@host1:~ #
```

Ob der Paketfilter tatsächlich ordnungsgemäß installiert wurde, können Sie durch den Aufruf von `ipchains` mit dem Parameter `-L` sehen. Er gibt die Liste der aktiven Regeln aus.

Beispiel 20.5: Firewall-Regel betrachten

```
root@host1:~ # ipchains -L
Chain input (policy DENY):
target   prot opt     source        destination ports
ACCEPT   tcp  ------  intern/24     anywhere    any -> http
ACCEPT   tcp  ------  anywhere      anywhere    any -> ssh
ACCEPT   tcp  !y----  anywhere      anywhere    any -> any
ACCEPT   all  ------  anywhere      anywhere    n/a
ACCEPT   udp  ------  intern/24     anywhere    any -> domain
ACCEPT   udp  ------  62.104.214.77 anywhere    any -> any
DENY     all  ----l-  anywhere      anywhere    n/a
Chain forward (policy DENY):
target   prot opt     source        destination ports
MASQ     tcp  ------  intern/24     anywhere    any -> http
ACCEPT   tcp  ------  anywhere      anywhere    any -> ssh
ACCEPT   tcp  !y----  anywhere      anywhere    any -> any
MASQ     udp  ------  intern/24     anywhere    any -> domain
```

```
ACCEPT  udp  ------ 62.104.214.77 anywhere   any -> any
DENY    all  ----l- anywhere      anywhere   n/a
Chain output (policy DENY):
target  prot opt    source        destination ports
ACCEPT  tcp  ------ anywhere      intern/24  any -> ssh
ACCEPT  tcp  ------ anywhere      anywhere   any -> http
ACCEPT  tcp  !y---- anywhere      anywhere   any -> any
ACCEPT  all  ------ anywhere      anywhere   n/a
ACCEPT  udp  ------ anywhere      anywhere   any -> domain
ACCEPT  udp  ------ anywhere      intern/24  any -> any
DENY    all  ----l- anywhere      anywhere   n/a
root@host1:~ #
```

Um die Ausgabe weiter zu verfeinern, kann zusätzlich der Parameter `-v` (verbose) verwendet werden.

Versuchen Sie nun, von einem Client-Rechner in Ihrem Netzwerk aus eine FTP-Verbindung zu `ftp.suse.de` herzustellen.

Beispiel 20.6: Testen der Firewall

```
user@host2:~ # ftp ftp.suse.de
```

Erwartungsgemäß gelingt der Verbindungsaufbau nicht. Auf dem Rechner `host1` wird stattdessen, der Versuch, die Firewall zu durchbrechen, protokolliert.

Beispiel 20.7: Logdatei betrachten

```
root@host1:~ # tail -1 /var/log/messages
Jul 10 11:33:11 host1 kernel: Packet log: input DENY eth0
                              PROTO=6 192.168.17.2:1024
                              213.95.15.211:21 L=60 S=0x00
                              I=179 F=0x4000 T=64 SYN (#7)
root@host1:~ #
```

Die Ausgabe des Kommandos `tail` ist aus Platzgründen auf mehrere Zeilen aufgeteilt.

20.9 Zusammenfassung

Sie haben gesehen, dass das Einrichten einer Firewall gar nicht so schwer ist, wie Sie es vielleicht vermutet haben. Führen Sie zum erfolgreichen Einsatz des Paketfilters die folgenden Schritte durch:

1. Vermeiden Sie den Einsatz und auch die Installation unsicherer Netzwerkdienste wie zum Beispiel Telnet. Sorgen Sie ferner dafür, dass alle verwendeten Dienste die zur Verfügung gestellten Sicherheitstechniken anwenden. Es nützt nichts, einen noch so sicheren Dienst zu haben, wenn Sie für die Administrator-Anmeldung das Passwort „geheim" verwenden. Seien Sie auch bei der Vergabe der Dateisystemrechte nicht unnötig großzügig.

2. Um eine komplette Firewall-Struktur aufzusetzen, sollten Sie einen oder mehrere Paketfilter und Proxy-Server kombinieren. Verwenden Sie eine Netzwerkarchitektur, die Ihren Anforderungen genügt.
3. Bevor Sie sich an die Arbeit machen und die diversen Regeln festlegen, müssen Sie sich im Klaren darüber sein, was Ihre Firewall leisten soll. Gerade dieser Punkt beinhaltet den größten Aufwand.
4. Richten Sie in Ihrem Kernel die Firewall-Unterstützung und gegebenenfalls das Masquerading ein.
5. Legen Sie die Sicherheitsrichtlinien mit den Befehlen `ipchains` (ab Kernel 2.2) bzw. `iptables` (ab Kernel 2.4) fest.
6. Verfahren Sie grundsätzlich nach dem Leitsatz: Alles, was nicht erlaubt ist, ist verboten. Sorgen Sie ferner dafür, dass alle Angriffsversuche protokolliert werden.
7. Testen Sie die Firewall mit größter Sorgfalt.

21 Virtuelle private Netzwerke (VPN)

Was wäre ein Netzwerkbuch ohne eine Anleitung, wie man ein virtuelles privates Netzwerk (VPN) einrichtet? Deshalb lernen Sie in diesem Kapitel zunächst die Funktion des VPN kennen. Anschließend werden Sie ein VPN mit zwei verschiedenen Softwarepaketen einrichten.

21.1 Funktion

Was ist überhaupt ein VPN und wie wird es realisiert? Stellen Sie sich vor, Ihre Firma besitzt zwei Standorte wie in Abbildung 21.1. In Hamburg existiert ein lokales Class-C-Netz mit der Adresse 192.168.17.0. Die Rechner in Berlin befinden sich im Netz 192.168.18.0. Beide Standorte haben eine Verbindung zum Internet. Prinzipiell besteht also eine IP-Verbindung zwischen Hamburg und Berlin. Diese in der Praxis sehr oft verwendete Konstellation hat jedoch einen großen Nachteil: Die Rechner an einem Standort können die Rechner am anderen Standort nicht direkt ansprechen. So ist es dem Host mit der IP-Adresse 192.168.17.2 aus Hamburg nicht möglich, in Berlin die Adresse 192.168.18.2 zu erreichen. Dieser Umstand rührt natürlich daher, dass lokal vergebene IP-Adressen im Internet nicht weitergeleitet werden können, da es ja durchaus möglich ist, dass eine andere Firma den gleichen Adressbereich intern verwendet. Die einzige Maschine, die die Clients in Hamburg direkt adressieren können, ist der Rechner in Berlin, der dort für die Internetanbindung sorgt.

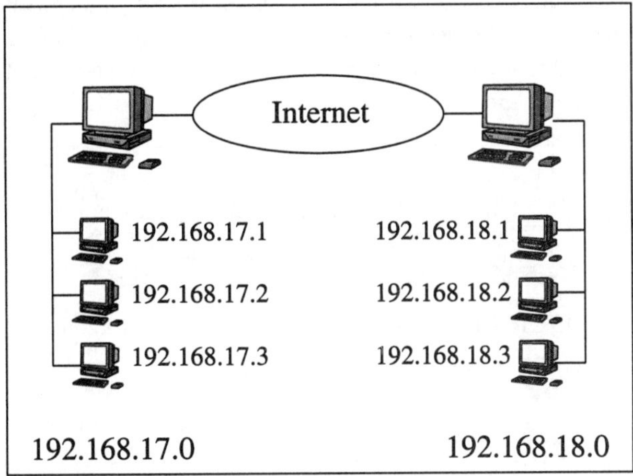

Abbildung 21.1: Aufbau eines VPN

Ein VPN nutzt das Internet zur direkten Verbindung zweier (oder mehrerer) lokaler Netze.

Im Folgenden werden Sie ein VPN konfigurieren, das die in Abbildung 21.1 erwähnten lokalen Netze direkt über das Internet verbindet. Richten Sie zunächst an beiden

Standorten einen Linux-Rechner ein, der die Verbindung zum Internet regelt. Nähere Informationen dazu finden Sie in den Kapiteln 3, 4 und 20 auf den Seiten 31, 61 und 409.

21.2 Realisierung mit einem IP/IP-Tunnel

Das erste Softwarepaket trägt den Namen CIPE, das steht für Crypto IP Encapsulation. Es ist in den gängigen Linux-Distributionen vorhanden und basiert auf einem IP/IP-Tunnel, den wir im Weiteren beschreiben werden.

Betrachten wir zunächst in Abbildung 21.2 den Aufbau eines IP-Paketes, das der Rechner mit der Adresse 192.168.17.2 an die Adresse 192.168.17.3 sendet.

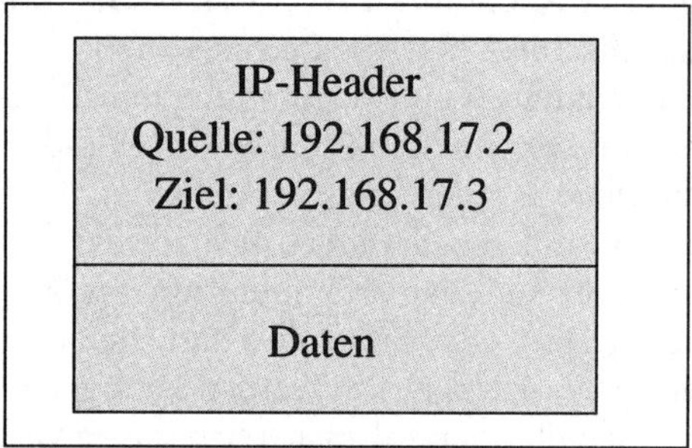

Abbildung 21.2: Aufbau eines IP-Pakets

In Abbildung 21.3 sehen Sie den Aufbau der beiden lokalen Netze inklusive der Internetanbindung. Jeder der beiden Router besitzt eine lokale Netzwerkadresse und eine im Internet eindeutige Adresse. Das VPN richten Sie später zwischen den IP-Nummern 200.0.24.1 und 200.0.24.2 ein.

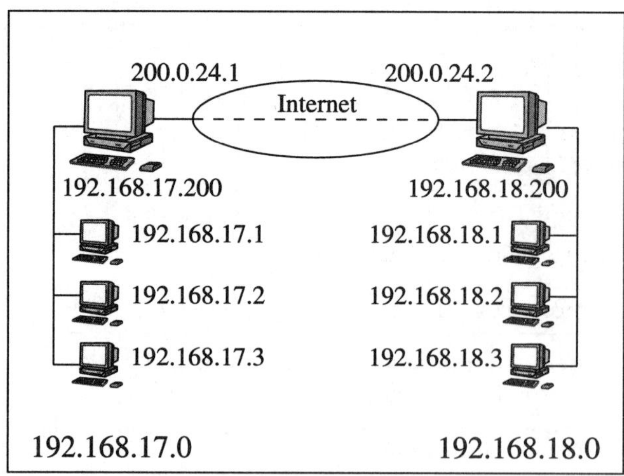

Abbildung 21.3: VPN mit CIPE

Wenn der Client 192.168.17.2 den Host mit der Adresse 192.168.18.2 erreichen will, kann das IP-Paket vom Aufbau her nicht dem Paket aus Abbildung 21.2 gleichen, da wie schon erwähnt die lokalen Adressen im Internet nicht weitergeleitet werden. Um dennoch das Ziel zu erreichen, müssen Sie auf den Rechnern 192.168.17.200 und 192.168.18.200 die VPN-Software CIPE installieren und konfigurieren. Stellen Sie außerdem sicher, dass IP-Pakete, die aus dem Netz 192.168.17.0 an einen Host in 192.168.18.0 adressiert sind, auch den Router 192.168.17.200 verwenden. Ferner müssen Daten aus dem Netz 192.168.18.0 den Router 192.168.18.200 benutzen.

Der Verbindungsrechner zum Internet ist darüber informiert, dass er das 18er-Netz erreicht, indem er die Daten von 200.0.24.1 zur IP-Adresse 200.0.24.2 überträgt. Innerhalb der Daten muss er jedoch festhalten, dass der eigentliche Absender 192.168.17.2 und der Empfänger 192.168.18.2 ist. CIPE erledigt dies, indem das Datenpaket via IP getunnelt wird. Dazu werden die zu übertragenden Daten um einen weiteren im Internet korrekten IP-Header ergänzt (siehe Abbildung 21.4). Die tatsächliche Datenübertragung erfolgt bei CIPE mit dem User Datagram Protocol (UDP) und dort per Default über den Port 9999. Der zweite IP-Header ist in den UDP-Daten enthalten.

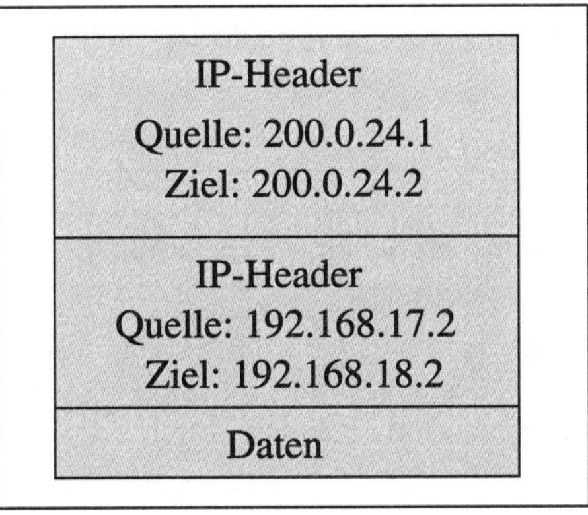

Abbildung 21.4: Aufbau eines IP-Pakets im VPN

Außerdem verschlüsselt CIPE die zu übertragenden Daten, sodass sie nicht von jedermann mitgelesen werden können.

Der Aufbau eines VPN mit der Crypto IP Encapsulation ist im Prinzip relativ einfach. Ferner hat CIPE die folgenden Eigenschaften:

- Die Datenübertragung erfolgt per UDP.
- Es wird eine statische Verschlüsselung verwendet, d.h. während der gesamten Kommunikation wird grundsätzlich derselbe Key verwendet.
- CIPE kann nur zwei lokale Netze miteinander verbinden.
- CIPE muss an beiden Enden des virtuellen privaten Netzwerks eingerichtet werden.

21.2.1 Die Konfigurationsdatei `options`

Die zentrale Konfigurationsdatei von CIPE befindet sich in `/etc/cipe/` und hat den Namen `options`. Es handelt sich wie immer um eine Textdatei, die Sie mit jedem beliebigen Editor bearbeiten können. Kommentare beginnen mit dem Zeichen #. Die notwendigen Einstellungen werden in Form von Parametern angegeben, die Sie stets gemäß der folgenden Syntax angeben müssen:

```
<Parameter> <Wert>
```

Der Parameter device

Bei der Funktionsbeschreibung von CIPE haben Sie erfahren, dass die Daten über das Internet unter Zuhilfenahme eines IP/IP-Tunnels übertragen werden. Dazu richtet CIPE neben der eigentlichen ins Internet verbindenden Schnittstelle (zum Beispiel `ippp0`) eine weitere virtuelle Netzwerkkarte ein, über die letztendlich die Daten gesendet werden. Mit dem Parameter `device` geben Sie den Namen des virtuellen Interfaces an:

```
device <Schnittstelle>
```

Verwenden Sie generell das Interface `cipcb0`:

```
device cipcb0
```

Der Parameter ipaddr

Mit dem Parameter `ipaddr` geben Sie an, welche lokale IP-Adresse der Router hat, auf dem Sie die VPN-Software installieren:

```
ipaddr <lokale IP-Adresse>
```

Auf dem Router, der das 17er Netz mit dem Internet verbindet, lautet die Adresse 192.168.17.200:

```
ipaddr 192.168.17.200
```

Der Parameter ptpaddr

Über den Parameter `ptpaddr` teilen Sie CIPE die lokale IP-Adresse der Gegenseite mit:

```
ptpaddr <lokale IP-Adresse der Gegenseite>
```

Im Beispiel ist dies die Adresse 192.168.18.200 des Routers am entfernten Standort:

```
ptpaddr 192.168.18.200
```

Der Parameter me

Die lokalen Adressen der beiden beteiligten Router haben Sie in der Konfigurationsdatei `/etc/cipe/options` bereits erwähnt. Mit der Option `me` legen Sie jetzt die offizielle IP-Adresse des eigenen Routers fest:

```
me <offizielle IP-Adresse>:<UDP-Port>
```

Geben Sie ferner den UDP-Port an, über den später die Kommunikation erfolgen soll:

```
me 200.0.24.1:9999
```

Der Parameter peer

Sie ahnen bereits, dass Sie natürlich auch die offizielle IP-Adresse der Gegenseite angeben müssen. Verwenden Sie dazu den Parameter `peer`:

```
peer <offizielle IP-Adresse der Gegenseite>:<UDP-Port>
```

Geben Sie auch dort den UDP-Port an:

```
peer 200.0.24.2:9999
```

Der Parameter nokey

CIPE verschlüsselt die Daten, die es über das Internet überträgt. Für Testzwecke ist es aber durchaus sinnvoll, die Verschlüsselung auszuschalten. Der Parameter `nokey` kann die Codierung deaktivieren:

```
nokey <no|yes>
```

Standardmäßig ist die Codierung der Daten aktiv. Wenn sie ausgeschaltet ist, haben Sie die Möglichkeit, die im Netzwerk übertragenen Daten mit einem Protocolanalyzer zu betrachten:

```
nokey yes
```

Der Parameter key

Wenn die Testphase beendet ist und Ihr VPN funktioniert, können Sie die Verschlüsselung wieder aktivieren. Entfernen Sie dazu den Eintrag `nokey yes` aus der Datei `options`. Ferner geben Sie mit dem Parameter `key` den Schlüssel an, mit dem die Daten codiert werden sollen.

```
key <128-Bit-Key>
```

Legen Sie einen Schlüssel mit einer Größe von 128 Bit fest. Die einfachste Möglichkeit, den Key zu generieren, ist der Aufruf des Kommandos `md5sum`. Ihm wird eine Eingabedatei oder die Ausgabe eines anderen Kommandos übergeben:

```
root@host200:~ # psaux|md5sum
74e641ef1a4832ca537dc489760faa1b
root@host200:~ #
```

Tragen Sie die Ausgabe des obigen Aufrufes zusammen mit dem Parameter `key` in der Konfigurationsdatei ein. Beachten Sie, dass auf beiden Seiten des VPNs derselbe Schlüssel verwendet werden muss:

```
key 74e641ef1a4832ca537dc489760faa1b
```

Der Parameter debug

Während der Testphase kann es ebenfalls hilfreich sein, wenn CIPE alle Aktionen protokolliert. Schalten Sie das Debugging mit dem Parameter

```
debug <yes|no>
```

ein. Per Default ist die Protokollierung nicht aktiv.

```
debug yes
```

21.2.2 Beispiel

Sie kennen nun alle Parameter, die zum Einrichten eines virtuellen privaten Netzes notwendig sind. In diesem Abschnitt werden die Konfigurationsdateien abgedruckt, die Sie auf den Rechnern 192.168.17.200 und 192.168.18.200 installieren müssen.

```
#
# VPN-Konfiguration (CIPE)
#
# /etc/cipe/options
#
# Host: 192.168.17.200
#
# Erstellt von Jens Banning
#

#
# Die virtuelle Schnittstelle
#

device          cipcb0

#
# Eigene VPN-Adresse
#

ipaddr          192.168.17.200

#
# VPN-Adresse des Partners
#

ptpaddr         192.168.18.200

#
# Eigene offizielle Adresse inklusive des UDP-Ports
#

me              200.0.24.1:9999
```

```
#
# Offizielle Adresse des Partners inklusive des UDP-Ports
#

peer            200.0.24.2:9999

#
# Definition des Link-Keys (128 Bit)
#

key             74e641ef1a4832ca537dc489760faa1b
```

Auf dem Router der Gegenseite (192.168.18.200) muss die folgende Datei angelegt werden:

```
#
# VPN-Konfiguration (CIPE)
#
# /etc/cipe/options
#
# Host: 192.168.18.200
#
# Erstellt von Jens Banning
#

#
# Die virtuelle Schnittstelle
#

device          cipcb0

#
# Eigene VPN-Adresse
#

ipaddr          192.168.18.200

#
# VPN-Adresse des Partners
#

ptpaddr         192.168.17.200

#
# Eigene offizielle Adresse inklusive des UDP-Ports
#

me              200.0.24.2:9999

#
# Offizielle Adresse des Partners inklusive des UDP-Ports
```

```
#

peer            200.0.24.1:9999

#
# Definition des Link-Keys (128 Bit)
#

key             74e641ef1a4832ca537dc489760faa1b
```

21.2.3 Die Datei `modules.conf`

Damit das virtuelle Netzwerk gestartet werden kann, muss bei der Aktivierung der virtuellen Schnittstelle `cipcb0` ein bestimmtes Modul in den Kernel geladen werden. Die Verbindung der Schnittstelle zum Modul sowie weitere Optionen legen Sie in der Datei `/etc/modules.conf` fest. Laden Sie die Datei in einen Editor und prüfen Sie, ob die folgenden Zeilen bereits in ihr vorhanden sind.

Beispiel 21.1: Einstellungen in `/etc/modules.conf`

```
root@host200:/etc # tail -7 modules.conf

# VPN mit CIPE

alias cipcb0 cipcb

options cipcb cipe_debug=0

root@host200:/etc #
```

Immer wenn die Schnittstelle `cipcb0` aktiviert wird, wird das Kernel-Modul `cipcb` mit der Option `cipe_debug=0` verwendet.

21.2.4 Das Skript `ip-up`

Bevor Sie CIPE starten, muss Ihnen die Bedeutung zweier Shell-Skripten bekannt sein. Das erste trägt den Namen `ip-up` und befindet sich im Verzeichnis `/etc/cipe/`. Wenn das virtuelle Netzwerk gestartet wird, aktiviert CIPE dieses Skript. Darin werden einige Einstellungen vollzogen, die auch das Routing betreffen.

Standardmäßig wird bei der Aktivierung des VPNs keine Default-Route aktiviert, damit die Daten zum jeweils anderen Ende der Kommunikation gelangen. In dem Beispiel dieses Kapitels ist es notwendig, dass der Rechner 200.0.24.1 als nächsten Router die Adresse 200.0.24.2 verwendet und umgekehrt. Falls Ihrem Host bereits ein Default-Router im Internet mitgeteilt wurde, können Sie das Skript `ip-up` ohne Änderung verwenden. Das wird in der Regel der Fall sein, wenn die offiziellen IP-Adressen der beiden Rechner aus unterschiedlichen Nummernkreisen stammen.

Um als Default-Gateway die Gegenseite des virtuellen Netzwerkes zu verwenden, sorgen Sie dafür, dass eine bestimmte Zeile im Skript `ip-up` ausgeführt wird. Sie ist standardmäßig bereits vorhanden, jedoch auskommentiert. Entfernen Sie daher das Zeichen #, wie im folgenden Beispiel zu sehen ist.

Beispiel 21.2: Einstellungen in /etc/cipe/ip-up

```
root@host200:/etc/cipe # cat ip-up
#!/bin/sh
# ip-up <interface> <myaddr> <daemon-pid> <local> <remote> <arg>

# Sample of the ip-up script.
# This is called when the CIPE interface is opened.
# Arguments:
#  $1 interface      the CIPE interface
#  $2 myaddr         our UDP address
#  $3 daemon-pid     the daemon's process ID
#  $4 local          IP address of our CIPE device
#  $5 remote         IP address of the remote CIPE device
#  $6 arg            argument supplied via options


# Purposes for this script: set up routes, set up proxy-arps,
# etc. start daemons, logging...

...

# If this becomes our default route...
route add default gw $5

...

root@host200:/etc/cipe #
```

21.2.5 Das Skript `ip-down`

Analog zum Skript `ip-up` finden Sie im Verzeichnis `/etc/cipe/` die Datei `ip-down`. Hierbei handelt es sich ebenfalls um ein Shell-Skript. Es wird beim Deaktivieren der virtuellen Schnittstelle gestartet.

21.2.6 Der Dämon `ciped-cb`

Endlich ist es an der Zeit, das virtuelle Netzwerk zu starten. Dazu müssen Sie im Wesentlichen den Dämon `ciped-cb` aus dem Verzeichnis `/usr/sbin/` starten. Die Distributionen SuSE und Red Hat liefern ein Startskript mit, das Sie im Verzeichnis `/etc/rc.d/init.d/` finden. Es trägt bei SuSE den Namen `cipe` und heißt bei Red Hat `ciped`. Im Folgenden führen wir den Start exemplarisch auf dem Rechner Host200 mit der IP-Adresse 192.168.17.200 aus. Selbstverständlich muss die Software auch auf 192.168.18.200 aktiviert werden.

SuSE

Beispiel 21.3: Starten von CIPE unter SuSE

```
root@host200:~ # /etc/rc.d/init.d/cipe start
Starting ciped.                                          done
root@host200:~ #
```

Red Hat

Beispiel 21.4: Starten von CIPE unter Red Hat

```
root@host200:~ # /etc/rc.d/init.d/ciped start
Starting CIPE:                                           [  OK  ]
root@host200:~ #
```

Red Hat-Anwender sollten zusätzlich die Datei /etc/sysconfig/cipe leeren, da Red Hat sie sonst ebenfalls zur Konfiguration heranzieht.

Schauen Sie anschließend mit den Kommandos route und ifconfig, ob die Routing-Informationen und die virtuelle Schnittstelle cipcb0 eingerichtet wurden.

Beispiel 21.5: Betrachten der virtuellen Schnittstelle

```
root@host200:~ # ifconfig cibcb0
cipcb0    Link encap:IPIP Tunnel  HWaddr
          inet addr:192.168.17.200  P-t-P:192.168.18.200
          Mask:255.255.255.255
          UP POINTOPOINT NOTRAILERS RUNNING NOARP
          MTU:1442  Metric:1
          RX packets:0 errors:0 dropped:0 overruns:0 frame:0
          TX packets:0 errors:0 dropped:0 overruns:0 carrier:0
          collisions:0 txqueuelen:100

root@host200:~ #
```

Damit das virtuelle Netzwerk immer dann aktiviert wird, wenn Ihre Rechner starten, erstellen Sie gegebenenfalls im Standardrunlevel einen symbolischen Link auf das Startskript. Besitzer einer SuSE-Distribution belegen ferner die Variable START_CIPED mit dem Wert yes.

Ist der Start auf beiden Rechnern erfolgt, so können Sie aus dem lokalen Netz der einen Seite alle Rechner der anderen VPN-Seite direkt erreichen.

Beispiel 21.6: Testen des VPN

```
user@host2:~ # ftp 192.168.18.2
Connected to 192.168.18.2.
220 192.168.18.2 FTP server (Version wu-2.4.2-academ[BETA-18](1)
Sat Jul 29 21:02:32 GMT 2000) ready.
Name (192.168.18.2:user):
```

21.2.7 Zusammenfassung

Lassen Sie uns abschließend die notwendigen Schritte zur Einrichtung eines VPN mit CIPE nochmals zusammenfassen:

1. Schaffen Sie im ersten Schritt die Voraussetzungen, um ein VPN einzurichten. Installieren Sie in beiden lokalen Netzen einen Router, der die Verbindung zum Internet herstellt. Sorgen Sie ferner dafür, dass Ihre Clients, wenn Sie das lokale Netz des anderen Standortes erreichen möchten, den zuvor installierten Router verwenden.
2. Erstellen Sie im Verzeichnis `/etc/cipe/` die Konfigurationsdatei `options`. Erstellen Sie die Datei auf einem Linux-Router und kopieren Sie sie auf den anderen. Denken Sie daran, in der Konfiguration der Gegenseite die IP-Adressen zu tauschen. Der zu verwendende Schlüssel muss bei beiden Partnern identisch sein.
3. Gleichen Sie gegebenenfalls das Skript `/etc/cipe/ip-up` an.
4. Im Verzeichnis `/etc/rc.d/init.d/` finden Sie das Startskript des VPN. Es heißt bei SuSE `cipe` und bei Red Hat `ciped`.
5. Sorgen Sie durch einen symbolischen Link im Standardrunlevel dafür, dass das VPN bei jedem Rechnerstart aktiviert wird.
6. Anwender von SuSE-Linux setzen ferner die Variable START_CIPED auf `yes`.
7. Testen Sie das virtuelle private Netzwerk, indem Sie zunächst die Ausgaben von `route` und `ifconfig` prüfen. Versuchen Sie anschließend eine Verbindung zwischen den Clients der beiden Netzwerke herzustellen.

21.3 Vergrößerung der Sicherheit mit IPsec

Auch wenn die Software CIPE eine sehr zuverlässige Möglichkeit bietet, zwischen zwei Standorten ein VPN einzurichten, so hat sie doch einige Nachteile. Zum einen erfolgt die Datenübertragung mit dem User Datagram Protocol. UDP garantiert nicht, dass die gesendeten Daten auch tatsächlich in der richtigen Reihenfolge beim Empfänger ankommen. Ein weiterer Nachteil von CIPE ist die Verwendung eines statischen Schlüssels. Dadurch erfolgt die Codierung der zu übertragenden Daten grundsätzlich mit demselben Key. CIPE ist ferner nur in der Lage, zwei lokale Netzwerke miteinander zu verbinden.

In den verbleibenden Abschnitten des Kapitels 21 werden Sie die VPN-Software FreeSwan kennen lernen. Sie stellt eine Implementierung von IPsec dar, einem Verfahren zur sicheren Datenübertragung in virtuellen privaten Netzwerken. FreeSwan weist nicht die Nachteile von CIPE auf. So erfolgt die Datenübertragung mit einem sicheren Protokoll. Ferner unterstützt FreeSwan die Anwendung von dynamischen Schlüsseln, mit denen die Daten codiert werden. Auf diese Weise kann die Codierung automatisch zum Beispiel alle zwei Stunden verändert werden. Mit CIPE können Sie außerdem mehrere lokale Netze über ein VPN miteinander verbinden. Außerdem verwendet FreeSwan zur Datenübertragung standardisierte Protokolle und Verfahren. Daher ist es (im Gegensatz zu CIPE) nicht notwendig, dass FreeSwan auf allen Partnern des VPN aktiv ist. Sie dürfen genauso ein anderes Produkt auf einem anderen Betriebssystem einsetzen.

Die wichtigsten Eigenschaften der beschriebenen Software sind:

- Verschlüsselung
- Beglaubigung

Sie haben bereits erfahren, dass die durch das Internet zu übertragenden Daten mit einem Key codiert werden, der sich in regelmäßigen Abständen ändert. Zum Austausch dieser Schlüssel wird ein ebenfalls standardisiertes Protokoll, Internet Key Exchange (IKE), verwendet.

Des Weiteren müssen sich die Partner des VPN gegenseitig beglaubigen. Dazu verwenden beide Seiten der IPsec-Kommunikation einen gemeinsamen Schlüssel (shared key). Dieser zweite, statische Schlüssel ist an beiden Kommunikationsenden gleich.

Betrachten wir zunächst in Abbildung 21.5 den Aufbau eines IP-Pakets, das bei einer Kommunikation des Rechners 192.168.17.2 mit dem Host 192.168.17.3 erzeugt wird.

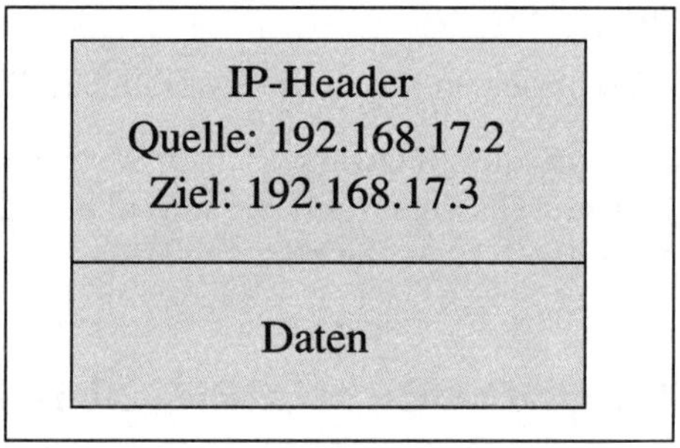

IP-Header
Quelle: 192.168.17.2
Ziel: 192.168.17.3

Daten

Abbildung 21.5: Aufbau eines IP-Pakets

Der Sinn eines VPN besteht darin, dass die mit lokalen IP-Adressen versehenen Clients des einen lokalen Netzes die Clients des anderen lokalen Netzes am anderen Standort direkt ansprechen können. Der Aufbau muss nun verändert werden, da Pakete mit lokalen IP-Adressen im Internet nicht weitergeleitet werden.

In Abbildung 21.6 sehen Sie den allgemeinen Aufbau eines virtuellen privaten Netzwerkes mit FreeSwan. Zur späteren Konfiguration ist es wichtig, dass Sie jeweils die Router kennen, die Sie im Internet ansprechen müssen, damit Ihre Daten das Ziel auf der anderen Seite des VPN erreichen (im Beispiel: 200.0.24.100 und 200.0.24.200).

Die Daten müssen somit vom Rechner 200.0.24.1 zum Rechner 200.0.24.2 gesendet werden, wenn zum Beispiel der Client 192.168.17.2 den Rechner mit der IP-Adresse 192.168.18.2 erreichen möchte. Den Aufbau des IP-Pakets sehen Sie in Abbildung 21.7.

Sie sehen, dass dem IP- ein ESP-Header folgt. Tatsächlich erfolgt die Datenübertragung mit dem Encapsulated Security Payload Protocol (ESP). Dieses Protokoll enthält neben der Verschlüsselung und Beglaubigung der Daten natürlich auch die Adressen der eigentlichen (lokalen) Netzwerkteilnehmer.

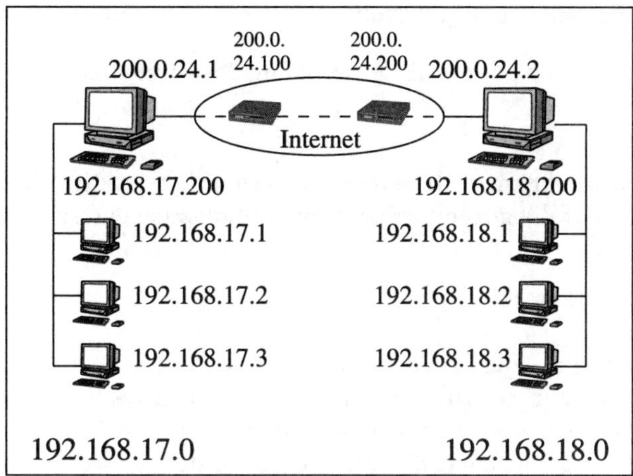

Abbildung 21.6: VPN mit FreeSwan

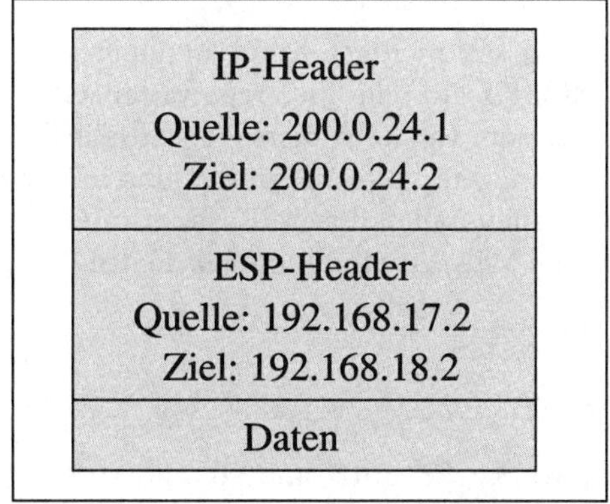

Abbildung 21.7: Aufbau eines IP-Pakets im VPN

21.3.1 Die Konfigurationsdatei `ipsec.conf`

Die Software FreeSwan, die die IPsec-Technologie implementiert, wird durch die Konfigurationsdatei `ipsec.conf` eingerichtet. Sie finden sie in der Regel im Verzeichnis `/etc/`. In dieser Textdatei haben Sie wie immer die Möglichkeit, Kommentare einzufügen. Die entsprechenden Zeilen müssen dann mit dem Zeichen # beginnen. Die des Weiteren anzugebenden Parameter führen Sie in der Form

```
<Parameter>=<Wert>
```

(inklusive der vorangestellen Leerzeichen) auf. Die auf diese Weise festzulegenden Gegebenheiten werden in zwei Bereichen festgehalten. Alle Optionen, die die allgemeine

Funktion von FreeSwan betreffen, werden in einem globalen Abschnitt abgelegt. Ferner existiert für jede zu erzeugende VPN-Verbindung ein eigener Bereich.

Der Bereichsparameter `config setup`

Der globale Abschnitt wird durch die Anwendung des Parameters

```
config setup
```

eingeleitet, den Sie direkt am Zeilenanfang angeben müssen. Alle ihm folgenden Eingaben haben Einfluss auf die generelle Funktion der Software und sind durch Leerzeichen einzurücken.

Der Parameter `interfaces`

Der erste Parameter im globalen Abschnitt trägt den Namen `interfaces`. Sie haben bereits erfahren, dass zur Realisierung eines VPN auf den Rechnern, die jeweils das lokale Netz mit dem Internet verbinden, eine virtuelle Schnittstelle eingerichtet wird. Den Namen dieser Schnittstelle sowie die Verbindung zu dem tatsächlichen Netz-Interface, über das die Internetanbindung erfolgt, legen Sie mit dem Parameter `interfaces` fest.

```
interfaces="<virtuelle Schnittstelle>=<Schnittstelle> <...>"
```

Sie haben somit die Möglichkeit, mehrere Kombinationen anzugeben. Da es ja durchaus möglich ist, dass der Router, auf dem Sie FreeSwan installieren, an mehreren VPNs teilnimmt, müssen Sie in diesem Fall auch mehrere virtuelle Schnittstellen angeben, die grundsätzlich mit der Zeichenkette `ipsec` beginnen. Ihr folgt eine mit null beginnende Nummer (`ipsec0`). Im Beispiel haben unsere Rechner mit den IP-Adressen 200.0.24.1 und 200.0.24.2 lediglich eine VPN-Anbindung über die ISDN-Schnittstelle `ippp0`.

```
interfaces="ipsec0=ippp0"
```

Der Parameter `klipsdebug`

Das virtuelle private Netzwerk wird unter anderem durch ein Modul im Kern des Betriebssystems Linux realisiert. Mit dem Parameter `klibsdebug` können Sie alle Aktionen dieses Moduls protokollieren lassen:

```
klipsdebug=<none|all>
```

Während `none` das Debugging ausschaltet, aktivieren Sie es mit `all`.

```
klipsdebug=none
```

Der Parameter `plutodebug`

FreeSwan erzeugt dynamische Schlüssel, die zur Codierung der Daten verwendet werden. Für die dynamische Erzeugung der Keys ist ein Prozess namens `pluto` zuständig. Ob er ihnen seine Aktivitäten mitteilen soll, legen Sie mit

```
plutodebug=<none|all>
```

fest. Die Werte `none` und `all` haben die gleiche Bedeutung wie beim Parameter `klipsdebug`. Die zu protokollierenden Informationen werden dem SYSLOG-Dämon übergeben.

```
plutodebug=none
```

Der Parameter **pluto**

Ob `pluto` überhaupt verwendet werden soll oder ob Sie auf die dynamische Erzeugung der Keys verzichten möchten, legen Sie mit

```
pluto=<yes|no>
```

fest. Per Default wird `pluto` verwendet:

```
pluto=yes
```

Der Parameter **plutoload**

In der Konfigurationsdatei `ipsec.conf` können Sie später mehrere VPN-Verbindungen beschreiben. Mit dem Parameter `plutoload` geben Sie an, für welche dieser Verbindungen `pluto` geladen werden soll:

```
plutoload="<Verbindung1> <...>"
```

Übergeben Sie eine Liste mit Verbindungen und trennen Sie sie jeweils durch Leerzeichen. Falls Sie nur eine VPN-Kommunikation aufbauen, können Sie auf die Anführungszeichen verzichten. Im weiteren Verlauf dieses Abschnitts erstellen Sie eine Verbindung, der Sie den Namen `vpn` geben:

```
plutoload=vpn
```

Der Parameter **plutostart**

Das Laden von `pluto` zu diversen Verbindungen bedeutet nur, dass die einzelnen Connections die dynamische Schlüsselerzeugung beim Start zur Verfügung haben. Mit dem Parameter

```
plutostart="<Verbindung1> <...>"
```

wird `pluto` letztlich auch gestartet:

```
plutostart=vpn
```

Der Bereichsparameter **conn**

Der globale Abschnitt ist damit abgeschlossen und Sie legen nun die Einstellungen für Ihre VPN-Verbindungen fest. Für jede VPN-Connection, die Sie angeben möchten, muss eine `conn`-Umgebung erstellt werden:

```
conn <Verbindung>
```

Übergeben Sie dem Parameter einen beliebigen Namen. Er dient lediglich zur Identifikation in der Konfigurationsdatei. Im Beispiel verwenden wir den Namen `vpn`:

```
conn vpn
```

Der Parameter type

Mit dem Parameter `type` legen Sie den Typ der VPN-Verbindung fest:

```
type=<Typ der Verbindung>
```

Verwenden Sie grundsätzlich den Wert `tunnel`, der einen IP/IP-Tunnel mit IPsec beschreibt:

```
type=tunnel
```

Der Parameter auto

Mit dem Parameter `auto` kann die Verbindung beim Starten der gesamten Software automatisch aktiviert werden. Übergeben Sie dem Parameter den Wert `start`:

```
auto=start
```

Der Parameter keyexchange

Der Austausch der Schlüssel über das VPN erfolgt mit dem Internet Key Exchange Protocol. Teilen Sie dieses der Software FreeSwan mit. Da es keine anderen Werte für diesen Parameter gibt, ist `ike` natürlich auch die Defaulteinstellung:

```
keyexchange=ike
```

Der Parameter auth

Die Teilnehmer des VPN führen untereinander eine Beglaubigung durch. Mit dem Parameter `auth` legen Sie fest, wie die Beglaubigung im Aufbau des IP-Protokolls festgehalten wird:

```
auth=<esp|ah>
```

Der ESP-Header vereinigt Authentifizierung und Codierung. Falls Sie keine Verschlüsselung verwenden, werden die Beglaubigungsinformationen in einem Authentification Header (AH) festgehalten.

```
auth=esp
```

Der Parameter keylife

`pluto` ist für das dynamische Erzeugen der Keys zuständig. Mit

```
keylife=<Zeit>
```

legen Sie die Lebensdauer eines Schlüssels fest. Übergeben Sie dem Parameter eine Zahl, auf die einer der Buchstaben `s` (Sekunde), `m` (Minute) oder `h` (Stunde) folgt.

```
keylife=2h
```

Der Parameter `keyingtries`

Mit `keyingtries` definieren Sie, wie oft FreeSwan versucht, eine VPN-Verbindung aufzubauen.

```
keyingtries=<Wert>
```

Ein Wert größer null bedeutet, dass exakt so viele Versuche unternommen werden, wie Sie angeben. Übergeben Sie eine Null, so gibt FreeSwan nie auf.

```
keyingtries=0
```

Der Parameter `left`

Jetzt werden die dem VPN zugeordneten IP-Adressen definiert. Über den Parameter `left` stellen Sie die offizielle IP-Adresse eines Partners der VPN-Kommunikation ein. Um welchen der beiden Partner es sich dabei handelt, spielt keine Rolle.

```
left=<offizielle IP-Adresse>
```

Verwenden Sie in unserem Beispiel die IP-Adresse 200.0.24.1, da Ihre ISDN-Schnittstelle so eingerichtet ist:

```
left=200.0.24.1
```

Der Parameter `leftnexthop`

In Abbildung 21.6 auf Seite 441 haben Sie gesehen, dass das VPN im Internet zwei Router anspricht, die sich um die Weiterleitung der Daten kümmern. Geben Sie nun zu der mit `left` festgelegten IP-Adresse den Router an, den die Daten auf dem Weg zum anderen Ende des VPNs ansprechen sollen.

```
leftnexthop=<IP-Adresse des Internet-Routers>
```

In unserem Beispiel handelt es sich um die IP-Adresse 200.0.24.100:

```
leftnexthop=200.0.24.100
```

Der Parameter `leftsubnet`

Die dritte IP-Adresse, die Sie FreeSwan mitteilen müssen, ist die des lokalen Netzes, das an den Router angeschlossen ist.

```
leftsubnet=<IP-Adresse des lokalen Netzwerks>
```

Das Netz muss grundsätzlich in der CIDR-Schreibweise angegeben werden, also als IP-Adresse, gefolgt von einem Schrägstrich und der Anzahl der Bits, die den Netzanteil beschreiben:

```
leftsubnet=192.168.17.0/24
```

Die Parameter right, rightnexthop und rightsubnet

Analog zu den Parametern `left`, `leftnexthop` und `leftsubnet` existieren zum Beschreiben der zweiten Seite der Kommunikation die Optionen `right`, `rightnexthop` und `rightsubnet`.

```
right=<offizielle IP-Adresse>
rightnexthop=<IP-Adresse des Internet-Routers>
rightsubnet=<IP-Adresse des lokalen Netzwerks>
```

Die komplette Konfigurationsdatei `ipsec.conf` wird später auf beiden VPN-Partnern identisch eingerichtet. Anhand der IP-Adressen des Rechners erkennt FreeSwan, welche Seite links (`left`) und welche rechts (`right`) ist.

```
right=200.0.24.2
rightnexthop=200.0.24.200
rightsubnet=192.168.18.0/24
```

21.3.2 Beispiel

Nachdem Sie nun die Parameter zur Konfiguration kennen, hindert Sie nichts mehr daran, die Konfigurationsdatei `ipsec.conf` zu erstellen. Sie muss auf beiden Seiten der Kommunikation, also auf den Rechnern 192.168.17.200 und 192.168.18.200, absolut identisch sein. Die verwendeten offiziellen IP-Adressen sind hier rein zufällig gewählt und dienen lediglich als Beispiel. Sie müssen sie in Ihrer Umgebung selbstverständlich ersetzen.

```
#
# VPN-Konfiguration (Freeswan)
#
# /etc/ipsec.conf
#
# Erstellt von Jens Banning
#

#
# Allgemeine Angaben:
#
# 1) Die virtuelle Schnittstelle ist ippp0.
# 2) Kein Debugging des Kernel-Codes.
# 3) Kein Debugging des Key-Generators pluto.
# 4) Den Key-Generator pluto verwenden.
# 5) Pluto fuer die Verbindung vpn laden.
# 6) Pluto fuer die Verbindung vpn starten.
#

config setup
        interfaces="ipsec0=ippp0"
        klipsdebug=none
        plutodebug=none
```

```
        pluto=yes
        plutoload=vpn
        plutostart=vpn

#
# Die virtuelle Verbindung vpn:
#
#  1) Es wird ein IP-IP-Tunnel eingerichtet.
#  2) Automatischer Start von pluto.
#  3) Schluesselaustausch per IKE.
#  4) Authentifizierung mit ESP.
#  5) Lebensdauer eines Keys betraegt 2 Stunden.
#  6) Die Anzahl der Versuche, eine Verbindung
#     aufzubauen, ist nicht beschraenkt.
#
#  7) Die offizielle Adresse der linken Seite ist 200.0.24.1.
#  8) Der naechste Router auf dem Weg zur rechten Seite
#     ist 200.0.24.100.
#  9) 192.168.17.0/24 ist das lokale Netz der linken Seite.
# 10) Die offizielle Adresse der rechten Seite ist 200.0.24.2.
# 11) Der naechste Router auf dem Weg zur linken Seite
#     ist 200.0.24.200.
# 12) 192.168.18.0/24 ist das lokale Netz der rechten Seite.
#

conn vpn
        type=tunnel
        auto=start
        keyexchange=ike
        auth=esp
        keylife=2h
        keyingtries=0

        left=200.0.24.1
        leftnexthop=200.0.24.100
        leftsubnet=192.168.17.0/24
        right=200.0.24.2
        rightnexthop=200.0.24.200
        rightsubnet=192.168.18.0/24
```

21.3.3 Die Konfigurationsdatei `ipsec.secrets`

Als aufmerksamer Leser dieses Kapitels ist Ihnen sicher aufgefallen, dass das Thema der VPN-Beglaubigung bisher zwar erwähnt, dass aber die technische Realisierung nicht beschrieben wurde. In diesem Abschnitt nehmen wir uns der Thematik an und beschreiben die Konfigurationsdatei `ipsec.secrets`, in der Einstellungen zur Authentifizierung vorgenommen werden.

Bei `ipsec.secrets` handelt es sich wie immer um eine Textdatei, in der Sie Kommentare mit dem Zeichen # einfügen können. Während sich der `pluto`-Prozess um die

Codierung der Daten kümmert und zu diesem Zweck dynamisch Schlüssel erzeugt, erfolgt die Beglaubigung mit einem statischen Schlüssel, dem schon erwähnten „shared key". Er wird in der Datei `ipsec.secrets` bei beiden VPN-Partnern eingetragen. Sie finden die Datei ebenfalls im Verzeichnis `/etc/`.

Neben den Kommentaren enthält die Datei nur eine einzige Zeile der Form:

```
<offzielle IP-Adresse> <IP-Adresse der Gegenseite> "<Key>"
```

Neben der eigenen offiziellen IP-Adresse und der offiziellen IP-Adresse der Gegenseite wird der shared key angegeben. Geben Sie in Anführungszeichen eine beliebige Zeichenkette ein. Die Beglaubigung erfolgt dann mit dem von Ihnen eingegebenen String.

Am syntaktischen Aufbau der obigen Zeilen erkennen Sie, dass die Datei `ipsec.secrets` auf den beteiligten Rechnern 200.0.24.1 und 200.0.24.2 unterschiedlich aussehen muss. Der angegebene Schlüssel muss jedoch identisch sein. Installieren Sie auf 200.0.24.1 die folgende Datei:

```
#
# VPN-Konfiguration (Freeswan)
#
# /etc/ipsec.secrets (192.168.17.200, 200.0.24.1)
#
# Erstellt von Jens Banning
#

200.0.24.1 200.0.24.2 "sdfjshjgf723zj784jmSJj8383jNMH93Jsd3"
```

Auf dem Host mit der Adresse 200.0.24.2 muss das im Weiteren aufgeführte Dokument abgelegt sein:

```
#
# VPN-Konfiguration (Freeswan)
#
# /etc/ipsec.secrets (192.168.18.200, 200.0.24.2)
#
# Erstellt von Jens Banning
#

200.0.24.2 200.0.24.1 "sdfjshjgf723zj784jmSJj8383jNMH93Jsd3"
```

21.3.4 Das Kommando `ipsec`

Sie können FreeSwan entweder von den CDs Ihrer Distribution installieren oder es von der Homepage `http://www.freeswan.org` herunterladen. Neben den bisher beschriebenen Dateien befindet sich im Verzeichnis `/sbin/` das Kommando `ipsec`. Es dient lediglich dazu, andere zum Paket FreeSwan gehörende Tools zu starten. Sie werden ahnen, dass Ihnen diese Arbeit durch ein Startskript abgenommen wird. Es trägt den Namen `ipsec` und Sie finden es im Verzeichnis `/etc/rc.d/init.d/`. Es versteht sich, dass die VPN-Software nicht nur auf dem Rechner 192.168.17.200, sondern auch auf 192.168.18.200 gestartet werden muss.

Beispiel 21.7: Starten von FreeSwan

```
root@host200:~ # /etc/rc.d/init.d/ipsec start
ipsec_setup: Starting FreeS/WAN IPSEC ...                done
root@host200:~ #
```

Sorgen Sie dafür, dass im Standardrunlevel ein symbolischer Link auf das Startskript vorhanden ist. Dadurch erfolgt die Aktivierung des VPN bei jedem Rechnerstart. SuSE-Administratoren setzen ferner die Variable START_IPSEC auf `yes`. **SuSE**

Anschließend befindet sich auf den beiden Routern, die das VPN verbinden (200.0.24.1 und 200.0.24.2), eine virtuelle Schnittstelle namens `ipsec0`. Mit dem Kommando `ifconfig` erhalten Sie weitere Informationen zu der Schnittstelle.

Testen Sie zum Abschluss die Verbindung, indem Sie von einem Clientrechner der einen VPN-Seite aus einen Client der anderen Seite ansprechen.

Beispiel 21.8: Testen des VPN

```
user@host2:~ # ftp 192.168.18.2
Connected to 192.168.18.2.
220 192.168.18.2 FTP server (Version wu-2.4.2-academ[BETA-18](1)
Sat Jul 29 21:02:32 GMT 2000) ready.
Name (192.168.18.2:user):
```

21.3.5 Zusammenfassung

Die Einrichtung von FreeSwan erfolgt in mehreren Schritten, die wir nochmals zusammenfassend betrachten wollen:

1. Erstellen Sie im ersten Schritt auf beiden Rechnern, die das VPN bilden sollen, die Datei `ipsec.conf` im Verzeichnis `/etc/`. Tragen Sie die notwendigen Parameter im globalen Abschnitt ein und definieren Sie die Verbindungsoptionen. Die Konfigurationsdatei ist auf beiden Partnern identisch.

2. Zur Beglaubigung muss ebenfalls im Verzeichnis `/etc/` eine Datei namens `ipsec.secrets` erstellt werden. Sie enthält die eigene offizielle IP-Adresse, die offizielle IP-Adresse der Gegenseite sowie den von Ihnen festzulegenden shared key. Die Datei muss auf jedem Partner separat, jedoch mit dem gleichen Schlüssel erstellt werden.

3. Starten Sie FreeSwan durch das Skript `/etc/rc.d/init.d/ipsec`, dem Sie die Option `start` übergeben.

4. Neben dem symbolischen Link im Standardrunlevel ist zum permanenten VPN-Start bei jedem Bootvorgang unter SuSE noch die Variable START_IPSEC auf `yes` zu setzen.

5. Testen Sie die Verbindung ausgiebig. Verwenden Sie dazu auf beiden Routern auch die Kommandos `ifconfig` und `route`.

22 Ausblick

Zum Abschluss dieses Buches erhalten Sie noch einen kurzen Ausblick auf die nächste Entwicklung im Netzwerkbereich. Sie beschränkt sich nicht auf Linux, sondern wird alle Systeme betreffen: IPv6.

Die zurzeit aktuelle Version des Internet Protocol ist IPv4. IP-Adressen werden zum Beispiel in der folgenden Form geschrieben:

```
192.168.17.1
```

Sie bestehen insgesamt aus 32 Bit, die zur besseren Lesbarkeit in Blöcken von jeweils 8 Bit, getrennt durch einen Punkt, angegeben werden. Daneben existiert eine Netzmaske der gleichen Größe:

```
255.255.255.0
```

Mit ihr legen Sie fest, wie viele Bits einer IP-Adresse das Netzwerk und wie viele den Host beschreiben. Als alternative Schreibweise kann dem IP-Wert auch (durch einen Schrägstrich getrennt) direkt die Anzahl der Bits folgen, die zum Netzanteil gehören:

```
192.168.17.1/24
```

In den letzten Jahren ist das Internet in zunehmendem Maße stark gewachsen. Alle dort vertretenen Rechner benötigen eine offizielle IP-Adresse. Bei einer Adressgröße von 32 Bit existieren 2^{32} mögliche Adressen. Tatsächlich ist es so, dass dieser Adressraum mittlerweile fast komplett ausgereizt ist und es nur noch wenige offzielle IP-Adressen gibt. Es wurde daher notwendig, den Adressbereich zu erweitern. So entstand die Version 6 des IP-Protokolls (IPv5 gab es nicht), die auch als „IP next generation" bekannt ist.

IPv6-Adressen sind 128 Bit groß. Sie werden in Blöcke von jeweils 16 Bit aufgeteilt, die durch Doppelpunkte getrennt sind. Im Gegensatz zu IPv4 werden die Blöcke nicht dezimal, sondern hexadezimal niedergeschrieben. Betrachten wir das folgende Beispiel einer IPv6-Adresse:

```
FEC5:C76E:067A:0000:0000:0000:F5C4:0032
```

Die Netzmaske wird grundsätzlich als Anzahl der Bits angegeben, die den Netzanteil beschreiben (Präfix):

```
FEC5:C76E:067A:0000:0000:0000:F5C4:0032/64
```

Sie sehen, dass IPv6-Adressen optisch komplizierter sind als IPv4-Werte. Um diese Unübersichtlichkeit etwas zu relativieren, existieren zwei Vereinfachungsregeln:

1. Sind in den Blöcken einer Adresse führende Nullen vorhanden (zum Beispiel: `067A`, können sie weggelassen werden (`67A`):

   ```
   FEC5:C76E:67A:0000:0000:0000:F5C4:32
   ```

2. Oft finden Sie in IPv6-Adressen einen Bereich, der komplett mit Null-Bits belegt ist (zum Beispiel: `0000:0000:0000`). Dieser Bereich muss in der Adresse nicht erwähnt werden. Es reicht die Angabe von zwei Doppelpunkten (`::`):

   ```
   FEC5:C76E:67A::F5C4:32
   ```

   Die obige Adresse ist nun wie folgt zu deuten. Alle Werte, die links der beiden Doppelpunkte (`::`) stehen, beschreiben die höchstwertigen Bits der Adresse. Entsprechend tragen Sie alle Werte rechts von `::` in die niederwertigen Bits ein. Den Bereich dazwischen füllen Sie mit binären Nullen. Somit erkennen Sie sicher leicht, dass Sie das Streichen von Null-Blöcken nur einmal anwenden dürfen.

Sie werden einsehen, dass die Einführung von IPv6 nicht zeitgleich von einer zur anderen Sekunde im gesamten, weltumspannenden Netz durchgeführt werden kann. Daher muss sichergestellt werden, dass IPv6 und IPv4 zusammenarbeiten können. In der Notation der IPv6-Adressen gibt es daher eine Möglichkeit, IPv4-Werte darzustellen. Es liegt nahe, dass dafür die 32 niederwertigen Bits verwendet werden:

```
0000:0000:0000:0000:0000:0000:C0A8:1101
```

Nach den Regeln der Vereinfachung lautet die Adresse:

```
::C0A8:1101
```

Als Besonderheit dürfen Sie die letzten 32 Bit sogar in der alten IPv4-Schreibweise angeben:

```
::192.168.17.1
```

Durch die Einführung von IPv6 wird die Loopback-Adresse eines Netzes (bisher 127.0.0.1) durch den folgenden Wert ersetzt:

```
0000:0000:0000:0000:0000:0000:0000:0001
```

bzw.:

```
::1
```

Weitere Einzelheiten zu IPv6 erfahren Sie in [Huitema2000].

Die Einführung des neuen Adressschemas befindet sich zurzeit in der Anfangsphase. Letzte Spezifikationen des IPv6-Protokolls stehen ebenfalls noch aus. In den nächsten Jahren wird sich unsere Adressstruktur jedoch allmählich ändern.

Sie haben mit dem vorliegenden Buch detailliertes Wissen im Bereich der Netzwerkadministration unter Linux erhalten. Sie können somit auch der weiteren Entwicklung auf diesem Gebiet ruhigen Gewissens entgegen blicken.

Glossar

ACL Access Control List; Liste, die zur Definition von Zugriffsrechten des Proxy-Servers Squid dient.

Address Resolution Protocol (ARP) Protokoll der Netzwerkschicht, das die Funktionen realisiert, die für den physischen Zugang notwendig sind.

ADSL Asymmetric Digital Subscriber Loop; asymmetrische digitale Verbindung zum Internet.

AH Authentification Header; Übertragung der Beglaubigungsfunktionen im ⇒ VPN (ist in ⇒ ESP integriert).

Anonymous FTP FTP-Verbindung mit dem User `anonymous`. Als Passwort muss eine Mail-Adresse angegeben werden.

Anwendungsschicht Ebene der TCP/IP-Architektur, die den Typ der Anwendungsdaten beschreibt.

Apache Webserver unter Linux.

ARP-Tabelle Das Address Resolution Protocol (ARP) speichert die bekannten Zuweisungen zwischen IP- und MAC-Adressen in einer ARP-Tabelle ab.

ARP ⇒ Address Resolution Protocol.

Attribut Eigenschaft eines Objekts im Verzeichnisdienst.

Blattobjekte Einträge im Verzeichnisdienst, die direkt eine Information widerspiegeln.

Broadcastadresse Die Broadcastadresse eines Netzwerks wird ermittelt, indem die Bits des Hostanteils komplett auf 1 gesetzt werden. An die Broadcast gerichtete Daten werden an alle Teilnehmer im zugehörigen Netz gesendet.

CIDR ⇒ Classless InterDomain Routing.

CIPE Crypto IP-Encapsulation; Linux-spezifische Realisierung des ⇒ VPN.

Class-A Adressbereich mit einer Netzmaske von 8 Bit.

Class-B Adressbereich mit einer Netzmaske von 16 Bit.

Class-C Adressbereich mit einer Netzmaske von 24 Bit.

Classless InterDomain Routing In der CIDR-Schreibweise wird die 32 Bit umfassende Netzmaske lediglich durch die Anzahl der darin vorhandenen Einsen dargestellt.

Client Partner in einer Kommunikation, der einen Dienst in Anspruch nimmt.

cn ⇒ Common Name.

Common Name Blattobjekt in einem Verzeichnisdienst.

Container Strukturelle Einträge im Verzeichnisdienst.

Country DS-Objekt, das ein Land beschreibt, abgekürzt „c".

c ⇒ Country.

DHCP ⇒ Dynamic Host Configuration Protocol.

Dienst Realisierung einer Funktionalität im Netzwerk.

DISPLAY Umgebungsvariable, die angibt, auf welchem Rechner die Ausgabe von grafischen Anwendungen erfolgen soll.

Distinguished Name Eindeutiger Name eines Objekts im Directory Service, abgekürzt „dn".

DMZ Demilitarisierte Zone; Netzwerkstruktur zur Anordnung von Paketfiltern.

DNS ⇒ Domain Name System.

dn ⇒ Distinguished Name.

Domäne Teil des ⇒ Domain Name Space.

Domain Name Space Durch das Domain Name System eingeteilter Namensraum im Internet.

Domain Name System Dienst, der eine Zuweisung von IP-Nummern zu Rechnernamen realisiert.

DS Directory Service; englische Bezeichnung für einen Verzeichnisdienst.

Dynamic Host Configuration Protocol Dieses Protokoll setzt den Dienst der dynamischen Host-Konfiguration um, zum Beispiel das dynamische Zuweisen von IP-Adressen.

EAZ Endgeräte-Auswahlziffer; eigene Telefonnummer bei einem 1TR6-ISDN-Anschluss.

ESP Encapsulated Security Payload; Protokoll zur sicheren Datenübertragung im VPN.

Ethernet Bus-Topologie eines Netzwerks.

File Transfer Protocol Anwendungsprotokoll, das für den Austausch von Dateien vorgesehen ist.

Firewall Schutzwall zur Absicherung eines Netzwerks.

FQDN ⇒ Fully Qualified Domain Name.

Fragmentierung Aufteilen von Netzwerkdaten in Pakete von einer Größe, die physisch maximal übertragen werden kann.

FreeSwan Standardisierte Realisierung eines VPN.

FTP ⇒ File Transfer Protocol.

Fully Qualified Domain Name Eindeutiger Name eines Rechners im Netzwerk.

Gateway Rechner, der mehrere Netzwerke miteinander verbindet.

Host Englische Bezeichnung für einen Computer.

HTML-Tag Befehl in einer HTML-Datei.

HTML HyperText Markup Language; Format, in dem Webdokumente verfasst sind.

HTTP ⇒ HyperText Transfer Protocol.

HyperText Transfer Protocol Anwendungsprotokoll zum Austausch von HTML-Seiten.

I4L ISDN for Linux; Paket zur Interneteinwahl per ISDN.

ICMP ⇒ Internet Control Message Protocol.

IKE Internet Key Exchange; Protokoll, das zum Schlüsselaustausch bei der VPN-Software FreeSwan verwendet wird.

INET-Dämon Dämonprozess, der TCP- und UDP-Ports überwacht und bei Bedarf Serverdienste startet.

Internet Control Message Protocol Transportprotokoll, durch das Kontrollmeldungen im Netzwerk ausgetauscht werden können.

Internet Protocol Protokoll, das für die Vermittlung und Adressierung von Daten im Netzwerk verantwortlich ist.

Internet Servive Provider Unternehmen, das die Einwahl in das Internet anbietet.

IP-Adresse Vom Internet Protocol vergebene Adressen.

IPng Internet Protocol next generation (Version 6).

IPv4 Internet Protocol der Version 4.

IPv6 Internet Protocol der Version 6.

IP ⇒ Internet Protocol.

ISC Internet Software Consortium; Organisation, die die DHCP-Komponenten entwickelt hat.

ISDN Integrated Services Digital Network; digitale Verbindung zum Internet.

ISP ⇒ Internet Service Provider.

KDE K Desktop Environment; Windowmanager unter X-Windows.

LDAP ⇒ Lightweight Directory Access Protocol.

LDA Local Delivery Agent; Bezeichnung für ein Programm, das die lokale, auf einen Rechner beschränkte Mail-Kommunikation umsetzt.

ldbm LDAP Database Manager; Format der LDAP-Datenbank.

LDIF LDAP Data Interchange Format; Dateiformat, über das Informationen der LDAP-Datenbank zugeführt werden können.

Lightweight Directory Access Protocol Dieses Protokoll setzt den Zugriff auf Verzeichnisdienste um.

LinuxConf Linux Configuration; Administrationstool von Red Hat.

Linux Von Linus Torvalds entwickeltes Betriebssystem.

MAC-Adresse Weltweit eindeutige, vom Hersteller einer Netzwerkkarte vorgegebene Adresse.

MAC ⇒ Media Access Control.

Mail Exchanger Server, der zum Mail-Austausch verwendet wird.

Media Access Control Beschreibt den kontrollierten Zugriff, den eine Netzwerkkarte auf das zugrunde liegende Medium durchführt.

Mount-Point Stelle im Verzeichnisbaum, an der ein Gerät eingebunden wird.

Mounten Einbinden von Geräten in den Linux-Verzeichnisbaum.

MSN Multiple Subscribe Number; eigene Telefonnummer bei einem Euro-ISDN-Anschluss.

MS Microsoft; Firma, die sich seit vielen Jahren an der Entwicklung eines Betriebssystems versucht :-)

MTA Mail Transport Agent; Bezeichnung für ein Programm, das die Mail-Kommunikation über Rechnergrenzen hinweg per ⇒ SMTP durchführt.

MUA Mail User Agent; Bezeichnung für ein Programm, das Benutzer zum Senden und Empfangen von elektronischer Post verwenden.

NAT Network Address Translation; Abbildung von lokalen Adressen auf im Internet eindeutige IP-Werte.

NetBios Eigenständiger Namensdienst in Windows-Netzen.

Network File System (NFS) Dienst, der Dateisysteme eines Rechners anderen zur Verfügung stellen kann.

Network Information Center (NIC) Diese Institution vergibt IP-Adressen und Domain-Namen für das Internet.

Network Information Service (NIS) Dienst, der eine zentrale Benutzerverwaltung ermöglicht.

Network News Transfer Protocol (NNTP) Protokoll, über das der News-Server und der News-Client kommunizieren.

Network Time Protocol (NTP) Protokoll, über das die Zeitsynchronisierung im Netzwerk realisiert wird.

Netzadresse Die IP-Adresse eines Netzwerks berechnet sich, indem die Bits des Hostanteils komplett auf 0 gesetzt werden.

Netzmaske 32 Bit umfassender Wert, der festlegt, welcher Teil einer IP-Adresse der Netz- und welcher der Hostanteil ist.

Netzwerkdrucker Drucker, der eine Netzwerkkarte besitzt und eine direkte Verbindung zum Netzwerk hat.

Netzwerkschicht Unterste Ebene der TCP/IP-Architektur; enthält die Protokolle für den physischen Netzzugang.

NFS ⇒ Network File System.

NIC ⇒ Network Information Center.

NIS-Domain Mit einer NIS-Domain werden NIS-Kommunikationspartner zusammengefasst. NIS-Komponenten können sich nur dann verständigen, wenn sie der gleichen NIS-Domain angehören.

NIS-Map Datenbank, in der der NIS-Server Benutzer- bzw. Gruppeninformationen abspeichert.

NIS ⇒ Network Information Service.

NNTP ⇒ Network News Transfer Protocol.

NTP ⇒ Network Time Protocol.

Objekte Einträge in einem Verzeichnisdienst.

Octet Ein Octect umfasst acht Bit.

Organizational Unit LDAP-Objekt, das eine organisatoriche Einheit beschreibt, abgekürzt „ou".

Organization DS-Objekt, das eine Organisation beschreibt, abgekürzt „o".

ou ⇒ Organizational Unit.

o ⇒ Organization.

PHP Personal Homepage Processor; Skriptsprache zur Generierung von HTML-Seiten.

Point to Point Protocol (PPP) Protokoll, mit dem die Einwahl in das Internet erfolgt.

POP3 Protokoll ⇒ POP in der Version 3.

POP Post Office Protocol; Protokoll, das zum Mail-Empfang verwendet wird.

Port Ansprechpunkt des TCP-Protokolls, mit dem ein Dienst verbunden ist.

PPPoE Point to Point Protocol over Ethernet; Protokoll, das eine ADSL-Verbindung umsetzt.

PPP ⇒ Point to Point Protocol.

Primfaktor Faktor einer Zahl, der eine Primzahl darstellt.

Primzahl Natürliche Zahl, die nur durch 1 und durch sich selbst teilbar ist.

Private Key Schlüssel der SSH-Verbindung, der niemanden mitgeteilt wird. Dieser Schlüssel wird unter strengster Geheimhaltung verwahrt.

Protokoll Sprache, mit der sich Teilnehmer eines Netzwerks unterhalten.

Proxy Der Proxy-Server (zu Deutsch: Vertreter) cacht, protokolliert und kontrolliert den HTTP-Zugriff auf das Internet.

Public Key Schlüssel der SSH-Verbindung, der anderen Rechnern mitgeteilt wird.

Replica Bezeichnung für einen LDAP-Slave-Server.

Replizierung LDAP-Datenübertragung zwischen Master und ⇒ Replica.

Resolver DNS-Client, der die IP-Adresse zu einem Namen erfragt.

Resource Record Eintrag in der Zonendatei eines DNS-Servers.

RIP Router Information Protocol; dient beim dynamischen Routing zum Informationsaustausch der Router untereinander.

Root Oberstes Containerobjekt eines Verzeichnisdienstes.

Router Rechner, der mehrere Netzwerke miteinander verbindet.

Routing Wegewahl von Daten durch das Netzwerk.

Samba Dienst, der einen Linux-Rechner Verzeichnisse für Windows-PCs freigeben lässt.

Secure Shell Sichere, zur Fernwartung von Rechnern verwendete Verbindung im Netzwerk.

Sequenz Reihenfolge der TCP-Datenübertragung.

Server Partner in einer Kommunikation, der einen Dienst zur Verfügung stellt.

Share Freigegebenes Verzeichnis unter Samba.

slapd Standalone LDAP Daemon; der LDAP-Server.

slurpd Standalone LDAP Update Replication Daemon; realisiert die ⇒ Replizierung.

SMB Server Message Block; Protokoll für den gemeinsamen Dateizugriff unter Windows.

SMTP Simple Mail Transfer Protocol; Protokoll, das zum Mail-Versand verwendet wird.

Squid Proxy-Server unter Linux.

SSH-Tunnel Sichere Verbindung zwischen zwei Rechnern, durch die andere unsichere Dienste hindurchgeschickt werden können.

SSH ⇒ Secure Shell.

stratum Englisches Wort für Schicht; beschreibt die Qualität von Zeitquellen im Netzwerk.

Subnetting Aufteilen eines IP-Adressraumes in mehrere Netze.

SWAT Samba Web Administration Tool; webbasierte Administration des Samba-Servers.

T-DSL ⇒ ADSL der Deutschen Telekom.

TCP-Dämon Realisiert Berechtigungen für den Zugriff auf TCP-Ports.

TCP/IP-Protokollfamilie Sammlung von Protokollen, die zur Kommunikation verwendet werden.

TCP ⇒ Transmission Control Protocol.

Telnet ⇒ Terminal Emulation Protocol.

Terminal Emulation Protocol (Telnet) Protokoll der Anwendungsschicht, das die Fernwartung von Rechnern ermöglicht.

Token-Ring Ring-Topologie eines Netzwerks.

Transmission Control Protocol (TCP) Transportprotokoll, welches eine sichere Übertragung der Daten im Netzwerk zulässt.

Transportschicht Ebene der TCP/IP-Architektur, die die Daten vom Sender zum Empfänger überträgt.

UDP ⇒ User Datagram Protocol.

Unicast Als Unicast werden Datenübertragungen bezeichnet, die an exakt einen Empfämger gerichtet sind.

URL Uniform Resource Locator; eindeutige Schreibweise, die auf eine HTML-Quelle im Netzwerk verweist.

User Datagram Protocol (UDP) Transportprotokoll, das eine unsichere, dafür aber schnelle Datenübertragung im Netzwerk zulässt.

Vermittlungsschicht Ebene der TCP/IP-Architektur, die den Weg vom Sender zu Empfänger berechnet.

Verzeichnisdienst Eine im Netzwerk verteilte Datenbank, die eine baumartige Struktur aufweist.

Virtual Private Network Ein VPN stellt ein privates Netzwerk innerhalb des globalen Internets dar.

VPN ⇒ Virtual Private Network.

Webserver Dienst, der Webdokumente zur Verfügung stellt.

well known ports Portnummern zwischen 1 und 1024, die mit fest vorgegebenen Diensten und Anwendungen verbunden sind.

wvdial Wordvisions PPP Dialer; Kommando zur analogen Interneteinwahl.

WWW World Wide Web; Netzwerk, das die ganze Welt umspannt.

X-Client Programm mit einer grafischen Ausgabe.

X-Server Der X-Server ist in der Lage, die Grafikkarte u.Ä. anzusteuern.

X-Windowmanager Für das Look and Feel der grafischen Ausgaben ist unter X-Windows der Windowmanager zuständig.

X-Windows System, das die grafische Oberfläche unter Linux realisiert.

X11-Forwarding Kann bei der SSH aktiviert werden. Dadurch werden alle Ausgaben, die eine grafische Oberfläche benötigen, auf dem SSH-Client ausgegeben.

YaST Yet another Setup Tool; Administrationstool von SuSE.

Yellow Pages Ursprüngliche Bezeichnung für NIS, die jedoch aus rechtlichen Gründen nicht weiter verwendet werden durfte.

YP ⇒ Yellow Pages.

Zeitsynchronisierung Abgleichen der Uhrzeit auf allen Rechnern im Netzwerk.

Zonentransfer Datenübertragung zwischen DNS-Master- und DNS-Slave-Server.

Zone Teil des ⇒ Domain Name Space.

Literaturverzeichnis

[Banning2001] *LDAP unter Linux* Jens Banning
Addison-Wesley, 2001, ISBN 3-8273-1813-0

[Banning2000] *DHCP unter Linux* Jens Banning
Addison-Wesley, 2000, ISBN 3-8273-1731-2

[anonymous2000] *Linux Hacker's Guide* anonymous
Markt & Technik, 2000, ISBN 3-8272-5622-4

[Huitema2000] *IPv6 — Die neue Generation* Christian Huitema
Addison-Wesley, 2000, ISBN 3-8273-1420-8

[Hein1999] *Linux Systemadministration* Jochen Hein
Addison-Wesley, 1999, ISBN 3-8273-1510-7

[Kofler1999] *Linux — Installation, Konfiguration, Anwendung* Michael Kofler
Addison-Wesley, 1999, ISBN 3-8273-1475-5

[Röhrig1999] *Linux im Netz* Dr. Bernhard Röhrig
Computer & Literatur, 1999, ISBN 3-932311-61-2

[Kirch2000] *Linux Network Administrator's Guide* Olaf Kirch, Terry Dawson
O'Reilly, 2000, ISBN 1-56592-400-2

[Raggett1998] *HTML 4* Dave Raggett, Jenny Lam, Ian Alexander, Michael Kmiec
Addison-Wesley, 1998, ISBN 3-8273-1307-4

[Samulat2000] *Linux-Server im kommerziellen Netzwerk* Peter Samulat
Addison-Wesley, 2000, ISBN 3-8273-1631-6

[Herold1999] *Linux/Unix Grundlagen* Helmut Herold
Addison-Wesley, 1999, ISBN 3-8273-1435-6

[Manual] Manual Pages

[HOWTO] HOWTOs

[FAQ] FAQs

[RFC] RFCs

Abbildungsverzeichnis

2.1 Netzwerk mit drei Teilnehmern 3

2.2 Zusammenhang der Protokolle 4

2.3 FTP-Daten im Netzwerk 5

2.4 Das Protokoll IP 6

2.5 Routing 7

2.6 Fragmentierung 8

2.7 Netzwerk mit IP-Adressen 11

2.8 Zwei Netze mit Subnetting 13

2.9 Lokale Netze mit Internetanbindung 16

2.10 Das Protokoll TCP 18

2.11 TCP-Ports 20

2.12 Das Protokoll UDP 24

2.13 Unabhängigkeit der Ports 25

2.14 Das Protokoll ICMP 26

2.15 Ethernet und Token-Ring: Das Protokoll ARP 29

2.16 IP- und MAC-Adressen 30

3.1 YaST-Hauptmenü (Netzwerk) 32

3.2 YaST-Netzwerk/Grundeinstellungen 32

3.3 LinuxConf-Hauptmenü (Netzwerk) 33

3.4 LinuxConf-Netzwerk/Grundeinstellungen 34

3.5 YaST-Hauptmenü (Modem) 38

3.6 YaST-Modem/Provider 39

3.7 YaST-Modem/Parameter 39

3.8 `rp3-config`-Hauptmenü 40

3.9 `rp3-config`-Modem einrichten 40

3.10 rp3-config-Providerdaten 41
3.11 rp3-config-Benutzerdaten 41
3.12 Das Programm kinternet 47
3.13 Das Programm rp3 47
3.14 YaST-ISDN/Hardware 48
3.15 YaST-ISDN/Provider 49
3.16 YaST-ISDN/Konfiguration 49
3.17 YaST-ISDN/Netzwerkadressen 50
3.18 isdn-config-Hauptmenü 51
3.19 isdn-config-Hardware 51
3.20 isdn-config-Provider 52
3.21 ADSL-Anbindung 55
3.22 YaST-Hauptmenü (ADSL) 56
3.23 YaST-ADSL/Konfiguration 56

4.1 Statisches Routing 61
4.2 Dynamisches Routing 62
4.3 Kommunikation der Router 63
4.4 netcfg-Hauptmenü (Routing) 67

5.1 Drucker an entfernter Arbeitsstation 73
5.2 Drucker mit eigener Netzwerkkarte 74
5.3 YaST-Hardware/Drucker 76
5.4 YaST-Netzdrucker 76
5.5 Funktionsweise des Druckens auf ein entferntes Gerät 77
5.6 PrintTool-Hauptmenü 78
5.7 PrintTool-Drucker hinzufügen 78
5.8 PrintTool-Druckerdaten 78
5.9 Yast-Netzwerkdrucker 80
5.10 Drucken auf einen Netzwerkdrucker 81

5.11 PrintTool-Netzwerkdrucker 81
5.12 PrintTool-Druckerdaten 82

6.1 Architektur von X-Windows: lokal 84
6.2 Architektur von X-Windows im Netzwerk 84

7.1 Funktion des INET-Dämons 90
7.2 Funktionsweise des TCP-Dämons 93
7.3 Zugriffskontrolle durch den TCP-Dämon 94
7.4 Verzeichnisstruktur für anonymous FTP 110

8.1 Unverschlüsselte Telnet-Verbindung 113
8.2 Bekannte Schlüssel in der SSH-Kommunikation 115
8.3 Verschlüsselte SSH-Verbindung 115
8.4 Funktionsweise des SSH-Tunnels 118
8.5 SSH: `known_hosts` und `authorized_keys` 121

9.1 Domain Name Space 126
9.2 DNS-Zonen 127
9.3 DNS-Resolver 127
9.4 DNS-Architektur in der Zone `intern` 128
9.5 Konfiguration des DNS-Clients unter SuSE 145
9.6 Konfiguration des DNS-Clients unter Red Hat 146

10.1 Einbinden von Datenträgern 156
10.2 Einbinden von Verzeichnissen anderer Rechner 156
10.3 NFS-Beglaubigung 158
10.4 Einrichtung des NFS-Servers unter SuSE 160
10.5 Einrichtung des NFS-Servers unter Red Hat 161
10.6 Einrichtung des NFS-Clients unter SuSE 168
10.7 Einrichtung des NFS-Clients unter Red Hat 169

11.1 Zeitsynchronisierung mit einer Funkuhr 172
11.2 Definition der Zeitqualität (stratum) 172
11.3 Lokales Netz mit zwei NTP-Servern 173
11.4 Informationen des Kommandos `ntptrace` 180
11.5 Ausfallsicherheit per NTP 184
11.6 XNTPD_INITIAL_UPDATE unter SuSE einstellen 186
11.7 Aufbau der NTP-Startskripten 187

12.1 Erstellen von Benutzerkonten ohne NIS 193
12.2 Erstellen von Benutzerkonten mit NIS 194
12.3 Bedeutung der NIS-Domain 195
12.4 Einstellen der NIS-Domain unter SuSE 199
12.5 Einstellen der NIS-Domain unter Red Hat 199
12.6 Benutzer- und Gruppenverwaltung per NIS 204
12.7 Einrichten des NIS-Clients unter SuSE 209
12.8 Einrichten des NIS-Clients unter Red Hat 210
12.9 NIS-Kommunikation per Broadcast 210
12.10 Benutzerdaten lokal und per NIS 215
12.11 Gruppendaten lokal und per NIS 217
12.12 Kombination von NIS und NFS 221
12.13 Zusammenhang zwischen `rpc.yppasswdd` und `yppasswd` 223
12.14 Zusammenhang zwischen NIS-Master und NIS-Slave 226
12.15 Zusammenhang zwischen `ypinit -s` und `rpc.ypxfrd` 229

13.1 Funktion des Apache-Webservers 236
13.2 Der Webserver Apache im Beispiel 237
13.3 `http://apache1.intern` 260
13.4 `http://apache2.intern` 261
13.5 `http://apache1.intern/leitung`: Passwortabfrage 261
13.6 `http://apache1.intern/leitung`: Inhalt 262

13.7 http://apache1.intern/~meier 262

13.8 http://apache2.intern/~meier 263

14.1 Funktion des Proxy-Servers 265

14.2 Manuelle Proxy-Konfiguration unter Netscape 281

14.3 Unerlaubte Webanfrage 281

14.4 Erlaubte Webanfrage 282

15.1 Funktion des Mail-Dienstes 286

15.2 Konfiguration der Mail-Umgebung 287

15.3 DS-Einträge in der Datei sendmail.cf 290

15.4 DM-Einträge in der Datei sendmail.cf 291

15.5 Cw-Einträge in der Datei sendmail.cf 292

15.6 Zusammenhang zwischen sendmail und procmail 298

15.7 Funktionen des POP3-Servers 301

15.8 Dynamischer Start des POP3-Servers 302

15.9 Einsatz des Programms majordomo 310

15.10 Erstellen der Datei mitarbeiter.config 313

15.11 Majordomo: info-Anfrage 316

15.12 Majordomo: info-Antwort 316

15.13 Majordomo: who-Anfrage 317

15.14 Majordomo: who-Antwort 317

15.15 Majordomo: subscribe-Befehl 317

15.16 Majordomo: subscribe-Antwort 318

15.17 Majordomo: subscribe-Bestätigung 318

15.18 Majordomo: who-Antwort 319

16.1 Dynamische Hostkonfiguration 322

16.2 Funktion des DHCP-Relay Agents 323

16.3 Aktivierung des DHCP-Clients unter SuSE 336

16.4 Aktivierung des DHCP-Clients unter Red Hat 337
16.5 Funktion des DHCP-Relay Agents 339
16.6 Einrichtung des DHCP-Relay Agents unter SuSE 340

17.1 Struktur eines Verzeichnisdienstes 341
17.2 Beispiel eines Verzeichnisdienstes 343
17.3 `kldap`: Anmelden am Verzeichnisdienst 366
17.4 `kldap`: Icons 366
17.5 `kldap`: Attributliste 367
17.6 Netscape-Adressbuch: LDAP-Server hinzufügen 368
17.7 Netscape-Adressbuch: LDAP-Suche 369
17.8 LDAP-Replizierung 370
17.9 LDAP-Replizierung im WAN 371
17.10 Funktionsweise der LDAP-Replizierung 374
17.11 Dämonprozesse während der LDAP-Replizierung 376

18.1 News-Server im Internet 380
18.2 Funktion eines lokalen News-Servers 380
18.3 Einrichtung eines lokalen News-Servers 381
18.4 `netscape`: News-Server 390
18.5 `netscape`: News-Server hinzufügen 390
18.6 `netscape`: News-Gruppen einsehen 391
18.7 `netscape`: News-Gruppe abonnieren 392
18.8 `netscape`: News-Artikel lesen 392

19.1 Funktionsweise von Samba 393
19.2 Samba im Beispielnetzwerk 394
19.3 Webanmeldung am Samba-Server 403
19.4 SWAT-Homepage 404
19.5 Windows-Anmeldung 405

19.6 Einstellen der Arbeitsgruppe 406

19.7 Netzwerkumgebung: Host1 406

19.8 Netzwerkumgebung: Shares 407

19.9 Windows-Drucker einrichten 407

19.10 Druckertreiber auswählen 408

20.1 Position einer Firewall 410

20.2 Beispielaufgabe einer Firewall 412

20.3 Prinzip der Maskierung 412

20.4 Dual Homed Gateway 413

20.5 Paketfilter und Proxy getrennt 414

20.6 Demilitarisierte Zone (DMZ) 414

20.7 Kernel-Konfiguration mit `make menuconfig` 416

20.8 Firewalling im Kernel aktivieren 416

20.9 `ipchains` : INPUT, FORWARD, OUTPUT 418

20.10 `iptables` : INPUT, FORWARD, OUTPUT 422

21.1 Aufbau eines VPN 429

21.2 Aufbau eines IP-Pakets 430

21.3 VPN mit CIPE 430

21.4 Aufbau eines IP-Pakets im VPN 431

21.5 Aufbau eines IP-Pakets 440

21.6 VPN mit FreeSwan 441

21.7 Aufbau eines IP-Pakets im VPN 441

Tabellenverzeichnis

2.1 Maximale Paketgrößen 7

2.2 Beispiel einer binären IP-Adresse 8

2.3 Konvertierung einer IP-Adresse 9

2.4 UND-Verknüpfung von IP-Adresse und Netzmaske 12

2.5 Erweitern des Netzanteils durch die Netzmaske 12

2.6 Erweitern des Netzanteils 13

2.7 Eigenschaften von Class-C-Netzen 14

2.8 Eigenschaften von Class-B-Netzen 14

2.9 Eigenschaften von Class-A-Netzen 15

2.10 Lokale Adressen 15

2.11 Nicht-lokale Adressen 16

3.1 Optionen des Kommandos `ifconfig` 35

3.2 Optionen des Kommandos `isdnctrl` 54

3.3 ADSL-Skripten 59

4.1 Optionen des Kommandos `route` 63

4.2 Spalten der Datei `route.conf` 65

4.3 Spalten der Datei `gateways` 69

6.1 Optionen des Kommandos `xhost` 86

7.1 Aufbau der Datei `inetd.conf` 91

7.2 Optionen des Dämons `wu.ftpd` 98

7.3 FTP-Befehle 104

8.1 Optionen des Kommandos `ssh` 116

9.1 Komponenten des DNS-Servers 129

9.2 Befehle des Kommandos nslookup 147

10.1 NFS-Exportoptionen 158
10.2 Optionen des Kommandos showmount 162
10.3 Optionen des Kommandos mount 163
10.4 Mount-Optionen in der Datei fstab 166

11.1 Ausgaben des Kommandos ntptrace 179
11.2 Optionen des Kommandos ntpdate 180
11.3 Optionen des Dämons ntpd 185
11.4 Ausgaben des Programms ntpq (ope) 189

15.1 Optionen des Kommandos fetchmail 305

17.1 Attribute eines Blattobjekts 344
17.2 Optionen des Kommandos ldapadd 354
17.3 Optionen der LDAP-Clientkommandos 359

20.1 Optionen des Kommandos ipchains 417
20.2 Kriterien des Kommandos ipchains 418
20.3 Kriterien des Kommandos iptables 423

Stichwortverzeichnis

A

A-Record 136
Access Control List 273
access.conf 238
access.log 282
ACL-Typ
  browser 273
  dst 273
  dstdomain 273
  dstdom_regex 273
  src 273
  srcdomain 273
  srcdom_regex 273
  time 273
  urlpath_regex 273
  url_regex 273
Adressierung 6
ADSL 31, 54
  adsl-config 57
  adsl-setup 57
  adsl-start 59
  adsl-status 59
  adsl-stop 59
  Ethernetkabel 54
  Ethernetkarte 55
  Installation 54
  Kommandos 57
  Komponenten 54
  Modem 54
  PPPoE 55
  Red Hat 57
    Startskript 60
  Splitter 54
  Startskript 59
  SuSE 55
    Startskript 59
  T-DSL 55
  YaST 55
Aliase 293
aliases 293, 310
aliases.db 294
Angriff 409
anonymous 108
Anwendungsschicht 5
Apache 235
  Startskript 258
  Verzeichnisse 253
  Webdokumente 253
  Zusammenfassung 263
apache 258
ARP 4, 28
  arp 30
  Aufgaben 28
  Tabelle 30
Attribute 344
Ausfallsicherheit 128
authorized_keys 120
auto 163

B

Benutzerkennungen 193
Blattobjekte 342
BODY 235
BR 236
Broadcast 209

C

c 342
CENTER 236
chroot 111
cipcb 436
cipcb0 432
CIPE 430
  UDP 431
  Zusammenfassung 439
cipe 437
ciped 437
ciped-cb 437
cn 343
CNAME-Record 136
Common Name 343
config 382
  expire 382, 388
  maxage 382
  server 382
Container 342
Country 342
CREATE_YP_CONF 209
createTimestamp 346
creatorsName 346
Cron 181, 205, 227
crontab 181, 204, 227
CRYPT 347

D

date 283

Demilitarisierte Zone 414
df 155
dhclient.conf 331
  default 332
  reject 333
  request 331
  require 332
  script 333
  send dhcp-lease-time 331
dhclient-script 333
  new_broadcast_address 334
  new_ip_address 334
  new_routers 334
  new_subnet_mask 334
DHCP 1, 321
  Client 321, 331
  dynamisch 321
  Parameter 322
  Pool 321
  Relay Agent 323, 338
  Server 321
  statisch 321
DHCP-Client
  LinuxConf 336
  Red Hat 336
  SuSE 336
  YaST 336
  Zusammenfassung 338
DHCP-Server
  Zusammenfassung 330
dhcpd 329
dhcpd.conf 323
  broadcast-address 327
  default-lease-time 324
  ethernet 326
  fixed-address 326
  hardware 326
  host 325
  host-name 327
  max-lease-time 324
  option 327
  range 325
  routers 327
  subnet 325
  subnet-mask 327
  token-ring 326
  use-host-decl-names 327
dhcpd.leases 329
dhcrelay 339
DHCRELAY_SERVERS 340
DISPLAY 85, 117
  Display 85
  Monitor 85
  Rechner 85
Distinguished Name 343
DMZ 414
DNS 1, 125, 194
  Konfigurationsdatei 129
  Master 127
  Server 125
  Slave 128
  Startskript 129
  verteilte Datenbank 125
  Zusammenfassung 141
DNS-Architektur 149
DNS-Client 142
  Konfiguration 142
  LinuxConf 145
  Red Hat 145
  SuSE 145
  YaST 145
  Zusammenfassung 149
DNS-Master
  Konfiguration 129
  Zusammenfassung 141
DNS-Slave 149
  Konfiguration 149, 150
  Zusammenfassung 152
Domain Name Space 126
Domain Name System 125
domainname 198
Druckauftrag 73
drucken 73
  apsfilterrc 80
  entfernte Station 73, 74
    printtool 77
  hosts.lpd 77
  lokal 73
  Netzwerkdrucker 73, 79
    SuSE 79
  printcap 74
  Red Hat 77, 81
  REMOTE_PRINTER 80
  SuSE 75
  YaST 75, 79
Drucker
  lp0 74
Druckertreiber 73
Dual Homed Gateway 413
dump 167

E

ESP 440
/etc/group 214
    GID 215
    Gruppenmitglieder 215
    Gruppenname 215
    Passwort 215
    Spalten 215
/etc/passwd 213
    GID 213
    Home-Dir. 213
    Login 213
    Name 213
    Passwort 213
    Shell 213
    Spalten 213
    UID 213
ethereal 314
exportieren 157
exports 157, 205
    all_squash 158
    Hosts 157
    noaccess 158
    no_root_squash 158
    Optionen 157
    ro 158
    root_squash 158
    rw 158
    squash_uids 158
    Verzeichnis 157
    Wildcards 157
ext2 163

F

fetchmail 286, 304
    Optionen 304
.fetchmailrc 306
fetchnews 384
File System Table 165
Firewall 409
    Architekturen 413
    Funktion 409
    Kernel 415
    Protokoll 410
    Quelladresse 410
    Quellport 410
    Richtung 410
    Schnittstelle 410
    Zieladresse 410
    Zielport 410
    Zusammenfassung 427
FORWARD 411
.forward 300
forward 418
Fragmentierung 6
FreeSwan 439
    Beglaubigung 440
    shared key 440
    Verschlüsselung 440
    Zusammenfassung 449
fstab 163, 165, 220
    auto 166
    defaults 166
    exec 166
    noauto 166
    noexec 166
    nouser 166
    Optionen 166
    ro 166
    rsize 166
    rw 166
    user 166
    wsize 166
FTP 5, 409
    anonymous 108
    Befehle 104
    Nachteil 113
ftp 103
    ascii 104
    binary 104
    cd 104
    exit 104
    get 104
    help 104
    ls 104
    mget 104
    mput 104
    Prompt 103
    put 104
    pwd 104
ftpaccess 98, 100
    banner 100
    class 100
    deny 101
    limit 101
    log commands 102
    nameserved 101
    noretrieve 101
ftpusers 98, 99
Funkuhr 171

G

gateways 69
  active 69
  external 69
  gateway 69
  host 69
  metric 69
  net 69
  passive 69
  Spalten 69
genericstable 294
genericstable.db 295
Gerätedatei 38
group 196
group.bygid 203
group.byname 203
Gruppenkennungen 193
gshadow 196

H

H1 236
hash 295
HEAD 235
HINFO-Record 136
host.conf 142
  bind 143
  hosts 143
  multi 143
  order 142
hosts 142
hosts.allow 94, 95
  ALL 95
hosts.deny 94, 96
  ALL 96
.htaccess 256
  AuthName 256
  AuthType 256
  AuthUserFile 256
  Basic 256
  require 256
  valid-user 256
HTML 235
  Tags 235
htpasswd 257
HTTP 5
httpd 258
httpd.conf 238
  AccessFileName 245
  AddDescription 246
  AddIcon 246
  AddModule 247
  AddType 247
  all 245
  Allow 245
  allow 244
  AllowOverride 244
  apache 240
  Beispiel 247
  Deny 245
  deny 244
  Directory 243
  DirectoryIndex 239
  DocumentRoot 242
  Files 246
  FollowSymLinks 243
  Group 240
  Indexes 243
  inetd 239
  LoadModule 247
  MaxClients 238
  NameVirtualHost 241
  nogroup 240
  None 243
  Options 243
  Order 244
  Port 240
  ServerAdmin 239
  ServerName 241
  ServerRoot 239
  ServerType 239
  standalone 239
  User 240
  UserDir 242
  VirtualHost 241
  wwwrun 240

I

ICMP 4, 25
  Aufgaben 25
  Destination Unreachable 26
  Echo Reply 26
  Echo Request 26
  Fragmentation Problem 27
  Host Unreachable 27
  Information Reply 26
  Information Request 26
  Meldungen 26
  Net Unreachable 27
  ping 27
  Port Unreachable 27

Protocol Unreachable 27
Redirect 26
Route Failed 27
Time Exceeded 26
Timestamp Reply 26
Timestamp Request 26
`identity` 119
`identity.pub` 119
`ifconfig` 34
`broadcast` 34
`down` 34
`netmask` 34
Optionen 34
`up` 34
`IN-ADDR.ARPA` 134
INET-Dämon
Funktion 89
`inetd.conf` 89
Konfigurationsdatei 89
`inetd` 92
START_INETD 92
Startskript 92
`inetd.conf` 89
Aufbau 90
Benutzer 90
`dgram` 91
Dienstname 90
`nowait` 91
Pfad zum Serverdämon 90
Protokollart 90
Protokollname 90
Serverinstanzen 91
Startverhalten 90
`stream` 90
`tcp` 91
`udp` 91
`wait` 91
zusätzliche Argumente 90
INPUT 410
`input` 417
`in.telnetd` 93, 97
IP 4, 5
Aufgaben 6
IP next generation 451
IP-Adresse 8
Bereiche 13
Broadcastadresse 10
Class-A 14
Class-B 14
Class-C 14
Hostanteil 8
IPng 16
IPv4 16
IPv6 16
lokal 15
Loopback 17
Loopback-Adresse 11
Netzadresse 10
Netzmaske 9
Netzwerkanteil 8
nicht-lokal 15
Subnetz 12
IP-Forwarding 422
IP/IP-Tunnel 430
`ipchains` 417
ACCEPT 419
DENY 419
Ketten 418
Kriterien 418
MASQ 419
Optionen 417
`ip-down` 437
`ipop3d` 303
IPsec 439
`ipsec` 448
`ipsec0` 442
`ipsec.conf` 441
`auth` 444
`auto` 444
`config setup` 442
`conn` 443
`interfaces` 442
`keyexchange` 444
`keyingtries` 445
`keylife` 444
`klipsdebug` 442
`left` 445
`leftnexthop` 445
`leftsubnet` 445
`pluto` 443
`plutodebug` 442
`plutoload` 443
`plutostart` 443
`right` 446
`rightnexthop` 446
`rightsubnet` 446
`type` 444
`ipsec.secrets` 447
`iptables` 422
ACCEPT 423

DROP 423
Ketten 422
Kriterien 423
Optionen 422
POSTROUTING 423
ip-up 436
IPv4 451
IPv6 451
ISDN 31, 48
1TR6 50
EAZ 48
Euro-ISDN 50
i4l 52
i4l_hardware 52
ippp0 53
isdn-config 51
ISDNSyncPPP 49
Kanalbündelung 52
MSN 48
Red Hat 51
Startskript 52
SuSE 48
Startskript 52
YaST 48
isdnctrl 53
addif 53
addphone 53
delif 53
dial 53
dialmode 53
eaz 53
hangup 53
huptimeout 53
Optionen 53
status 53

K

kldap 365
known_hosts 120
Bits 120
Exponent 120
Modulus 120

L

Lastverteilung 128
LDA 285
LDAP 1
ldap 349
LDAP-Client 356
Zusammenfassung 368
LDAP-Kommandos
Optionen 359
LDAP-Master 370
LDAP-Replizierung 369
Zusammenfassung 377
LDAP-Server 344
Zusammenfassung 356
LDAP-Zugriff
compare 347
delete 347
none 347
read 347
search 347
write 347
ldapadd 353, 364
Optionen 353
ldap.conf 357
BASE 358
HOST 357
PORT 357
ldapdelete 363
ldapmodify 361
add 362
delete 362
replace 362
ldapsearch 359
ldbm 345
LDIF 350
Beispiel 352
file:// 352
ftp:// 352
http:// 352
leafnode 382, 384
LEASE 322
Look and Feel 83
Loopback 133

M

Mail
Funktion 285
Startskript 296
Mail Exchanger 135, 288
Mail-Gruppe 293
Mailing-Liste 309
Majordomo
admin_passwd 314
Benutzer 313
Client 315
config 313
Gruppe 313

- help 319
- info 315
- Konfiguration 312
- lists 319
- subscribe 316
- unsubscribe 316
- who 315

majordomo 286, 310
make clean 415
make dep 415
Makefile 195
- all 198
- MERGE_GROUP 195
- MERGE_PASSWD 195
- MINGID 195
- MINUID 195
- NOPUSH 195

makemap 295
make menuconfig 415
make xconfig 415
make zImage 415
Map 200
Maskieren 411, 419
Masquerading 412, 423
Master/Slave-Technik 128
md5sum 433
mdom 313
MINGID 202
MINUID 202
Modem 37
- kinternet 47
- ppp0 47
- Red Hat 40
- rp3 47
- rp3-config 40
- SuSE 38
- ttyS0 38
- ttyS1 38
- YaST 38

modifiersName 346
modifyTimestamp 346
modules.conf 436
mount 163
- Optionen 163

Mount-Point 155, 163, 165
Mounten 155, 163
MTA 285
MUA 286

N

named 141
named.conf 129, 149, 150
- Deklarationen 130
- directory 130
- file 131
- hint 131
- master 131
- masters 150
- options 130
- Parameter 130
- slave 131
- Syntax 130
- type 131
- zone 130

Nameserver 125
NAT 423
NetBios 393
.netrc 106
- login 106
- machine 106
- password 106

Netscape 236
netscape 367
Network File System 155
Network Time Protocol 171
Netzwerkkarte 31
- eth 31
- eth0 31
- eth0:0 36
- eth0:1 36
- eth1 31
- LinuxConf 33
- lo 35
- Loopback 35
- mehrere IP-Adressen 36
- network 37
- Red Hat 33
- SuSE 31
- tr 31
- tr0 31
- tr1 31
- virtuelle Schnittstelle 36
- YaST 31

Netzwerkschicht 4
newaliases 294, 312
News 379
News-Gruppe 379
News-Server
- Einrichtung 380

Zusammenfassung 389
NFS 1, 155
Beglaubigung 158
Export 158
Exportieren 157
Funktion 155
Server 155
nfs 161, 163
NFS-Client
Konfiguration 166
LinuxConf 169
Red Hat 168
SuSE 168
YaST 168
Zusammenfassung 169
NFS-Server 205
Konfiguration 157
LinuxConf 160
Red Hat 160
SuSE 160
YaST 160
Zusammenfassung 162
NFS_SERVER 161
nfsserver 161
NIC 13
NIS 1, 193
Client 193
Dienst 193
Domäne 207
Domain 194, 198
Funktion 193
Server 193
NIS-Anmeldung 221
NIS-Client 207
Broadcast 209
LinuxConf 209
Red Hat 208, 209
SuSE 208
Unicast 209
YaST 208
Zusammenfassung 223
NIS-Domain
LinuxConf 198
Red Hat 198
SuSE 198
YaST 198
NIS-Maps 202
NIS-Master 194
Konfiguration 195
NIS-Server
Startskript 201
Zusammenfassung 206
NIS-Slave 194
Red Hat 231
SuSE 231
Zusammenfassung 232
NIS-Slave-Server 224
nmbd 402
NNTP 1, 379
Server 381
nntpserver 383
nogroup 269
nslookup 145
exit 146
Prompt 146
set type=A 146
set type=HINFO 146
set type=PTR 146
nsswitch.conf 211
files 212
group 212
nis 212
passwd 211
NTP 1, 171
Funktion 171
Server 171
NTP-Client 178
Konfiguration 178
Startskript 187
NTP-Server 173, 177
Konfiguration 173
Zusammenfassung 178
NTP-Startskript
anpassen 185
ntp.conf 173, 182
driftfile 176
fudge 176
logfile 176
server 174, 183
stratum 176
ntpd 177, 182, 184
Optionen 185
ntpdate 179
Optionen 180
ntpq 188
Ausgaben 188
delay 188
disp 188
exit 188
help 188

local 188
offset 188
ope 188
opeers 188
poll 188
reach 188
remote 188
st 188
t 188
when 188
ntptrace 178
Ausgaben 179
offset 179
stratum 179
synch distance 179

O

o 343
objectclass 350
Objekte 342
öffentlicher Schlüssel 114
OpenLDAP 344
options 432
debug 434
device 432
ipaddr 432
key 433
me 432
nokey 433
peer 433
ptpaddr 432
Organization 343
Organizational Unit 343
ou 343
OUTPUT 410
output 417

P

Paketfilter 410
Paketgrößen, maximale 6
passwd 196, 222
passwd.byname 203
passwd.byuid 203
person 350
pluto 442
POP 285
Client 304
Server 300
POP3 285
Anmeldung 300
pop3 301
popper 286, 302, 303
printcap
line printer 77
lp 77
remote machine 77
rm 77
Private Key 114
procmail 285, 298
.procmailrc 299
Proxy
Cache 266
Client 280
Netscape 280
Protokolle 266
Startskript 279
Zusammenfassung 284
Proxy-Server 265
cachen 266
Funktion 265
kontrollieren 266
protokollieren 266
PTR-Record 137
Public Key 114
Puffergröße 167

R

Rückwärtsauflösung 133
Reassemblierung 7
Replica 369
Server 373
Replizierung
Ausfallsicherheit 370
Lastverteilung 370
Vorteile 370
Zugriffsgeschwindigkeit 370
resolv.conf 143, 152
domain 144
nameserver 144
search 143
Resolver 127
Resource Record 136
Root 341
root.hint 133
Route
hinzufügen 63
löschen 63
route 63
add 63
Ausgabe 64

default 64
del 63
gw 63
-host 63
-n 64
-net 63
netmask 63
Optionen 63
route.conf 65
Default-Gateway 66
Gateway 65
Netzmaske 65
Schnittstelle 65
Spalten 65
Ziel 65
Router 6, 61
Routing 6
Default-Router 64
dynamisch 61, 68
Startskript 69, 70
Forwarding 68
ip_forward 68
netcfg 67
network 67
Red Hat 67
Startskript 67
routed 69, 70
statisch 61, 63
SuSE 65
Startskript 66
Tabelle 61
rpc.yppasswdd 205, 222
rpc.ypxfrd 228
rpc.mountd 160
rpc.nfsd 160

S

Samba 393
Funktion 393
Samba-Client
Windows 98 405
Samba-Server 394
Zusammenfassung 404
Schema 345
Schriftarten 2
scp 121
Screened Subnet 414
Screening Router 413
Secure Copy 121
Secure Shell 113, 307
Funktion 113
sendmail 285, 296
Optionen 296
procmail 298
SENDMAIL_ARGS 296
SENDMAIL_TYPE 293
sendmail.cf 289
Cw 290
DM 289
DS 289
Timeout.queuereturn 292
Timeout.queuewarn 291
shadow 196
Shadowing 196, 197, 213
Share 393
shared key 448
showmount 162
Optionen 162
slapd 349
slapd.conf 344
access 347
database 345
defaultaccess 347
directory 345
include 345
lastmod 346
replica 371
replogfile 371
rootdn 346
rootpw 347
schemacheck 345
suffix 346
updatedn 373
sleep 119
slurpd 376
Smart Relay Host 289
SMB 393
smb 402
smb.conf 395
browseable 398
comment 396
create mask 397
encrypt passwords 396
guest account 396
guest ok 398
path 397
print ok 399
public 398
read only 397
security 395

Sektionen 395
workgroup 395
smbd 402
smbpasswd 401
SMTP 285, 296
Zusammenfassung 296
Sommerzeit 180
squid 268, 279
squid.conf 267
acl 273
Beispiel 276
cache_access_log 272
cache_dir 269
cache_effective_group 269
cache_effective_user 268
cache_mem 269
cache_mgr 268
cache_swap_high 271
cache_swap_low 270
http_access 275
http_port 268
logfile_rotate 273
maximum_object_size 270
minimum_object_size 270
quick_abort_max 272
quick_abort_min 271
quick_abort_pct 272
reference_age 271
srm.conf 238
SSH 113
Client 115
Dämon 115
ohne Passswort 120
Startskript 116
Tunnel 118, 123, 308
.ssh 119
ssh 116
Optionen 116
sshd 115
START_CIPED 438
START_DHCPD 330
START_DHCRELAY 340
START_HTTPD 259
START_IPSEC 449
START_LDAP 350
START_NAMED 141, 153
START_SLURPD 376
START_SMB 402
START_SQUID 279
START_SSHD 116
START_XNTPD 178, 187
START_YPBIND 217
START_YPPASSWDD 206, 207
START_YPSERV 201, 231
START_YPXFRD 229
step-tickers 187
stratum 171, 189
Subnetting 11
SWAT
GLOBALS 403
HOME 403
PASSWORD 404
PRINTERS 404
SHARES 403
STATUS 404
VIEW 404
swat 402
SYN 419
synchron 171, 190
syslogd 303

T

TCP 4, 18
Aufgaben 18
bidirektional 18, 19
/etc/services 20
Portnamen 20
Ports 19
Quittungen 18
Sequenznummern 18
Verbindungsabbau 18
Verbindungsaufbau 18
well known ports 20
TCP-Dämon 93
Funktion 93
Zugriffskontrolle 93
tcpd 92, 93
tcpdump 314
Telnet 5, 96, 409
Nachteil 113
telnet 97
texpire 388
TITLE 235
touch 330
Tunnel 118

U

UDP 4, 24
Aufgaben 24
/etc/services 25

Ports 24
Schnelle Verbindung 24
umount 165
Unicast 209
useradd 204

V

/var/log/messages 97
/var/named 129
Vermittlungsschicht 4
Verzeichnisdienst 341
Vorwärtsauflösung 133
VPN 2, 429

W

Webdokumente 235
Webserver 235
DNS 259
Nameserver 259
Zusammenfassung 263
Windows 393
Windows 98 393
Winterzeit 180
Workgroup 393
wu.ftpd 93, 98
Optionen 98
Wurzelzone 126
wvdial 42, 45
wvdial.conf 42
Ask Password 44
Auto DNS 44
Baud 44
Dial Command 44
Dialer Defaults 44
Idle Seconds 44
Init1 44
Init2 44
Modem 44
Password 44
Phone 44
Username 44

X

X-Architektur 83
X-Client 83
X-Server 83
X-Windowmanager 83
X-Windows 83
DISPLAY 85
Display 85
Monitor 85
Rechner 85
IP 83
Loopback 83
Netzwerk 83
TCP/IP 83
Umgebungsvariable 85
Zugriffsdefinitionen 86
X11-Forwarding 116
xhost 86
Optionen 86
xntpd 177
XNTPD_INITIAL_UPDATE 186

Y

Yellow Pages 195
YP_DOMAINNAME 198
ypbind 217
ypcat 218
ypclient 217
yp.conf 207, 231
broadcast 210
domain 210
ypserver 208, 231
ypinit 203, 225
ypinit -m 225
ypinit -s 225
yppasswd 222
yppasswdd 206
ypserv 201, 231
ypserv.conf 198, 230
deny 200
Host 198
Map 198
none 200
Passwort-Mangle 198
port 200
Security 198
ypservers 200
ypwhich 218
ypxfrd 228
Red Hat 229
SuSE 228

Z

Zeitqualität 171, 176
Zeitquelle 171
Schnittstelle 174
Typ 174

Zeitsprung 171, 180
Zeitstempel 165
Zeitsynchronisierung 171
Zone 126, 259
Zonendateien 129, 134
    A-Record 136
    Alias 136
    CNAME-Record 136
    Expire 134
    Hardware-Info 136
    HINFO-Record 136
    `IN` 134
    `MX` 134
    `NS` 134
    PTR-Record 137
    Refresh 134
    Retry 134
    Seriennummer 134
    `SOA` 134
    Syntax 134
    TTL 134
Zonentransfer 128, 150